"十二五"普通高等教育本科国家级规划教材

国家卫生和计划生育委员会"十三五"规划教材

全国高等中医药教育教材

供中医学、针灸推拿学、中西医临床医学等专业用

中医外科学

第 3 版

主　　编　何清湖　秦国政

副 主 编　裴晓华　陈明岭　谷云飞　阙华发　王万春

主　　审　唐汉钧　谭新华

编　　委（按姓氏笔画为序）

王万春（江西中医药大学）　　　　　何清湖（湖南中医药大学）

王思农（甘肃中医药大学）　　　　　谷云飞（南京中医药大学）

王清坚（广西中医药大学）　　　　　张春和（云南中医学院）

邓　燕（南方医科大学）　　　　　　陈明岭（成都中医药大学）

叶媚娜（上海中医药大学）　　　　　周　青（湖南中医药大学）

成秀梅（河北中医学院）　　　　　　周秀扣（浙江中医药大学）

毕焕洲（大连大学附属中山医院）　　秦红松（山东中医药大学）

朱明芳（湖南中医药大学）　　　　　秦国政（云南中医学院）

刘红霞（新疆医科大学）　　　　　　贾　颖（山西中医学院）

刘佃温（河南中医药大学）　　　　　贾建东（天津中医药大学）

刘建荣（山西医科大学）　　　　　　夏仲元（中日友好医院）

许鹏光（陕西中医药大学）　　　　　唐乾利（右江民族医学院）

杨　凡（贵阳中医学院）　　　　　　黄霏莉（香港浸会大学中医药学院）

杨文信（西南医科大学）　　　　　　阙华发（上海中医药大学）

杨素清（黑龙江中医药大学）　　　　蔡而玮（福建中医药大学）

杨德群（湖北中医药大学）　　　　　裴晓华（北京中医药大学）

肖红丽（广州中医药大学）

学术秘书　周　兴（湖南中医药大学）

人民卫生出版社

图书在版编目（CIP）数据

中医外科学/何清湖,秦国政主编. —3 版.—北京:人民
卫生出版社,2016

ISBN 978-7-117-22570-0

Ⅰ.①中… Ⅱ.①何…②秦… Ⅲ.①中医外科学-医学
院校-教材 Ⅳ.①R26

中国版本图书馆 CIP 数据核字(2016)第 159743 号

人卫智网	www. ipmph. com	医学教育、学术、考试、健康,购书智慧智能综合服务平台
人卫官网	www. pmph. com	人卫官方资讯发布平台

中医外科学
第 3 版

主　　编:何清湖　秦国政

出版发行:人民卫生出版社(中继线 010-59780011)

地　　址:北京市朝阳区潘家园南里 19 号

邮　　编:100021

E - mail: pmph @ pmph. com

购书热线:010-59787592　010-59787584　010-65264830

印　　刷:三河市博文印刷有限公司

经　　销:新华书店

开　　本:787×1092　1/16　　印张:28　　插页:8

字　　数:645 千字

版　　次:2002 年 8 月第 1 版　　2016 年 8 月第 3 版
　　　　　2021 年 3 月第 3 版第 7 次印刷(总第 20 次印刷)

标准书号:ISBN 978-7-117-22570-0/R·22571

定　　价:66.00 元

打击盗版举报电话:010-59787491　E-mail:WQ @ pmph. com
　　(凡属印装质量问题请与本社市场营销中心联系退换)

修 订 说 明

为了更好地贯彻落实《国家中长期教育改革和发展规划纲要(2010-2020)》《医药卫生中长期人才发展规划(2011-2020)》《中医药发展战略规划纲要(2016-2030年)》和《国务院办公厅关于深化高等学校创新创业教育改革的实施意见》精神,做好新一轮全国高等中医药教育教材建设工作,全国高等医药教材建设研究会、人民卫生出版社在教育部、国家卫生和计划生育委员会、国家中医药管理局的领导下,在上一轮教材建设的基础上,组织和规划了全国高等中医药教育本科国家卫生和计划生育委员会"十三五"规划教材的编写和修订工作。

本轮教材修订之时,正值我国高等中医药教育制度迎来60周年之际,为做好新一轮教材的出版工作,全国高等医药教材建设研究会、人民卫生出版社在教育部高等中医学本科教学指导委员会和第二届全国高等中医药教育教材建设指导委员会的大力支持下,先后成立了第三届全国高等中医药教育教材建设指导委员会、首届全国高等中医药教育数字教材建设指导委员会和相应的教材评审委员会,以指导和组织教材的遴选、评审和修订工作,确保教材编写质量。

根据"十三五"期间高等中医药教育教学改革和高等中医药人才培养目标,在上述工作的基础上,全国高等医药教材建设研究会和人民卫生出版社规划、确定了首批中医学(含骨伤方向)、针灸推拿学、中药学、护理学4个专业(方向)89种国家卫生和计划生育委员会"十三五"规划教材。教材主编、副主编和编委的遴选按照公开、公平、公正的原则,在全国50所高等院校2400余位专家和学者申报的基础上,2200位申报者经教材建设指导委员会、教材评审委员会审定和全国高等医药教材建设研究会批准,聘任为主审、主编、副主编、编委。

本套教材主要特色包括以下九个方面:

1. 定位准确,面向实际 教材的深度和广度符合各专业教学大纲的要求和特定学制、特定对象、特定层次的培养目标,紧扣教学活动和知识结构,以解决目前各院校教材使用中的突出问题为出发点和落脚点,对人才培养体系、课程体系、教材体系进行充分调研和论证,使之更加符合教改实际、适应中医药人才培养要求和市场需求。

2. 夯实基础,整体优化 以培养高素质、复合型、创新型中医药人才为宗旨,以体现中医药基本理论、基本知识、基本思维、基本技能为指导,对课程体系进行充分调研和认真分析,以科学严谨的治学态度,对教材体系进行科学设计、整体优化,教材编写综合考虑学科的分化、交叉,既要充分体现不同学科自身特点,又应当注意各学科之间有机衔接;确保理论体系完善,知识点结合完备,内容精练、完整,概念准确,切合教学实际。

3. 注重衔接,详略得当 严格界定本科教材与职业教育教材、研究生教材、毕业后教育教材的知识范畴,认真总结、详细讨论现阶段中医药本科各课程的知识和理论框架,使其在教材中得以凸显,既要相互联系,又要在编写思路、框架设计、内容取舍等方面有一定的区分度。

4. 注重传承,突出特色 本套教材是培养复合型、创新型中医药人才的重要工具,是中医药文明传承的重要载体,传统的中医药文化是国家软实力的重要体现。因此,教材既要反映原汁原味的中医药知识,培养学生的中医思维,又要使学生中西医学融会贯通,既要传承经典,又要创新发挥,体现本版教材"重传承、厚基础、强人文、宽应用"的特点。

5. 纸质数字,融合发展 教材编写充分体现与时代融合、与现代科技融合、与现代医学融合的特色和理念,适度增加新进展、新技术、新方法,充分培养学生的探索精神、创新精神;同时,将移动互联、网络增值、慕课、翻转课堂等新的教学理念和教学技术、学习方式融入教材建设之中,开发多媒体教材、数字教材等新媒体形式教材。

6. 创新形式,提高效用 教材仍将传承上版模块化编写的设计思路,同时图文并茂、版式精美;内容方面注重提高效用,将大量应用问题导入、案例教学、探究教学等教材编写理念,以提高学生的学习兴趣和学习效果。

7. 突出实用,注重技能 增设技能教材、实验实训内容及相关栏目,适当增加实践教学学时数,增强学生综合运用所学知识的能力和动手能力,体现医学生早临床、多临床、反复临床的特点,使教师好教、学生好学、临床好用。

8. 立足精品,树立标准 始终坚持中国特色的教材建设的机制和模式;编委会精心编写,出版社精心审校,全程全员坚持质量控制体系,把打造精品教材作为崇高的历史使命,严把各个环节质量关,力保教材的精品属性,通过教材建设推动和深化高等中医药教育教学改革,力争打造国内外高等中医药教育标准化教材。

9. 三点兼顾,有机结合 以基本知识点作为主体内容,适度增加新进展、新技术、新方法,并与劳动部门颁发的职业资格证书或技能鉴定标准和国家医师资格考试有效衔接,使知识点、创新点、执业点三点结合;紧密联系临床和科研实际情况,避免理论与实践脱节、教学与临床脱节。

本轮教材的修订编写,教育部、国家卫生和计划生育委员会、国家中医药管理局有关领导和教育部全国高等学校本科中医学教学指导委员会、中药学教学指导委员会等相关专家给予了大力支持和指导,得到了全国50所院校和部分医院、科研机构领导、专家和教师的积极支持和参与,在此,对有关单位和个人表示衷心的感谢!希望各院校在教学使用中以及在探索课程体系、课程标准和教材建设与改革的进程中,及时提出宝贵意见或建议,以便不断修订和完善,为下一轮教材的修订工作奠定坚实的基础。

全国高等医药教材建设研究会
人民卫生出版社有限公司
2016 年 3 月

全国高等中医药教育本科
国家卫生和计划生育委员会"十三五"规划教材
教材目录

26	生理学（第3版）	主编　郭　健　杜　联
27	病理学（第2版）	主编　马跃荣　苏　宁
28	组织学与胚胎学（第3版）	主编　刘黎青
29	免疫学基础与病原生物学（第2版）	主编　罗　晶　郝　钰
30	药理学（第3版）	主编　廖端芳　周玖瑶
31	医学伦理学（第2版）	主编　刘东梅
32	医学心理学（第2版）	主编　孔军辉
33	诊断学基础（第2版）	主编　成战鹰　王肖龙
34	影像学（第2版）	主编　王芳军
35	西医内科学（第2版）	主编　钟　森　倪　伟
36	西医外科学（第2版）	主编　王　广
37	医学文献检索（第2版）	主编　高巧林　章新友
38	解剖生理学（第2版）	主编　邵水金　朱大诚
39	中医学基础（第2版）	主编　何建成
40	无机化学（第2版）	主编　刘幸平　吴巧凤
41	分析化学（第2版）	主编　张　梅
42	仪器分析（第2版）	主编　尹　华　王新宏
43	有机化学（第2版）	主编　赵　骏　康　威
44	*药用植物学（第2版）	主编　熊耀康　严铸云
45	中药药理学（第2版）	主编　陆　茵　马越鸣
46	中药化学（第2版）	主编　石任兵　邱　峰
47	中药药剂学（第2版）	主编　李范珠　李永吉
48	中药炮制学（第2版）	主编　吴　皓　李　飞
49	中药鉴定学（第2版）	主编　王喜军
50	医药国际贸易实务	主编　徐爱军
51	药事管理与法规（第2版）	主编　谢　明　田　侃
52	中成药学（第2版）	主编　杜守颖　崔　瑛
53	中药商品学（第3版）	主编　张贵君
54	临床中药学（第2版）	主编　王　建　张　冰
55	中西药物配伍与合理应用	主编　王　伟　朱全刚
56	中药资源学	主编　裴　瑾
57	保健食品研发与应用	主编　张　艺　贡济宇
58	*针灸医籍选读（第2版）	主编　高希言
59	经络腧穴学（第2版）	主编　许能贵　胡　玲
60	神经病学（第2版）	主编　孙忠人　杨文明

注:①本套教材均配网络增值服务;②教材名称左上角标有"*"者为"十二五"普通高等教育本科国家级规划教材。

第三届全国高等中医药教育教材 建设指导委员会名单

顾　　问　王永炎　陈可冀　石学敏　沈自尹　陈凯先　石鹏建　王启明
　　　　　秦怀金　王志勇　卢国慧　邓铁涛　张灿玾　张学文　张　琪
　　　　　周仲瑛　路志正　颜德馨　颜正华　严世芸　李今庸　施　杞
　　　　　晁恩祥　张炳厚　栗德林　高学敏　鲁兆麟　王　琦　孙树椿
　　　　　王和鸣　韩丽沙

主 任 委 员　张伯礼

副主任委员　徐安龙　徐建光　胡　刚　王省良　梁繁荣　匡海学　武继彪
　　　　　王　键

常 务 委 员 (按姓氏笔画为序)
　　　　　马存根　方剑乔　孔祥骊　吕文亮　刘旭光　许能贵　孙秋华
　　　　　李金田　杨　柱　杨关林　谷晓红　宋柏林　陈立典　陈明人
　　　　　周永学　周桂桐　郑玉玲　胡鸿毅　高树中　郭　娇　唐农
　　　　　黄桂成　廖端芳　熊　磊

委　　员 (按姓氏笔画为序)
　　　　　王彦晖　车念聪　牛　阳　文绍敦　孔令义　田宜春　吕志平
　　　　　安冬青　李永民　杨世忠　杨光华　杨思进　吴范武　陈利国
　　　　　陈锦秀　徐桂华　殷　军　曹文富　董秋红

秘 书 长　周桂桐(兼)　王　飞

秘　　书　唐德才　梁沛华　闫永红　何文忠　储全根

10

全国高等中医药教育本科
中医学专业教材评审委员会名单

前　言

中医外科学是中医学专业的主干课程,是后期教学中重要的临床专业课,在培养学生的临床思维模式和实践技能方面起着至关重要的作用。随着临床疾病谱的变化、中医外科领域临床专科的分化和发展,必须从病种选择、疾病的诊断和鉴别诊断、中医药对具体疾病治疗效果,或在中西医综合治疗中的作用和地位及其发展等方面,整体考虑中医外科学教材的编写。本教材按照全国高等中医药教育(本科)国家卫生和计划生育委员会"十三五"规划教材整体编写宗旨,从体系到内容的设计充分体现改革与创新,考虑到当前教学改革人才培养的目标和要求,在上版教材基础上进行了修订。上版教材中的知识链接和知识拓展,以及章后学习小结等内容,此次皆放入网络增值服务中。本教材供全国高等医药院校中医学、针灸推拿学、中西医临床医学等专业使用。

本教材分总论和各论两部分。

总论5章,主要介绍中医外科学的基础理论、基本知识、基本操作方法,使学生对中医外科有一个概略认识。本次修订在吸取以往教材精华的基础上,对总论内容进行了精简和调整,突出局部辨证的内容等。

各论分疮疡、乳房疾病、瘿、瘤岩、皮肤疾病及性传播疾病、肛肠疾病、泌尿男性生殖系统疾病、周围血管和淋巴管疾病、外科其他疾病共9章,按病设节,共97个病,附病7个。每个病主要介绍疾病的定义和临床特点、病因病机、诊断和鉴别诊断、辨证论治、外治、其他疗法、预防护理。

参加本教材编写的老师来自全国20多所高等中医药院校、综合大学附属中医院及香港浸会大学中医药学院,他们长期从事中医外科学的临床、教学工作,具有丰富的临床和教学经验。其中,第一章由何清湖、朱明芳编写,第二章、第五章由贾颖编写,第三章由肖红丽编写,第四章由张春和、毕焕洲编写,第六章由阙发华、周青、邓燕、杨德群、许鹏光编写,第七章由裴晓华、叶媚娜、贾建东编写,第八章、第九章由夏仲元编写,第十章由陈明岭、邓燕、刘红霞、杨文信、杨凡、杨素清、肖红丽、黄霏莉、王思农编写,第十一章由谷云飞、刘佃温、周秀扣、杨德群、蔡而玮编写,第十二章由秦国政、周青、刘建荣、毕焕洲、张春和编写,第十三章由成秀梅、秦红松编写,第十四章由王万春、唐乾利、王清坚编写。主审唐汉钧、谭新华教授不辞辛劳,精心指导,严格把关,为教材的编写付出了大量的心血。

　　本教材在编写过程中,得到了参与编写专家所在单位的大力支持,教材秘书周兴在统稿中做了大量工作,在此一并表示感谢。

　　由于时间仓促,书中不妥之处在所难免,敬请各位同道不吝赐教,以便再版时补充、修订。

编者

2016 年 3 月

目　录

总　论

各　论

第一章

中医外科学发展概述

学习目的

通过系统学习中医外科学的起源、形成、发展、成熟阶段的特点,掌握中医外科学三大学术流派的主要学术思想和代表著作,熟悉历代外科医家的主要学术成就、著述和创造发明,以及新中国成立以来的研究、发展情况。

学习要点

中医外科学三大学术流派的主要学术思想和代表著作;历代外科医家的主要学术成就、著述和创造发明。

中医外科学是运用中医药理论,研究发生于人体体表或窍道,具有肉眼可见、有形可征等特征的外科疾病发生、发展以及防治规律的一门学科,是中医临床学科的重要组成部分。其特点是运用"有诸内,必形诸外"、"治外必本诸内"的人体内外统一理论去认识疾病的发生和演变规律,以阴阳为辨证总纲,应用内治和外治相结合的方法防治疾病。

中医外科学总结了几千年来我国劳动人民防治外科疾病的经验和成就,经历了从经验积累上升到理论形成,从雏形初具到病因病机、理法方药的不断发展完善的过程。中医外科学的发展受到所处时代中医学整体发展的影响,并不断吸收与应用所处时代的科学技术,逐步形成了具有完整理论体系和鲜明治疗特色的学科,为中华民族的繁衍昌盛和世界医学事业的发展做出了巨大贡献。

一、中医外科学的起源

中医外科学的起源可上溯到原始社会。当时人类为了求得生存,在获取食物的劳动和生产中,与自然抗争,与野兽搏斗,参与部落之间的征战等,必然会发生各种创伤、流血、动物咬伤、烧伤、冻伤,为了减轻痛苦,可能采用按摩伤处,采用泥土、灰末外敷止血,拔除体内异物,用草木、树叶、树皮包扎伤口、压迫止血等简单措施,经过漫长的反复实践,逐渐形成了经验性的外科治疗方法。进入石器时代,石器成为人类改造征服自然的有力工具,也成为治疗疾病的器械。据《山海经·东山经》载:"高氏之山……其下多箴石"。"箴"同"鍼"或"针",故"箴石"又称"针石"或"石针"或"砭石"。它是当时人们用来针刺放血、切开排脓的手术器械。还有采用动物的角,进行类似今日的拔罐疗法之"角法"。商代开始有了中医外科病名的记载,据殷墟出土的甲骨文有"疾自(鼻)、疾耳、疾齿、疾舌、疾足、疾止(指)、疥、疕"等,以及按摩、针、灸、砭等外治方法的描述。进入周代,医事分工中有了专职的外科医师——疡医。如《周礼·天官篇》载:"疡医下士八人,掌肿疡、溃疡、金疡、折疡之祝药、劀杀之齐。"即运用敷药或手术方法,腐蚀剪割,刮去脓血,以治疗外科疾病。同时"凡疗疡以五毒攻之,以五气养之,以五药疗之,以五味节之……凡有疡者,受其药焉"。说明当时外科治疗既有外治,又有内治;既有药疗,也有食疗。由于具备了原始的手术器械、外科专职医生及治疗方法,我们把这一时期称为中医外科学的起源。

二、中医外科学的形成

春秋战国时期,"诸子蜂起,百家争鸣",既促进了医学的发展,也使中医外科诊疗有了很大的进步。1973年湖南长沙马王堆3号墓出土的帛书《五十二病方》,是我国有文字记载的最早的临床医学文献,论述外科疾病达30多种。其对疽病区别用药,对淋病、痔疾进行证候分类,可谓辨证施治之萌芽;创造了世界上最早应用雄黄、汞剂治疗疥疮,用毒堇治疗结石痛的药物止痛法;所记载的外治法有敷药、药浴、熏蒸、按摩、熨、砭、灸、腐蚀及多种手术方法,如"絜以小绳,剖以刀"等结扎加切除治疗痔,运用润滑的"铤"作为检查漏管的探针,对复杂性肛漏采用"杀狗,取其脬,以穿籥(竹管)入膻(直肠)中,吹之,引出,徐以刀割去其巢,冶黄芩而屡傅之"等;首创酒洗伤口,开外科消毒之源。该时期还出现了有记载的第一个外科名医"医竘",据《尸子》记载其曾"为宣王割痤,为惠王割痔,皆愈"。

《黄帝内经》是中医学的第一部经典著作,也为中医外科学的形成奠定了坚实的理论基础。其中涉及的外科疾病近30种,阐述了病名及其病因病机和鉴别诊断等。《素问·生气通天论》记载:"高粱之变,足生大丁……营气不从,逆于肉里,乃生痈肿。"《灵枢·痈疽》专述痈疽的因机证治,对外科化脓性疾病的形成机理作了精辟论述:"营卫稽留于经脉之中,则血泣而不行,不行则卫气从之而不通,壅遏而不得行,故热。大热不止,热盛则肉腐,肉腐则为脓,然不能陷,骨髓不为焦枯,五脏不为伤,故命曰痈……热气淳盛,下陷肌肤,筋髓枯,内连五脏,血气竭,当其痈下,筋骨良肉皆无余,故命曰疽。"书中还记载了针、灸、砭、按摩、熨贴、敷药等多种外治方法,并最早提出用截趾手术治疗脱疽。

《神农本草经》的问世,为中医外科治疗学的发展奠定了药物学理论基础。西汉前后的《金创瘈疭方》是我国第一部中医外科学专著,可惜已失传。从书名可以推测,该书可能是治疗各种战伤及破伤风之类的方书。

东汉末年张仲景所著的《伤寒杂病论》,创立了六经辨证理论体系,对中医外科治疗学的丰富和发展有着深远影响。首先是辨证论治外科疾病,如肠痈未成脓而实者用大黄牡丹皮汤,已成脓而里虚者施薏苡附子败酱散;狐惑病以甘草泻心汤治之,蚀于前阴用苦参汤洗之,蚀于肛用雄黄熏之,酿脓则赤小豆当归散主之。还有,王不留行散治外伤金创;黄连粉主浸淫疮;首载蜜煎导法、坐药法、嗜鼻法、吹耳救急法,以及对寒疝、蛔蜮的诊治等。

华佗是东汉末年的外科学家,我国腹部外科手术的创始人。他创用麻沸散给患者麻醉后施行腹部手术，是世界医学史上应用全身麻醉进行手术治疗的最早记载，比西方早1600多年。据《后汉书·华佗传》记载，"若疾发结于内，针药所不能及者，乃令先以酒服麻沸散，既醉无所觉，因刳破腹背，抽割积聚。若在肠胃，则断截湔洗，除去疾秽，既而缝合，傅以神膏，四五日创愈，一月之间皆平复。"另外在继承古代气功导引的基础上，他模仿虎、鹿、熊、猿、鸟五种禽兽的活动姿态，创制了一套名为"五禽之戏"的体操，可使头、身、腰、背、四肢等各部位及关节得到活动。这是我国最古老的医疗保健体操，开创了我国及世界上医疗保健的先例。

这一时期初步形成中医外科学的理论，并在治疗、养生及保健水平方面有了较大的提高。

三、中医外科学的发展

两晋、南北朝到隋、唐、宋、元时期，战争连绵不断，客观上增加了外科手术和外用药物的使用机会，也使中医外科事业得到了全面发展。

《肘后备急方》是东晋葛洪撰著的一部古代急诊全书，其"方药简而易得，约而有效"，"治见精取，切于救治"。该书5~7卷为外科内容，首载骑竹马灸法及用含碘药物海藻治"瘿"，并专列一节讨论"猘（发疯的狗，即狂犬）犬所咬毒"的处理。书中首先认识到"猘犬"咬人的严重性，指出其潜伏期和病程经过，提出治疗狂犬病的方法约20种，其中有"杀所咬犬，取脑傅之，不复发"。用狂犬的脑组织敷贴伤口，以治疗或预防狂犬病发作，这是免疫治疗的思想萌芽，为世界首创。在外治法中增加推拿、捏脊、蜡疗等法；记载了口对口人工呼吸、压迫烧灼止血、清创、引流、导尿、灌肠、肠吻合、腹腔穿刺等急诊治疗技术；提出了薄贴的制作和用法，创制了续断膏、丹参膏、雄黄膏、莽草膏、水银膏、五毒六神膏等药，对中医外科急症治疗学的发展做出了极大贡献。

东晋末刘涓子编著的《鬼遗方》，后经南齐医家龚庆宣重新编次定名为《刘涓子鬼遗方》，是我国现存的第一部中医外科学专著。该书主要提出了痈疽的鉴别诊断；强调对痈疽早期诊治；详辨痈疽兼证；根据痈疽发病中的不同证候特点进行辨证论治，如清热解毒以泻热，凉血活血以调营，行气散结以治肿，托里透毒以排脓，补益气血以生肌，为后世确立消、托、补三大法则奠定了基础，充分体现了中医学外病内治的整体观念。在外治方面，有薄贴法、围药法、洗涤法、熏法、灸法、针烙排脓、祛腐生肌等；对辨别脓之有无、脓肿切开引流的操作要点的论述具有实用价值，如"痈大坚者，未有脓；半坚薄半有脓；当上薄者都有脓，便可破之。所破之法，应在下，逆上破之，令脓得易出。"

《诸病源候论》由隋朝巢元方等集体编写，是中医学现存最早的病因病理学专著，该书论述外科疾病数十门360余论，阐述了许多外科疾病包括40余种皮肤病的病因病理，如指出"疥疮由虫引起"，"漆疮是由于禀赋不耐"，认识到炭疽的感染途径是"人先有疮而乘马乃得"。在"金疮断肠候"中"腹䏶"（网膜）脱出的手术时指出："应先用丝线结扎血管，然后再截除"，以及"肠两头见者，可连续之，先以针缕如法连续断肠，便取鸡血涂其际"的肠吻合术，说明了当时对腹部手术已具备一定的经验，对后来外科治疗学的丰富和发展影响极大。

唐朝是我国历史上封建社会繁盛时期，中医学亦得到显著发展。在《备急千金要方》、《千金翼方》等综合性医学巨著中均有丰富的外科内容。在内治法上继承唐以前

3

的医学成果,大量应用清热解毒、理气活血方药,突出了"消法"的运用。首创用动物的脏器或组织,治疗人体相应部位的疾病,如食动物肝脏治疗夜盲症,食羊靥、鹿靥治疗甲状腺肿大等,这些都被现代科学证实为有效的治疗方法,开辟了治疗用药的新途径。在外治方面,发背初期用冷熨法,瘘管初期用纸捻引流,脓肿用水蛭或火罐吸脓。广泛开展手术疗法并达到相当高的水平,如连体婴分离术、五官整形术。特别是葱管导尿法的使用记载,比1860年法国发明橡胶管导尿早1200多年。外用药的剂型很丰富,如首载黑膏药等,广泛应用软膏、糊膏、水剂、汞剂等。王焘的《外台秘要》载方6000余首,是外科方药的重要参考文献。

宋代中医外科学的发展较快,外科专著或载有外科内容的著作日益增多,强调整体观念和辨证论治的应用,辨证上重视局部与整体的关系,治疗上注重扶正与祛邪的关系及外治与内治方法相结合。《圣济总录》记录了"五善七恶"。王怀隐在《太平圣惠方》中首载用砒剂治疗痔核的方法,详述了痔、痈、皮肤、瘰疬等外科病的证治,确立和完善了判断外科疾病转归及预后的"五善七恶"学说,提出了"扶正祛邪"、"内消"和"托里"的内治法则。东轩居士的《卫济宝书》记载了试疮法、溃脓法、长肉法、打针法、骑竹马、灸恶疮法等外治方法,介绍了灸板、消息子、炼刀、竹刀、小钩等器械。李迅的《集验背疽方》专论痈疽的证治,提出"疽发有内外之别","外发"者易治,"内发"者难治;治法上倾向于补托,主张清解与补益药共方,首用金银花或藤浓煎并加酒服治疗痈疽。陈自明的《外科精要》强调"治外必本诸内"及"大凡痈疽,当调脾胃"的整体观念,反对轻易使用刀针,指出:"痈疽未溃,脏腑蓄毒,一毫热药,断不可用;痈疽已溃,脏腑既亏,一毫冷药,亦不可用,犹宜忌用敷贴之药闭其毫孔","未溃不可无攻,溃后不可无补"等。

金元时期医学门派形成,对外科学的影响也较大。刘完素对各种不同病因所致的外证,以邪之在表、在里、在半表半里,而定疏通、托里、和营卫等治疮三大法则,并谓"用此三法之后,虽未差,必无变证,亦可使邪气顿减而易痊愈"。而且刘完素善治火热,在外科治疗中广泛应用苦寒药。张从正以攻邪著称,提出"诸痛痒疮,皆属于心火,岂有寒乎",治疗重用寒凉,早期辛凉,已成凉膈、防风通圣,大热以人参白虎汤。创立"漏针"去水法治水疝,"钩钤"治疗狐疝的方法。李杲将"脾胃论"的主导思想纳入外科,提出"荣气"即"胃气",如疗疮之实,须先以苦寒君药泻其荣气,反对滥用乳香、没药或芳香止痛药;而对已溃之后,不主张古方之生肉膏、食肉膏,强调健脾以生肌。朱震亨启外科经络辨证之本源,根据经络气血之多少而区别治之。提出痈疽只是热胜血,把"阳常有余,阴常不足"理论引入外科,力荐凉血之法,丰富了外科内治法。齐德之所著《外科精义》全面总结了灸、针、烙、砭镰、溻浴;灵活应用温通、排脓、拔毒、止痛等多种外治方法。他认为疮肿之生,皆为阴阳不和,气血不流所致,以辨证为基础,订立了内消、托里法,认为初起气血郁滞,则可内消,采用疏涤、通利等法。气已结聚则宜托里,脓未成者,使脓早成;脓已溃者,使新肉早生;血气虚者,托里补之;阴阳不利,托里调之。这种以疾病的发展为依据而确定的外科治法,既包括了刘完素治疮三法,又对外证的初起、成脓、溃后各个阶段,提出了不同的治疗措施,进一步充实了外科的内治法则。杨清叟所著的《仙传外科集验方》承袭陈无择"三因"之说,首载痈疽有"阳中之阴证,阴中之阳证"。在治疗上提出"发于阳而热者,当顺其气,匀其血,当用凉药;发于阴而冷者,当用平补之剂,宣其气、滋其血、助其脾"等原则,何首乌散是其代表方剂。在外治方面主张按局部阴阳辨证，分别投以温、热、凉三种不同的外敷药，所载冲和膏、回阳玉龙膏、洪宝丹至今仍为临床所习用。《永类钤方》记载挂线疗法治疗肛漏，提高了肛漏的治疗水平。

四、中医外科学的成熟

明清时期，中医外科学由发展走向了逐步成熟，名医辈出，医著浩博，百家争鸣，形成了"正宗派"、"全生派"、"心得派"等中医外科的学术流派，治疗上也有了极大的发展和完善。许多医家从不同的角度阐述辨证论治在外科临床上的重要性；消、托、补三法更臻完善，汗、下、温、清、活血、化瘀、行气、导滞、化痰、散结等治法亦得到普遍应用。

以陈实功(1555—1636，字毓仁，今江苏南通人)为代表的"正宗派"，注重掌握传统外科基本理论、基本知识和基本技能，临证每以脏腑经络为辨证纲领，治疗上主张内外并重，内治长于消、托、补三法，外治讲究刀、针技术。《外科正宗》为其代表作，该书内容丰富，条理清晰，体现了明以前外科学的主要成就，对中医外科学的影响很大。后世医家评价其为"列证最详，论治最精"。该书在病因上虽首列"百病皆由火而生"，但并不排除其他因素在外科疾病发生上的意义；正确指出良性肿瘤和恶性肿瘤的鉴别诊断和手术原则；病机上重视整体观念，强调"外之症必根于内"；治疗上提出内外兼治。在内治方面主张初起宜消，已成宜托，溃后宜补，进一步完善了消、托、补三法的治疗原则；受《脾胃论》的影响，倡"疮疡全赖脾土"，治疗中尤其要顾护"脾胃"，反对滥用寒凉之药品攻伐胃气，确立补中益气、益气摄血、助阳益气、醒脾益胃多种治法，在内治方法上有所创新。外治方面重视升丹等腐蚀药物的运用，如含砷药物枯痔散、三品一条枪、立马回疔丹等，均为当时流行的治疗瘰疬及窦道、瘘管的外治名方；记载了熏、洗、熨、照、湿敷等外治方法；手术在继承前人经验的基础上进一步发展，如痈疽的切开引流、脓胸的穿刺排脓、肛瘘的挂线、鼻息肉的摘除、体表肿物的切除，以及气管吻合术、截趾(指)术、断舌和断指再续术等。还提出换药室应"净几明窗"，给患者冲洗疮口应注意卫生，可见当时已有较强的无菌观念。

以王维德(1669—1749，字洪绪，今江苏吴县人)为代表的"全生派"，将阴阳列为辨证论治的纲领，治疗主张"以消为贵，以托为畏"，反对滥用刀针及丹药，以"温通"为治疗大法。72岁时，他将祖传效方、验方，以及40余年治病经验，辑为《外科证治全生集》。该书创立了以阴阳为主的辨证论治原则，即所谓"凭经治症天下皆然，分别阴阳，唯余一家"。王氏以"阴虚阳实"立论，将复杂的外科疾病分为两大类，并特别注重望诊和审察痈疽形色及脓汁等情况，借以辨清气血之盛衰和毒邪之轻重。如"凡患处红肿疼痛为痈为阳，其毒浅，多为火毒之滞；凡患处色白根盘平塌为阴疽，其毒深，多为寒痰之凝，阴毒深伏"。主张以"阳和通腠，温补气血"的原则治疗阴证。公开了家传秘方，如温补和阳、开腠通滞的阳和汤，温散寒凝、化痰通络的阳和解凝膏，和营通络、消肿止痛的醒消丸、犀黄丸、小金丹等，至今仍在中医外科临床广泛运用。

以高秉钧(1755—1827，字锦庭，今江苏无锡人)为代表的"心得派"，吸收、引进了温病学说的内容，从而丰富了中医外科学基本理论，拓展了临床治疗方法。其代表作《疡科心得集》，强调外疡与温病在病因、病机、治法上的相似，依照温病热入营血病机，对疔疮走黄使用犀角地黄汤、紫雪丹、至宝丹等疗效显著。用三焦辨证揭示了外科病因与发病部位的联系，从而确立了"审部求因"的诊治规律，为外科辨证论治提供了新的思路,即"疡科之证,在上部者,俱属风温、风热,风性上行故也;在下部者,俱属湿火、湿热,湿性下趋故也;在中部者,多属气郁、火郁,以气、火俱发于中也。其间即有互变,十证之中不过一二",并分别用牛蒡解肌汤辛凉轻散、萆薢化毒汤清化湿热、升阳散火汤和柴胡清肝汤解郁清肝。对外科四大绝症,主张以补为主,攻补兼施,对后世治疗癌症不无裨益。该书还注重鉴别诊断,"所列诸证,不循疡科书旧例,每以两证互相发明,而治法昭然若揭",是中医外科学有鉴别诊断内容的重要文献。

明清时期的外科著作中,薛己的《外科心法》、《外科发挥》、《外科枢要》、《外科经验方》、《疬疡机要》、《正体类要》等,记载了有关中医外科疾病的理论、经验、方药,第一次详细叙述了新生儿破伤风的诊治;所创仙方活命饮,药味精炼,组方严谨,使阳证早期得以消散,深为后世推崇。汪机的《外科理例》提出"治外必本于内,知乎内而求于外……治外遗内,所谓不揣其本而齐其末"的思想,并创制了玉真散治疗破伤风。王肯堂的《证治准绳·疡医》记载了先天性缺唇及耳廓畸形的治法。陈司成的《霉疮秘录》是我国第一部论述梅毒的专著,指出此病由性交传染而且会遗传,应使用砷剂治疗,并对时医妄用砒剂或轻粉等导致的坏证提出了相应的治法。吴尚先的《理瀹骈文》应用辨证论治思想,以嚏、填、坐三法统领外治百法,主治上、中、下三焦百病;制剂以膏药为主,总结近百种外治方法,大致分为五官孔窍用药、腧穴用药、病位用药;其制药别具一格,选气香力雄、辛窜透达之品以利渗透,用量大而药味多,不避"反"、"畏"及毒剧之品,使散在于历代医籍中的外治法"熔为一炉",形成了较为完整的外治法理论体系。其他,窦梦麟的《疮疡经验全书》、申斗垣的《外科启玄》、张景岳的《外科钤》、陈文治的《疡科选粹》、祁坤的《外科大成》、陈士铎的《洞天奥旨》、吴谦的《医宗金鉴·外科心法要诀》、许克昌的《外科证治全书》、张贞庵的《外科医镜》、马培之的《外科传薪集》和《马培之外科医案》、余听鸿的《外科医案汇编》等都各有特点。另外,在手术方面亦有所发展,如《疡医大全》记载修补缺唇、扩张阴道闭锁症、切开新生儿肛门闭锁;《医门补要》记载包皮环切术等;手术器械增多,如大中小匙、三棱针、柳叶刀、探肛筒、过肛针、弯刀、治管银针、银丝、爪剪、喷筒等。明、清时代是中医外科学由发展走向成熟,其基础理论自成体系,临床治疗方法、治疗经验不断丰富的重要时期。

民国时期由于中医外科受内、外因素的影响发展缓慢,著作虽多达197种,但以普及知识为主。随着西医在我国的发展,出现了以张锡纯(1860—1933)为代表的中西医汇通学派。如以中医为主治疗"肠结"的方法,赭遂攻结汤适用于机械性肠梗阻,葱白熨法适用于动力性肠梗阻。在《医学衷中参西录》中还有许多利用中、西医学的病机病理阐述外科疾病发生的原因,并有中西药合用治疗多种外科疾病的记载,对中西医结合外科的萌生产生了很大影响。另外,张山雷的《疡科纲要》结合西医理论阐述中医脓疡不痛的机理时指出:"内已成脓,而竟不痛者,疡之变,神经已死"等。此时的中医外科著作虽对治疗无更多的建树,但为后来结合现代科学技术深入阐述、探明外科疾病的病因病机及治疗学的微观机制开启了先河。

五、中华人民共和国成立以来的发展状况

中华人民共和国成立以后,随着中医事业的发展,中医外科学与其他学科一样共同进入了新的历史发展时期。1954年首先在北京成立中医研究院。1956年起各地相

继建立了中医学院,聘请了一批著名的中医外科专家到中医学院任教,并开始较为全面系统地教授中医外科理论知识和临床经验。1988年南京中医学院首次创办了中医外科专业,在中医外科学本科教育方面做了有益的尝试。许多中医研究单位或医疗机构都设立中医外科,有些地方还成立了中医外科的专病研究所或医院,为中医外科的临床实践及科学研究提供了基地。此外,中华中医药学会外科分会设有疮疡、皮肤、肿瘤、周围血管、乳房病、男性病、蛇伤、小针刀等专业委员会,为广泛开展中医外科学术交流、促进中医外科学术的繁荣创造了条件。同时在人才培养和教材建设方面也取得了显著成绩。几十年来,在总结历代医家外科专著的基础上,对中医外科学的理论体系及临床常见疾病的辨证论治规律进行归纳、总结,逐渐产生了中医外科学的系列教材。从1960年中国中医研究院编著的《中医外科学简编》,到1960年和1964年上海中医学院两次主编的《中医外科学》讲义,直至1980年广州中医学院主编的《外科学》(中医专业用),逐渐形成了全国中医院校中医外科学的统编教材。1986年由上海中医学院主编《中医外科学》(五版教材),较好地反映了新中国成立后中医外科学的发展。国家中医药管理局1992年开始统一组织编审出版普通高等教育中医药类规划教材,在总结前五版教材的基础上,由上海中医药大学主编的《中医外科学》(六版教材)于1996年出版。2002年在教育部、卫生部、国家中医药管理局指导下,组织全国中医院校外科专家编写出版了《中医外科学》的新世纪全国高等中医药院校本科规划教材和21世纪课程教材,2005年出版了普通高等教育“十五”国家级规划教材、新世纪全国高等中医药院校七年制规划教材《中医外科学》。2007年出版了普通高等教育“十一五”国家级规划教材、新世纪(第二版)全国高等中医药院校规划教材《中医外科学》和全国普通高等教育中医药类精编教材《中医外科学》,在全国众多中医院校中使用。2009年卫生部首次组织编写并出版了全国高等中医药院校研究生规划教材《中医外科临床研究》。此外,部分中医药院校还自编了《中医外科学》教材,各具不同时期、不同地方的风格,均为中医外科学的发展与中医人才的培养做出了重要贡献。目前,中医外科学专业已有硕士培养点、博士培养点和博士后流动站,为培养中医外科高层次人才奠定了基础。

60余年来,中医外科在临床和科研方面也取得了重大进展,一些中医治疗特色优势明显的专科疾病及疑难病的相关基础与临床研究发展较快,多次获得国家级、省部级等专项科研资金的资助,取得了诸多成果,部分已达到世界先进水平。

中医中药治疗体表化脓性疾病在国内具有广泛的临床基础,全国各地拥有大量验方、单方,不仅疗效显著,而且近年研究认为中医中药除有直接的抑菌和抗病毒作用外,更有调动机体抗病能力的作用,通过促进非特异性或特异性细胞、体液免疫功能,间接杀灭病原体,清除毒素,从而促进机体恢复。疔毒内陷、疔疮走黄、烧伤等外科危重急症,经中西医结合治疗提高了效果,降低了病死率。在传统的“祛腐生肌”理论的基础上,提出“祛瘀”、“补虚”而“生肌”的治法,明显促进了下肢静脉曲张性溃疡、脉管炎溃疡、糖尿病足溃疡、化疗引起的溃疡、蛇伤性溃疡等难治性慢性溃疡的愈合。中药冲洗灌注加药捻疗法治疗心脏二尖瓣或主动脉瓣置换术后、冠状动脉搭桥术后、头颅部或胸腹部术后等所形成的复杂性窦道或瘘管等,均取得了满意的效果。中医药和中西医结合治疗慢性骨髓炎也取得了显著成绩,尤其对于已形成死骨、骨腔积脓、形成窦道者,局部以升丹为主的药捻蚀管祛腐,剔除小型死

骨,中西药液冲洗,并配合内服清热解毒、祛瘀通络、补髓养血的中药,明显提高了治疗效果。

中医中药防治乳腺增生病临床疗效良好,在疏肝解郁、理气止痛治法基础上,20世纪60年代提出了调摄冲任的法则,进一步提高了临床疗效,研究证实能有效调节患者神经内分泌功能,减轻乳腺组织增殖。对临床酷似乳腺癌的浆细胞性乳腺炎,采用中医切开扩创法加拖线法等多种外治方法,配合分期辨证内治,具有手术简便、复发率低、乳房变形小或基本保持乳房外形等优点。有关乳腺癌手术后的辨证规律研究和中医药调治也取得可喜进步,在减少因手术、放疗、化疗、内分泌治疗所产生的毒副作用,提高生存质量,减少复发转移等方面具有积极作用。中医药抗肿瘤的基础实验研究表明,中药具有直接杀伤肿瘤细胞、调节免疫功能、抗转移及诱导细胞分化等作用。

在中医药治疗系统性红斑狼疮等结缔组织疾病中,运用雷公藤制剂对改善症状、调节机体免疫功能均有良好作用。中医药辨证论治在改善红斑狼疮患者相关症状和实验室指标,减轻激素的毒副作用,提高患者生存质量等方面也取得显著成效。中医中药内服外用提高了痤疮、银屑病、真菌性皮肤病、病毒性皮肤病的临床疗效,并在抑制尖锐湿疣复发、抗 HIV 病毒及提高机体免疫功能等方面发挥积极作用。

中医药防治肛肠疾病取得了显著成果,如切开挂线法治疗高位肛瘘,硬化注射法、套扎法治疗内痔等。近年开展了对复杂性肛瘘外科治疗最佳术式的临床研究以及隧道式引流的研究,减少肛门瘢痕变形,保护肛门功能。痔上黏膜环切术是对内痔或以内痔为主的混合痔手术的改进,不仅缩短治疗时间,而且不损伤肛管衬垫。

中医药诊治泌尿男性生殖系统疾病有很大发展。20 世纪 70 年代,采用中西医结合总攻疗法治疗尿石症,提高了排石率、缩短了疗程。近年来以清热利湿、活血、补肾等治法,配合按摩、热敷、灌肠给药等综合治疗慢性前列腺炎取得很好的疗效。中医药治疗勃起功能障碍、男性不育症、前列腺增生症也取得了可喜的进展。

中医药治疗周围血管疾病利用外治与内治的综合优势,如内服中药,静脉注射中药,外敷、药熏、药熨、药浸、药浴、针刺、艾灸等,必要时与手术、介入疗法并用,取得了较好的疗效,降低了复发率和致残率。实验研究证实,中药有改善血管弹性、抗凝、溶栓等作用。

20 世纪 60 年代中西医结合抢救大面积重度烧伤病例的成功,充分体现了中医药的巨大优势。中医"湿润疗法"治疗中小面积烧伤经验丰富,各地有许多不同组成、不同剂型的中草药制剂,临床疗效好、瘢痕少。

自 20 世纪 50 年代开始,以中医为主、中西医结合防治急腹症的研究得以广泛开展,应用清热解毒、活血化瘀、疏肝利胆、通里攻下的方药,结合电针、穴位注射、耳穴压贴等方法治疗急性阑尾炎、肠梗阻、胆石症、胆道感染、急性胰腺炎等疾病均取得了肯定的疗效,降低了手术率。近年总结出"胆病从肝论治"的理论,运用中药"碎、排、溶、防"等一系列非手术疗法防治胆石病取得显著成果。

总之,中医外科学是从实践中产生的一门科学,具有独特的理论体系和丰富的临床经验,对外科疾病的认识和治疗,必须重视整体观念和辨证论治,强调内治法与外治法及其他治法相结合。要努力学习,勤于实践,用现代科学的知识和方法对中医外科理论和治疗经验进行深入、持久的研究,不断向着未知领域开发,中医外科学将得到更大的发展,为人类的健康事业做出更大的贡献。

(何清湖　朱明芳)

复习思考题

试述中医外科学三大流派的代表人物、代表著作和主要学术思想。

第二章

中医外科范围、疾病命名及名词术语解释

学习目的

通过对本章的学习,掌握外科疾病专业术语的含义,熟悉中医外科疾病命名规律,了解中医外科范围。

学习要点

中医外科疾病命名的规律;中医外科专业术语解释。

第一节 中医外科范围

中医外科的学习,首先要了解它的范围,也就是要了解中医外科医师所治疗的疾病有哪些。这样既可以弄清楚外科与其他各科之间的关系,同时也可了解中、西医外科之间的治疗对象有所不同。

中医学有着久远的历史,关于医事制度的分科最早见于周代。在《周礼·天官篇》中有食医、疾医、疡医、兽医的记载。其中疡医主治肿疡、溃疡、金疡和折疡,即包括外科和骨科。元代医事则分为13科,外科称金疮肿科,包括金镞与疮疡,逐渐将外科与骨伤科分开。至明清时期,医事分科更细,骨伤、耳鼻咽喉、眼科等疾病独立设科分治。这一时期,外科统称为疮疡科,其范围以疮疡、皮肤和肛肠疾病为主体。明代汪机《外科理例》前序中明确指出外科的命名及其含义:"以其痈疽、疮疡皆见于外,故以外科名之。"说明外科的名称是从痈疽、疮疡生于人的外部的这个特点而来,与内科相对而称为外科。但在当时许多外科专著中所论述的病种却大大超出这一范围。如明代陈实功的《外科正宗》和清代高秉钧的《疡科心得集》中所论病种,除疮疡、皮肤、肛肠疾病外,还包括男性前阴、乳房、颈部、四肢等其他部位疾病以及金创、跌仆、烧伤、虫咬、岩瘤、内痈等。顾世澄的《疡医大全》更是集古今医家之大成,论述范围涉及人体内、外各部疾病。

总而言之,传统中医外科学的范围,虽然随着历代医事制度的变革而有所变化,但其学科界限划分的主要依据是指发于人体体表,一般肉眼可见,有形可征及需要以外治为主要治法的疾病。如疮疡、瘿、瘤、岩,肛肠、皮肤、男性前阴、乳腺、周围血管、口、眼、耳、鼻、咽喉等部位的疾病及跌仆闪挫,金刃损伤,水火烫伤,虫兽咬伤等。

随着时代的前进,学术不断发展,学科之间的相互交叉和渗透,确切地对现代中医

外科学的范围进行界定有一定困难。根据国务院学位办公室下发的有关文件,中医外科学属于中医学的二级学科,是以中医药理论为指导,阐述外科疾病证治规律和预防保健的一门临床主干学科。结合近几十年的临床实际和学科发展,现代中医外科学的范围在原来的基础上有所变化,其范围除了疮疡、乳房疾病、瘿、瘤、岩、皮肤疾病、肛肠疾病、男性前阴疾病、周围血管疾病及其他外伤性疾病外,把内痈(如肝痈、肠痈等)、急腹症、疝、泌尿生殖系疾病和性传播疾病等也包括在内。

当然,学科范围的界定不是一成不变的,学科的内涵也会随着社会和学术的发展而有所变化和调整。

第二节　疾病的命名原则

中医外科历史悠久,历代著作浩如烟海,加之我国幅员辽阔,地域环境差别较大,气候不同,方言各异,而中医又多以师承家授相传,所以外科疾病的名称繁杂且不统一,并且存在同病异名、同病多名或异病同名等现象,给后学者带来一定困难。然而,外科疾病的名称虽然繁多,但从其命名原则来看,还是有一定规律可循的。一般是依据其发病部位、穴位、脏腑、病因、形态、颜色、特征、范围、病程、传染性等分别加以命名的。

以部位命名者,如颈痈、背疽、脐痈、乳痈、子痈、肛裂等。

以穴位命名者,如人中疔、膻中疽、环跳疽、委中毒等。

以脏腑命名者,如肺痈、肝痈、肠痈等。

以病因命名者,如破伤风、冻疮、漆疮、水火烫伤等。

以形态命名者,如蛇眼疔、鹅掌风、猫眼疮、蝼蛄疖等。

以颜色命名者,如白驳风、丹毒、紫癜风等。

以疾病特征命名者,如烂疔、流注、湿疮等。

以范围大小命名者,如小者为疖,大者为痈等。

以病程长短命名者,如千日疮等。

以传染性命名者,如疫疔等。

第三节　专业术语解释

在中医外科专著中,常常会遇到一些专用术语,为了便于学习和领会其中的内涵,兹将临床中常用的部分专业术语解释如下。

疮:疮者,创也。广义的疮是一切外科疾病的统称。狭义的疮指皮肤体表有形可见的各种损害性疾病的统称。如有丘疹的粟疮、疥疮;有脓疱的黄水疮;有红斑的猫眼疮;有糜烂的水渍疮等。

疡:又称外疡,是指一切外科疾病。疡科即外科,外科医生被称为疡医。

疮疡:广义上是指一切体表外科疾患。狭义地说,是指体表的化脓性疾病。

肿疡:指体表外科疾病尚未溃破的肿块。

溃疡:指一切外科疾病溃破的疮面。

痈:可分内痈、外痈两大类。内痈是指生于脏腑的脓肿,如肺痈、肠痈;外痈是生于

体表部位,"痈者,壅也,壅肿状"。凡皮肉之间的急性化脓性炎症,局部具有红肿热痛的特征(少数初起皮色不变),病变范围一般在 6~9cm 者称痈。

根盘:指肿疡基底部周围之坚硬区,边缘清楚。根盘收束者多为阳证,平塌者多为阴证。

根脚:指肿疡之基底根部。一般多用于有粟粒状脓头、如钉丁之状的疔的基底根部的描述。根脚收束多为阳证,根脚软陷为成脓,根脚散漫或塌陷者,多提示可能发生走黄。

护场:"护"有保护之意,"场"为斗争场所。所谓护场,是指在疮疡的正邪交争中,正气能够约束邪气,使之不至于深陷或扩散所形成的局部肿胀范围。有护场说明正气充足,疾病易愈;无护场说明正气不足,预后较差。

应指:指患处已化脓(或有其他液体),用手按压时感觉内有波动感。

疮顶:指肿疡之顶部。观察其高耸或平塌,颜色的改变程度等分析其属性为阴证或阳证。

疮面:指肿疡破溃后所形成的溃疡面。根据疾病的性质不同,疮面的形态及颜色各不相同。

疮腔:指外科疾病肿疡溃破后,病灶局部皮肤以下至疮底之间的空间。

坏死:由于各种原因,导致皮、肉、脉、筋、骨及十二官等失去气血、津液的濡养,失去活性并不能复原的病理改变,称为坏死。

坏疽:指机体的大块组织、器官或肢体缺血失养而发生的坏死。

袋脓:疮疡成脓后溃后疮口缩小,或切口不当,致使空腔较大,有如口袋之形,脓液不易排出而蓄积袋底,即为袋脓。

缸口:慢性溃疡长期不愈,疮口边缘增厚,犹如大缸环口之状者,称为缸口。如臁疮周边多有缸口。

腐肉:疮疡热盛成脓破溃后,疮面所呈现的腐败蚀烂的组织,称腐肉。应施以祛腐法令其脱落。

肉芽:指溃疡坏死组织脱落,腐去脓净后,疮面新生的嫩肉。是判断溃疡愈合过程的重要指标。正常肉芽红活有生机,乃气血充足之象;肉芽苍白,宣浮松脆,无颗粒者为肉芽水肿,乃气血不足或阳气虚弱之象。

胬肉:疮疡溃破后,疮面出现过度生长高突或暴翻于疮口之外的腐肉,称胬肉。与中医眼科所讲的胬肉攀睛,即翼状胬肉不同。

无头疽:是指多发于骨骼或关节间等深部组织的化脓性疾病,如附骨疽、环跳疽、足踝疽等。相当于西医学的骨髓炎、化脓性关节炎等。因其初起时无头,皮色不变,故名为无头疽。古代文献中的无头疽,包括流注、附骨疽、脱疽、乳疽等,大多属于慢性外科疾病,然其性质各不相同。

臖核:当身体某部位感染时,继发的引起颈颌部、肘部、腋窝部、腘窝部或腹股沟等部位出现的大小不等的硬结,称为臖核。其表面光滑、质中,按之作痛等。相当于西医学的淋巴结炎。

痰毒:是指感受风热湿毒,气血被毒邪壅塞于皮肉之间,继而炼液成痰,痰毒互阻,结块而肿的急性化脓性疾病。包括颈痈、腋痈、胯腹痈等,相当于西医学的急性化脓性淋巴结炎。

疮痨:凡久患疮疡而正气虚弱,状似痨损者,可称疮痨。现指由结核杆菌感染所致的外科病,如乳房结核中医学称乳痨,骨结核中医学称骨痨等。

结核:即结聚成核、结如果核之意。是泛指一切皮里膜外浅表部位的肿块。非西医学的结核病。如称乳房内肿块性疾病为"乳中结核"等。

漏:凡溃疡疮孔处流脓经久淋漓不止,好像滴漏一样,名曰漏。"漏"与"瘘"通。漏的含义,包括两种不同性质的病理改变:一为现称的瘘管,是指体表与脏腑之间的病理性管道,具有内口和外口,如肛瘘;一为窦道,指深部组织通向体表的病理性盲管,一般只具有一个外口,如乳漏。

乳头风:又称为"乳头破碎",指乳头、乳颈及乳晕部皮肤浸淫,湿烂破裂的病症。多因肝火不能疏泄,肝胃湿热蕴结而成。其症乳头破碎、裂开,疼痛剧烈,揩之出血或流黏水,或结黄痂,容易继发外吹乳痈。

瘤:瘤者,留滞不去之义。凡瘀血、痰滞、浊气停留于人体组织之中,聚而成形的块状物,称为瘤。相当于西医学的体表良性肿瘤。具有随处可生,发于皮肉筋骨之间,多数不痒不痛,推之移动,生长缓慢的特点。一般分为气瘤(神经纤维瘤)、筋瘤(静脉曲张)、血瘤(海绵状血管瘤)、肉瘤(脂肪瘤)、骨瘤(骨瘤、骨肉瘤)、脂瘤(皮脂腺囊肿)。

岩:病变部肿块质地坚硬如石,表面高低不平,固定不移,状如岩石,破溃后疮面中间凹陷较深,形似岩穴,故称之为岩(岩与癌相当)。常见有乳岩(乳腺癌)、肾岩(阴茎癌)等。

舌菌:病名首见于《沈氏尊生书》。好发于舌两侧或舌尖的下方,初期肿物如豆,头大蒂小,色红紫而疼痛,久而溃破,向四周及深部蔓延,边缘隆起如鸡冠,触之易出血,伴有恶臭,质坚硬,渐大如菌状而得名。后期舌体缩短,痛不可忍,极易出血不止。相当于西医学的舌癌。

茧唇:病名首见于《疮疡经验全书》。口唇部位肿物外形如蚕茧,质地较硬,故名茧唇。相当于西医学的唇癌。

失荣:病名首见于《外科正宗》。常见于颈部两侧或耳之前后,肿块坚硬如石,推之不移,因本病后期患者面容憔悴,形体消瘦,状如树木焦枯,失去荣华者,故称为失荣。

肾岩翻花:病名首见于《疡科心得集》。其特点是发病年龄多在 40～60 岁,阴茎头部表面见丘疹、结节、疣状物,质地坚硬,溃后状如翻花状。相当于西医学的阴茎癌。

翻花疮:皮肤病损部位溃破之后,不能愈合,胬肉突出疮口外翻,好似花蕊一般,头大蒂小,一旦碰伤,流血不止。相当于西医学的鳞状上皮癌、基底细胞癌或良性乳头状瘤等。

胼胝:俗称"茧子"。《诸病源候论·手足发胼胝候》记载:"人手足忽然皮厚涩而圆短如茧者,谓之胼胝。"其特点是手掌、足跖等受摩擦部位的皮肤增厚,触之较硬,表面光滑,呈黄白或淡黄色,多无自觉症状。可因外伤(如木刺)或挤压太甚而发生感染,出现局部顽硬肿痛,甚则不能行走。

沿肛痔:沿肛门外皮肤上出现的扁平隆起,呈乳白色或灰白色,渗出臭秽黏液,时有瘙痒或刺痛,严重者可延及外阴、龟头。相当于西医学的尖锐湿疣或梅毒感染等。

脱囊:又名囊脱、脱壳囊痈。其特点是阴囊红肿,皮肤迅速坏死脱落,睾丸暴露。《疡科心得集》记载:"又有脱囊,起时寒热交作,囊红睾肿,皮肤湿裂,隔日即黑,间日

腐秽,不数日间其囊托尽……"相当于西医学的阴囊皮肤坏疽。

肝痈:肝脏发生的脓疡称为肝痈。其临床特点是发热恶寒,右上腹疼痛,右季肋部饱满,有时可见局限性隆起,有明显的触痛及叩击痛,严重者可出现黄疸,B超、CT可明确具体病变部位。相当于西医学的肝脓肿。

关格:"关者不得出也,格者不得入也。"关格是指肠腔内容物不能顺利通过肠道。其临床表现主要有腹痛、呕吐、腹胀、便闭(不排气、排便)。相当于西医学的肠梗阻,临床也称为"肠结"。与中医内科所谓的因肾功能不全所致的"关格"有所不同。

风:"风为百病之长",故外科以风来取名的疾病很多,病种也很广泛,包括疮疡、皮肤、口腔、肛门等疾病。如破伤风、骨槽风(下颌骨骨髓炎)、麻风、白癜风、鹅掌风(手癣)、喉风(喉头水肿)、唇风(剥脱性唇炎)、肠风(便血、肛旁脓肿)等。这些以风取名的疾病的共同特点就是多与风邪有关,多数为起病较急,发展较快的急性疾患。

毒:外科以毒来取名的疾病很多,且病种庞杂,不能代表某一种性质的疾病。如委中毒(腘窝部急性淋巴结炎)、时毒(流行性腮腺炎)、便毒(腹股沟淋巴结炎)、阴毒(恶性肿瘤)、丹毒、眼胞菌毒等。此外,对某种外科疾病,一时不能定出确切的病名,也常用毒来取名,如无名肿毒、胎毒、痧毒等。

痰:以痰命名的外科疾病大多发于皮里膜外,肿硬似馒,皮色不变,按之有囊性感,将溃皮色转为黯红,溃后或出黏液,或脓中夹有败絮样物质等。相当于西医学的两大类疾病,一类是结核性疾病,如流痰(骨关节结核)、肾俞虚痰(腰部冷脓肿)、穿拐痰(踝关节结核)、乳痰(乳房部结核);一类是腺体的囊肿性疾病,如痰包(舌下腺囊肿)、痰瘤(颌下腺囊肿)等。

(贾 颖)

复习思考题

1. 分别列举3个据病因、形态、特征、病程、传染性命名的外科疾病病名。
2. 试述风、毒、痰所致疾病及病理特点。

第三章

中医外科疾病的病因病机

📖 **学习目的**

　　通过学习中医外科疾病的病因病机的相关知识,为后续各章节外科疾病的辨证论治奠定理论基础。

学习要点

　　病因包括外感六淫、情志内伤、饮食不节、外来伤害、劳伤虚损、感受特殊之毒、痰饮瘀血;病机包括邪正盛衰、气血凝滞、经络阻塞、脏腑失和;理解气血、经络、脏腑、正气与外科疾病发生发展及预后的关系,并归纳以阴阳来分析疾病的根本性质。

第一节　致病因素

　　外科病因学说的形成始于《内经》。《灵枢·玉版》:"病之生时,有喜怒不测,饮食不节,阴气不足,阳气有余,营气不行,乃发为痈疽。"后经历代医家不断完善,而形成目前的病因体系。

　　病因是引起疾病的各种内在和外来因素。中医学历来主张"审证求因",然后"审因论治"。即熟悉各种致病因素的性质、特点以及它们各自引发的外科疾病的特殊表现,临证时根据这些临床表现推求病因,从而准确地辨证论治。综合外科疾病的病因大致有外感六淫、情志内伤、饮食不节、外来伤害、劳伤虚损、感受特殊之毒及痰饮瘀血七个方面,兹分述如下。

一、外感六淫

　　《外科启玄·明疮疡当分三因论》云:"天地有六淫之气,乃风寒暑湿燥火,人感受之则营气不从,逆于肉理,变生痈肿疔疖。"六淫致病因素只有在人体抗病能力低下时,才能成为发病的条件。但有时可因六淫邪毒的毒力过于强盛,超过了人体正常的抗病能力,也能造成外科疾病的发生和发展。六淫致病的共同特点包括外感性、季节性、地域性、单一性与相兼性、转化性。

(一)火邪

　　火热之邪是外科疾病中最主要的致病因素,如《医宗金鉴·外科心法要诀·痈疽总论歌》云:"痈疽原是火毒生"。火为阳邪,其性炎上,多侵犯人体上部,易耗气伤津,生风动血,易扰心神,火邪夹毒,易致疮疡。火为阳盛所生,火、热性质相同,热为火之渐,火为热之极,火热郁久皆可化毒,热毒势缓,火毒势急。火热蕴于肌肤,营卫不和,局部症见焮红肿胀,灼热疼痛。若热毒郁久,可腐肉成脓,如疔、疖、痈、疽等。火毒内攻脏腑,全身症见高热头痛,烦躁不安,舌苔多黄厚,脉多洪数,甚则神昏谵语、痉厥动风,如疔毒"走黄"、疽毒"内陷"等证。火、热虽盛于夏季,但不如暑邪那样具有明显的季节性,一年四季均可见火热为患。另须注意,五气过极皆能化热生火,如瘰疬、流痰、脱疽,其始为寒,至中后期,寒化为热,热盛肉腐而成脓。火邪的致病特点是,其病多为阳证,发病迅速,来势猛急,局部焮红灼热,肿势皮薄光亮,疼痛剧烈,易化脓腐烂,或见发斑,常伴发热,口渴喜饮,小便短赤,大便干结,甚则动风动血,或见有神志异常等全身症状。

(二)风邪

风为春季主气,风为阳邪,风性燥烈上行,易犯人体上部。风性善行而数变,故发病迅速,部位游走不定,如瘾疹。风为百病之长,其他外感五淫常依附风邪侵犯人体,如风寒、风热等,在外科尤多与湿、热相兼而发病。如风热上受,则见头项宣肿,皮色红,发病速,病势急,如抱头火丹、颈痈等。不唯春季,风邪四时皆可见,如痄腮以春季多见,而瘾疹则四季均可发病。风邪的致病特点是,发病急,病位在上在表,其肿宣浮,或痛或痒,发无定处,走注甚速,病程不长,可伴恶风、头痛等全身症状。

(三)寒邪

寒为冬季主气,为阴邪,易伤阳气,具有"寒主收引"、"寒胜则痛"的特征。寒性收引凝滞,常可使经络阻塞,气血凝滞,阳气不达。寒犯肌肤,如冻疮、雷诺病等;寒凝经脉骨骼,如脱疽、流痰等;寒入脏腑,则见胆石症、肠结等。寒邪的致病特点是,多为阴证,易侵袭筋骨关节,发病缓慢,局部多色紫青黯或如皮色,不红不热,肿势散漫,痛有定处,得暖则减,化脓迟缓,常伴形寒怕冷、四肢不温、小便清长、大便溏薄等全身症状。

(四)暑邪

暑为夏季主气,为阳邪,具有明显季节性,乃火热所化。暑易耗气伤津,暑必夹湿。暑湿侵袭皮肤肌肉,可致暑疖、暑湿流注等。暑邪的致病特点是,多为阳证,患部焮红、肿胀、灼热、糜烂、流脓或滋水淋漓,或痒或痛,遇冷则减,伴有口渴、胸闷、肢倦、神疲乏力等全身症状。

(五)湿邪

湿为长夏之主气,为阴邪,湿性趋下,易袭阴位,其性重浊、黏滞,易阻滞气机,损伤阳气。湿邪易兼邪为病,外科尤以湿热居多。久居潮湿之地,淋雨涉水,梅雨绵绵之时易感。湿邪外侵肌肤,可见湿疮、脓疱疮等。湿邪易伤人体下部,可见水疝、臁疮、青蛇毒、脱疽、淋证等。湿邪每多兼邪为患,有湿热、暑湿、寒湿、风湿等,甚至三邪合而为病,如风湿热侵袭肌肤可发为瘾疹、粉刺、湿疮等。湿邪的致病特点是,局部可见肿胀、水疱、溃烂、渗液、瘙痒等,常伴头身沉重、肢体倦怠、食欲不振,胸闷腹胀、大便黏滞、舌苔厚腻、脉濡缓或滑等全身症状,且病程迁延、缠绵难愈。

(六)燥邪

燥为秋季主气,燥性干涩,易伤津液。燥有凉燥和温燥之分,初秋有夏热之余气,久晴少雨,秋阳曝晒,燥与热相合侵犯人体,病多温燥;深秋近冬,西风肃杀,燥与寒相合侵犯人体,病多凉燥。外科疾病以温燥多见。燥邪侵袭皮肤,则见白屑风(干性脂溢性皮炎)、风瘙痒、肛裂等。皮肤干燥皲裂,易致外邪乘机侵袭,而发痈、手足部疗疮等。燥邪的致病特点是，易伤人体津液，易侵犯皮肤，局部干燥、枯槁、脱屑、皲裂，或痒或痛，伴口干唇燥、咽喉干燥、大便秘结等全身症状。

二、情志内伤

情志是指人体的内在精神活动，包括喜、怒、忧、思、悲、恐、惊，故又称七情。在一般情况下，大多属于生理活动的范围，并不足以致病。只有情志过度方可致病，由于长期的精神刺激或突然受到剧烈的精神创伤，超过了人体生理活动所能调节的范围，可使体内的气血、经络、脏腑功能失调而发生外科疾病。五志过极皆可化火。《疡科心得集·疡证总论》认为外科病"发于脏者为内因，不问寒热虚实，皆由气郁而成。"如郁怒伤肝，肝气郁结，郁久生火；或肝郁伤脾，或思虑伤脾，脾失健运，痰湿内生，以致气郁、火郁、痰湿阻于经络，气血凝滞，结聚成块，形成瘰疬、乳癖，或引起疼痛等。又如肝主疏泄，能调节乳汁的分泌，若产妇精神过度紧张，易致肝胃不和，使乳汁积滞，乳络不畅，瘀久化热，邪热蕴蒸，导致乳痈的发生。再如瘿病，多由于忧郁恚怒，情志内伤，以致肝脾气逆，脏腑失和而发。至于肿瘤的发病更与情志内伤有关，朱震亨认为乳岩是由于"忧怒郁闷，朝夕积累，脾气消阻，肝气横逆"所致；《医宗金鉴·外科心法要诀·项部》论失荣证"由忧思、恚怒、气郁、血逆与火凝结而成"。总之，情志内伤的致病特点是，可以直接伤及内脏，并可影响脏腑气机和病情变化；一般起病缓慢，病程长，伴有抑郁、急躁易怒等精神症状；因脏腑气机紊乱以肝脏的气机改变为主，故常有肝胆二经循行部位夹郁夹痰的表现特点，如颈部、胸胁、乳房等；由于气郁常与痰凝、血瘀并见，故出现局部肿胀，或软如馒，或硬如石，皮色不变，或痛或不痛，或随喜怒而消长。

三、饮食不节

饮食是人体维持生命的重要资源，但是饮食不节，饮食偏嗜，寒温不适，饮食不洁，食毒积累均可导致疾病发生。恣食膏粱厚味、醇酒炙煿或辛辣刺激之品，可使脾胃功能失调，湿热火毒内生，同时感受外邪则易发生痈、有头疽、疔疮等疾病，故《素问·生气通天论》说："高粱之变，足生大丁"。而且由于饮食不节、脾胃火毒所致的疮疡，较单由外邪所引起者更为严重，如消渴病合并有头疽。暴饮暴食，脾胃功能失调，运化无能，湿热壅滞，而生肠痈。至于内痔的发生，也与饮食不节有关，故《素问·生气通天论》说："因而饱食，筋脉横解，肠澼为痔"。皮肤病中的粉刺、酒渣鼻的发生，多与过食醇酒炙煿、辛辣甜腻之品有关。饮食偏嗜可导致某些营养元素的偏缺，如烟酸缺乏导致的糙皮病。饮食寒温不适，如常食过烫汤水易致食管癌。饮食不洁可致胆道蛔虫病。食毒积累如农药、重金属超标可损伤人体正气，可能引发肿瘤等。饮食不节的致病特点是，发作急性的多见痛、呕、胀、闭或泄泻，如肠结；发作缓慢的多见有形之积，如腹中包块、结石、肿瘤等，常伴有纳谷不香、脘腹不适、舌苔浊腻、脉滑等全身症状。

四、外来伤害

外科疾病中，凡跌仆损伤、沸水、火焰、强酸强碱、寒冻及金刃竹木创伤等一切物理和化学因素都可直接伤害人体，引起局部气血凝滞、经络阻塞、郁久化热、热胜肉腐，导致水火烫伤、化学烧伤、冻伤、外伤染毒等外伤性疾病。如《外科正宗·汤泼火烧》曰："汤泼火烧，此患原无内症，从外来也。有汤水热极，逼毒内攻。"或因损伤后脉络瘀阻,而继发瘀血流注、脱疽、青蛇毒等。如《素问·缪刺论》曰:"人有所堕坠,恶血留内。"同时也可因外伤复又感受毒邪,导致破伤风或手足部疔疮、附骨疽的发生。如《外科正宗·破伤风》所说:"破伤风,因皮肉破损,复被外风袭入经络,渐传入里。"外来伤害的致病特点是,病起突然,外无六淫所感,内无七情所伤,皆为意外变故造成。无论人体正气强弱与否,外来伤害可直接损及皮肤、肌腠、筋骨,甚可引起全身脏腑气血的严重变证。

五、劳伤虚损

劳伤虚损主要是指过度劳力、劳神、早婚、房事过度及妇女生育过多等因素,导致脏腑气血受损,阴阳失和,使正气亏损而发生疾病。劳力过度,肌肉劳损而伤脾伤气,如久立负重,血壅于下,气虚血瘀,可引起下肢筋瘤等;脾气不足、中气下陷可致脱肛;剧烈运动可引发结石性肾绞痛;饱食后立即强力劳作可致肠扭转等。劳神过度,思虑伤脾,暗耗心血,气血不足,运化失常,若患疮疡,必难脓难溃难敛,或易致疽毒内陷。早婚、房事过度及妇女生育过多可伤肾,或有小儿先天不足,肾精不充,肾主骨,肾虚则骨骼空虚,风寒痰浊乘隙入侵而生流痰;肾阴不足,虚火上炎,灼津为痰,痰火凝结而生瘰疬,且瘰疬治愈之后,可因体虚而复发;肝肾不足,寒湿外侵,凝聚经络,闭塞不通,气血运行不畅而成脱疽,或致阳痿。劳伤虚损的致病特点是,多为因虚致病,虚损于日常生活之中,感邪在不留意之间,一般来说劳倦伤于脾,房室伤于肾。

六、感受特殊之毒

特殊之毒不仅包括虫毒、蛇毒、疯犬毒、药毒、食物毒,尚有疫毒。外科疾病中,可因虫兽咬伤,感受特殊之毒而发病,如毒蛇咬伤、狂犬病,《诸病源候论·腹蛇螫候》曰:"凡蝮蛇中人,不治,一日死。若不早治之,纵不死者,多残断人手足",《医门补要·疯犬毒述》曰:"……倘人被咬破伤……有毒内犯,作犬吠声,数日乃毙";因接触疫畜如牛、马、羊而感染疫毒的疫疔;因毒蜂、蜈蚣、蜘蛛、松毛虫等引起的毒虫咬伤或虫咬皮炎;某些人由于禀性不耐,接触生漆后而发漆疮;或服用某种食物后中毒,如《诸病源候论·食诸菜蕈菌中毒候》曰:"蕈、菌等物,皆是草木变化所生,出于树者为蕈,生于地者为菌……或有毒者,人食遇此毒,多致死,甚疾速;其不死者,犹能令烦闷吐利,良久始醒";或因禀性不耐而引起瘾疹、湿疮等皮肤病。此外,凡疮疡未能找到明确的致病因素者也称为毒,如无名肿毒。而疫疠之毒有强烈的传染性,其毒或自肌肤而入,或从口鼻侵犯,毒气暴烈,致使人体不胜防御,轻则害于肌肤,重则内犯脏腑。这是古代医家在长期的医疗实践过程中,观察到某些致病因素不能概括在六淫之中,因而另创立了毒邪发病学说,这也是病因学方面的一大发展,为后世提供了辨证和治疗的依据。毒的致病特点是,一般发病迅速,有的具有传染性,常伴有局部疼痛、瘙痒、麻木、肿胀、水疱、瘀斑、坏死,以及发热、口渴,甚至神昏、惊厥等全身症状。疫毒尚有自身独有的特点,即传染性强,易于流行,发病急骤,病情危重,一气一病,症状相似。

七、痰饮瘀血

痰饮、瘀血均是脏腑功能失调的病理产物,在一定的条件下,又能作用于某些脏腑导致新的病理变化,产生继发病证。临床上痰饮与瘀血常相兼致病,互为因果。

　　肺、脾、肾、三焦功能失常,均可聚湿而生痰饮。《杂病源流犀烛·卷十六湿·痰饮源流》曰:"其(痰)为物则流动不测,故其为害,上至巅顶,下至涌泉,随气升降,周身内外皆到,五脏六腑俱有。"痰饮可阻滞气机,阻碍气血运行,致病广泛,症状复杂,有"怪病多痰"的说法,且病势缠绵,病程较长。外科之痰,主要指凝聚于肌肉、经络、骨节之间,有征可凭的有形之痰,具体表现因痰凝部位和所致病证的不同而各异。痰阻阳明、少阳之经,可致瘰疬;痰凝乳络,可生乳核、乳癖;痰凝肌肤,可发为肢体结节肿块;痰留骨节,可发为流痰等。总之由痰导致的外科疾病分为以下三类,其一因为某些外科疾病是由痰引起的,所以直接以痰命名,如子痰、流痰、阴茎痰核等;其二有一些疾病虽非以痰命名,但其发病与痰有关,如气瘿、石瘿、气瘤、肉瘤、骨瘤等;其三包括西医学所称的一些囊肿性病变,如甲状腺囊肿、腱鞘囊肿、坐骨结节囊肿等,中医学认为也与痰有关。痰饮的致病特点是,起病缓慢,病程较长,早期症状多不明显,日久局部肿起,呈结节状硬块或囊性肿块,不痛或微痛,有的可排出痰浊样、粉渣样或败絮样内容物。

　　临证中凡外伤出血、血热妄行、脾虚失统、寒客经脉、热与血结、气虚不运、气滞不行等,均可造成血瘀。如《血证论·瘀血》曰:"既是离经之血,虽清血鲜血,亦是瘀血。"《医林改错·论小儿抽风不是风》曰:"元气既虚,必不能达于血管,血管无气,必停留而瘀。"《医林改错·膈下逐瘀汤所治之症》曰:"血受寒则凝结成块,血受热则煎熬成块。"瘀血的致病范围广,病种多,症状复杂,涉及人体内外上下、脏腑经络、皮肉筋脉。临床表现因瘀血所在部位不同而各具特点,瘀阻皮肤,可发生白疕、油风、瓜藤缠、药毒等;瘀阻肌肤,营气不从,逆于肉理,乃生痈肿、疮疡等症;瘀阻趾端,血行闭塞,可致脱疽;脉络滞塞不通,则发恶脉、胸痹;瘀血滞留肛门不散,脉络曲张,则发为痔;下焦蓄血,瘀阻膀胱,则致癃闭;瘀血阻于肠胃,血热相结,可发肠痈、肠结。此外,男子前阴病中之子痈、囊痈、阴茎痰核等,因瘀血引起者亦为常见。肾岩、乳岩等恶性肿瘤,瘀血更是重要的致病原因。瘀血的致病特点是,肿胀结块,疼痛,固定不移,出血紫黯或夹有血块,肌肤甲错,面唇青紫,舌质紫黯或有瘀斑、瘀点,脉涩或迟、沉、弦、结代等。以上各种致病因素可以单独致病,也可以几种因素同时致病,并且内伤和外感常常相合而成。此外,需要注意是外科疾病的发病原因与发病部位有一定的关系。同一疾病,发生于不同部位,其病因也不尽相同。如丹毒总由火毒为患,若发于头面,则多夹风邪;发于两胁,多兼气郁;发于股胫,多兼湿邪,治法亦各异。在临证时应四诊合参,还应综合局部症状和全身症状进行全面分析,才能准确审清病因,推断病机。

第二节　发病机理

　　外科疾病的发病机理主要涉及邪正盛衰、气血凝滞、经络阻塞、脏腑失和四个方面。

　　外科疾病发病机理研究的目的是通过探讨外科疾病的发生、发展和转归的规律,从而揭示外科疾病的本质,并进一步为临床辨证论治提供依据。由于各种致病因素的作用,形成了气血凝滞、经络阻塞、脏腑失和、阴阳失调等病理变化,从而产生各种外科疾病。兹从疾病发生、疾病发展变化、疾病转归、疾病中的邪正盛衰与病理改变等方面分别论述。

一、疾病发生

中医学认为阴平阳秘是人体正常的生理状态，一旦致病因素导致机体阴阳失调，便会产生临床症状，发生病变，也就是说阴阳失调是疾病发生的根本原因。阴阳失调有两方面的原因，一是机体本身的功能失调，包括脏腑、气血、经络等的功能失调；二是各种外来因素对人体的破坏，即邪气的侵袭。阴阳失调的发生，就是由于邪正相争，正不胜邪导致的结果。

（一）正气不足是外科疾病发生的内在根据

外科疾病发生与否，与正气的盛衰有密切关系。一般来说，阴平阳秘，脏腑功能正常，气血充盛，卫外固密，即使外感六淫，也不一定发病；反之，则易于发病。此即《素问·刺法论》所曰"正气存内，邪不可干"。《外科启玄》亦曰"凡疮疡皆由五脏不和，六腑壅滞，则令经脉不通而生焉"。就是说只有在人体正气相对虚弱，卫外不固，抗邪无力的情况下，邪气方能乘虚而入。说明正气不足是外科疾病发生的内在根据。

（二）邪气侵袭是外科疾病发生的重要条件

强调正气在发病中的主导地位，并不排除邪气对疾病发生的重要作用。邪气是发病的重要条件，是破坏阴阳平衡，损伤正气的主要原因。甚至在一定条件下，邪气起着很重要的主导作用，如外来伤害、毒蛇咬伤、疫疠之毒伤人，因邪气异常强烈、凶猛，即使正气充盛，亦能致病。

总之，当邪气侵袭人体时，正气即奋起抗邪。若正气充盛，抗邪有力，则病邪难于入侵，即不发病。若邪气偏胜，正气相对不足，邪胜正负，则使脏腑失和，经络阻塞，气血凝滞，致发外科病变。

二、发病机理

外科疾病总的发病机理主要是邪正盛衰、气血凝滞、经络阻塞、脏腑失和。

（一）气血凝滞

气血凝滞是指气血生化不及或运行障碍而使其功能失常的病理变化，是外科疾病的基本病理变化。气血循行全身，周流不息，温煦肢体，濡养脏腑。气为血之帅，血为气之母，气无血之濡养，则无所依附而郁结；血无气之统帅，则离经散溢而瘀凝。所以气滞可引起血瘀，血瘀亦可导致气滞，无论孰先孰后，最终均导致气滞血瘀并存。《素问·生气通天论》曰："营气不从，逆于肉理，乃生痈肿。"《灵枢·痈疽》亦曰："夫血脉营卫，周流不休，上应星宿，下应经数。寒邪客于经络之中则血泣，血泣则不通，不通则卫气归之，不得复反，故痈肿。"当致病因素造成局部气血凝滞，可出现疼痛、肿胀、结节、肿块、皮肤增厚、出血、瘀斑等。如阻于肺则咳喘咯血；阻于肝则胁痛；阻于膀胱则淋浊、血尿、癃闭；阻于肌肤则肿胀、刺痛、瘀斑、血肿等。

气血凝滞可因病因、病位、脏腑功能和气血盛衰的不同，而表现出寒、热、虚、实之别。由于火热之邪所侵，致经脉不通，气血凝滞，若结聚于皮肉之间，则表现为局部红肿热痛；若结聚于脏腑之间，则剧痛、发热。由于寒湿之邪侵袭，寒性遏抑阳气而致气滞血瘀，若稽留于经脉、肌肉，则局部漫肿、色白或青紫；若深着于筋骨之间，则酸楚作痛、活动不利、麻木肢冷、肉死筋烂，如流痰、脱疽等。由于情志内伤所致的，肝脾郁结则气机不畅,脉络受阻,气血痰浊凝滞,若表现于外则见肿块、结节;若结聚于内则为癥瘕积聚,或至于瘤、岩等。

气血凝滞还会进一步发生病理转变。如果局部气血凝滞不得消散,郁而化热,可致热胜肉腐而为脓。《灵枢·痈疽》曰:"营卫稽留于经脉之中,则血泣而不行,不行则卫气从之而不通,壅遏而不得行,故热。大热不止,热胜则肉腐,肉腐则为脓。"即便是阴证,寒邪蕴久,气血凝滞,亦可郁久化热致肉腐成脓。初起的气血凝滞还可进一步导致脏腑功能失调、气血津液逆乱,甚至病情的质变,如乳癖之气血凝滞不得解,气滞、血瘀、痰凝相合日久,可转变为乳岩。

此外,外科疾病的发生与否,与人体的气血盛衰有密切的关系。气血盛者,即使外感六淫邪毒,或内伤七情,也不一定发病;反之气血虚则易发病。气血的盛衰直接关系着外科疮疡的起发、成脓、破溃、收口等,对病程的长短、预后有重要的影响。如气血充足,外科疮疡不仅易于起发、成脓、破溃,而且也易于生肌长肉而愈合,多表现为实证;如气虚则难于起发、成脓、破溃,如血虚则难以生肌收口,甚至因气血虚弱无力抗邪托毒,毒不能随脓出而解,还易发生邪毒内陷,侵入营血,内攻脏腑,引起危急重症的发生。

(二)经络阻塞

局部经络阻塞是外科疾病总的发病机理之一。各种致病因素侵害人体,导致气血不和、局部经络阻塞、郁结不通,进而发生各种外科疾病。无论疾病发于体表或脏腑,都具有经络阻塞不通的病理改变。如《外科秘录》曰:"五脏六腑各有经络,脏腑之气血不行,则脏腑之经络即闭塞不通,而外之皮肉,即生疮疡矣。"《医宗金鉴·外科心法要诀·痈疽总论歌》曰:"痈疽原是火毒生,经络阻隔气血凝。"同时,身体经络的局部虚弱也能成为外科疾病发病的条件,局部损伤后易被毒邪侵犯而发生痈肿,如外伤瘀阻后形成瘀血流注,头皮外伤血肿后常可导致油风的发生等,所谓"最虚之处,便是容邪之地。"

由于经络贯通内外,具有运行气血,联络脏腑、沟通表里的功能,故在外科疾病的发生、发展和传变过程中起着重要作用。经络是传导毒邪的通路,故体表的毒邪,可沿经络由外传里,内攻脏腑,如疔毒内陷、疔疮走黄;脏腑的内在病变,可沿经络由里达表,如肺经风热而致痤疮,肝气郁结而致乳癖等。

此外,患病部位所属经络,与外科疾病的发生、发展也有着重要的联系。如有头疽生于项两侧者,为足太阳膀胱经所属,该经为寒水之经,也为多血少气之经,所以难以起发。臁疮本属难以愈合之病,而外臁与内臁相比,外臁则易收口,因外臁为足阳明胃经所属,为多气多血之经;内臁为足太阴脾经所属,为多气少血之经。但须注意,疾病痊愈的难易,除与患部经络气血多少有关,更重要的是疾病性质,如乳房部属足阳明胃经,若为乳痈则易治,若为乳岩则难治。

经络阻塞和气血凝滞,同为外科疾病的主要病机,两者密切相关,可互为因果。但两者又可因受邪不同,而有孰先孰后之别。因外邪所侵的,必先舍于皮毛,以经络阻塞而致气血凝滞者为多;因内伤于脏腑的,以气血凝滞而致经络阻塞者为多。

(三)脏腑失和

由于人体是一个完整的统一有机体,因此,外科疾病虽然绝大多数发于皮、肉、脉、筋、骨的某一部位,但与脏腑有着一定的联系。如脏腑功能失调,可以导致外科疾病的

发生。《外科启玄》说："凡疮疡,皆由五脏不和、六腑壅滞,则令经脉不通而生焉。"《素问·至真要大论》曰："诸痛痒疮,皆属于心。"心为火脏,心主血脉而行气,若气血凝滞,则夹心火之热,而主痛疽之类。心主神志,常受情绪影响,又为五脏六腑之大主,故各种病因导致气血凝滞而患生外科疾病的,多与心火炽盛、血热有关,如心火上炎则口舌生疮;心火下移则尿急尿痛;心火外达则颜面生疮等。肺主气,司呼吸,开窍于鼻,肺火炽盛可发鼻疔;心肺蕴热,迫血妄行,上犯清道则鼻衄;肺气通于喉,咽喉疾患均与肺有关;肺主宣发肃降,主皮毛,肺不宣发,津液不布,可患硬皮病;肺经风热可致痤疮。脾为后天之本,气血生化之源,脾统血,主运化。脾虚气血生化不足,疮疡难脓难溃难敛;脾气虚,统摄无权,血溢脉外则见各种出血症见;脾虚中气下陷,可致脱肛;脾失健运,聚湿成痰,痰湿结于皮里膜外,可见痰核、瘰疬、瘿瘤;唇为脾之外候,脾胃热壅,上蒸于唇,发为唇风;心脾积热则唇舌燥裂,破生口疮。肝主疏泄,条达气机,若情志内伤,肝气郁结,可致气瘿;肝郁克脾,痰气互结,气血凝滞而痼着不去,则生石疽、肿瘤;肝藏血,肝血不足可见筋脉失养、爪甲失荣等。肾藏精,为先天之本,肾无实而多虚,肾虚骨骼空虚,风寒痰浊为患,可致流痰;肾阴不足,虚火上炎,灼津为痰,痰火凝结而生瘰疬;肝肾阴虚,精血不足,可见脱发等。此即"有诸内必形诸外"、"有诸外必本诸内"之说。因此,外科疾病的发生与脏腑失和有关。

同时,脏腑功能失调可引起脏腑本身的病变,所有内痈和急腹症皆由脏腑功能失调所致。如肠道传化失常,气血瘀结,可致肠结;肠道湿热壅盛,可致肠痈;胆失通降,郁而生热,聚而成石,发为胆石;肺热壅滞,可致肺痈等。

不仅脏腑内在的病变可以反映于体表,体表的毒邪通过经络的传导也可影响脏腑,导致脏腑失和而发生病变。如颜面部疔疮、有头疽、疫疔、毒蛇咬伤等可因热毒、疫毒、蛇毒的毒邪炽盛,或因体虚正不胜邪,而使毒邪走散,内攻脏腑,而成走黄、内陷之证,出现相应的七恶征象。如毒邪攻心,蒙闭心包,扰乱神明,则出现神昏谵语;毒邪犯肺则见咳嗽、胸痛、痰血等。

（四）邪正盛衰

外科疾病与其他任何疾病一样,是一个动态的过程,自始至终都存在着正邪斗争的基本矛盾。正邪双方力量的对比变化,决定了疾病证候的虚实,如《素问·通评虚实论》曰："邪气盛则实,精气夺则虚。"同时,邪正盛衰还直接影响着疾病的预后与转归。

外科疾病的发生发展有其自然规律,正邪双方力量的对比变化在不同阶段表现出应有的证候。如正盛邪实的疮疡,正邪相搏剧烈,临床多为阳证、实证,全身症状可见高热、烦渴、便结、溲赤、舌红、苔黄、脉实有力,局部症状初起见局部高肿,根盘收束;中期脓成见顶高根收,皮薄光亮;后期溃后脓出黄稠鲜明,腐肉易脱,疮口易敛。如正虚邪实的疮疡,正气抗邪无力,临床多为阴证、虚证,全身症状可见神倦、面色无华、自汗或潮热盗汗、脉虚无力等;局部症状初起多见患处漫肿平塌,根盘不束,或坚硬结肿,不红不热,不痛或微痛;中期或难脓难腐,或脓成后疮顶软陷,肿硬紫黯;后期难以破溃出脓,或溃后脓水清稀淋漓,时流血水,肿痛不减,久不收口,迁延难愈,甚至毒邪内陷而为败证。

外科疾病的发展过程中,治疗措施及用药可对邪正盛衰产生重要影响。如阳证疮疡初期,过投寒凉,常使正气内伤,无力抗邪,气血凝滞而毒聚不消,或转为半阴半阳证。又如疮疡脓成，不治以托脓外出之法，或未及时切开引流，反致脓毒旁窜深溃，损筋伤骨，甚至内攻脏腑，而致正气大伤。

外科疾病的发展过程中，机体正气损耗亦可对邪正盛衰造成重要影响。重病或久病，因毒邪久羁，耗伤正气，或热毒伤阴，或脓泄大伤气血，阳证实证可转为阴证虚证，从而邪正盛衰的斗争格局也发生本质的变化。

三、疾病转归

外科疾病的转归取决于正邪双方力量的对比变化。具体来说，与患者禀赋的强弱、疾病的性质、受邪的轻重、发病的部位、治疗及调摄的正确与否均有密切关系。

（一）正胜邪退

正胜邪退，是疾病向好转或痊愈方面转归的一种结局，多由于患者正气较盛，抗邪能力较强，或能得到正确治疗，或两者兼而有之所致。以疮疡为例，在疾病早期如能及时调整局部郁闭的气血，可使病变较快消散；在中期如能托脓外出，使毒随脓泄，可渐向痊愈；在后期如能善用补法，使气血充足，创面收敛愈合，不致余邪留恋。即使病情危重，如能及时控制毒邪，顾护正气，使正胜邪退，亦可转危为安。

（二）邪胜正衰

邪胜正衰，是指邪气亢盛，正气虚弱，机体抗邪无力，病势迅猛发展的病理过程，是疾病向恶化甚至死亡方面转归的一种趋势。多由邪毒太盛，或病久正气衰败，或治疗不当所致。如烂疔因毒邪过于强盛而走黄，有头疽因正气不足而疽毒内陷，颜面部疔疮误用艾灸火攻导致热毒鸱张而走黄等。无论何种原因所致正不胜邪，均属危候，预后不良。

（三）正虚邪恋

正虚邪恋，是指正气已虚，余邪未尽，由于正气难复，致使疾病处于缠绵难愈的病理过程。正虚邪恋多见于疾病后期，常是疾病由急性转为慢性，或慢性病经久不愈，或遗留某些后遗症的主要原因之一。如瘰疬、流痰溃后形成的慢性窦道。

（四）邪去正虚

邪去正虚，多见于疾病后期，病邪虽已祛除，但正气亦已耗伤，有待机体逐渐恢复的一种转归，多见于重病的恢复期。如岩之化疗及放疗后正邪俱损的状态。

总之，外科疾病的发生、发展、变化和转归，与局部的气血凝滞、经络阻塞以及脏腑失和关系密切，而邪正盛衰的变化贯穿了整个病程。病机虽然复杂，但正如《疡医大全·论阴阳法》所云"医道虽繁，而可以一言蔽之者，曰阴阳而已。"气血、经络、脏腑、正邪均可以阴阳失调或偏胜而概括之。气为阳、血为阴，腑为阳、脏为阴，经络有阳经、阴经之分，邪有阳邪、阴邪之分，正虚亦有阳虚、阴虚之别。临床病象尽管多种多样，总可以阴阳学说来概括分析疾病的根本性质为阳证或阴证。同时病情是不断发展变化的，还要注意病程中的阴阳消长和转化，作为临床用药的指导。正如《洞天奥旨·疮疡阴阳论》曰："疮疡最要分别阴阳，阴阳不明，动手即错。"只有明晰了疾病的阴阳属性，损其有余，补其不足，临证才不致有误。

（肖红丽）

复习思考题

1. 如何理解"痈疽原是火毒生"？
2. 外科疾病与气血、经络、脏腑的关系？

第四章

中医外科疾病辨证

📖 **学习目的**

  通过学习四诊在外科疾病中的应用、辨证方法及特点,为培养正确的中医辨证思维打下坚实的基础,达到掌握正确的治疗方法的目的。

  学习要点

  外科疾病的辨证主张辨病与辨证相结合,全身辨证与局部辨证相结合,尤其强调阴阳辨证是总纲,局部辨证是重要内容。

第一节 辨病与辨证

  所谓证是对疾病某一阶段所表现出的各种症状和体征的综合判断,是对疾病过程中的病邪、病位、病变性质和正邪斗争等方面的概括,是对疾病本质的揭示。辨证,就是将四诊所得的临床资料,应用中医学理论和多种辨证方法,从不同的角度分析、归纳、综合揭示出疾病的证,然后指导临床施治的方法学。所谓辨病,就是认识和掌握疾病的现象、本质及其变化规律。例如均为疔疮,疫疔、手足疔疮、颜面疔疮的症状表现、施治方法和预后转归等是不同的。

  中医学特别强调辨证,认为只有辨证,才能抓住疾病的本质,抓住动态变化中的相对静止,而后从根本上指导临床施治。中医外科诊疗疾病的特点是辨病与辨证相结合,先辨病,后辨证。目前中医外科临床中常用的有分期辨证、八纲辨证、局部辨证、部位辨证、脏腑经络辨证、辨善恶顺逆等。

一、外科疾病的辨证特点

(一)辨证与辨病相结合

  中医外科对疾病的认识由来已久,我国现存最早的第一部外科学专著《刘涓子鬼遗方》中就有痈疽的鉴别诊断。外科疾患都是以病命名的。正如《疡科心得集·疡证总论》:"凡治痈肿,先辨虚实阴阳……又当辨其是疖、是痈、是疽、是发、是疔。"明确提出,外科疾病的诊断不仅要求辨证,而且应当进行辨病,即辨证与辨病相结合,这是外科疾病的辨证特点之一。一般在临诊时,往往先辨病,后辨证,即先明确诊断,然后就同一疾病在发病的不同阶段,或由于患者的个体差异所表现的不同临床症状进行辨证分析,进而根据不同的证型采取相应的治疗措施。

（二）局部辨证与全身辨证相结合

中医外科学研究对象是以人体外部或局部症状为主要临床表现的疾病,都有局部的病灶,但根源在脏腑,又具全身的症状。所以外科疾病辨证的另一特点是局部辨证与全身辨证相结合,但应以局部辨证为主。如流痰发病缓慢,局部不红不热,化脓也迟,溃后脓稀薄如痰,不易收口,以阴阳辨证来辨属阴证。但结合全身症状来辨,病的后期,如日渐消瘦、精神委顿、面色无华、形体畏寒、心悸、失眠、自汗、舌淡红、苔薄白、脉细或虚大者,属气血两亏;如午后潮热、夜间盗汗、口燥咽干、食欲减退,或咳嗽痰血,舌红少苔,脉细数者,则属阴虚火旺。

（三）分期辨证

任何疾病都有一个发生发展和转变传化的过程。中医外科疾病多有局部症状可凭,因此更易直观地划分出不同的阶段。比如化脓性疾病多有初期、成脓、溃后三个明显不同的阶段;皮肤病同样具有较为明显的阶段性;肛门直肠疾病中内痔有三期、肛裂分早期和陈旧两类。此外周围血管病、男性前阴病以及外伤性疾病等都有明显的阶段性,均提示人们要重视分期辨证。

二、外科疾病的辨病方法

（一）详询病史

主要是从本次发病的原因或诱因开始,细致而有重点地询问发病的过程,疾病的变化,从中抓住可以决定或提示诊断的关键线索,为辨病提供依据。对过去的病史(包括个人生活史)、做过的诊断、治疗的经过和效果,亦应加以询问,以资参考。例如有足癣的患者,突然出现下肢红肿,多数为丹毒。

（二）全面体检

在询问病史的同时,对每位患者均进行全面体检,既可以了解患者的一般状况,又可以全面搜集临床体征,提供分析、判断的资料,避免漏诊或误诊,从而达到准确辨病的目的。如对乳房肿块的患者,细致诊查全身和乳房局部情况以及区域浅表淋巴结的变化,有助于乳癖和乳岩的鉴别。

（三）注重局部

外科疾病的最大特点是局部症状与体征,不同的疾病局部表现各异,同一种疾病不同阶段也表现不一,因此重点诊察局部特征是辨病的关键。局部表现对确定是否属于外科病、是哪种疾病、处于哪一阶段都是至关重要的。同时详查局部又可积累外科临床经验、验证疗效。

（四）选用新技术和必要的辅助检查

新技术是四诊的发展和延伸,并可提供疾病微观状态不同侧面的真实情况,合理选用新技术和辅助检查对辨病和辨证是必要的。当然,有些新技术的特点是有创性、价格昂贵,而且需要具备一定的条件等,因此临床选用时必须了解新技术的原理、目的、适应证、注意事项、不良反应等。

（五）综合分析

辨病时,运用望、闻、问、切四诊的方法,取得临床第一手资料,这些资料的完整、全面、准确与否,直接影响辨病的准确性。对四诊资料细致入微地全面分析,对于辨病是十分重要的。

第二节　四诊在外科中的应用

望、闻、问、切四诊，是诊断外科疾病的重要手段。人体是一个有机整体，局部的病变可以影响全身，内脏的病变可以从五官、四肢、体表等各方面反映出来。正如《丹溪心法》所说："欲知其内者，当以观乎外；诊于外者，斯以知其内。盖有诸内者形诸外。"所以通过四诊等手段，诊察疾病显现在各个方面的症状和体征，就可以了解疾病的病因和病性、病位，从而为辨病和辨证提供客观的依据。外科四诊的方法大致与内科相同，必须四诊合参，才能对疾病做出正确的诊断和辨证。本节仅就四诊在外科学应用的特点分述于下。

一、望诊

外科望诊包括望神色形态、望舌、望局部病变等几个方面。

（一）望色

外科严重的急慢性疾病，可有面色之改变。面色白，属虚寒；面色苍白枯槁，属血虚；面色红，属热，如疮疡高热时面色多红赤；面目鲜黄，属湿热黄疸；面色萎黄，气血亏虚；面色黯黑，多属血瘀或肾气大亏；面色青紫，主寒、主痛，为肺气壅塞或气血瘀滞。

（二）望神

神指精神、意识。主要包括眼神、语言、呼吸、动作反应等。精气足则神旺，精气虚则神疲。神藏于心，外候于目。目光明亮、神采奕奕为有神；目光黯然、迟钝缓慢为失神。患者精神好，意识清楚，多为病轻，预后好；精神不振，意识昏糊不清，多为病重，预后不佳。如皮肤疥癣小疾，患者多神清语利，动作敏捷，两目精彩，虽有疾而神未伤。如疮疡后期、癌肿晚期，走黄、内陷时，精神萎靡，表情淡漠，神志昏蒙，则神气大伤。如有疮形虽大，疼痛剧烈而有神者，预后仍好。说明神既标志正气的强弱，又可反映预后的吉凶。

（三）望形态

望形态指观察患者的形体和姿态。体形壮实，发育良好者，为体质强；体形消瘦，发育差者，为体质弱。胖人多痰湿，瘦人多虚火。患者病情不同，姿态各异：如对口疽患者，颈必强，头之转侧困难；附骨疽、鹤膝痰等下肢骨与关节病者，行走困难，跛行；龟背痰可致驼背；脱疽患者夜间多抱足而坐；颈椎流痰患者多以手抵下颌，而呈颈缩俯形之态；乳痈妇女多以手托乳房缓慢而行；当有脸如狮面、眉毛脱落者是麻风；皱眉苦脸者知有痛处等。总之，仔细观察患者体态，有助于诊断疾病的部位和性质。

（四）望舌

望舌在望诊占有重要地位，包括舌质、舌苔和舌体等三个方面的变化。舌为心之苗，苔为胃气之反应，因此，脏腑气血之虚实、病邪之深浅、津液之盈亏，均可在舌象上表现出来。故望舌可以判断正气盛衰，分辨病位浅深，区别病邪性质，推断病情进退。

1. 望舌质　舌红多热证，急性病见之多实热证，慢性病见之则多属阴虚；舌红而起刺者，属热极，见于里实热证；舌红而干燥者，属热盛伤津，可见于中度以上烧伤。舌绛主热、主瘀，为邪热入营，内陷心包，多见于疔疮走黄、有头疽内陷、烫伤后期等；舌绛而干,形似猪腰,为邪热伤营,肾阴枯涸,见于脑疽、发背并消渴病,而病情严重;舌绛,光滑如镜,为病久阴伤胃虚,应用大剂量抗生素之后亦能见到此舌质。舌淡白主虚、主寒,舌淡胖为阳虚有寒,常见于疮疡溃后,脓出过多的患者,或为慢性消耗性疾病,如流痰;舌胖嫩而边有齿痕,多属气虚、阳虚,系统性红斑性狼疮后期或应用大剂量激素之后常能见到此种舌质形态。青紫舌,多属瘀血征象,见于创伤瘀血、脏器破裂等。

2. 望舌苔　白苔而薄者,见于外病初起而兼表证者,如瘾疹、发颐、颈痈等;白苔而厚者,主痰湿、食积,见于手术后消化功能紊乱证属食积者;舌淡苔白者主寒,见于脱疽、冻疮等病。黄苔多为邪热蕴结,主热、主里,薄黄为热轻,黄厚为热重,见于疔疮、痈疽等。黑苔主里,有寒热之分,热者是苔黑乌燥,为热极似火,犹如火过炭黑,见于邪热内攻之危重症,如疔疮走黄;寒者是苔黑而湿润,为阳虚极寒、命门火衰,黑色上泛所致,见于亡阳之证。腻苔,主湿,白腻为寒湿,见于脱疽、冻疮等;黄腻为湿热,在外科病中最为常见,凡湿热所致诸症如子痈、囊痈、肛痈、湿疹、脓疱疮等;若黄腻不化,舌绛起刺,体温升高,疮疡兼见疮陷色黯,则为病情恶化或并发内陷、走黄之象。

(五)望局部

局部表现是外科疾患的必备的临床症状,是患者主要的痛苦,所以观察局部尤为重要。许多外科疾病,通过局部望诊即可诊断。

1. 望部位　某些外科疾病,比较常见于一定的部位。以疮疡为例,疔疮好发于颜面部及手足部,丹毒常见于下肢与颜面部;冻疮好发于四肢末端或暴露部位;脱疽以下肢多见,雷诺病以上肢多见,蛇串疮好发于胁肋部,白疕好发于头皮、四肢伸侧,牛皮癣好发于颈后侧,玫瑰糠疹先见于躯干前侧;痔疮母痔发于肛门截石位 3、7、9 点,肛裂好发于肛门截石位 6、12 点等。只要熟悉其特征,通过望部位,即可得出初步的诊断。

2. 望形色　外科疾病的诊断,着眼于局部形色的观察,特别是皮肤病,无论是原发皮损还是继发皮损,均可通过望诊而定。疮疡之病,以未溃者称"肿疡",已溃者称"溃疡"。凡肿疡红者多为热证;白者多为寒证;青紫色多为血瘀;黑色者为死肌。又肿而焮赤,界限清楚者为丹毒;弥漫无际者为发;有红线上窜者为红丝疔。肿而高凸者为实证;平塌者为虚证;肿而根脚收束为实证;散漫者为虚证。岩性溃疡,疮面多呈翻花或如岩穴,有的溃疡底部见有珍珠样结节,疮周色泽黯红,内有紫黑腐坏组织,渗流血水。臁疮溃疡边缘起有缸口,周围皮肤乌黑。瘰疬的疮口呈有空腔,疮面肉色不鲜,脓水稀薄,并夹有败絮状物等。如阳证溃疡未脓而突然疮陷色黯,是走黄、内陷的征象;阴证溃疡疮色紫黯,则为难愈、难敛的现象。

二、闻诊

闻诊包括耳闻、鼻嗅两方面内容。

(一)耳闻

耳闻主要是听患者的语音、呼吸、呕吐和呃逆的声音等。

1. 语音　语无伦次,烦躁多言,声音高亢者为谵语,乃热毒炽盛,内攻脏腑之候;呻吟呼号者,在外痈中多是酿脓或溃烂时的剧烈疼痛,在内痈中多为六腑梗阻或穿孔破裂的剧痛表现。其他如烂疔疮面有捻发音,胸腹部溃疡透膜者有儿啼声或气泡破碎音等。

2. 呼吸　一般外科疾病并不影响肺的呼吸,只有重病、大病、危病影响到全身的阴阳气血、脏腑功能而发生明显病理变化时,才能观察到呼吸的显著变化。气粗喘促,在外痈中多是毒邪内陷传肺之险证;在内痈中多肠结,胃肠穿孔等腹胀过度的表现。气息低微乃正气不足的现象,多见于久病之人,如岩症晚期等。若急性病患者,由气粗喘息转为气息低促,为正气已伤,病情也更为危重。

3. 呕吐、呃逆　呕吐、呃逆在肿痛初起,多为热毒炽盛,邪热犯胃,声高有力;溃疡时呕吐、呃逆多为阴伤胃虚,声低、无力。但应详细辨别。如疮疡红肿热痛而呕吐者,为热毒灼胃;便秘、腹胀而呕吐、呃逆频作者,乃胃气上逆;胁痛、腹痛、口苦、口干、而呕吐黄绿水者,为肝气乘脾。还有胃虚停痰而呕吐者;虫积、蛔厥而吐蛔者,均须辨之。内痈早期呕吐频繁,吐出物为胆汁、胃液者,多为肠道梗阻。总之,吐声高扬者,属实,属热;吐声低微者,属虚,属寒。

(二)鼻嗅

嗅诊主要是辨别排出的脓液、痰浊等气味。

痰液腥臭,多为肺痈;脑疽、背疽、脱疽病者,若伴有烂苹果样的呼吸气味,应注意伴有消渴病。鼻流臭涕,多属鼻渊。脓液腥臭难闻,病深在里,多损及筋骨;或为晚期癌肿破溃。胸、胁、腹部溃疡,嗅及臭味,可能为"透膜"。肛门周围脓肿,脓流臭秽,多成瘘管。脓液略带腥味,而无异常臭味者,邪浅病轻。儿童头部糜烂结有黄痂,伴有鼠尿臭者是头癣。小腿部腐烂坏死,有浅棕色混浊稀薄脓液,并有恶臭气味者,可能是烂疔。

三、问诊

外科疾病虽然多数有形可见,但对发病原因、旧病情况、现在病情以及患者的自觉症状,都必须详细询问。

(一)问病因

手足疔疮,多由外伤引起。疔疮受挤压或碰撞后出现高热者,应防"走黄"。乳房结块,坚硬不动,高低不平,经久不消,因情志所伤而引起者,应防患乳岩。右上腹钻顶样痛,应查问有无蛔虫病史。暴饮暴食可引起胃穿孔。饱餐后剧烈活动可引起肠扭转。过度饮酒、过食肥腻,能诱发胰瘅、胆瘅。因服某些药物,而实性不耐者,每易发生药物性皮炎等。

(二)问寒热

疮疡初起,多有恶寒发热,是营卫不和,经络阻塞,疮毒燃发所致。中期酿脓阶段,则高热不退,肿痛日增。疮疡破溃,毒随脓泄,则应身热自退,肿消痛减,是为顺证。如果溃后寒热继作,一般为毒邪未去,正不胜邪,或毒邪流窜,或为"内陷",或为"传囊"。以上乃外痈阳证的寒热规律。外痈阴证,初起一般多不发热,中期可有低热,后期则往来潮热,日晡潮热,五心烦热,为阴虚发热。但寒无热,脉迟无力,为阳虚。寒热往来,口苦咽干,胸满胁痛,为肝胆湿热,此为内痈的寒热要点。

(三)问汗

痈证汗出热退是消散的佳兆。汗出后更烦躁、脉大,为正不胜邪之逆象。痈证汗出热不退,是邪盛难消,则仍有继发的可能。疮疡兼自汗,多为气血不足。大汗、身热、口渴、腹痛、脉洪大为里热实证。先寒战,后汗出,为"战汗",乃邪正交争,是病情发展的转折点。汗出如油,气促者,当防虚脱。如流痰、瘰疬等病出现潮热、盗汗或自汗,多是阴虚火旺或气血不足的表现。

（四）问二便

肿疡患者,大便秘结,小便黄赤,为火毒湿热内盛。溃疡患者,大便秘结,脉微芤涩,为气血衰弱。痔疮患者,排便时间延长,常有便意。便鲜血者,多为肛门直肠病变。柏油样便,多为上消化道出血。儿童腹部阵痛,而有血性黏液便者,多为肠结(肠梗阻)。婴幼儿便血,多为直肠息肉。大便腥臭,形状变细,大便习惯改变,当防锁肛痔,或为肛门病手术后之肛门狭窄。肠痈出现大便次数增多,似痢不爽,小便似淋,乃为酿脓内溃的表现。腹痛、腹胀、呕吐、无排便、排气者,应考虑肠结的可能。

疮疡患者,小便频数,口干引饮,多为伴发消渴。发热而尿黄、量少,为热毒炽盛。尿黄如橘子色,且起泡沫者,为黄疸。血尿常由血热妄行所致,更应注意有无石淋病。尿血无痛,则应警惕肿瘤的可能。小便频数,排尿困难,尿后余沥,或小便不通,多为精癃(前列腺肥大)。

（五）问饮食

外疡患者,纳食有味者病轻,预后佳。病久而纳食不思,为脾胃已衰,病情重或为病势进展。渴喜引饮,多为热重;渴不多饮,多为湿重。腹痛患者,食后痛减,为脾胃虚;食后痛增者,为气滞血瘀或积食。口苦者,胆肝有热;嗳腐酸臭者,胃有宿食;口内甘腻者,脾虚湿盛。此外,瘾疹常与食海鱼、虾、蟹等有关。

（六）问旧病

主要询问有无慢性疾患和有无传染性疾病的接触史。肺痨患者所患瘰疬或痔瘘,治疗困难。疮疡患者伴有消渴病,病情多顽固难愈。不少内痈(急腹症)是慢性病的急性发作。如胃穿孔应问有无慢性胃病史,以及病程长短,病情轻重。

（七）问月经

外科内服药,一般多有行气、活血、通经之品,有碍于妊娠、月经,临证时应该问清楚。此外,有些外科病与月经有直接关系,如月经疹每逢经前出疹,经后好转。乳癖,常伴月经不调,经前胀痛加重等情况。

（八）问职业

有许多外科病与职业有关,如渔民、机械制造工人、泥水工常有皲裂疮。畜牧业、皮毛制革业的工人易发生疫疔。长期站立工作者,易发生筋瘤等。

（九）家族史

了解其家族成员中有无类似的或同样疾病者,或有无可能影响后代的遗传性或传染性疾病者。如疥疮、头癣、麻风,可由家人互相传染。乳癖、乳岩、胃肠道恶性肿瘤、红蝴蝶疮、白疕等病,可能与家族的遗传因素有关。

总之,如何抓住主诉,围绕主要症状,客观地、艺术地进行问诊,是诊断中很重要的一环。因此掌握多方面的知识,不断改进问诊技巧和语言,是很有必要的。

四、切诊

切诊包括脉诊和触诊两部分。

（一）脉诊

脉象变化反映了人体脏腑气血的变化。外科疾病的发生、发展与脏腑功能、气血盛衰有密切的关系。若不诊脉,就无法辨认疾病深浅,邪气盛衰,正气强弱,故脉诊是外科重要的诊断方法之一。并且脉象反映的意义往往与内科有不同的含义,更宜重视。兹将外科常见的病脉分述如下。

1. 浮脉 肿疡脉浮有力,为上焦风热之证;脉浮无力,是气血不足。若溃疡脉浮,则为病势蔓延或有续发的可能;浮而无力,则为正气耗散,易生变证。

2. 沉脉 肿疡脉沉,是寒凝络滞,毒深势固之证,如附骨疽、流痰等病。溃疡脉沉,为毒邪尚存于内,正气无力驱邪外出。

3. 数脉 肿疡脉数,为邪热盛,若洪数为酿脓之象。溃疡脉数无力,为邪热未净,毒邪未化,正气已衰,预后不良。若溃疡脓出,脉洪数大者,此乃邪盛正竭,是为重症。

4. 迟脉 肿疡脉迟,多属正气不足,脉症不符,或为寒邪内积之重证。溃疡脉迟,为脓毒已泄,邪去正衰。

5. 滑脉 肿疡脉滑而数为热盛,为酿脓或有痰。溃疡脉滑为壅结已通之顺象。若脉滑而大,则是邪热未退,痰多气虚。

6. 涩脉 肿疡脉涩,为实邪壅塞,气血凝滞。溃疡脉涩,为阴血已伤。若涩而小弱,形瘦色夺,是为逆证。

7. 大脉 肿疡脉大,为邪盛正实。溃疡脉大,为邪盛病进,其毒难化。

8. 小脉 肿疡脉小,为正不胜邪。溃疡脉细而小,多属气血两虚。

9. 弦脉 肿疡脉弦为气血不和,痰饮郁结,主痛。溃疡脉弦而数,则属邪毒鸱张未减,气血已虚,为逆候。腹痛严重者,脉多弦紧。

10. 细脉 肿疡脉细,是正不胜邪,属逆。溃疡毒气大泄,脉细而有神,尚为顺证。若细而弱,则为阴血亏耗,疮口难敛。在内痈中,脉细数无力,为血亏津伤;若细微欲绝,则将虚脱,病情危重。

外科辨脉纲要:外科疾病,乃邪正相搏而成,邪毒内结,成肿疡;溃脓之后毒去正虚。反应于脉象,主要分为有余之脉与不足之脉。如清代陈士铎所说:"有余之脉,宜现于未溃之先,而不宜现于已溃之后;不足之脉,宜现于已溃之后,而不宜现于未溃之先"。因为未溃之时,邪实正盛,气滞血瘀为常态,若见不足之虚、弱、细、缓等脉,则为脉症不符,治疗困难。已溃之后,毒随脓泄,气血大衰,正气不足,若见有余之脉,如浮、洪、滑、数,则亦是脉症不符,是邪盛气滞难化,治疗也困难,预后较差。虽然如此,各脉如无断续,尚可治疗。若见到结、促、代、散之脉,更属危象。在肿疡阶段,因剧痛气滞,偶一见之,尚不能定为坏证;若溃后,久见结代,绝非佳兆,乃真元不续,药力难以解救。

(二)触诊

触诊是用手触摸病变的局部,以了解病灶深浅、大小、冷热、软硬及有无疼痛、化脓,以及功能障碍等各种病理变化,帮助测定病变性质的一种诊断方法。外科疾病大多在体表有形可见,因此触诊在外科诊断学中占有重要地位。

1. 触皮肤 医生手的温度在正常情况下,扪局部温度是否正常,需要双侧或病侧与健侧对比检查。灼热灼手或冰凉不温均为局部有病变,前者属于阳热证;后者包括部分患者皮肤温度正常,称为"不热",归属阴证范畴。肌肤濡软而喜按者,为虚证;患处拒按者,为实证。皮肤干燥者,尚未出汗;干瘪者,津液不足;湿润者,身已汗出;皮肤甲错者,阴伤或内有干血。按之局部凹陷,举手即起者,为气肿;触按病变局部,肿而不硬不热者,属寒证。

2. 触疼痛 外科疾病不同于内科疾病,其中的多数,特别是创伤、炎症、急腹症等,都有显著的压痛存在,因而准确找寻压痛点,无疑可给诊断提供重要线索。一般来说,轻按即痛者,病位较浅;重按乃痛者,病位较深。触之痛而拒按者,多数实证、阳证;触之痛缓,甚至喜按者,多为虚证、阴证。触痛仅限于一处者,表示病灶局限;触痛范围大者,表示病灶不限于一处,而外科病证的一个显著特点是触痛处即病变处,这在急腹症中尤为突出,所以触疼痛对于外科疾病的诊断有十分重要的意义。

3. 触肿块　包括肿块的位置、大小、数目、形态、质地、压痛、表面光滑度、界限、活动度等物理特征,其目的首先是辨别肿块的性质,尤其是良性与恶性的鉴别,其次是疾病或证候的诊断。一般如按及有明显肿块,界限分明、高肿、灼热,轻按即痛,重按剧痛拒按者,多为阳证、实证;如触之无明显肿块,或肿块界限不清,平塌漫肿,不热或微热,重按隐痛或不痛,或喜按者,多为阴证、虚证。

4. 疮疡局部触诊　若触之高肿,灼热疼痛为阳证;触之平塌、发凉、微痛为阴证。若疮疡按之坚硬而无应指的为无脓;按之软而应指的为有脓。

5. 肿瘤局部触诊　如触及肿块高低不平,坚硬如石,推之不移,皮核相亲,多属岩性肿块;如肿块表面光滑,硬而不坚或质软如绵,根脚活动,不与皮肤粘连的,多为良性肿瘤。

6. 腹部触诊　痛而拒按的多为实证;痛而喜按的多为虚证;腹部疼痛最明显的部位,往往是病变所在之处。腹部压痛之处固定,则为该部脏器有病,如腹内触及包块,则可能是蛔虫性肠梗阻或为肿瘤。

7. 直肠指检　对肛门直肠部疾病及前列腺疾病的诊断有着重要意义。

8. 循经络压痛点触诊　脏腑有病,循其所属或有关经络的循行部位,常可触及压痛点或硬结、条索状物。如胃穿孔、胃扩张,可在足三里穴下 2 寸及梁丘穴下有反应点;肠梗阻、肠穿孔,可在温溜穴及养老穴下有反应点;肠痈在阑尾穴下有反应点;胰腺炎在地机穴下有反应点等。此类触诊不但可资辨证,而且在该处针灸治疗,每获良效。

第三节　辨阴证阳证

一、阴阳是外科疾病辨证的总纲

由于阴和阳是一切事物和现象对立双方的抽象概括。阴阳辨证实际上是表里、寒热、虚实、脏腑、经络等辨证的综合概括。即表、热、实、腑病等属阳;里、虚、寒、脏病等属阴。一般讲,在辨清疾病的表、里、寒、热、虚、实之后,即可判明是阴证或阳证,或半阴半阳证。但外科在辨别阴阳属性上还有自己的特点,即根据疾病的发生、发展、症状和转归等各方面的相对性,可直接辨认其为阳证或阴证。《外科正宗》、《外科大成》、《医宗金鉴》等外科重要文献着重论述阴证阳证,而略于表里、寒热、虚实;而《外科证治全生集》仅以阴阳为辨证论治法则,从而说明外科疾病的阴证、阳证确有一定的独立性。所以,后世医家将阴证阳证放在外科八纲辨证的第一位。如《外科正宗》中的"痈疽阳证歌"、"痈疽阴证歌"等,则明确系统地把阴阳学说作为外科疾病的辨证原则;《疡医大全·论阴阳法》则曰:"凡诊视痈疽,施治必须先审阴阳,乃医道之纲领,阴阳无谬,治焉有差! 医道虽繁,而可以一言蔽之者,曰阴阳而已。"进一步指出阴阳在外科疾病辨证方面的重要性。所以,阴阳不仅是八纲辨证的总纲,也是其他一切外科疾病辨证的总纲。

二、辨阴证阳证

中医外科疾病的阴阳辨证重点在于局部症状,兹将辨别要点列于表4-3-1。

表4-3-1　阴证阳证辨别要点

	阳　　证	阴　　证
发病缓急	急性发作	慢性发作
皮肤颜色	红赤	苍白或紫黯或皮色不变
皮肤温度	焮热	凉或不热
肿胀形势	高肿突起	平塌下陷
肿胀范围	根盘收束	根盘散漫
肿块硬度	软硬适度	坚硬如石或柔软如绵
疼痛感觉	疼痛剧烈、拒按	疼痛和缓、隐痛、不痛或酸麻
病位深浅	皮肤、肌肉	血脉、筋骨
脓液质量	脓质稠厚	脓质稀薄
溃疡形色	肉芽红活润泽	肉芽苍白或紫黯
病程长短	病程比较短	病程比较长
全身症状	初期常伴形寒发热、口渴、纳呆、大便秘结,小便短赤,溃后渐消	初期无明显症状,或伴虚寒症状,酿脓时有虚热症状,溃后虚象更甚
舌苔脉象	舌红苔黄,脉有余	舌淡苔少,脉不足
预后顺逆	易消、易溃、易敛,多顺	难消、难溃、难敛,多逆

三、阴阳辨证的注意事项

(一)局部和全身相结合

虽然阴阳辨证以局部症状为主,但不能孤立地以局部症状为依据,还要从整体出发,着眼于疾病的全过程,全面地了解、分析、判断。把握患者在某个阶段出现的局部症状与全身反应的主次关系,既要准确辨别局部症状,又要结合全身辨证。以乳疽为例,由于病位深在,初期时表现多似阴证,实属阳证。

(二)辨别真假

不能只从局部着眼,要深入分析,抓住疾病的实质,才不会被假象所迷惑。特别是仅凭局部的、一时的表现很容易出现误辨。如流注,初期多为局部色白、漫肿、隐痛,到了化脓时才微红微热,容易误作阴证;其实流注病灶深在肌肉,红热虽不显露,但化脓很快,脓质稠厚,溃后也易收口,同时伴有急性热病的全身症状。故临床中细致、全面地分析,有利于鉴别阴阳的真假。

(三)消长与转化

疾病在发展变化过程中阴证和阳证之间是可以互相转化的,这是由于阴阳与病位之深浅、邪毒之盛衰有关;或是疾病的自身转化,如寒化为热、阴转为阳的瘰疬;脑疽之

实证阳证转化为虚证阴证;或是治疗后的转化,如本属阳证,若临床上给服大量苦寒泻火之剂,外敷清凉消肿解毒之药(或者使用大量抗生素后),红热疼痛等急性症状消失,炎症局限,逐渐形成一个稍红微热隐痛的木硬肿块,消之不散,亦不作脓,这是阳证转为半阴半阳证的表现。但是,阳证由于失治或误治而转化为阴证或半阴半阳证,是应极力避免发生的。临证中凡不属典型阴证或阳证的,即介于两者之间表现者,称为半阴半阳证。

第四节　局部辨证

一、辨肿

肿是由各种致病因素引起的经络阻隔、气血凝滞而形成的体表症状。如《内经》所说"营气不从,逆于肉理,乃生痈肿。"《医宗金鉴》又说:"人之气血周流不息,稍有壅滞,则作肿矣",扼要地指出了形成肿的病理过程。由于患者体质的强弱与致病原因的不同,发生肿的症状也有所差异。临床上常根据肿势的缓急、集散程度、形态、部位、色泽以及伴随症状,判断疾病的性质和轻重。

(一)肿的性质

1. 热肿　肿而色红,皮薄光泽,焮热疼痛,肿势急剧。常见于阳证疮疡,如疖疔初期、丹毒等。

2. 寒肿　肿而不硬,皮色不泽,苍白或紫黯,皮肤清冷,常伴有酸痛,得暖则舒。常见于冻疮、脱疽等。

3. 风肿　发病急骤,漫肿宣浮,或游走无定,不红微热,或轻微疼痛。常见于痄腮、大头瘟等。

4. 湿肿　皮肉重垂胀急,深按凹陷,如烂棉不起,浅则光亮如水疱,破流黄水,浸淫皮肤。常见于股肿、湿疮等。

5. 痰肿　肿势软如绵,或硬如馒,大小不一,形态各异,无处不生,不红不热,皮色不变。常见于瘰疬、脂瘤等。

6. 气肿　皮紧内软,按之凹陷,复手即起,似皮下藏气,富有弹性,不红不热,或随喜怒消长。常见于气瘿等。

7. 瘀血肿　肿而胀急,病程较快,色初黯褐,后转青紫,逐渐变黄至消退。也有血肿染毒、化脓而肿。常见于皮下血肿等。

8. 脓肿　肿势高突,皮肤光亮,焮红灼热,剧烈跳痛,按之应指。常见于某些疾病染毒所致,如乳痈、肛痈等。

9. 实肿　肿势高突,根盘收束,常见于正盛邪实之疮疡。

10. 虚肿　肿势平坦,根盘散漫,常见于正虚不能托毒之疮疡。

(二)肿的病位与形色

由于发病部位的局部组织有疏松和致密的不同,肿的程度与发展变化趋势亦有显著差别。发生在表浅部位,如皮毛、肌肉之间者,赤色为多,肿势高突,根盘收束,肌肤焮热,发病较快,并易脓、易溃、易敛;手指部因组织致密,故局部肿势不甚,但其疼痛剧烈;病发手掌、足底等处,因病处组织较疏松,肿势易于蔓延;在筋骨、关节之间,发病较缓,并有难脓、难溃、难敛的特点;病发皮肉深部,肿势平坦,皮色不变者居多,至脓熟仅透红一点;人腿部由于肌肉丰厚,肿势更甚,但外观不明显;颜面疔疮、有头疽等显而易见,若脓未溃时,由红肿色鲜转向黯红而无光泽,由高肿转为平塌下陷,可能是危重之候。

二、辨肿块、结节

肿块是指体内比较大的或体表显而易见的肿物,如腹腔内肿物或体表较大的包块等。而较小触之可及的称为结节,主要见于皮肤或皮下组织。结节与肿块是相对而言,大者为肿块,小者为结节。

(一)肿块

1. 大小 一般以厘米为测量单位,测量其大小时作为记录肿块变化,观察治疗效果的客观依据。选择具体测量方法时,特别要注意肿块覆盖物的厚度,或哑铃状及其他形状的肿块,体表虽小,体内却很大。有些囊性变或出血性肿块随时间变化而增大,要随时观察其大小。B超测量可准确提示其有意义的数值。

2. 形态 常见的肿块形态特征有扁平、扁圆、圆球、卵圆、索条状、分叶状及不规则形态等。表面是否光滑可协助判断其性质,良性肿瘤因其有完整包膜,触诊时多表面光滑,而恶性肿瘤多无包膜,所以表面多粗糙,高低不平,且形状不一。

3. 质地 从肿块质地的软硬可判断其不同性质。如骨瘤或恶性肿瘤质地坚硬如石;脂肪瘤则柔软如馒;囊性肿块按之柔软等。但若囊性病变囊内张力增大到一定程度时,触诊也很硬韧。临证时注意这些辨证要点,则不难鉴别。

4. 活动度 根据肿块活动度一般可确定肿块的位置或性质。如皮内肿块可随皮肤提起,推移肿块可见皮肤受牵扯;皮下肿块用手推之能在皮下移动,无牵拉感等。总的原则是良性肿块多活动度好,恶性肿块活动度较差。但是,有的肿块不活动或活动度极小,却不一定是恶性。如皮样囊肿,镶嵌在颅骨上,致颅骨成凹,推之难移。

5. 位置 有些肿块特别需要确定其生长的位置,以决定其性质和选择不同的治疗方法。如蔓状血管瘤看似位于体表,却多呈哑铃状,很可能外小内大,深层部分可以延伸到人体的骨间隙或内脏间隙,术前诊断不清,术中往往措手不及。肌肉层或肌腱处肿块,可随肌肉收缩掩没或显露,如腱鞘囊肿、腘窝囊肿等。再有平卧位触摸不清或比较深在的腹部不易判断的肿块,检查时应选择不同体位,让患者平卧位抬头,这时腹肌紧张,可清楚地触及肿块,说明肿块位在腹壁;若肿块消失说明肿块位于腹肌之下或腹腔内。另外,对某些肿块则需要借助仪器检查。

6. 界限 指肿块与周围组织间的关系。一般认为非炎症性、良性肿块常有明显界限。而恶性肿块呈浸润性生长,与周围组织融合,无明显界限。炎性肿块或良性肿块合并感染,或良性肿块发生恶性病变时,均可由边界清楚演变为边界不清,临证中应综合分析,予以鉴别。

7. 疼痛 一般肿块多无疼痛,恶性肿块初期也很少疼痛。只有当肿块合并感染,或良性肿瘤出现挤压症状,或恶性肿瘤中、后期出现破溃或压迫周围组织时可有不同程度的疼痛。

8. 内容物 由于肿块来源及形成或组织结构的区别,肿块内有着不同的内容物。如某些肉瘿(甲状腺囊肿)含淡黄色或咖啡色液体;水瘤(淋巴管瘤)为无色透明液体;

胶瘤（腱鞘囊肿）为淡黄色黏冻状液体；结核性脓肿内为稀薄黯淡夹有败絮样物质；脂瘤（皮脂腺囊肿）内含灰白色豆腐渣样物质等。为了明确内容物的性质，有时需针吸穿刺或手术活检证实。

（二）结节

结节是相对肿块而言，大者为肿块，小者为结节。其大小不一，多呈圆形、卵圆形、扁圆形等局限性隆起，亦可相互融合成片或相连成串，亦有发于皮下，不易察觉，用手才能触及。结节疼痛多伴有感染；生长缓慢、不红无肿的结节，多考虑良性结节；对不明原因增长较快的结节，应尽快手术治疗，必要时应做病理检查。由于发生部位及形态不同，成因及转归各异，特别需要仔细辨认。

三、辨痛

疼痛是外科疾病中最常见的自觉症状。痛是气血凝滞、阻塞不通的反映。通则不痛，不通则痛。痛为疾病的信号，也是疮疡最常见的自觉症状，而疼痛增剧与减轻又常为病势进展与消退的标志。由于患者邪正盛衰与痛的原因不一，以及发病部位的深浅不同，疼痛的发作情况也有所不同。因此，欲了解和掌握疼痛的情况，还应从引起疼痛的原因、发作情况、疼痛性质等几方面进行辨证，必要时痛肿合辨。

（一）疼痛原因

1. 热痛　皮色焮红，灼热疼痛，遇冷则痛减。见于阳证疮疡。
2. 寒痛　皮色不红，不热，酸痛，得温则痛缓。见于脱疽、寒痹等。
3. 风痛　痛无定处，忽彼忽此，走注甚速，遇风则剧。见于行痹等。
4. 气痛　攻痛无常，时感抽掣，喜缓怒甚。见于乳癖等。
5. 湿痛　痛而酸胀，肢体沉重，按之出现可凹性水肿或见糜烂流滋。见于臁疮、股肿等。
6. 痰痛　疼痛轻微，或隐隐作痛，皮色不变，压之酸痛。见于脂瘤、肉瘤。
7. 化脓痛　痛势急胀，痛无止时，如同鸡啄，按之中软应指。多见于疮疡成脓期。
8. 瘀血痛　初起隐痛，胀痛，皮色不变或皮色黯褐，或见皮色青紫瘀斑。见于创伤或创伤性皮下出血。

（二）疼痛类别

1. 卒痛　突然发作，病势急剧。多见于急性疾患。
2. 阵发痛　时重时轻，发作无常，忽痛忽止。多见于石淋等疾患。
3. 持续痛　痛无休止，持续不减。见于大多数急性炎症性疾病，包括体表和脏腑的急性炎症，并且随着炎症的加重而痛剧，随着炎症的缓解而痛缓。痛势缓和，持续不减者，多见于慢性炎症。

（三）疼痛性质

1. 刺痛　痛如针刺，病变多在皮肤，如蛇串疮。
2. 灼痛　痛而烧灼，病变多在肌肤，如疖、颜面疔、烧伤等。
3. 裂痛　痛如撕裂，病变多在皮肉，如肛裂、手足皲裂较深者。
4. 钝痛　疼痛滞缓，病变多在骨与关节间，如流痰等。
5. 酸痛　痛而酸楚，病变多在关节间，如鹤膝痰等。
6. 胀痛　痛而紧张，胀满不适，如血肿、癃闭等。

7. 绞痛　痛如刀割,发病急骤,病变多在脏腑,如石淋等。

8. 啄痛　痛如鸡啄,并伴有节律性痛,病变多在肌肉,常见于阳证疮疡化脓阶段。

9. 抽掣痛　痛时扩散,除抽掣外,并伴有放射痛,如乳岩、石瘿之晚期。

（四）痛与肿结合辨

1. 先肿而后痛者,其病浅在肌肤,如颈痈。

2. 先痛而后肿者,其病深在筋骨,如附骨疽。

3. 痛发数处,同时肿胀并起,或先后相继者,如流注。

4. 肿势蔓延而痛在一处者,是毒已渐聚。肿势散漫而无处不痛者,是毒邪四散,其势缓张。

四、辨痒

痒是皮肤病主要的自觉症状,且多有不同程度的局部表现,如皮肤脱屑、潮红、丘疹、水疱、风团块等;在疮疡的肿疡、溃疡阶段也时有发生。中医学认为"热微则痒",即痒是因风、湿、热、虫之邪客于皮肤肌表,引起皮肉间气血不和,郁而生微热所致;或由于血虚风燥阻于皮肤,肤失濡养,内生虚热而发。《诸病源候论》云:"风瘙痒者,是体虚受风,风入腠理,与血气相搏,而俱往来,在于皮肤之间,邪气微,不能冲击为痛,故但瘙痒也。"由于发生痒的原因不一,以及病变的发展过程不同,故痒的临床表现也各异。

（一）以原因来辨

1. 风胜　走窜无定,遍体作痒,抓破血溢,随破随收,不致化腐,多为干性,如牛皮癣、白疕、瘾疹等。

2. 湿胜　浸淫四窜,黄水淋漓,最易沿表皮蚀烂,越腐越痒,多为湿性,如急性湿疮;或有传染性,如脓疱疮。

3. 热胜　皮肤瘾疹,焮红灼热作痒,或只发于裸露部位,或遍布全身,甚则糜烂、滋水淋漓,结痂成片,常不传染,如接触性皮炎。

4. 虫淫　浸淫蔓延,黄水频流,状如虫行皮中,其痒尤甚,最易传染,如手足癣、疥疮等。

5. 血虚　皮肤变厚、干燥、脱屑,很少糜烂、流滋水,如牛皮癣、慢性湿疮。

（二）以病变过程来辨

1. 肿疡作痒　一般较为少见,如有头疽、疔疮初起,局部肿势平坦,根脚散漫,脓犹未化之时,可有作痒的感觉,这是毒势炽盛,病变有发展的趋势。特别是疫疔,只痒不痛,但病情更为严重。又如乳痈等经治疗后局部肿痛已减,余块未消之时,也有痒的感觉,这是毒势已衰,气血通畅,病变有消散之趋势。

2. 溃疡作痒　如痈疽溃后,肿痛渐消,忽然患部感觉发热奇痒,常由于脓区不洁,脓液浸渍皮肤,护理不善所致;或因应用汞剂、砒剂、敷贴膏药等引起皮肤过敏而发。如溃疡经治疗后,脓流已畅,余肿未消之时;或于腐肉已脱、新肌渐生之际,而皮肉间感觉微微作痒,这是毒邪渐化,气血渐充,助养新肉,将要收口的佳象。

五、辨麻木

麻木是肌肤不知痛痒的症状,是由于气血失调或毒邪炽盛,以致经脉阻塞,气血不

达而成。由于麻木的致病原因不同,其临床表现也有差别。如疔疮、有头疽坚肿色褐,麻木不知痛痒,伴有较重的全身症状,为毒邪炽盛,壅塞脉道,气血不运,常易导致走黄和内陷;如麻风病患部皮肤增厚,麻木不仁,不知痛痒,为气血失和;脱疽早期患肢麻木而冷痛,为气血不畅,脉络阻塞,四末失养所致。麻木本身亦分轻重。轻者,局部气血阻滞,病损层次较浅,多在皮肤;重者,邪毒深重,腐肉伤筋损骨,毁损机体重要神经组织,如臀大肌的深部脓肿,导致臀上皮神经坏死,则可出现股外侧皮肤感觉麻木,痛觉减退,甚至消失。

六、辨脓

脓是外科疾病中常见的病理产物,因皮肉之间热胜肉腐蒸酿而成。疮疡早期不能消散,中期必化腐成脓,是疮疡中期的主要症状及其标志。外科病的出脓,是正气载毒外出的现象。外科疾病毒邪随脓液排出体外,与伤寒表证邪随汗解、腑实内结邪自下出、邪壅上焦涌吐而出一样,是使"邪有出路",虽伤正气,但邪出正气才能恢复,疾病才能痊愈,是一种顺证。所以疮疡在局部诊断时辨脓的有无是关键所在。及时正确辨别脓的有无、脓肿部位深浅,然后才能进行适当的处理;依据脓液性质、色泽、气味等变化,有助于正确判断疾病的预后顺逆,这是外科疮疡发展与转归的重要环节。

(一)成脓的特点

1. 疼痛　阳证脓疡,因正邪交争剧烈,脓液积聚,脓腔张力不断增高,压迫周围组织而疼痛剧烈。局部按之灼热痛甚,拒按明显;老年体弱者应激力差,反应迟钝,痛感缓和;阴证脓疡则痛热不甚而酸胀明显。

2. 肿胀　皮肤肿胀,皮薄光亮为有脓。深部脓肿,皮肤变化不明显,但胀感较甚。

3. 温度　用手仔细触摸患部,与周围正常皮肤相比,若为阳证脓疡,则局部温度增高。

4. 硬度　《外科理例》云:"按之牢硬未有脓,按之半软半硬已成脓,大软方是脓成。"《疡医大全》又谓:"凡肿疡按之软隐者,随手而起者,为有脓;按之坚硬,虽按之有凹,不即随手起者,为脓尚未成。"肿块已软为脓已成。

(二)确认成脓的方法

1. 按触法　用两手食指的指腹轻放于脓肿患部,相隔适当的距离,然后以一手指稍用力按一下,另一手指端即有一种波动的感觉,这种感觉称为应指。经反复多次及左右相互交替试验,若应指明显者为有脓。

2. 透光法　即以患指(趾)遮挡住手电筒的光线,然后注意观察患指(趾)部表面,若见其局部有深黑色的阴影即为有脓。不同部位的脓液积聚,其阴影可在其相应部位显现。此法适用于指、趾部甲下的辨脓,因其局部组织纤薄且能透光。如蛇眼疔、甲根后的脓液积聚,可在指甲根部见到轻度的遮暗;蛇头疔脓液在骨膜部,沿指骨的行程有增强的阴影而周围清晰;在骨部的,沿着骨有黑色遮暗,并在感染区有明显的轮廓;在关节部的,则关节处有很少的遮暗;在腱鞘内的,有轻度遮暗,其行程沿整个手指的掌面;全手指尖部、整个手指的脓肿则呈一片显著遮暗。

3. 点压法　在手指(趾)部,当病灶处脓液很少的情况下,可用点压法检查,简单易行。用大头针尾或火柴头等小的圆钝物,在患部轻轻点压,如测得有局限性的剧痛点,即为可疑脓肿。

4. 穿刺法 深部疮疡,当脓已成而脓液不多,用按触法辨脓有困难时,可采用注射器穿刺抽脓方法。这种方法不仅可以用来辨别脓的有无,而且可以用来采集脓液标本。在操作时必须注意严格消毒,以及穿刺部位进针的深度等。

5. B超 B超的特点是操作简单、无损伤,可比较准确地确定脓肿部位,并协助判断脓肿大小,从而能引导穿刺或切开排脓。

（三）辨脓的部位深浅

确认脓疡深浅,可为切开引流提供进刀深度。若深浅不辨,浅者深开,容易损伤正常组织,增加患者痛苦。

1. 浅部脓疡 如阳证脓疡,其临床表现为高突坚硬,中有软陷,皮薄焮红灼热,轻按则痛且应指。

2. 深部脓疡 块散漫坚硬,按之隐隐软陷,皮肤不热或微热,不红或微红,重按方痛。

（四）辨脓的形质、色泽和气味

1. 脓的形质 如脓稠厚者,为元气充盛;淡薄者,为元气较弱。如先出黄白稠厚脓液,次出黄稠滋水,是将敛佳象;若脓由稠厚转为稀薄,体质渐衰,为一时难敛。脓成日久不泄,溃后脓稀如水直流,若其色不晦、气不臭,未为败象。若脓稀如粉浆污水,或夹絮状物,色晦臭腥者,为气血衰竭之败象。

2. 脓的色泽 如黄白质稠,色泽鲜明,为气血充足,最是佳象;如黄浊质稠,色泽不净,为气火有余,尚属顺证;如黄白质稀,色泽洁净,气血虽虚,未为败象;如脓色绿黑稀薄,为蓄毒日久,有损筋伤骨之可能;如脓中夹有瘀血者,为血络损伤。

3. 脓的气味 一般略带腥味者,其质必稠,大多是顺证现象;脓液腥秽恶臭者,其质必薄,大多是逆证现象,常为穿膜损骨之征。其他有如蟹沫者,为内膜已透,每多难治。

总之,脓宜稠厚,不宜稀薄;宜明净,不宜污浊;宜排出,不宜滞留。

七、辨溃疡

（一）色泽

阳证溃疡,色泽红活鲜润,疮面脓液稠厚黄白,腐肉易脱,新肉易生,疮口易敛,知觉正常;阴证溃疡,疮面色泽灰黯,脓液清稀,或时流血水,腐肉不脱,或新肉不生,疮口经久难敛,疮面不知痛痒。如疮顶突然陷黑无脓,四周皮肤黯红,肿势扩散,多为疔疮走黄之象。如疮面腐肉已尽,而脓水灰薄,新肉不生,状如镜面,光白板亮,为虚陷之证。

（二）溃疡形态

1. 阳证溃疡 一般地说,阳证、顺证的疮疡溃后,肿势渐退,疮顶渐低,色由红而淡,腐肉渐脱,脓水清而少,新肉渐生,其色红润,四周起白膜,疮口日小,渐至敛合。若溃而根盘不束,肿势不聚,脓水污秽,腐肉难脱,或疮顶陷凹,干枯,便为逆证。

2. 阴证溃疡 疮色紫滞,出脓水或夹血水,污秽不清,或疮口凹陷,或如翻花,或如空壳,或出败絮,或腐肉不脱,或僵硬不消,坚如岩石,经久不敛。

3. 化脓性溃疡 疮面边沿整齐,周围皮肤微有红肿,一般口大底小,内有少量脓性分泌物。

4. 压迫性溃疡(缺血性溃疡)　初期皮肤黯紫,很快变黑并坏死,滋水、液化、腐烂,脓液有臭味,可深及筋膜、肌肉、骨膜。多见于褥疮。

5. 疮痨性溃疡　疮口多呈凹陷形或潜行空洞或漏管,疮面肉色不鲜,脓水清稀,并夹有败絮状物,疮口愈合缓慢或反复溃破,经久难愈。

6. 静脉性溃疡　溃疡呈圆形或不规则形,疮口下陷,边缘高起,基底不平,疮面肉色灰白或秽黯,滋水秽浊,周围皮色黯红或紫黑,可伴有湿疹及皮炎。

7. 岩性溃疡　疮面多呈翻花状如岩穴,有的在溃疡底部见有珍珠样结节,内有紫黑坏死组织,渗流血水,伴腥臭味。

8. 梅毒性溃疡　多呈半月形,边缘整齐,坚硬削直如凿,略微内凹,基底面高低不平,存有稀薄臭秽分泌物。

八、辨出血

出血是临床中常见而重要的症状之一,中医外科疾病以便血、尿血最为常见,准确辨认出血的性状、部位、原因,对及时诊断、合理治疗具有十分重要的意义。

(一) 便血

便血亦称"血泄",即指血从肛门下泄,包括粪便带血,或单纯下血。便血有"远血"、"近血"之说。上消化道出血,一般呈柏油样黑便,为远血;直肠、肛门的便血,血色鲜红,为近血。便血的颜色与出血部位、出血量以及血液在肠道内停留时间长短有关。一般柏油样黑便的形成,可由自口腔至盲肠任何部位的出血所造成,但若肠道蠕动极快时,则血色鲜红或血便混杂。乙状结肠、直肠出血,血液多附着在粪便表面,血便不相混杂;内痔以便血为主,多发生在排便时,呈喷射状或便后滴沥鲜血;肛裂排便时血色鲜红而量少,并伴剧烈疼痛;结肠癌多以腹部包块就诊,血便混杂,常伴有黏液;直肠癌则以便血求治,肛门下坠,粪便表面附着鲜红或黯红色血液,晚期可混有腥臭黏液,常误诊为痔,指诊可以帮助确诊。另外,各种原因导致的败血症以及食用某些食物等也可见有黑便,应根据临床表现及病史进行详辨。

(二) 尿血

尿血亦称"溲血"、"溺血",是指排尿时尿液中有血液或血块而言。一般以无痛为"尿血",有痛称"血淋"。泌尿生殖系的感染、结石、肿瘤、损伤等是导致尿血的主要原因。如肾、输尿管结石,在疼痛发作期间或疼痛后出现不同程度的血尿,一般为全程血尿;膀胱、尿道结石多为"终末血尿";肾肿瘤常为全程无痛血尿,一般呈间歇性;膀胱肿瘤呈持续性或间歇性无痛肉眼血尿,出血较多者可以排出血块;外伤损及泌尿系统,如器械检查或手术等均可造成出血,引起尿血。临床上可根据病史、体征以及其他检查,明确出血部位。另外尚有一些疾病,如结缔组织疾病、免疫系统疾病、内分泌疾病、代谢障碍性疾病,也可以引起尿血。

(三) 皮肤黏膜出血

引起皮肤黏膜出血的原因很多,如外感温热邪毒,热毒窜络,血热妄行,血络损伤,血溢脉外;或肝不藏血,脾不统血,血不循经,外溢肌肤;或外力直接破损皮肉,伤筋断骨,血络受损,血溢络外而成。依据出血量的多少,表现为皮肤黏膜的青紫、瘀点、瘀斑、血肿、出血等形式。可见于多种皮肤病、外伤瘀肿等。此外,以恶寒发热、神昏、抽搐、头痛项强、呕吐等为主要临床表现,伴有肌肤紫斑,多系外感温热疫疠邪毒;下肢有迂曲、扩张、隆起的青筋团块,质地柔软,碰破后流出大量的瘀血,经压迫或结扎后方能止血,为下肢筋瘤合并出血。

(四)咯血

咯血指来自肺或气管,血随咳嗽而出的症状。多因肺络受损,血溢络外,随咳嗽而咳出。临床上首先要排除鼻、咽、口腔的出血,并与呕血相鉴别。其特点是血随咳嗽而出,血中常夹有气泡、痰液。外科常见的有疔疮走黄火毒炽盛犯肺出现咯血;胸部外伤后出现咯血,伴有呼吸困难、肋骨骨折者,应考虑外伤性血气胸;若股肿突然出现剧烈胸痛、咯血、呼吸急促、大汗淋漓,可能是血栓脱落而导致的肺栓塞。

(五)呕血

呕血是指血由胃或食管等上消化道而来,经口呕出或吐出。由多种原因导致胃络受损,血溢络外,血随气逆而致。其特点是呕血常夹食物残渣,多伴有黑便。上消化道溃疡并发出血以呕血和便血为主;食管胃底静脉曲张破裂所致呕血来势凶猛,出血量较大,可引起休克,并常在短期内反复出血;出血与休克、严重感染、严重烧伤、严重颅脑外伤、大手术、使用大剂量糖皮质激素等有关,应考虑急性胃黏膜病变,可导致大出血;中老年患者出现少量持续呕血或便血,或伴有腹部肿块、贫血、消瘦者,应警惕消化道恶性肿瘤的可能。

九、辨皮疹

皮疹又称皮肤损害,辨皮疹在皮肤病的诊治中具有重要的作用。

(一)从八纲辨证来辨

急性皮肤病,发病急骤,进展迅速,皮损表现为红、热、丘疹、疱疹、脓疱、糜烂等,伴有渗出浆液或脓液,痒痛较剧者,多属阳证、表证、热证、实证。慢性皮肤病,病程日久,皮损表现为苔藓样变、色素沉着或色素减退、皲裂、鳞屑等,或有脱发、指(趾)甲变化者,多属阴证、里证、寒证、虚证。

(二)从卫气营血辨证来辨

皮疹表现颜色鲜红,压之退色,瘙痒重,或见大面积潮红肿胀,灼热痒痛,或津液渗出,起水疱等,常伴有体温升高,周边不适,多是气分有热;皮疹压之不退色,可见潮红、水肿、紫斑、起水疱,甚或血疱,兼有发热肢痛等症,多是血分有热。

(三)从病因辨证来辨

皮疹颜色紫黯,或痛有定处,多属血瘀;痛无定处,多属气滞;皮损游走不定,时作时休,多属风邪;皮损慢性缠绵不断,时轻时重,有水疱、糜烂、渗出或见肥厚等现象,则为湿邪;皮肤潮红、肿胀、灼热、痒痛相兼,则多为热邪;皮疹痒痛,痒若虫行,痒有定出,遇热更甚,则为虫淫;皮疹泛发全身无定处,作痒,皮肤干燥脱屑,或肌肤甲错,多属血虚风燥。

(四)从脏腑辨证来辨

急性泛发性、带有热象的皮肤损害,多为肝与大肠有热,脾脏运化水湿失职,湿热蕴结而发,或为心肝火盛或肝胆湿热;慢性角化性、肥厚性、浸润性、顽固结节性皮肤损害,多为脾虚湿滞、肝肾阴虚或心脾两虚;色素性皮肤损害,多为肝肾阴虚,或肾水上泛,或肝郁气滞,气血不调;神经性瘙痒性皮肤损害,多为心火过剩,心肾不交,或心脾两虚;颜面红斑丘疹类皮肤损害,多为肺胃湿热上蒸,或大肠有热;发生在下肢的皮肤

损害,多为肝胆湿热下注,脾虚运湿不化;出血性皮肤损害,多为心肝火热,迫血妄行或脾虚不能统血;营养障碍性及维生素缺乏性皮肤损害,多为先天肝肾不足,后天脾胃虚弱,失其调养;先天性皮肤损害,多见于先天肾精亏损,后天肝血不足。

第五节　部位辨证

一、上部辨证

人体上部包括头面、颈项以及上肢,按照经络运行图分析,生理状态的人体应为上肢上举,而非下垂,故归人上部。从三焦功能看,"上焦如雾",而人体上部属于阳位,其生理特点是阳气有余,阴精不足,卫阳固护,营阴内守,营卫互相为用,始自上焦,宣达布散于全身。

1. 病因特点　风邪易袭,温热多侵。风邪易袭阳位,其性温热趋上,故病因多为风温、风热。

2. 发病特点　上部疾病的发生一般来势迅猛。因风邪善行而数变,风邪的致病特点是发病快、变化多,故风邪侵袭常发于突然之间。

3. 常见症状　发热恶风,头痛头晕,面红目赤,口干咽痛,舌尖红而苔薄黄,脉浮而数。局部红肿宣浮,忽起忽消,根脚收束,肿势高突,疼痛剧烈,溃疡则脓稠而黄。

4. 常见疾病　头面多见疖、痈、疔、油风、黄水疮等;颈项多见痈、有头疽等;上肢多见外伤染毒、疖、疔等。

二、中部辨证

人体中部包括胸、腹、腰、背,是五脏六腑所居之处,也是十二经所过部位,是人体气机升降出入的枢纽,也是气血化生、运行、转化的部位。发于中部的外科疾病,绝大多数与脏腑功能失调关系密切。

1. 病因特点　七情内伤、五志不畅可致气机郁滞,过极则化热生火;或由于饮食不节、劳伤虚损、气血郁阻、痰湿凝滞而致脏腑功能失和。故病因多为气郁、火郁。

2. 发病特点　中部疾病的发生,常于发病前有不良情志刺激史,或素有心情抑郁。一般发病时常不易察觉,一旦发病,情志变化可影响病情。

3. 常见症状　中部症状比较复杂,由于影响脏腑功能,症状表现不同,轻重程度不一。概括之主要有呕恶上逆,胸胁胀痛,腹胀痞满,纳食不化,大便秘结或硬而不爽,腹痛肠鸣,小便短赤,舌红,脉弦数。

4. 常见疾病　乳房肿物、腋疽、胁疽、背疽、急腹症、缠腰火丹以及癥瘕积聚等。

三、下部辨证

人体下部包括臀、前后阴、腿、胫、足,其位居下,生理特点是阴偏盛,阳偏弱,故阴邪常袭。

1. 病因特点　寒湿、湿热多见,由于湿性趋下,故下部疾病多夹湿邪。

2. 发病特点　起病缓慢,缠绵难愈,反复发作。

3. 常见症状　患部沉重不爽,二便不利,或肿胀如绵,或红肿流滋,或疮面紫黯、腐肉不脱、新肉不生。

4. 常见疾病　臁疮、脱疽、股肿、子痈、子痰、水疝等。

第六节　经　络　辨　证

一、人体各部所属经络

1. 头顶　正中属督脉之所主;两旁属足太阳膀胱经。
2. 面部、乳部　属足阳明胃经(乳房属胃经,乳外属足少阳胆经,乳头属足厥阴肝经)。
3. 耳部前后　属足少阳胆经和手少阳三焦经。
4. 手、足心部　手心属手厥阴心包经;足心属足少阴肾经。
5. 背部　总属阳经(因背为阳,中行为督脉之所主,两旁为足太阳膀胱经)。
6. 臂部　外侧属手三阳经;内侧属手三阴经。
7. 腿部　外侧属足三阳经;内侧属足三阴经。
8. 腹部　总属阴经(因腹为阴,中行为任脉之所主)。
9. 其他　如生于目部为肝经所主;生于耳内为肾经所主;生于鼻内为肺经所主;生于舌部为心经所主;生于口唇为脾经所主。

二、十二经脉气血多少

手足十二经脉有气血多少之分,手阳明大肠经、足阳明胃经为多气多血之经;手太阳小肠经、足太阳膀胱经、手厥阴心包经、足厥阴肝经为多血少气之经;手少阳三焦经、足少阳胆经、手少阴心经、足少阴肾经、手太阴肺经、足太阴脾经为多气少血之经。

凡疮疡发于多血少气之经者,血多则凝滞必甚,气少则外发较缓,故治疗时注重破血,注重补托。发于多气少血之经者,气多则郁结必甚,血少则收敛较难,故治疗时要注重行气,注重滋养。发于多气多血之经者,病多易溃易敛,实证居多,故治疗时要注重行气活血。如乳痈所患部位属足阳明胃经,治宜行气通乳;瘰疬属足少阳胆经,治宜行滞、滋养等。

三、引经药

由于疮疡的发生部位及经络不同,其治疗当有分别,须结合经络所主的部位而选用相应的引经药物,使药力直达病所,从而收到显著的治疗效果。如手太阳经用黄柏、蒿本;足太阳经用羌活;手阳明经用升麻、石膏、葛根;足阳明经用白芷、升麻、石膏;手少阳经用柴胡、连翘、地骨皮(上)、青皮(中)、附子(下);足少阳经用柴胡、青皮;手太阴经用桂枝、升麻、白芷、葱白;足太阴经用升麻、苍术、白芍;手厥阴经用柴胡、丹皮;足厥阴经用柴胡、青皮、川芎、吴茱萸;手少阴经用黄连、细辛;足少阴经用独活、知母、细辛。

古人通过长期的临床实践,观察到某些药物对某些脏腑、经络有着特殊的治疗作用,揭示了引经药的用药规律,从而创立了"药物归经"理论,进一步丰富了中医辨证与治疗学的内容。

第七节　辨善恶顺逆

辨善恶顺逆,即指判断外科疾病预后的好坏。所谓"善"就是好的现象,"恶"就是坏的现象;"顺"就是正常的现象,"逆"就是反常的现象。善、恶、顺、逆,是病理过程的相对比较而言,其中的"善"和"顺"并不是指生理功能的正常情况。外科疾病在其发展过程中,按着顺序出现应有的症状者,称为顺证;反之,症状的出现不按顺序,或出现不应有的不良症状者,称为逆证。在病程中出现善的症状者,表示预后较好;出现恶的症状者,表示预后较差。善恶多指全身状况,顺逆多指局部状况。历代医家总结出的"五善七恶"、"顺逆吉凶"给外科疾病的预后判断提供了可靠的方法。预后的好坏,既要观察局部症状的顺逆,又要结合全身症状的善恶,两者相参,加以分析,才能进行全面的判断。

一、辨善证、顺证

(一)五善

1. 心善　精神爽快,言语清亮,舌润不渴,寝寐安宁。
2. 肝善　身体轻便,不怒不惊,指甲红润,二便通利。
3. 脾善　唇色滋润,饮食知味,脓黄而稠,大便和调。
4. 肺善　声间响亮,不喘不咳,呼吸均匀,皮肤润泽。
5. 肾善　并无潮热,口和齿润,小便清长,夜卧安静。

(二)顺证

1. 初起　由小渐大,疮顶高突,焮红疼痛,根脚不散。
2. 已成　顶高根收,皮薄光亮,易脓易腐。
3. 溃后　脓液稠厚黄白,色鲜不臭,腐肉易脱,肿消痛减。
4. 收口　疮面红活鲜润,新肉易生,疮口易敛,感觉正常。

善证和顺证,是人体在感受病邪后发生的一系列局部和全身症状,由于正气未衰,气血尚充,正气能与病邪相争,人体正气占优势地位,故疮疡发生后,初起时根脚不散;已成时顶高根收,易脓易腐;溃后脓稠腐肉易脱,肿痛很快消失;收口时新肉易长,疮口易敛。而且正能胜邪,毒邪不易扩散,不致侵及人体内脏,也无明显的全身症状,因此预后良好。

二、辨恶证、逆证

(一)七恶

1. 心恶　神志昏糊,心烦舌燥,疮色紫黑,言语呢喃。
2. 肝恶　身体强直,目难正视,疮流血水,惊悸时作。
3. 脾恶　形容消瘦,疮陷脓臭,不思饮食,纳药呕吐。
4. 肺恶　皮肤枯槁,痰多音暗,呼吸喘急,鼻翼煽动。
5. 肾恶　时渴引饮,面容惨黑,咽喉干燥,阴囊内缩。
6. 脏腑败坏　身体浮肿,呕吐呃逆,肠鸣泄泻,口糜满布。
7. 气血衰竭(阳脱)　疮陷色黯,时流污水,汗出肢冷,嗜卧语低。

（二）逆证

1. 初起　形如黍米,疮顶平塌,根脚散漫,不痛不热。

2. 已成　疮顶软陷,肿硬紫黯,不脓不腐。

3. 溃后　皮烂肉坚无脓,时流血水,肿痛不减。

4. 收口　脓水清稀,腐肉虽脱,新肉不生,色败臭秽,疮口经久难敛,疮面不知痛痒。

恶证与逆证,是人体感受病邪后,由于正气虚衰,气血不充,在邪正相争过程中,正不胜邪,病邪占优势地位,故疮疡发生后,初起时,由于正气不足,不能令毒外出,故顶塌根散;已成之时,由于气虚不能成其形,血虚不能华其色,正虚不能载毒外出,故疮顶软陷,肿硬紫黯,不脓不腐;溃后,因气血不足,无以酝酿成脓,托毒外出,故肉坚无脓,肿痛不减;收口之际,因气血大衰,脾土败坏,无以助长新肉,故见种种逆证。如毒邪扩散,内侵脏腑,则恶证频现,预后不佳。

临床上应注意,即使见到预后良好的善证、顺证,也不能疏忽,应时刻预防转成预后不良的恶证、逆证;若见到恶证、逆证,也不可惊惶,应及时进行救治,如治疗得当,也能转为善证、顺证。

（张春和　毕焕洲）

复习思考题

1. 外科疾病的辨证特点是什么?

2. 阴阳辨证的具体内容有哪些?

3. 简述辨脓的方法有哪些?

4. 简述经络辨证的临床意义。

第五章

中医外科疾病治法和调护

学习目的

掌握中医外科疾病总的治疗原则和治疗方法,了解其调护原则,达到治疗疾病的目的。

学习要点

消、托、补三大法则;内治法的具体应用;外治法中药物疗法常用剂型的应用及注意事项;手术疗法;其他疗法中的引流、垫棉等法。

第一节 内 治 法

内治法不仅从整体观念进行辨证论治,而且要依据外科疾病的发生发展过程,按照疮疡初起、成脓、溃后三个不同发展阶段(即初起为邪毒蕴结、经络阻塞、气血凝滞;成脓期为瘀久化热,腐肉成脓;溃后则为脓毒外泄、正气耗损),确立消、托、补三个总的治疗原则。然后循此治则运用具体的治疗方法,如解表、清热、和营等法。只有确立总的治则和治法后,选用恰当的方药,才能做到有的放矢,取得更好的疗效。

一、内治法的三个总则

(一)消法

运用不同的治疗方法和方药,使初起的外科疾病得以消散,不使邪毒结聚、走窜、发展或成脓,是一切外科疾病初起的治法总纲。此法适用于尚未成脓的初期肿疡和非化脓性肿块性疾病以及各种皮肤疾病。该法可使患者免受溃脓、手术之苦,又能缩短病程,故古人有"以消为贵"的说法。但由于外科疾病的致病原因不同,病机转化有别,症状表现各异,因而在具体应用消法时是极其灵活的,必须针对病种、病位、病因病机、病情,分别运用不同的方法。如有表邪者解表;里实者通里;热毒蕴结者清热;寒邪凝结者温通;痰凝者祛痰;湿阻者理湿;气滞者行气;血瘀者和营化瘀等。此外,还应结合患者的体质强弱,肿疡所属经络部位等,选加不同药物。按此施治,则未成脓者可以内消,即使不能消散,也可移深居浅,转重为轻。若疮形已成,则不可用内消之法,以免毒散不收,气血受损;或脓毒内蓄,侵蚀好肉,甚至腐烂筋骨,反使溃后难敛,不易速愈。故《外科启玄》云:"如形症已成,不可此法也。"

（二）托法

托法是以补益和透脓托毒的药物，促使疮疡早日成脓、透脓、排脓的治法。它是疮疡中期的一种缩短病程，防止毒邪内攻的治疗大法。托法适用于脓将成至腐肉脱落阶段的疮疡中期，正虚毒盛，不能托毒外达，疮形平塌，难腐难溃的证候。根据疮疡发展阶段的不同和相应方药组成的区别，托法又可分为清托、透托和补托三类。古人云："无补不成托"，而托法又多用于虚实夹杂证，故应注意防止犯实实之戒，尤其是风温、疔疮等阳实证，以免补早之弊。即使是补托之时，也须注意余毒的清理，方能使疮口愈合，不致反复。

（三）补法

补法是用滋补人体阴阳气血的药物，恢复其正气，助养其新生，使疮口早日愈合的治疗法则。此法适用于疮疡溃后，毒邪消退，正气不足者。此时毒势已去，精神衰疲，血气虚弱，脓水清稀，肉芽灰白不实，疮口难敛。补法是治疗虚证的法则，所以外科疾病只要有虚的证候存在，特别是疮疡的生肌收口期，均可应用。凡气血虚弱者，宜补养气血；脾胃虚弱者，宜理脾和胃；肝肾不足者，宜补益肝肾等。但毒邪未尽之时，切勿遽用补法，以免留邪为患，助邪鸱张，犯"实实之戒"。

二、内治法的具体应用

（一）解表法

解表法是用解表发汗的药物达邪外出，使外证得以消散的治法。正如《内经》所说"汗之则疮已"之意。即通过发汗开泄腠理，使壅阻于皮肤血脉之间的毒邪随汗而解。因邪有风热、风寒之分，故法有辛凉、辛温之别。

1. 方剂举例　辛凉解表方如银翘散或牛蒡解肌汤；辛温解表方如荆防败毒散、桂枝汤。

2. 常用药物　辛凉解表药，如薄荷、桑叶、蝉衣、牛蒡子、连翘、浮萍、菊花等；辛温解表药，如荆芥、防风、麻黄、桂枝、羌活、生姜、葱白等。

3. 适应证　辛凉解表用于外感风热证，疮疡局部焮红肿痛，或皮肤出现急性泛发性皮损，皮疹色红、瘙痒，伴有咽喉疼痛、恶寒轻、发热重、汗少、口渴、小便黄、舌苔薄黄、脉浮数者，如颈痈、乳痈初起，头面部丹毒，瘾疹（风热证），药疹等。辛温解表用于外感风寒证，疮疡局部肿痛酸楚，皮色不变，或皮肤出现急性泛发性皮损，皮疹色白，或皮肤麻木，伴有恶寒重、发热轻、无汗、头痛、身痛、口不渴、舌苔白、脉浮紧者，如瘾疹（风寒证）。

4. 注意点　凡疮疡溃后，日久不敛，体质虚弱者，即使有表证存在，亦不宜发汗太过，否则汗出过多，体质更虚，因而引起痉厥之变，所以《伤寒论》说："疮家，身虽疼痛，不可发汗，汗出则痉"，其含义在此。

（二）通里法

通里法是用泻下的药物，使蓄积在脏腑内部的毒邪得以疏通排出，从而达到除积导滞、逐瘀散结、泻热定痛、邪去毒消的目的。外科通里法常用的为攻下（寒下）和润下两法。

1. 方剂举例　攻下方，如大承气汤、大柴胡汤、内疏黄连汤、凉膈散；润下法，如润肠汤。

2. 常用药物　攻下药物,如大黄、芒硝、枳实、番泻叶;润下药物,如瓜蒌仁、火麻仁、郁李仁、桃仁、蜂蜜等。

3. 适应证　攻下法适用于表证已罢,热毒入腑,内结不散的实证、热证。如外科疾病局部焮红肿胀,疼痛剧烈或皮肤病之皮损焮红灼热,并伴口干饮冷、壮热烦躁、呕恶便秘、舌苔黄腻或黄糙、脉沉数有力者;润下法适用于阴虚肠燥便秘,疮疡、肛肠疾病、皮肤病等阴虚火旺,胃肠津液不足,口干食少,大便秘结,脘腹痞胀,舌干质红,苔黄腻或薄黄,脉象细数者。

4. 注意事项　运用通里攻下法,必须严格掌握适应证,对年老体衰、妇女妊娠或月经期宜慎用。使用时应中病即止,不宜过剂,否则损耗正气,导致疾病缠绵难愈。泻下药物虽然可以直接泻下壅结之热毒,但在使用时可适当加清热解毒之品,以增强清泻热毒之效果。

（三）清热法

清热法是使用寒凉的药物,使内蕴之热毒得以清解。也就是《内经》所说"热者寒之"的治法。由于外科疮疡多因火热之毒所生,所以清热法是外科的主要治疗法则。但在具体运用时,首先必须分清火热之虚实盛衰。实火宜清热解毒;热在气分者,当清气分之热;邪在营分者,当清营分之热;阴虚火旺者,当养阴清热。

1. 方剂举例　清热解毒方,如五味消毒饮;清气分之热方,如黄连解毒汤;清血分之热方,如犀角地黄汤;养阴清热方,如知柏地黄丸;清骨蒸潮热方,如清骨散。

2. 常用药物　清热解毒药有蒲公英、紫花地丁、金银花、连翘、蚤休、野菊花等;清气分热药有黄连、黄芩、黄柏、石膏等;清血分之热药有水牛角、鲜生地、赤芍、丹皮、紫草、大青叶等;养阴清热药有生地、玄参、麦冬、龟板、知母等;清骨蒸潮热药有地骨皮、青蒿、鳖甲、银柴胡等。

3. 适应证　清热解毒法用于热毒之证,症见局部红、肿、热、痛伴发热烦躁、口咽干燥、舌红苔黄、脉数等,如疔、疖、痈等疮疡;清气分热适用于局部色红或皮色不变,灼热肿痛的阳证,或皮肤病之皮损焮红灼热,脓疱、糜烂并伴壮热烦躁、口干喜冷饮、溲赤便干、舌质红、苔黄腻或黄糙、脉洪数者,如颈痈、接触性皮炎、脓疱疮等。在临床上,清热解毒与清气分热有时不能截然分清,常相互合并应用。清血分热适用于热邪侵入营血,症见局部焮红灼热的外科疾病,如烂疔、发、大面积烧伤,皮肤病出现红斑、瘀点、灼热,如丹毒、白疕(血热型)等,可伴有高热、口渴不欲饮、心烦不寐、舌质红绛、苔黄、脉数等。以上三法在热毒炽盛时可相互同用。若热毒内传、邪陷心包而见烦躁不安,神昏谵语,身热,舌质红绛,苔黑褐而干,脉洪数或细数,是为疔疮走黄、疽毒内陷,又当加清心开窍法,可应用安宫牛黄丸、紫雪丹、至宝丹等。养阴清热法用于阴虚火旺的慢性病证,如红蝴蝶疮、有头疽溃后,或走黄、内陷后阴伤有热者。清骨蒸潮热一般用于瘰疬、流痰后期虚热不退的病证。

4. 注意事项　应用清热药切勿太过,必须兼顾胃气,如过用苦寒,势必损伤胃气而致纳呆、呕恶、泛酸、便溏等症状。尤其在疮疡溃后体质虚弱者更宜注意,过投寒凉药则造成疮口迁延难愈。

（四）温通法

温通法是用温经通络、散寒化痰的药物,以驱散阴寒凝滞之邪,为治疗寒证的主要法则。即《内经》所说"寒者热之"之意。本法在外科临床运用时,主要有温经通阳、散寒化痰和温经散寒、祛风化湿两法。

1. 方剂举例　温经通阳方，如阳和汤；温经散寒方，如独活寄生汤。

2. 常用药物　温经通阳、散寒化痰药物，如附子、肉桂、干姜、桂枝、麻黄、白芥子等；温经散寒、祛风化湿药物，如细辛、桂枝、羌活、独活、秦艽、防风、桑寄生等。

3. 适应证　温经通阳、散寒化痰法适用于体虚寒痰阻于筋骨，患处隐隐作痛，漫肿不显，不红不热，面色苍白，形体恶寒，小便清利，舌淡苔白，脉迟或沉等内寒证，如流痰、脱疽等病。温经散寒、祛风化湿法，适用于体虚风寒湿邪侵袭筋骨，患处酸痛麻木，漫肿，皮色不变，恶寒重发热轻，苔白腻，脉迟紧等外寒证者。

总之，上述两法中阳和汤以温阳补虚为主，一般多用于体质较虚者，为治疗虚寒阴证之代表方；独活寄生汤祛邪补虚并重，如体质较强者，只要去其补虚之品，仍可应用。

4. 注意事项　证见阴虚有热者，不可施用本法，因温燥之药能助火伤阴，若用之不当，能造成其他变证。临床上应用温通法多配以补气养血、活血通络之品，能提高疗效。因为元气充足，血运无阻，经脉流通，阳气自然畅达。

（五）祛痰法

祛痰法是用咸寒软坚化痰的药物，以达到消肿散结，软坚化痰的方法。一般来讲，痰不是疮疡的主要发病原因，因为外感六淫或内伤七情，以及体质虚弱等，多能使气机阻滞液聚成痰。因此，祛痰法在临床运用时，大多数是针对不同的病因，配合其他治法使用，才能达到化痰、消肿、软坚的目的。故分有疏风化痰、清热化痰、解郁化痰、养营化痰等法。

1. 方剂举例　疏风化痰方，如牛蒡解肌汤合二陈汤；清热化痰方，如清咽利膈汤合二母散；解郁化痰方，如逍遥散合二陈汤；养营化痰方，如香贝养荣汤。

2. 常用药物　疏风化痰药有牛蒡子、薄荷、蝉衣、夏枯草、杏仁、半夏等；清热化痰药如板蓝根、连翘、黄芩、金银花、贝母、桔梗、瓜蒌、天竺黄、竹茹等；解郁化痰药如柴胡、川楝子、郁金、香附、海藻、昆布、白芥子等；养营化痰药如当归、白芍、首乌、贝母等。

3. 适应证　疏风化痰法适用于风热夹痰之病证，如颈痈结块肿痛，伴有咽喉肿痛，恶风发热。清热化痰法适用于痰火凝聚之证，如锁喉痈红肿坚硬、灼热疼痛，伴气喘痰壅，壮热口渴，便秘溲赤，舌质红绛苔黄腻，脉弦滑数。解郁化痰法适用于气郁夹痰之病证，如瘰疬、肉瘿，结块坚实，色白不痛或微痛，伴有胸闷憋气、性情急躁等。养营化痰法适用于体虚夹痰之证，如瘰疬、流痰后期，形体消瘦、神疲肢软者。

4. 注意事项　因痰而致的外科病，每与气滞、火热相合，应注意辨证。临床应用可根据病变部位经络脏腑之所属而随经用药，如病在颈项腮颐加疏肝清火之品，病在乳房加清泻胃热之品。

（六）理湿法

理湿法是用燥湿或淡渗利湿的药物祛除湿邪的治法。湿邪停滞，能阻塞气机，病难速愈。一般来说，在上焦宜化，在中焦宜燥，在下焦宜利。因湿邪致病常与其他邪气结合为患，最多为夹热，其次为夹风。因此，理湿之法不单独使用，必须结合清热、祛风等法，才能达到治疗目的。如湿热两盛，留恋气分，要利湿化浊，清热解毒；湿热下注膀胱，宜清热泻火，利水通淋；湿热蕴结肝胆，宜清肝泻火，利湿化浊；风湿袭于肌表，宜除湿祛风。

1. 方剂举例　清热利湿方，如二妙丸、萆薢渗湿汤、五神汤、龙胆泻肝汤等；除湿

祛风方,如豨莶丸。

2. 常用药物　燥湿药物,如苍术、佩兰、藿香、厚朴、半夏、陈皮等;淡渗利湿药物,如萆薢、泽泻、苡仁、猪苓、茯苓、车前草、茵陈等;祛风除湿药,如地肤子、豨莶草、威灵仙、防己、木瓜、晚蚕砂等。

3. 适应证　燥湿健脾适用于湿邪兼有脾虚不运之证,如外科疾患伴有胸闷呕恶、脘腹纳食不佳、舌苔厚腻等。清热利湿法适用于湿热交并之证,如湿疮、漆疮、臁疮等见红作痒、滋水淋漓或肝胆湿热引发的子痈、囊痈等。祛风除湿法适用于风湿袭于肌表如白驳风。

4. 注意事项　湿为凝滞之邪,易聚难化,常与热、风、暑等邪相合而发病,故治疗时必须结合清热、祛风、清暑等法合并应用。理湿之药,过用每能伤阴,故阴虚、津液亏损者,宜慎用或一般不用。

(七)行气法

行气法是运用行气的药物,调畅气机,流通气血,以达到解郁散结、消肿止痛目的的一种治法。气血凝滞是外科病理变化中的一个重要环节,局部肿胀、结块、疼痛都与气机不畅、血脉瘀阻有关。因气为血帅,气行则血行,气滞则血凝,故行气之时,多与活血药配合使用;又气郁则水湿不行、聚而成痰,故行气药又多与化痰药合用。

1. 方剂举例　疏肝解郁、行气活血方,如逍遥散、清肝解郁汤;理气解郁、化痰软坚方,如海藻玉壶汤、开郁散。

2. 常用药物　疏肝解郁、行气活血药物,如柴胡、香附、枳壳、陈皮、木香、元胡、当归、白芍、金铃子、丹参等;理气解郁、化痰软坚药,如海藻、昆布、贝母、青皮、半夏等。

3. 适应证　疏肝解郁、行气活血法适用于肝郁气滞血凝而致肿块坚硬或结块肿痛、不红不热;或痈疽后期,寒热已除、毒热已退、肿硬不散者,伴胸闷不舒、口苦、脉弦等,如乳癖、乳岩等;理气解郁、化痰软坚法适用于肿势皮紧内软,随喜怒而消长,伴性情急躁,痰多而黏等,如肉瘿、气瘿等病。

4. 注意事项　凡行气药物,多有香燥辛温特性,容易耗气伤阴;若气虚、阴伤或火盛患者,须要慎用或禁用。此外,行气法在临床中单独使用者较少,常与祛痰、和营等方法配合使用。

(八)和营法

和营法是用调和营血的药物,使经络疏通,血脉调和流畅,从而达到疮疡肿消痛止的目的。外科病中疮疡的形成,多因"营气不从,逆于肉理"而成,所以和营法在内治法中应用还是比较广泛的,大致可分活血化瘀和破血逐瘀两种治法。

1. 方剂举例　活血化瘀方,如桃红四物汤;破血逐瘀方,如大黄䗪虫丸。

2. 常用药物　活血化瘀药,如桃仁、红花、当归、赤芍、红藤等;破血逐瘀药,如䗪虫、水蛭、虻虫、三棱、莪术等。

3. 适应证　活血化瘀法适用于经络阻隔、气血凝滞引起的外科疾病,如肿疡或溃后肿硬疼痛不减、结块,色红较淡,或不红或青紫者。破血逐瘀法适用于瘀血凝滞、闭阻经络所引起的外科疾病,如乳岩、筋瘤等。

4. 注意事项　和营法在临床中有时需与其他治法合并应用,若有寒邪者,宜与祛寒药合用;血虚者,宜与养血药合用;痰、气、瘀互结为患,宜与理气化痰药合用等。和营活血的药品一般性多温热,所以火毒炽盛的疾病不应使用,以防助火;对气血亏损者,破血逐瘀药也不宜过用,以免伤血。

(九)清托法

清托法是用补气养血、透脓和清热解毒的药物治疗热毒壅盛,开始化脓的疮疡,既有消散之效,又有托毒之功的治法。

1. 方剂举例 托里消毒散、四妙勇安汤、四妙汤等

2. 常用药物 金银花、生甘草、白芷、赤芍、黄芪、党参、当归等。

3. 适应证 疮疡发散疏利之后,疮形已成,脓尚未熟者,表现为色赤、肿高、焮痛、发热、作脓等。

(十)透托法

透托法是用补气养血、托毒透脓的药物治疗疮疡脓成,促其早溃的方法,具有排脓泄毒、消肿止痛、托里护疮的作用。

1. 方剂举例 透脓散、托里透脓汤等。

2. 常用药物 皂角刺、黄芪、当归、川芎、升麻等。

3. 适应证 成脓之后,毒邪深沉散漫,不能高突破溃者。对年高体弱畏惧刀针者尤宜。

(十一)补托法

补托法是用扶助正气、托毒排脓的药物治疗疮疡溃后脓出不畅,腐肉不脱的方法,具有提深就浅,祛腐生新的功用。

1. 方剂举例 补益气血以提毒的托里排脓汤、滋阴养血以提毒的内托黄芪汤、温阳扶正以提毒的神功内托散等。

2. 常用药物 生黄芪、当归、附子、肉桂、桂枝、薏苡仁、白芷、红藤、蚤休、败酱草等。

3. 适应证 疮疡溃后脓毒不畅,根盘不散,疼痛不减,腐肉不脱者。

(十二)补益法

补益法是用滋补人体阴阳气血的药物,使体内气血充足,以消除虚弱,恢复正气,助养新肉生长,使疮口早日愈合的治法,即《内经》所说"虚者补之"、"损者益之"之意。补益法主要有益气、养血、滋阴、助阳四个方面。

1. 方剂举例 益气方,如四君子汤;养血方,如四物汤;气血双补方,如八珍汤;滋阴方,如六味地黄丸;助阳方,如桂附八味丸或右归丸。

2. 常用药物 益气之药,如党参、黄芪、白术;养血药,如当归、熟地、鸡血藤、白芍;滋阴药,如生地、玄参、麦冬、女贞子、旱莲草;温阳药,如附子、肉桂;助阳药,如仙茅、仙灵脾、巴戟天、鹿角片等。

3. 适应证 凡具有气虚、血虚、阴虚、阳虚症状者,均可应用补法。一般适用于疮疡中后期、皮肤病等凡有气血不足及阴阳俱虚者。在具体运用时,症见肿疡疮形平塌散漫,顶不高突,成脓迟缓,溃疡日久不敛,脓水清稀者,可用调补气血法;如呼吸气短、语声低微,疲倦乏力,自汗,饮食不振,舌淡苔少,脉虚无力者,宜以补气为主;如面色苍白或萎黄,唇色淡白,头晕眼花,心悸不寐,手足发麻,脉细无力者,宜以补血为主;如皮肤病皮损表现干燥、脱屑、肥厚、粗糙、皲裂、苔藓样变,毛发干枯脱落,伴有头晕眼花、面色苍白等全身症状,宜养血润燥;如一切疮疡不论已溃未溃、皮肤病、肛门病,症见口干咽燥、耳鸣目眩,手足心热,午后低热,形体消瘦,舌红少苔,脉象细数者,均以滋阴法

51

治之;如一切疮疡肿形软漫,不易酿脓腐溃,溃后肉色灰黯,新肉难生,伴大便溏薄,小便频数,肢冷自汗,少气懒言,倦怠嗜卧,舌质淡苔薄,脉象微细,宜温补助阳之法。

4. 注意事项　疾病有单纯气虚或血虚,阴虚或阳虚,也有气血两虚,阴阳互伤,所以应用补法也当灵活,但以见不足者补之为原则。此外,补法在一般阳证溃后,多不应用,如需应用,也多以清热养阴醒胃之法,当确显虚象之时,方加补益品。补益法若用于毒邪炽盛,正气未衰之时,不仅无益,反有助邪之害。若火毒未清而见虚象者,当以清理为主,佐以补益之品,切忌大补。

(十三)调胃法

调胃法是用调理胃气的药物,使纳谷旺盛,从而促进气血生化的治法。凡疮疡后期溃后脓血大泄,必须靠水谷之营养,以助气血恢复,加速疮口愈合;若胃纳不振,则生化乏源,气血不充,溃后难敛。凡在外科疾病的发展过程中如出现脾胃虚弱,运化失司,应及时调理脾胃,不必拘泥于疮疡的后期。古人云:"有胃气则生,无胃气则死",故治疗外科疾病,自始至终都要注意到胃气。调胃法在具体运用时,分理脾和胃、和胃化浊及清养胃阴等法。

1. 方剂举例　理脾和胃方,如异功散;和胃化浊方,如二陈汤;清养胃阴方,如益胃汤。

2. 常用药物　理脾和胃药,如党参、白术、茯苓、陈皮、砂仁等;和胃化浊药,如陈皮、茯苓、半夏、厚朴、竹茹、谷芽、麦芽等;清养胃阴药,如沙参、麦冬、玉竹、生地、天花粉等。

3. 适应证　理脾和胃法用于脾胃虚弱,运化失职,如溃疡兼纳呆食少、大便溏薄、舌淡、苔红、脉濡等症;和胃化浊法适用于湿浊中阻,胃失和降,如疔疮或有头疽溃后,症见胸闷泛恶,食欲不振,苔薄黄腻,脉濡滑者;清养胃阴法适用于胃阴不足,如疔疮走黄、有头疽内陷,症见口干少津而不喜饮,胃纳不香,或伴口糜,舌光红,脉细数者。

4. 注意事项　理脾和胃、和胃化浊两法之运用,适应证中均有胃纳不佳之症,但前者适用于脾虚而运化失常,后者适用于湿浊中阻而运化失常,区分之要点在于苔是否腻与厚薄,舌质淡与不淡,以及有无便溏、胸闷欲恶之症。而清养胃阴之法重点在于抓住舌光质红之症。假如三法用之不当,则更增胃浊或重伤其阴。

以上各种内治疗法,虽每法均各有其适应证,但病情的变化是错综复杂的,在具体运用时,往往需数法合并使用。因此,治疗时应根据全身和局部情况、病程阶段,按病情的变化和发展选法用药,才能得到较好的治疗效果。

第二节　外　治　法

外治法是运用药物、手术、物理方法或使用一定的器械等,直接作用于患者体表部或病变部位而达到治疗目的的一种方法。是外科所独具特色的治疗方法。《理瀹骈文》说:"外治之理,即内治之理,外治之药,即内治之药,所异者法耳。"指出了外治法与内治法治疗机理相同,但给药途径不同。

外治法的运用同内治法一样,除了要进行辨证施治外,还要根据疾病不同的发展过程,选择不同的治疗方法。中医外科外治法历史悠久,内容非常丰富,疗法多种多样,应用非常广泛,按疮疡初期、成脓期和溃后期的发展过程,外治法也相应地分为箍围消散法、透脓祛腐法、生肌收口法三原则。常用的方法可分为药物疗法、手术疗法和其他疗法三大类。

一、外治法的三原则

（一）箍围消散法

箍围药是指具有箍集围聚、收束疮毒作用的药物，古称敷贴。箍围消散法是运用行气、活血、消肿、定痛等消散药物箍贴围敷疮疡的方法。此法可使疮毒收束，不致扩散。证势轻者可以消散，证势重者可使毒气结聚，疮形缩小高突，促使早日成脓和破溃。本法运用成功，能使疮疡消散于无形，缩短疗程，是最能体现外科"以消为贵"的理想方法。所以它在外治法中占有重要位置。

1. 适应证　外科疾病初期，凡肿势散漫不聚而无集中之硬块，或有明确肿块者，均可使用本法。若溃后，肿势仍存，余毒未尽者，亦可用之。

2. 各种药品的选择方法　痈疽阴阳各异，所生部位不同，药物寒热有别，在具体应用时，又当随证选用，效果才好。各种药品选用原则如下。

（1）阳证：凡疮疡初期，红肿热痛，烦渴，脉数有力者，可敷药性寒凉，功能清热消肿、散瘀化毒的如意金黄散、玉露散；或贴药性清凉，功能消肿、清火解毒的太乙膏、千捶膏等；或同时掺以活血止痛、化痰解毒的红灵丹、阳毒内消散等；或以清热解毒、消肿散结之剂煎汤淋洗，如升麻溻肿汤、浅静脉炎洗剂等。

（2）阴证：凡疮形平塌漫肿，色黯不痛，不红不热，脉象微软细弱者，可敷药性温热，功能温经活血、散寒化痰的回阳玉龙膏；或贴温经和阳、祛风散寒，化痰通络的阳和解凝膏；掺以破坚化痰、散风逐寒的阴毒内消散或桂麝散；或以温经散寒、化痰通络之剂煎汤淋洗，如升麻溻肿汤、椒艾洗药等；或用附子饼灸法。

（3）半阴半阳证：凡疮疡肿而不高，痛而不甚，微红微热，脉虽洪数而无力者，可敷药性平和，功能行气疏风、活血定痛、散瘀消肿的冲和膏；或以活血散风、通络消肿之剂煎汤淋洗，如深静脉炎洗剂等。

3. 各种剂型的选择方法　①箍围药使用方便，适应性强，应用范围广，只要所患部位能够固定所用药物即可选用。②膏药运用方便，药力持久，便于收藏携带，一般可以通用，但有的患者有过敏反应，致发"膏药风"，则应改换其他方法。③熏洗剂制备简单，运用方便，病变范围较大者更为适用。④掺药使用灵活方便，对于病情较重，单用一方一法力量不足者，加用本法可以加强疗效。事实上箍围消散法在应用中往往是多法并用，数方合施，如熏洗后，加用掺药薄贴法等，以期快速消散。

4. 箍围药的调制法　先将按处方配制的药品制成药末，然后根据病情的变化及不同的证候分别调制。大抵以醋调者，取其化瘀解毒；以酒调者，取其助行药力，能增强脂溶性成分的溶解和吸收；以葱、姜、蒜捣汁调者，取其辛香散邪；以菊花汁、银花露调者，取其清凉解毒；以鸡子清调者，取其缓和刺激；蜂蜜有"天然吸收剂"之称，以蜜调者取其缓和刺激，增强吸收；以油类调者，取其润泽肌肤。

5. 箍围药的敷贴法　用于疮疡初起消散时，应将药糊敷满整个病变部位；若已化脓或溃后余肿未消的，应敷于患处四周，不要完全涂布，敷药的范围应超过肿势范围，并且保持药物湿润疗效才好。

6. 注意事项　用于阳证的箍围消散药，不能用于阴证，以免寒凝不化；用于阴证

的箍围消散药,不能施于阳证,以免助长火毒。即使是阳证,也不宜过施寒凉,恐毒被寒凝,变为阴证。凡调敷药,须多搅,使药稠黏,并且不时用原汁润之,以便更好发挥药效。

(二)透脓祛腐法

透脓祛腐法是用手术方法和使用提脓祛腐的药物,制成适当的剂型,促使疮疡内蓄之脓毒早日排出,腐肉迅速脱落的方法,古称追蚀法。本法是疮疡中期一种基本外治法。手术排脓法下节专述,本节主要叙述腐蚀药疗法、药捻法等。凡肿疡后期,脓毒不泄,及溃疡早期,脓栓未落,死肌腐肉未脱,或脓水不净,新肉不生,或形成瘘管,久久不愈者,均可选用本法。

1. 腐蚀药疗法　本法是运用具有提脓祛腐作用的药物,使疮疡内蓄之脓毒,得以早日排出,腐肉得以迅速脱落;或使过长之肉芽、赘生物等腐蚀脱落的一种方法。《医宗金鉴·外科心法要诀》云:"腐不去则新肉不生",只有腐肉脱落,脓液极少,才能长出肉芽,迅速愈合。所以腐蚀药是疡科要药。在目前,代刀破头法已逐渐少用,但代刀散、咬头膏等仍为体弱患者或畏惧手术患者的妥善治法。用枯痔钉等治疗痔疮的枯痔法,疗效仍然较好。用于溃疡提脓祛腐的药物,可分为含汞和无汞两大类型。含汞的主要药物有红升丹和白降丹(当前常用的是小升丹,又名三仙丹),这些药物腐蚀性强,药性太猛,须加赋型剂使用,常用的药物如九一丹、七三丹、五五丹、九黄丹等。另有一种用于疮疡腐蚀恶肉的吊药,也属白降丹一类丹药。不含汞的腐蚀药如黑虎丹等,对汞剂过敏者,使用本类药物更为适当。

2. 药捻法　本法是将腐蚀药制成线香状的药捻,易于插入细小的疮口中或瘘管内,发挥提脓祛腐,引导脓水外流的中医外科药线引流法。

(1) 适应证:凡溃疡疮口过小,脓水不易排出者,或已成漏管者均可使用。

(2) 用法:①外粘药物法:一般多用五五丹、七三丹或黑虎丹等,黏附在药线上,插入溃疡既深且溃口又小的疮口,发挥提脓祛腐的作用。②内裹药物法:将药物预先放在纸(多用桑白皮纸)内,裹好搓成纸线备用。药物多选白降丹、枯痔散等。多用于瘘管或窦道已成者,发挥腐蚀化管、脱管的作用。③将腐蚀药加米糊或面粉制成锭状、线香状的药捻,插入细小的瘘管,如三品一条枪能腐蚀漏管,也可以蚀去内痔,攻溃瘰疬。

3. 注意事项　透脓祛腐法使用的药物,大都具有刺激作用,凡对药物有过敏者,均应禁用。患于眼部、唇部、外阴、肛门等处,都宜慎用。红升丹、白降丹应用陈久之品,则可缓和药性,减少患者痛苦。这类药物的使用不宜过量,以免引起汞中毒。药捻插入疮口中,应留出一小部分于疮口之外,便于换药;如脓水已尽,流出淡黄色液体时,即使脓腔尚深,亦不宜再插粘有腐蚀性药物成分的药捻,否则会影响收口的时间;腐蚀药物作用峻猛,腐去管化即停,否则易伤好肉或筋骨。

(三)生肌收口法

生肌收口法是用能够促进生肌长皮的药物,使疮口迅速愈合的一种外治法。

1. 适应证　凡溃疡腐肉已脱,脓水将尽时,如果肉芽生长迟缓者,可以使用本法。生肌收口的方药很多,临床应用应从疮面情况及整体出发,进行选择,常用的方药:偏于生肌的有生肌散、生肌玉红膏;偏于收口长皮的如生肌象皮膏等。

2. 注意事项　脓毒未清,腐肉未尽时,若早用生肌收口药,则不仅无益,反增溃烂,延缓愈合,甚至引起迫毒内陷之变。若溃疡肉色灰淡而少红活,新肉生长缓慢,则宜配合内治,使脾胃健壮,气血充沛,内外并施,以助愈合。

二、外治法中药物疗法的常用剂型

(一)膏药

膏药是按配方用若干药物浸于植物油中煎熬,去渣,存油,加入黄丹再煎,利用黄丹在高热下经过物理变化,凝结而成的制剂。俗称药肉,古代称薄贴,现称硬膏。也有不用煎熬,经捣烂而成的膏药制剂,如千捶膏。膏药富有黏性,敷贴患处,能固定患部,使患部减少活动;保护溃疡疮面,避免外来刺激和细菌感染;使用前需加温软化敷贴患部,使患部得到较长时间的热疗,改善局部血液循环,增加抗病能力。具有使肿疡消肿定痛,溃疡提脓祛腐、生肌收口。具体则因组方不同而有不同的功用。一般疮疡初起、已成、溃后各个阶段,均可应用。

(二)油膏

油膏是将药物和油类煎熬或捣匀成膏的制剂,现称软膏。目前,油膏的调剂有用猪脂、羊脂、松脂、麻油、黄蜡、白蜡以及凡士林等。在应用上有柔软、滑润、无板滞黏着不舒的优点,尤其对病灶凹陷折缝之处,或大面积的溃疡,使用油膏更为适宜,故近代医者常用油膏来代替膏药。适用于肿疡、溃疡、糜烂结痂渗液不多的皮肤病、肛门病等。使用时一般应薄摊贴而勤换。

(三)散剂(粉剂)

掺药将药物研成极细粉末,用时掺布于膏药或油膏上,或直接掺布于病变部位的药剂。即古称散剂,现称粉剂。不论溃疡和肿疡,消散、提脓、收口等均可应用;其他如皮肤病、肛门病等也同样可以施用。如果将散剂以水、酒等液体调和成糊状,外敷患部时,则又称"糊剂"或"箍围剂"。按其作用,常用掺药有消散药、提脓祛腐药、腐蚀药与平胬药、生肌收口药、止血药、清热收涩药等。

1. 提脓祛腐药　具有提脓祛腐的作用,能使疮疡内蓄之脓毒早日排出,腐肉迅速脱落。适用于一切外疡溃破之初,或脓水不净,新肉未生的阶段。如小升丹和大升丹等。

升丹有小升丹和大升丹之分。小升丹又称"三仙丹",其配制处方中有水银、火硝和明矾三种原料。大升丹处方除上述三种药品外,尚有皂矾、朱砂(硫化汞)、雄黄(三硫化二砷)及铅等。升药又可依其炼制所得成品的颜色而分为"红升"和"黄升"两种,其物理性质、化学成分、药理作用和临床用法等大同小异。现代科学证明,升丹化学成分主要为汞化合物,如氧化汞、硝酸汞等,红升丹中还含有氧化铅。汞化合物多有毒,能杀菌,起消毒作用,药理作用机制是由于汞离子能和病菌呼吸酶中的硫氢基结合,使之固定而失去原有活动力,终致病原菌不能呼吸趋于死亡。而硝酸汞是可溶性盐类,加水分解而成酸性溶液,对人体组织有缓和的腐蚀作用,可使病变组织与药物接触面的蛋白质凝固坏死,逐渐与健康组织分离而后脱落,产生了所谓"祛腐"的作用。目前采用的多是小升丹,临床使用时,若疮口大者,可掺于疮口上,疮口小者,可黏附在药线上插入,亦可掺于膏药、油膏上盖贴。若纯粹是升丹,因药性太猛,须加赋形药使用,常用的如九一丹、八二丹、七三丹、五五丹、九黄丹等。在腐肉已脱,脓水已少的情况下,更宜减少升丹含量。此外,尚有不含升丹的提脓祛腐药,如黑虎丹,可用于对升丹过敏

55

者。应注意对升丹过敏者应禁用;大面积疮面,或病变在眼部、唇部附近的应慎用;凡见不明原因的高热,乏力,口中有金属味等汞中毒症状时,应立即停用。此外,升丹如能陈久贮藏使用,则可使药性缓和而减少疼痛。升丹宜用黑瓶装置,以免氧化变质。

2. 腐蚀药与平胬药　腐蚀药又称追蚀药,具有腐蚀组织的作用,掺布患处,能使疮疡不正常的组织得以腐蚀枯落。平胬药具有平复胬肉的作用,能使疮口增生的胬肉收缩。适用于肿疡在脓未溃时;或痔疮、瘰疬、赘疣、息肉等病;或溃疡破溃以后,疮口太小,引流不畅;或疮口僵硬,或胬肉突出,或腐肉不脱等妨碍收口时。常用如白降丹、平胬丹等。

3. 生肌收口药　具有解毒、收涩、收敛,促进新肉生长的作用,掺布疮面能使疮口加速愈合。凡溃疡腐肉已脱,脓水将尽时可以使用。如生肌散、八宝丹等。

4. 止血药　具有收涩凝血的作用,掺布于出血之处,外用纱布包扎固定,可以促使创口血液凝固,达到止血的目的。适用于溃疡或创伤出血。如桃花散、三七粉等。

(四) 酊剂

酊剂是将药物浸泡于乙醇溶液内,最后倾取其药液而成的制剂。一般用于未溃之疮疡及皮肤病等。如红灵酒、复方土槿皮酊、白屑风酊等。

(五) 草药

草药指新鲜的植物药,又称生草药。适用于一切外科病之肿疡、创伤浅表出血、毒蛇咬伤、皮肤病瘙痒等。用生草药治病,是一种简便的外用药物疗法,具有简、廉、便、验的优点。常用如蒲公英、紫花地丁、马齿苋、芙蓉花叶、野菊花叶、七叶一枝花、丝瓜叶、旱莲草等。用时将鲜草药洗净,1:5000 高锰酸钾溶液浸泡,后加食盐少许,捣烂外敷患处,1 天调换 1~2 次;用于止血时,加压包扎。

(六) 洗剂

洗剂是将各种不同的方药,先研成细末,然后与水溶液混合在一起而成。因加入的粉剂多系不溶性,故呈混悬状,用时须加以振荡,故也称混合振荡剂或振荡洗剂。

1. 适应证　一般用于急性、过敏性皮肤病,如酒渣鼻和粉刺等。

2. 用法　三黄洗剂有清热止痒之功,用于一切急性皮肤病,如湿疮、接触性皮炎,皮损为潮红、肿胀、丘疹等。颠倒散洗剂有清热散瘀之功,用于酒渣鼻、粉刺。上述方剂中常可加入 1%~2% 薄荷脑或樟脑,增强止痒之功。在应用洗剂时应充分振荡,使药液和匀,以毛笔或棉花签蘸之涂于皮损处,每日 3~5 次。

3. 注意事项　凡皮损处糜烂、渗液较多,或脓液结痂,或深在性皮肤病,均禁用。在配制洗剂时,其中药物粉末应先研细,以免刺激皮肤。

三、手术疗法

(一) 切开法

切开法是运用手术刀对脓肿、瘘管等进行切开的一种治疗方法,促使脓液排出,方便用药,从而达到毒随脓泄,肿消痛止,逐渐向愈的目的。

1. 适应证　凡一切外疡,确已成脓者,或溃疡疮口太小,引流不畅者,或已成瘘管者,均可使用。

2. 操作方法　术前应对脓肿有全面的认识,明确诊断,辨明最软的脓点所在部位(即肿疡的化脓中心),选择切口的方向,估计好切口的大小、进刀的深度,然后进行皮肤消毒,局部麻醉。手术时一般以右手握刀,刀锋向外,拇、食二指夹住刀面背侧预定进刀的尺寸处,其余三指把住刀柄,并把刀柄的末端顶在鱼际上1/3处,这样进刀有力准确。同时左手拇、食二指按捺在所要进刀部位的两侧。进刀时刀口宜向上,从脓点部位向内直刺,深入脓腔即止。如欲创口开大,则可将刀向上或向下轻轻延伸,反之,将刀直出即可。脓肿切开后,即按溃疡处理。

3. 注意事项

(1) 切口的位置:应选择在脓肿稍低的部位,可使排脓流畅,不致有袋脓之弊。

(2) 切开方向:一般疮疡,宜循经直开,刀头向上,免伤血络;乳房部以乳头为中心,放射状切口,免伤乳囊;面部沿皮肤的自然纹理切开,较为适宜;手指脓肿,最好从侧方切开,免伤屈伸功能;关节附近,切口尽量避免越过关节;若在关节区,一般采用横切口,不用纵切口;纵切口在瘢痕形成后,会影响关节功能。总之,除特殊情况,很少采用横断的切法。

(3) 切口大小:切口一般不能过大,以防伤及好肉筋络,且愈合后形成的瘢痕亦大;但也不能过小,以免脓水难出,总之以达到脓出畅通为度。

(4) 切口深浅:脓腔浅,或疮疡生在皮肉较薄的头、颈、胁肋、腹、指等部位,必须浅开;脓腔深,或疮疡生在皮肉较厚的臀、臂等部位,可以稍深无妨。总之,应以得脓为度。

(5) 在筋脉和关节部位,宜谨慎开刀,不要损伤筋脉,致使关节不利;如体弱年老之人,应先内服调补药品,然后开刀,以防晕厥;凡颜面疔疮,尤其在鼻唇部位,忌早期切开,以免疔毒走散,并发走黄危证。切开后,由脓自流,一般不宜用力挤压,以免感染扩散,毒邪内攻。

附:刀晕防治

刀晕是在进行手术时突然发生的严重的全身性证候群。轻者每有头晕欲吐,或自觉心慌意乱,心悸不宁,恶寒微汗等现象;重者可以突然面色苍白,神志昏糊,四肢厥冷,大汗淋漓,以及呼吸微弱,脉搏沉细,血压下降等。防治方法应注意以下几个方面。

1. 刀晕的预防 ①在手术前,先做好解释工作,以减轻患者紧张和恐惧的情绪。②若患者体质衰弱,营养不良,可在手术前先内服调补药物。③不要在患者饥饿、睡眠不足、疲劳时进行手术。④手术时要注意患者的适当体位。⑤在进行手术时,操作要细致,动作要敏捷,操作时间不宜太长,动作不宜粗暴。

2. 刀晕的处理 ①一旦患者发生刀晕,应立即停止手术,进行急救。②刀晕轻症者,只要扶持患者,安静平卧,或头位稍低,给服温开水,稍待片刻即可恢复。③刀晕重症者,必须止痛保暖,同时灸百会、人中,或刺合谷、人中、少商等穴急救。如牙关紧闭,即用开关散吹鼻,得喷嚏后,气通窍开,可转危为安。若素体血虚,加以手术时出血过多的刀晕,则应内服补益气血的药物,或综合治疗。

(二)烙法

烙法是应用针和烙器在火上加热后,进行手术操作的一种方法。烙法分两种,一种是火针烙法,另一种是烙铁烙法。

1. 火针烙法 是指将针具烧红后刺激患部的治疗方法。古称燔针焠刺。它是借助灼烙的作用来代替开刀,从而达到脓肿破溃引流,并能防止出血的目的。适用于附骨疽、流痰等肉厚脓深的阴证,脓熟未溃,或虽溃而疮口过小,脓出不畅者。使用时将

针头蘸麻油在炭火或酒精灯上烧红,在脓腔低处向上方斜入烙之,脓即随之流出(需要疮口开大,可在拔针时向上一拖,取斜出方向;需要疮口开小,可在拔针时取直出方向)。一烙不透,可以再烙,烙后可插入药线,使疮口一时不致黏合,便于引流排脓。注意头面部皮肉较薄,禁用火针烙法。

2. 烙铁烙法　是指用烙铁烧灼患部的治疗方法。器械用银、铁或铜制成,或用电灼器进行火烙,既能止血,又可烫治病根。适用于创伤脉络断裂出血,以及赘疣、息肉突出等。应用此法时应先在患处行局部浸润麻醉,然后才可用烙器烧赤烙之,如脉络断裂,可向出血点烧灼,如赘疣、息肉等,可用剪刀齐根剪除后再烙。注意血瘤及岩肿者禁用烙灼。

(三)砭镰法

砭镰法俗称飞针,是指用三棱针或刀锋在疮疡患处,浅刺皮肤或黏膜,放出少量血液的治疗方法。有促使内蕴热毒随血外泄的作用。适用于丹毒、红丝疔等的治疗。施治时先常规消毒,然后用三棱针或刀锋直刺皮肤或黏膜,迅速移动击刺,以患部出血或排出黏液、黄水为度。刺后可再敷药包扎。阴证、虚证禁用。

(四)挂线法

挂线法是采用普通丝线或药制丝线,或纸裹药线,或橡皮筋线等来挂断瘘管或窦道的治疗方法。适于瘘管或窦道疮口过深,或生于血络丛处,而不宜采用切开手术者。目前多采用橡皮筋线挂线法。操作方法是先用球头银丝自甲孔探入管道,使银丝从乙孔穿出(如没有乙孔的,可在局麻下用硬性探针顶穿,再从顶穿处穿出),然后用丝线做成双套结,将橡皮筋线一根结扎在自乙孔穿出的银丝球头部,再由乙孔回入管道,从甲孔抽出,这样,橡皮筋线与丝线贯穿瘘管管道两口,此时将扎在球头上的丝线与橡皮筋线剪开(丝线暂时保留在管道内,以备橡皮筋线在结扎折断时,用以引橡皮筋线作更换之用),再在橡皮筋线下先垫以两根丝线,然后收紧橡皮筋线,打一个单结,再将所垫的两根丝线,各自分别在橡皮筋线上打结处予以结缚固定,最后抽出管道内上述保留的丝线。

(五)结扎法

结扎法又称缠扎法,是利用线的紧力结扎,促使结扎上部的病变组织失去营养而致逐渐坏死脱落,或阻断血流的治疗方法。目前多采用较粗的普通丝线或医用缝合线进行结扎。适用于瘤、赘疣、痔等病,以及脉络断裂引起出血之症。操作方法是:凡头大蒂小的赘疣、痔核等,可在根部以双套结扣住扎紧。凡头小蒂大的痔核,可以缝针贯穿它的根部,再用8字式结扎法,两线交叉扎紧。如脉络断裂,可先找到断裂的络头,再用缝针引线贯穿出血底部,然后系紧打结。注意如内痔用缝针穿线,不可穿过患处的肌层,以免化脓;扎线未脱,应俟其自然脱落,不要硬拉,以防出血。

(六)灌注法

中药灌注法是将中药(水剂或油剂)注入窦腔的治疗方法。灌注药物大致可以分为两种:一种以清热解毒消肿为主;一种以养血活血生肌为主。由于深部脓肿、手术后管道、窦腔复杂,应用手术方法如切开、挂线、拖线、药捻不能到位,用中药药液注入,使不规则窦腔的隐蔽处也能滴入药液。适用于头颅、胸腹外科、妇科、骨科等手术后创口不愈,残留复杂窦瘘的治疗。中药灌注(水剂或油剂)法则可以利用其液体的流动性起到携药物达病所的作用,亦是药捻法、挂线法的传承与发展。

（七）拖线疗法

拖线疗法是以粗丝线贯穿于瘘管、窦道中，通过拖拉引流，排净脓腐，以治疗瘘管、窦道的方法。具有组织损伤少、痛苦小、疗程短、愈合后外形改变少等优点。适用于体表化脓性疾病或外科手术后残留窦道或瘘管。操作方法是：以 4～6 股 7 号或 10 号医用丝线或纱带引置于管道中，丝线两端要迁折于管道外打结，以防脱落，但丝线或纱带圈不必拉紧，以便每日来回拖拉。每日换药时，用提脓祛腐药掺于丝线上，通过来回拖拉后将药物置于管腔中，使管道中脓腐坏死组织得以排出。待脓腐排净后，拆除拖线，外用棉垫加压固定，促进管腔内黏合痊愈。拖线一般保留 2～3 周，肛门部瘘管在 10～14 天，乳房部瘘管拖线时间可稍长一些。在具体操作时，所用拖线可视管壁的大小、厚薄及坏死组织的多少等，采用丝线或纱带；拖线切口，应注意低位引流并使拖线穿过整个脓腔、窦道或瘘管；剪除拖线不宜过早或过晚，等到管壁化脱，坏死组织和分泌物引流干净通畅，新生肉芽开始显露，即可剪除拖线。此外，在每日换药时，须用生理盐水或呋喃西林溶液清洁创口及拖线周围的脓腐，防止脓腐干结而影响引流的通畅。提脓祛腐药应仔细均匀地掺于丝线上，然后将丝线轻轻地来回拖拉，使药粉均匀地置于管道内。拖线拆除后，必须配合垫棉压迫法，压迫整个管道空腔，并用阔绷带扎紧，可使管腔粘连愈合。窦道瘘管收口后，仍应继续加压垫棉一段时间，以期巩固疗效。但是对于有多层较大脓腔的窦道瘘管，仍需以切开扩创为主，拖线疗法则为辅助手段。

四、其他疗法

（一）引流法

引流法是使用药线、导管、扩创术等方法，使脓液向外畅流的疗法。

1. 药线引流　使用药线引流，促使脓液向外排出的疗法。药线俗称纸捻或药捻，大多采用桑皮纸、丝棉纸或拷贝纸，按临床实际需要，将纸裁成宽窄长短适度，搓成大小长短不同的线形药线，用外粘药物或内裹药物的方法制成备用。临床上以应用外粘含有升丹成分的药物制成药线为多，有提脓祛腐的作用，适用于溃疡疮口过深过小，脓水不易排出者。内裹药物法是将有腐蚀化管作用的药物预先放在纸内，裹好搓成线状备用。适用于溃疡已成瘘管或窦道者。使用时应注意，药线插入疮口中，应留一小部分在疮口之外，并将留出的药线末端向疮口侧方向下方折放，再以膏药或油膏盖贴固定。如脓水已尽，流出淡黄色黏稠液体时，即使脓腔尚深，也不可再插药线，否则影响收口的时间。

2. 导管引流　使用导管引使脓液向外畅流的疗法。现多用橡胶或塑料作导管。导管引流较之药线引流，更能使脓液畅出。适用于附骨疽、流痰、流注等脓腔较深，脓液不易畅流者。用时将消毒的导管轻轻插入疮口，达到底部后，再稍退出一些即可。外用橡皮膏固定导管。当脓液减少后，改用药线引流。

3. 扩创引流　采用手术扩大创口促使脓液向外畅流的疗法。大多应用于有袋脓现象，经其他引流、垫棉法无效的情况。扩创时在消毒局麻后，用手术刀将疮口上下延伸或用剪刀行十字形扩创。扩创后，用消毒棉花按疮口大小，蘸八二丹或七三丹填塞疮口以祛腐，并加压固定，以防止出血。瘰疬之溃疡，除扩创外，并须将空腔之皮修剪，剪后使疮面全部暴露。有头疽溃疡的袋脓，扩创时切忌将空腔之皮剪

去,以免愈合后形成较大的瘢痕,影响活动功能。脂瘤继发感染化脓的扩创,行十字形切开后,将疮面两侧皮肤稍作修剪,便于棉花填塞,并用刮匙将渣样物质及囊壁一并刮除。

（二）垫棉法

垫棉法是用棉花或纱布折叠成块以衬垫疮部的一种辅助疗法,它是借着加压的力量,使溃疡的脓液不致下坠而潴留,或使过大的溃疡空腔皮肤与新肉得以黏合而达到愈合的目的。适用于溃疡脓出不畅有袋脓者,或疮孔窦道形成脓水不易排尽者,或溃疡脓腐已尽,新肉已生,但皮肉一时不能黏合者。使用时将棉垫或纱布垫衬在疮口下方空隙处,并用阔带绷住固定。对窦道深而脓水不易排尽者,用棉垫压迫整个窦道空腔,并用绷带扎紧。溃疡空腔的皮肤与新肉一时不能黏合者,使用时可将棉垫按空腔的范围稍为放大,满垫在疮口之上,再用阔带绷紧。至于腋部、腘窝部的疮疡,应早日加用垫棉法。具体应用需根据不同部位,在垫棉后并采用不同的绷带予以加压固定,如项部用四头带,腹壁多用多头带,会阴部用丁字带,腋部、腘窝部用三角巾包扎,小范围的用阔橡皮膏加压固定。注意在急性炎症红肿热痛尚未消退时不可应用;未能获得预期效果时,采取扩创引流手术。

（三）药筒拔法

药筒拔法是采用具有通阳解毒作用的药物,与竹筒若干个同煎,乘热迅速扣于疮上,以吸取脓液毒水的方法。具有宣通气血,拔毒泄热的作用。适用于有头疽坚硬散漫不收,脓毒不得外出者;或毒蛇咬伤,肿势迅速蔓延,毒水不出者;以及反复发作的流火等。具体应用时,可用鲜菖蒲、羌活、紫苏、蕲艾、白芷、甘草各15g,连须葱60g,清水10碗煎数十滚;加鲜嫩竹筒(应长23cm,径口4.2cm,一头留节,刮去青皮留白,厚约0.3cm,靠节钻一小孔,以杉木条塞紧),再煮数十滚,取筒倒去药水,乘热急对疮口合上,按紧,自然吸住,待5~10分钟药筒已凉,拔去杉木塞,其筒自落。视其需要和病体强弱,每天可拔1~2筒或2~5筒,如其坚肿不消,或肿势继续扩散,脓毒依然不能外出者,翌日可以再次吸拔,如此连用数天。亦可先患部消毒,用砭镰法放血,再用药筒拔吸,待拔吸处血液自然凝固后,用纱布包扎。如疮口小可用拔火罐筒。应注意操作时须避开大血管,以免出血不止。

（四）针灸法

针灸法是用针刺法或灸法治疗疾病的方法。在外科方面,针刺适用于瘰疬、乳痈、乳癖、湿疮、瘾疹、蛇串疮、脱疽等病,及内痔术后疼痛、排尿困难等治疗。灸法适用于肿疡初起坚肿,特别是阴寒毒邪凝滞筋骨,而正气虚弱,难以起发,不能托毒外达者;或溃疡久不愈合,脓水稀薄,肌肉僵化,新肉生长迟缓者。针刺的用法,一般采取病变远隔部位取穴,手法大多应用泻法,不同疾病取穴各异。灸的方法多用隔灸,即捣药成饼,或切药成片(如豆豉、附子等作饼,或姜、蒜等切片),上置艾炷,于疮上灸之。此外,还有用艾绒配伍其他药物,做成药条,隔纸燃灸称雷火神针灸。豆豉饼灸,隔姜、蒜灸等,适用于疮疡初起,毒邪壅滞之证,取其辛香之气,行气散邪。附子饼灸适用于气血俱虚,风邪寒湿凝滞筋骨之证,取其温经散寒,调气行血。雷火神针灸适用于风寒湿侵袭、经络痹痛之证,取其香窜经络,祛风除湿。至于灸炷的大小,壮数的多少,须视疮形的大小及疮口的深浅而定。总的原则,务必使药力达到病所,以痛者灸至不痛,不痛者灸至觉痛为止。临床应注意疔疮等实热阳证,不宜灸法。

（五）熏法

熏法是用药物燃烧后，取其烟气上熏，借着药力与热力作用疏通气血而治病的方法。常用熏法主要有神灯照法、桑柴火烘法与烟熏法。神灯照法功能活血消肿，解毒止痛，适用于痈疽轻证。桑柴火烘法功能助阳通络，消肿散坚，化腐，生肌，止痛，通用于疮疡坚而不溃，溃而不腐，新肉不生，疼痛不止之症。烟熏法功能杀虫止痒，适用于干燥而无渗液的各种顽固性皮肤病。临床使用应注意随时听取患者对治疗部位热感程度的反映，不得引起皮肤灼伤；室内烟雾弥漫时，要适当调节空气流通。

（六）熨法

熨法是用药物加酒、醋炒热，布包熨摩患处，可使腠理疏通，气血流畅而治病的方法。凡风寒湿痰凝滞筋骨肌肉等证，以及乳痈的初起或回乳，均可应用。如取赤皮葱连须240g，捣烂后与药末和匀，拌醋炒热，布包熨患处，稍冷即换，有温经祛寒、散风止痛之功，适用于附骨疽、流痰皮色不变，筋骨酸痛。又如取皮硝80g，置布袋中，覆盖于乳房部，再用热水袋置于布袋上待其溶化吸收，有消肿回乳之功，适用于乳痈初起或哺乳期的回乳。阳证肿疡一般禁用。

（七）热烘疗法

热烘疗法是在病变部位涂药后，再加热力烘烤的治疗方法。可促使局部气血流通畅，腠理开疏，药物渗入，从而达到活血祛风以减轻或消除痒痛感，消除皮肤肥厚等治疗目的。适用于鹅掌风、慢性湿疮、牛皮癣等皮肤干燥、瘙痒之症。应用时，先选择相适应的药膏（如鹅掌风用疯杨膏；慢性湿疮用青黛膏；牛皮癣用疯油膏），极薄均匀地涂于患部，然后用电吹风烘（或火烘）患部，每天1次，每次20分钟，烘后即可将所涂药膏擦去。注意急性皮肤病禁用。

（八）浸渍法

浸渍法是用药物煎汤淋洗浸渍患部的方法。古称渍法。它能使疮口洁净，袪除病邪等，从而达到治疗的目的。适用于疮疡溃后脓水淋漓或腐肉不脱，皮肤病瘙痒、脱屑，内、外痔的肿胀疼痛等。临床上常用的有淋洗、坐浴、浸泡等。如2%～10%黄柏溶液有清热解毒的作用，适用于疮疡溃后，脓水淋漓或腐肉不脱，疮口难敛者；苦参汤有袪风除湿，杀虫止痒之功，可用于尖锐湿疣、白疕等病。香樟木有调和营卫，祛风止痒之功，可以煎汤沐浴，适用于瘾疹。五倍子汤有消肿止痛和收敛止血的作用，可煎汤坐浴，适用于内、外痔肿痛，脱肛等。鹅掌风浸泡方有疏通气血，杀虫止痒之功，将药加醋同煎，待温，每日浸泡1～2小时，连续7天，适用于鹅掌风。在浸渍时，冬季应该注意保暖，夏令宜避风凉，以免感冒。

（九）激光疗法

用各种不同的激光治疗不同疾病的方法称激光疗法。目前已有多种激光应用于治疗。如二氧化碳激光、氖离子激光、氦氖激光、绿激光等。常用的有二氧化碳激光和氦氖激光。

1. 适应证　二氧化碳激光适用于瘤、赘疣、痔核、痣、部分皮肤良恶性疾病等。氦氖激光适用于疮疡初起及僵块、溃疡久不愈合、皮肤瘙痒症、蛇串疮后遗症、油风等。

2. 用法　临床分弱激光治疗和中、强功率激光治疗。中、强功率激光治疗时以2%利多卡因行浸润麻醉，再根据病情采用清扫法、切割法或凝固照射等。

3. 注意事项　创面浅而小，治疗后没有明显渗出及红肿反应，则无需处理，但要保持创面干净。创面较大,超过 $1cm^2$,或创面有渗液者,应使用无菌敷料包扎,并酌情用散焦二氧化碳激光或氦氖激光照射,可预防感染,加速创面愈合。

第三节　康复治疗和调护原则

护理是临床医疗不可缺少的重要环节。任何疾病在治疗和休养期间,对于患者的生活、精神、心理、饮食、起居与周围环境的调摄护理是非常重要的,对于疾病的早日康复也有着非常重要的意义。明代《外科正宗·调理须知》说:"凡人无病时,不善调理而致生百病,况既病之后,若不加调摄而病岂能得愈乎。"说明古代医家早已经认识到调摄与护理在疾病治疗中的重要性。中医外科护理在《刘涓子鬼遗方·将息法》、《外科精义·论将护忌慎法》等古代文献中均有专门论述,对患者的疗养环境、身心调养、饮食宜忌等均作了比较具体的阐述。

一、一般护理

（一）基本要求

1. 病室宜卫生　病室是患者接受治疗和调养的地方,合乎卫生要求的病室应是干净整齐,空气新鲜,光线充足,冷暖适宜。《外科精要·饮食居处戒忌篇》说:"卧室宜洁净馨香"。外科患者在接受检查、治疗及护理时,常常需要暴露病变部位,因此,在保证室内光线明亮充足的前提下,温度应冷暖适宜,寒冷季节打开门窗通风透气时间不宜过长,以免患者受寒。炎热夏季应避免患者直接吹受凉风或长时间开启空调,尤其是体虚易汗者容易汗出当风,复感外邪。另外,患者的各种排泄物及病理产物,如呕吐物、大小便、汗液、痰液、脓、血等,常使室内空气浑浊不爽,臭秽难闻。故不但应经常清扫,还须适时打开门窗使空气流通。

2. 环境宜安静　怡静舒适的室内外环境,对外科疾病的治疗和康复有密切关系。在病重期间,患者每因病痛折磨或感到病情严重而出现烦躁、惊恐等情绪波动。疾病迁延期,又因病情缠绵难愈对治疗缺乏信心,会焦虑不安。舒适的内外环境对调治患者身心,增强抗病意识以及对疾病的治疗和恢复有直接关系。《外科精义·论将护忌慎法》指出:"于愚人左右,止息烦杂,切忌打触器物,诸恶声音,争辩是非。"因此,创造一个好的环境,给患者一个好的心情是临床医疗与护理中一项非常重要的内容。

（二）特殊要求

外科疾病中,除对室内外环境有一般要求外,还相应地有一些特殊要求。如破伤风患者应注意避光、避声及触摸等任何各种外界因素的刺激,因为任何轻微的外来刺激均可诱发其抽搐、痉挛的强烈发作而加重病情,甚至可引起呼吸困难而窒息。狂犬病患者害怕水的声音,故应避免接触水和听到水声,以免诱发或加重其吞咽肌的痉挛而致呼吸困难。对于严重烧伤患者,应有防寒保暖、明亮整洁的专门病室,室内空气应定时用紫外线照射或其他方法消毒,并严格控制家属探视及禁止患者间往来,以免增加外来感染的机会及减少医源性交叉感染。

二、身心护理

精神因素不仅是多种外科疾病重要的致病因素之一,而且患者一般都抱有不同的心理反应,影响着疾病的疗效和预后。精神因素和治疗效果有双向的因果关系。因此,心理康复在所有护理工作中有着至关重要的作用,故而得到了人们越来越多的重视。由于患者来自各方,病情轻重不同,对患者的身心护理则应如《理虚元鉴》所云:"樽节其精神,各就其性情,所失以为治"。掌握患者不同的思想动态,便于有针对性地进行精神护理。如疔疮走黄、毒蛇咬伤以及手术前的患者,常因意识到病情严重或害怕开刀而紧张恐惧。重度或大面积烧伤、骨痨、脱疽、晚期岩肿等患者,担忧可能毁容、伤残或治疗无望而情绪低沉消极,悲观失望。对一些慢性疾病或轻症小恙,如慢性骨髓炎、面部痤疮、疖肿等,前者因病期冗长,患者情绪急躁或失去信心,后者则麻痹轻视而忽视诊治。因此要因人而异,做好患者的精神护理。对病情严重者,要安慰其消除恐惧紧张心理,配合医疗,增强战胜疾病的信念。对慢性或轻浅病症,既要帮助患者克服急躁情绪,又不麻痹轻视。同时还须经常关心和照顾患者的日常起居,尤其对那些年老、病重、残疾、孤寡者,更应注意和帮助其解决生活中的实际困难,让他们感受到生活在一个充满亲切友好、温暖和谐的环境之中,以利于疾病的诊治和康复。

三、饮食护理

饮食护理是对患者的饮食进行正确调理,达到配合治疗、促进康复的目的。《素问·脏气法时论》说:"毒药攻邪,五谷为养,五果为助,五畜为益,五菜为充,气味合而服之以补益精气。"说明药物攻邪与食物补养两者之间的关系密切。有些食物能以食代药,有直接的治疗作用,有些食物则能协同药物起到滋补强身和防病治病的作用。如冬瓜、赤小豆能利水消肿,可用于前列腺炎、下肢丹毒等疾病的医疗饮食。酒能温经通络,对痹证有辅助治疗作用等。还有一些食物可以导致疾病的发生,如虾、蟹、海味等,常是瘾疹、白疕等皮肤疾病的诱发及加重因素,成为"发物"而忌食。有些食物能影响药性而降低药效。如萝卜能减弱人参、怀山药等补气药的功能,故不能同食。因此,根据不同疾病,正确地调理患者饮食有重要意义。

(一)基本要求

1. **饮食卫生是饮食护理的前提**　饮食卫生指除饮食须清洁外,还须包括食有定时、饥饱适度、冷热相宜、食不偏嗜等方面。因为饮食不慎是外科疾病发生的重要原因。首先,要求患者食物须新鲜、洁净,不食隔夜、腐败酸馊食物,以免"秽饭馁肉臭鱼,食皆伤人"(《金匮要略·禽兽鱼虫禁忌并治》)。对饮食用具也须清洁卫生,杜绝病从口入。其次,进食宜节制,应适时、定量,避免过饥过饱或过食生冷,或有偏嗜。过于饥饱或过食生冷,常是外科急腹症如肠痈、肠结以及胆胰疾病发病的重要诱因。偏嗜炙煿肥甘,则脾胃积热,外可腐毒肌肤,易患痈疽、疔疖,内可熏蒸肝胆而发胁痛、黄疸等胆胰疾病。此外,食后漱口,注意口腔清洁等都是饮食卫生、预防疾病的良好措施。

2. **调理脾胃是饮食护理的关键**　饮食调理能否达到治疗疾病、补养身体的目的,很大程度上取决于其脾胃功能的强弱。因为无论食养、食疗,皆须经过脾胃运化而发挥其作用,因此,调理饮食必须注重脾胃运化功能。除上述要求饮食宜新鲜洁净、饥饱有度、冷热相宜外,根据脾胃功能强弱来进行饮食调理是饮食护理的关键。脾胃功能尚健,可根据病情的需要适当增加饮食营养,为治疗及康复创造条件。脾胃功能较差时,饮食尤当注意。如痈疽疔疮等疾病在急性发作期,由于热毒炽盛,壅遏中焦或大病

初愈胃气已伤,脾胃功能未复,此时饮食调理须顾护脾胃,先予清淡或平补饮食,以免增加脾胃负担,待脾胃功能渐复时方可厚味调养。故不同病情都需要顾及脾胃功能,若概以厚味补益食品,虚者精微难化,有损脾胃,其病难复,实者阻碍中土,邪毒不化,易生变证,切需注意。

（二）外科疾病的饮食宜忌

1. 疾病性质与饮食宜忌　食物与药物一样,有寒热温凉之性及辛酸甘苦咸之味。病有阴阳表里及寒热虚实之别,饮食性味必须与疾病性质相适应,才能起到养身治病的功效。反之,则会使病情加重而延缓康复。饮食宜忌的一般原则是:寒证宜温热饮食,忌食寒凉生冷。热证宜寒凉性平饮食,忌温燥辛辣炙煿。虚证宜给补益饮食,忌耗气伤津和黏腻难以消化的食物。阳虚者宜温补,慎寒凉。阴虚者需清补,忌温热。实证宜祛邪饮食,因病所宜,忌用补益。在具体实施不同疾病尚有不同要求。痈、疽、疔、疖等阳证疮疡,宜进清凉解毒食品,如绿豆、冬瓜、黄瓜、丝瓜等,慎食膏粱厚味煎炒炙煿之品,以免助热生火加重病情。流痰、瘰疬、脱疽等阴证疮疡可进温热之品,如生姜、羊肉等,慎食生冷瓜果,以免损伤脾胃。白疕、瘾疹、牛皮癣等皮肤病诸疾,宜进食清淡素食,忌鱼腥海鲜发物,如虾、蟹、海鱼、海味(干贝、淡菜)、公鸡、鹅肉、笋、豆芽、芫荽等,以免诱发或加重病情。肛裂、痔瘘等肛肠疾病,其病每与温热燥邪有关,姜、葱、韭、蒜、辣椒、花椒及醇酒等辛辣助火食品当列禁忌,以免引起大便干燥、便血、疼痛等,使病情加重。乳房疾病则根据不同病情选用不同食物,如行气的薤白,通乳的莴苣、猪蹄皆可服用。

2. 疾病阶段与饮食类型　根据疾病的不同阶段,给予流质、半流、软食、普食等不同类型的饮食。一般在疾病急性期,尤其是一些急重病证,如有头疽、疔疮、毒蛇咬伤、破伤风、大面积烧伤、急腹症等,都有明显的局部及全身症状,如高热、腹痛、呕吐、腹泻、抽搐、呕血、便血等。此时毒邪亢盛,邪壅中土,患者多不能正常饮食,或由于诊断治疗上的需要,如一些特殊检查及术前准备等,这一阶段需要禁食或给予流质饮食,待诊断明确或病情平稳时方可给半流饮食。疾病后期及恢复期,此时邪气虽去,正气亦虚,脾胃功能尚未恢复,需要有一短暂时期的流质或半流质饮食,逐步过渡到半流食或普食,不要因饮食不慎而导致病情反复。此外,对有些疾病尚有一些特殊的饮食要求,如患者形体消瘦,面色无华,有明显虚损表现以及手术后恢复期患者,可给高蛋白饮食。外科疾病伴有各种心衰以及有水肿、高血压者,宜给低盐饮食。对消渴病患者应予低热量、无糖饮食等。在给予各种饮食时,须观察患者食后反应,注意有无恶心、呕吐、腹胀、腹痛、腹泻等情况,以便酌情调整饮食结构。

3. 药物与饮食宜忌　食物对药物性能有协同和拮抗作用的不同,所以在服药治疗期间,要根据药物性能来选择食物。有些食物与药物同食能增强治疗作用,如绿豆甘草煎服可解痈疽疮肿热毒;胡桃仁与贝母、全蝎等量制蜜丸,食之可消瘰疬痰核;当归、生姜、羊肉同食可增强温补气血作用,治腹中寒疝及流痰、瘰疬等阴证疮疡;猪膘与半夏、人参、酒调内服治瘿;麻黄与酒煎服利水退黄等。而有些食物则能减低药效,如有补气作用的人参在临床上使用广泛,疾病后期及恢复期每多用之,服药期间如同食破气的萝卜则补气作用减弱,故应以避免。此外,服药期间尚有一般的饮食原则,如服解表药时不宜食生冷瓜果,服利水药时不宜过食咸味食品,服补益药时忌茶叶、萝卜等,这些在临床调护中均应予以注意。

（三）食物之间的配伍禁忌

在日常生活中，人们为了增强食物的效用和可食性，常常把几种不同的食物搭配应用。有的食物配伍后增强营养、增进食欲或起到治疗作用；而有的则相反。在医疗饮食中，应利用其协同作用，避免不良反应。如赤小豆、冬瓜同食可增加利水消肿之功；蜂蜜和酒服之治疗风疮作痒；胡桃仁、细米煮粥善治石淋；狗肉与龟肉或鳖肉同食，两者一温一寒，可共奏壮阳补阴之功，善治外科疾病后期及手术后患者虚损。有些食物配伍后可产生不良反应。如蟹和柿子，两者都寒，同食有损脾胃。另外有人认为，蜂蜜和葱、白薯与鸡蛋、柿子与茶不能同食。因此，除注意食物营养作用外，也要了解食物配伍。

在饮食宜忌中还须注意患者体质及年龄、地域、季节等不同因素的影响。阴虚体质宜予蔬菜、豆类及清淡润燥食品，而少食厚味、鱼腥、辛辣等助火生热之品。阳虚体质宜食禽蛋肉类温补食品，慎食生冷瓜果之品。不同年龄，饮食要求也应有所差别，尤其老幼体弱患者，因脾胃功能薄弱，应予寒温适宜、清淡易消化食品等，以利于疾病的恢复。地处高原寒冷者多食助火辛辣食品而少食寒凉食物。地处低洼温暖潮湿者宜多食清淡食品，少食辛辣厚味、炙煿之品。夏季暑热多汗宜清凉饮食，冬季寒冷应多食辛热食物。

（贾　颖）

复习思考题

1. 中医外科学内治和外治的原则是什么？
2. 简述拖线疗法的操作步骤及适用范围？
3. 什么是托法？具体内容有哪些？

第六章

疮 疡

📋 **学习目的**

应根据疮疡特点,掌握局部辨证和全身辨证方法,针对不同疮疡的临床表现及诊断要点,选择合适的内治、手术、药物外治及其他方法。掌握疖、疔、痈、发、有头疽、流注、丹毒、发颐、附骨疽、瘰疬、流痰、走黄和内陷、褥疮、窦道的病因病机、诊断和鉴别诊断、治疗。熟悉疖和疔、痈的鉴别诊断,不同发病部位的命名及治疗特点。熟悉走黄与内陷的急救措施。了解具有特殊性质的烂疔、疫疔的特点和预防方法,了解附骨疽由于骨关节的破坏而造成的后果,了解瘰疬与颈痈的类证鉴别,了解疮疡疾病的预防与护理。

学习要点

疖、疔、痈、发、有头疽、流注、丹毒、发颐、附骨疽、瘰疬、流痰、走黄和内陷、褥疮、窦道的病因病机、诊断和鉴别诊断、治疗和预防护理。不同位置疮疡疾病的临床特点,成脓期切开切口及大小的选择。

疮疡,广义地说,泛指一切体表浅显外科疾病。狭义地说,是指各种致病因素侵袭人体后引起的体表感染性疾病,其中多见化脓。本章论述的是狭义疮疡。疮疡是中医外科范围中最普遍最常见的疾病。《外科启玄·明疮疡标本论》谓:"疮疡者,乃疮之总名也……所包广矣,虽有痈疽疔疖、瘰疬疥癣、疳毒痘疹等分,其名亦止大概而言也"。

【病因病机】

疮疡的致病因素分外因(外感六淫邪毒、感受特殊之毒、外来伤害等)和内因(情志内伤、饮食不节、房室损伤等)两大类。各种致病因素可以单独致病,亦可多种因素同时致病,并且内因和外因常相合为病。外邪引起的疮疡,尤以"热毒"、"火毒"最为常见。外邪作用于人体,通过化火化毒的病理过程外发为疮疡,其最终表现,大多为火毒,热毒之象。内伤,尤其是五脏不调所引起的疮疡,大多由虚致病,且慢性者居多,如肾虚络空,易为风寒痰浊侵袭,而成流痰;肺肾阴亏,虚火上炎,灼津为痰,而成瘰疬等。其中由于饮食不节,内伤脾胃导致火毒内生而引起的疮疡,虽然有时正气尚未虚衰,但较之单纯外邪侵袭所引起者严重。

以上各种致病因素侵入人体,均可引起局部和全身一系列的病理反应,且以局部为主。一般表现为局部气血凝滞、营卫不和、经络阻隔,产生肿痛症状,即为疮疡初期(肿疡期)阶段。若正能胜邪,可拒邪于外,热壅于表,使邪热不能鸱张,渐而肿势限局,疮疡消散;若正不胜邪,不能及时内消外解,邪毒深壅,滞而不散,久则郁而化热,热胜肉腐,蒸酿为脓,导致脓肿形成,即为疮疡中期(脓疡期或成脓期)阶段。此时若人体正气不衰,治疗得当,则脓肿自溃或刀溃后,脓液畅泄,毒随脓泄,形成溃疡,腐肉渐脱,新肉生长,最后疮面愈合,即为疮疡后期(溃疡期)。若疮疡病邪炽盛,通过经络的传导影响或侵犯脏腑,导致脏腑功能失和,则可产生一系列的全身症状,轻则发热,口渴,便秘,溲赤等;重则恶心呕吐,烦躁不安,神昏谵语,咳嗽痰血等,甚则危及生命。因此,观察有无脏腑的病理反应,也可作为判别疮疡病情轻重的一个重要依据。

【诊断】

(一)局部症状

红、肿、热、痛、溃脓及功能障碍,这是疮疡共同的局部症状。但这些症状并非一定全部出现,随受邪性质、病程迟早、病变范围和病位深浅而异。如火热阳邪致病,局部以红热见症;风寒痰浊致病,初始局部多不红不热,待化火生热才见红热;病位浅,初起局部症状即十分显著;病位深,如附骨疽等,虽有肿、热痛,但皮色不变或仅微红。在疮疡发病过程中,由于病理变化造成的特殊形态,或由于功能障碍产生的特殊体形,对临床诊断常有一定的价值。如颜面部疔疮患者步态蹒跚,局部突然疮口凹陷,皮色黯红,常是走黄的征兆;红丝疔必有红丝一条或数条;蛇头疔若发生损骨,其溃后多形如蛇头;胸椎流痰,形如鸡胸、驼背;髋关节流痰除两臀肌不对称外,甚至患肢短缩,髋部外凸;膝关节流痰因大小腿肌肉萎缩后状如鹤膝;指关节流痰则指肿如蝉腹;髂窝流注使患肢屈曲难伸。同时中医学认为"腐去肌生"、"肌平皮长"是疮疡疮面愈合的两个基本阶段,而腐肉脱尽是疮面愈合的前提,肉芽充填又是长皮的必要条件。所以,对于化脓性疮疡后期疮面肉芽的辨别亦十分重要。其基本情况是:肉芽色泽鲜红、润泽,表面平整,颗粒细且匀,触之出血,津脂晶莹,为气血充实的反映,愈合较快;肉芽色泽淡红或苍白,宣浮水肿,颗粒大而不匀,触之不易出血,津脂清淡如水,为气血不足,愈合较难;肉芽色泽紫黯(或灰紫),没有光泽,颗粒不明显,触之不易出血,津脂少而稀,属疮面血瘀,气血不畅,愈合慢;肉芽苍白板亮,如同镜面,津脂稀少,属气血衰竭,难于痊愈。

此外,辨别疮疡有无损伤筋骨和透内膜也很重要。疮疡损伤筋骨多在四肢,肿疡时见局部胖肿,皮面可有细小红丝或青筋暴露,触之骨骼可能增粗;溃疡时疮口胬肉外翻,经久不愈,脓出带臭,以纸捻探之有锯齿感。疮疡透膜多在躯干,肿疡时见肿势漫无边际,扪之绵软,或有捻发感;溃疡时脓出似蟹沫,或夹有气泡,在胸壁有时可听到如儿啼声(贴纸试验:取薄纸片贴疮口上,可见纸片随呼吸而微微煽动),在腹部有时可看到有粪便、尿液流出,配合 B 超、X 线摄片、CT 等检查常有助于明确诊断。

(二)全身症状

由于疮疡的毒邪,可通过经络的传导,由表传里,或由里及表,或郁于经络,或直入营血,或内传脏腑,而出现全身症状,并因人、因病的阶段不同而在程度上又有轻重不一。轻证小恙可无全身症状,火毒、热毒较重的常有发热、头痛、全身不适、乏力、食欲减退、大便秘结、小便短赤等;严重的发生疮毒内陷时,可见烦躁不安、神昏谵语、四肢发厥等症;病程长的,还可出现气血虚损、脏腑不足的表现,尤其是素体羸弱多病或年迈体虚者,因无力御邪,病情虽然沉重,全身症状却可能并不明显。此外,在疮疡疾病的不同阶段,辨明脉象的有余与不足,以及脉率的变化,对分析疾病的病因,确定病证的性质,判断疮疡的转归有一定的临床价值。

【治疗】

常需内治和外治相结合。疮疡在病理变化过程中明显表现为初、中、后期三个不同阶段,无论内治或外治均可按其阶段辨证施治。较轻或范围较小的浅部疮疡,有时可仅用外治收功;而疡科大症则需要内治、外治相结合。

(一) 内治

1. 初起　尚未成脓之时,宜用消法,并针对病因、病情运用清热解毒、和营、行气、解表、温通、通里、理湿、祛痰等治法。其中清热解毒为疮疡最常用的治法,方剂如五味消毒饮、黄连解毒汤、犀角地黄汤等。

2. 成脓　脓成不溃或脓出不畅之时,宜用托法,又分透托法和补托法。透托法适用于疮疡酿脓尚未成熟,毒盛正不虚者,常用方剂为透脓散,并宜与清热、和营等法配合施用。补托法适用于疮疡中期正虚毒盛,不能托毒外达,疮形平塌,肿势散漫,难溃难腐的虚中夹实证,常用方剂为托里消毒散。

3. 溃后　正虚邪衰之际,宜用补法,通常有益气、养血、滋阴、助阳等治法。一般来说,轻浅疮疡后期很少应用补法;如疮疡之大者,脓出较多,而疮口愈合缓慢,大多应用调补气血之剂,常用方剂为四君子汤、四物汤、十全大补汤。

以上疮疡初、中、后期的各种内治法则,虽各有适应证,但病情变化是错综复杂的,往往需数法合用。因此,治疗时应根据全身和局部情况,按病情的变化和发展,抓住主证、主要病机来立法遣方用药。

(二) 外治

根据疮疡的初期、中期、后期,分辨阳证、阴证、半阴半阳证,然后选择不同的外治剂型、方药和方法辨证施治。

1. 初起　宜箍毒消肿。阳证可选用金黄散、玉露散,或金黄膏、玉露膏、太乙膏、千捶膏外敷,并可加掺红灵丹、阳毒内消散,或用清热解毒消肿的新鲜草药如蒲公英、紫花地丁、马齿苋、芙蓉花(叶、皮、根)、野菊花、七叶一枝花等,任选1~2味,捣烂加少许食盐,敷患处,或煎汤湿热敷患部;阴证可选用回阳玉龙散,或回阳玉龙膏、阳和解凝膏外敷,并可加掺黑退消、桂麝散、十香散、丁桂散;还可选用温经散寒、化痰通络的中草药如桂枝、草乌、石菖蒲、川椒、丁香、川芎、麻黄、细辛、胡椒等,煎汤熏洗;半阴半阳证可选用冲和膏外敷。

2. 成脓　脓熟时应适时行切开排脓术。注意切开时机、切口位置、切开方向、切开的深浅、切口大小等的选择。如颜面部疔疮忌早期切开,而蛇头疔应及早切开;手部疔疮宜从侧方切开以免影响屈伸功能等。

3. 溃后　先宜提脓祛腐,继则生肌收口。在疮疡腐肉未尽之际,阳证疮疡选用九一丹、八二丹等,阴证疮疡一般选用七三丹、五五丹,疮口脓水较多时,可用中药煎液湿敷。若溃疡疮口太小,或腐肉不脱,或疮口僵硬,或疮面胬肉凸出等,可用白降丹、千金散、平胬丹等腐蚀平胬药。在腐肉已脱、脓水将尽之时,可用生肌散、八宝丹、生肌白玉膏等;对疮疡脓出不畅有袋脓,或腐肉已尽,新肉已生,而皮肤与肌肉一时不能黏合者,可用垫棉压迫疗法。尚可运用扩创引流、砭镰、拖线、灌注、针刺、挑治等疗法。

此外,在疮疡的治疗中,还要重视患者的精神调摄,饮食宜忌,日常起居,护理换药等,加强医患配合,争取早日痊愈。

第一节　疖

疖是一种生于肌肤浅表部位的急性化脓性疾病。主要表现为局部红、肿、热、痛,突起根浅,肿势局限,范围多在3cm左右,易肿、易溃、易敛,出脓即愈。疖随处可生,尤以头、面、颈、背、臀等处多见。疖四季皆可发生,多发于酷热夏(暑)秋季节,发于暑天的称暑疖或热疖,其他季节发生的称疖。初起分有头疖、无头疖两种,一般症状轻而易治。但亦有因治疗或护理不当形成的蝼蛄疖;或遍体或特定部位反复发作,缠绵难愈的疖病,其生于发际处又称"发际疮",生于臀部又称"坐板疮",一般较难治。相当于西医学的疖、皮肤脓肿、头皮穿凿性脓肿及疖病。

疖名首出晋《肘后备急方》。隋《诸病源候论》首次指出了疖肿出脓即愈的特点,而与痈疽区别开来。自宋代始,疖多从形态特征、发病时令以及部位而命名,如"热疖"、"恶疖"、"软疖"、"时毒暑疖"、"蝼蛄疖"、"发际疮"、"坐板疮"。明代以后医家对本病的病因病机、临床特征及治疗原则的论述更全面,如明《外科启玄》记载了暑疖的发病原因、基本特点及清暑解毒的治疗原则,清《外科证治全生集》认为蝼蛄疖病性属"阴寒虚弱之证",并指出疖和痈的区别,清《医宗金鉴》指出蝼蛄疖的病因有胎毒及暑毒两种,应分证施治,并对"发际疮"、"坐板疮"的发病部位、病因病理、临床表现有详细描述。

【病因病机】

常因内郁湿火,外感风邪,两相搏结,蕴阻肌肤所致;或夏秋季节感受暑毒而生;或因天气闷热汗出不畅,暑湿热蕴蒸肌肤,引起痱子,复经搔抓,破伤染毒而成。

1. 外感暑毒　夏秋季节,气候酷热干燥或在强烈的日光下曝晒,感受暑毒,蕴结肌肤而成;或天气闷热,汗出不畅,热不外泄,暑湿热毒蕴蒸肌肤,生痱搔抓,破伤染毒而生。

2. 热毒蕴结　饮食不节,恣食膏粱厚味、煎炒辛辣之品,以致脾胃运化失常,湿热火毒内生,复因外感风邪,以致风湿火之邪,凝聚肌表所致。

3. 体虚毒恋　素体禀赋不足、体质虚弱者,由于皮毛不固,外邪易于侵袭肌肤而发病。若伴消渴、肾病、便秘等慢性病以致阴虚内热,或脾胃气虚者,亦容易染毒发病,病久反复,耗气伤阴,正气易虚,更难托毒,毒又聚结,如此恶性循环,日久不瘥。

4. 脓毒旁窜　患疖后若治疗不当,疮口过小,脓泄不畅,脓毒潴留;或护理不慎,搔抓碰伤,以致脓毒旁窜,加之头顶部皮肉较薄,易互相蔓延,腐蚀肌肉,以致头皮窜空而成蝼蛄疖。

西医学认为,疖是单个毛囊及其所属皮脂腺或汗腺的急性化脓性炎症,常扩展到皮下组织,常见的致病菌为金黄色葡萄球菌或白色葡萄球菌。如伴营养不良、糖尿病,或局部皮肤擦伤、不洁等均易导致疖的发生。

【诊断】

1. 好发于头面、颈、背、臀部及腋下、会阴部。

2. 临床以局部皮肤红、肿、热、痛,突起根浅,肿势局限,范围3cm左右,出脓即愈为主症。

3. 一般无全身症状,重者有恶寒、发热。

4. 蝼蛄疖,多发于儿童头部,疖肿小根脚硬,出脓愈后会复发,一处未愈,他处又生,或疮大如梅李,三五相连,溃后不愈,头皮窜空,如蝼蛄窜穴。

5. 疖病,好发于项后发际、背部、臀部,疖肿数个到数十个,反复发作,缠绵不愈;或在身体各处散发疖肿,一处将愈,他处续发,或间隔数周再发。

【鉴别诊断】

1. 痈 常为单发,较少发生于头面部,初起无头,肿势范围较大,为6~9cm,一般7~10天成脓,初起即伴有明显全身症状。

2. 颜面疔疮 初起有粟粒脓头,根脚较深,肿势散漫,出脓较疖晚而有脓栓,大多数初起即有明显全身症状。

3. 有头疽 好发于项背部,初起有多个粟米状脓头,以后红肿范围扩大,多超过9cm,溃后状如蜂窝,全身症状明显,病程较长。

4. 脂瘤染毒 患处素有结块,其中心表面皮肤常可发现粗大黑色毛孔,挤之有脂浆样物溢出,且有臭味,染毒后红肿较局限,脓出夹有粉渣样物,愈合较为缓慢。

5. 囊肿型粉刺 好发于面颊部和背部,伴有丘疹和黑头,挤之有米粒样白色粉样物质,病程较长。

【辨证论治】

以清热解毒为基本治则。临床根据其具体发病季节、部位的不同以及患者体质差异而施治。发于夏秋季节者,宜清暑解毒化湿;体虚毒恋者,宜扶正解毒,需兼养阴清热或健脾和胃。对症状轻微的疖可单纯应用外治法收功。

1. 热毒蕴结证

证候:好发于项后发际、背部、臀部。轻者疖肿只有一两个,多则可散发全身,或簇集一处,或此愈彼起。伴发热,口渴,溲赤,便秘。舌质红,舌苔黄,脉数。

治法:清热解毒。

方药:五味消毒饮加减。常用金银花、野菊花、紫背天葵、紫花地丁、蒲公英。热毒盛者,加黄连、山栀;小便短赤者,加生薏苡仁、泽泻、赤茯苓;大便秘结者,加生大黄、芒硝、枳实;脓成溃迟,加皂角刺、僵蚕、川芎;疖肿难化,加僵蚕、浙贝母。

2. 暑热浸淫证

证候:发于夏秋季节,以小儿及产妇多见。局部皮肤红肿结块,灼热疼痛。可有发热,口干,便秘,溲赤等。舌质红,舌苔薄腻,脉滑数。

治法:清暑化湿解毒。

方药:清暑汤加减。常用连翘、天花粉、赤芍药、滑石、车前子、金银花、泽泻等。疖在头面部,加野菊花、防风;疖在身体下部,加黄柏、苍术、败酱草。

3. 阴虚内热、体虚毒恋证

证候:疖肿常此愈彼起,不断发生。散发全身各处或固定在一处,疖肿较大,易转变成有头疽。常有口干唇燥。舌质红,舌苔薄,脉细数。

治法:养阴清热解毒。

方药:仙方活命饮合增液汤加减。常用金银花、连翘、防风、薄荷、白芷、川芎、当归、天花粉、穿山甲、赤芍药、玄参、麦冬、生地黄等。

4. 脾胃虚弱、体虚毒恋证

证候:泛发全身各处,溃脓、收口时间均较长,脓水稀薄。常有面色萎黄,神疲乏力,纳少便溏。舌质淡或边有齿痕,舌苔薄,脉濡。

治法:健脾和胃,清化湿热。

方药:参苓白术散合防风通圣散加减。常用金银花、连翘、紫花地丁、牛膝、车前子、人参、怀山药、茯苓、砂仁、薏苡仁、生黄芪等。夹湿,加藿香、佩兰;脓成溃迟,加皂角刺、川芎;疖肿难化,加僵蚕、浙贝母;疮面色泽晦黯不红,加熟附子、肉桂;原有肾病水肿,加赤小豆、玉米须。

【外治】

1. 初起　小者用千捶膏盖贴或三黄洗剂外搽;大者用金黄散(膏)或玉露散,以金银花露或菊花露调成糊状,敷于患处;或紫金锭水调外敷;或以鲜蒲公英、木芙蓉叶、野菊花叶、马齿苋、丝瓜叶等,取其一种,洗净捣烂敷于患处,一日 1～2 次。

2. 脓成　宜及时切开排脓。

3. 溃后　用九一丹掺太乙膏盖贴。脓尽,用生肌散掺生肌白玉膏收口。若有袋脓或相互串通成空壳者,宜行"十"字形剪开,并将串通的空壳全部扩开。如遇出血,可用垫棉绷带搏扎法以压迫止血;如有死骨者,可待松动时用镊子钳出。

【其他疗法】

1. 中成药　梅花点舌丹,每次 2 丸,每日 3 次;或六神丸,每次 10 粒,每日 3 次;或小金丹,每次 0.6g,每日 2 次。

2. 西医治疗　病情较重者,应使用有效抗生素治疗。如有糖尿病者,必须口服降血糖药物或注射胰岛素控制血糖。

【预防护理】

1. 预防　注意个人卫生,经常保持局部皮肤清洁,勤洗澡,勤理发,勤修指甲,勤换衣服,衣服宜宽松柔软,防止摩擦局部皮肤,诱发疮疖。少食辛辣炙煿助火之物及肥甘厚腻之品,患疖时忌食鱼腥发物;多饮清凉饮料,如金银花露、地骨皮露、菊花茶、西瓜汁、绿豆米仁汤等。炎夏季节,做好防暑降温工作,避免烈日曝晒,注意通风;防止痱子发生,如已发生,可扑痱子粉、青黛散等。

2. 护理　忌自行挤压搔抓,防止碰伤,以免脓毒弥散,引起其他并发症。疖病患者局部尽量少用油膏类药物敷贴,并在病灶周围经常用 75% 乙醇搽擦;箍围药干燥时,宜随时以金银花露、菊花露、鲜草药汁湿润。有消渴病、肾病等,应及时治疗相关疾病;体虚者,应积极锻炼身体,增强体质。

【结语】

疖是一种生于肌肤浅表部位的急性化脓性疾病,相当于西医学的疖、头皮穿凿性脓肿、疖病等。主要表现为局部皮肤红、肿、热、痛,突起根浅,肿势局限,可伴有发热,口干,便秘等症状。四季均可发生,但以酷热夏(暑)秋季节为多。好发于头、面、颈、背、臀等处。辨证常分为热毒蕴结证、暑热浸淫证、阴虚内热体虚毒恋证、脾胃虚弱体虚毒恋证四型。治疗以清热解毒为基本治则,内治外治相结合。临床实践中应根据其具体发病季节、部位的不同以及患者体质差异而施治,并注重疖与疔等疾病的鉴别诊断。

第二节 疔

疔疮是一种发病迅速，易于变化而危险性较大的急性化脓性疾病。疔可发于任何季节、任何年龄，其证随处可生，但多见于颜面和手足等处。其临床特点是疮形小，根深，坚硬如钉，肿痛灼热，病势较剧，变化迅速，毒邪易于走散。若处理不当，发于颜面部的疔疮，易走黄而致生命危险；发于手足部的疔疮，易损筋伤骨而影响功能。

早在《素问·生气通天论》中说："高粱之变，足生大丁。"这是"疔"的最早记载。在元《外科精义》以后，疔疮才成为外疡中一个专用病名。至明代逐渐完善了疔疮的外因学说，并明确表述其基本特征、脏腑经络辨证、局部辨证、全身症状辨证、病情顺逆的判断等，从而形成了本病的辨证论治体系。

疔的范围很广，多以其发病部位、局部形态及颜色而命名。发于颜面部者证治大致相同，故统以颜面部疔疮类之；发于手足部名之为手足部疔疮。另有红丝疔、烂疔、疫疔因其性质不同，证治各异，皆以类别之，分别论述。

一、颜面部疔疮

颜面部疔疮是一种发生于颜面部的急性化脓性疾病。其临床特点为发于颜面部，病变迅速，疮形如粟，坚硬根深，状如钉丁，全身热毒症状明显，易成走黄之变。相当于西医学的颜面部急性化脓性感染、颜面部疖或痈并发蜂窝织炎。

由于发生部位的不同，名称各异，疔疮生于眉心的，叫眉心疔，又称印堂疔；生于两眉棱者，称眉棱疔；生于眼胞者，称眼胞疔；生于颧部者，称颧疔；生于颊车部者，称颊疔；生于鼻部者，称鼻疔；生于迎香穴者，称迎香疔；生于人中者，称人中疔，又称龙泉疔；生于人中两旁者，称虎须疔（疽），又称髭疔；生于口角者，称锁口疔；生于唇部的，称唇疔；生于两唇内里者，称反唇疔；生于颏部者，称承浆疔；生于地角穴的，叫地角疔等。

【病因病机】

主要因火热之毒为患。其毒或从内发，或由外感及染毒所得，蕴蒸肌肤，以致气血凝滞、火毒结聚而成。由于头面为诸阳之首，火毒蕴结于此，则反应剧烈，变化迅速，若治疗不当，碰撞挤压，毒邪易于扩散，往往有引起"走黄"的危险。

1. 感受六淫之邪 感受四时不正之气（火热之气），郁于肌肤。

2. 外伤染毒 虫咬皮损，面部外伤，或因抓破染毒，复染毒邪，蕴蒸肌肤。

3. 脏腑蕴毒 七情内伤，气郁化火，火炽成毒，或恣食膏粱厚味、煎炒辛辣之品，损伤脾胃，运化失常，脏腑蕴毒，发越于外，火毒结聚于肌肤。

西医学认为，本病常见的致病菌为金黄色葡萄球菌或白色葡萄球菌，若发生在上唇周围和鼻部，如被挤压或挑破，感染容易经内眦静脉和眼静脉，进入颅内的海绵窦，引起化脓性海绵窦静脉炎。

【诊断】

1. 多发于额前、颧、颊、鼻、口唇等部。

（1）初起：局部开始有粟米样脓头，或痒或麻，肿块范围3～6cm，但多根深坚硬，形如钉丁之状，继之逐渐红肿热痛。

（2）中期:起病后5～7日间,肿势逐渐增大,四周浸润明显,疼痛加剧,中心形成脓栓,脓头破溃。

（3）后期:起病后7～10日间,肿势局限,顶高根软溃脓,脓栓(疔根)随脓外出,肿消痛止,身热减轻的,病程一般10～14天,即可痊愈。

2. 全身症状　轻者无全身不适,重者初起可有恶寒发热,中期伴有发热、头痛、口苦舌干,便秘溲赤,舌苔薄腻或黄腻,脉象弦滑数等,后期一般随局部症状减轻而消失。

3. 合并症　生于鼻翼、上唇周围的疔疮,若处理不当,妄加挤压或挑刺,不慎碰伤或过早切开等,可引起顶陷色黑无脓,四周皮肤黯红,肿势扩散,失去护场,头面、眼部、耳、项俱肿,并伴有壮热烦躁,神昏谵语,胁痛气急,舌苔黄糙,舌质红绛,脉象洪数等症状,此乃疔毒越出局限范围,发为"走黄"之象;少数病例在中期亦可出现走黄。若疔毒走窜入络,出现恶寒发热,在躯干或四肢肌肉丰厚处多有明显痛处者,则是并发"流注"之象。若毒邪内传脏腑,可引起内脏器官的转移性脓肿。若毒邪流窜附着于四肢长管骨,骨骼胖肿,可形成"附骨疽"。

4. 实验室检查　血常规检查提示血白细胞总数及中性粒细胞比例增高,并应根据病情做疮面脓液细菌培养及药敏、血细菌培养及药敏等检查。

【鉴别诊断】

1. 疖　突起根浅,肿势局限,一般无全身症状。

2. 有头疽　多发于项背部肌肉丰厚处,初起皮肤即有一粟米样疮头,逐渐形成多头或蜂窝状;红肿范围往往超过9～12cm,病程较长。

3. 疫疔　初起在皮肤上有一小片红色的斑丘疹,迅即周围肿胀,作痒不痛,中央呈黯红色或黑色坏死,坏死周围起成群的灰绿色小水疱,疮形如脐凹,并有严重的全身症状。

【辨证论治】

治疗以清热解毒为大法,慎用发散之品。并根据疔疮病位相对应的五脏所属而有所偏重,如发于鼻部者,注重清解肺热;发于唇部,注重清解心脾之热。中期火毒炽盛,宜凉血清营,泻火解毒。其外治根据初起、成脓、溃后三期,分别采用箍围束毒消肿、切开引流或聚毒拔疔、祛腐生肌治疗,切忌早期切开引流。

1. 火毒凝结证

证候:红肿高突,根脚收束。发热头痛。舌质红,舌苔黄,脉数。

治法:清热泻火解毒。

方药:五味消毒饮、黄连解毒汤加减。常用金银花、野菊花、紫背天葵、紫花地丁、黄连、黄芩、黄柏、栀子等。毒盛肿甚者,加大青叶,重用黄连;壮热口渴者,加竹叶、石膏、连翘;大便秘结者,加生大黄、玄明粉、枳实;肿块大者,加大贝母;不易出脓者,加皂角刺。

2. 火毒炽盛证

证候:疮形平塌,肿势散漫,皮色紫黯,焮热疼痛。伴高热,头痛,烦渴,呕恶,溲赤。舌质红,舌苔黄腻,脉洪数。

治法:凉血泻火解毒。

方药:犀角地黄汤、黄连解毒汤、五味消毒饮加减。常用水牛角、牡丹皮、生地黄、黄连、黄芩、黄柏、栀子等。痛甚,加乳香、没药;大便秘结者,加生大黄、芒硝;不易出脓者,加皂角刺。

【外治】

1. 初起　箍毒消肿,用金黄散、玉露散以金银花露或水调成糊状围敷,或千捶膏盖贴。

2. 脓成　提脓祛腐,用九一丹、八二丹撒于疮顶部,再用玉露膏或千捶膏敷贴。若脓出不畅,用药线引流;若脓已成熟,中央已软有波动感时,可切开排脓。

3. 溃后　祛腐生肌,初溃时腐肉未尽,疮口掺入八二丹、九一丹,外敷金黄膏;腐尽宜用生肌散、太乙膏或红油膏盖贴。

【其他疗法】

1. 中成药　六应丸或六神丸,成人每次 10 粒,每日 3 次,吞服;犀黄丸,1～2 粒,吞服;小金丹,每次 0.6g,每日 2 次,吞服。

2. 抗生素　病情严重、发展迅速者,应及早选用有效抗生素。

【预防护理】

1. 预防　养成良好的生活习惯,不偏嗜烟酒辛辣、荤腥发物、甜腻之品。

2. 护理　减少患部活动。饮食宜清淡,壮热汗多者宜多饮水或西瓜汁或菊花露。忌内服发散药,忌灸法,忌早期切开、针挑,忌挤脓,防止患部外伤。忌房事、忿怒、过度思虑、惊恐等。有全身症状的,卧床休息。全身情况较差者,应予以支持疗法。

二、手足部疗疮

手足部疗疮是发生在手足部的急性化脓性疾病。手部发病多于足部,其特点是发病较急,初起无头,红肿热痛明显,易损筋伤骨,影响手足功能。相当于西医学的甲沟炎、脓性指头炎、急性化脓性腱鞘炎和化脓性滑囊炎、掌中间隙感染、鱼际间隙感染、足底皮下脓肿等手足部急性化脓性感染。

因发生的部位及形态、预后的不同有多种命名。如生在指头顶端的,肿胀形如蛇头者,叫蛇头疗;生于指甲缘的,因其色紫而凸,或溃后胬肉高突,形如蛇眼,叫蛇眼疗;又因脓积于甲下,指甲面可见黄白色脓影,重者指甲浮空,痛胀难忍,故名代指;生在指甲周围的,名沿爪疗;生在甲后的,叫蛇背疗;生在手指螺纹的,叫螺疗;生在手指指节间的,叫蛀节疗;若一指通肿,色紫,指微屈而难伸,形如泥鳅者,称泥鳅疗;指头有黄疱明亮的,挑破去其恶水即愈,叫水白疗,又称水蛇头;生于指中节前肿如鱼肚的,或状如蛇肚,叫鱼肚疗或蛇腹疗;生于五指(趾)丫处的,叫手足丫疗;生于手掌心的,叫托盘疗;生于大指、次指歧骨间的,称虎口疗;生于足掌中心的,叫足底疗;生在涌泉穴者,叫涌泉疗等。总之,病名虽异,其病因病理、证治却基本相同,故统名手足部疗疮。临床比较常见的有蛇眼疗、蛇头疗、蛇腹疗、托盘疗、足底疗。

早在隋、唐时期即有文献记载。明代对手足部疗疮病因、证状、治疗、预后均有论述,清代对本病的辨证尤为精详,各列病名,并详细指出手术操作方法。

【病因病机】

总由火毒凝结,血凝毒滞,经络阻塞,热胜肉腐而成。

1. 外伤染毒　针尖、竹、木、鱼骨、修甲等刺伤,昆虫咬伤等,感染毒邪。

2. 脏腑蕴热　脏腑热毒与外邪相搏结,阻于皮肉之间,以致气血凝滞,经络阻隔。

3. 托盘疗　还可由手少阴心经、手厥阴心包经火毒炽盛,气血凝滞,郁而化热所致。

4. 足底疔　多由湿热下注,毒邪蕴结,气血凝滞而生。

本病多为局部外伤后感染所致或附近软组织、筋膜间隙等处感染而引起。致病菌多为金黄色葡萄球菌。由于手足解剖结构的特殊性而各有特点。

【诊断】

1. 手足部疔疮发病部位多有受伤史。

2. 初起局部无头者较多,有头者较少;或痒或麻,继则焮热疼痛;有的红肿明显,有的红肿并不明显。中期肿势逐渐扩大,红热明显,疼痛剧烈而呈搏动性,患在手部可引起肘部或腋部臖核,足部可在股部出现臖核。如患部中软而应指者,为内已成脓。一般脓出黄稠,逐渐肿痛消退,趋向痊愈。

3. 随病情发展,可相应出现恶寒发热,头痛,纳呆等,溃后全身症状随之消失。

4. 辨别手指部有无脓,除依据一般化脓日期及利用触诊外,可采用透光验脓法;辨别有无死骨,可用药线或探针检查疮孔,如触及粗糙的骨质,为损骨之象;辨别有无伤筋,观察手指屈伸功能。

5. 血常规检查提示血白细胞总数及中性粒细胞比例增高。并应根据病情做疮面脓液细菌培养及药敏、血细菌培养及药敏等检查。若创面经久不敛,应做 X 线摄片检查以确定有无死骨存在。

蛇眼疔:初起时多局限于指甲一侧边缘的近端处,有轻微的红肿疼痛,2～3 天成脓;若不及时治疗,红肿可蔓延到对侧而形成指(趾)甲周围炎;若脓毒浸淫指甲下,可形成指甲下脓肿,指甲背面显黄白色或灰白色的脓液积聚阴影,甲床溃空或有胬肉突出,甚而指甲脱落。

蛇头疔:初起指端感觉麻痒而痛,继而刺痛,灼热肿胀;中期红肿显著,肿胀呈蛇头状,疼痛剧烈,患肢下垂时疼痛更甚,局部触痛明显,约 10 天成脓,此时多阵阵啄痛不休,并常因剧痛影响食欲和睡眠;后期一般脓出黄稠色明净,逐渐肿退痛止,趋向痊愈。若不及时切开,溃后脓水臭秽,肿痛不消,屈而难伸,或胬肉突出者,多是损骨的征象。

蛇肚疔:发于指腹部,整个患指红肿疼痛,呈圆柱状,关节轻度屈曲,不能伸展,任何伸指动作均会引起剧烈疼痛,并逐渐加重,7～10 天成脓,溃后脓出症状逐渐减轻;如损筋脉,则愈合缓慢,常影响手指的活动功能。

托盘疔:初起整个手掌肿胀高突,失去正常的掌心凹陷或稍凸出,手背肿势通常更为明显,甚则延及手臂,疼痛剧烈。约 2 周成脓,因手掌皮肤坚韧,虽内已化脓,不易向外透出,易损伤筋骨或并发走黄。溃后脓出,肿退痛减。

足底疔:初起足底部疼痛,不能着地,按之坚硬。3～5 日有搏动性疼痛,修去老皮后,可见到白头。重者肿势蔓延到足背,痛连小腿,不能行走等。溃后流出黄稠脓液,肿消痛止。

【鉴别诊断】

类丹毒　发病前多有猪骨、鱼虾等刺伤史,或破损皮肤接触猪肉、鱼虾史。红肿不如疔疮明显,常表现为游走性的红紫色斑片,一般不会化脓。

【辨证论治】

以清热解毒为主,临证根据发病部位不同及病变发展不同阶段特征,施治应有所侧重。如发于下肢者,注重清热利湿。其外治根据初起、成脓、溃后三期,分别采用箍围束毒消肿、切开引流、祛腐生肌治疗。

1. 火毒凝结证

证候:局部红肿热痛,麻痒相兼,全身有畏寒发热。舌质红,舌苔黄,脉数。

治法:清热解毒。

方药:五味消毒饮合黄连解毒汤加减。常用金银花、野菊花、紫背天葵、紫花地丁、黄连、黄芩、黄柏、栀子等。小便短赤者,加生薏苡仁、泽泻、赤茯苓;大便秘结者,加生大黄、芒硝、枳实;疔肿难化,加僵蚕、浙贝母。

2. 热胜肉腐证

证候:红肿明显,疼痛剧烈,痛如鸡啄,肉腐为脓,溃后脓出肿痛消退;若溃后脓泄不畅,肿痛不退,胬肉外突。舌质红,舌苔黄,脉数。

治法:清热消肿,和营托毒。

方药:五味消毒饮合透脓散加皂角刺、白芷等。常用金银花、野菊花、紫背天葵、紫花地丁、黄连、黄芩、栀子、赤芍药、皂角刺、白芷等。

3. 湿热下注证

证候:足底部红肿热痛。伴恶寒,发热,头痛,纳呆。舌质红,舌苔黄腻,脉滑数。

治法:清热解毒利湿。

方药:五神汤合萆薢渗湿汤加减。常用金银花、野菊花、紫背天葵、紫花地丁、牛膝、萆薢、土茯苓、薏苡仁等。恶寒发热者,加防风、荆芥。

【外治】

1. 初起 金黄膏外敷。蛇眼疔也可用 10% 黄柏溶液湿敷。蛇头疔可用鲜猪胆 1 枚套住患指,一日 1 次。

2. 脓成期 应及早切开排脓,一般应尽可能循经直开,根据患病部位不同,而选择不同的切口。

(1) 蛇眼疔:宜沿甲旁 0.2cm 挑开引流。

(2) 蛇头疔:宜在末节手指掌面一侧做纵行切口,其长度不宜越过指节为宜,必要时贯穿切开指端直至对侧,不可在指掌面正中切开,若指头有黄疱明亮者,亦宜挑破,去其脓水。

(3) 蛇肚疔:切口宜在手指侧面做纵行切口,切口长度不得超过上下指关节面。

(4) 托盘疔:应依掌横纹切开,切口应够大,保持引流通畅,手掌处显有白点者,应先修去厚皮,再挑破脓头。

3. 溃后期 用药线蘸八二丹或九一丹插入疮口,外敷金黄膏或红油膏,油膏宜极薄。收口期时脓尽用生肌散、白玉膏外敷。若甲下积脓,胬肉突出,应切除部分指甲,外敷平胬丹;指甲溃空需拔甲,拔甲后以红油膏纱布包扎换药;若已损骨,溃烂肿胀,脓液污秽不尽,久不收口者,可用2% ~10% 黄柏溶液浸泡患指,每天 1 ~ 2 次,每次 10 ~ 20 分钟;有死骨存在,可用七三丹提脓祛腐,待死骨松动时用血管钳或镊子钳出死骨;筋脉受损导致手指屈伸障碍者,待伤口愈合后,用桂枝、桑枝、红花、丝瓜络、伸筋草等煎汤熏洗,并加强患指屈伸功能锻炼。

【其他疗法】

1. 中成药 参照"颜面部疔疮"。

2. 抗生素 病情严重、发展迅速者,应及早选用抗生素。

【预防护理】

1. 预防　注意劳动保护,防止手足皮肤损伤。一旦外伤或发生冻疮,皲裂,逆胪(胪者,肤也。甲沿皮肤因气血失和而致剥裂倒卷)等,必须及时治疗。

2. 护理　手部疗疮忌持重物或剧烈活动,以三角巾悬吊固定。生于手掌部者,宜手背向上,减少脓水浸淫筋骨或使脓毒容易流出。足部疗疮宜抬高患肢,避免多走路,患足抬高约30°。愈后影响手指屈伸功能者,宜早加强活动锻炼。可以2枚核桃或圆球置掌中捏进行手指关节功能锻炼,以帮助早日恢复功能。其他参照"颜面部疗疮"。

三、红丝疗

红丝疗是发于四肢,以病变前臂或小腿内侧皮肤呈红丝显露,迅速向上走窜,伴全身不适,甚至出现走黄为特征的急性感染性疾病。相当于西医学的急性淋巴管炎。

晋《肘后备急方》称"䐴病"。宋严用和《济生方》明确指出本病应属疗疮范畴。《疮疡经验全书》提出"毒灌经络"发病机理。明《外科正宗》指出了红丝疗的发病过程及预后,主张"用针于红丝处挑断出血"。

【病因病机】

1. 火毒凝聚　毒流经脉,向上走窜而继发;若火毒走窜,内攻脏腑,可成走黄之证。

2. 破损染毒　手足部生疗,足癣糜烂或皮肤破损,感染毒邪。

西医学认为本病是由β-溶血性链球菌或金黄色葡萄球菌经由损伤的皮肤、黏膜或其他感染性病灶侵入淋巴管引起淋巴管及其周围组织的急性炎症,炎症严重者可波及邻近淋巴结,引起急性淋巴结炎。

【诊断】

1. 手足部多有生疗或皮肤破损等病史,好发于手臂前侧及小腿内侧。

2. 多先在手足生疗部位或皮肤破损处,红肿热痛,继则在前臂或小腿内侧皮肤上起红丝一条,迅速向躯干方向走窜,上肢可停于肘部或腋部,下肢可停于腘窝或胯间,或更向上蔓延。肘、腋或腘窝、胯部常有臖核作痛。

3. 轻者,红丝较细,可无全身症状;重者红丝较粗,并伴有恶寒发热,头痛,饮食不振,周身乏力,舌苔黄,脉数等全身症状。

4. 红丝较细的,1~2日可愈;若红丝较粗,病情较重,有的还可出现结块,一处未愈,他处又起,有的2~3处相互串连。病变在浅部的,结块多而皮色黯红;病变在深部的,皮色黯红,或不见"红丝",但患肢出现条索状肿块和压痛。如结块不消而合并化脓者,则肿胀疼痛更剧,化脓在发病后7~10天,溃后一般容易收口,若两三处串连贯通,则收口较慢。若伴有高热,神昏谵语,胸痛,咳血等证,是为"走黄"之征象。

5. 血常规检查提示血白细胞总数及中性粒细胞比例增高。

【鉴别诊断】

1. 青蛇毒　患者常有下肢筋瘤史,下肢有条索状红肿,压痛,发展较慢,全身症状较轻,局部病变消退较慢,消退后常在病变局部出现条索状硬结,周围皮肤颜色黯紫。

2. 股肿　常有久卧、久坐或外伤,手术,分娩史,局部疼痛,肿胀,压痛,将患侧足背向背侧急剧弯曲时,可引起小腿肌肉疼痛。

【辨证论治】

以清热解毒为主,佐以活血散瘀。外治应积极治疗原发病灶,红丝较细者,宜用砭镰法,取效甚快;红丝粗者,可参照"痈"论治。

1. 火毒入络证

证候:患肢红丝较细,红肿而痛,全身症状较轻。舌苔薄黄,脉濡数。

治法:清热解毒。

方药:五味消毒饮加减。常用金银花、紫背天葵、野菊花、蒲公英、紫花地丁等。热毒盛者,加生地黄、黄连、山栀;小便短赤者,加生薏苡仁、泽泻、赤茯苓;大便秘结者,加生大黄、芒硝、枳实。

2. 火毒入营证

证候:患肢红丝粗肿明显,迅速向近端蔓延。全身寒战高热,烦躁,头痛,口渴。舌苔黄腻,脉洪数。

治法:凉血清营,解毒散结。

方药:犀角地黄汤、黄连解毒汤、五味消毒饮加减。常用水牛角、生地黄、牡丹皮、黄连、黄芩、栀子、苍术、金银花、紫背天葵、野菊花、蒲公英、紫花地丁等。成脓,加皂角刺、穿山甲;发于下肢,加黄柏、牛膝。

【外治】

1. 处理原发病 先按"手足部疔疮"处理原发病。

2. 砭镰法 宜用于红丝细者。局部皮肤消毒后,以刀针沿红丝行走途径,寸寸挑断,并用拇指和食指轻捏针孔周围皮肤,微令出血,或在红丝尽头挑断,挑断处均盖贴太乙膏掺红灵丹。

3. 成脓 宜则切开排脓。

4. 溃后 用药线蘸八二丹、九一丹引流,外敷红油膏;如两三处串连贯通者,宜彻底切开贯通的脓腔。或用垫棉加绑缚以加速疮口愈合;腐尽,外用生肌散、白玉膏收口。

【其他疗法】

参照"手足部疔疮"。

【预防护理】

1. 预防 避免皮肤损伤。

2. 护理 积极治疗原发疮疡。忌食辛辣醇酒及虾,蟹等发物。

余参照"手足部疔疮"。

四、烂疔

烂疔是发生于皮肉之间,病势暴急的急性化脓性疾病。临床特点是起病急骤,焮热肿胀,疼痛彻骨,皮色黯红,然后稍黑或有白斑,疮形略带凹形(如匙面),皮肉迅速腐烂,范围甚大,轻按患处有捻发音,溃后流臭秽污血,易并发走黄,危及生命。中医文献中称"水疔"、"卸肉疔"、"烂皮疔"、"脱靴疔"等。相当于西医学的气性坏疽,现称梭状芽胞杆菌性肌坏死。

唐《备急千金要方》首载"烂疔",简要地指出了烂疔疮形凹如匙面的局部形态变化特点。清《外科真诠》、《增订治疗汇要》、《疡科纲要》等描述了本病好发部位及发

病特点,并对本病病机、症状及治则有系统的阐述。

【病因病机】

1. 湿热火毒炽盛 毒聚突肌肤,气血凝滞,热胜肉腐而成;湿热火毒内蕴,走窜入营,则易成走黄重证。

2. 破损染毒 皮肉破损,接触潮湿泥土、污物等,感染特殊毒气。

3. 气血凝滞 伤后,调治不当,伤口遂合,瘀血郁闭,血脉壅滞,与湿热火毒之邪相合,蕴结于皮肉之间,热胜则肉腐而成。

西医学认为,本病多由梭状芽胞杆菌经伤口进入受伤组织,在厌氧环境中生长繁殖,并释放毒素、胶原酶、透明质酸酶和溶纤维酶,引起组织液化,蛋白质和糖类分解,产生大量气体,造成组织肿胀、缺血、坏死,病变扩散,病情恶化。

【诊断】

1. 患者多为农民和战士。发病前多有手足创伤和接触泥土、污物史。

2. 潜伏期一般1~4日。

3. 好发于足部及小腿,臂、臑、手背等也偶或有之。

(1) 初起:患肢有沉重和包扎过紧感觉,伤口局部明显肿胀,疼痛剧烈,有胀裂感,疮口周围皮肤高度水肿,紧张光亮,按之陷下不能即起,迅速蔓延成片,状如丹毒,但皮肤颜色黯红。

(2) 坏死期:1~2天后,肿胀疼痛剧烈,皮肤上出现许多含黯红色液体的小水疱,很快积聚融合成数个大水疱,破后流出淡棕色浆水,气味臭秽。疮口周围呈紫黑色,中央有浅黄色死肌,无弹性,切割时不出血,无收缩反应,疮面略带凹形,轻按患处有捻发音,重按则有污脓送出,稀薄如水,恶臭,并可见气泡逸出。此后,腐肉大片脱落,腐肉大片脱落,疮口虽大,但多能渐渐收口而愈。

(3) 全身症状:突发高热(大于40℃),寒战,呼吸急促,头痛,烦躁,呕吐,面色苍白,或神昏谵语;一昼夜后,虽身热略降,但神志仍时昏时清,伴有烦渴引饮,食欲不振,小便短赤,舌质红绛,舌苔黄焦糙,脉洪滑数(100~120次/分)等。

4. 血常规检查提示血白细胞总数显著增高,血红细胞及血红蛋白含量明显低于正常,并呈进行性下降;局部分泌物涂片和细菌培养可发现大量革兰氏染色阳性杆菌,但白细胞计数很少;厌氧培养可见梭状芽胞杆菌;X线平片、CT、MRI等检查显示软组织间有积气;病理活检可见肌肉纤维大量坏死,结构紊乱,大量芽胞杆菌存在和少量白细胞浸润。

【鉴别诊断】

1. 丹毒 常有反复发作史,局部皮色鲜红,边缘清楚,高出周围皮肤,压之能退色。一般无水疱,即或有水疱亦较小,刺破后流出黄水,肉色鲜红,无坏死现象。

2. 发 发病较慢,疼痛渐渐加重,其红肿以中心最明显,四周较淡。溃烂后患处无捻发音,发展缓慢,全身症状较轻。

【辨证论治】

宜大剂清热解毒与淡渗利湿同用,并注意活血散瘀,令湿毒火热俱泄;中期属毒入营血证,易并发走黄,注意按走黄治疗;后期应注意气阴损耗。外治宜广泛切开,畅通引流。

1. 湿火炽盛证

证候:初起患肢有沉重和紧束感,以后逐渐出现胀裂样疼痛,创口周围皮肤呈红色、肿胀发亮,按之陷下,迅速蔓延成片。1~2天后肿胀剧烈,可出现水疱,皮肉腐烂,持续高热。舌质红,舌苔薄白或黄,脉弦数。

治法:清热解毒利湿。

方药:黄连解毒汤合三妙丸加减。常用黄连、黄芩、黄柏、栀子、苍术等。高热不退加赤芍药、丹皮、生石膏。

2. 毒入营血证

证候:壮热头痛,神昏谵语,气促,烦躁不安,呃逆呕吐。局部胀痛,疮周高度水肿发亮,迅速成黯紫色,间有血疱,肌肉腐烂,溃流血水,脓液稀薄,混有气泡滋出,气味恶臭。舌质红绛,舌苔薄黄,脉洪滑数。

治法:凉血解毒,清热利湿。

方药:犀角地黄汤、黄连解毒汤合三妙丸加减。常用水牛角、生地黄、牡丹皮、赤芍药、黄连、黄芩、黄柏、栀子、苍术等。神昏谵语者,加安宫牛黄丸2粒,分2次化服,或紫雪丹4.5g或紫雪散4.5g分3次吞服。

【外治】

1. 初起 外敷玉露膏,如皮色紫黑,加掺蟾酥合剂。

2. 彻底清创 一经诊断立即施行手术。进行广泛多处纵深切开,切除所有坏死或无活力的肌肉、筋膜和脂肪组织,直至颜色正常,流出鲜血的健康组织为止,敞开伤口,彻底清除异物、碎骨片,用大量3%过氧化氢溶液或1:1000高锰酸钾溶液冲洗,湿敷创口,或掺蟾酥合剂。腐肉与正常皮肉分界明显时,改掺5%～10%蟾酥合剂或五五丹。

3. 腐肉脱落,周围肿势退净,肉色鲜润红活者,红油膏掺生肌散盖贴。

【其他疗法】

1. 中成药 犀黄丸,每次1支,每日2次。

2. 抗生素 宜早期应用大剂量广谱抗生素。首选青霉素静脉滴注;过敏者改用红霉素或其他敏感抗生素。

3. 多价气性坏疽抗毒血清 有严重污染的创伤,注射多价气性坏疽抗毒血清,伤后6小时内,肌内注射1万U,超过24小时,剂量最大可增加2～3倍。注射前必须做血清皮内过敏试验。

4. 高压氧疗法 宜在一般处理后早期进行。

5. 支持疗法 提供高能量、高蛋白饮食,维持水、电解质平衡,适当应用止痛剂,少量多次输注新鲜血液、血浆、白蛋白制品等。

【预防护理】

1. 预防 应加强宣教,尽量避免赤足劳动,以预防本病的发生。

2. 护理 创伤后,宜及时进行彻底清创,伤口敞开,不予缝合,避免包扎过紧。对已闭合的疮口,若出现不寻常的疼痛、肿胀,且有高热、脉滑数等时,开放疮口,红油膏纱布填塞,保持引流通畅。必须严格消毒隔离,用过的敷料应该焚毁,换药用具应彻底消毒。神志不清的患者改用鼻饲法。其他护理同"手足部疔疮"。

五、疫疔

疫疔是接触疫畜染毒所致的急性传染性疾病。因其有传染性,其状如疔,故名疫疗。其临床特点是多发于头面、颈、前臂等暴露部位,初起如虫叮水疱,疮头色黑,很快干枯坏死如脐凹,全身症状明显,有传染性、职业性,可并发走黄。相当于西医学的皮肤炭疽。

首见于隋《诸病源候论》,明《证治准绳》指出本病是因感死畜之毒而发。

【病因病机】

本病多由皮肤先有损伤,而后感染疫毒,阻于肌肤,以致气血凝滞。毒邪蕴结而成。疫毒内传脏腑则导致走黄。

西医学认为,本病多由革兰氏染色阳性炭疽杆菌感染引起。

【诊断】

1. 多见于畜牧业、屠宰或皮毛制革等工作者。

2. 常在接触疫畜或其皮毛后 1～3 天发病。

3. 好发于头面、颈项、手、臂等暴露部位。有传染性。

4. 初起皮损为红色斑丘疹,多奇痒而不疼痛.形如蚊迹蚤斑。继之顶部变成水疱,后水疱干燥形成黯红色或黑色坏死,并在坏死组织的周围,有成群的绿色小水疱,疮形如脐凹,很像牛痘,同时局部肿势散漫增剧,软绵无根,并有瘰核肿大。

5. 10～14 日后,若中央腐肉与正常皮肉开始分离,或流出少量脓水,四周肿势日趋限局,身热渐退,此为顺证,但腐肉脱落缓慢,一般要 3～4 周方可愈合。若局部肿势继续发展,伴有壮热神昏,痰鸣喘急,身冷脉细者,是为合并走黄之象。

6. 初起可有轻微发热,继则发热逐渐增高,伴有全身不适,头痛骨楚,舌苔黄,脉数等全身症状。

7. 血常规检查提示血白细胞总数及中性粒细胞比例可增高。血液培养或疱液涂片培养可发现革兰氏染色阳性炭疽杆菌。病理活检在坏死组织中及真皮内见炭疽杆菌及大量红细胞和中性粒细胞比例。

【鉴别诊断】

1. 颜面部疗疮 疮形如粟,高突,红肿热痛,坚硬很深。

2. 丹毒 皮色鲜红,边缘清楚,灼热疼痛,发展期无疮形如脐凹,常有反复发作史。

【辨证论治】

以清热解毒为大法。初、中期参照"颜面部疗疮",后期并发走黄者,按"疗疮走黄"治疗。

疫毒蕴结证

证候:患部发痒,出现蚊迹样红斑,继则形成水疱,破溃形成黑色溃疡,疮面凹陷,形如鱼脐,疮周肿胀,绕以绿色水疱,伴有发热,骨节疼痛,甚则壮热神昏等。舌质红,舌苔黄,脉数。

治法:清热解毒,和营消肿。

方药:仙方活命饮合黄连解毒汤加减。常用金银花、黄连、黄芩、黄柏、生栀子、赤芍药、防风、白芷、天花粉、当归等。骨节疼痛,加葛根、伸筋草;壮热神昏,吞服安宫牛黄丸、紫雪丹等。

【外治】

1. 初、中期 玉露膏掺蟾酥合剂,或升丹外敷。也可用外科蟾酥丸研末代之。

2. 后期 腐肉末脱,改掺 10% 蟾酥合剂或五五丹;腐脱新生,掺生肌散,外盖红油膏。

【其他疗法】

1. 中成药 蟾蜍丸 6 粒,分 2 次吞服;犀黄丸,一次 1 支,每日 2 次。

2. 抗生素 宜早期应用大剂量广谱抗生素。首选青霉素类。

【预防护理】

1. 预防 控制传染源,加强屠宰管理,及早发现病畜,并予以隔离或杀死。死畜须加深掩埋或烧毁。对易感牲畜进行免疫接种,加强肉食卫生检疫。对牧民、屠宰牲畜人员、兽医、畜制品加工厂工人等用减毒活疫苗进行预防接种。加强防护,制造皮革和羊毛的工人,在工作时均应戴橡皮手套、口罩及围巾保护。对可疑受污染的皮毛必须消毒后再加工,牛、马、猪、羊的毛和猪鬃,均应用蒸气消毒。皮革可用盐酸及食盐水浸泡消毒。

2. 护理 隔离患者,患者所用的敷料均应烧毁,所用器械必须严格消毒。

【结语】

本节分述了颜面部疔疮、手足部疔疮、烂疔、疫疔的病因病机及其证治。疔疮是一种发病迅速,易于变化而危险性较大的急性化脓性疾病。其特点是形小根深,坚硬如钉,肿痛灼热,病势较剧,反应剧烈,易于走黄、损筋伤骨。其总的治疗原则是清热解毒,临证应根据发病部位不同及病变发展不同阶段特征,施治应有所差异。若处理不当,易发走黄或损筋伤骨。学习中应注重对不同部位疔疮的临床特点的学习,并选择不同的处理方式,如手足部疔疮的成脓期的切开要求。

第三节 痈

痈是气血为毒邪壅塞而不通之意,是一种发生于体表皮肉之间的急性化脓性疾患。在中医文献中痈有"内痈"、"外痈"之分。外痈生于体表,而内痈生于脏腑,如肝痈、肺痈,虽同属痈证范畴,但在辨证论治上和外痈多有不同,本节只叙述外痈。相当于西医学的皮肤浅表脓肿、急性化脓性淋巴结炎等。

痈之名最早见于《灵枢·痈疽》,其对痈的特点、病因病机、预后及痈疽鉴别已有较系统的论述。汉代《金匮要略》对痈的病脉、判断有脓无脓有了较详细的描述,晋代《刘涓子鬼遗方》叙述了痈和有头疽、有头疽合并发的鉴别,并对诸痈别而治之,其所载辨脓之法,"以手按,若随手而起,便是脓",针刺排脓之法,"半坚薄,半有脓,当上薄者,都有脓,便可破之。所破之法,应在下逆上破之",至今仍有实用价值。金代《河间六书保命集》提出了治痈的三大法则:"治疮之大要,须明托里、疏通、行荣卫三法。托里者,治其外之内;疏通者,治其内之外;行荣卫者,治其中也",并强调正气受损在发病中的主导地位。朱震亨述六阳六阴之经,因有气血多少之异,宜详辨而治,对内托诸法,论述精要,对痈的脉因证治内容,产生了深远广泛的影响。

痈发无定处,随处可生,因发病部位不同,有各种不同的命名。如生于体表肌肤间的称体表痈,生于下肢的有大腿痈、膝痈、黄鳅痈、小腿痈(又名鱼肚痈),发于耳根后的耳根痈,颈部的颈痈,腋下的腋痈,肘部的肘痈,胯腹部的胯腹痈,腘部的委中毒等;其他如生于脐部的脐痈,及发生于阴囊部的囊痈,生于外肾的子痈等,除具有体表痈的

共性,又各有特性,故分节治述之。

有一些亦以痈为名的疾病,如锁喉痈、子痈、脱囊痈、肛痈、乳痈等,不仅在性质、病因、治疗上与体表痈不同,而且在转归方面,亦与体表痈不同,故分别列入发病、乳房疾病、肛肠疾病、泌尿男性生殖系统疾病中叙述。

一、体表痈

体表痈是一种发生于体表皮肉之间的急性化脓性疾患,以所患浮浅、局部光软无头,红肿疼痛(少数初起皮色不变),结块范围多在 6~9cm,发病迅速,易肿、易脓、易溃、易敛,或伴有恶寒、发热、口渴等全身症状,一般不致损伤筋骨,也不易造成陷证为主要表现。相当于西医学的皮肤浅表脓肿。

【病因病机】

外感六淫邪毒,或皮肤受外来伤害感染毒邪,或过食膏粱厚味,聚湿生浊,邪毒湿浊留阻肌肤,郁结不散,可使营卫不和,气血凝滞,经络壅遏,化火成毒,而成痈肿。

如内有湿热蕴结,再复感六淫之邪或外来伤害者,多易发病。五气皆能化热生火,痈之成,火热之毒是主要原因。按发病部位的不同,常有各种不同的兼夹。病变在上部者,多风温、风热;在中部者,多气郁、火郁;在下部者,多湿火、湿热。

西医学认为,本病常继发于各种化脓性感染,亦可由远处原发病灶经血循环或淋巴管转移而来,也可发生在局部损伤的血肿和异物停留处,亦有因注射治疗而发生者。

【诊断】

1. 初起　可发生于体表的任何部位。初起在患处皮肉之间突然肿胀,光软无头,迅速结块,红肿灼热疼痛,日后逐渐扩大,变成高肿坚硬。

2. 成脓　成脓期约在病起后 7 天,即使体质较差,气血虚弱不易托毒外出成脓者,亦不超过 2 周。化脓之际,肿势逐渐高突,疼痛加剧,痛如鸡啄。若按之中软有波动感者,为内脓已成熟。

3. 溃后　溃后出脓,脓液多数呈稠厚、黄白色;若有夹杂赤紫色血块的,为外伤血瘀之兆。溃而脓出不尽,收口迟缓者,多为疮口过小或袋脓,而致脓流不畅所致,若气血虚者,则脓水稀薄,疮面新肉不生。

4. 全身症状　轻者,无全身症状,重者,可有恶寒发热,头痛,泛恶,口渴,舌苔薄白,脉象滑数,化脓时则有发热持续不退,口渴,便秘溲赤,舌苔转黄腻,脉洪数症状,溃后大多消失。

5. 实验室检查　血常规检查提示血白细胞总数及中性粒细胞比例均增高。

【鉴别诊断】

1. 疖　与无头疖鉴别,病小而位浅,范围多在 3cm 左右,2~3 天化脓,溃脓后 3~4 天即能愈合,无明显全身症状,易脓、易溃、易敛。

2. 脂瘤染毒　患处平时已有结块,与表皮粘连,但基底部推之可动,其中心表面皮肤常可见粗大黑色毛孔,挤之有脂浆样物溢出,且有臭味。染毒后红肿较限局,化脓约 10 天,脓出夹有粉渣样物,愈合较为缓慢,全身症状较轻。

3. 有头疽　多发于项背部肌肉丰厚处。初起即有多个粟米状脓头,红肿范围多在 9~12cm 以上,溃后状如蜂窝,全身症状明显,病程较长。

4. 发　在皮肤疏松部位,突然局部红肿蔓延成片,灼热疼痛,红肿以中心明显,四周较淡,边界不清,范围约 10cm,3~5 日皮肤湿烂,随即腐溃,色黑,或中软而不溃,并伴有明显全身症状。

【辨证论治】

治疗原则应以清热解毒、和营消肿为主。并参考病变所患部位,病程的阶段,分证论治。外治按一般阳证疮疡治疗。

1. 火毒凝结证

证候:局部突然肿胀,光软无头,迅速结块,表皮焮红,少数病例皮色不变,到酿脓时才转为红色,灼热疼痛。日后逐渐扩大,变成高肿发硬。轻者,无全身症状,经治疗后,肿消痛减,变软而消散;重者,可有恶寒发热,头痛,泛恶,口渴,舌苔黄腻,脉象弦滑,洪数等症状。

治法:清热解毒,行瘀活血。

方药:仙方活命饮加减。常用金银花、天花粉、防风、白芷、皂角刺、乳香、没药、赤芍药、贝母、当归、陈皮等。发于上部,宜散风清热,用牛蒡解肌汤或银翘散;发于中部,宜清肝解郁,用柴胡清肝汤;发于下部,宜清热利湿,用五神汤或萆薢化毒汤。热毒盛,红肿热痛甚者,加黄连、山栀子;血热盛,红肿范围广者,牡丹皮、丹参;小便短赤者,加生薏苡仁、泽泻、赤茯苓;大便秘结者,加生大黄、玄明粉、枳实;脓成溃迟者,加皂角刺、川芎。

2. 热胜肉腐证

证候:红肿明显,肿势逐渐高突,疼痛剧烈,痛如鸡啄,溃后脓出肿痛消退。舌质红,舌苔黄,脉数。

治法:和营清热,透脓托毒。

方药:仙方活命饮合透脓散加减。常用金银花、天花粉、防风、白芷、皂角刺、乳香、没药、赤芍药、贝母、当归、陈皮、川芎、黄芪等。便秘者,加生大黄、瓜蒌仁、枳实;小便短赤者,加生薏苡仁、泽泻、赤茯苓;口渴者,加生地黄、生石膏、淡竹叶。

3. 气血两虚证

证候:脓水稀薄,疮面新肉不生,新肌色淡红而不鲜或黯红,愈合缓慢。伴面色㿠白,神疲乏力,纳差食少。舌质淡胖,舌苔少,脉沉细无力。

治法:气血双补,托毒生肌。

方药:托里消毒散加减。常用人参、川芎、当归、白芍药、白术、金银花、茯苓、白芷、皂角刺、黄芪等。纳差食少者,加炒麦芽、鸡内金。

【外治】

1. 初起 金黄膏、玉露膏外敷,或金黄散、玉露散冷开水或醋、蜜等调成糊状外敷;或太乙膏,掺红灵丹或阳毒内消散外贴。

2. 成脓 切开排脓。

3. 溃后 初起宜提脓祛腐,用八二丹或九一丹,并用药线引流,外盖金黄膏或玉露膏;腐肉已尽,宜生肌收口,用生肌散掺疮上,外以太乙膏或生肌白玉膏、生肌玉红膏盖;若脓出不畅,宜垫棉法或手术扩创引流。

【其他疗法】

1. 中成药 六应丸或六神丸,每次 10 粒,每日 3 次吞服。

2. 抗生素 病情较重者,应使用有效抗生素治疗。

【预防护理】

1. 预防　避免外伤,若有皮肤损伤应及时处理,防止感染蔓延。饮食宜清淡,营养宜均衡,忌食辛辣刺激食品。

2. 护理　外敷药宜紧贴患部,箍围药要注意湿度,掺药要布撒均匀。外敷金黄膏而引起皮肤发红,或起丘疹,或发生水疱、瘙痒异常,甚则湿烂者,可改用青黛膏或青黛散麻油调敷。疮口周围皮肤应经常保持清洁,以免并发湿疹。高热时应卧床休息,并多饮开水。患在上肢者,宜用三角巾悬吊;患在下肢者,宜抬高患肢,并减少行走。其余护理同"疖"。

二、颈痈

颈痈是发生在颈部两侧的急性化脓性疾病。相当于西医学的颈部急性化脓性淋巴结炎。临床特点是初起时局部肿胀、灼热、疼痛而皮色不变,肿块边界清楚,多见于儿童,冬春易见,具有明显的风温外感症状。俗名痰毒。

颈痈首见于《素问·病能论》,后世一些医家论述的"百脉疽"、"捧喉毒"等,也类似本病,明清时期对颈痈的病因证治始有全面系统论述,如明代《证治准绳》、《疡科选粹》认为颈痈发于少阳脉络,清代《疡科心得集》对该病论述较详。

【病因病机】

1. 外感风温、风热　风温、风热之邪外受,蕴而化火,夹痰壅结于少阳、阳明之络。

2. 肝胃火毒上攻　内伤情志,七情郁结,气郁化火,结于少阳脉络;或喜食辛辣等,引动胃火循经上蒸,结于阳明而成。

3. 内夹痰热　过食膏粱厚味,脾胃传化失司,生痰生浊,化热化火,邪气留阻肌肤。

4. 毒邪流窜　因乳蛾、口疳、龋齿或头面疮疖等感染毒邪而诱发。

西医学认为,本病多由其他化脓性病灶经淋巴管至所属区域淋巴结的炎性病变,常见致病菌为金黄色葡萄球菌和溶血性链球菌。

【诊断】

1. 多发于儿童,多在春季发生,发病前多有乳蛾、口疳、龋齿或头面疮疖等,或附近有皮肤黏膜破伤病史。

2. 发病部位,多见于颈旁两侧的颌下,也可发生于耳后、项后、颏下。

(1) 初起:除具有一般痈症状外,初起结块形如鸡卵,皮色不变,肿胀,灼热,疼痛,活动度不大,逐渐漫肿坚实,焮热疼痛。

(2) 成脓:经7～10日,结块处皮色渐红,肿势高突,疼痛加剧,痛如鸡啄,按之中软而有波动感。

(3) 溃后:脓出黄白稠厚,肿退痛减,10～14日可以愈合。

(4) 全身症状:多伴有轻重不同的恶寒发热,头痛,项强,口干,便秘,溲赤,舌苔黄腻,脉滑数等症状;化脓时则全身症状加剧,溃脓后大多消失。

部分病例形成慢性迁延性炎症者,肿块较坚硬,消散较慢,可在1～2个月后才能消失,如不能控制而欲化脓,则化脓日期一般在3周左右。

3. 血常规检查提示血白细胞总数及中性粒细胞比例增高,并应根据病情做B超等检查。

【鉴别诊断】

1. 痄腮　发在腮部,常为双侧,皮色不变,酸胀少痛,濡肿,不化脓,约1周消退,口内腮腺导管开口处红肿,进食时疼痛,有传染性。

2. 瘰核　多由头面、口腔等部皮肤黏膜破损引起,但结核压痛明显,推之活动,肿块较小,多为单侧,很少化脓,一般无全身症状。

【辨证论治】

治以散风清热、化痰消肿为主。病初,属风热痰毒证,火郁者清之,夹风者表之,夹痰者化之,使邪去而毒自消;中期,属热盛肉腐,又兼清火托毒透脓,切忌用苦寒冰伏之剂,使毒滞难化,肿块坚硬,反致难消;后期,一般无需内治,但应注意气血损耗;脓出不畅者,注意补托。外治根据初起、成脓、溃后三期,分别采用箍围束毒消肿、切开引流、祛腐生肌治疗。

风热痰毒证

证候:颈旁结块,初起色白濡肿,其形如卵,灼热疼痛,逐渐漫肿坚实,红肿热痛。伴有恶寒发热,头痛、项强、咽痛、口干、溲赤、便秘,舌苔薄腻,脉滑数等症状。

治法:散风清热,化痰消肿。

方药:牛蒡解肌汤或银翘散加减。常用牛蒡子、金银花、连翘、薄荷、荆芥、葛根、山栀子、牡丹皮、石斛、玄参、夏枯草、淡豆豉等。热甚者,加黄芩、生石膏;便秘者,加瓜蒌仁、枳实;恶寒高热,易于动风者,加钩藤;脓成者,加皂角刺、僵蚕;肿块坚硬者,加丹参、赤芍药、皂角刺,去荆芥、薄荷、牛蒡子。

【外治】

1. 初起　金黄膏外敷,或太乙膏掺红灵丹外敷。

2. 成脓　切开排脓。

3. 溃后　用药线蘸八二丹或九一丹引流,外盖金黄膏或红油膏;腐肉已尽,外用生肌散、生肌白玉膏。

【其他疗法】

参照"体表痈"。

【预防护理】

1. 预防　注意季节及气候变化,适寒温,避免风、风温之邪外袭。

2. 护理　积极及时治疗原发病如口腔内溃疡、龋齿等。饮食宜清淡、松软;忌食易滞难化之品如煎炸等,保持大便通畅。

三、腋痈

腋痈是一种生于腋窝部的急性化脓性疾病。其特点是腋下暴肿、灼热、疼痛而皮色不变,发热恶寒,溃后易形成袋脓。相当于西医学的腋部急性化脓性淋巴结炎。

《灵枢》最早对腋痈有所描述,腋痈之名则首见于明代《外科正宗》,清代《医宗金鉴》对腋痈病因病机、临床表现、治疗有较系统的论述。

【病因病机】

常由上肢皮肤破损染毒,或有疮疡等病灶,毒邪循经流窜至腋部所致。或因肝脾郁热,兼忿怒气郁,导致气滞血壅,经脉阻滞而成。

1. 上肢皮肤破损染毒,或疮疡等感染病灶,毒邪循经流窜所致。

2. 肝脾郁积,气滞血壅或兼忿怒气郁而成。

西医学认为,本病是淋巴管炎累及相应淋巴结或其他化脓性病灶经淋巴管至所属区域淋巴结的炎性病变,常见致病菌为金黄色葡萄球菌和溶血性链球菌。

【诊断】

1. 发病前多有手部或臂部皮肤皲裂、破损或疮疡等病史。

2. 初起多暴肿,皮色不变,灼热疼痛,同时上肢活动不利。

3. 若疼痛日增,寒热不退,势在酿脓。经 10 ~ 14 天肿块中间变软,皮色转红,按之波动感明显时,此为内脓已成熟。

4. 一般溃后脓出稠厚,肿消痛止者,容易收敛;若溃后脓流不尽,肿势不退者,多因切口太小;或因任其自溃,疮口不大;或因疮口位置偏高,引起袋脓,以致引流不畅,影响愈合。此时需及时扩创,否则迁延时日,难以收口。

5. 全身症状多伴有轻重不同的恶寒发热,纳呆,舌苔薄,脉滑数等症状;化脓时则全身症状加剧,溃脓后大多消失。

6. 血常规检查提示血白细胞总数及中性粒细胞比例增高,并应根据病情做 B 超等检查。

【鉴别诊断】

腋疽　初起结块推之可动,疼痛不甚,约需 3 个月化脓,溃后脓水稀薄,并夹有败絮样物质,收口缓慢,可伴有午后潮热等症状。若发于左腋,小儿患者可因在肩部接种卡介苗引起。

【辨证论治】

治以清肝解郁,消肿化毒为基本原则。病初,属肝郁痰火,注重清肝消肿化毒,促其早期消散;中期,火毒炽盛,需注意清火透脓托毒;后期,疮口久不收敛,属气血虚弱,当益气健脾,扶正固本,注意养阴。

肝郁痰火证

证候:腋部暴肿热痛,全身发热,头痛,胸胁牵痛。舌质红,舌苔黄,脉弦数。

治法:清肝解郁,消肿化毒。

方药:柴胡清肝汤加减。常用柴胡、生地黄、当归、白芍药、川芎、黄芩、山栀子、天花粉、防风、牛蒡子、连翘等。脓成者,加皂角刺。

【外治】

参照"体表痈"。

脓成切开手术时,刀法宜取循经直开,低位引流。若有袋脓则及时扩创,或行垫棉压迫疗法。

【其他疗法】

参照"体表痈"。

【预防护理】

1. 预防　保持心情舒畅。

2. 护理　参照"体表痈"。疮口收敛后,应加强上肢功能锻炼。

四、委中毒

委中毒是一种生在腘窝后委中穴的急性化脓性疾病。其特点是初起木硬疼痛,皮色不红,小腿屈伸不利,愈后可有短期屈曲难伸。相当于西医学的腘窝部急性化脓性淋巴结炎。

明代《证治准绳》有论述委中毒病因。清代《疡科心得集》认为委中毒证属湿热,其治"清湿热,活血化瘀,舒筋散邪,若不速治,恐筋缩,遂成废疾。"

【病因病机】

1. 湿热下注　胆经移热,膀胱湿热结聚,壅而不行,阻于脉络所致。

2. 破损染毒　因患肢皮肤破伤、足跟皲裂、冻疮溃烂、脚湿气、湿疮等感染毒邪,以致湿热蕴阻,经络阻隔,气血凝滞而成。

3. 寒湿下受　寒湿之邪,自下先受,循足少阳,入于腘中,蕴积化生湿热,气血为之阻隔,而毒成脓生。

西医学认为,本病是淋巴管炎累及相应淋巴结或其他化脓性病灶经淋巴管至所属区域淋巴结的炎性病变,常见致病菌为金黄色葡萄球菌和溶血性链球菌。

【诊断】

1. 发病前多有患侧足、腿破伤史。

(1) 初起:在腘窝后委中穴木硬疼痛,皮色如常或微红,形成肿块则患侧小腿屈伸困难,行动不便。

(2) 脓成:2~3周成脓之际,肿痛加剧。

(3) 溃后:约2周疮口愈合。脓成后,切口过小或位置偏高,或任其自溃,脓出不畅,可影响疮口愈合。疮口愈合后,患肢仍屈曲难伸者,需经功能锻炼后,2~3个月可恢复正常。

(4) 全身症状:多伴有轻重不同的恶寒发热、纳呆等症状;化脓时则全身症状加剧,身热持续不退,溃脓后大多消失。

2. 血常规检查提示血白细胞总数及中性粒细胞比例增高,并应根据病情做B超等检查。

【鉴别诊断】

胶瘤　可发生于腘窝,肿块如核桃大小,呈圆形,表面光滑,质硬,局部稍有微痛,或无感觉,不发热,不化脓,穿刺可抽出胶样液体。

【辨证论治】

治以清热利湿、和营祛瘀为基本治则。

1. 气滞血瘀证

证候:初起木硬疼痛,皮包微红,活动稍受限。全身恶寒发热。舌苔白腻,脉滑数。

治法:和营活血,消肿散结。

方药:活血散瘀汤加减。常用当归尾、赤芍药、桃仁、大黄、川芎、苏木、牡丹皮、枳壳、瓜蒌仁等。伤筋引起者,加泽兰;寒湿阻络者,加独活、苍术。

2. 湿热蕴阻证

证候:腘窝部木硬肿痛,焮红疼痛,小腿屈曲难伸。全身恶寒发热,口干不欲饮,纳呆。舌苔黄腻,脉滑数。

治法:清热利湿,和营活血。

方药:活血散瘀汤合五神汤加减。常用当归尾、赤芍药、桃仁、大黄、川芎、牡丹皮、枳壳、瓜蒌仁、茯苓、金银花、牛膝、车前子、紫花地丁等。湿热重者,加生薏苡仁、黄柏;

脓成者,加皂角刺;溃后屈伸不利者,加伸筋草、木瓜、桑枝。

3. 气血两亏证

证候:起发缓慢,肿成难溃,溃后出脓如蛋清状,疮口收敛迟缓,膝之屈伸不利。舌质淡,舌苔薄,脉细。

治法:调补气血。

方药:八珍汤。常用人参、白术、茯苓、甘草、当归、白芍药、熟地黄、川芎等。疮口难敛者,重用黄芪。

【外治】

1. 参照"体表痈"。

2. 脓成不宜过早切开,刀口位置应在腘窝中央折纹偏下方。若溃后流脓不尽,肿势不退,日久不愈者,多因切口过小,或因自溃,以致袋脓,引流不畅,脓毒不尽所致,需及时扩创。脓出如鸡蛋清样黏液时,用生肌散收口,并以棉垫紧压疮口,可加速愈合。

【其他疗法】

参照"体表痈"。

【预防护理】

1. 预防　参照"体表痈"。

2. 护理　疮口愈合后患肢筋缩难伸者,用玻璃瓶或竹筒一个放地上,嘱病者坐靠背椅上,命患肢脚踏在瓶或竹筒上,进行伸屈活动的功能锻炼,每次 20 ~ 30 分钟,1 日 2 ~ 3 次,开始滚的幅度小些,以后逐渐加大,直至患肢恢复。其余参照"体表痈"。

五、脐痈

脐痈是一种多生于脐部的急性化脓性疾患。因其绕脐而生者,称盘脐痈。其特点是病前脐孔出水、尿,初起脐部微肿,渐大如瓜,溃后脓稠无臭者则易敛,脓水臭秽终成漏者,而不易愈合或反复发作。相当于西医学的脐部化脓性感染,脐肠管异常、脐尿管异常继发感染,卵黄管残留症等。

脐痈首见于明代《疮疡经验全书》。明代《证治准绳》论述脐痈的病因病机与心、小肠有关,对治则作了简要论述,清代《医宗金鉴·外科心法要诀》指出本病与外感六淫有关,清代《外科大成》主张内消以会脓散,痛加乳香没药,清代《疡医大全》引胡公弼曰:"毒发于脐,甚至脐中出粪。"《疡科心得集》中也有"小儿脐中撒尿"的记载,并论述本病治法,"汤剂宜用黄连解毒汤合五苓散,或导赤散加归尾、赤芍、银花即可"。由此可见本病溃后能较快收口愈合者,乃属痈证范围。溃后久不收敛,甚至内溃膜形成瘘管者,则需手术才能根治。

【病因病机】

多先有脐部湿疮出水,复因搔痒染毒;或先天脐部发育不良,又有心脾湿热,下移于小肠。致使火毒结聚脐部,血凝毒滞而成。若日久不愈,可致心脾两伤,气血耗损,余毒难尽,而成脐漏。

1. 湿热火毒　饮食不节,内伤情志,房劳过度等均可致使心经火毒,脾胃湿热,移热于小肠,结于脐中气血不通,血凝毒滞而成,因小肠分清泌浊,故其又多兼湿邪。

2. 外伤染毒　脐部湿疮出水,复因搔痒染毒而引起者。

3. 先天不足　脐部发育不全,易于感受邪毒而发病。

【诊断】

1. 发病前往往有脐孔湿疮病史,或脐孔有排出尿液史。

(1) 初起:脐部微痛微肿,皮色或红或白,渐渐肿大如瓜,或高突如铃,根盘较大,触痛明显,或绕脐而生,可伴高热。

(2) 成脓:在酿脓时可伴有恶寒发热等全身症状。

(3) 溃后:脓水稠厚无臭味者易敛;溃后脓出臭秽,或夹有粪块物质,脐孔部胬肉高突,脐孔正中下方有条状硬结,形成脐漏者,则久不收口。

(4) 全身症状:初起无全身症状,化脓时可有恶寒发热等症状,溃后大多消失。

2. 应根据病情做血常规、B超、X线瘘管造影等检查。

【鉴别诊断】

脐风 脐中不痛不肿,潮红湿润,或湿烂流滋,瘙痒。

【辨证论治】

以清火利湿解毒为基本原则。病初,属湿热火毒,注重清热利湿;中期,火毒炽盛,需注意清火解毒,透脓托毒;后期,疮口久不收敛,属脾气虚弱,当益气健脾,扶正固本,注意养阴。外治之法,初起宜消,溃后宜敛。对溃膜成瘘者应手术治疗。

1. 湿热火毒证

证候:脐部红肿热痛,全身恶寒发热,纳呆口苦。舌苔薄黄,脉滑数。

治法:清火利湿解毒。

方药:黄连解毒汤合四苓散加减。常用黄连、黄芩、黄柏、山栀子、白术、茯苓、猪苓、泽泻等。脓成或溃脓不畅者,加皂角刺、黄芪;热毒炽盛者,加败酱草、大青叶;脐周肿痒者,加苦参、白鲜皮、滑石。

2. 脾气亏虚证

证候:溃后脓出臭秽,久不收口。面色萎黄,肢软乏力,纳呆,便溏。舌苔薄,脉濡。

治法:健脾益气。

方药:四君子汤加减。常用人参、茯苓、白术、甘草等。纳呆便溏者,加炒麦芽、炒白扁豆、怀山药。

【外治】

1. 初起 金黄膏外敷。

2. 溃后 用八二丹或九一丹药线引流,外盖红油膏或青黛膏;腐肉已尽,用生肌散、白玉膏。

3. 成漏者 疮口中可插入七三丹药线,待腐肉脱尽后,加用垫棉法。

4. 久不收口者 可行手术治疗。

【其他疗法】

参照"体表痈"。

【预防护理】

1. 预防 保持脐部清洁、干燥,勿用手搔抓脐窝。积极治疗脐部先天性疾病。

2. 护理 脐痈反复发作者,宜手术治疗。参照"体表痈"。

【结语】

痈相当于西医学的皮肤浅表脓肿、急性化脓性淋巴结炎等。根据病位的不同,有体表痈、颈痈、腋痈、委中毒和脐痈等。体表痈治以清热解毒、流通气血、驱除毒邪为主,颈痈治以散风清热,化痰消肿为主,腋痈治以清肝解郁,消肿化毒为主,委中毒治以清热利湿,和营祛瘀为主,脐痈以清火利湿解毒为主。外治依一般阳证疮疡分期施治。学习中应掌握不同部位痈的临床表现特点及不同治疗法则,分证论治。

第四节　发

　　发是病变范围较痈大的急性化脓性疾病。发者,痈疽毒邪聚于肌腠,突然向四周散发而成;或痈、疽(有头疽)、疖、疔,毒邪未能控制,向四周发展所致;故"痈疽之大者,谓之发"。其特点是初起无头、红肿蔓延成片,中心明显,四周较淡,边界不清,灼热疼痛,有的 3~5 日后,中心色褐腐溃,周围湿烂,有的中心虽软而不溃,全身症状明显。相当于西医学的急性蜂窝织炎。

　　发在中医文献中常和痈、有头疽共同命名。有些虽名为发,其实属有头疽范围,如元代《外科精义》说:"夫五发者,谓痈疽生于脑、背、眉、髯、鬓罢是也。"实质是有头疽病变范围扩大而伴发的"发"病。有些痈之大者,属发的范围,应命名为发,但文献中称作痈者亦有之,如锁喉痈、臀痈等。生在手背部的"手发背"、生在小腿肚的"腓腨发"、生在足背部的"足发背"等才是真正的发。

　　发因部位不同,有各种名称。如生于耳部的称耳发,生于脑后的称脑后发等。常见的发有生于结喉处的锁喉痈、生于臀部的臀痈、生于手背部的手发背、生于足背的足发背,虽均属发的范围,但因证治不同,故分别叙述。至于生于乳房部的发,则在乳房疾病章中论述。

　　风温外袭、饮食不节、情志内伤、外伤染毒是发的诱发因素,气血瘀滞、热盛肉腐为发病机特点。发病与湿热、火毒关系最为密切。其发于上者,多风温、风热;发于中部者,多气郁、火郁;发于下者,多湿火、湿热。故治疗以清热、利湿、解毒为大法,发于上部者兼以散风,发于中部者兼以解郁。外治则根据初起、成脓、溃后三期,分别采用箍围束毒、切开引流、祛腐生肌治疗。

　　西医学认为,急性蜂窝织炎是皮下、筋膜下、肌间隙或深部疏松组织的一种弥漫性急性化脓性炎症,由皮肤、软组织损伤后感染或细菌污染引起,也可能为化脓性病灶的直接蔓延或经血行、淋巴播散所致。最常见致病菌为溶血性链球菌,也可为金黄色葡萄球菌或厌氧菌。

一、锁喉痈

　　锁喉痈是一种生于颈前正中结喉处的急性化脓性疾病,因其红肿绕喉故名。俗称盘颈痰毒。其特点是来势暴急,初起结喉处红肿绕喉,根脚散漫,坚硬灼热疼痛,范围较大,肿势蔓延至颈部两侧、腮颊及胸前,可连及咽喉、舌下,并发喉风、重舌甚至痉厥等险症。伴壮热口渴、头痛项强等明显全身症状。相当于西医学的口底部急性蜂窝织炎。

　　《灵枢·痈疽》称作"猛疽",清代《疡科心得集》对其病位、病因病机、治疗及预后均有详细论述。

【病因病机】

　　1. 风温毒邪客于肺胃,积热上蕴,夹痰凝结而成。

2. 痄痘、麻疹之后,体虚余毒未清,夹痰热结聚所生。

3. 体弱,口唇齿龈生疮、咽喉糜烂感染邪毒所继发。

【诊断】

1. 儿童多见,发病前有口唇、咽喉糜烂及痄痘史。

（1）初起:结喉部红肿绕喉,根脚散漫,坚硬灼热疼痛,来势凶猛。经 2～3 天后,肿势可延及两颈,甚至上延腮颊,下至胸前。可因肿连咽喉、舌下,并发喉风、重舌以致汤水难下。伴有壮热口渴,头痛项强,大便秘结,小便短赤,甚至气喘痰壅,发生痉厥。舌质红绛,舌苔黄腻,脉象弦滑数或洪数。

（2）成脓:若肿势渐趋限局,按之中软应指者,为脓已成熟。

（3）溃后:脓出黄稠,热退肿消者轻;溃后脓出稀薄,疮口有空壳,或内溃脓从咽喉部穿出,全身虚弱者重,收口亦慢。

（4）全身症状:全身伴有壮热口渴,头痛项强,大便秘结,小便短赤,甚至气喘痰壅,发生痉厥,舌质红绛,苔黄腻,脉象弦滑数或洪数。

2. 血常规检查提示血白细胞总数及中性粒细胞比例增高,并应根据病情做 B 超等检查。

【鉴别诊断】

1. 颈痈 初起结块形如鸡卵,皮色不变,肿胀,灼热,疼痛,活动度不大,经 7～10 日成脓,10～14 日可以愈合。伴有明显外感风温症状。

2. 瘰痈 发病前多有风温、风热症状,颈部结喉两侧结块,皮色不变,微有灼热,疼痛牵引至耳后枕部,较少化脓。

【辨证论治】

以清热解毒、化痰消肿为大法。病初,多兼夹风温、风热,佐以疏风清热之品;中期,火毒炽盛、热盛肉腐,佐以凉血透脓之品;后期,注意顾护人体气血阴津及脾胃。成脓后应及早切开减压。

1. 痰热蕴结证

证候:红肿绕喉,坚硬疼痛,肿势散漫,壮热口渴,头痛项强,大便燥结,小便短赤。舌质红绛,舌苔黄腻,脉弦滑数或洪数。

治法:散风清热,化痰解毒。

方药:普济消毒饮加减。常用黄芩、黄连、陈皮、玄参、连翘、板蓝根、马勃、僵蚕、升麻、柴胡等。壮热口渴者,加鲜生地黄、天花粉、生石膏;便秘者,加枳实、生大黄、玄明粉;气喘痰壅者,加鲜竹沥、天竺黄、莱菔子;痉厥者,加安宫牛黄丸化服,或紫雪丹或紫雪散吞服。

2. 热胜肉腐证

证候:肿势限局,按之中软应指,脓出黄稠,热退肿减。舌质红,舌苔黄,脉数。

治法:清热化痰,和营托毒。

方药:普济消毒饮合透脓散加减。常用黄芩、黄连、陈皮、玄参、连翘、板蓝根、马勃、金银花、生黄芪、当归、白芷、皂角刺。

3. 热伤胃阴证

证候:溃后脓出稀薄,疮口有空壳,或脓从咽喉溢出,收口缓慢,胃纳不香,口干少液。舌质光红,脉细。

治法:清养胃阴。

方药:益胃汤加减。常用沙参、麦冬、生地黄、玉竹、忍冬藤等。

【外治】

1. 初起　宜箍围束毒,用玉露散或双柏散,金银花露或菊花露调敷患处。

2. 成脓　脓成熟则切开排脓,刀法宜循经直开。

3. 溃后　药线蘸九一丹引流,外敷金黄膏或红油膏。腐尽,改用生肌散、白玉膏。

【其他疗法】

1. 中成药　六应丸或六神丸,成人每次 10 粒,每日 3 次吞服,儿童减半。蟾酥丸,成人每次 3 ~5 粒,吞服,儿童减半。

2. 抗生素　应及早选用有效抗生素治疗。

【预防护理】

1. 预防　注意个人卫生,积极治疗皮肤感染灶。

2. 护理　积极处理原发病灶。儿童患者,给药宜浓煎,且少量多次服,1 日 3 ~4 次。箍围药宜注意湿度,使药力易于透达。高热时应卧床休息,喘痰壅时取半卧位。初起及成脓期,宜进半流质饮食。

二、臀痈

臀痈是一种生于臀部肌肉丰厚处范围较大的急性化脓性疾病。由于肌内注射引起者,俗称"针毒结块"。其特点是来势急,位置深,范围大,易腐溃,收口慢。相当于西医学的臀部蜂窝织炎。

元代《格致余论》对臀痈的发生、证治、预后有着详细的论述,强调臀部属膀胱经,气血俱少。明代《证治准绳》认为臀痈与臀疽名称虽异,但两者病因相同,俱为阳证、实证、热证,所异者只是毒邪侵犯深浅不同。明代《外科正宗》强调本病由内生火毒者多,因外感六淫者少,在论治方面,多治以清热解毒、活血化瘀。清代《疡科心得集》认为本病湿热火毒结聚为标,脏腑功能失常为本,治宜清补。

【病因病机】

1. 湿火蕴结　情志内伤,七情郁结,气郁化火,或横逆脾土,脾失健运,生湿为患;饮食不节,脾胃乃伤,湿热火毒内生,相互搏结,营气不从,逆于肉理,结毒而成。

2. 直中不洁之毒　注射时感染毒邪,邪毒直中分肉之间,化热肉腐而成;亦可从局部疮疖发展而来。

3. 湿痰凝滞　慢性者多由湿痰凝结,营气不从,逆于肉理所致;或注射药液吸收不良所引起。

【诊断】

1. 局部常有注射或疮疖或臀部周围有糜烂破碎史。

(1)急性者:多由于肌内注射染毒引起。臀部一侧初起疼痛,肿胀焮红,皮肤灼热,患肢步行困难,红肿以中心最为明显,而四周较淡,边缘不清,红肿逐渐扩大而有硬结,2 ~3 天后皮肤湿烂,随即变成黑色腐溃,或中软不溃;溃后一般脓稠,有的伴有大块腐肉脱落,以致疮口深大而形成空腔,收口甚慢,1 个月左右可以痊愈。伴有恶寒、发热,头痛,骨节酸痛,胃纳不佳等全身症状,待脓出腐脱后逐渐减轻。

(2)慢性者:初起多漫肿,皮色不变,红热不显,而结块坚硬,有疼痛或压痛,患肢步行不便,进展较缓慢,一般经过治疗后,多能自行消退。

（3）全身症状:急性者,伴有恶寒,发热,头痛,骨节酸痛,胃纳不佳等全身症状,待脓出腐脱后逐渐减轻;慢性者,全身症状也不明显。

2. 血常规检查提示血白细胞总数及中性粒细胞比例均增高;B超检查有助于深部感染的诊断,对是否形成脓肿和定位具有肯定价值;脓液涂片检查和细菌培养可明确致病菌类型。

【鉴别诊断】

1. 有头疽　初起有粟粒状脓头,痒痛并作,溃烂时状如蜂窝。

2. 流注　漫肿疼痛,皮色如常,不局限于臀部一处,有此处未愈,他处又起的征象。

【辨证论治】

治疗以清热利湿解毒为要,注重托补及化瘀。

1. 湿火蕴结证

证候:臀部红肿热痛,先痛后肿,或湿烂溃脓,脓泄不畅,恶寒发热,头痛骨楚,食欲不振。舌苔黄或黄腻,脉数。

治法:清热解毒,和营化湿。

方药:黄连解毒汤合仙方活命饮加减。常用黄芩、黄连、黄柏、山栀子、金银花、天花粉、防风、白芷、皂角刺、乳香、没药、赤芍药、贝母、当归、陈皮等。局部红热不显者,加重活血祛瘀之品,如桃仁、红花、泽兰,减少清热解毒之品。

2. 湿痰凝滞证

证候:漫肿不红,结块坚实,进展缓慢,多无全身症状。舌苔薄白或白腻,脉缓。

治法:和营活血,利湿化痰。

方药:仙方活命饮合桃红四物汤加减。常用金银花、防风、白芷、皂角刺、乳香、没药、赤芍药、贝母、当归、陈皮、苍术、土茯苓、桃仁、红花、泽兰等。

3. 气血两虚证

证候:溃后腐肉大片脱落,疮口较深,形成空腔,收口缓慢,面色萎黄,神疲乏力,纳谷不香。舌质淡,舌苔薄白,脉细。

治法:调补气血。

方药:八珍汤加减。常用人参、白术、茯苓、甘草、当归、白芍药、熟地黄、川芎等。

【外治】

1. 未溃　红肿灼热明显者用玉露膏;红热不显者用金黄膏或冲和膏。

2. 成脓　宜切开排脓,待腐黑坏死与健康组织分界明显时,可以进行切开,切口应低位、够大够深,清除腐肉,以排脓得畅为目的。

3. 溃后　红油膏、八二丹盖贴,脓腔深者,予药线引流;腐尽用生肌散及白玉膏收口;疮口有空腔不易愈合者,用垫棉法加压固定。

【其他疗法】

参照"体表痈"。

【预防护理】

1. 预防　避免久坐湿地,露风冒雨。肌内注射,注意消毒,避免不洁药物误被注入。

2. 护理　患病后,宜制动,卧床休息。

三、手发背

手发背是发于手背部的急性化脓性疾病。其特点是全手背漫肿,红热疼痛,手心不肿,若溃迟敛难者,久则易损筋伤骨。相当于西医学的手背部急性化脓性炎症、手背部蜂窝织炎。

【病因病机】

1. 风火相乘　三焦为风木之脏,相火易动,若情志抑郁,三焦气滞,风火内动,复感风热之邪,相乘凝结于手背,气血壅滞,血热肉败。

2. 湿热壅阻　四肢为诸阳之本,为脾所主,饮食不节,情志内伤,湿火内生,风热之邪所乘,互为搏结,毒结手背,气血壅结,血热肉败所致。

3. 外伤染毒　皮肉破损,感染毒气。

【诊断】

1. 初起　患部漫肿,边界不清,胀痛不舒。

2. 成脓　化脓时间 7 ~ 10 天,中间肿胀高突,皮色紫红,灼热疼痛如鸡啄,若按之有波动感者,为内脓已成熟。

3. 溃后　溃破时皮肤湿烂,脓水色白或黄,或夹有血水,逐渐脓少而愈合。

4. 全身症状　初起有怕冷、发热、舌苔黄、脉数等全身症状,成脓时加重,溃破后减轻。

5. 如 2 ~ 3 周肿势不趋限局,溃出脓稀薄而臭,是为损骨之征。

6. 血常规检查提示血白细胞总数及中性粒细胞比例均增高,X 线摄片检查可确定有无死骨。

【鉴别诊断】

1. 托盘疗　病在手掌部,手掌部肿胀高突,失去正常的掌心凹陷或稍突出,并伴手背部肿胀。

2. 毒虫咬伤　手背为毒虫咬伤或后,手背皮肤急骤迅速肿起,或红热疼痛,或伴风团,咬伤处有瘀点。毒剧者,剧烈疼痛,伴发皮肤坏死;毒邪走散,循经引起红丝疗;毒邪走散入营,可危及生命。

【辨证论治】

初起宜疏风清热利湿、和营消肿解毒,促其消散;脓成宜透托;溃后宜补。

1. 风热证

证候:手背红肿热痛,肉腐为脓,溃后脉静身凉,疮口易敛,怕冷,发热,口干。舌质红,舌苔黄,脉浮数。

治法:疏风清热,消肿解毒。

方药:仙方活命饮加减。常用金银花、天花粉、防风、白芷、皂角刺、乳香、没药、赤芍药、贝母、当归、陈皮等。

2. 湿热壅阻证

证候:手背漫肿,微红微热,疼痛彻骨,肉腐为脓,溃脓较难,壮热恶寒,头身疼痛,溃后则皮肤湿烂,损筋伤骨,疮口难愈。舌苔黄腻,脉数。

治法:清热解毒,和营化湿。

方药:五味消毒饮合仙方活命饮加减。常用金银花、紫背天葵、野菊花、蒲公英、紫花地丁、天花粉、防风、白芷、皂角刺、乳香、没药、赤芍药、贝母、当归、陈皮等。

3. 气血不足证

证候:日久肿势不趋限局,溃出脓液稀薄,神疲乏力。舌质淡,舌苔薄,脉细。

治法:调补气血。

方药:八珍汤加减。常用人参、白术、茯苓、甘草、当归、白芍药、熟地黄、川芎。

【外治】

参照"体表痈"。

【其他疗法】

参照"体表痈"。

【预防护理】

1. 预防　加强劳动保护。及时治疗手部外伤,勿使毒邪从破损处乘隙而入。

2. 护理　患手忌持重。并用三角巾悬吊固定,手背朝下以利引流。

四、足发背

足发背是发于足背部的急性化脓性疾病。其特点是全足背高肿焮红疼痛,足心不肿。相当于西医学的足背部急性化脓性炎症、足背部蜂窝织炎。

《灵枢·痈疽》中说:"发于足上下,名曰四淫,其状大痈",可能是对本病的最早记载。晋代《刘涓子鬼遗方》中称"足跗发"。明代《疡医大全》对足发背发病病因病机、预后等描述甚详。清代对本病病因病机、证候、分类、治疗及预后等均有全面的论述。

【病因病机】

1. 湿热下注　湿热下注,气血凝结,热盛肉腐而成。

2. 外伤染毒　外伤感染毒邪,气血凝滞,瘀热互结而成。

【诊断】

1. 初起　足背红肿灼热疼痛,肿势弥漫,边界不清,影响活动。

2. 脓成　一般5～7天迅速增大化脓。

3. 溃后　溃破后脓出稀薄,夹有血水,皮肤湿烂。

4. 全身症状　初起可有轻度全身不适,脓成伴寒战高热,纳呆,甚至泛恶,舌质红,舌苔黄腻,脉象滑数等症状,溃后随之减轻。

5. 实验室检查　血常规检查提示血白细胞总数及中性粒细胞比例均增高。

【鉴别诊断】

丹毒　皮色鲜红,边缘清楚,一般不高肿,不化脓溃腐,常有反复发作史。

【辨证论治】

以清热利湿解毒为主。

湿热下注证

证候:足背红肿弥漫,灼热疼痛,肉腐成脓。伴寒战高热,纳呆,甚至泛恶。舌质红,舌苔黄腻,脉象滑数。

治法:清热解毒,和营利湿。

方药:五神汤加减。常用茯苓、金银花、牛膝、车前子、紫花地丁等。成脓者,加皂角刺、白芷。

【外治】

参照"体表痈"。

【其他疗法】

参照"体表痈"。

【预防护理】

1. 预防　注意皮肤卫生,增强抵抗力。足部外伤,应及时治疗。

2. 护理　患足忌行走。抬高患肢,并使患足侧位放置,以利引流。有筋瘤者,脓毒净后宜绑缚。足部外伤,应及时治疗。

【结语】

发是病变范围较痈大的急性化脓性疾病。相当于西医学的急性蜂窝组织炎。依病位不同,分为锁喉痈、臀痈、手发背和足发背。锁喉痈以清热解毒,化痰消肿为大法;臀痈疔以清热利湿解毒为要,注重托补及化瘀;手发背初起宜疏风清热利湿,和营消肿解毒,促其消散,脓成后宜透托,溃后宜补;足发背以清热利湿解毒为主。外治依一般阳证疮疡分期施治。学习中应理解不同病位治疗原则的细微差别,并掌握不同部位发脓成熟后切开方式及切开口位置。

第五节　有头疽

病案分析

病案:患者,男,50 岁。自诉 7 天前背部始发结块,肿痛日渐加重。现发热38℃,肿形高起,范围约 9cm×6cm,中央有 4 枚白色脓头,未溃破,质硬无波动,压痛明显,神识清楚,口渴,尿赤,便秘。舌质红,舌苔黄,脉数有力。平素喜食膏粱厚味。否认糖尿病、高血压病、冠心病病史。

分析:该病案患者以背部肿块,发热为主症,且肿块有多个脓头,范围 9cm×6cm,伴有发热,口渴,尿赤,便秘等症状。初步印象为有头疽。结合专科检查、病程,基本可以排除痈、发际疮、脂瘤染毒,当诊断为有头疽(火毒凝结)证。治疗当采用中药内服清热托毒,以黄连解毒汤合仙方活命饮加减,同时外用金黄膏清热解毒消肿。

问题:对本例患者还应具体做哪些实验室检查? 本病的发展过程如何? 如何辨证施治?

有头疽是发生于肌肤间的急性化脓性疾病。其特点是初起皮肤上即有粟粒样脓头,焮热红肿热痛,迅速向深部及周围扩散,脓头相继增多,溃后状如莲蓬、蜂窝,范围常超过 9~12cm,大者可至 30cm 以上。好发于项后、背部等皮肤厚韧之处,多见于中老年人,尤其兼有消渴证者,易出现"陷证"。相当于西医学的痈。

有头疽在古代文献中常以疽和发共同命名,根据发病部位、发病原因等不同有多种病名,如生于项部,名脑疽,包括对口疽、偏脑疽;发于脊背部正中者,称为背疽,疽发于背且大者,为发背,有上发背、中发背、下发背之分;生于背部两侧的称搭手,又分上搭手、中搭手、下搭手;生于胸部膻中穴,名膻中疽;生于少腹部,名少腹疽;如过饮药酒兼厚味积毒蕴发者,称酒毒发;湿痰郁结而成者,称痰注发等。尽管它们的名称不一,发生的部位、原因也不同,但其病因病理、临床表现和治疗方法基本一致,故并作有头疽论述。

我国现存最早的医书《五十二病方》中就已有"肉疽倍黄芪"的记载。晋代《刘涓子鬼遗方》对发背的病因、症状、特征、治疗以及预后等方面作了概括性论述。元代《外科精义·论五发疽》沿用了金代《河间六书·素问病机气宜保命集》中的"托里,疏通,和荣卫"三大治则,在外治上正式提出局部排脓引流原则。明代《外科正宗》将发背分为五种,论述了脑疽病因、预后、论治,并指出了因消渴病并发此证的症状及预后。《外科证治全书·痈疽证治统论》强调素体虚弱是发生有头疽不可忽视的因素。

【病因病机】

本病是外感风温、湿热,内有脏腑蕴毒,凝聚肌肤,以致内外毒邪凝聚肌肤,营卫不和,气血凝滞,经络阻隔而成。

1. 外邪入侵 外感风温、湿热邪毒,以致气血运行失常,凝聚肌表而成。

2. 脏腑蕴毒 情志内伤,恼怒伤肝,思虑伤脾,肝脾郁结,气郁化火;或房事不节,恣欲伤肾,劳伤精气,真阴亏损,相火蹈灼;或恣食膏粱厚味,脾胃运化失常,湿热火毒内生,均能导致脏腑蕴毒,与外来湿热相持而发本病。

3. 素体虚弱 若阴虚之体,每因水亏火炽,则热毒蕴结更甚;若气血虚弱之体,每因毒滞难化,不能透毒外出,使病情加剧,甚至疽毒内陷。可见正气虚弱,热毒的轻重,是有头疽顺、逆,陷与不陷转归的决定因素。

西医学认为本病是多个相邻的毛囊及其所属皮脂腺或汗腺的急性化脓性感染,或由多个疖融合而成。常由一个毛囊底部起病,经由阻力较弱的皮下脂肪柱蔓延至皮下组织,且沿深筋膜扩散、侵及邻近的脂肪组织,再上行波及毛囊群而形成,常见的致病菌为金黄色葡萄球菌。

【诊断】

1. 多发于成年人,以中老年及消渴病患者居多。好发于皮肤厚韧之处,以项、背部为多见。

2. 初起局部红肿结块,肿块上有粟粒状脓头,痒痛兼作,向周围扩散,脓头增多,色红,灼热疼痛,时历约1周。以后肿块增大,疮面渐渐腐烂,形似蜂窝,其范围常超过10cm。腐肉渐尽,新肉生长,肉色红活,以后逐渐收口而愈。

3. 初起有恶寒,发热,头痛,食欲不振,口渴,舌苔多白腻或黄腻,脉多滑数或洪数等明显的全身症状,化脓时症状明显,伴高热口渴,便秘溲赤;溃后逐渐减轻或消失。

4. 若兼见神昏谵语,气息急促,恶心呕吐,腰痛尿少,尿赤,发斑等严重全身症状者,为合并内陷;若在收口期疮口四周皮肤突然焮红色赤,状如涂丹,系并发丹毒。

5. 整个病程,以实证、顺证计,约1个月。病变初起在第1周,溃脓期在第2~3周,收口期在第4周。《疡科心得集·辨脑疽对口论》云:"对疽、发背必以候数为期,七日成形。二候成脓,三候脱腐,四候生肌"。每候7~10天。

6. 血常规检查提示血白细胞总数及中性粒细胞比例增高,并宜常规检查血糖、尿糖,根据病情做疮面脓液细菌培养及药敏、血细菌培养及药敏、电解质等检查。

【鉴别诊断】

1. 发际疮 生于项后部,病小而位浅,范围多在3cm左右,无明显全身症状,易脓、易溃、易敛,但易反复发作。

2. 脂瘤染毒 患处平时已有结块,与表皮粘连,但基底部推之可动,其中心表面皮肤常可发现粗大黑色毛孔,挤之有脂浆样物溢出,且有臭味,染毒后红肿较局限,脓

出夹有粉渣样物,全身症状较轻。

【辨证论治】

按初起、溃脓期、收口期三个阶段,分别采用和营解毒,清热利湿,托里解毒,调补气血之法,谨防疽毒内陷。外治早期应用箍围聚肿药,中期应用提脓祛腐药,后期应用生肌敛疮药,并选用切开法、药线法、拖线法、垫棉法等,以透脓达邪,促进疮口愈合。

1. 火毒凝结证

证候:局部红肿高突,灼热疼痛,根脚收束,脓液稠黄,能迅速化脓脱腐。全身发热,口渴,尿赤。舌质红,舌苔黄,脉数有力。

治法:清热泻火,和营托毒。

方药:黄连解毒汤合仙方活命饮加减。常用黄连、黄芩、黄柏、山栀、皂角刺、当归尾、金银花、赤芍药、乳香、没药、天花粉、陈皮、贝母、白芷、防风等。恶寒发热,加荆芥;便秘者,加生大黄、枳实;溲赤者,加泽泻、车前子。

2. 湿热壅滞证

证候:局部症状与火毒凝结相同。全身壮热,朝轻暮重,胸闷呕恶。舌苔白腻或黄腻,脉濡数。

治法:清热化湿,和营托毒。

方药:仙方活命饮加减。常用金银花、皂角刺、当归尾、赤芍药、乳香、没药、天花粉、陈皮、防风、贝母、白芷等。胸闷呕恶者,加藿香、佩兰、厚朴。

3. 阴虚火炽证

证候:多见于消渴病患者。肿势平塌,根脚散漫,皮色紫滞,脓腐难化,脓水稀少或带血水,疼痛剧烈。全身发热烦躁,口渴多饮,饮食少思,大便燥结,小便短赤。舌质红,舌苔黄燥,脉细弦数。

治法:滋阴生津,清热托毒。

方药:竹叶黄芪汤加减。常用人参、黄芪、石膏、制半夏、麦冬、白芍、川芎、当归、黄芩、生地黄、竹叶、灯心草等。

4. 气虚毒滞证

证候:多见于年迈体虚、气血不足患者。肿势平塌,根脚散漫,皮色灰黯不泽,化脓迟缓,腐肉难脱,脓液稀少,色带灰绿,闷肿胀痛,易成空腔。高热,或身热不扬,小便频数,口渴喜热饮,精神萎靡,面色少华。舌质淡红,舌苔白或微黄,脉数无力。

治法:扶正托毒。

方药:八珍汤合仙方活命饮加减。常用人参、白术、茯苓、当归、白芍药、生地黄、金银花、皂角刺、赤芍药、乳香、没药、天花粉、陈皮、防风、贝母、白芷、甘草等。

5. 气血两虚证

证候:溃后疮面愈合迟缓,新肌不生,色淡红而不鲜或黯红,脓出稀薄。伴面色无华,神疲乏力,纳少。舌质淡胖,舌苔少,脉细。

治法:益气养血,托里生肌。

方药:八珍汤加减。常用生黄芪、党参、白术、茯苓、当归、白芍药、熟地黄、川芎、甘草等。

【外治】

1. 初起　火毒凝结证、湿热壅滞证,用金黄膏或千捶膏外敷;阴虚火炽证、气虚毒滞证,用冲和膏外敷。

2. 成脓期　八二丹掺疮口,如脓水稀薄而带灰绿色者,改用七三丹,外敷金黄膏;若脓腐阻塞疮口,脓液蓄积,引流不畅,可用药线蘸五五丹或药线蘸八二丹插入多枚疮口,蚀脓引流;若疮肿有明显波动,可做十字形切开手术,如大块坏死组织难以脱尽,可蚕食清疮。腐肉大部脱落,疮面渐洁,改用九一丹外掺,外敷红油膏。

3. 收口期　疮面腐肉已净,新肉渐生,以生肌散掺疮口,外敷白玉膏。若疮口有空腔,皮肤与新肉一时不能黏合者,可用垫棉法,加压包扎;如无效时,则应采取手术扩创。

【其他疗法】

1. 中成药　六应丸或六神丸,每次 10 粒,每日 3 次吞服。

2. 降血糖药物　如有糖尿病者,必须使用口服降血糖药物或胰岛素治疗迅速控制血糖。

3. 抗生素　病情严重者应及时选用抗生素治疗。

4. 支持疗法　全身情况较差者,应予以支持疗法,如补液、输血及纠正电解质紊乱等。

【预防护理】

1. 预防　一是注意卫生,保持皮肤清洁,及时治疗疖,防止感染扩散。二是经常参加体育锻炼,增加皮肤抵抗力。三是有糖尿病时应积极治疗。

2. 护理　高热时应卧床休息,多饮开水。切忌挤压,患在项部者可用四头带包扎;患在上肢者宜用三角巾悬吊;在下肢者宜抬高患肢,并减少行动;患在项背部,睡时宜侧卧。疮周皮肤保持经常清洁。外敷药膏应紧贴患部,掺药宜散布均匀。食宜清淡,忌食鱼腥、辛辣等刺激发物,以及甜腻食物。伴消渴病者,给予消渴病饮食;虚证气血两虚形滞难化者,可适当增加营养食品,如鸡、肉等类。精神愉快,严防恼怒,避免房事,宜避风寒。

【结语】

有头疽是发生于肌肤间的急性化脓性疾病。好发于中老年人,多发于项后、背部。患处粟粒样脓头,焮热红肿疼痛,肿块范围常在 10cm 以上,溃烂之后,状如蜂窝,同时伴有比较严重的全身症状。应与疖、脂瘤染毒相鉴别。按初起、溃脓期、收口期三个阶段,分别采用和营解毒,清热利湿,托里解毒,调补气血之法,谨防疽毒内陷。外治分为三期:初期与溃脓期应箍围消肿,提脓去腐;若脓腐已熟,应手术切开,以彻底引流;后期则用生肌收口药。临床应注重老人及消渴患者有头疽的发病,及容易引起内陷证的防治与护理。

第六节　流　　注

流注是发于肌肉深部的转移性多发性脓肿。其特点是好发于四肢、躯干肌肉丰厚处的深部,发病急骤,局部漫肿疼痛,皮色如常,容易走窜,每此处未愈、他处又起,溃后易敛。相当于西医学的脓血症、多发性转移性肌肉深部脓肿、髂窝部脓肿。

根据中医文献的描述,流注还包括骨与骨关节的脓肿,如附骨疽、流痰等,但与本病所述的流注在部位、性质、预后上均有区别,另见有关章节。流注因发病原因和病情不同而有许多病名,如发于夏秋之间的称暑湿流注;其他季节发病者称湿痰流注;因

疗、疔之余毒不尽,毒邪走散而生者名余毒流注;因产后瘀露停滞或跌打损伤而引起的名瘀血流注,包括由劳动不慎,闪挫扭伤筋脉所致的伤筋流注;数处同时并发,或先后相继,此愈彼起,甚而遍及全身,如瓜藤之蔓延,称瓜藤流注;仅发于髂窝部的名髂窝流注,因患侧大腿常不能伸直,又名"缩脚流注"。因其病机、证治基本相似,故一并论述。

隋代《诸病源候论·走注候》对流注发病机制及症状有所描述。流注作为外科病名,则首见于明代《仙传外科集验方》。明代外科文献系统论述其病因病机、证治原则。清代《疡科心得集·辨流注腿痈阴阳虚实异证同治论》对流注的精确论述,更明确地说明了流注的性质属实邪阳证,病变在肌肉而不是附骨而生。

【病因病机】

总因正气不足,邪毒流窜,使经络阻隔,气血凝滞而成。

1. 正气不足　正虚是本病形成的重要因素。正气不充,邪毒流窜血络,使经络阻隔,气血凝滞,着而为患。

2. 感染邪毒　因先患疗疮、疖、痈,强行挤压或过早切开,或其他热病失于诊治,火热之毒窜入血分,流于经络,稽留于肌肉之中而发余毒流注。夏秋季节感受暑湿,暑毒湿热客于营卫,阻于肌肉,致使气血凝滞而成暑湿流注。跌打损伤,瘀血停留,或产后瘀露停滞,经络为之壅滞而成瘀血流注。除上述流注的病因外,还可由会阴、肛门、外阴、下肢破损或生疮疖,或附近脏器染毒,邪毒流窜,以致余毒、暑湿、湿热结聚,气血凝滞而成。

西医学认为,本病是由局部化脓性病灶的细菌栓子或脱落的感染血栓,间隙进入血循环,并在身体各部位产生转移性脓肿。常见致病菌为葡萄球菌、链球菌、大肠杆菌。髂窝脓肿是髂窝淋巴结及其周围的疏松结缔组织发生感染,脓液向后穿破髂腰筋膜所致。

【诊断】

1. 除头面、前后二阴、腕、踝等远侧比较少见外,其余任何部位均可发生,尤多见于腰部、臀部、大腿后部、髂窝部等处。

2. 发病前有疮疖等化脓性病灶,或跌仆损伤,感受暑湿等病史。

(1) 初起:先在四肢近端或躯干部有一处或数处肌肉疼痛,漫肿,微热而皮色不变。2~3天后,肿胀焮热疼痛日趋明显,并可触及肿块。

(2) 脓成:肿块增大,疼痛加剧,约2周肿块中央微红而热,按之有波动感。

(3) 溃后:脓出黄稠或白黏脓水,瘀血流注则夹有瘀血块。随之肿硬疼痛渐消,约经2周,腐尽疮口愈合。

(4) 全身症状:初起伴有寒战高热,头痛头胀,周身关节疼痛,食欲不振等全身症状,暑湿流注伴有胸闷纳呆,渴不多饮,舌苔白腻,脉滑数等,余毒流注伴有口渴引饮,舌苔黄腻,脉洪数等,瘀血流注伴有舌苔薄腻或舌上伴有瘀点瘀斑,脉濡涩等;化脓时兼见高热不退,时时汗出,口渴欲饮,舌苔黄腻,脉洪数;溃后身热渐退,食欲增加。

(5) 髂窝流注:发于髂窝部肌肉深处,多见于儿童。初起患侧大腿突然拘挛不适,步履呈跛行,伴恶寒发热,头痛,无汗或微汗,纳呆倦怠。2~3日后局部疼痛,大腿即向上收缩,略向内收,不能伸直,妨碍行走,但膝关节仍能伸屈,倘用手将患肢拉直,则可引起剧烈疼痛,痛牵腰部,腹部前突,脊柱似弓状,故又有缩脚流注之称。7~10天,在髂窝部可触到一长圆形肿块,质较硬,有压痛。约1个月可以成脓。但皮色如常,按之波动亦不甚明显,但觉中软,便为脓熟。可在髂窝部或腰部破溃,溃后约 20 天可以收口,愈后患侧大腿仍然屈曲,不能伸直行动,往往要经过 1~2 个月,才能恢复正常。有的可因气血虚弱,溃后脓水清稀,淋漓不净,日久不敛。

3. 血常规检查提示血白细胞总数及中性粒细胞比例可增高,血培养可有细菌生长。B 超检查有助于明确是否成脓及脓腔的位置、大小。

【鉴别诊断】

1. 环跳疽 疼痛在髋关节部,可致臀部外突,大腿略向外旋,患肢不能伸直和弯曲,患侧漫肿上延腰胯,下及大腿。

2. 髋关节流痰 起病缓慢,可有虚痨病史,患肢伸而难屈,局部及全身症状均不明显,化脓在得病后 6~12 个月以上。大腿及臀部肌肉萎缩,站立时臀纹不对称。

3. 历节风 患病关节大多红、肿、热、痛,且呈游定性,有反复发作史,不会化脓溃破,患侧大腿收缩屈曲度较轻。其全身症状也比流注轻。

【辨证论治】

总宜清热解毒,和营通络之法。初起以祛邪为主,发于夏秋季节者,需兼清暑化湿,暑热又易伤气,尤其是患者为小儿、老人、新产妇人,常气血不足,必须注意顾护气阴;有疮疖疔病史者,宜兼凉血清热之品;有外伤史或产后瘀露引起者,治宜佐用活血化瘀之品。中期毒已结聚而不能及时成脓者,则应托毒透脓,助以祛邪为治。溃后应投以托毒排脓,清解余邪之剂,忌用峻补及慎用寒凉,使邪祛而正安,杜绝因余毒未尽而流窜多发之源。

1. 余毒攻窜证

证候:发病前有疔疮、痈、疖等病史。局部漫肿疼痛,全身伴有壮热,口渴,甚则神昏谵语。舌苔黄,脉洪数。

治法:清热解毒,凉血通络。

方药:黄连解毒汤合犀角地黄汤加减。常用黄芩、黄连、黄柏、栀子、水牛角、生地黄、牡丹皮、赤芍药等。脓成者,加当归、皂角刺,去生地黄;神昏谵语者,加安宫牛黄丸化服,或紫雪散吞服;胸胁疼痛,咳喘痰血者,加象贝母、天花粉、鲜竹沥、鲜茅根、鲜芦根。

2. 暑湿交阻证

证候:多发于夏秋之间。初起恶寒发热,头胀,胸闷呕恶,周身骨节酸痛,胸部布白。舌苔白腻,脉滑数。

治法:解毒清暑化湿。

方药:清暑汤加减。常用连翘、天花粉、赤芍药、滑石、车前子、金银花、泽泻等。有肿块者,加当归、赤芍药、丹参;热重加金银花、连翘、紫花地丁;脓成者,加当归、赤芍药、丹皮、皂角刺。

3. 瘀血凝滞证

证候:劳伤筋脉诱发者,多发于四肢内侧;跌打损伤诱发者,多发于伤处。局部漫肿疼痛,皮色微红,或呈青紫,溃后脓液中央夹有瘀血块。妇女产后恶露停滞而成者,多发于小腹及大腿等处。发病较缓,初起一般无全身症状或全身疾状较轻,化脓时出现高热。舌苔薄白或黄腻,脉涩或数。

治法:和营活血,祛瘀通络。

方药:活血散瘀汤加减。常用当归尾、赤芍药、桃仁、大黄、川芎、苏木、牡丹皮、枳壳、瓜蒌子等。劳伤筋脉者,加金银花、黄柏、薏苡仁等;跌打损伤者,加参三七;产后瘀阻者,加制香附、益母草、红花等;有表证,加荆芥、熟牛蒡子、防风,发于下肢和腘窝部的,加苍术、薏苡仁;脓成者,加白芷、皂角刺。

【外治】

1. 初期　肿而无块的,用金黄膏或玉露膏外敷;肿而有块者,用太乙膏掺红灵丹贴之。

2. 脓成　宜切开引流。

3. 溃后　先用八二丹、药线引流,腐尽改用生肌散,均以红油膏或太乙膏盖贴,可加垫棉压迫法。

4. 若多处相互串连贯通者,可用绷带缠缚患部,或将串连贯通处彻底切开,以加速疮口愈后。

【其他疗法】

1. 中成药　小金丹,每次0.6g,每日2次。

2. 抗生素　病情严重者,可选用有效抗生素治疗。

【预防护理】

1. 预防　及时正确处理疔、疖、痈及皮肤破损等。

2. 护理　绝对卧床休息,多饮开水或西瓜汁。热退而肿块未消时,仍需卧床休息以免反复。加强营养,忌食鱼腥、辛辣刺激性食物,宜清淡易消化饮食。腘窝流注愈后功能障碍者,宜帮助患者进行适当的下肢伸屈功能锻炼。在病情痊愈或完全收口2周后,令患者坐椅上,取直径8cm左右的圆筒或酒瓶或竹筒置于地上,患足踏在瓶上,来回滚动,初起每次半小时,以后逐渐增加至1小时,1日2～3次,每次20～30分钟,轻者1个月,重者2个月,患肢即可恢复正常功能。

【结语】

流注是发于肌肉深部的转移性多发性脓肿。好发于四肢、躯干肌肉丰厚之深处,有此处未愈他处又起的特征,应与流痰、环跳疽和风湿性关节炎相鉴别。治宜清热解毒,和营通络之法。临床治疗应与西医治疗紧密结合,并且注重该病的护理及预防。

第七节　丹毒(附:类丹毒)

病案分析

病案:患者,男,46岁,素有足癣病史,突发寒战高热1天,伴右小腿红肿疼痛半天。检查:T:39.5℃,右小腿皮肤大片鲜红肿胀,稍高出皮面,边界清楚,按之灼手,触痛明显,右侧腘窝淋巴结肿大、压痛。舌苔薄黄质红,脉数。查血常规提示:WBC:11×10^9/L,N:83.5%。

分析:患者素体血分有热,复加外邪,湿热火毒之邪乘隙而入,郁阻肌肤而发。湿热之邪易侵犯人体下部,故足背红肿胀痛,趾丫湿烂,舌质红,舌苔黄腻,脉滑数为湿热之外象。治则:凉血清热,解毒利湿。代表方:五神汤合草薢渗湿汤加减。外治法:①用玉露散或金黄散,以冷开水或鲜丝瓜叶捣汁或金银花露调敷;或用新鲜草药如马齿苋等。②或用砭镰方法。调护:患者应卧床休息,多饮水,床边隔离;并将患肢抬高30°～40°;同时应彻底治疗足癣,以减少复发。

问题:丹毒有哪些主要临床表现?不同部位的丹毒各有何特征?丹毒应与哪些疾病进行鉴别,其鉴别要点是什么?丹毒如何进行辨证论治?下肢丹毒如何护理?

丹毒是皮肤突然发红、色如涂丹的一种急性感染性疾病。又名"丹疹"、"丹熛"、"天火"。其特点是病起突然,恶寒壮热,局部皮肤忽然变红,色如丹涂脂染,灼热肿胀,迅速扩大,边界清楚,发无定处,数日内可逐渐痊愈,每多复发。本病发无定处,好发于下肢及颜面。根据其发病部位的不同又有不同的名称,如发于头面部者,称抱头火丹;生于胸腹腰胯部者,称内发丹毒;发于小腿足部者,名流火、腿游风;新生儿多生于臀部,称赤游丹毒。西医学也称丹毒,又称急性网状淋巴管炎。

早在《内经》就有记载,隋代《诸病源候论》对本病的临床症状和失治的预后描述较详。丹毒之名,出自《备急千金要方》,曰:"丹毒一名天火,肉中忽有赤,如丹涂之色。"《疮疡经验全书》对丹毒的临床表现、预后和治疗论述颇详,根据发病部位与年龄的不同分类论治。《疡科心得集》对丹毒的认识更为明确,按其常见的发病部位分篇论述,辨证论治更详细具体。

【病因病机】

总由血热火毒为患。但因所发部位、经络不同,其火热和所兼夹之邪稍有差异。凡发于头面部者,多夹有风热;发于胸腹腰胯部者,多夹有肝脾湿火;发于下肢者,多夹有湿热;发于新生儿者,多由胎热火毒所致。

1. 血分热毒　素体血分有热,外受火毒,热毒蕴结,郁阻肌肤而发。

2. 破损染毒　肌肤破损(如鼻腔黏膜、耳道皮肤或头皮破伤,皮肤擦伤,脚湿气糜烂,毒虫咬伤,臁疮等),毒邪乘隙侵入而成。

西医学认为,本病是由溶血性链球菌经由皮肤或黏膜细小创口,引起皮肤及黏膜内的浅淋巴管的急性感染。

【诊断】

1. 本病可发生于任何部位,多发于小腿、颜面部;临床上发生于小腿者占多数;新生儿丹毒,常为游走性。

2. 发病前可有临近部位皮肤或黏膜破损、足癣等病史。

(1) 发病急骤,初起往往先有恶寒发热、头痛骨楚、胃纳不香、便秘溲赤等全身症状。继则局部皮肤见小片红斑,迅速蔓延成大片鲜红斑,略高出皮肤表面,边界清楚,压之皮肤红色稍退,放手后立即恢复,若热重出现紫斑时,则压之不退色。患部表面紧张光亮,摸之灼手,肿胀、触痛明显。一般预后良好,经5~6天后消退,皮色由鲜红转黯红或棕黄色,脱屑而愈。病情严重者,红斑处可伴发紫癜、瘀点、瘀斑、水疱,偶有化脓或皮肤坏死。亦有一面消退,一面发展,连续不断,缠绵数周者。患处附近臖核可发生肿痛。

(2) 发生在头面部者,如由于鼻部破损引起者,先发于鼻额,次肿于目,而使两眼睑肿胀不能开视;如由于耳部破损引起者,先肿于耳之上下前后,次肿及头角;如由于头皮破损引起者,先肿于头额,次肿及脑后。

(3) 发于腿胫部者,多由趾间皮肤破损引起,先肿于小腿,亦可延及大腿,愈合容易复发,常因反复发作,皮肤粗糙增厚,下肢肿胀而形成大脚风。

(4) 新生儿丹毒,常游走不定,多有皮肤坏死,全身症状严重。

(5) 本病若由四肢走向胸腹,或由颜面向胸腹者多为逆证;若火势炽盛致毒邪内攻,患者出现壮热烦躁、神昏谵语、恶心呕吐等全身症状,则提示有走黄的可能,甚则危及生命。

3. 血常规检查提示血白细胞总数及中性粒细胞比例明显增高。

【鉴别诊断】

1. 发　局部虽红，但中间隆起而色深，四周较淡，边界不清，胀痛呈持续性，化脓时跳痛，大多可坏死、溃烂；全身症状没有丹毒严重；不会反复发作。

2. 接触性皮炎　有过敏物如油漆等接触史；皮损境界不明显，以红肿、水疱、丘疹为主，伴焮热、瘙痒，但无疼痛；一般无明显的全身症状。

3. 瓜藤缠　好发于青年女性，侵及下肢，常绕胫而发，分布于小腿伸侧，皮肤色红漫肿，疼痛或压痛，常反复发作，但皮下可及结节。

4. 面游风毒　病发突然，焮热红肿，两目合肿，然界限不明显，发病前一般无恶寒发热病史，常有服药或食物史。

【辨证论治】

以凉血清热、解毒化瘀为基本原则。发于头面者，需兼散风清火；发于胸腹腰胯者，需兼清肝泻脾；发于下肢者，需兼利湿清热。在内服同时应结合外敷、熏洗、砭镰等外治法。

1. 风热毒蕴证

证候：发于头面部，皮肤焮红灼热，肿胀疼痛，甚则发生水疱，眼胞肿胀难睁。伴恶寒发热，头痛。舌质红，舌苔薄黄，脉浮数。

治法：疏风清热解毒。

方药：普济消毒饮加减。常用黄芩、黄连、陈皮、甘草、玄参、连翘、板蓝根、马勃、牛蒡子、薄荷、僵蚕、升麻、柴胡、桔梗等。大便干结者，加生大黄、芒硝以泻下通腑。

2. 肝脾湿火证

证候：发于胸腹腰胯部，皮肤红肿蔓延，摸之灼手，肿胀疼痛。伴口干口苦。舌质红，舌苔黄腻，脉弦滑数。

治法：清肝泻火利湿。

方药：龙胆泻肝汤或化斑解毒汤加减。常用生地、当归、柴胡、黄芩、栀子、牛蒡子、连翘、升麻、石膏、黄连、知母、玄参、龙胆草、泽泻、木通、车前子等。

3. 湿热毒蕴证

证候：发于下肢，局部红赤肿胀、灼热疼痛，或见水疱、紫斑，甚至结毒化脓或皮肤坏死。可伴轻度发热，胃纳不香。舌质红，舌苔黄腻，脉滑数。反复发作，可形成大脚风。

治法：清热利湿解毒。

方药：五神汤合萆解渗湿汤加减。常用金银花、茯苓、牛膝、车前子、紫花地丁、萆解、薏苡仁、黄柏、赤苓等。肿胀甚，或形成大脚风者，加赤小豆、丝瓜络、鸡血藤以利湿通络。

4. 胎火蕴毒证

证候：发生于新生儿，多见臀部，局部红肿灼热，常呈游走性。或伴壮热烦躁，甚则神昏谵语、恶心呕吐。

治法：凉血清热解毒。

方药：犀角地黄汤合黄连解毒汤加减。常用水牛角、生地黄、牡丹皮、芍药、黄芩、黄连、黄柏、栀子等。壮热烦躁，甚则神昏谵语者，加服安宫牛黄丸或紫雪丹以清心开窍;阴虚,舌质绛,舌苔光者,加玄参、麦冬、石斛等。

【外治】

1. 外敷　用玉露散或金黄散,以冷开水或鲜丝瓜叶捣汁或金银花露调敷,并时时湿润之;或以大黄、黄芩、黄柏、苦参、明矾等煎水湿敷;或鲜荷花叶、鲜蒲公英、鲜地丁全草、鲜马齿苋、鲜冬青树叶、绿豆芽菜等捣烂湿敷,干后调换,以冷开水时时湿润。

2. 若流火结毒成脓者,可在坏死部分做小切口引流,外掺九一丹,敷红油膏。

【其他疗法】

砭镰法　患处消毒后,用七星针或三棱针叩刺患部皮肤,使热随血泄,或配合拔火罐,令出恶血,任其自流,待自止后,外敷红灵丹、玉露膏。此法只适宜于下肢复发性丹毒,禁用于抱头火丹、赤游丹患者。

【预防护理】

1. 预防　有肌肤破损者,应及时治疗,以免感染毒邪。因脚湿气致下肢复发性丹毒患者,应彻底治愈脚湿气;颜面部丹毒者,戒除挖耳、挖鼻恶习,以减少复发。

2. 护理　卧床休息,充分饮水,床边隔离,流火患者应抬高患肢30°~40°。已形成大腿风者,每天在起床时可用绷带缠缚,宽紧适度;亦可用医用弹力护套绷缚。毒邪内攻者,宜半流质饮食。

【结语】

丹毒相当于西医学的急性网状淋巴管炎。好发于下肢及颜面部,发病前多有附近部位的破损或感染等病史。每多复发,下肢复发性丹毒可形成大脚风(象皮腿)。应与发、接触性皮炎相鉴别。以凉血清热、解毒化瘀为基本原则。风热毒蕴证,治宜疏风清热解毒,方用普济消毒饮加减;肝脾湿火证,治宜清肝泻火利湿,柴胡清肝汤、龙胆泻肝汤或化斑解毒汤加减;湿热毒蕴证,治宜清热利湿解毒,方用五神汤合萆薢渗湿汤加减;胎火蕴毒证,治宜凉血清热解毒,方用犀角地黄汤合黄连解毒汤加减。中医外治砭镰法针对下肢复发性丹毒疗效显著,应在掌握内治法的同时配合使用。

附:类丹毒

类丹毒是一种发生于皮肉之间,以多发于手部的肿胀性紫红色红斑,向四周缓慢扩散、中心渐退为特征的急性感染性疾病。与中医文献中"伤水疮"相似。多因猪骨、鱼刺等刺伤皮肤或外伤后接触猪肉、鱼肉,感染毒邪所致。西医学认为,本病系由红斑丹毒丝菌,又称猪丹毒杆菌引起。本病多见于屠宰业、渔业、饮食业、制革业工作者,兽医或家庭妇女。一般先有局部外伤史,好发于冬季。潜伏期一般为1~4天,病程一般在10~12日,亦可长达3~4周。

(1) 局限型:多局限于单个手指,局部先起一个疼痛性点状红斑,压痛,逐渐扩大成边缘清楚的紫红色水肿性斑片,周边高起而中心渐消,重者表面亦可发生水疱或大疱,灼热瘙痒,但不化脓、不破溃,皮疹有游走性,先发单个手指,渐移走于邻近其他手指,亦可累及手掌、手背等。部分病例伴有指关节炎、关节肿胀和疼痛。

(2) 弥漫型:可见于全身而见大小不等,形色各异的紫红色斑片,愈后亦可在原处或附近复发。

(3) 败血症型:全身起泛发性紫红斑片,可伴有出血,心肾等内脏受累。

一般无明显全身症状,但亦可有轻度发热,或手部关节酸楚不适,甚者伴有壮热,神昏谵语,重者导致死亡。后期X线检查可有关节畸形。败血症型血液细菌培养阳性。应与丹毒鉴别。以凉血清热解毒为治疗原则。①热毒蕴结证,治以清热解毒,五味消毒饮、黄连解毒汤加减。②火毒炽盛证,治以凉血泻火解毒,犀角地黄汤、黄连解毒汤、五味消毒饮加减。高热神昏,毒邪内攻,加服安宫牛黄丸1~2粒化服。外治参照"手足部疔疮"。青霉素治疗有显著效果,四环素、红霉素和磺胺治疗亦有效。

第八节　发　颐

病案分析

病案:邹某,女,45岁,2011年6月21日就诊。左颐颌部肿痛3天伴恶寒发热1天。3天前左颐颌部出现肿痛,张口困难,进食受影响,左内颊处有咸味液体排出,继则发热。现见左侧耳垂下腮颌部肿胀,边界欠清,有压痛,左口腔内颊黏膜上腮腺导管口红肿,按压管口周围可见黏稠分泌物溢出。大便干,2日1次,小便黄。舌质红,舌苔薄黄,脉弦数。

分析:该患者以左腮颌部肿痛3天伴恶寒发热为主症,见腮腺导管口红肿,按压管口周围可见黏稠分泌物溢出。初步印象为发颐。结合患者的病史、专科检查基本可排除痄腮、颈痈,当诊断为发颐热毒蕴结证。治疗当以中药内服结合外治为主。

问题:本例患者需做哪些辅助检查?应如何辨证立法用药?如何进行外治法治疗?

发颐是热病后余邪热毒结于颐颌之间引起的急性化脓性疾病。因其肿势如发,故名发颐。其临床特点是多一侧发病,颐颌之间肿胀疼痛,张口受限,全身症状明显,病情严重者可出现邪毒内陷。好发于成年人,多见于热病后、大手术后,或体质虚弱者。本病相当于西医学的化脓性腮腺炎。

发颐之名首见于晋代《刘涓子鬼遗方》,曰:"下颐发者为发颐,肥人多有此疾"。明《疮疡经验全书》有云:"发颐乃伤寒发汗未透而成"。

【病因病机】

1. 外感六淫、风温之邪,或热病之后,余毒未清,循阳明、少阳之经结于颐颌之处,气血凝滞,经络阻塞,热盛肉腐为脓而发病。

2. 饮食不节,情志内伤,脏腑蕴毒,热毒上攻,结聚于阳明、少阳之经为病。

西医学认为本病乃继发于急性热病或大手术后由细菌感染引起的腮腺化脓性感染。常见病原菌有链球菌、金黄色葡萄球菌等。

【诊断】

1. 多发于成年人,多见于热病后、大手术后,或体质虚弱者。

2. 一般单侧发病,亦可双侧同时发病。

3. 初起颐颌之间发生疼痛及紧张感,轻微肿胀,张口稍感困难。继则肿胀显著,并延及耳之前后。若压迫局部,在患侧腮腺导管开口处有黏稠分泌物溢出,张口苦难,唾液分泌大为减少。发病7~10天,若病情发展,颐颌部疼痛加剧,呈跳痛性,皮色发红,肿胀更甚,按之应指,是已成脓,口内颊部导管开口处能挤出混浊黄稠脓性分泌物。若不及时切开,脓肿可在颐颌部或口腔黏膜或外耳道溃破,脓出臭秽。

初起仅有轻度发热,酿脓时可伴有高热,口渴纳呆,大便秘结等。若患者极度衰弱,或失于调治,或因过投寒凉攻伐之品,可使肿势漫及咽喉而见痰涌气塞、汤水难下、神识昏迷等邪毒内陷之证。

4. 血常规、脓液培养等检查有助于明确病情。B超检查有助于确定脓肿的诊断。

【鉴别诊断】

1. 痄腮　多见于5～15岁儿童，好发于冬春季节。常双侧发病，先一侧腮腺肿起而后累及对侧，色白漫肿，酸多痛少，不会化脓，常有接触史。

2. 颈痈　多见于儿童。常发生于颈项两侧，颌下。发病前多有乳蛾、口疳、龋齿或头面部疖肿病史，或附近皮肤黏膜破损史。局部红肿热痛，易肿，易脓。

【辨证论治】

发颐的治疗以清热解毒为原则。强调早期治疗，以消为贵。注重外治疗法，一旦成脓则宜切开排脓。

1. 热毒蕴结证

证候：初起，颐颌之间发生结块肿痛，张口不利，继则肿痛渐增，并延及耳之前后，检查口内颊部导管开口处红肿，压迫局部有黏稠分泌物溢出。伴有身热恶寒，口渴，小便短赤，大便秘结。舌质红，舌苔薄黄，脉弦数。

治法：清热解毒，消肿散结。

方药：普济消毒饮加减。常用黄芩、黄连、陈皮、甘草、玄参、连翘、板蓝根、马勃、牛蒡子、薄荷、僵蚕、升麻、柴胡、桔梗等。热甚者，加栀子、生石膏去热；大便秘结者，加瓜蒌仁、生大黄、枳实通便泻热。

2. 毒盛酿脓证

证候：中期（约7天），颐颌之间肿块疼痛剧烈，呈搏动性，压痛明显，甚则肿势延及面颊和颈项，焮红灼热，张口困难，按之应指，口内颊部导管开口处能挤出脓性分泌物。伴有高热口渴，小便短赤，大便秘结。舌质红，舌苔黄腻，脉弦数。

治法：清热解毒，托毒透脓。

方药：普济消毒饮合透脓散加减。常用黄芩、黄连、陈皮、甘草、玄参、连翘、板蓝根、马勃、牛蒡子、薄荷、僵蚕、升麻、柴胡、桔梗、当归、生黄芪、川芎、皂角刺等。纳差者，加怀山药、白术健脾护胃。

3. 余毒留恋证

证候：病程日久，反复发作，时有颐颌部肿痛，触之似有条索状物，挤压腮腺导管开口处有脓性液体溢出，口内常有臭味。舌苔薄黄或黄腻，脉滑。

治法：清脾化热，化瘀散结。

方药：五味消毒饮加减。常用黄连、黄芩、黄柏、金银花、蒲公英、紫花地丁、栀子、夏枯草、连翘、玄参、土贝母、王不留行等。

【外治】

1. 初起　用金黄散或玉露散外敷。

2. 成脓　宜切开引流，切口方向须循经脉走向，避免损伤腮腺导管和面神经。脓腔用八二丹药线引流，外盖金黄膏。

3. 溃后　腐尽时用生肌散撒布，外盖白玉膏。

【其他疗法】

1. 抗生素　出现高热不退或热毒内陷脏腑之危象时，可加用抗生素。

2. 支持疗法　补充维生素，维持水、电解质平衡。

【预防护理】

1. 预防　热病后、大手术后,或体质虚弱者,及时治疗口腔内和颈项部感染。保持口腔清洁,每日用漱口液或等渗盐水漱口 3～5 次。常吃酸性食物,刺激唾液分泌。加强身体锻炼。

2. 护理　急性期给予流质或半流质饮食,避免辛辣刺激之品。病久反复发作者,可进行腮腺部按摩,急性发作时暂停。严禁局部挤压、碰伤。

【结语】

发颐多由伤寒或温病治疗不彻底,以致余邪、热毒未能外达,而结聚于少阳、阳明之络,经络阻塞,气血凝滞而成。临床可见颐颌间腮腺区红肿热痛,腮腺管口红肿溢脓。如早期治疗可使痛除肿消,不致酿脓。成脓后宜及时切开排脓,脓毒外泄,新生疮敛。若正虚邪恋,则日久不愈,反复发作。辨证常分为热毒蕴结、毒盛酿脓、余毒留恋三型。治疗以清热解毒为原则,内治外治相结合。强调早期治疗,以消为贵。

第九节　附　骨　疽

附骨疽是一种毒气深沉,附骨而生的化脓性疾病。其临床特点为多见于儿童,好发于四肢长骨,局部胖肿,附筋着骨,推之不移,疼痛彻骨,溃后脓水淋漓,不易收口,易形成窦道,损伤筋骨。《备急千金要方》曰:"以其无破,附骨成脓,故名附骨疽。"附骨疽因其所患部位不同,历代文献中有多种名称,如生在大腿外侧者叫"附骨疽",生在大腿内侧者叫"咬骨疽",只生在股胫部者叫"股胫疽"等。虽病名不同,然病因、证治大致相仿,统称"附骨疽"。本病相当于西医学急、慢性化脓性骨髓炎。

【病因病机】

本病多因儿童骨骼娇嫩,或成人正气不足,复因疔、疖肿等疮疡发病后,由于治疗护理不当,或麻疹、猩红热、伤寒等病后,余毒未清,湿热壅盛,深窜入里,留着筋骨,或因外来伤害或开放性骨折,复感染邪毒,使经络阻塞,血凝毒聚而成本病。

1. 余毒流注　因疔、疖肿等疾病,或麻疹、猩红热、伤寒等病后,余毒未清,湿热壅盛,邪毒深窜入里,留着筋骨,使经络阻塞,血凝毒聚而成本病。

2. 外来伤害　外来伤害,尤其是开放性骨折,以及骨科手术或局部骨骼损伤,复又感受毒邪,毒邪直接侵入肌肤,邪毒与损伤之瘀血蕴结于筋骨,以致经络阻塞,气血凝滞,继则瘀而化热,热盛肉腐。

西医学认为急性化脓性骨髓炎多由疖肿、皮肤伤口的细菌通过血源性播散而致,也可因局部伤口直接感染或邻近软组织直接蔓延到骨髓而成,病原菌多为金黄色葡萄球菌,其次为溶血性链球菌。慢性骨髓炎多因急性化脓性骨髓炎治疗不及时、不恰当所致。

【诊断】

1. 好发于儿童,尤以 10 岁以下的男孩多见。

2. 多发于四肢骨干,以胫骨最常见,股骨、肱骨和桡骨次之。

3. 起病急骤,先有全身不适,寒战高热,口干溲赤。患肢持续剧痛,疼痛彻骨,1～2 日即不能活动,继则皮肤微红、微热、胖肿。成脓期,在患病后 3～4 周之间,局部焮红、胖肿,按之应指,全身高热持续不退。溃后,脓出淋漓不尽,不易收口而形成窦道,窦口周围常并发湿疮及色素沉着等。此时患处可触及骨骼粗大,高低不平,以探针探之,可触及粗糙的死骨。病情可迁延数年之久。由于病变部位常在四肢长骨,故患肢的活动功能影响不大,若累及关节,可造成残疾。

4. 血常规、血培养、脓液培养,CT、X 线、MRI 检查有助于本病的确诊。

【鉴别诊断】

1. 流注　好发于四肢、躯干肌肉丰厚的深部,并不附着筋骨,局部红肿热痛,成脓,常此处未愈他处又起。一般不损伤筋骨,也不造成残疾。病程较短,愈合亦快。

2. 流痰　好发于骨关节间,初起局部和全身症状不明显,化脓迟缓,半年至 1 年以上。溃后浓水清稀,每夹有败絮样物质,常造成残疾。

3. 骨肉瘤　多发于股骨下端和胫骨、肱骨上端。早期患部间歇性疼痛,很快转变成持续性疼痛。疼痛 2~3 个月后,患部可触及肿块,坚硬如石,高低不平,紧贴于骨,推之不移,周围肌肉发生萎缩。

【辨证论治】

附骨疽的治疗以清热化湿、行瘀通络为原则。强调早期治疗。

1. 湿热瘀阻证

证候:患肢疼痛彻骨,不能活动,继则局部胖肿,皮色不变,按之灼热,有明显的骨压痛和患肢叩击痛,伴寒战高热。舌质红,舌苔黄腻,脉数。

治法:清热化湿,行瘀通络。

方药:仙方活命饮合五神汤加减。常用金银花、赤芍药、皂角刺、当归尾、甘草、乳香、没药、天花粉、陈皮、防风、贝母、白芷、茯苓、牛膝、车前子、紫花地丁等。高热不退者,加黄连、黄柏、栀子清热解毒;神志不清者,加安宫牛黄丸凉血安神。

2. 热毒炽盛证

证候:起病 1~2 周后,高热持续不退,心烦,纳少,便秘,患肢胖肿疼痛剧烈,压痛明显,或有波动感,皮肤焮红灼热。舌质红,舌苔黄,脉洪数。

治法:清热化湿,和营托毒。

方药:黄连解毒汤合仙方活命饮加减。常用黄连、黄柏、栀子、皂角刺、当归尾、甘草、金银花、赤芍药、乳香、没药、天花粉、陈皮、防风、贝母、白芷等。

3. 脓毒蚀骨证

证候:溃后痛减热退,脓水淋漓不尽,久则形成窦道。患肢肌肉萎缩,可摸到粗大的骨骼,以探针检查可触到粗糙朽骨,难以脱出;可伴乏力、神疲、头晕、心悸或低热等。舌苔薄,脉濡细。

治法:调补气血,清化余毒。

方药:八珍汤加减。常用人参、白术、茯苓、甘草、当归、白芍、地黄、川芎、补骨脂、骨碎补、皂角刺等。

【外治】

1. 初起　用金黄散或玉露散加芒硝、凡士林开水调敷,保持湿润。患肢用夹板固定,以减少疼痛和防止病理性骨折。

2. 化脓　切开引流,采用钻孔引流术或开窗引流术,并用七三丹和八二丹药线引流,外敷金黄散。

3. 溃后　脓未尽者用九一丹,外敷金黄膏。脓尽用生肌散,白玉膏外贴。

4. 窦道已成者　用千金散或五五丹药线提脓祛腐,创口扩大后改用八二丹药线、太乙膏或红油膏盖贴,也可行手术清创术,若触及死骨松动者,小的死骨用镊子取出,大的死骨需切开取出。

【其他疗法】

1. 西医治疗　宜早期联合应用足量有效的抗生素控制感染。根据细菌培养和药物敏感试验结果来选择有效抗生素。

2. 支持疗法　根据病情可给予少量多次输血,补充维生素,维持水、电解质平衡。

3. 手术　对于窦道经久不愈,骨内脓肿形成。死骨较大不能排出者,根据情况选择单纯病灶清除术、病灶清除后带蒂肌瓣填充骨腔术、带血管蒂或吻合血管的骨皮瓣移植术等。

【预防护理】

1 预防　积极治疗原发病灶,加强锻炼,增强营养。防止外来伤害,手术时严格执行操作规程。

2. 护理　急性期患者,患肢必须采用夹板临时固定并抬高,以减少疼痛和防止病理性骨折、毒邪扩散。临床痊愈后,必须继续用药3～6个月,以防复发。忌食鱼腥发物及辛辣炙煿之品。

【结语】

本病多因湿热毒邪深窜筋骨使经络阻塞,血凝毒聚所致。以局部胖肿,附筋着骨,推之不移,疼痛彻骨,溃后脓水淋漓,不易收口,可形成窦道,损伤筋骨为临床特点。初期积极治疗可痛除肿消,成脓期应及早切开引流,后期正虚毒恋,则病程缠绵,日久不愈,应调补气血,清除余毒。辨证分为湿热瘀阻、热毒炽盛、脓毒蚀骨三型。发病与邪毒、湿热关系最为密切,故治则以清热化湿、行瘀通络为主,内治外治相结合,强调早期治疗。

第十节　瘰　疬

瘰疬是一种发生于颈部的慢性感染性疾病,因常结块成串,累累如贯珠,故名瘰疬。其小者为瘰,大者为疬。瘰疬之名始见于《灵枢·寒热》,俗称"疬子颈"或"老鼠疮"。其临床特点为好发于颈部及耳后,起病缓慢,初起结核如豆,皮色不变,不觉疼痛,以后逐渐增大,相互融合成串,成脓时皮色转为黯红,溃后脓水清稀,夹有败絮样物质,往往此愈彼溃,形成窦道。多见于儿童或青年女性。相当于西医学的颈部淋巴结结核。

【病因病机】

瘰疬的发病多由肝气郁结,脾失健运,痰湿内生,痰气互结于颈项;或阴虚火旺,灼津为痰,痰火结于颈项;或邪毒入侵,结于颈项而为病。热盛肉腐而成脓;溃后脓水淋漓,耗伤气血,经久难愈。

1. 肝气郁结,伤脾生痰　由于情志不畅,肝气郁结,横逆伤脾,脾失健运,痰湿内生,痰气互结,气血凝滞,结于颈项,而成本病。肝郁化火,或痰气郁久化热,热盛肉腐而成脓破溃成疮,脓出不畅,耗伤气血,渐为虚损之证。

2. 肺肾阴虚,灼津为痰　多先有肺肾阴虚或全身痨瘵之病,以致阴虚火旺,肺津不能输布,灼津为痰,痰火凝结而成本病。

3. 正气亏虚,邪毒入侵 素体正气亏虚之人,不御外邪,邪毒痨虫入侵,结于颈项,郁而生热,化腐酿脓,气血亏虚,脓水淋漓,久不收口。

西医学认为本病是由于结核杆菌侵入淋巴结引起的慢性炎症。结核杆菌大多经扁桃体、龋齿侵入,少数继发于肺和其他部位结核病变。

【诊断】

1. 临床表现 多见于儿童或青年女性,好发于颈侧及耳前后一侧或两侧,也有延及颌下、锁骨上窝及腋部,病程进展缓慢;发病前可有虚痨病史。

颈部结核初起如豆,或散在孤立,或成串状,较光滑,可移动,无疼痛。继则肿增,皮色渐红;成脓时可融合成块,皮色黯红,隐隐酸痛,肿块变软,与周围组织粘连;溃后脓液稀薄,夹有败絮样物质,疮口潜行,久不收口,易形成窦道。初起可无明显全身症状,后期可见颧红、低热、盗汗等全身症状。严重者可见消瘦、乏力、面色无华等虚损症状。

初期、中期、后期可同时出现。本病愈后可因体质虚弱或劳累过度而复发,尤以产后更为多见。若结核数年不溃,也无明显增大,推之可动,其病较轻;若初起结核累累,坚肿不移,融合成团,其病较重。

2. 实验室及辅助检查 脓液涂片检查可找到结核杆菌,结核菌素试验呈阳性;红细胞沉降率可增快。必要时可取活体组织检查以诊断。

【鉴别诊断】

1. 失荣 多见于中老年。生于耳前后及项间,初起结核形如堆栗,按之石硬,推之不移,生长迅速,溃破之后,疮面如石榴,血水淋漓。常由口腔、喉部、鼻部或其他组织器官的恶性肿瘤转移而来,多伴有头痛、鼻出血等症。

2. 臁核 可由头面、口腔或四肢等部位皮肤损伤染毒或生疮引起,一般单个,在颏颌部、颈部、腋部、胯腹部,结核如豆,边界清楚,起发迅速,压之疼痛明显,很少化脓破溃,一般无全身症状。

3. 颈痈 多发生于颈部,耳之前后,起病较快,消退亦快,或病情发展7天左右酿脓,易脓,易溃,易敛,全身可伴有高热。

【辨证论治】

瘰疬的治疗以扶正祛邪为总则;按初、中、后期辨证论治,尽量争取早期消散。

1. 气郁痰凝证

证候:多见于瘰疬初期,颈部结块大如豆粒,一个或数个不等,皮色不变,按之坚实,推之能动,不热不痛。无明显全身症状。舌质淡红,舌苔腻,脉弦滑。

治法:疏肝理气,化痰散结。

方药:逍遥散合二陈汤加减。常用柴胡、白芍药、当归、白术、茯苓、生姜、薄荷、陈皮、半夏、甘草等。口干口苦者,加栀子、黄芩清热;郁闷胁胀者,加川楝子理气止痛。

2. 热郁肉腐证

证候:肿块数月,逐渐长大融合,与皮肤粘连,皮色黯红,酸胀疼痛,按之应指。全身低热,盗汗,纳差。舌质红,舌苔黄,脉滑数或细数。

治法:滋阴降火,托毒透脓。

方药:增液汤合透脓散加减。常用生地黄、玄参、麦冬、黄芪、皂角刺、当归、川芎、

甘草等。红肿热痛明显者,加金银花、野菊花清热解毒;低热盗汗明显者,加银柴胡、胡黄连清虚热。

3. 阴虚火旺证

证候:颈部结核肿硬,或破溃流脓清稀,夹败絮样物质,日久不愈,周围皮色黯红。全身低热、盗汗、咳嗽或痰中带血丝,心烦失眠。舌质红,少苔,脉细数。

治则:滋阴降火。

方药:六味地黄丸合清骨散加减。常用熟地黄、山茱萸、山药、牡丹皮、茯苓、泽泻、银柴胡、鳖甲、炙甘草、秦艽、青蒿、地骨皮、胡黄连、知母等。疲乏无力者,加生黄芪、当归、太子参益气补血;咳嗽带血者,加百部、川贝母、白及止血润肺。

4. 气血两虚证

证候:多为疾病的后期,疮口流出少许清稀脓液,夹有败絮样物质,日久不愈。伴形体消瘦,精神倦怠,面色无华。舌淡嫩,苔薄,脉细。

治则:益气养血。

方药:香贝养荣汤加减。常用香附、贝母、人参、茯苓、陈皮、熟地、川芎、白芍、桔梗、甘草、生姜、大枣等。脓水不尽者,加生黄芪补气托毒。

【外治】

1. 初期　用阳和解凝膏或冲和膏掺黑退消贴肿块上,5~7天换药一次。

2. 中期　外敷冲和膏,如脓成未熟,改用千捶膏。脓成采用穿刺抽脓,冲洗;或切开引流。

3. 后期　溃后先用五五丹或七三丹,次用八二丹或九一丹药线引流,外敷红油膏。溃疡疮面用七三或八二丹外用,红油膏或冲和膏外敷。腐脱新生时改用生肌散、生肌白玉膏。外用生肌玉红膏纱条;腐肉已尽,新肉鲜红时,用生肌散或白玉膏。窦道深陷者,亦可用红升丹药线腐蚀5~7天,待管道壁腐蚀脱出后再按一般情况处理。疮口呈空腔,采用垫棉法;或窦道者,需扩创。

【其他疗法】

1. 抗结核治疗　常规联合使用异烟肼、乙胺丁醇、利福平等抗结核药物。注意联合、足量、达到疗程,并定期复查肝肾功能。

2. 中成药　内消瘰疬丸,每次4.5g,每日2次;小金丹,每次0.6g,每日2次。

3. 单验方　胡桃仁2个,冰糖少许,每日1剂;全蝎1g,胡桃仁12g,每日2次,口服。

4. 针刺疗法　直接刺入肿大淋巴结,配合膈俞、肝俞,每日1次,中等刺激。适应于初期。

5. 火针疗法　适应于结节期肿大的结核,亦可用于脓肿,或烙平高突的肉芽。将烧红之粗针,按0.5~1cm间距,深达肿块2/3处为度,快速斜刺入内,不留针,术后包扎固定。每2日实施1次。

6. 拔核疗法　瘰疬日久,不能内消,肿核小而浅,体质尚好者,用白降丹粉与米饭捣和,捏成绿豆大扁形,敷于肿核处,外盖太乙膏,每3日换药1次,约10日,即可将核拔出。白降丹有较强的刺激性,用时有剧痛,使用时必须严格掌握,对较大而深在并与周围组织有粘连者、年老体弱者、小儿等均不宜使用。

7. 手术治疗　根据不同情况,可采用手术切除、穿刺抽脓等方法。

【预防护理】

1. 预防 及早进行结核病的预防,发现后积极治疗。平时注意口腔卫生,预防和治疗龋齿。少食辛辣刺激之品。

2. 护理 保持心情舒畅,情绪稳定,避免过度喜怒忧思,节制房事,以免房劳过度耗伤肾阴,治疗期间要增强营养。脓水淋漓较多浸渍皮肤者,应及时换药,保持创周清洁。有皮肤过敏者,及时更换外用药或胶布。

【结语】

瘰疬的形成,多因人体正气亏虚,风火毒邪入侵,结于颈项;或肝气郁结,痰湿内生,结于颈项;或阴虚火旺,灼津为痰,痰火结于颈项所致。治疗总以扶正祛邪为原则,早期治疗可使肿块消散,成脓后宜及时切开排脓。辨证可分为气郁痰凝、热郁肉腐、阴虚火旺、气血两虚四型。强调内治与外治相结合。

第十一节 流 痰

流痰是发生在骨与关节部位的结核性感染性疾病。因其酿脓后可流窜于病变附近或较远的空隙处形成脓肿,破溃后脓液稀薄如痰,故名流痰,又因其后期可出现虚痨症状,故又有"骨痨"之称。其临床特点为好发于骨与关节,病程进展缓慢,初起不红不热,化脓亦迟,脓水清稀并夹有败絮样物质,溃后不易收口,易成窦道。常可损伤筋骨而致残,甚则危及生命。好发于儿童和青少年,80%～90%的患者年龄小于14岁,其中50%发生在5岁以内。流痰在古代文献中,多混于阴疽(无头疽)中论述,至清代《疡科心得集》才把它从流注、阴疽中区分开来,并称为"附骨痰"。因本病发病部位和形态不同,尚有许多名称。如发于胸背者叫龟背痰;发生于腰背,痰流于肾俞穴附近叫肾俞虚痰;发于髋关节部的叫环跳痰、缩脚隐痰;发于膝部叫鹤膝痰;发于足踝的叫穿拐痰;发于手指关节的叫蜣螂蛀等。其中发生在脊柱者最多,其次为下肢,上肢。本病相当于西医学的骨与关节结核。

【病因病机】

总因先天不足,肾亏髂空或房劳过度,肾精亏损,或跌仆损伤,气血失和,以致风寒湿邪乘虚侵入骨骼所致。

1. 肾亏髂空,外邪入侵 儿童多由先天禀赋不足,肾亏髂空,成人则因房劳过度,肾精亏虚,风寒湿邪乘虚入侵,结于骨骼,或日久化热酿脓。

2. 气血失和,外邪入侵 跌仆损伤或小儿强坐太早,气血失和,风寒湿邪乘虚入侵,结聚于骨骼,气血凝滞,郁久化热酿脓。

西医学认为本病为结核杆菌经血行进入骨与关节所致,或立即发病,或潜伏多年,当身体抵抗力降低时发病。

【诊断】

1. 好发于儿童和青少年。常有肺痨病史。

2. 病变部位以脊椎最多,其次为髋、膝、踝、肩、肘、腕、指等骨关节。

3. 临证分为初期、成脓、溃后三阶段。初起患处不红不肿,仅隐隐酸痛,继则患处关节活动障碍,动则痛甚,静则痛减,无明显全身症状。病变半年至1年后,患肢肌肉萎缩,患处明显肿胀,或皮肤微红,按之应指,全身低热,盗汗,朝轻暮重。破溃之后,疮口流脓清稀,夹有败絮样物,久则疮口凹陷,周围皮肤紫黯,易形成窦道,久不收口。全身可见神疲乏力,面色无华或颧红盗汗,咳嗽痰血,渐成骨痨,预后较差。

4. 血常规、红细胞沉降率、X 线摄片、脓液培养、CT、MRI、关节镜和活检等检查有助于明确诊断,了解病情。

【鉴别诊断】

1. 流注　发于肌肉丰厚之处,无固定部位,随处可生,大多为多发,起病较快,疼痛较轻,成脓较快,溃后容易愈合。

2. 历节风(类风湿性关节炎)　虽也发于关节,日久亦可出现肌肉萎缩,关节变形,但多见于成年人,初起即有寒热,汗出,关节灼热剧痛,痛无定处,并不化脓,病变关节常左右对称,甚则遍及全身关节。类风湿因子检查阳性,有助于诊断。

3. 骨肉瘤　多见于 10～25 岁青少年,多见于膝关节上下方或肩关节下方。初起隐隐酸痛,继则掣痛难忍。2～3 个月后可触及坚硬如石,高低不平,推之不移的肿块,往往皮肤紫褐,表面可见静脉怒张。X 线、CT 检查对诊断有重要意义。确诊须穿刺或手术活检。

【辨证论治】

初期多无全身症状,关节漫肿酸痛,呈典型阴证,以温阳散寒、化痰散结为治则;中期多见阴虚内热之象,以养阴清热,托毒生肌为治则;后期气血不足、肝肾亏虚,则以培补肝肾、补益气血为主。

1. 阳虚寒凝证

证候:初起病变关节不红不热,也不肿胀,仅隐隐酸痛,继则患处关节活动障碍,动则痛甚。无明显全身症状。舌质淡,舌苔薄,脉濡细。

治法:温阳补肾,散寒化痰。

方药:阳和汤加减。常用麻黄、熟地黄、白芥子(炒研)、炮姜炭、甘草、肉桂、鹿角胶。疼痛甚者,加乳香、没药活血止痛;关节活动不便者,加羌活、独活、伸筋草祛风通络。

2. 阴虚内热证

证候:数月后,在原发和继发部位渐渐漫肿,疼痛加重,皮色微红按之应指,形成脓肿。伴午后潮热,颧红,夜寐盗汗,口燥咽干,食欲减退,或咳嗽痰血。舌质红,少苔,脉细数。

治法:养阴清热,托毒透脓。

方药:六味地黄丸、清骨散合透脓散加减。常用熟地黄、山茱萸、山药、牡丹皮、茯苓、泽泻、银柴胡、鳖甲、炙甘草、秦艽、青蒿、地骨皮、胡黄连、知母、当归、生黄芪、川芎、皂角刺。

3. 肝肾亏虚证

证候:见于溃后期,溃脓后疮口排出稀薄脓液,或夹有败絮样物质,形成窦道;若病在四肢关节,则患肢肌肉萎缩、畸形;病在颈、胸、腰椎者,则强直不遂甚或下肢瘫痪不用,小便潴留或失禁。形体消瘦,畏寒,心悸,失眠,自汗盗汗。舌质红,舌苔白,脉细数或虚数。

治法:培补肝肾,补益气血。

方药:左归丸合香贝养荣汤加减。常用香附、贝母、党参、茯苓、陈皮、熟地、川芎、桔梗、甘草、生姜、大枣、山药、山茱萸、菟丝子、枸杞、牛膝、鹿角胶、龟甲胶。盗汗者，加黄芪、浮小麦、牡蛎(先煎)、龙骨(先煎)。若咳嗽痰血者，加白及、百部止血润肺。

【外治】

1. 初期　用回阳玉龙膏外敷，或阳和解凝膏掺桂麝散或黑退消盖贴。

2. 成脓期　可穿刺抽脓，或切开排脓，切口要足够大，以脓液畅泄为度。

3. 溃后期　宜先用五五丹或七三丹提脓拔毒祛腐，或用药捻引流提脓祛腐(药线尤适宜于疮口过小，脓出不畅或已形成窦道者)。若已形成窦道宜用五五丹或千金散黏附或裹捻药条、药线，插入疮孔窦道蚀管。脓尽时改用生肌散或八宝丹收口。

【其他疗法】

1. 抗结核药　常规联合应用异烟肼、利福平、乙胺丁醇等抗结核药物，早期患者可用抗结核药进行关节腔内注射、冲洗。注意联合、足量、达到疗程治疗，并定期复查肝肾功能。

2. 中成药　小金丹，每次0.6g，每日2次，口服，儿童减半。芩部丹，每日3次，每次4片，口服，儿童减半。

3. 针灸疗法　临床多用灸法，可直接灸，也可隔姜、蒜灸。病变在脊柱者亦可灸百会穴及病变两旁各1寸半之相应穴位，以培补督脉，疏通气机。

4. 手术　根据不同情况，可采用病灶清除术或关节融合术。

【预防护理】

1. 预防　婴儿要按时接种卡介苗，预防结核病。养成良好的个人卫生习惯，不随地吐痰。注意饮食营养，加强体育锻炼，增强抗病能力。

2. 护理　发于胸、腰椎、髋关节等部位者，均需睡木板床；发生于肘、膝、指部者，应用夹板固定，限制其活动；全身症状未控制时均应绝对卧床休息。关节制动不宜过久，以防引起骨质疏松、肌肉萎缩或关节强直。忌食辛辣、烟酒等腥臊刺激食物。若并发瘫痪者，应经常帮助其变换体位和擦浴，预防褥疮发生。

【结语】

流痰多由先天不足、房劳过度，或跌仆损伤，复感风寒湿邪，或痰浊内生，留滞筋骨关节，气血凝滞，经络阻塞而致病。正虚是发病之根本，外邪和损伤是常见诱因；先天不足、后天失养、肾虚髓空是病之本，风寒湿邪侵袭、气血不和、痰浊凝聚是病之标。治疗时各阶段都要以补肾扶正为重，初期要散寒化痰，脓成时要排脓托毒。辨证常分为阳虚寒凝、阴虚内热、肝肾亏虚三型。宜内治与外治相结合。强调早期治疗，以图消散。

第十二节　走黄和内陷

走黄和内陷为疮疡疾病过程中，因火毒炽盛，或正气不足，导致毒邪走散，内攻脏腑引起的危急重证，是严重的全身性化脓性外科疾患。相当于西医学的全身性感染。在全身性感染中习惯的几个用词是"毒血症"、"菌血症"、"脓血症"、"败血症"、"脓毒症"，目前将败血症和菌血症统称为血流感染。继发于疔疮的称为走黄；因疽毒或疔疮以外的其他疮疡引起的称为内陷。

"疔疮走黄"始于明代的《疮疡经验全书·疔疮》，"内陷"之名则首见于《温热经纬》。高秉钧《疡科心得集·辨脑疽对口论》又有三陷之说:"三陷变局,谓之火陷、干陷、虚陷也。"走黄与内陷由于原发病种不同,病因病机的区别,证治上亦有区别,故分别论述。

一、走黄

走黄是疔疮火毒炽盛,早期失治,毒势未能及时控制,毒邪走散,毒入血分,内攻脏腑而引起的一种全身性危急重证。又名癀走。《疮疡经验全书·疔疮》云:"疔疮初生时红软温和,忽然顶陷黑,谓之癀走",其特点是疮顶忽然陷黑无脓,肿势迅速扩散,伴见高热烦躁,甚则神昏谵语等症。凡是疔疮,均可发展为走黄,然颜面部疔疮因其所生之处经脉众多,又头为诸阳之会;烂疔因其病势急暴凶险,故尤易发生走黄。

【病因病机】

走黄的发生主要在于火毒炽盛。生疔之后,早期失治,毒势不得控制;或因挤压碰伤,过早切开,造成毒邪扩散;或因误食辛热及酒肉鱼腥等发物,或因艾灸疮头等,更增火毒,促使火毒鸱张,疔毒走散,毒入血分,内攻脏腑,而成走黄之病。

【诊断】

1. 多有疔疮病史,如发于颜面部疔疮。原发病灶处忽然疮顶陷黑无脓,肿势弥漫,迅速向周围扩散,皮色黯红,麻木疼痛。可出现寒战高热,头痛,烦躁不安,甚则神昏谵语。舌质红,舌苔黄,脉洪数。或伴有恶心呕吐,口渴喜饮,便秘腹胀或腹泻等全身症状。

2. 血常规检查、脓液培养及血培养和药敏试验可帮助诊断,判断病情。

【辨证论治】

走黄乃热毒炽盛、正不胜邪之危急重证,治宜重用清热解毒凉血之剂以迅速折其病势。

毒盛入血证

证候:原发病灶处忽然疮顶陷黑无脓,肿势弥漫,迅速向周围扩散,边界不清,皮色转为黯红。全身有寒战,高热(多数在39℃以上),头痛,烦躁,四肢酸软无力,甚则神昏谵语,神志模糊。舌质红,舌苔黄,脉洪数或弦滑数。或伴见七恶证。

治法:凉血清热解毒

方药:五味消毒饮、黄连解毒汤、犀角地黄汤三方合并加减,常用金银花、蒲公英、紫花地丁、天葵子、野菊花、黄连、黄芩、黄柏、栀子、水牛角、生地黄、牡丹皮、赤芍药等。壮热不退,神识昏糊者,加紫雪丹,或安宫牛黄丸以清营凉血,解毒开窍;大便秘结者,加生大黄、元明粉泻热通便;痉厥抽搐者,加水牛角、钩藤镇惊息风。

【外治】

疮顶陷黑处用八二丹掺布,盖以金黄膏,四周用金黄散或玉露散凡士林冷开水调敷以箍围聚毒,敷药范围尽量大于肿胀范围。

【其他疗法】

1. 抗生素　可先根据原发感染灶的性质及早足量联合应用估计有效的2种抗生素。再根据细菌培养及抗生素敏感试验结果,指导选用抗菌药物。

2. 支持疗法　补液并维持水电解质平衡,补充维生素,必要时给予少量多次输全血或血浆。有感染性休克血压下降时,加用升压药物,或在大剂量使用抗生素的同时使用糖皮质激素。

【预防护理】

1. 预防　凡生疔疮,严禁挤压、碰伤、艾灸及早期切开;忌食辛辣食物和辛温药物;忌房事和过度劳累。

2. 护理　本病按重病护理,绝对卧床休息。壮热无汗者,勿袒露胸腹和当风受凉;高热不退者,可配合头部冰帽降温。忌食辛辣、酒及荤腥之品,忌服辛热药物;宜流质或半流质饮食。局部换药应引流通畅,切忌挤压。

二、内陷

病案分析

病案:秦某,男,74 岁,因"项后部结块肿痛 10 天"入院。患者 10 日前项后部出现结块肿痛,曾于外院行切开扩创术,术后病情不缓,肿势进一步扩大。入院时患者低热,嗜睡,纳呆,项后结块范围约 20cm×20cm,疮形平塌,肿势散漫,皮色紫滞,有脓头 30 余枚,中有一扩创口约 4cm×4cm,疮内脓腐量多。舌质红,苔薄黄腻,中剥,脉濡细。血常规:WBC:24×10^9/L,N:92%。血糖8.6mmol/L。

分析:患者痈肿有早期切开扩创手术史,结合局部症状以及全身表现、血常规检查,可初步诊断为疽毒内陷。本病因年迈体弱,正气亏虚,加之过早切开,正不胜邪,以致邪陷入里,内传脏腑。证属虚陷证,治拟益气养阴,清热托毒。

问题:本例患者应如何辨证立法用药? 用药时应如何结合患者年龄特点进行治疗? 目前可否再行切开排脓术? 本病预后如何?

内陷为疮疡阳证过程中,因正气亏虚,正不胜邪,毒不外泄,反陷入里,客于营血,内传脏腑的一种危急重证。其临床特点是肿疡疮顶忽然内陷,或溃疡脓腐未净忽然干枯无脓,或脓净红活的疮面忽变光白板亮,同时伴邪盛热极或正虚邪盛或阴阳两竭的全身证候。

根据病变不同阶段和临床表现分为三陷证:发于有头疽 1~2 候毒盛期的称火陷证;发于 2~3 候溃脓期的称干陷证;发于 4 候收口期的称虚陷证。

【病因病机】

内陷的发生在于正气亏虚,火毒炽盛,加之治疗失时或不当,以致正不胜邪,反陷入里,客于营血,内犯脏腑而成。火陷,由于阴液不足,火毒炽盛,复因挤压疮口,或治疗不当或失时,以致正不胜邪,毒邪客于营血,内犯脏腑而成。干陷,由于气血两亏,正不胜邪,不能酿化为脓,载毒外泄,以致正愈虚,毒愈盛,从而形成内闭外脱。虚陷,毒邪虽已衰退,而气血大伤,脾气不复,肾阳亦衰,导致生化乏源,阴阳两竭,从而余邪走窜入营。

【诊断】

1. 多见于年老体弱或伴有消渴病患者。

2. 多发于项、背部范围较大之有头疽。

3. 可发生于疽证初起、成脓、溃后各个阶段。疮顶不高或陷下,肿势平塌,散漫不聚,疮色紫滞或晦黯;创面脓少或干枯无脓,或脓水灰薄或带绿色,或腐肉虽脱而创面忽变光白板亮,新肉不生,局部灼热剧痛或不痛。全身症状有寒战高热,或体温不升,头痛烦躁,或精神不振,甚至神昏谵语,气粗喘急;或气息低微,胸闷胸痛,咳嗽痰血,恶心呕吐,腹胀腹痛,便秘或泄泻,汗多肢冷,或惊厥,或黄疸等。

4. 血常规、血糖、尿糖检查,脓液培养、血培养加药敏试验可协助诊断,了解病情。

【辨证论治】

内陷属正虚邪盛之证,治疗宜扶正祛邪,攻补兼施。

1. 阴虚热盛证

证候:多发生于疽证 1～2 候的毒盛期。局部疮顶不高,根盘散漫,疮色紫滞,疮口干枯无脓,灼热剧痛。全身出现壮热口渴,便秘溲赤,烦躁不安,甚则神昏谵语。舌质红绛,舌苔黄腻或黄糙,脉洪数或弦数。

治法:凉血清热解毒,养阴清心开窍。

方药:清营汤合黄连解毒汤加减。常用水牛角、生地黄、玄参、竹叶、金银花、连翘、黄连、丹参、麦冬、黄芩、黄柏、栀子等。神昏谵语者,加服安宫牛黄丸清热开窍。

2. 正虚邪盛证

证候:多发生于疽证 2～3 候溃脓期。局部脓腐,脓少而薄,疮色灰黯,肿势平塌,散漫不聚,微痛不适。全身发热或恶寒,神疲食少,自汗,或神昏谵语,气息粗促;或体温反而不高,肢冷便溏,小便频数。舌质淡,舌苔灰腻,脉沉细或细数。

治法:补益气血,托毒透邪,清心安神。

方药:托里消毒散加减。常用人参、黄芪、当归、川芎、白芍药、皂角刺、桔梗、金银花、连翘、白芷等。神昏谵语者,加服安宫牛黄丸清热开窍;惊厥抽搐者,加龙骨、钩藤镇惊息风;肢冷便溏,体温不升者,加附子、肉桂温阳救逆。

3. 脾肾阳衰证

证候:多发生于疽证 4 候收口期。局部肿势已退,疮口腐肉将尽,而脓水稀薄色灰,或带绿色,新肉不生,状如镜面,光白板亮,不知疼痛。全身畏寒,形神委顿,纳食日减,或腹痛便溏,自汗肢冷,气息低促,甚则昏迷厥脱。舌质淡,舌苔薄白或无苔,脉沉细或虚大无力。

治法:温补脾肾。

方药:附子理中汤加减。常用附子、人参、干姜、白术、甘草等。自汗肢冷者,加肉桂温肾助阳;昏迷厥脱者,加大剂量西洋参兑服直补元阳。

4. 阴伤胃败证

证候:多发生于疽证 4 候收口期。局部肿势已退,疮口腐肉已尽,而脓水稀薄色灰,或带绿色,新肉不生,状如镜面,光白板亮,不知疼痛。全身虚热不退,盗汗,口舌生糜,纳少口干。舌质红绛,舌光如镜,脉细数。

治法:养阴生津益胃。

方药:益胃汤加减。常用人参、麦冬、生地黄、玉竹、冰糖等。口干甚者,加天花粉、葛根生津止渴;神疲纳呆者,加怀山药、神曲、党参健脾养胃。

【外治】

1. 初期　宜用金黄散加凡士林温开水调敷疮疡四周。

2. 溃脓　宜先用五五丹或三七丹纱条引流,后用九一丹纱条引流。脓出不畅者可行"十"字或"井"字切开引流,疮疡四周外敷金黄散。

3. 后期 脓水已尽,疮面光亮者宜用生肌散掺布;皮肉不能愈合者,用垫棉法加压包扎。

【其他疗法】

1. 早期应宜联合使用大剂量广谱抗生素。

2. 补液,维持水、电解质平衡及对症处理。必要时少量多次输全血或血浆。

3. 在使用大剂量抗生素的前提下可短期使用糖皮质激素。

【预防护理】

参照"走黄"。

【结语】

走黄是疔疮火毒炽盛,早期失治误治,毒势未能及时控制,毒邪走散,深入血分,内攻脏腑而引起的一种全身性危急重证。治疗时须中西医结合综合救治。中药内服宜急投重剂清热凉血解毒之品,直折其势,并随证加减。西药宜选用敏感的抗生素,提倡大剂量联合用药,并采用支持疗法。外治主要是处理原发病灶。内陷为疮疡阳证疾患过程中,因正气亏虚,正不胜邪,火毒炽盛,导致毒不外泄,反陷入里,客于营血,内传脏腑的一种危急重证,根本原因在于正气亏虚。根据正气亏虚及正邪偏盛偏衰之不同,临床上分为三陷证:火陷证、干陷证、虚陷证。其治法分别为凉血清热解毒,养阴清心开窍;补益气血,托毒透邪,清心安神;温补脾胃;养阴生津益胃。具体选方处药时宜辨证施治,因人因病加减。

第十三节 褥 疮

褥疮是一种因长期卧床,躯体长期受压或摩擦,导致皮肤破损而形成的难愈性溃疡。亦称席疮。好发于背脊、尾骶、足跟、肩胛等骨骼突出,容易受压和摩擦部位,皮肤破损,创口经久不愈。西医学亦称褥疮。

【病因病机】

总因久卧伤气,气虚血瘀,气血运行不畅,肌肤失养;加之局部长期受压摩擦,日久缺血坏死或染毒破溃成疮。

【诊断】

1. 本病多见于久病重病长期卧床患者,如外伤性瘫痪、中风后遗症等,或长时期昏迷的患者。

2. 好发于背脊、尾骶、足跟、肩胛等骨骼突出、容易受压和摩擦的部位。

3. 初期(红斑期),局部受压出现红斑,初起为黯红色,逐渐变为黯紫;中期(水疱期),局部出现水疱或皮损,皮下组织肿胀,出现硬结;后期(溃疡期),局部受压部位变为黯褐色坏死皮肤,继则溃烂渗出少许脓液,疮面逐渐扩大,久不收口。

4. 疮面脓液细菌培养和药敏试验、血常规检查等有助于指导用药。

【辨证论治】

按局部创面和脓腐情况并结合全身症状,本病又分成气滞血瘀、蕴毒腐溃、气血亏虚三型进行辨证论治。

1. 气滞血瘀证

证候:局部皮肤出现褐色红斑,继而紫黯红肿或有破损。舌质淡,边有瘀紫,舌苔薄白,脉细。

治法:理气活血。

方药:血府逐瘀汤加减。常用当归、生地黄、桃仁、红花、赤芍药、枳壳、柴胡、川芎、桔梗、牛膝等。久卧气虚明显者,加党参、黄芪补气。局部红肿明显者,加金银花、黄柏清热解毒。

2. 蕴毒腐溃证

证候:褥疮溃烂,复感邪毒,腐肉及脓水较多,或有恶臭,重者溃烂可深及筋骨。伴有发热或低热,口苦口干,神疲乏力。舌质红,舌苔黄腻,脉细数。

治法:托毒排脓。

方药:透脓散加减。常用黄芪、当归、皂角刺、川芎等。局部红肿者加金银花、地丁草清热解毒;胃纳不佳者,加党参、白术、山药健脾益气。

3. 气血亏虚证

证候:疮口腐肉难脱,或腐肉虽脱,新肉不生,色淡不鲜,愈合迟缓。面白少华,神疲乏力。舌质淡,舌苔少,脉沉细无力。

治法:补益气血,托毒生肌。

方药:托里消毒散加减。常用党参、黄芪、川芎、当归、白芍药、白术、金银花、茯苓、白芷、皂角刺、桔梗、甘草等。神疲纳差者,加怀山药、神曲、鸡内金健脾开胃。

【外治】

本病以外治为主。

1. 初期　皮肤潮红者,解除局部压迫,按摩局部,外搽活血药物如红花酊;或外扑三石散或滑石粉。

2. 破溃后　形成溃疡时,宜用九一丹或八二丹外扑,外盖红油膏纱布,若有坏死组织,可适当剪除,或用少许红升丹掺布。

3. 收口期　腐肉已尽,疮面干净者用白玉膏掺生肌散外敷,每日1次。

【其他疗法】

1. 感染明显,脓性分泌物较多者,可根据分泌物细菌培养结果选择有效的抗生素。

2. 全身营养状况较差者,静脉营养支持疗法或补充血液制品。

3. 疮面局限可配合物理治疗。

【预防护理】

1. 预防　本病重在预防。对截瘫、中风、大面积烧伤、重病久病卧床不起者,应加强受压部位的皮肤护理,定时翻身,皮肤洗浴,局部按摩,注意保持皮肤清洁及干燥。局部定期红外线照射,使用气垫或海绵垫等,促进受压部位的气血流通,避免长期受压而造成破损与缺血坏死。

2. 护理　褥疮早期局部出现红斑者,宜及时解除局部压迫,定期更换体位并用红花酊擦揉局部,每日3~4次。中后期出现水疱者,可在局部严格消毒后,用无菌注射器将水疱内渗出液抽出,暴露创面或用红外线照射促进干燥结痂。分泌物多者,选用双黄连溶液湿敷;分泌物少者,可用黄连油膏纱布外盖。溃疡经久不愈者,可加艾灸,并用生肌散外敷,促进生肌长肉。

【结语】

褥疮是一种因长期卧床,躯体长期受压或摩擦,导致皮肤破损而形成的难愈性溃疡。因久卧伤气,血行不畅而致气虚血瘀,肌肤失养。诊断不难,辨证亦易,本病多以局部症状为主,辨清创面深度,辨溃疡颜色,腐肉有无有助于判断病程。全身情况的好坏,与本病预后密切相关。本病宜内外治相结合。

第十四节 窦 道

病案分析

病案:患者,女,58岁。胸壁手术切口处反复溃破疮面不敛3年6个月。患者因冠心病、心梗于2011年10月21某医院行冠状动脉搭桥手术,术后2个月原切口处疼痛,出脓,脓水较多,在某医院行清创术,术后3周,局部脓腐尽后缝合,但缝合处始终有脓水流出,疮面始终未敛。2013年3月在外院行扩创术,切除4根肋骨,并在上腹部取皮植于胸部,至6月创面愈合出院,2013年8月局部复溃,局部疼痛,神疲乏力,面色不华,口稍干,胃纳欠馨,夜寐欠安,二便调。检查: 胸壁剑突偏左侧有一米粒大小溃口,有胬肉突出,脓出不多,质地稀薄,用球头丝状探针探查,垂直向下深约2cm,触痛明显。舌质淡,舌苔薄黄腻,边有齿痕,脉细弦。否认糖尿病、肺结核病史。

分析:该患者冠状动脉搭桥手术后胸壁手术切口处局部反复溃破流脓,脓液稀薄,胬肉突出。伴局部疼痛,触痛明显,神疲乏力,口稍干,胃纳欠馨,夜寐欠安。舌苔薄黄腻,舌质淡,边有齿痕,脉细弦。当诊断为窦道(气血两虚,邪毒留恋证)。治疗当内外合治。

问题:对本例患者还应具体做哪些影像学检查? 该病例常用外治法及适应证有哪些? 该病例辨证后如何进行内治?

窦道是指一种由深部组织通向体表,只有外口而无内口相通的病理性盲管。古代文献中称之为"漏"。其临床特点是局部疮口,脓水淋漓不尽,病程经过缓慢,较难愈合,或愈合后易复溃,一般不与内脏有腔脏器相通。

【病因病机】

总因身体虚弱、正气不足,加之疮疡部位深陷,引流不畅,或手术创伤、异物残留,致毒邪藏而不出或复感毒邪,邪毒滞留为患。

1. 手术创伤染毒 手术伤口处理不当,邪毒入侵或异物残留,经络阻塞,气血凝滞,邪毒瘀滞,化为腐肉,留恋不去,终成窦道。

2. 毒泄不畅 疮疡部位深陷,或有袋脓,引流不畅,邪毒留恋不去,日久酿脓化腐,形成窦道。

3. 正虚邪恋 素体正气亏虚,气血不足或阴虚火旺,又罹患疮疡,正不胜邪,邪毒日久不去,酿脓化腐,形成窦道。

西医学认为本病病因有手术创伤、异物残留或坏死组织继发感染,脓肿穿破或切开后引流不畅,特异性感染(结核杆菌)等。

【诊断】

1. 多见于素体气血亏虚者,患病前常有患部疮疡或手术史。

2. 局部有一小疮口,常有脓性分泌物流出,疮口疼痛不剧,疮周皮肤可呈潮红、丘疹、糜烂等湿疹样改变。一般无全身症状。有时外口暂时闭合,脓液引流不畅,可引起红肿热痛,或伴有轻度发热等症。有时疮口中可有手术丝线、死骨片等异物排出。窦道形态多样,多为细而狭长。部分患者因反复溃破,数年不愈,则疮周皮色紫黯,疮口胬肉突起。

3. 可用球头丝状探针缓慢探入窦道,以探查窦道的走向和深浅。用40%碘油注入窦道口,行X线或CT、MRI窦道造影,可以了解窦道的长度、形态,以及和邻近组织器官的关系。血常规、结核菌素试验、脓液细菌培养加药敏试验等检查有助于明确病情,指导治疗。

【鉴别诊断】

瘘管　是一个病理性通管,既有外口开口于皮肤或黏膜,又有内口通向深部空腔、器官或皮肤黏膜,漏管内壁伴有慢性炎症的肉芽组织,其外周被坚硬的纤维组织包裹。

【辨证论治】

窦道属于虚实夹杂、本虚标实之证。故治疗应当标本兼顾,内外兼治。内治以扶正托毒为原则。

1. 气血两虚,邪毒留恋

证候:患者手术后或疮疡后期,创口黯淡难愈,脓水淋漓不尽;或疮口胬肉高突,有时局部可有轻微肿痛、焮热。或面白少华,头晕倦怠,不欲饮食,少气懒言。舌质淡,舌苔薄白,脉细弱。

治法:益气补血,托毒生肌。

方药:八珍汤合四妙汤加减。常用人参、白术、茯苓、甘草、当归、白芍药、熟地黄、川芎、生黄芪、金银花。脓出不畅者,加皂角刺、白芷托毒排脓;食欲不振者,加山药、薏苡仁健脾和胃。

2. 阴虚火旺,邪毒留恋

证候:患者素体阴虚,或罹患痨病,疮疡缠绵难愈或术后伤口日久不愈,渐成窦道,疮口黯淡,脓水清稀。面色潮红,夜寐盗汗,低热烦躁。舌质红,少苔,脉细数。

治法:养阴生津,托毒生肌。

方药:大补阴丸合透脓散加减。常用黄柏、知母、熟地黄、龟甲、生黄芪、皂角刺、当归、川芎。盗汗明显者,加鳖甲、银柴胡潜阳清虚热;口干欲饮者,加生地黄、芦根养阴生津。

3. 脾肾虚寒,邪毒留恋

证候:患者素体阳气不足,局部开始漫肿无头,酸痛无热,皮色不变,日久溃腐成漏,脓液清稀量少,有腥臭味,或夹有败絮样物,畏寒肢冷,腰膝酸软,食少纳呆。舌质淡,舌苔薄白,脉沉细无力或沉迟。

治法:温肾健脾,托毒生肌。

方药:阳和汤合透脓散加减。常用熟地黄、白芥子(炒研)、鹿角胶、肉桂、炮姜、麻黄、生黄芪、皂角刺、当归、川芎、甘草。食少纳呆者,加白术、山药健脾和胃;畏寒肢冷,阳痿不举者,加仙茅、淫羊藿温肾助阳。

4. 气血两虚证

证候:疮口色淡,肉色灰白,脓水清稀淋漓,经久不愈,新肌不生。伴面色㿠白,神倦乏力,食少懒言。舌质淡,舌苔白,脉沉细。

治法:补益气血,托里生肌。

方药:十全大补汤加减。常用人参、白术、茯苓、甘草、当归、白芍、熟地黄、川芎、生黄芪、肉桂、山药。

【外治】

局部治疗总以提毒去腐，化瘀生肌为原则。注意根据不同病变部位选择不同外治法。

1. 初起　先用五五丹或千金散药线引流蚀管，红油膏或太乙膏盖贴。有丝线、死骨等异物时，应及时取出。

2. 中期　待脓液由多转少时，可改用八二丹或九一丹药线引流，红油膏或太乙膏盖贴。

3. 后期　1～2周后腐净，创口流出黏液稠水时，改用生肌散药线引流收口，外盖红油膏。

4. 扩创引流　适用于脓液引流不畅时，用其他方法无效，窦道所在部位也允许行扩创手术者。注意清除死骨或线结异物，并使创腔底小口大，呈漏斗状。如外口闭合，则可行切开扩创引流。

5. 垫棉压迫疗法　窦道及疮口部位用棉垫数层、阔绷带加压缠缚，促进窦道愈合。项部加用四头带，腹部加用腹带，会阴部加用丁字带。创口愈合后应继续压迫2周，以巩固疗效，防止复发。

6. 病程日久，上述治疗无效者，必要时行窦道切除术。

【其他疗法】

1. 抗生素　必要时应使用有效抗生素治疗。若为结核性窦道，应根据全身情况配合使用抗结核药物系统治疗，局部可考虑用链霉素纱条换药。

2. 拔罐疗法　在常规治疗基础上配合火罐疗法，选用适当的玻璃罐，用闪火法，将罐口对准窦道口拔吸，若吸出脓液较多，可清洗灌后再拔，有新鲜血液流出则可起罐。

3. 滴灌疗法　适用于分支较多，管道狭长或走向弯曲，管道狭长或外端狭小或内端膨大成腔的窦道，药线无法引流到位，又不宜扩创者。用输液针头胶管插入窦道，接注射器缓慢注入拔毒祛腐或生肌收口药液注入。对创腔较深者，可将药液经盐水瓶加压滴入管腔。

4. 搔爬术　用刮匙或其他器械伸进窦道基底部，沿着管壁自深而浅，变化方向进行搔爬，达到刮除水肿肉芽及腐肉的目的，连续应用数日，每日1次或数日1次，直到窦道内肉芽新鲜，分泌物由多至少到无为止。

【预防护理】

1. 预防　外科手术时，应规范操作，防止异物残留和缝合时留有死腔。一旦发现有异物或缝线脱落应及时清除。患有慢性溃疡应及时治疗，以免溃脓过深形成窦道。皮肤不明原因出现结节，漫肿无头，酸痛无热时，应进行结核菌素试验等相关检查，若发现为结核性结节，应予积极治疗。

2. 护理　注意保持疮口清洁，及时换药，尽量避免受伤部位长期受重压，保证局部足够血液循环。有皮肤过敏时，及时更换外用药或敷料。忌食辛辣炙煿之品，注意休息，避免着凉。

【结语】

窦道主要是因为素体气血不足或阴虚火旺，加之手术创伤、异物残留或患疮疡、毒邪内结,滞留日久而成。往往病程缠绵,日久不愈。根据病因和症状,辨证常分为:气血两虚,邪毒留恋证;阴虚火旺,邪毒留恋证;脾肾虚寒,邪毒留恋证三型。治疗以扶正托毒为总则,内治外治结合。强调正气要充足,邪毒要排尽,新肉方能生,窦道才能痊愈。

(阙发华　周青　邓燕　杨德群　许鹏光)

复习思考题

1. 疖与痈的鉴别诊断要点?

2. 颜面部疔疮易成走黄的原因及治疗方法是什么?

3. 手足部疔疮的分类及临床特点? 脓成后如何切开排脓?

4. 疫疔的病因病理及预防措施是什么?

5. 体表痈与有头疽如何鉴别?

6. 试述颈痈、锁喉痈、臀痈的异同。

7. 有头疽的病因病机是什么?

8. 有头疽与暑疖、痈、颜面部疔疮的内治法则有何异同?

9. 髂窝流注与环跳疽、髋关节流痰的鉴别要点是什么?

10. 丹毒发生的部位不同,在治疗上有何不同?

11. 发颐和痄腮、颈痈的鉴别要点是什么?

12. 附骨疽如何辨证论治?

13. 瘰疬切开排脓的时机如何选择及注意事项有哪些?

14. 流痰的临床特点和辨治原则有哪些?

15. 什么是走黄和内陷? 其各自临床特点如何?

16. 走黄的内治法及代表方是什么?

17. 三陷的辨证要点和治疗大法是什么?

18. 褥疮该如何预防?

19. 褥疮的外治方法有哪些?

20. 窦道的主要病因有哪些?

第七章

乳房疾病

学习目的

通过对乳房解剖及生理特点的回顾,进一步认识乳房疾病的发生与肝、胃、肾脏及相应经脉和冲任两脉的密切关系。正确应用乳房部的体格检查方法。掌握乳房疾病辨证论治的要点,熟悉药物外治、手术及其他外治方法。

学习要点

乳房与脏腑经络关系;乳房部的体格检查。

发生在乳房部位的疾病统称为乳房疾病。发病人群以女性为主,少数为男性。《素问·上古天真论》和《灵枢·经脉》首次阐述了与乳房相关的经络、生理病理,汉代开始有诊治乳房疾病的记载。乳房疾病对女性的健康影响很大,《妇科玉尺·妇女杂病》曰:"妇女之疾,关系最钜者,则莫如乳"。本章主要讨论乳痈、粉刺性乳痈、乳痨、乳漏、乳癖、乳疬、乳核、乳衄、乳岩。

【解剖生理】

成年女性的乳房一般位于胸前第 2~6 肋骨之间浅筋膜的浅、深层之间。内侧缘达胸骨旁,外侧缘达腋前线。乳房外上有部分乳腺组织延伸到腋窝,称为乳腺的腋尾部(称为 Spence 腋尾)。乳头在乳房前方中央突起,乳头周围的色素沉着较深的皮肤环形区称乳晕,多为圆形,直径 3.5~5cm,乳晕区有许多呈小圆形凸起的称为乳晕腺。乳房双侧基本对称。泌乳期的乳房可增大 1 倍左右,已哺乳的乳房趋于下垂而稍扁平,年老妇女乳腺萎缩,乳房体积缩小而松软。

乳房主要是由乳腺、脂肪及结缔组织构成。乳腺被脂肪组织和致密结缔组织分为15~20 个叶,名为乳腺叶。每一个腺叶又分为若干个小叶,名为乳腺小叶,是构成乳腺的基本单位。腺叶间、小叶间和腺泡间有结缔组织间隔。在乳腺小叶间垂直走行并互相连成网状的纤维组织束称为乳腺悬韧带,又称库柏(Cooper)韧带,在解剖上起着固定乳腺于皮肤上的作用,使乳房既在皮下有一定的活动度,于直立时乳房又不致明显下垂。各小叶内的腺管逐渐汇集成腺叶内乳管,每一腺叶有一汇总的大乳管(又称输乳管),以乳头为中心呈轮辐状排列,汇集于乳晕,开口于乳头。在乳头的基底部,呈壶腹样膨大,供暂时储存乳汁,该膨大区称乳窦或壶腹部。从乳管开口到壶腹下1cm 的一段大导管内衬以多层鳞状上皮细胞,以下的中小导管及腺泡内衬单层柱状细胞。

笔记

乳房的血液供应主要来自胸廓内动脉的第 1 ~ 4 个穿支,肋间动脉的穿支也部分进入乳房和胸肌。腋动脉的分支由内向外排列,依次为胸最上动脉、胸肩峰动脉、乳外侧动脉、肩胛下动脉,主要营养乳房上外侧。乳房的静脉回流有多种途径,如经乳房内静脉的穿支流入胸廓内静脉,然后汇入无名静脉;又如经腋下静脉、锁骨下静脉直接入无名静脉;经肋间静脉与椎静脉相通,流入奇静脉。以上静脉的血液都汇入腔静脉流回心脏,再由心脏流经肺血管网后流向全身。乳房内含有丰富的淋巴管网。乳房约75%的淋巴液沿胸大肌外侧缘淋巴管流至腋窝淋巴结,继而流向锁骨上淋巴结。约25%乳房内侧和中央区的淋巴液通过肋间淋巴管流向胸骨旁淋巴结,继而流至锁骨上淋巴结。两侧乳房在皮下有一些交通淋巴管,一侧乳房的淋巴液可流向另一侧乳房或腋下。乳房深部淋巴网可与腹直肌鞘和肝镰状韧带的淋巴管相通,从而可通向肝脏和横膈。在淋巴管和小静脉之间亦有许多吻合存在。

脏腑功能盛衰与乳房的生理病理关系密切。肾为先天之本,主藏精,肾气盛则天癸至,女子月事按时而下,乳房逐渐发育,孕育后分泌乳汁而哺乳;肾气衰则天癸竭,乳房也随之衰萎。脾胃为后天之本,气血生化之源,乳汁由水谷精华所化生,脾健胃壮则乳汁多而浓,反之则少而稀。肝藏血,主疏泄,对女性月经、胎产及乳汁的排泄至关重要,若肝气不舒,则可发生病变。乳房与肝经、胃经、脾经、肾经及冲任两脉也息息相关,如:足阳明胃经行贯乳中;足太阴脾经络胃上膈,布于胸中;足厥阴肝经上膈,布胸胁绕乳头而行;足少阴肾经上贯肝膈而与乳联。冲任两脉起于胞中,任脉循腹里,上关元至胸中;冲脉夹脐上行,至胸中而散。故称"男子乳头属肝,乳房属肾;女子乳头属肝,乳房属胃"。《古今图书集成·医部全录》云:"经水者,阴血也,属冲任二脉,上为乳汁,下为月水。"若脏腑功能失常,或经脉闭阻不畅,冲任失调,均可导致乳房疾病的发生。

【病因病机】

乳房疾病的发生,主要由于肝气郁结,或胃热壅滞,或肝肾不足,或乳汁蓄积,或痰瘀凝结,或外邪侵袭等,影响相关脏腑、经脉的生理功能而产生病变。《外证医案汇编》曰:"乳症,皆云肝脾郁结,则为癖核;胃气壅滞,则为痈疽。"

1. 化脓性乳房疾病,多由乳头破碎或凹陷畸形、感染邪毒,或嗜食厚味、脾胃积热,或情志内伤、肝气不舒,以致乳汁郁滞,或痰浊壅滞,阻塞乳络,郁久化热,热胜肉腐而成脓肿。

2. 肿块性乳房疾病,多因忧思郁怒,肝脾受损,气滞痰凝;或肝肾不足,冲任失调,气血运行失常,导致气滞、血瘀、痰凝,阻滞乳络而成结块。

【诊断】

(一)乳房部的体格检查

及时正确地进行乳房检查,对于乳房疾病的早期发现、早期诊断具有重要意义。乳房检查的体位可采用坐位和仰卧位。

1. 望诊　患者端坐,将两侧乳房完全显露。观察乳房的形状、大小是否对称;乳房表面有无突起或凹陷;乳头的位置有无内缩或抬高;乳房皮肤有无发红、水肿,或橘皮样、湿疹样改变等;乳房浅表筋脉是否怒张;乳房皮肤如果有凹陷,让患者两臂高举过头,或用手抬高整个乳房,则可使凹陷部分更为明显。

2. 触诊　根据需要选择坐位或(和)仰卧位。先检查健侧乳房,再检查患侧,以便对比。正确的检查方法是四指并拢,用指腹平放在乳房上轻柔触摸,切勿用手指去抓捏,否则会将捏起的腺体组织错误地认为是乳腺肿块。其顺序是先触按整个乳房,然后按照一定顺序触按乳房的四个象限:内上、外上(不要遗漏腺尾部)、外下、内下象限,继而触按乳晕部,挤压乳头看有无液体从乳窍溢出。最后触按腋窝、锁骨下及锁骨上区域。

3. 腋窝及锁骨上下淋巴结检查方法 腋窝淋巴结、锁骨上下淋巴结的检查在乳房疾病诊断中也很重要。检查时医生从患者前面用左手检查患者右侧,用右手检查患者左侧,并让患者将上臂靠近胸壁,前臂松弛放在检查者的手臂上或桌上。先检查腋窝,再检查锁骨上区域及锁骨下区域。

4. 触诊注意事项 ①发现乳房内、腋窝及锁骨上下区域有肿块时,应明确肿块的位置、数目、形状、大小、质地、边界、表面情况、活动度及有无压痛。②鉴别肿块是否与皮肤粘连,可用手指轻轻提起肿块附近的皮肤,以确定有无粘连。③检查乳房的时间,最好选择在月经来潮的第 7～10 天,这是乳房生理变化的相对平稳时期,如有病变容易被发现。④确定肿块的性质,还需要结合年龄、病史及其他辅助检查结果。触诊的准确性取决于经验、手感、正确的检查方法等。

5. 乳房肿块的鉴别 见表 7-0-1"常见乳房肿块的鉴别"。

表 7-0-1 常见乳房肿块的鉴别

病名	乳核 (乳腺纤维腺瘤)	乳癖 (乳腺增生病)	乳衄 (乳腺导管内乳头状瘤)	乳岩 (乳腺癌)
好发年龄	20～25 岁	25～45 岁	40～50 岁	40～60 岁
肿块特点	大多为单个,也可有多个,圆形或卵圆形,边缘清楚,表面光滑,质地坚实,生长比较缓慢	常为多个,双侧乳房散在分布,形状多样,片状、结节、条索,边缘清或不清,质地软或韧或有囊性感	多在乳晕部,单个绿豆大小,圆形肿块,边缘清楚,质地软或中等	多为单个,形状不规则,边缘不清楚,质地硬或不均匀,生长速度较快
疼痛	无	明显胀痛或刺痛,多与月经周期及情绪变化有关	少数可有压痛	初期无疼痛,中晚期可出现疼痛
与皮肤及周围组织粘连情况	无粘连	无粘连	无粘连	可有粘连,皮肤呈酒窝征或橘皮样变
活动度	用手推动时有滑脱感	活动	可活动	早期活动度可,中期及晚期无法推动
乳头及分泌物情况	乳头正常;无分泌物	乳头正常;常为挤压后双侧乳房多孔有分泌物溢出,多为乳汁样或浆液样	乳头正常;常有血性分泌物溢出,多为单孔	乳头可回缩或被牵拉;可有分泌物溢出,血性或水样,多为单孔
淋巴结肿大	无	无	无	同侧腋窝淋巴结肿大,质硬,活动差

129

6. 乳头溢液的检查和鉴别　乳头溢液是指非哺乳期的乳头异常分泌。检查时按顺时针方向仔细按压乳晕部,观察液体溢出的位置、性质、色泽、数量等。溢液分自发溢出还是被动溢出,单孔溢液还是多孔溢液,单侧乳房溢液还是双侧乳房溢液。乳头溢液的性质分乳汁样、脓性、水样、浆液性和血性溢液等。单孔溢液多见于导管内乳头状瘤、乳腺癌等;而多孔溢液可见于乳腺导管扩张症、乳腺增生病及乳腺炎症等。若50岁以上的患者发生血性溢液,则首先要排除乳腺癌。男性患者的乳头溢液,无论是血性还是浆液性的,应高度怀疑乳腺恶性肿瘤。乳头溢液涂片细胞学检查、乳腺导管内窥镜、乳腺导管造影等有助于明确诊断和定位。

(二)常用辅助检查项目

1. 超声影像检查　属无损伤性检查,可作为年轻女性、妊娠及哺乳期妇女乳腺病变诊断的首选方法。可鉴别肿块形态、大小、位置,囊性还是实质性。结合血流情况观察,可提高其判断肿块良恶性的准确性。

2. X线检查　常用乳腺钼靶摄片。适用于40岁以上女性,40岁以下女性若对肿块性质高度怀疑时,也可行乳腺钼靶摄片。典型乳腺癌X线表现为密度增高的肿块影,边界不规则,或有毛刺征;颗粒细小、密集的钙化点,乳腺结构扭曲或不对称也是乳腺癌的可疑征象。

3. 乳腺导管内窥镜检查　对于乳头溢液尤其是单孔溢液的患者可选择乳腺导管内窥镜检查。创伤小、可直视乳管腔内病变,对于导管内乳头状瘤、乳腺癌、乳腺导管扩张症等有较高的诊断价值。

4. MRI检查　不作为乳腺影像学检查的常规检查项目,对彩超和乳腺X线检查高度可疑的病灶,可进一步明确是否存在小病灶、多中心病灶及病灶范围。

5. 病理检查　分为组织病理学和细胞病理学检查。肿块可用细针穿刺细胞学检查、X线或B超引导下空芯针定位穿刺活检。对疑为乳腺癌者,也可将乳腺肿块切除,做快速冰冻切片,但不主张做肿块部分切取活检。有乳头溢液者,可进行溢液涂片细胞学检查,但应结合其他检查方法。乳头糜烂疑为湿疹样乳腺癌时,可做乳头糜烂部刮片或印片细胞学检查。

【治疗】

(一)内治

《外证医案汇编·乳胁腋肋部》指出:"治乳症,不出一气字定之矣。""若治乳从一气字着笔,无论虚实新久,温凉攻补,各方之中,夹理气疏络之品,使其乳络舒通。气为血之帅,气行则血行……自然壅者易通,郁者易达,结者易散,坚者易软。"《外科正宗·乳痈论》在乳痈、乳岩治法中说:"初起发热恶寒,头眩体倦,六脉浮数,邪在表,宜散之。发热无寒,恶心呕吐,口干作渴,胸膈不利者,宜清之。忧郁伤肝,思虑伤脾,结肿坚硬微痛者,宜疏肝行气。已成焮肿发热,疼痛有时,已欲作脓者,宜托里消毒。脓已成而胀痛者,宜急开之。脾胃虚弱,宜更兼补托。溃而不敛,脓水清稀,肿痛不消,疼不止,宜大补气血。结核不知疼痛,久而渐大,破后惟流污水,宜养血清肝。"

现将常用治法分述如下:

1. 疏风解表法　适用于乳痈、乳发等初起证属邪阻经络、营卫不和者。乳房结块肿痛,伴有恶寒发热,舌苔薄白,脉浮数等。选方瓜蒌牛蒡汤、银翘散等。

2. 疏肝清热法　适用于乳痈、粉刺性乳痈等证属肝郁化热者。乳房结块红肿高突,灼热疼痛,中软应指,伴有壮热口渴、尿赤便秘,舌苔黄、脉弦数等。选方用柴胡清肝汤、橘叶散等。

3. 扶正托毒法 适用于乳痈、乳痨、乳漏、乳岩等证属气血两虚,不能托毒外出,或脓虽外泄却难于生肌收口者。乳房疮形平塌,漫肿不收,日久不易破溃,隐隐作痛;或溃后脓水清稀,久不收口,或乳岩破溃渗流血水,伴面色无华,气短乏力,食欲不振,舌质淡红,脉沉细无力等。选方托里透脓汤、托里消毒散、香贝养荣汤、归脾汤等。

4. 解郁化痰法 适用于乳癖、乳岩等证属肝失疏泄、痰气互结者。乳房胀痛,结块形成,质地坚实或坚硬,表面光滑,推之可动或固定不移。伴有胸闷不舒,心烦易怒,舌苔白腻,脉弦滑等。选方开郁散、逍遥蒌贝散、小金丹等。

5. 调摄冲任法 适用于乳疬、乳癖等证属肝肾不足、冲任失调者。乳房结块的发生或发展常与乳房发育或月经、妊娠等有关,或乳房胀痛常在月经前加重。伴有头晕耳鸣,腰酸肢软,发育不良,或月经不调,舌苔薄,脉弦细数。选方二仙汤、右归饮等。

6. 滋阴化痰法 适用于乳痨证属肺肾阴虚、痰火凝结者。乳房肿块初起皮色不变,微微作痛,化脓时皮色黯红,化脓迟缓,溃后脓水清稀,易成窦道。常伴有午后潮热,头晕耳鸣,夜间盗汗,形瘦食少,舌质红苔薄,脉细数等。选方消瘰丸、六味地黄丸、清骨散等。

(二)外治

1. 阳证 乳痈、乳发、粉刺性乳痈等属阳证,初起宜清热解毒、活血消肿为主,用金黄散、玉露散、双柏散等,以水或蜜调后外敷,每日1~2次;脓成后宜及时切开排脓;溃破后提脓祛腐,选用八二丹、九一丹药线引流或加用扩创术、拖线术等;脓尽腐脱,肉芽新鲜,改用红油膏、生肌散、白玉膏等外敷,或加用垫棉法等。

2. 阴证 乳痨等属阴证,初起用阳和解凝膏掺桂麝散或黑退消敷贴;脓熟后可切开排脓;溃后用七三丹、八二丹药线引流或加用扩创术;腐脱肉红,改用生肌散、生肌玉红膏外敷或加用垫棉法等。

(三)手术治疗

对肿块性乳房疾病,经积极药物治疗无明显好转时,亦可施行手术切除肿块。对疑有恶变者,应早期采取手术治疗。

第一节 乳痈(附:乳发)

病案分析

病案:方某,女,29岁,2015年7月28日初诊。产后左乳结块肿痛10天伴发热3天。产后3周,10天前左乳内下方肿胀疼痛,左乳头泌乳欠畅,自行按摩热敷后减轻。3天前因乳儿吮吸过度造成左乳头皮肤破损,左乳肿痛明显加重,伴发热,最高39.6℃,查血常规示WBC:11.2×10^9/L,N:87.6%,予头孢类抗生素静滴3天,体温稍降,左乳红肿未减。现见左乳胀满,乳头皮肤有白色脓点,乳房内下方红肿结块范围约10cm×8cm,边界不清,按之灼热,周边质地稍硬,中央皮薄按之有波动感,触痛明显(彩图7-1-1)。体温39.3℃。伴纳呆,大便3日未行。舌红,苔黄腻,脉数。乳房B超示:左乳B~C区7~10点钟位可见62mm×51mm混合回声区。

分析:该案患者产后未满1月,哺乳中,以乳房结块疼痛为主症,伴高热、纳呆、便秘等全身症状。初步印象为乳痈。结合患者的病程、专科检查、血常规和 B 超检查结果基本可排除粉刺性乳痈和炎性乳腺癌,当诊为乳痈热毒炽盛证。治疗当以中药内服结合手术治疗。

问题:本例患者应如何辨证立法用药?用药时应如何结合患者产后的生理特点进行治疗?目前可否行切开排脓术?如可行,切开排脓时应注意什么?

乳痈是发生在乳房部的最常见的急性化脓性疾病。乳痈之名首见于晋《针灸甲乙经·妇人杂病》。古代文献中有称"妒乳"、"吹妳"、"吹乳"、"乳毒"等。其临床特点是乳房结块,红肿热痛,溃后脓出稠厚,伴恶寒发热等全身症状。好发于产后 1 个月以内的哺乳妇女,尤以初产妇为多见。发生于哺乳期的称"外吹乳痈",占到全部乳痈病例的 90% 以上;发生于怀孕期的称"内吹乳痈";不论男女老少,在非哺乳期和非怀孕期发生的称为"不乳儿乳痈",临床少见。本病相当于西医学的急性化脓性乳腺炎。

【病因病机】
外吹乳痈总因肝郁胃热,或夹风热毒邪侵袭,引起乳汁郁积,乳络闭阻,气血瘀滞,热盛肉腐而成脓。内吹乳痈多由妊娠期胎气上冲,结于阳明胃络而成。色红者多热,色白者气郁而兼胎旺。

1. 肝胃蕴热　女子乳头属肝,乳房属胃。新产伤血,肝失所养,若忿怒郁闷,肝气不舒,则肝之疏泄失畅,乳汁分泌或排出失调;或饮食不节,胃中积热,或肝气犯胃,肝胃失和,郁热阻滞乳络,均可导致乳汁淤积,气血瘀滞,热盛肉腐。

2. 乳汁淤积　因乳头破碎,怕痛拒哺,或乳头内陷等先天畸形,妨碍乳汁排出,或乳汁多而少饮,或初产妇乳络不畅,或断乳不当,均可引起乳汁淤滞不得出,宿乳蓄积,化热酿脓。

3. 外邪侵袭　新产体虚,腠理疏松,哺乳露胸,感受风邪;或乳头破碎,外邪乘隙而入;或乳儿含乳而睡,口中热气从乳窍吹入,导致邪热蕴结于肝胃之经,闭阻乳络,热盛肉腐。

西医学认为本病多因产后乳汁淤积,或乳头破损,细菌沿淋巴管、乳管侵入乳房,继发感染而成。其致病菌多为金黄色葡萄球菌,其次为白色葡萄球菌和大肠杆菌。

【诊断】
1. 多见于产后未满月的哺乳期妇女,尤其是初产妇。

2. 初起乳房局部肿胀疼痛,乳汁排出不畅,或有结块。伴恶寒发热,头痛骨楚,或胸闷不舒,纳少泛恶,大便干结等。成脓期乳房结块逐渐增大,疼痛加重,或焮红灼热,同侧腋窝淋巴结肿大压痛。伴壮热不退,口渴喜饮,便秘溲赤。7~10 天成脓。

3. 若初起大量使用抗生素或过用寒凉中药,可导致乳房局部结块质硬,迁延难消。部分僵块也可再次染毒酿脓。若邪热鸱张则可发展为乳发、乳疽,甚至出现热毒内攻脏腑的危象。若脓出肿痛不减,身热不退,可能形成袋脓,或脓液旁侵形成传囊乳痈。若乳汁从疮口溢出,或疮口脓水淋漓,久难收口,则为乳漏。均为乳痈之变证。

4. 血常规、C 反应蛋白(CPR)、脓液培养等检查有助于明确病情。B 超检查有助于确定深部脓肿的位置、数目和大小。

【鉴别诊断】
1. 粉刺性乳痈　多发生于非哺乳非妊娠期,可伴有先天性乳头凹陷畸形,乳头常有白色粉渣样物溢出。初起肿块多位于乳晕部,局部红肿热痛程度和全身症状通常比乳痈轻。溃后脓液中夹有粉渣样物质,不易收口,可反复发作,形成乳漏。

2. 炎性乳腺癌 多见于青年妇女,尤其是在妊娠期或哺乳期。患乳迅速肿胀变硬,常累及整个乳房的 1/3 以上。病变部位皮肤颜色黯红或紫红色,皮肤肿胀有韧性感,毛孔深陷呈橘皮样改变,局部无痛或轻压痛。同侧腋窝淋巴结多有明显肿大,质硬固定。一般无全身症状,抗炎治疗无效。疾病进展较快,预后不良。

【辨证论治】

乳痈的治疗以疏肝清热、通乳散结为原则。强调及早处理,以消为贵。注重通络下乳,切不可滥投苦寒药物。"内吹乳痈"和"外吹乳痈"在治疗上需兼顾患者孕期和产后的不同体质。成脓后应彻底排脓,以达脓尽肌生之目的。

1. 肝胃郁热证

证候:乳房肿胀疼痛,结块或有或无,皮色不变或微红,排乳不畅。伴恶寒发热,头痛骨楚,胸闷呕恶,纳谷不馨,大便干结等。舌质红,苔薄白或薄黄,脉浮数或弦数。

治法:疏肝清胃,通乳消肿。

方药:瓜蒌牛蒡汤加减。常用瓜蒌仁、牛蒡子、天花粉、黄芩、陈皮、生栀子、连翘、皂角刺、金银花、青皮、柴胡、生甘草等。乳汁壅滞者,加鹿角霜、漏芦、王不留行、路路通等通络下乳;恶露未净者,加当归尾、益母草等养血活血。

2. 热毒炽盛证

证候:乳房肿痛加重,结块增大,皮肤焮红灼热,继之结块中软应指。或脓出不畅,红肿热痛不消。伴壮热不退,口渴喜饮,便秘溲赤。舌质红,苔黄腻,脉洪数。

治法:清热解毒,托里透脓。

方药:五味消毒饮合透脓散加减。常用金银花、野菊花、紫花地丁、蒲公英、当归、生黄芪、皂角刺、连翘、白芷、天花粉、陈皮。热甚者,加生石膏、知母清热除烦等;疼痛剧烈者,加乳香、没药;口渴,加芦根、天花粉。

3. 正虚邪滞证

证候:溃后乳房肿痛减轻,脓液清稀,淋漓不尽,日久不愈;或乳汁从疮口溢出。伴面色少华,神疲乏力,或低热不退,纳谷不馨。舌质淡,苔薄,脉细。

治法:益气和营,托毒生肌。

方药:托里消毒散加减。常用党参、川芎、当归、白芍、白术、金银花、茯苓、白芷、皂角刺、甘草、桔梗、黄芪。漏乳者,加山楂、麦芽回乳。

4. 气血凝滞证

证候:乳房结块质硬,微痛不热,皮色不变或黯红,日久不消。舌质正常或瘀黯,苔薄白,脉弦涩。

治法:疏肝活血,温阳散结。

方药:四逆散加鹿角片、桃仁、丹参等。常用柴胡、赤芍、鹿角片、桃仁、制香附、丹参、益母草、路路通、甘草等。

【外治】

1. 初起 因乳汁淤积而局部肿痛者首选手法按摩排乳,本法简便易行,疗效好,见效快(见总论外治法)。皮肤红热明显者,可用金黄散或玉露散或双柏散,加冷开水或金银花露调敷。或鲜菊花叶、鲜蒲公英、仙人掌单味适量捣烂外敷。或金黄膏或玉露膏外敷。皮色微红或不红者,用冲和膏外敷。

2. 成脓　宜切开排脓。脓肿在乳房部做放射状切口或循皮纹切开;乳晕部脓肿宜在乳晕旁做弧形切口;乳房后位脓肿宜在乳房下方皱折部做弧形切口。

3. 溃后　用药线蘸八二丹或九一丹引流,外敷金黄膏。脓腔较大者可用红油膏纱布蘸八二丹或九一丹填塞。待脓净流出黄稠滋水,改用生肌散、红油膏或白玉膏盖贴。可配合垫棉法加快愈合。

4. 袋脓或乳汁从疮口溢出　可加用垫棉法。若失败则行扩创引流。

5. 传囊　若红肿疼痛明显则按初起处理;若局部已成脓,宜再做一辅助切口进行引流或用拖线法。

【其他疗法】

1. 抗生素　出现热毒内攻脏腑危象时须加用抗生素。

2. 针灸疗法　适用于乳痈初起。取肩井、膻中、足三里、列缺、膈俞、血海等穴,泻法15分钟,每日1次。

3. 回乳　先减少哺乳次数以减少乳汁分泌,再用麦芽、山楂各60g,或生枇杷叶15g(包)煎汤代茶,外敷皮硝。酌情使用溴隐亭2.5mg,口服,每日2次。连续3~7天。

【预防护理】

1. 预防　及早纠正乳头内陷。妊娠后期常用温水清洗乳头,或用75%酒精擦洗。培养良好的哺乳习惯,定时哺乳,注意乳头和乳儿口腔的清洁,每次哺乳后排空乳汁,防止淤积。忌食辛辣炙煿之品,不过食膏粱厚味。及时治疗乳头破碎及身体其他部位的化脓性疾病。若体温超过38.0℃,或乳汁色黄,应停止哺乳,但必须用吸奶器吸尽乳汁。

2. 护理　保持心情舒畅。高热时要卧床休息,必要时物理降温。患乳用三角巾或乳罩托起,减少疼痛,防止袋脓。脓水淋漓或乳汁较多浸渍皮肤者,应及时换药清洁。有皮肤过敏时,注意更换外用药或胶布。

附:乳发

乳发是发生在乳房部且容易腐烂坏死的急性化脓性疾病。相当于西医学的乳房部蜂窝织炎或乳房坏疽,多发生于哺乳期妇女。其特点是病变范围较乳痈大,局部焮红漫肿疼痛,迅速出现皮肉腐烂,症情较重,甚至可发生热毒内攻。

本病的发生多因火毒外侵,以及肝胃两经湿热蕴结乳房而成。乳痈火毒炽盛者亦可并发本病。发病迅速,乳房部皮肤焮红漫肿,疼痛较重,毛孔深陷,伴恶寒发热,舌苔黄,脉数等。2~3天后皮肤湿烂,继而发黑溃腐,疼痛加重,壮热口渴,舌苔黄腻,脉象弦数。若溃后腐肉渐脱,身热渐退,则疮口逐渐愈合。若正虚邪盛,毒邪内攻,可见高热神昏等症。

初起治宜清肝泻火,解毒利湿,方用龙胆泻肝汤加减。成脓时佐以透托,上方加皂角刺等。若出现火毒内攻之证,治宜清热解毒、凉血开窍,方用犀角地黄汤合黄连解毒汤、安宫牛黄丸等加减。外治可参照"乳痈"。

必要时加用抗生素,可首选青霉素类,或根据细菌培养结果选用。酌情配合支持疗法。

【结语】

外吹乳痈的形成主要责之肝郁胃热、外邪侵袭与乳汁淤积,治疗以疏肝清热、通乳散结为原则,内治外治结合。强调及早处理,以消为贵,理气疏络贯穿始终。本节要注意理解乳痈分期与辨证的关系,抓住不同证型的主证。从保护功能和美容的角度理解乳痈成脓期切开引流手术切口的选择。

第二节　粉刺性乳痈

病案分析

病案:李某,女,28 岁。发现右乳结块疼痛半年余,伴红肿 2 周。半年前患者自觉发现右乳晕部外侧出现结块,略有疼痛,未见皮肤红肿。后肿块逐渐增大,疼痛加重,至当地医院就诊,静滴头孢呋辛钠 1 周后,疼痛稍减,但肿块未见缩小。2 周前,肿块范围进一步扩大,波及右乳外上方,皮色发红,触痛明显。刻下患者一般情况良好,纳寐可,二便调。患者右乳头先天性凹陷,常有白色粉渣样分泌物排出。2 年前顺产一女,因乳头凹陷未哺乳。专科检查:双乳对称,右乳头凹陷。右乳 10 点钟处可见红肿,范围大小约 5cm×4cm,质中,边界不清,触痛明显,肤温略高,活动尚可,未见溃口流滋,左乳未及明显肿块,双腋下未及肿大淋巴结。舌质红,苔黄腻,脉弦数。乳房 B 超示:右乳晕 10 点钟处可见 36mm×25mm 低回声区,界欠清,提示右乳房部炎症表现。针吸穿刺细胞学检查示:可见多种细胞混杂存在,以浆细胞为主。

分析:本案患者为非妊娠非哺乳期妇女,右乳结块疼痛半年余,右乳头先天性凹陷,右乳肿块质中,边界不清,皮色发红,触痛明显。舌质红,苔黄腻,脉弦数。当属粉刺性乳痈之肝经郁热证,治拟疏肝清热,活血消肿,方拟柴胡清肝汤加减,同时配合金黄膏外敷清热解毒、消肿散结。

问题:粉刺性乳痈和外吹乳痈的鉴别诊断要点? 治疗上有何异同?

粉刺性乳痈是发生在非哺乳期或非妊娠期的乳房慢性化脓性疾病。历代典籍中并无与之相符的疾病记载。1985 年,顾伯华教授主编的《实用中医外科学》中首次提出了"粉刺性乳痈"的病名,形象地概括了本病的临床特点,并一直沿用至今。其临床特点是常有乳头凹陷或溢液,初起肿块多位于乳晕部,化脓溃破后脓液中夹有粉刺样物质,易反复发作,形成瘘管,经久难愈,全身症状较轻。多在非哺乳期或非妊娠期发病。本病相当于西医学的浆细胞性乳腺炎、乳腺导管扩张综合征、肉芽肿性乳腺炎等。

【病因病机】

素有乳头凹陷畸形,乳络不畅。因情志抑郁,肝气失疏,气血瘀滞,经络阻塞,聚结成块,郁蒸腐肉酿脓而成,溃后容易成瘘。若气郁化火,迫血妄行,可致乳头溢血。

西医学认为由于乳头凹陷或乳腺导管堵塞,乳腺外伤、内分泌失调及自身免疫功能障碍等,导致乳腺导管上皮细胞脱落及大量脂类分泌物积聚于导管内而导致其扩张,积聚物分解产生的化学性物质刺激导管壁而引起管壁炎性细胞浸润和纤维组织增生。病变逐渐扩展累及部分腺叶而形成肿块,合并细菌感染时炎症呈急性发作,可形成脓肿,脓液中常夹有脂质样物质,脓肿破溃后可形成通往输乳孔的瘘管。

【诊断】

1. 可见于青春期后任何年龄女性,均在非哺乳期、非妊娠期发病,大多数患者有先天性乳头全部凹陷或部分凹陷。

2. 多见单侧乳房发病,少数患者可双侧乳房先后或同时发病。

3. 病变呈慢性经过,病程长达数月或数年,临床表现复杂多样。

（1）乳头溢液:乳头溢液是本病早期常见的一种表现。单侧或双侧,多表现为间歇性、自发性,并可持续较长时间。溢液性状多为浆液样,也有乳汁样、脓血性或血性,数量或多或少。先天乳头凹陷者乳窍多有白色粉刺样物分泌,并带有臭味。

（2）乳房肿块:乳房肿块是本病最为常见的表现。往往起病突然,发展迅速。肿块多位于乳晕区,可向某一象限伸展。肿块大小不等,直径大多小于 3cm,个别可达 10cm 以上。肿块形状不规则,质地硬韧,表面可呈结节样,边界欠清,常与皮肤粘连。继则肿块局部可出现红肿,范围逐渐扩大而形成脓肿;有的乳房皮肤水肿,呈橘皮样变。可伴患侧腋下淋巴结肿大、压痛。乳房局部疼痛不适,一般无发热等全身症状。部分患者的乳房肿块可持续数年而无明显的红肿疼痛。

（3）乳瘘:脓肿自溃或切开后,脓液夹有粉刺样物,常形成与乳头孔相通的瘘管,周围僵块反复肿痛或化脓,经久不愈。严重者病变范围超出乳晕区,波及乳房一个或数个象限,深度可达乳腺全层。

4. 乳腺 X 线钼靶摄片可见在乳晕周围及其他部位有密度不均匀性增高,边界不清,其中夹杂有条索状致密影,乳晕周围皮肤增厚。CT 增强后见不均匀强化,病灶处有低密度影。B 超在病灶处见不规则片状低回声,内见增强光点,如有多处低回声可互相连通。乳腺肿块细针穿刺细胞学检查可见多种细胞混杂,以浆细胞为多,还有其他炎性细胞。脓血性和乳汁样溢液涂片中,可见到大量的白细胞、吞噬细胞、组织细胞、淋巴细胞及浆细胞,腺上皮细胞可因炎症而有形态上的改变。部分病例血清催乳素水平明显增高。

【鉴别诊断】

1. 乳岩 粉刺性乳痈在急性炎症期易误诊为炎性乳腺癌。粉刺性乳痈的乳房肿块因其质硬、不规则、与皮肤粘连,或局部皮肤呈橘皮样变,或有乳头凹陷等,与乳岩很类似。但乳岩的肿块多无疼痛,溃破后渗流血水,与粉刺性乳痈溃破后流脓或脓血,可能暂时愈合,易反复发作的特点不同。

2. 乳衄(乳腺导管内乳头状瘤) 乳头溢液多呈血性及淡黄色液体,或在乳晕部触到绿豆大小圆形肿块。但无乳头凹陷畸形,乳窍无粉刺样物排出,肿块不会化脓。

3. 乳痨 乳房肿块有 1 个或数个,初期肿块质地中等,边界不清,可与皮肤粘连,肿块成脓时变软,溃破后形成瘘管,经久不愈。多伴全身的结核病史。

此外,还应注意与乳痈及乳核相鉴别。

【辨证论治】

注重内治与外治相结合,未溃偏重内治,已溃偏重外治,而且药物外治、手术切开排脓或扩创或拖线法以及垫棉压迫等方法根据具体情况配合使用。单纯表现为乳头溢液患者,宜寻找病因,适当对症处理。

1. 肝经蕴热证

证候:乳头溢液或乳头凹陷有粉刺样物溢出,乳房结块红肿疼痛,按之灼热。伴发热,头痛,便秘,溲黄。舌质红,苔黄腻,脉弦数或滑数。

治法:疏肝清热,活血消肿。

方药:柴胡清肝汤加减。常用生地、当归、白芍、川芎、柴胡、黄芩、山栀、天花粉、防风、牛蒡子、连翘、甘草。乳房结块红肿疼痛明显者,加白花蛇舌草、山楂;乳头有血性溢液者,加茜草炭、丹皮、生地榆;乳头溢液呈水样者,加生苡仁、茯苓;脓成者,加白芷、皂角刺。

2. 余毒未清证

证候:脓肿自溃或切开后脓水淋漓,久不收口,或时发时敛,局部有僵硬肿块或红肿化脓。舌质淡红或红,舌苔薄黄,脉弦。

治法:扶正托毒。

方药:托里消毒散加减。常用人参、黄芪、白术、茯苓、当归、川芎、白芍、银花、白芷、皂角刺等。局部红肿加白花蛇舌草、蒲公英;乳头见脂质样分泌物加生山楂、虎杖、丹参等。

【外治】

1. 初起 用金黄膏外敷。

2. 成脓 切开或扩创引流以彻底清除坏死组织,脓腔大或多个者加用拖线法。

3. 溃后 创口用八二丹药线或红油膏纱条引流,红油膏或金黄膏盖贴。术后10～14天拆除拖线,创面脓腐脱尽后,改用生肌散、红油膏或白玉膏盖贴,加用垫棉绷缚法促进愈合。

4. 形成瘘管者 可参照"乳漏"治疗。

【其他疗法】

1. 手术 可行乳腺区段切除术或加乳头矫形术。少数年龄较大,乳房肿块较大或与皮肤粘连严重或形成多个窦道者,可行乳房单纯切除术。

2. 抗生素 炎症严重时可考虑联合应用甲硝唑和其他广谱抗生素。

【预防护理】

1. 预防 经常保持乳头清洁,清除分泌物。忌食辛辣炙煿之物。及早纠正乳头内陷。

2. 护理 保持心情舒畅,病情反复发作者更要树立信心,积极配合治疗。

【结语】

粉刺性乳痈的发病与乳头凹陷、情志不畅、乳管阻塞相关,临床可分溢液、肿块、瘘管三个阶段,应注意粉刺性乳痈的鉴别诊断,尤其是肿块期的粉刺性乳痈应与乳岩相鉴别,避免误诊。治疗注重内治与外治相结合,未溃偏重内治,已溃偏重外治,而且药物外治、手术切开排脓或扩创或拖线法及垫棉压迫等方法根据具体情况配合使用。

第三节 乳 痨

乳痨是发生于乳房部的慢性特异性化脓性疾病,因病变后期常有虚痨表现而名。其溃后脓液稀薄如痰,故又名乳痰。其临床特点是起病缓慢,初起乳房内有一个或数个结块,状如梅李,边界不清,皮核相亲,日久破溃,脓液清稀且杂有败絮样物,常伴有阴虚内热之证。乳痨病名首见于《外科理例》。相当于西医学的乳房结核。

【病因病机】

1. 体质素虚,肺肾阴亏,阴虚则火旺,虚火灼津为痰,痰火凝结成核。

2. 情志不畅,肝郁化火,耗损阴液,更助火势。

3. 肝气犯脾,脾失健运,痰湿内生,阻滞乳络而成。

4. 因肺痨、瘰疬等病所继发。

西医学认为,乳痨是一种流行性传染病,是结核杆菌通过多种渠道感染到乳腺实质所致,来源途径多样。可直接蔓延或经乳头、皮肤破损直接侵入;血行播散;淋巴渠道;呼吸道传播。

【诊断】

1. 多见于 20～40 岁的已婚体弱妇女,并常有肺痨、瘰疬等病史。

2. 初起　乳中一个或数个结块,好发于中央区或外上象限,多为单侧,大小不等,边界不清,硬而不坚,推之可动,皮色不变,不痛或微痛,全身症状不明显。

3. 成脓　病情进展缓慢,数月后结块渐大,与皮肉相连,皮色不红或微红,肿块变软,形成脓肿。可有胸胁、腋下结块肿大。

4. 溃后　脓肿溃破后,形成 1 个或数个溃疡,流出败絮样稀薄脓液,可含有干酪样、豆腐渣样物质。局部有潜形性空腔或窦道。皮肤黯红,伴身体瘦弱,潮热盗汗,或神疲乏力,食欲减退等。

5. 活动期血液红细胞沉降率加快;结核菌素试验呈阳性;乳头溢液和分泌物、脓液涂片或培养可找到抗酸杆菌;可在其他部位发现结核病灶。彩超可作为首选检查方法,必要时可做病理切片检查以明确诊断。

【鉴别诊断】

1. 乳岩　常见于 40～60 岁妇女,乳房内触及无痛性肿块,逐渐增大,肿块坚硬,表面高低不平,针吸细胞学检查或病理切片检查可明确诊断。

2. 乳疽　乳房肿块初起红热不显,化脓缓慢,但酿脓时疼痛剧烈,伴高热口渴,脓出黄稠。

3. 粉刺性乳痈　多有先天乳头凹陷史。早期表现为乳头溢液,后期可在乳晕区出现大小不等肿块,亦可成脓破溃,溃后经久不敛。

【辨证论治】

中医中药辨证治疗对于乳痨体质虚弱者尤具优势。原则上应常规配合使用抗结核药物。

1. 气滞痰凝证

证候:多见于初起阶段。乳房肿块,形如梅李,不红不热,质地硬韧,不痛或微痛,推之可动。可伴心情不畅,胸闷胁胀。舌质正常,苔薄腻,脉弦滑。

治法:疏肝解郁,滋阴化痰。

方药:开郁散合消瘰丸加减。常用柴胡、郁金、香附、当归、白芍、白术、全蝎、茯苓、天葵子、白芥子、玄参、牡蛎、浙贝母等。胁胀胸闷者加川楝子、八月札。

2. 正虚邪恋证

证候:多见于化脓或溃后阶段。乳房结块渐大,皮色黯红,肿块变软,按之应指;溃后脓水稀薄夹有败絮状物质,日久不敛,形成窦道。伴面色㿠白,神疲乏力,食欲不振。舌淡,苔薄白,脉虚无力。

治法:补益气血,托里透脓。

方药:托里消毒散加减。常用党参、黄芪、白术、茯苓、当归、川芎、白芍、银花、白芷、皂角刺等。食欲不振者加炒白扁豆、六神曲、炒山楂。

3. 阴虚痰热

证候:溃后脓出稀薄,夹有败絮状物质,形成窦道,久不愈合。伴潮热颧红,干咳少痰或痰中带血,形瘦食少。舌质红,苔少,脉细数。

治法:养阴清热。

方药:六味地黄汤合清骨散加减。常用生地黄、山萸肉、怀山药、丹皮、茯苓、泽泻、银柴胡、鳖甲、炙甘草、秦艽、青蒿、地骨皮、胡黄连、知母等。痰中带血加旱莲草、桑白皮。

【外治】

1. 初起 用阳和解凝膏掺桂麝散或黑退消敷贴。

2. 成脓 波动明显者宜切开排脓。

3. 溃后 七三丹、八二丹药线引流,红油膏盖贴;腐脱肉鲜,改用生肌散、红油膏或白玉膏。形成瘘管,用白降丹或红升丹药捻条插入,脓尽后改用生肌散。

【其他疗法】

1. 抗结核药 常选链霉素、异烟肼、利福平等联合用药。无论何种方案均应遵照早期、适量、联合、规律、全程应用的原则。

2. 中成药 小金丹,每次0.6g,每日2次。芩部丹,每次4片,每日3次。内消瘰疬丸,每次4.5g,每日2次。

【预防护理】

1. 预防 节制房事,避免过度体力活动,注意劳逸结合。积极治疗其他部位的虚痨病变。

2. 护理 保持心情舒畅,情绪稳定。增加营养食物,忌食鱼腥发物、辛辣刺激之品。

【结语】

乳痨的形成主要责之肺肾阴虚、肝郁气滞,或因肺痨、瘰疬等病所继发。中医中药辨证治疗对于体质虚弱者尤具优势。学习时要注意理解乳痨的肿块特点,了解患者的既往史,积极寻找和治疗其他部位的虚痨病变,中西医结合治疗。

第四节 乳 漏

继发于乳房部或乳晕部的脓肿溃破后,久不收口而形成管道者,称为乳漏(瘘)。其临床特点是疮口脓水淋漓,或杂有乳汁或败絮样或脂质样物,溃口经久不愈。对本病的记载最早见于《诸病源候论》。乳漏之名首见于《外科启玄·卷五》。本病相当于西医学的乳房部窦道或乳头瘘。

【病因病机】

1. 乳房部漏管 多因乳痈、乳发失治,脓出不畅;或切开不当,损伤乳络,乳汁从疮口溢出,以致长期流脓、溢乳而形成;或因乳痨溃后,身体虚弱,日久不愈所致。

2. 乳晕部漏管 多因乳头内缩凹陷感染毒邪,或乳晕部脂瘤染毒,局部结块化脓溃破后疮口久不愈合而成。

【诊断】

1. 乳房部漏 有乳痈、乳发溃脓或切开病史,疮口经久不愈,常流乳汁或脓水,周围皮肤潮湿浸淫。若因乳痨溃破成漏,疮口多凹陷,周围皮肤紫黯,脓水清稀或夹有败絮样物质,或伴有潮热、盗汗、舌质红、脉细数等症。

2. 乳晕部漏　多发于非哺乳或非妊娠期的妇女。常伴有乳头内缩,并在乳晕部有结块,红肿疼痛,全身症状较轻。成脓溃破后,脓液中夹杂灰白色粉渣样物,往往久不收口。若用球头银丝从疮孔中探查,银丝球头多可从乳窍中穿出。亦有愈合后在乳窍中仍有粉渣样物外溢,带有臭气;或愈后疮口反复肿痛化脓溃破者。若有局部手术或外伤史者,有时疮口中可有丝线等异物排出。

3. 实验室及辅助检查　乳腺导管造影或漏管 CT 造影常有助于明确管道的走向、深度及支管情况。脓液涂片或细菌培养及药敏试验,有助于判定乳漏的性质并指导用药。

【辨证论治】

关键是要辨别形成漏管的原因,并明确管道的走向及分支情况。以外治为主,内治为辅。乳痨所致的乳漏,应配合抗痨药物治疗。

1. 余毒未清证

证候:乳房部或乳晕部漏,反复红肿疼痛,疮口常流乳汁或脓水,经久不愈,局部有僵肿结块,周围皮肤潮湿浸淫。舌质红,苔薄黄,脉滑数。

治法:清热解毒。

方药;银花甘草汤加减。常用金银花、甘草等。红肿明显时加蒲公英、天葵子、紫花地丁等。溃口日久难敛加生黄芪、白术;局部僵肿结块加皂角刺、莪术。

2. 正虚毒恋证

证候:疮口脓水淋漓或漏乳不止,疮面肉色不鲜。伴面色无华,神疲乏力,食欲不振。舌质淡红,苔薄,脉细。

治法:扶正托毒。

方药:托里消毒散加减。常用人参、黄芪、白术、茯苓、当归、川芎、白芍、银花、白芷、皂角刺等。食欲不振者加六神曲、鸡内金;乳汁量多者重用麦芽、山楂。

3. 阴虚痰热证

证候:溃口凹陷,脓出稀薄,夹有败絮状物质,疮口久不愈合,疮周皮色紫黯。伴潮热颧红,干咳痰红,形瘦食少。舌质红,苔少,脉细数。

治法:养阴清热。

方药:六味地黄汤合清骨散加减。常用生地黄、白芍、怀山药、山萸肉、茯苓、泽泻、丹皮、银柴胡、鳖甲、炙甘草、秦艽、青蒿、地骨皮、胡黄连、知母。潮热颧红,干咳痰红者,加百合、炙百部。

【外治】

1. 腐蚀法　先用药线蘸八二丹或七三丹提脓祛腐,外敷红油膏。脓尽后改用生肌散、生肌玉红膏,必须使创面从基底部长起。

2. 垫棉法　适用于疮口漏乳不止,或乳房部漏脓腐脱尽后。疮口愈合后应继续压迫 2 周,以巩固疗效,防止复发。

3. 切开疗法　适用于浅层漏管及药物外敷治疗失败者。乳晕部漏手术的关键是切开通向乳头孔的漏管或扩张的乳腺导管。

4. 拖线疗法　适用于漏管单一又不宜切开或挂开时。拖线必须待脓腐脱净后方能拆除,并加用垫棉法或绑缚法促使管腔闭合。

【预防护理】

1. 预防　及时恰当治疗乳痈、乳发、乳痨等病,以防脓毒内蓄,损伤乳络形成乳漏。正确掌握乳痈等病切开的部位,切口的方向和大小,以免误伤乳络成漏。

2. 护理　注意精神调摄和饮食营养,增强体质,以利疾病康复。

【结语】

乳漏治疗的关键是要辨别形成漏管的原因,并明确管道的走向及分支情况。以外治为主,注重分期治疗,可选择应用垫棉法、切开法、挂线法、拖线法等外治法;以内治为辅。乳痨所致的乳漏,应配合抗痨药物治疗。

第五节　乳　癖

乳癖是乳腺组织的良性病变。其临床特点是单侧或双侧乳房疼痛并出现肿块,乳痛和肿块与月经周期及情志变化密切相关。乳房肿块大小不等,形态不一,边界不清,质地不硬,推之活动。本病好发于 25～45 岁的中青年妇女,育龄期女性本病发病率在 70% 左右,是临床上最常见的乳房疾病。研究资料发现,本病是乳腺癌的独立危险因素之一,对有乳癌家族史的患者更应引起重视。相当于西医学的乳腺增生病。

【病因病机】

1. 由于情志不遂,久郁伤肝,或受到精神刺激,急躁恼怒,导致肝气郁结,气机阻滞于乳房,经脉阻塞不通,不通则痛,而引起乳房疼痛;肝气郁久化热,热灼津液为痰,气滞、痰凝、血瘀,即可形成乳房肿块。

2. 因肝肾不足,冲任失调,致使气血瘀滞,或脾肾阳虚,痰湿内结,经脉阻塞,而致乳房结块、疼痛,常伴月经不调。

【诊断】

1. 多发生于 25～45 岁妇女,城市妇女的发病率高于农村。社会经济地位高或受教育程度高、月经初潮年龄早、低经产状况、初次怀孕年龄大、未授乳和绝经迟的妇女为本病的高发人群。

2. 乳房疼痛以胀痛为主,或为刺痛或牵拉痛。疼痛常在月经前加剧,月经后减轻,或随情绪波动而变化,痛甚者不可触碰,行走或活动时也有乳痛。乳痛以乳房肿块处为甚,常涉及胸胁部或肩背部。可伴有乳头疼痛或瘙痒。

3. 乳房肿块可发生于单侧或双侧,多位于乳房的外上象限,也可见于其他象限。肿块的质地中等或质硬不坚,表面光滑或颗粒状,推之活动,大多伴有压痛。肿块的大小不一,形态和(及)分布常可分为以下数种类型。

(1) 片块型:肿块呈厚薄不等的片块状,圆盘状或长圆形,数目不一,质地中等或有韧性,边界清楚,推之活动。

(2) 结节型:肿块呈结节状,形态不规则,边界欠清,质地中等或偏硬,推之活动。亦可见肿块呈米粒或砂粒样结节。

(3) 混合型:有结节、条索、片块样等多种形态肿块混合存在者。

(4) 弥漫型:肿块分布超过乳房 3 个象限以上者。

乳房肿块可于经前期增大变硬,经后稍见缩小变软。个别患者挤压乳头可有多孔溢出浆液样或乳汁样或清水样的液体。乳房疼痛和乳房肿块可同时出现,也可先后出现,或以乳痛为主,或以乳房肿块为主。失调,心烦易怒等。

4. 本病极大部分患者较长时间内均属良性增生性病变,预后好。部分年轻患者有可能在乳腺增生病变基础上形成纤维腺瘤。少数病变要警惕恶变可能。

5. 乳房钼靶 X 线摄片、超声波检查及乳腺 MRI 检查有助于诊断和鉴别诊断。对于肿块较硬、活动度差或保守治疗无效者,可考虑做组织病理学检查。

【鉴别诊断】

1. 乳岩 常无意中发现肿块,逐渐长大,按压不痛,肿块质地坚硬如石,表面高低不平,边界不清,可与皮肤粘连,活动度差,患侧淋巴结可肿大,后期肿块溃破呈菜花样。

2. 乳核 多见于年轻女性,可单发或多发。肿块质地中等,表面光滑,边界清晰,活动度佳,一般无明显疼痛。

3. 粉刺性乳痈 初起也多见结块疼痛,但肿块可在短期内增长迅速,肿痛较明显,如未及时治疗可出现局部红肿热痛,甚则化脓溃破。

【辨证论治】

止痛与消块是本病治疗的主要目的,辨证论治有助于提高疗效。对于长期服药肿块不消反而增大且质地较硬、疑有恶变者,应手术切除。

1. 肝郁痰凝证

证候:多见于青壮年妇女。乳房疼痛、肿块随喜怒消长。伴有胸闷胁胀,善郁易怒,失眠多梦,心烦口苦。苔薄黄,脉弦滑。

治法:疏肝解郁,化痰散结。

方药:逍遥蒌贝散加减。常用柴胡、当归、白芍、茯苓、白术、瓜蒌、贝母、半夏、制南星、生牡蛎、山慈菇。胸闷胁胀,善郁易怒者加川楝子、八月札、延胡索;失眠多梦,心烦口苦者加合欢皮、黄连。

2. 冲任失调证

证候:多见于中年妇女。乳房疼痛、肿块月经前加重,经后缓减。伴有腰酸乏力,神疲倦怠,月经失调,量少色淡,或闭经。舌淡,苔白,脉沉细。

治法:调摄冲任,理气活血。

方药:二仙汤合四物汤加减。常用仙灵脾、仙茅、当归、黄柏、知母、熟地、川芎等。月经量少者加益母草、鸡血藤;经前乳痛明显者加柴胡、川楝子。

【外治】

中药局部外敷于乳房肿块处,如用阳和解凝膏掺黑退消或桂麝散盖贴;或以生白附子或鲜蟾蜍皮外敷,或用大黄粉以醋调敷。若对外敷药过敏者应忌用。

【其他疗法】

1. 中成药 乳增宁,每次 3 片,每日 3 次;小金丹,每次 0.6g,每日 2 次;乳癖消,每次 3 片,每日 3 次;逍遥丸,每次 4.5g,每日 2 次。

2. 手术 对服药治疗后肿块不消或增大、质地较硬或不均匀、疑有恶性病变者,可考虑手术切除肿块送病理检查。

【预防护理】

1. 预防 适当控制脂肪类食物的摄入。及时治疗月经失调等妇科疾患和其他内分泌疾病。对发病高危人群要重视定期检查。

2. 护理 应保持心情舒畅,情绪稳定。

142

【结语】

乳癖是育龄期女性的乳房高发疾病,其病因病机主要则之肝郁气滞和冲任失调,乳癖的治疗以内治为主,止痛与消块是本病治疗的主要目的,辨证论治有助于提高疗效。对于长期服药肿块不消反而增大且质地较硬、疑有恶变者,应及时手术切除。学习时应注意理解乳癖的肿块特点、乳痛与月经周期及情绪的关系。

第六节 乳 疬

乳疬是指男女儿童或中老年男性在乳晕部出现疼痛性结块。其临床特点是乳晕中央有扁圆形肿块,质地中等,有轻压痛。乳疬之名首见于《疡科全书·证治》,又称童子疬。相当于西医学的乳房异常发育症。

【病因病机】

中老年男性发病多因年高肾亏,或房劳伤肾,虚火自炎,或情志不畅,气郁化火,肾虚肝燥,血脉不得上行,肝经无以荣养,遂结肿痛;小童多因先天虚损,肝肾不足,或肾气不充,肝失所养,水不涵木,木气不舒,阳气不能上达而至乳中结核。

西医学认为本病与性激素代谢有关,一般分原发性和继发性两大类。

【诊断】

1. 好发于50~70岁的中老年男性,10岁以前的女孩,13~17岁男孩。

乳房稍大或肥大,乳晕下有扁圆形肿块,一般发生于一侧,也可见于双侧,质地中等或稍硬,边缘清楚,活动良好,局部有轻度压痛或胀痛感。少数患者乳头有白色乳汁样分泌物,部分男性患者伴有女性化征象,如发音较高,面部无须,臀部宽阔,阴毛按女性分布等特征。老年人或可有睾丸萎缩、前列腺肿瘤或肝硬化等。有些患者有长期使用雌性激素类药物史。部分患者肿块会自行消失。

2. 针对可能病因进行肝功能、性激素等检测,卵巢、睾丸、前列腺等B超检查,骨龄判别等。

【鉴别诊断】

男性乳岩 乳晕下有质硬、无痛性肿块,并迅速增大,与皮肤及周围组织粘连固定,乳头内缩或破溃,乳头溢液呈血性,可及腋下肿大质硬的淋巴结。必要时做组织病理检查以明确诊断。

【辨证论治】

如因服用某些药物或饮食不当而致乳房肥大者,停药或食物后多可逐渐消退。有疼痛或其他兼症者,则应辨证治疗。如乳房明显肥大影响外观者,可考虑手术治疗。

1. 肝郁痰凝证

证候:乳房肿块疼痛,触痛明显,性情急躁,遇事易怒,胸胁牵痛。舌红,苔白,脉弦。

治法:疏肝解郁,化痰散结。

方药:逍遥蒌贝散加减。常用柴胡、当归、白芍、茯苓、白术、瓜蒌、贝母、半夏、制南星、生牡蛎、山慈菇。肿块疼痛明显者加八月札、陈皮。

2. 冲任失调

证候:多见于中老年。轻者多无全身症状。重者,偏于肾阳虚,面色淡白,腰腿酸

软,神疲倦怠,舌淡,苔白,脉沉弱;偏于肾阴虚,头目眩晕,五心烦热,眠少梦多,舌红,苔少,脉弦细。

治法:肝肾,调摄冲任。

方药:偏于肾阳虚者,方用右归丸加小金丹;常用熟地、山药、山茱萸、枸杞、甘草、杜仲、肉桂、制附子。偏于肾阴虚者,方用左归丸加小金丹;常用熟地、山药、山茱萸、菟丝子、枸杞子、怀牛膝、鹿角胶、龟板胶。乳房结块日久难消者加山慈菇、制南星、莪术。

【其他疗法】

1. 西药　如为原发性者,可予克罗米酚、三苯氧胺等治疗。如为继发性者,针对不同病因,采用不同治疗措施。肝脏疾病引起者,应行保肝治疗;因内分泌疾病引起者,应治疗内分泌疾病;药物引起者,应停服有关药物。

2. 手术治疗　一般不采取手术治疗,除非乳房过大,胀痛明显,影响美容,甚至引起患者精神上焦虑不安,同时药物治疗无效,而患者坚持要求行切除手术者。男性患者乳房明显肥大影响外貌者,可考虑手术治疗。但对女性患者,即使活检也要十分慎重。由肿瘤引起者,应手术切除原发肿瘤。

【预防护理】

1. 预防　节制房事,平时应忌烟酒及辛辣刺激食物。避免服用对肝脏有损害的药物。有肝病者适当进行保肝治疗有助于本病的康复。

2. 护理　要保持乐观开朗,心情愉快,避免恼怒忧思。

【结语】

中老年男性乳病多因肾虚肝燥,血不养肝而成。小童乳病多由肾气不充,肝失所养所致。治疗上应针对病因进行治疗,有疼痛或其他兼症者,则应辨证治疗。如乳房明显肥大影响外观者,可考虑手术治疗。学习时要注意理解不同人群乳病在病因病机上的异同,注意既往用药和原发疾病,必要时可配合辅助检查以明确诊断,排除恶性疾病。

第七节　乳　核

病案分析

病案:沈某,女,29 岁,1990 年 3 月初诊。主诉:两乳患多发性乳腺纤维腺瘤 1 年余,4 个月前在外院做右侧乳腺纤维腺瘤切除术,术后切口两旁瘢痕牵痛,结块不散,左乳房又起肿块 2 处,形如丸卵,不随月经周期改变。检查:两乳外上象限分别触及 2 枚 2cm×2cm 肿块,表面光滑,质地坚实,皮色不变,推之活动,按之不痛,苔薄白,脉弦滑。(顾乃强,等．外科名家顾伯华学术经验集．上海:上海中医药大学出版社,2002)

分析:该案患者右侧乳腺纤维腺瘤切除术后,腺瘤再次复发,并左乳房又起肿块 2 处,患者无虚损见证,肿块表面光滑,质地坚实,皮色不变,推之活动,按之不痛,苔薄白,脉弦滑,证属痰瘀凝结,治宜活血化瘀,软坚散结。

问题:手术和中药治疗乳腺纤维腺瘤的各自优势是什么?

乳核是发生在乳房部最常见的良性肿瘤。历代文献将本病归属"乳癖"、"乳痞"、

"乳中结核"的范畴。其临床特点是好发于20~25岁青年妇女,乳中结核,形如丸卵,边界清楚,表面光滑,推之活动。相当于西医学的乳腺纤维腺瘤。

【病因病机】

1. 情志内伤,肝气郁结,或忧思伤脾,运化失司,痰湿内生,气滞痰凝而成。

2. 冲任失调,气滞血瘀痰凝,积聚乳房胃络而成。

【诊断】

1. 多发于20~25岁女性,其次是15~20岁和25~30岁年龄段者。

2. 一般无乳房疼痛,少数可有轻微胀痛,但与月经无关。

3. 肿块好发于乳房外上象限,约75%为单发,也可见多个肿块在单侧或双侧乳房内同时或先后出现。形状呈圆形或椭圆形,直径大多在0.5~5cm之间,边界清楚,质地中等或偏硬,按之有硬橡皮球之弹性,表面光滑,活动度大,触诊常有滑脱感。腋窝淋巴结不肿大。肿块通常生长缓慢,妊娠期可迅速增大,应排除恶变可能。月经周期对肿块的大小并无影响。

4. B超检查可见肿块边界清楚,有一层光滑完整的包膜,内部回声分布均匀,后方回声增强。钼靶X线摄片可见边缘整齐的圆形或椭圆形致密肿块影,边缘清楚四周可见透亮带,偶见规整粗大的钙化点。

【鉴别诊断】

本病当与乳岩、乳癖相鉴别,参见相应疾病。

【辨证论治】

对多发或复发者采用中药治疗,可起到控制肿瘤生长,减少肿瘤复发,甚至消除肿块的作用。对单发而肿块较大者以手术切除为宜。

1. 肝气郁结证

证候:乳房肿块较小,生长缓慢,不红不热,不觉疼痛,推之可移。伴胸闷叹息。舌质正常,苔薄白,脉弦。

治法:疏肝解郁,化痰散结。

方药:逍遥散加减。常用柴胡、白芍、当归、白术、茯苓、炙甘草、生姜、薄荷等。

2. 血瘀痰凝证

证候:乳房肿块较大,坚硬木实,重坠不适。伴胸闷牵痛,烦闷急躁,或月经不调、痛经等。舌质黯红,苔薄腻,脉弦滑或弦细。

治法:疏肝活血,化痰散结。

方药:逍遥散合桃红四物汤加减,常用柴胡、白芍、当归、白术、茯苓、炙甘草、生姜、桃仁、红花、熟地黄、川芎等。

【其他疗法】

一般应手术切除,尤其是绝经后或妊娠前发现肿块者,或服药治疗期间肿块继续增大者。

【预防护理】

1. 预防 定期检查,发现肿块及时诊治。适当控制厚味炙煿食物。

2. 护理 调摄情志,避免郁怒。

【结语】

学习时应理解乳核的临床特点,结合辅助检查明确诊断,对于肿块较小或多发或低龄的患者,可先行药物治疗,对于肿块较大的患者,可考虑手术切除。

第八节　乳　衄

病案分析

病案:1968 年秋,余参加农村巡回医疗时,曾遇一例乳衄患者,半月前右乳头突然流出血水,在某县人民医院诊断为乳头状瘤,建议手术治疗,患者有顾虑而来医疗队就诊。当时根据患者性急多怒,左乳房及右少腹胀痛,口中苦,脉细弦等症,给服炒丹皮6g,黑山栀10g,当归10g,白芍6g,柴胡3g,甘草15g,川贝6g,橘叶10g,青陈皮各5g,金铃子10g,制香附10g,白术6g。3 帖乳衄渐少,6 帖乳衄已止,左乳房及右少腹胀痛亦除,但右乳房头挤之尚有黄水流出。再服 3 帖,黄水消失,其他诸症亦退,因其面色少华,夜寐不佳,除用原方调理外,并配服归脾丸6g,一日 2 次,以善其后。(徐福松.许履和外科医案医话集.南京:江苏科学技术出版社.1980)

分析:本例病机侧重于肝,由郁怒伤肝,肝火内炽,血不内藏所致,所以治疗以丹栀逍遥散加减,重在清肝泻火;中途由乳头流血转为流黄水,仍守原法治疗,黄水很快消失;最后又出现心脾两虚之象,配服归脾丸收功。

问题:乳衄的治疗原则是什么? 如何辨病辨证施治?

乳窍溢出少量血液,称为乳衄。最早记载于《疡医大全·乳衄门主论》,"妇女乳房并不坚肿结核,惟乳窍常流鲜血,此名乳衄"。其临床特点是单个或多个乳孔溢出血性液或有乳晕下单发肿块。引起乳衄的疾病有多种,如乳腺导管内乳头状瘤、乳腺癌、乳腺增生病等。乳腺导管内乳头状瘤包括大导管内乳头状瘤和多发性导管内乳头状瘤,前者发生在大导管近乳头壶腹部;后者发生在乳腺的中小导管内。本节所讨论的乳衄相当于西医学的大导管内乳头状瘤。

【病因病机】

1. 忧思郁怒,肝气不舒,郁久化火,迫血妄行而致乳衄。

2. 素体脾虚,脾不统血,血不循经而成乳衄。

【诊断】

1. 多发生于 40~50 岁妇女。

2. 乳窍溢出血性液体,无疼痛,部分患者乳晕部触及黄豆大圆形肿物,质软,不与皮肤粘连,推之活动。轻按肿物,即可从乳窍溢出血性或黄色液体。可伴有性情急躁、心烦易怒、胸胁胀痛、口苦咽干,或四肢倦怠、食欲不振等症状。

3. 乳腺导管内窥镜、乳腺导管造影及乳头溢液细胞学检查,有助于诊断。

【鉴别诊断】

1. 乳岩　可见到乳头血性溢液,其溢液多为单侧单孔,常伴明显肿块,且多位于乳晕区以外,肿块质地坚硬,活动度差,表面不光滑。

2. 乳癖　部分患者可伴有乳头溢液,常为双侧多孔溢液,以浆液性为多,血性较少,且有乳房肿块,并有周期性乳房疼痛等症。

【辨证论治】

手术治疗为主,药物治疗为辅。手术关键是切除病变乳腺导管。

1. 肝火偏旺证

证候:乳窍流血色鲜红或黯红,乳晕部可扪及肿块,压痛明显。伴性情急躁,乳房及两胁胀痛,胸闷嗳气,咽干口苦,失眠多梦。舌质红,苔薄黄,脉弦。

治法:疏肝解郁,清热凉血。

方药:丹栀逍遥散加减。常用牡丹皮、栀子、柴胡、白芍、当归、白术、茯苓、甘草、生姜等。

2. 脾不统血证

证候:乳窍溢液色淡红或淡黄,乳晕部可扪及肿块,无压痛。伴多思善虑,面色少华,神疲倦怠,心悸少寐,纳少。舌质淡,苔薄白,脉细。

治法:健脾养血。

方药:归脾汤加减。常用人参、白术、黄芪、当归身、炙甘草、茯神、远志、酸枣仁、木香、龙眼肉等。

【其他疗法】

原则上以手术为主,对单发的导管内乳头状瘤可行病变导管的单纯切除术,术前需准确定位,用指压确定溢液的导管口,插入钝头探针,可注射亚甲蓝,沿针头或亚甲蓝显色部位做放射状切口,切除该导管及周围的乳腺组织。对切除组织常规做病理检查。对年龄较大且导管上皮细胞高度增生或不典型增生者,可行单纯乳房切除术。若有恶变,则按乳腺癌手术。

【预防护理】

1. 预防　定期自我检查,如发现乳头溢液要及时就诊。

2. 护理　调摄情志,避免郁怒。

【结语】

乳衄以单个或多个乳孔溢出血性液为主要表现,伴或不伴乳晕部肿块。其发病主要与气郁化火和脾不统血有关,治疗以手术为主,药物为辅。手术的关键是切除病变乳腺导管。学习时应注意与乳衄有关的鉴别诊断以及治疗方法。

第九节　乳　岩

病案分析

病案:许某,女,44岁。左乳癌术后2月余。患者于2009年4月25日行左乳癌改良根治术,术后病理示:左乳导管内癌,部分为浸润性导管癌。ER(+)、PR(++)、neu(-),腋淋巴结0/9(+),术后未行放化疗,口服法乐通近3月,生育一胎,哺乳半年,无乳腺癌家族史。末次月经2009年6月18日,月经规则,量多,夹血块,有多发性子宫肌瘤史7年余。刻下:左乳缺如,右乳未及明显肿块;动则神疲,头晕时作,形体消瘦,纳寐可,二便调。舌淡,苔白腻,脉小数。

分析:该案患者为乳腺癌术后2月余的患者,既往子宫肌瘤病史,月经量多,患者神疲头晕,形体消瘦,舌质淡,苔白腻,脉小数,证属术后气血不足,冲任失调,邪毒未清。治当益气养血,调摄冲任,佐以解毒。

问题:乳腺癌术后的患者可以见到哪些常见证型?如何辨证论治?

　　乳岩是发生在乳房部的恶性肿瘤。乳岩之名最早见于宋代陈自明《校注妇人良方》。其临床特点是乳房肿块,质地坚硬,凹凸不平,边界不清,推之不移,按之不痛,或乳窍溢血,晚期溃烂则凸如泛莲或菜花。目前已成为女性最常见的恶性肿瘤之一。未曾生育或哺乳、月经初潮早或绝经晚、有乳腺癌家族史、有乳腺增生病史等因素,是乳腺癌发病的危险因素。男性乳腺癌较少发生。本节讨论的相当于西医学的乳腺癌。

【病因病机】

　　总不外乎情志失调、饮食失节、冲任不调、外感六淫或先天禀赋不足,引起脏腑功能失调,以致气滞、血瘀、痰凝、邪毒结于乳络而成。

　　1. 情志不畅,所愿不遂,肝失条达,气机不畅,气郁则瘀;肝郁克犯脾土,运化失职则痰浊内生,肝脾两伤,经络阻塞,痰瘀互结于乳房而发病。

　　2. 久嗜厚味炙煿,则湿热蕴结脾胃,化生痰浊,随气流窜,结于乳中,阻塞经络,气血不行,日久成岩。

　　3. 冲为血海,任主胞胎,冲任之脉隶属于肝肾。冲任失调则气血失和,月经不行,气郁血瘀,阻塞经络,结于乳中而成乳岩。

　　4. 六淫邪毒乘虚入侵,与痰、瘀互结,蕴阻于乳络而成。

【诊断】

　　1. 多见于40～60岁女性,男性少见。

　　2. 体检发现或偶然发现乳房内有无痛性肿块,边界不清,质地坚硬,表面不光滑,不易推动,常与皮肤粘连而呈现酒窝征,个别可伴乳头血性或水样溢液。后期随着肿块逐渐增大,可产生不同程度疼痛,皮肤可呈橘皮样改变;乳头内缩或抬高。晚期,乳房肿块色红高突,溃烂后疮口边缘不整齐,中央凹陷似岩穴,有时外翻似菜花,时渗黯红血水,恶臭难闻。病变周围可出现散在的小肿块,状如堆栗;若转移至腋下及锁骨上淋巴结时,可触及散在、质硬无痛的肿物,逐渐增大,互相粘连,融合成团,继而出现形体消瘦,面色苍白,神疲乏力等恶病质貌。

　　3. 炎性癌,临床少见,多发于青年妇女,半数发生在妊娠或哺乳期。起病急骤,乳房迅速增大,皮肤水肿、充血,发红或紫红色,发热;但没有明显的肿块可扪查到。转移甚广,对侧乳房往往不久即被侵及,并很早出现腋窝部、锁骨上淋巴结肿大。本病恶性程度极高,病程较短,常于1年内死亡。

　　4. 湿疹样癌,又称Paget病,临床罕见,临床特点是在乳头、乳晕部有湿疹样病变,皮肤潮红,皮厚,表面有鳞屑、痂皮或渗出,往往按湿疹治疗无效,仅是晚期在乳晕下触及肿块,恶性程度低,淋巴转移较晚。炎性癌、湿疹样癌等特殊类型乳腺癌临床少见,要注意鉴别(彩图7-9-1,彩图7-9-2)。

　　5. 钼靶X线摄片可见致密的肿块阴影,范围比实际触诊要小,形状不规则,边缘呈现毛刺状,密度不均匀,可有细小成堆的钙化点,常伴血管影增多增粗,乳头回缩,乳房皮肤增厚或凹陷。B超检查可见实质性占位病变,形状不规则,边缘不齐,光点不均匀,血流丰富。乳腺MRI检查对乳腺癌的多发病灶及乳管内播散范围的判断,保乳手术切除范围的确定及术式的选择,对乳腺癌术前新辅助治疗的疗效观察等有重要价值。病理切片检查可作为本病确诊的依据。

【鉴别诊断】

　　1. 乳癖　好发于25～45岁女性。月经前乳房疼痛、胀大明显,有多个大小不等的结节状或片块状肿块,边界不清,质地柔韧,肿块和皮肤不粘连,常见双侧乳房发病。

2. 乳核 多见于 20~25 岁的女性,乳房肿块形如丸卵,质地坚实,表面光滑,边界清楚,活动度好,病程进展缓慢。

3. 乳痨 好发于 20~40 岁女性,乳房肿块有 1 个或数个,初期肿块质地中等,边界不清,可与皮肤粘连,肿块成脓时变软,溃破后形成瘘管,经久不愈。

【辨证论治】

早期诊断是乳岩治疗的关键。原则上以手术治疗为主。中医药治疗对手术后患者有良好的调治作用,对放疗、化疗有减毒增效作用,可提高患者生存质量,有助于控制转移或复发,或延长生存期。

1. 肝郁痰凝证

证候:情志抑郁,或性情急躁,胸闷胁胀,或伴经前乳房作胀,或少腹作胀。乳房部肿块皮色不变,质硬而边界不清。舌苔薄,脉弦。

治法:疏肝解郁,化痰散结。

方药:神效瓜蒌散合开郁散加减。常用瓜蒌、当归、甘草、没药、乳香、柴胡、当归、白芍、白芥子、白术、全蝎、郁金、茯苓、香附、天葵子、炙甘草等。经前乳痛者加八月札、石见穿。

2. 冲任失调证

证候:月经紊乱,素有经前期乳房胀痛。或婚后未育,或有多次流产史。乳房结块坚硬,或术后患者伴对侧乳房多枚片块质软。舌质淡,苔薄,脉弦细。

治法:调摄冲任,理气散结。

方药:二仙汤合开郁散加减。常用仙茅、仙灵脾、黄柏、知母、柴胡、当归、白芍、白芥子、白术、全蝎、郁金、茯苓、香附、天葵子、炙甘草等。乳房结块坚硬者加山慈菇、制胆南星、鹿角片。

3. 正虚毒炽证

证候:乳房肿块扩大,溃后愈坚,渗流血水,不痛或剧痛。精神萎靡,面色晦黯或苍白,纳食量少,心悸失眠。舌质紫或有瘀斑,苔黄,脉弱无力。

治法:调补气血,清热解毒。

方药:八珍汤加减。常用人参、白术、茯苓、甘草、当归、白芍、生地黄、川芎、半枝莲、白花蛇舌草、石见穿、露蜂房等。

4. 气血两亏证

证候:多见于晚期或手术,或放疗,或化疗后,形体消瘦,面色萎黄或㿠白,头晕目眩,神倦乏力,少气懒言,术后切口色黑或流脓,日久不愈。舌质淡,苔薄白,脉沉细。

治法:补益气血,宁心安神。

方药:人参养荣汤加减。常用人参、黄芪、茯苓、陈皮、熟地黄、川芎、当归、白芍、白术、桔梗、甘草、大枣等。

5. 脾胃虚弱证

证候:手术或放疗,或化疗后,神疲肢软,食欲不振,恶心欲呕,肢肿倦怠。舌质淡,苔薄白或腻,脉细。

治法:健脾和胃。

方药:参苓白术散或理中汤加减。常用白扁豆、人参、白术、茯苓、炙甘草、山药、莲子肉、桔梗、薏苡仁、砂仁等。食欲不振者加炒麦芽、鸡内金、炒山楂;恶心呕吐者加姜半夏、姜竹茹、陈皮;若出现口腔黏膜糜烂、牙龈出血等胃阴虚症状者,治宜养阴清胃,方用益胃汤加减。

【外治】

1. 乳房肿块　适用于有手术禁忌证,或已有远处转移而不适宜手术者。肿块初起,可用太乙膏掺阿魏粉或黑退消贴敷;湿疹样癌,宜搽青黛膏扑三石散;将溃者,用红灵丹油膏外敷。肿块溃后,以红油膏或生肌玉红膏掺海浮散或九黄丹;若出血为主,以棉花蘸桃花散紧塞疮口并加压缠缚。患部忌艾灸、针刺和外涂腐蚀药。

2. 手术后创面不愈或皮瓣坏死　外敷九一丹、红油膏,必要时蚕食修剪局部少量坏死、腐脱组织,创面腐肉脱尽后改用生肌散、白玉膏。其他如化疗药物外渗至肌肉坏死者,可以参照治疗,对坏死组织的修剪要谨慎,以免人为扩大创面。

3. 手术后患肢水肿　外敷皮硝,每日 2 次。

4. 化疗后静脉炎　外敷金黄膏或青黛膏,每日 1 次。

5. 皮肤放射性溃疡　外涂清凉油乳剂,每日 4~5 次。

【其他疗法】

1. 手术治疗、化疗、放疗　手术仍是本病治疗的首选方法,

2. 内分泌治疗　内分泌治疗在乳腺癌综合治疗中的地位不断上升,主要适用于雌激素受体(ER)和/或孕激素受体(PR)阳性患者,主要药物有雌激素拮抗剂、芳香化酶抑制剂、促黄体生成素释放激素(LHRH)类似物及孕激素等。临床正确掌握适应证、合理治疗十分重要。

3. 中成药　犀黄丸,每次 1 支,每日 2 次;小金丹,每次 0.6g,每日 2 次;平消胶囊,每次 6 片,每日 3 次。

【预防护理】

1. 预防　加强防癌知识宣传,推广和普及乳房自我检查方法。重视乳腺癌高危人群的定期检查。积极治疗乳腺良性疾病。

2. 护理　患病后要乐观开朗,积极配合治疗,定期复查。谨慎使用激素替代疗法及有关保健食品和用品。

【结语】

从肿块的质地、边界、活动度等多方面了解乳岩肿块与炎症性肿块和其他良性肿块的区别,了解各种辅助检查在诊断中的优缺点,掌握乳岩的诊断和鉴别诊断。辨证时注意局部辨证和全身辨证相结合。中医药治疗对手术后患者有良好的调治作用,对放疗、化疗有减毒增效作用,可提高患者生命质量,有助于控制转移或复发,或延长生存期。治疗可根据患者邪正虚实的具体情况以祛邪为主、扶正为主或两者兼顾的治法进行辨治。外治适用于有手术禁忌,或已有远处转移而不适宜手术者。

(裴晓华　叶媚娜　贾建东)

复习思考题

1. 化脓性乳房疾病和肿块性乳房疾病的内治有何异同?
2. 乳房肿块的触诊及鉴别要点?
3. 乳痈有哪些变证?如何预防?

4. 试述乳痈切排术的时机选择和操作要点。

5. 在乳痈外治中应用垫棉法的优点是什么？如何运用？

6. 粉刺性乳痈应与哪些疾病相鉴别？鉴别要点是什么？

7. 试述乳岩常用的辅助检查方法及注意事项。

8. 试述乳癖的肿块特点及其与乳岩的鉴别诊断。

9. 小儿乳疬与中老年男性乳疬在病因病机、辨证和治疗上有何不同？

10. 试述乳头溢液的鉴别诊断。

11. 试述乳腺癌术后患者的中医药治疗原则和辨证论治。

笔记

第八章

瘿

学习目的

通过本章的学习,对瘿有全面的认识。掌握瘿的概念,了解其分类。掌握甲状腺疾病的检查方法。熟悉瘿的主要内治方法、手术治疗原则。明确不同类型的瘿治疗上有本质区别。掌握气瘿、瘿痈的病因病机、诊断和鉴别诊断、治疗方法。了解气瘿的预防。了解慢性淋巴细胞性甲状腺炎的中医药诊治方法。熟悉肉瘿、石瘿的临床特点和治疗原则。

学习要点

瘿的概念和分类;甲状腺疾病的检查方法;气瘿、肉瘿的诊断和鉴别诊断;瘿痈的辨证治疗;慢性淋巴细胞性甲状腺炎辨证治疗。

瘿是发生在颈前结喉两侧肿块性疾病的总称,相当于西医学的甲状腺疾病。其临床特点是颈前结喉两侧或为漫肿,或为结块,能随吞咽动作而上下移动。隋代巢元方《诸病源候论·瘿候》云:"瘿者,由忧恚气结所生。亦曰饮沙水。沙随气入于脉,搏颈下而成之",具体论述了瘿为颈部的肿块及其病因,并提出了血瘿可破之、息肉瘿可割之、气瘿可具针之的外治方法。唐代孙思邈首次提出了运用含碘药物和动物甲状腺治疗本病的方法,对后世产生了重大影响。

古代文献中有五瘿等分类方法。如宋代陈无择《三因极一病证方论·瘿瘤证治》言:"坚硬不可移者,名曰石瘿。皮色不变者,即名肉瘿。筋脉露结者,名筋瘿。赤脉交络者,名血瘿。随忧愁消长者,名气瘿。"现在一般将瘿分为气瘿、肉瘿、瘿痈、石瘿等。古代所称的筋瘿、血瘿,多属于西医学的颈部血管瘤或为瘿肿压迫颈部血管的表现。

【解剖生理】

甲状腺位于颈前甲状软骨下方、气管的两旁,由中央的峡部和左右两个侧叶构成。正常情况下,甲状腺不容易看到或摸到。甲状腺被固定于气管和环状软骨上,因此吞咽时能随之上下移动,藉此可以与其他颈部肿块相鉴别。甲状腺的主要功能是合成、储存和分泌甲状腺激素。甲状腺激素包括甲状腺素(T_4)和三碘甲状腺原氨酸(T_3)两种。碘是合成甲状腺激素的原料。甲状腺激素具有重要的生理作用,如增加组织细胞的氧消耗及产生热量;促进人体生长发育及组织分化,特别是对婴儿智力及体格发育有重要影响;维持各器官系统的正常活动等。甲状腺功能受下丘脑-垂体-甲状腺轴的控制和调节。

笔记

中医学认为,甲状腺与任、督、肝、肾经络和相关脏腑有一定的联系。颈前属任脉所主,任脉起于少腹,沿腹和胸部正中线直上,抵达咽喉,再上至颏部,经过面部进入两目。颈部也有督脉分支绕行,督脉其循少腹直上者,贯脐中央,上贯心,入喉。任督两脉皆系于肝肾,肝肾之经脉亦循喉咙。因此,在瘿的辨证论治中,结合所属经络脏腑,对临床有一定的指导意义。

【病因病机】

瘿的产生,多由于久居山瘴之地、先天禀赋异常、情志失调、饮食不节、感受外邪等多种原因,导致脏腑经络功能失调,气滞、血瘀、痰凝结于颈部所致。如陈实功《外科正宗·瘿瘤论》所说:"夫人生瘿瘤之症,非阴阳正气结肿,乃五脏瘀血、浊气、痰滞所成。"

1. 肝郁气滞　情志失调与瘿病的发生关系密切。肝气郁滞,气病及血,或气滞与痰湿相结,形成颈部肿块,并可随气消长。

2. 痰凝血瘀　久居山瘴之地,水质缺碘,饮食失调,导致脾失健运,津液积聚为痰。病久入络,血运行不畅而瘀结。痰瘀结聚颈前为瘿,痰结为主,肿块质软或韧;瘀阻为主,则肿块质硬。

3. 痰火郁结　素有肝胃郁热,复感风温、风火,积热上壅,灼津为痰,痰火凝聚,搏结于颈,形成瘿肿疼痛。

4. 气阴两虚　肝郁化热,耗气伤阴;或瘿病日久,正气亏虚,颈前结块还可伴有烦热、失眠、乏力、心悸等阴虚内热、气虚不足之证。

5. 冲任失调　妊娠期和绝经期等容易冲任失调,导致肝木失养,肾阴不足,可引起心悸、烦热、头晕、腰酸、月经不调等症状。

【诊断】

瘿的诊断要根据局部征象、全身表现以及相关辅助检查等综合判断,还要注意和其他颈部肿块相鉴别。

（一）体格检查

1. 望诊　检查者位于患者对面,看两侧甲状腺是否肿大对称,有无结节隆起,有无血管怒张。

2. 扪诊　检查者坐在患者对面,或站立在患者后面,用双手触摸甲状腺部位,检查有无甲状腺肿大及结节。发现结节时,要注意结节的位置、大小、数目、硬度、光滑度、活动度,有无触痛,边界是否清楚,能否随吞咽动作而上下移动,气管是否受压偏移,颈部淋巴结有无肿大等。

（二）实验室及辅助检查

常用实验室及辅助检查主要有血清甲状腺激素(FT_3、FT_4、T_3、T_4)、血清促甲状腺激素(TSH)、甲状腺自身抗体如甲状腺过氧化物酶抗体(TPOAb)和甲状腺球蛋白抗体(TGAb)检测,甲状腺超声检查,甲状腺核素检查(甲状腺摄^{131}I率和甲状腺扫描)。对甲状腺结节不能除外恶变时应做甲状腺细针穿刺细胞学检查(FNAC)等。

（三）常见颈部肿块鉴别

颈部非甲状腺的肿块,位置不在气管两侧,与吞咽动作关系不明显。常见的有颈部淋巴结炎、先天性的颈部囊状淋巴管瘤、甲状舌骨囊肿、腮腺瘤、淋巴肿瘤及恶性肿瘤的颈淋巴结转移等,应予以鉴别。

【治疗】

瘿的治疗主要包括药物和手术。瘿痈和慢性淋巴细胞性甲状腺炎采用药物治疗；气瘿和肉瘿可以药物治疗，必要时手术；石瘿首选手术，术后或不能手术者使用药物治疗。

（一）内治

结合瘿病的发病因素，将瘿病的辨证治疗要点分述于下。

1. 理气解郁　适用于发病与情绪因素有关者，颈前漫肿软绵或坚硬如石或随气消长，胸胁胀痛，舌苔薄白，脉弦滑，如气瘿等。治宜理气解郁，逍遥散加减。常用药物有柴胡、川楝子、延胡索、香附、青皮、陈皮、木香、八月札、砂仁、枳壳、郁金等。

2. 活血祛瘀　适用于颈前肿大结节较硬，或肿块表面青筋暴露，痛有定处，舌质紫黯，有瘀点瘀斑，脉涩或沉细，如石瘿。治宜养血祛瘀，桃红四物汤加减。常用药物有桃仁、红花、赤芍、丹参、三棱、莪术、泽兰、乳香、没药、土鳖虫、石见穿、血竭等。

3. 化痰软坚　适用于颈前肿大结节按之坚实或有囊性感，舌苔薄腻，脉滑，如气瘿、肉瘿等多属痰气互结。治宜化痰软坚，海藻玉壶汤加减。常用药物有海藻、昆布、夏枯草、海蛤壳、海浮石、生牡蛎、半夏、贝母、黄药子、山慈菇、白芥子、泽漆等。

4. 清热化痰　适用于颈前肿大疼痛，伴有发热，舌质红，苔黄，脉弦数，如瘿痈。治宜清热化痰，柴胡清肝汤加减。常用药物有柴胡、夏枯草、栀子、浙贝母、青皮、黄芩、瓜蒌仁、天花粉、连翘等。

5. 益气养阴　适用于颈前肿大结节，心悸不宁，自汗乏力，五心烦热，气短胸闷，舌质红，苔少，脉细数或细弱无力，如气瘿伴有甲状腺功能亢进。治宜益气养阴，四君子汤合沙参麦冬汤加减。常用药物有党参、黄芪、沙参、麦冬、五味子、丹参、天花粉、龟板、鳖甲、何首乌、生牡蛎等。

6. 调摄冲任　适用于颈前漫肿结节，面色㿠白无华，神疲乏力，肢冷腰酸，月经稀少错后，舌质淡，苔白，脉沉细，多属冲任不调，肾阳亏虚证。治宜调和冲任，右归饮加减。常用药物有熟地、仙茅、淫羊藿、杜仲、枸杞子、菟丝子、肉苁蓉、肉桂、附子等。

上述治则及方药可联合运用，并应注意辨证与辨病论治相结合。如颈前肿大结节而全身证候较少时，重在局部辨证，散结消瘿为主，并针对其气滞、痰凝、血瘀的偏重灵活加减；伴有甲状腺功能亢进和甲状腺功能减退等全身证候时，散结同时结合调理脏腑阴阳。

（二）手术治疗

适用于气瘿、肉瘿后期出现压迫症状，或伴有甲状腺功能亢进，或肿块较大，药物治疗无效，或疑有恶变者。对于石瘿应早诊断、早手术。

第一节　气　瘿

气瘿是指颈前结喉部漫肿结块，按之柔软，因其肿块可随喜怒消长而得名。俗称"大脖子病"。《诸病源候论·气瘿候》言："气瘿之状，颈下皮宽，内结突起，腢腢然亦渐长大，气结所成也"。其临床特点是颈前结喉两侧弥漫性肿大，多伴有结块，质地不硬，皮色如常。我国以西南、西北等高山缺碘地区居民患病较多。本病相当于西医学的单纯性甲状腺肿，包括地方性甲状腺肿和散发性结节性甲状腺肿等。由于全国推行加碘盐,缺碘引起的地方性甲状腺肿大为减少,而散发性结节性甲状腺肿等则有增多趋势。

【病因病机】

本病的发生与居住环境、情志失调、先天禀赋等因素有关。外因多由于所居之地的水源及食物中含碘不足,内因则与情志不畅,冲任失养相关。

1. 肝郁痰凝　情志不畅,忧怒无节,气化失调,营运阻塞,导致气滞、痰凝,结于颈部。

2. 肝郁肾虚　青春期、妊娠期和绝经期妇女,情志抑郁,肾气亏损,冲任失养,亦可导致痰凝气滞结于颈前。

3. 饮食因素　饮食中缺碘是引起地方性甲状腺肿的主要原因。如《诸病源候论·瘿候》言:"诸山水黑土中出泉流者,不可久居,常食令人作瘿病,动气增患"。

西医学认为,本病的发生与碘缺乏、甲状腺激素需求量增加以及甲状腺激素合成与分泌障碍有关。

【诊断】

1. 成年女性多见,地方性甲状腺肿有流行地区居住史。

2. 初起颈部结喉处呈弥漫性肿大,皮色如常,质软不痛,随吞咽上下移动。日久在肿大基础上可形成单个和多个结节,结节有时迅速增大并伴有疼痛。

3. 早期可无不适,肿大或结节明显加重时可压迫周围的气管、食管、喉返神经等,产生相应的症状,如气管偏移,呼吸困难,吞咽不适,声音嘶哑等。

4. 可出现心慌、怕热、急躁、气短、消瘦等甲状腺功能亢进症状。

5. B超检查可见甲状腺肿大,伴有囊性、实性或囊实性结节。甲状腺扫描甲状腺内有多发大小不等、功能状态不一的结节。大部分患者甲状腺激素水平正常,少数可以出现轻度甲状腺功能亢进。

【鉴别诊断】

1. 肉瘿　多见于中青年女性。颈前结喉处肿块多为单个,呈球状,边界清楚,质地柔韧。

2. 瘿痈　起病较急骤,颈前结喉处肿大结节,疼痛,质韧,常伴头面疼痛,发热等全身症状。

3. 慢性淋巴细胞性甲状腺炎　可以有甲状腺弥漫性肿大伴结节,但甲状腺自身抗体明显增高,后期多发展成甲状腺功能减退。

【辨证论治】

气瘿的治疗以疏肝解郁,软坚散结为治疗原则,常选用含碘丰富的海藻、昆布等药物。病久入络,形成结节时宜加用活血化瘀散结之品。

1. 肝郁痰凝证

证候:颈前结喉处漫肿伴有结节,随喜怒消长,颈部憋闷,急躁易怒,善太息。舌淡红,苔薄白,脉弦或滑。

治法:疏肝解郁,理气化痰,软坚散结。

方药:四海舒郁丸加减。常用海带、海藻、昆布、海螵蛸、海蛤壳、木香、陈皮、郁金、夏枯草、半夏、白芥子、土贝母、山慈菇、莪术等。

2. 肝郁肾虚证

证候:颈前结喉处漫肿和结块,伴有腰酸头晕,神疲乏力,月经不调。舌质淡,脉沉细。

治法:疏肝补肾,调摄冲任。

方药:四海舒郁丸合右归饮加减。常用海藻、昆布、木香、陈皮、夏枯草、土贝母、菟丝子、山茱萸、当归、鹿角胶等。

【其他疗法】

1. 中成药 小金丸,每次 1.2~1.8g,每日 2 次。还可选用夏枯草制剂口服。

2. 针刺 取穴上天柱、风池、扶突、合谷、三阴交及足三里等,隔日 1 次,15 天为一疗程。

3. 手术 瘿肿结节较大,且有气管、食管或喉返神经压迫症状者,或怀疑恶变时应手术治疗。但手术后结节常容易复发。

【预防护理】

1. 预防 缺碘地区居民,应严格坚持食用加碘盐,多进食其他含碘丰富的食物,如海带、紫菜、虾皮等。妊娠期妇女因碘需求量增加,也宜多食含碘食物或药物补碘。

2. 护理 气瘿伴有甲状腺功能亢进时宜停食含碘食物及药物,以免碘过量导致甲状腺功能亢进加重。日常饮食中,宜少食白萝卜、卷心菜等刺激甲状腺肿的食物。保持心情舒畅,勿郁怒动气。

【结语】

气瘿以颈前结喉两侧肿大、结块,质软,随气消长为特点。其中属于地方性甲状腺肿是由于缺碘引起,属于非地方性甲状腺肿者则与碘缺乏或过量、情志失调、家族遗传等因素有关。患者有无流行地区居住史是两者的主要鉴别点。本病治疗以疏肝解郁、化痰祛瘀、软坚散结为主,伴有甲状腺功能亢进时不宜使用含碘中药。中医药治疗对于结节性甲状腺肿不需要手术或术后复发的患者有积极意义。气瘿出现压迫症状时应手术治疗。

第二节 肉 瘿

肉瘿是瘿病中的一种良性肿瘤性疾病。其临床特点是颈前结喉一侧或两侧结块,柔韧而圆,如肉之团,能随吞咽而上下移动,发展缓慢。好发于中青年女性。肉瘿病名首见于宋代陈无择《三因极一病证方论》。《证治准绳·疡医》等文献列举了本病的治疗方药,如海藻、海蛤、昆布等,至今仍为现代所常用。本病相当于西医学的甲状腺腺瘤。

【病因病机】

多因忧思恼怒,情志内伤,致肝失条达,脾失运化,气滞血瘀,痰浊内生,留注于结喉,聚而成形,即成肉瘿。肝郁化火,可以耗气伤阴,形成虚实并见之证。

1. 气滞痰凝 肝为刚脏,性喜条达,情志抑郁,则肝失疏泄,经脉气血运行不畅;或肝旺侮土,思虑伤脾,导致脾胃运化失司,痰浊内蕴。

2. 气阴两虚 肝郁化火,日久耗气伤阴,阴虚火旺,灼津成痰。气、痰、瘀三者合而交结,凝滞颈前为患。

【诊断】

1. 好发于 40 岁以下中青年女性。

2. 颈前出现圆形或椭圆形肿物,多为单发,稍硬或软,表面光滑,边界清楚,无压痛,能随吞咽上下活动(彩图 8-2-1)。一般无明显不适。腺瘤囊内出血时,肿物可突然增大,并伴有局部疼痛。

3. 部分患者可伴有性情急躁、怕热出汗、心悸乏力、双手震颤、能食善饥、脉数等甲状腺功能亢进症状。少数患者长时间未治疗有癌变的可能性。

4. B 超检查甲状腺单个或多个实性或囊性结节。甲状腺同位素扫描伴有甲状腺功能亢进者为热结节。甲状腺激素检查大都正常,部分类型可伴有甲状腺功能亢进。

【鉴别诊断】

1. 气瘿　气瘿多为甲状腺肿大伴有多发结节,边界欠清,常见于甲状腺肿流行地区。而肉瘿多为单发结节,边界清楚,为散发性。肉瘿出现多个结节有时需要病理检查才能与气瘿相鉴别。

2. 甲状舌骨囊肿　为颈部先天性、无痛性肿块,位置较低,位于颈部正中胸锁关节上方,随伸舌动作上下移动,而不随吞咽活动而移动。

【辨证论治】

本病的治疗以理气化痰、活血散结为原则。伴有气阴两虚时佐以扶正。

1. 气滞痰凝证

证候:颈部一侧或两侧圆形或卵圆形肿块,质稍硬或软,随吞咽上下移动。舌苔薄腻,脉弦滑。

治法:理气解郁,化痰软坚。

方药:海藻玉壶汤加减。常用海藻、陈皮、贝母、连翘、昆布、半夏、青皮、川芎、当归、海带、夏枯草、黄药子、三棱、莪术等。

2. 气阴两虚证

证候:颈部肿块柔韧,随吞咽上下移动。常伴急躁易怒,怕热,易汗,心悸,失眠多梦,乏力,消瘦,手部震颤。舌红,苔薄;脉弦或弦细数。

治法:益气养阴,软坚散结。

方药:生脉散合海藻玉壶汤加减。常用党参、麦冬、五味子、玄参、贝母、牡蛎、白芍、当归、陈皮、龟甲、鳖甲、莪术。

【外治】

结块处外用阳和解凝膏或大布膏掺黑退消或十香散外敷,促进肿物消散。

【其他疗法】

手术　结节较大,用药物治疗 3～6 个月无缩小者;或伴有甲状腺功能亢进;或近期肿块增大明显,怀疑有恶变倾向者,应考虑手术治疗。

【预防护理】

1. 预防　保持心情舒畅,避免忧思郁怒。

2. 护理　注意观察肿物大小和质地变化,如短期明显增大,B 超检查或穿刺除外囊内出血,应警惕癌变。

【结语】

肉瘿相当于甲状腺腺瘤。其临床特点为甲状腺单个结节,边界清楚,质地柔软,囊

内出血时可突然增大。治疗以疏肝解郁、化痰软坚、理气行瘀等为原则；伴有甲状腺功能亢进的腺瘤常见气阴两虚证，要兼顾益气养阴。肉瘿肿块较大，药物治疗无缩小、怀疑恶变时应手术。本病应注意与气瘿相鉴别。肉瘿以单发结节为主，术后较少复发；气瘿以多发结节为主，术后容易复发。

第三节　瘿　痈

病案分析

病案：李某，女，34岁，2010年6月初诊。左侧颈前肿痛10天。10天前出现左侧颈前肿块疼痛，伴咽痛身痛，发热，服感冒药和抗生素无明显好转。就诊时左侧颈前疼痛，吞咽时更甚，伴有同侧耳后、头额部疼痛，午后开始发热，至第2天晨起热退，轻咳少痰，口干，乏力。检查左侧甲状腺可及2.5cm结节，质韧，触压痛，随吞咽上下移动，皮色如常。体温38.5℃，HR 90次/分。舌红，苔黄稍厚腻，脉滑偏数。查血常规：WBC:7.2×10^9/L，N:57.6%；红细胞沉降率（ESR）：52mm/h；FT$_3$:5.12ng/L、FT$_4$:26.9ng/L、TSH:0.01mIU/L；甲状腺摄^{131}I率检查显示摄^{131}I率低下。B超检查左甲状腺2.3cm×1.5cm片状低回声。

分析：根据患者以颈前结喉处肿痛、发热等为主要症状，中医诊断当属于瘿痈。瘿痈又包括西医学的亚急性甲状腺炎和急性甲状腺炎两种不同疾病，病因及治疗方法各异，要注意区分鉴别。该患者颈前肿块，有触压痛和头面放射痛，无局部发红和灼热感，结合理化检查结果，可以明确诊断为亚急性甲状腺炎。

问题：该病例应如何辨证治疗？其颈前肿块是否会出现化脓？

瘿痈是瘿病中的感染性炎症疾病。其临床特点为结喉处结块、肿胀、疼痛，伴有发热，起病急骤。女性发病多于男性，以30～50岁年龄段为发病高峰。本病相当于西医学的亚急性甲状腺炎和急性甲状腺炎，后者在此不作讨论。

【病因病机】

多因风温、风火客于肺胃，或内有肝郁胃热，积热上壅，夹痰蕴结，以致气血凝滞，郁而化热，而成瘿痈。

西医学认为，亚急性甲状腺炎的发病主要与病毒感染有关。

【诊断】

1. 多发生于中年人，女性较男性发病率高。

2. 起病前多有感冒、咽痛等病史。

3. 突然出现颈前结喉处肿大、结块和疼痛，按之痛甚，同侧耳、咽、下颌、枕部等处放射痛，肿痛可由一侧发展到另一侧，局部皮色不变。伴有发热、出汗等症。

4. 初期伴有甲状腺功能亢进，血清 FT$_3$、FT$_4$ 升高，TSH 降低，但甲状腺摄^{131}I率降低，两者呈分离现象。血沉加快。后期可出现短暂性甲状腺功能减退。B超检查有助于了解甲状腺肿大和结节情况。

【鉴别诊断】

1. 颈痈　儿童多见，发病部位在颈部两侧颌下，皮色渐红，灼热肿痛，易脓易溃。

2. 锁喉痈　急性发病，颈部红肿绕喉，灼热、疼痛，张口困难，汤水难下，甚至呼吸窘迫,全身症状较危重。

【辨证论治】

本病的治疗原则为疏风清热,化痰散结。热退痛减但肿块未消时,配合运用活血化瘀药物,有利于结块的吸收消散。后期出现甲状腺功能减退时以益气健脾为主。

1. 风热痰凝证

证候:颈前结块,疼痛明显,按之痛甚,皮色不变。伴恶寒发热,头痛咽痛,耳后疼痛。舌苔薄黄,脉浮数或滑数。

治法:疏风清热,化痰消瘿。

方药:牛蒡解肌汤加减。常用牛蒡子、薄荷、荆芥、连翘、栀子、玄参、石斛、夏枯草、浙贝母、菊花、赤芍等。

2. 气滞痰凝证

证候:颈前肿块坚实,皮色不变,轻度作胀,重按疼痛,头耳放射作痛,或有喉间梗塞感,痰多。舌苔厚腻,脉弦滑。

治法:清肝理气,化痰散结。

方药:柴胡清肝汤加减。常用柴胡、牛蒡子、连翘、香附、当归、赤芍、丹参、莪术、浙贝母、僵蚕、山慈菇等。后期出现甲状腺功能减退伴有乏力、肢体肿胀、纳呆等症时,加黄芪、党参、茯苓、陈皮、白术等益气健脾化湿。

【外治】

初期结喉肿痛处可选用金黄散、四黄散、双柏散,用水或蜂蜜调成糊状外敷,每天1~2次,有清热消肿、止痛散结作用。

【其他疗法】

亚急性甲状腺炎后期出现甲状腺功能减退者可加用西药左甲状腺素钠治疗。

【预防护理】

1. 预防　增强机体抵抗力,减少上呼吸道感染,以防诱发亚急性甲状腺炎。治疗期间注意避免感受外邪,预防复发。

2. 护理　疾病初期伴有甲状腺功能亢进阶段,不宜食用海产品等含碘食物以及辛辣炙煿食品。

【结语】

瘿痈以突发颈前肿痛、触痛和头面放射痛、发热等为特点,相当于西医学的亚急性甲状腺炎。初期伴有甲状腺功能亢进,FT_3 和 FT_4 值高、TSH 值低,但甲状腺摄^{131}I 率低;后期可出现短暂性甲状腺功能减退。病因病机为外感风温风火,内有肝郁胃热,痰热蕴结,治宜疏风清热,化痰散结,常用牛蒡解肌汤、柴胡清肝汤等,甲状腺功能减退时佐以益气扶正。中医药治疗瘿痈,有很好的止痛、退热、散结作用。

第四节　慢性淋巴细胞性甲状腺炎

慢性淋巴细胞性甲状腺炎是发生在甲状腺的一种常见的器官特异性自身免疫性疾病,又称桥本病、桥本甲状腺炎等。其临床特点是起病隐匿,甲状腺弥漫性肿大,质地韧硬,可伴有结节,大多发展成甲状腺功能减退。好发于 30~50 岁女性,且随年龄增加,患病率增高。本病尚无对应的中医病名,统归在中医学瘿病之列。

【病因病机】

本病因禀赋不足、劳倦内伤、情志失调等,导致肝、脾、肾脏腑功能失调,正气亏损,气血津液运行失度,痰凝瘀血结聚颈前而成。病变初期以实证为主,后期以虚证为主。

1. 肝郁痰凝　情志不畅,忧思恼怒,导致肝气郁结,气滞血瘀,津液凝结成痰;肝郁侮脾或饮食不节,脾失健运,痰浊内生;或日久劳累,损伤心脾,气滞血瘀痰凝,结聚颈前则成瘿肿。

2. 脾肾阳虚　素体阳虚,劳倦内伤,导致脾胃生化不足则气血亏虚,水湿凝聚,结于颈前,泛于肌肤。肾为元阳之本,真阳不足,导致肢体失于温煦,脑海失于濡养,水湿气化不利。阳损及阴,又可导致阴阳两虚。

3. 气阴两虚　禀赋不足,病久耗伤气伤阴,或气郁化火耗伤气阴等,都可导致气阴两虚;或阴精亏虚,阴不制阳,肝阳上亢。

西医学认为,本病的发生是遗传和环境因素共同作用的结果。不少患者有甲状腺病家族史。目前公认的病因是自身免疫功能失调。

【诊断】

1. 好发于中老年女性。起病隐匿,发展缓慢,早期临床表现不典型。

2. 甲状腺弥漫性肿大、或伴有结节,质地较韧。颈部憋闷不适。出现甲状腺功能减退时,怕冷、乏力、困倦、心动过缓、肢体肿胀,伴有甲状腺功能亢进时出现心慌、怕热、消瘦等症。

3. 甲状腺自身抗体 TPOAb、TGAb 明显增高。早期甲状腺功能正常,后期发展成亚临床甲状腺功能减退和临床甲状腺功能减退。部分患者可出现甲状腺功能亢进和甲状腺功能减退交替。甲状腺穿刺细胞学检查可确诊。

【鉴别诊断】

1. 气瘿　有地区流行史,甲状腺功能正常,甲状腺自身抗体阴性或低滴度。慢性淋巴性甲状腺炎有时与气瘿同时存在。

2. 石瘿　多以单个结节首发,不伴有甲状腺肿大,甲状腺自身抗体阴性,甲状腺功能一般正常。慢性甲状腺炎出现质硬结节时需与之鉴别。

【辨证论治】

以扶正消瘿为总的治疗原则。初期甲状腺功能正常,仅有甲状腺肿大结节,以理气化痰、活血散结消瘿为主要治则。甲状腺功能减退时,多属气虚阳虚,以益气温阳为主,同时应注意"阴中求阳"。伴有甲状腺功能亢进者,多为气阴两虚或阴虚阳亢,治宜益气养阴。

1. 肝郁痰凝证

证候:颈前漫肿,质中或韧,或颈部胀。伴胸闷胁胀,善太息,月经不调。舌淡红,或有瘀点,苔薄白或白腻,脉弦滑。

治法:疏肝理气,活血化痰。

方药:逍遥散合六君子汤加减。常用柴胡、白术、茯苓、半夏、陈皮、当归、赤芍、桃仁、莪术、浙贝母等。

2. 脾肾阳虚证

证候:颈前漫肿,结块,质地韧硬。神疲乏力,倦怠思睡,畏寒怕冷,肢体肿胀,腹胀纳呆,健忘脱发,腰膝酸软。舌质胖大,舌苔白滑,脉沉迟。

治法:益气温阳,补肾健脾。

方药:阳和汤合六君子汤加减。常用生黄芪、党参、白术、茯苓、陈皮、半夏、香附、浙贝母、白芥子、淫羊藿、仙鹤草、熟地黄、肉桂、鹿角等。

3. 气阴两虚证

证候:颈前漫肿,结块。乏力气短,心慌心悸,口干咽燥,烦热出汗。舌红,苔薄白,脉细或细数。

治法:益气养阴,消瘿散结。

方药:生脉饮加味。常用党参、黄芪、麦冬、五味子、玄参、浙贝母、牡蛎、白芍、茯苓、生地黄、知母、夏枯草等。

【外治】

结喉处肿块可外敷冲和膏或阳和解凝膏温通散结。

【其他疗法】

1. 体针　常用穴位有合谷、曲池、夹脊穴(颈3~颈5)、气瘿穴、天突穴。每日1次,根据体质分别采用补泻手法。

2. 灸法　适宜于脾肾阳虚者。可选肾俞、脾俞、关元、气海、三阴交、足三里、曲池、合谷等穴位,每次取3~5个穴可应用隔姜灸、隔蒜灸及艾条灸等方法。

3. 西药　出现甲状腺功能减退时,补充左甲状腺素钠或甲状腺素片。伴有明显甲状腺功能亢进时,可以给予小剂量抗甲状腺药。

【预防护理】

1. 预防　本病与自身免疫功能失调有关,平时应注意锻炼身体,增强体质,提高免疫力。避免劳累及情志过极。

2. 护理　宜低碘饮食和少食生冷油腻之品。桥本病甲状腺功能减退患者准备妊娠时,甲状腺功能应该达到规定标准才能怀孕,否则会影响胎儿智力发育。

【结语】

慢性淋巴细胞性甲状腺炎是引起甲状腺肿大和甲状腺功能减退的常见病,其特点为甲状腺弥漫性肿大或结节,质韧,甲状腺自身抗体高,后期出现甲状腺功能减退等。病因病机多属肝郁痰凝、脾肾阳虚、痰瘀交结,治疗宜疏肝健脾、温阳化痰为主。温热方药中应佐以滋阴药物,阴中求阳以促阳气化生。出现甲状腺功能减退时配合补充甲状腺素。

第五节　石　瘿

石瘿是发生在颈前结喉处的恶性肿瘤。其临床特点是结喉一侧或双侧肿块,坚硬如石,高低不平,推之不移。如《三因极一病证方论·瘿瘤证治》所说,"坚硬不可移者,名曰石瘿"。本病相当于西医学的甲状腺癌。

【病因病机】

1. 痰瘀内结　情志内伤,肝脾气逆,以致气郁、湿痰、瘀血凝滞于颈前而成。

2. 瘀热伤阴　痰瘀结聚颈前,加之素体虚弱或病久耗伤正气,或手术和放射治疗等耗气伤津,导致阴液亏损与痰瘀互结同时存在,虚实并见。

3. 气阴两虚　禀赋不足,年老体弱,术后耗伤正气等,导致气阴两虚。

西医学认为,本病的发生与遗传、核辐射、自身免疫功能失调、高碘饮食等因素有关。

【诊断】

1. 多见于30～45岁女性。

2. 颈部肿块坚硬不平,表面高低不平,推之不移,吞咽时活动移动性小或存在多年的颈前肿块短期迅速增大,变硬。可有颈淋巴结肿大(彩图8-5-1)。

3. 可出现呼吸和吞咽困难、声音嘶哑、头颈疼痛等压迫症状。

4. B超检查见甲状腺低回声结节、边缘不规则、侵犯甲状腺外、结节内血流紊乱、有微小钙化、淋巴结门结构消失等有助诊断。甲状腺细针穿刺细胞学检查可基本确诊。

【鉴别诊断】

1. 瘿痈　急性发病,甲状腺肿块较硬,有明显疼痛和触痛,伴有发热,病程较短。

2. 肉瘿　甲状腺腺瘤囊内出血时可突然迅速增大,但肿物边界清楚,表面光滑,能随吞咽上下移动,出血吸收后肿物可缩小。

3. 慢性淋巴细胞性甲状腺炎　甲状腺弥漫性肿大,可伴有质硬肿块,甲状腺自身抗体阳性。

【辨证论治】

本病一旦诊断明确,应手术治疗。若不能手术以及术后、同位素消融治疗后等体质虚弱、伴有肿物残留等,配合中医药内治。在辨证治疗基础上,配合使用清热解毒、化瘀散结等抗肿瘤的中药。

1. 痰瘀内结证

证候:颈前结喉处肿块坚硬如石,高低不平,推之不移,颈部不适,全身症状可不明显。舌黯红或瘀点,苔白腻,脉弦。

治法:解郁化痰,活血消坚。

方药:海藻玉壶汤加减。常用海藻、木香、青皮、三棱、莪术、白花蛇舌草、山慈菇、蛇六谷、石见穿等。

2. 瘀结伤阴证

证候:颈前结喉肿块质硬,或颈部他处发现转移性结块,或肿瘤术后,声音嘶哑,形倦体瘦,口干咽燥。舌紫黯,或见瘀斑,脉沉细或涩。

治法:和营养阴,活血通络。

方药:通窍活血汤合养阴清肺汤加减。常用川芎、桃仁、红花、生地黄、麦冬、玄参、浙贝母、丹皮、白芍、莪术、山慈菇、蜂房等。

3. 气阴两虚证

证候:颈前结节有或无,神疲气短,心慌心悸,口干咽燥。舌红,少苔,脉细弱等。

治法:益气养阴,扶正固本。

方药:生脉饮加味。常用党参、麦冬、五味子、沙参、黄芪、黄精、当归、白术、丹参、夏枯草等药。

【其他疗法】

1. 手术治疗　一旦确诊,应手术切除。

2. ^{131}I治疗　清除术后残余甲状腺组织和术后不能切除的病灶。

3. TSH 抑制治疗 甲状腺癌术后需终身服用左甲状腺素钠或甲状腺素片,以预防甲状腺功能减退及抑制甲状腺癌复发。

【预防护理】

1. 预防 避免接触放射线物质。积极治疗良性甲状腺病,预防癌变。

2. 护理 甲状腺癌术后要注意休息,增强体质,预防复发转移。定期做甲状腺功能、甲状腺 B 超检查,以及甲状腺球蛋白检测等。避免情志过极,保持心情舒畅。

【结语】

石瘿以颈前肿块坚硬如石、高低不平、不易移动为特点,相当于甲状腺癌。本病确诊后应及时手术。中医药治疗主要适用于甲状腺癌术后和不能手术及复发转移的患者。辨证常见痰瘀内结、瘀结伤阴证、气阴两虚证,治宜解郁化痰、软坚散结、和营养阴、益气养阴等。

(夏仲元)

复习思考题

1. 试述瘿病检查方法和要点。

2. 地区性与非地区性气瘿如何区别?

3. 试述气瘿的辨证论治方法。

4. 肉瘿与气瘿如何鉴别?

5. 瘿痈中亚急性甲状腺炎的临床特点有哪些?

6. 瘿痈如何辨证论治?

7. 慢性淋巴细胞性甲状腺炎的主要病机和治疗原则是什么?

8. 瘿在哪些情况下应手术治疗?

9. 含碘软坚散结中药不适合哪些甲状腺疾病?

第九章

瘤　岩

学习目的

通过本章的学习,应对瘤、岩有较全面的认识。了解瘤和岩的基本概念、发病特点。掌握体表良、恶性肿物的鉴别要点,熟悉其治疗原则。明确不同类型的瘤岩治疗上的本质区别。掌握血瘤、筋瘤、脂瘤、石疽的诊断及治法。了解气瘤、肉瘤的临床特点和治法。

学习要点

毛细血管瘤和海绵状血管瘤的临床特点;筋瘤的诊断、内外治疗和预防护理;脂瘤的诊断和鉴别诊断、外治方法;石疽的诊断和治疗。

瘤者,流滞不去之义。凡瘀血、痰滞、浊气停留于体表组织中所形成的肿物均称为瘤。其临床特征为体表局限性肿块,不痛不痒,推之可动,生长缓慢。隋代《诸病源候论·瘤候》曰:"瘤者,皮肉中忽肿起,初梅李大,渐长大,不痛不痒。又不结强。言留结不散,谓之为瘤",对瘤的特点进行了描述。明代《薛氏医案·外科枢要》和《外科正宗》等书,按瘤所生部位,配合五脏,分为气瘤、血瘤、肉瘤、筋瘤、骨瘤五种,为后世所沿用。古代文献中还有脂瘤和其他瘤的记载。气瘤、血瘤、肉瘤等,相当于西医学的部分体表良性肿瘤。脂瘤相当于西医学的皮脂腺囊肿。筋瘤相当于西医学的静脉曲张。而骨瘤则相当于西医学的骨肿瘤,本章不作介绍。

岩是发生于体表的恶性肿瘤的统称。在中医文献中,岩与"癌"同义。《肘后备急方》最早记录有类似早期乳癌的描述,称之为"石痈"。宋元以后多称为岩,如乳岩、肾岩。但也有一些不以岩命名的恶性肿瘤,如石瘿、石疽、失荣等。岩的临床特征为肿块质地坚硬,表面凹凸不平,形如岩石,破溃后如翻花石榴,不易治愈。对岩的诊治,要充分利用现代检查手段,早期发现、早期诊断、早期治疗。本章主要介绍石疽,该病相当于西医学的恶性淋巴瘤等。乳岩、石瘿、肾岩参见有关章节。

【病因病机】

瘤、岩的形成多因七情劳欲,复感外邪,脏腑失调,痰浊内生,气血凝结、瘀毒互结而成。瘤和岩虽有相似的病因病机特点,但两者有良、恶性本质的不同。岩发病较为复杂,多先有正气不足,如清代徐灵胎《外证医案汇编·乳岩附论》所说:"乳岩、乳悬、乳疬、乳劳,属虚者为多"。

1. 六淫之邪　风寒暑湿燥火等侵袭体内,均可导致气血凝滞,阻滞经络,影响脏腑,毒邪与浊气、瘀血相合为病,留积不散,结为瘤、岩。这与现代所认为的化学、物理、生物、环境因素对人体的致癌作用相类似。

2. 情志郁结　七情与五脏关系密切,情志失调致脏腑气机运行失常,气郁、气滞、气聚,日久必致血瘀,气滞血瘀长期蕴结不散,发为结块,逐渐形成瘤岩。

3. 正气虚弱　素体禀赋不足,劳累过度,导致脏腑功能受损,正气亏虚。如脾虚不能运化,水湿聚集为痰;肝肾阴虚,相火内灼津液;肾阳不足,气化不利;肝失疏泄,气机郁滞等,均可导致痰瘀内生,形成瘤、岩。岩之后期,则五脏气血俱虚。

4. 饮食不节　恣食膏粱厚味、辛辣炙煿之品,导致脾胃功能受损,水湿运化不利,蕴积于内,津液不化,凝聚为痰。不良饮食习惯促进肿瘤发生的观点已得到证实。

【诊断】

（一）局部症状

1. 肿块　了解肿块的部位、大小、数目、形态、质地、边界、活动度、光滑度、有无压痛以及皮肤的颜色和温度等。良性肿物多为圆形或椭圆形,如肉瘤可呈分叶状,一般与皮肤或基底无粘连;脂瘤可与皮肤粘连,活动可,边界清楚,质地韧实;肉瘤和气瘤质软,表面一般光滑。恶性肿瘤如石疽,质地坚硬,活动差,表面凹凸不平,可与皮肤及基底粘连,边界不清;皮肤癌多为菜花状。血瘤及脂瘤染毒等局部皮肤发红。

2. 溃疡　岩肿后期可破溃,溃疡边缘隆起外翻,基底凹凸不平,颜色晦黯,有脓血,气味恶臭等。

（二）全身症状

体表良性肿瘤和体表恶性肿瘤初期一般无全身症状。淋巴瘤初期可以发热等。恶性肿瘤后期可出现恶病质等明显的全身症状。

（三）辅助检查

可根据病情选择 B 超、CT、X 线检查等,病理学检查可以明确诊断。

【治疗】

（一）内治

瘤的治疗宜内消配合外治。岩的辨治,强调局部与整体相结合、扶正与祛邪相结合、辨病与辨证相结合、兼顾标本缓急等。

1. 气郁痰凝证

证候:局部肿块,质软或硬,无痛,患处皮色如常。伴有胸闷、腹胀、纳呆、精神不振等。舌质淡红苔白,脉细弦。

治法:理气解郁,化痰散结。

方药:开郁散、通气散坚散加减。常用陈皮、青皮、香附、枳壳、枳实、柴胡、橘核、郁金、厚朴、浙贝母、半夏、僵蚕、白芥子、胆南星、夏枯草等。

2. 寒痰凝聚证

证候:局部肿块质硬,无痛,患处皮肤发白或紫黯。伴畏寒怕冷、乏力倦怠、胸闷不舒等。舌淡苔白或腻,脉沉而滑。

治法:温经散寒,化痰散结。

方药:阳和汤加减。常用鹿角胶、熟地黄、麻黄、白芥子、细辛、肉桂、乌药、全蝎、浙贝母、半夏、乳香、没药、橘核、香附等。

3. 气血瘀滞证

证候:肿块坚硬,表面高低不平,推之不动,刺痛或胀痛,青筋显露。伴有胸闷烦躁

等。舌质黯红或有瘀点,脉弦或涩。

治法:活血化瘀,软坚散结。

方药:活血散瘀汤或散肿溃坚汤加减。常用丹参、川芎、桃仁、红花、赤芍、水红花子、五灵脂、三棱、莪术、水蛭、虻虫、土鳖虫、乳香、没药、苏木、鬼箭羽等。

4. 热毒蕴结证

证候:硬结肿块增大,色红,压痛,灼热;或肿块溃烂,状如翻花,灼热疼痛,时流血水,恶臭异味。伴有发热,心烦,口渴,大便干结。舌红,苔黄或少苔,脉弦或滑数。

治法:清热解毒、软坚散结。

方药:五味消毒饮合当归龙荟丸加减。常用十大功劳叶、黄柏、半枝莲、浙贝母、胆南星、金银花、蒲公英、紫花地丁、当归、芦荟、胆草、大黄等。

5. 正虚邪实证

证候:岩肿溃烂,疮面灰黯,久不收口;或肿块增大增多。伴有形体消瘦,倦怠乏力,面色㿠白,不思饮食,低热。舌淡苔薄微黄,脉细数。

治法:益气养血,解毒散结。

方药:保元汤或生脉饮合散肿溃坚汤加减。常用太子参、西洋参、人参、生黄芪、当归、白术、茯苓、沙参、麦冬、何首乌、黄精、菟丝子、淫羊藿、白花蛇舌草、肿节风、半枝莲、蒲公英、半边莲等。

(二)外治

1. 可辨证选用阳和解凝膏、冲和膏、金黄膏,掺阳毒内消散、桂麝散、红灵丹等外敷。

2. 选用紫金锭、小金丸、新癀片等,可分别研末,以茶水调涂肿块部位。

3. 出现溃疡时,可选用红升丹、白降丹药线等,使癌瘤组织分离、脱落,外敷藤黄膏。腐肉已尽可用白玉膏或生肌玉红膏。

(三)其他疗法

1. 手术治疗　根据病情选择手术。特别是岩,一经确诊,应尽早手术。

2. 激光与冷冻治疗　主要适用于部分良性肿瘤。

3. 放疗和化疗　适用于恶性肿瘤,是手术的重要辅助治疗方法。部分患者可酌情单独选用。

第一节　气　　瘤

气瘤是发生在皮肤间的多发柔软肿物。其临床特点是突出于皮肤的多发肿块,按之凹陷,纵之又起,如气在瘤中。《薛氏医案·外科枢要·论瘤赘》说:"若劳伤肺气,腠理不密,外邪所搏而壅肿者,其自皮肤肿起,按之浮软,名曰气瘤。"本病相当于西医学的皮肤神经纤维瘤。

【病因病机】

肺主气,合皮毛。由于劳倦伤气,肺气失于宣和,以致气滞结肿,营卫不和,痰滞凝集肌表,积久成形,发为气瘤。病久可耗伤正气。

西医学认为本病与遗传有关,具有家族倾向性。

【诊断】

1. 大多自幼发生,生长缓慢,好发于躯干以及面部和四肢。患者一般无自觉不适。

2. 体表各部出现大小及数目不等的肿物,少则数个,多则数十上百个,从豆粒大至拳头大,多突出体表,或平坦,或带蒂柄,质软,光滑,按之凹陷,放手后弹起,皮色不变或有色素沉着。

【鉴别诊断】

肉瘤 亦发于皮里膜外,质软,类似气瘤,皮色不变,但多为分叶状,无压缩性,不能将其挤压入皮下,也一般不突出体表不呈蒂状。

【辨证论治】

气滞痰凝证

证候:肿物突出体表,大小不等,质软。倦怠自汗。舌质淡红,舌苔薄,脉滑。

治法:宣肺调气,化痰散结。

方药:通气软坚丸加减。常用陈皮、香附、枳壳、橘核、桔梗、厚朴、浙贝母、半夏、僵蚕、白芥子、胆南星、夏枯草等。

【外治】

多发的气瘤一般不需要外治。

【其他疗法】

1. 中成药 小金丸,每次 1.2g,每日 2 次。

2. 手术 较大带蒂柄者可以手术。

【预防护理】

1. 预防 避免挤压肿物和局部受伤,以防破溃出血和继发感染。下肢多发肿物且瘤体较大时,宜适当减少跑步、快走等活动,以免肿胀不适。

2. 护理 一旦肿物破溃出血要做好止血。

【结语】

气瘤相当于皮肤神经纤维瘤,其特点是瘤体多发,突出皮肤,大小不等,质软,按之凹陷,放手后弹起。多因肺气郁结,痰凝肌肤而成。治疗宜宣肺调气,化痰散结,可服通气软坚丸加减,必要时手术。

第二节 血 瘤

血瘤是因体表血络扩张、纵横丛集而形成的一种良性肿瘤。血瘤病名首见于《外台秘要》,古代文献又名"血丝瘤"。其临床特点是病变生于血管,局部皮肤鲜红或紫黯,或局限性肿块柔软如海绵。本病相当于西医学的皮肤血管瘤,包括毛细血管瘤及海绵状血管瘤等,多为先天性疾病。

【病因病机】

本病的发生与先天禀赋异常、脏腑功能受损相关。心主血脉运行,肾为先天之本,肝藏血主疏泄。肾中伏火胎毒,引动心、肝之火,致血中有热,血行失常,脉络扩张所致。

1. 肾中伏火 《医宗金鉴·外科心法要诀·红丝瘤》指出:"此患由先天肾中伏火,精有血丝,以气相传,生子故有此疾"。

2. 心火旺动 劳累过度,黯耗阴血,或肾水不能上济心火,致心火旺动,迫血

妄行。

3. 肝火燔灼　郁怒伤肝,肝气郁结,气郁化火,迫血妄行,离络溢肤而成血瘤。

西医学认为血管瘤是由残余的中胚叶或血管细胞形成,属先天性疾患。

【诊断】

1. 毛细血管瘤　多见于女性婴儿,出身后局部皮肤有红点或小红斑,逐渐增大,颜色加深,呈鲜红或紫红色,可隆起,界限清楚,好发于面颈部。部分在 5 岁左右能自行消(彩图 9-2-1)。

2. 海绵状血管瘤　多生长在皮下,为半球形、扁平或高出皮肤肿物,皮色正常或呈青紫,质地柔软似海绵,用手按压可变小及退色,溃破可引起出血和继发感染(彩图 9-2-2)。

3. 血管造影或 B 超检查有助于确定海绵状血管瘤的病变范围和程度。

【鉴别诊断】

筋瘤　下肢的血瘤和筋瘤均可见蜿蜒的血管,色青紫等,但血瘤有明显的压缩性和膨胀性。

【辨证论治】

中药治疗可作为手术等的辅助方法,治疗原则为清热凉血,和营化瘀。

1. 心肾火毒证

证候:肿块色泽鲜红或紫红。伴面赤口渴,口舌生疮,小便短赤,大便秘结。舌红,苔薄黄,脉数有力。

治法:清心滋阴,凉血散瘀。

方药:芩连二母丸合凉血地黄汤加减。常用黄连、黄芩、知母、浙贝母、当归、赤芍、生地黄、蒲黄、川芎、丹参、地榆、槐角等。

2. 肝经火旺证

证候:肿块血丝显露或青紫,常因情志不遂或恼怒肿胀作痛。急躁易怒,胸胁不适,口苦咽干。舌红,苔黄且干,脉弦数或弦细数。

治法:疏肝清热,凉血祛瘀。

方药:清肝芦荟丸合丹栀逍遥散加减。常用生地、当归、黄连、芦荟、丹皮、栀子、柴胡、白芍、茯苓、牛膝等。

【外治】

1. 浅表小面积、非头面部及关节部位的毛细血管瘤,可用五妙水仙膏外敷。

2. 若瘤体出血者,可用云南白药外敷止血。

【其他疗法】

应根据血瘤的不同类型、部位、大小等选择相应的治疗方法。

1. 手术疗法　毛细血管瘤和海绵状血管瘤均可酌情选择手术切除。

2. 注射疗法　海绵状血管瘤可局部注射血管硬化剂。

3. 其他局部疗法　毛细血管瘤可进行液氮冷冻、浅层 X 线照射、^{32}磷敷贴等治疗。

【预防护理】

注意保护瘤体,避免挤压和擦伤等造成出血或感染。

【结语】

血瘤为浅表血管先天性异常病变,包括毛细血管瘤和海绵状血管瘤等,前者为局部皮肤片状红色或黯紫色斑块,后者为柔软半球状肿物。因血热入络,脉络扩张、纵横丛集所致。治疗宜凉血清火,散瘀通络,可根据心火和肝火的偏盛选用不同方药,血瘤用药物治疗效果不够理想。局部治疗可选用手术、注射疗法等。

第三节　肉　瘤

肉瘤是发生于皮下脂肪组织的良性肿瘤。其临床特点是皮下肿块,大小不等,按之稍软,皮色不变,无痛。《外科正宗·瘿瘤论》描述其特点为"肉瘤者,软若绵,似馒"。本病好发于成年人,相当于西医学的脂肪瘤。

【病因病机】

本病多因郁滞伤脾,痰气凝结所致。

1. 脾虚痰湿　脾主肌肉,主运化,思虑过度或饮食劳倦,郁结伤脾,脾失健运,津液聚而为痰,痰气郁结发为肉瘤。

2. 肝郁痰凝　郁怒伤肝,肝失疏泄,气机不畅,瘀血阻滞,经脉不利,津液聚而为痰,气郁痰凝而为肉瘤。

【诊断】

1. 一般见于成年人,好发于肩、背、臀及腹壁等部位。

2. 皮下肿物,呈圆形或椭圆形,有时呈分叶状和片块状,质地柔软,富有弹性,边界清楚,与皮肤无粘连(彩图9-3-1)。肿块大小及数目不等,生长缓慢,一般无疼痛。

【鉴别诊断】

血瘤　血瘤中的海绵状血管瘤也表现为质地柔软的肿块,但血瘤皮色鲜红或黯红,皮温较高,用手压迫肿瘤能压缩变小,去压后复原。

【辨证论治】

1. 脾虚痰湿证

证候:瘤体较大,软如绵,肿如馒,无触痛。常伴面色萎黄,精神疲倦,气短懒言。舌淡,苔薄白,脉缓弱。

治法:健脾宽中、燥湿化痰。

方药:归脾丸合二陈汤加减。常用陈皮、茯苓、青皮、木香、白术、半夏、当归、生黄芪、党参、丹参等。

2. 肝郁痰凝证

证候:瘤体较小,常为多发性,质地稍硬,轻度触痛。常伴精神抑郁,心烦易怒,胸闷,善太息。舌红,苔薄黄,脉弦。

治法:疏肝行气,解郁散结。

方药:十全流气饮加减。常用陈皮、茯苓、青皮、木香、乌药、香附、半夏、山楂、当归、川芎、赤芍、白术等。

【外治】

可予阳和解凝膏掺黑退消外敷。

【其他疗法】

瘤体较大者,宜手术切除。

【预防护理】

1. 预防　肥硕体胖之人,饮食宜清淡少食肥甘厚腻。

2. 护理　瘤体较小者,可以观察随访。如肿物明显增大,则宜手术治疗。

【结语】

肉瘤相当于脂肪瘤,主要特点为皮下肿物,大小数目不一,质软,与皮肤无粘连。为郁滞伤脾,痰气凝结所致。内治宜化痰散结。肿物较小可观察,较大者可手术。注意避免和西医学的"肉瘤"病名相混淆。西医学所称的肉瘤,是指发生于软组织的恶性肿瘤,如纤维肉瘤、脂肪肉瘤等。

第四节　筋　　瘤

病案分析

病案:王某,男,51岁,2009年8月初诊。双小腿青筋暴露、结节团块二十余年,伴局部红肿疼痛1周。患者长期小腿青筋暴露,筋脉盘曲成团状,久立及行走后腿稍肿胀。近日左小腿青筋周围出现红肿硬块,疼痛。伴口苦,大便干。舌黯红,苔黄,脉弦滑。中医诊断为筋瘤,西医诊断为下肢静脉曲张伴浅静脉炎。给予活血祛瘀、清热解毒方药口服和金黄膏外敷。

分析:筋瘤主要为下肢脉络瘀阻所致,瘀久化热或复感外邪,可出现局部红肿结节。病久血脉瘀阻,肢体肌肤失养,可见皮肤菲薄或肥厚、颜色黯黑、起丘疹而异常瘙痒,搔破甚至形成臁疮。患者目前局部红肿疼痛、舌黯红、苔黄等呈现化热之象,在活血通脉常规治疗基础上佐以清热解毒利湿消肿,并配合外治。

问题:筋瘤的中医治疗基本原则是什么? 当出现并发症时应如何处理?

筋瘤是体表筋脉曲张交错形似瘤样的病变。《外科正宗·瘿瘤论》云:"筋瘤者,坚而色紫,垒垒青筋,盘曲甚者结若蚯蚓"。其临床特点为青筋盘曲,状如蚯蚓,好发于下肢。本病相当于西医学的下肢静脉曲张。

【病因病机】

本病多因先天筋脉薄弱,久站久立或妊娠等致脉络劳损,寒湿停聚,脉络气血运行不畅,筋挛血瘀而成。

1. 火旺血燥　肝主筋,怒动肝火,血旺火燥,筋脉失养,则筋挛失常,屈曲交错成瘤。

2. 气虚血瘀　长期站立负重,劳倦伤气,气滞血瘀,筋脉纵横,血壅于下,结成筋瘤。

3. 寒湿凝筋　因劳累或涉水淋雨,寒湿侵袭,凝结筋脉,筋挛血瘀,结块成瘤。

西医学认为本病的发生与静脉壁薄弱、静脉瓣缺陷等遗传因素和持久站立、重体力劳动等增加血柱重力等因素有关。

【诊断】

1. 多发于下肢,经常站立工作者或重体力劳动者为好发人群。

2. 患肢内侧或小腿后侧浅静脉盘曲成团,如蚯蚓集结,表面呈青蓝色,质地柔软(彩图9-4-1)。

3. 早期可无自觉不适。站立较久时出现患肢酸胀、麻木、困重等症状。

4. 病久可见足踝肿胀或皮肤萎缩、脱屑、瘙痒和色素沉着,皮下硬结(彩图 9-4-2)。严重者可伴发湿疮、臁疮。部分可合并局部红肿灼热疼痛和条索状结节。

5. 下肢多普勒超声及静脉造影可准确判断病变性质。

【鉴别诊断】

1. 青蛇毒 多发于四肢、胸腹壁,体表静脉疼痛,局部可触及较硬的条索状物,并有压痛。不形成柔软的团块。

2. 血瘤 出身后不久即出现,色红或紫红,肿块柔软,用手按压可缩小及退色。

【辨证论治】

针对本病的病机特点脉络气血运行不畅,筋挛血瘀,在辨证的基础上,应注重活血通络。

1. 火旺血燥证

证候:下肢青筋盘曲,瘤体灼热。伴五心烦热,口干。舌红,苔黄,脉细数。

治法:清肝泻火,养血生津。

方药:清肝芦荟丸加减。常用当归、生地黄、芍药、川芎、丹参、芦荟、黄连、枳壳、牛膝、忍冬藤等。

2. 气虚血瘀证

证候:久站久行或劳累时青筋暴露更重,患肢困重、坠胀不适,或麻木。伴气短乏力等。舌淡胖,苔薄白,脉细缓无力。

治法:益气活血,舒筋通络。

方药:补阳还五汤加减。常用黄芪、当归、赤芍、地龙、川芎、红花、桃仁、牛膝、枳壳、丹参等。

3. 寒湿凝筋证

证候:下肢青筋盘曲,轻度肿胀。伴形寒肢冷,口淡不渴,小便清长。舌淡黯,苔白腻,脉弦细。

治法:暖肝散寒,活血通脉。

方药:暖肝煎合当归四逆汤加减。常用当归、小茴香、乌药、沉香、茯苓、桂枝、白芍、细辛、川芎、黄芪等。

【外治】

1. 缠缚法 是治疗本病的有效辅助方法。适用于轻症患者,或妊娠期妇女,或体弱不能耐受手术者。可用弹力绷带或医用弹力袜,以减轻症状,延缓病变进一步发展,防止发生并发症。

2. 敷药法 适用于本病引发湿疮、臁疮者。参见有关章节。

【其他疗法】

1. 注射疗法 适用于少量局部病变,或可作为手术的辅助疗法。可在病变的静脉或手术剥脱不尽的曲张静脉注射硬化剂,如5%鱼肝油酸钠等。

2. 手术疗法 可行大隐或小隐静脉高位结扎和曲张静脉剥脱术。

【预防护理】

1. 预防 避免久坐、久站,加强下肢锻炼,可适当按摩和热水浸浴。间歇抬高患肢。

2. 护理　注意保护患肢,避免外伤。伴发湿疮、臁疮者,应积极治疗,防止病情发展。

【结语】

筋瘤相当于下肢静脉曲张,以下肢浅静脉盘曲结聚为特点,可并发浅静脉炎、淤积性皮炎、小腿慢性溃疡等。常见肝郁血燥、寒凝血瘀、气虚血瘀等证。内治在辨证基础上宜加强活血通脉。必要时手术。预防护理可改善病情。

第五节　脂　瘤

脂瘤是皮脂腺中皮脂潴留郁积而形成的囊肿。又称粉瘤。其临床特点是皮下圆形肿块,质软,边界清楚,中央有粗大毛孔,破溃后有脂质粉渣样物。清代《外科证治全书·瘿瘤》记载:"……然每有愈而复发者,乃内有胏囊,化净膏贴,生肌自愈。"本病在临床上很常见,相当于西医学的皮脂腺囊肿。

【病因病机】

本病多因痰气凝滞于皮肤之间所致。

1. 痰气凝结　汗腺堵塞,疏于洗涤,腠理津液滞聚不散,渐以成瘤;或肝郁脾虚,运化失司,湿浊化痰,痰气凝结而成。

2. 痰湿化热　搔抓染毒,痰湿化热,则脂瘤红肿热痛,甚则酿脓溃破。

【诊断】

1. 多发于头面、背部等皮脂腺分布密集的部位,生长缓慢。

2. 皮肤小肿块,呈圆形或椭圆形,边界清楚,与皮肤粘连,表面皮脂腺开口处呈青黑色小点,破溃后有粉渣样内容物溢出,有臭味。

3. 脂瘤染毒后可有局部红肿、增大、疼痛,破溃流脓等,可反复发作。

【鉴别诊断】

肉瘤　瘤体与皮肤无粘连,在皮肤间可推移,表面无黑色小孔。

【辨证论治】

脂瘤较小者,可暂行观察,不予治疗。脂瘤较大而未染毒者,宜首选手术。脂瘤染毒时可予内服药物治疗,成脓者要及时切开引流。

痰湿化热证

证候:体表皮肤素有小结节,突发瘤体红肿增大、灼热、疼痛,甚至跳痛,化脓破溃有豆渣样分泌物。伴发热,恶寒,头痛。舌红,苔薄黄,脉数。

治法:清热化湿,和营解毒。

主方:龙胆泻肝汤合仙方活命饮加减。常用龙胆草、黄芩、栀子、当归、生地黄、柴胡、皂角刺、金银花、赤芍、乳香、没药、天花粉、陈皮、浙贝母、白芷等。

【外治】

1. 脂瘤染毒而未成脓者,予金黄膏、玉露膏外敷。

2. 脂瘤染毒成脓者,予行十字切开引流,清除皮脂和脓液后,用棉球蘸七三丹填塞腔内,待囊壁被腐蚀脱落后,再予生肌散生肌收口。

【其他疗法】

将脂瘤完整手术切除,是最根本的治疗方法。脂瘤染毒后应等红肿消退后再手术。

【预防护理】

1. 预防　注意保持皮肤清洁。皮脂腺分泌旺盛者,勤清洗。

2. 护理　防止脂瘤染毒。避免抓破后,局部不洁而染毒。

【结语】

脂瘤是皮脂淤积形成的囊性肿瘤,表现为皮下圆形肿物,与皮肤粘连,破溃后有脂质样分泌物。治疗以手术摘除为主,感染时应切开引流,配合外用药物。

第六节　石　　疽

石疽是发生于颈项、腰胯、膝间等处坚硬如石的肿块,属于岩的范畴,古代医家亦将其归属于阴疽。其临床特点是肿块状如桃核,坚硬有弹性或坚硬如石,皮色不变,难消难溃,不痒不痛,后期可见形体消瘦、面容憔悴等表现。《医宗金鉴·外科心法要诀》中按病变部位将其分为上石疽、中石疽、下石疽三种,为后世所沿用。《医宗金鉴·外科心法要诀》中描述,上石疽"生于颈项旁,形如桃李,皮色如常,坚硬如石,臖痛不热";《补充篇章》中石疽"生于腰胯之间,缠绵难以收功。其疽时觉木痛,难消难溃,坚硬如石,皮色不变";《补充篇章》下石疽"生于膝间,无论膝盖及左右,俱可以生。坚硬如石,牵筋疼痛,肿如鸡卵,皮色不变"。本节讨论的石疽相当于西医学的恶性淋巴瘤,包括霍奇金病与非霍奇金病等。

【病因病机】

本病的发生多由先天不足或后天调摄不慎,情志内伤,脏腑功能失调,致气滞血瘀痰凝,胶着凝聚,结于颈项、腰胯、膝间等到处而发为岩肿。朱震亨说:"凡人身上中下有块者多是痰",痰瘀交结则肿块质硬。病久脏腑精气亏损,以虚为主。

1. 寒痰凝聚　素体阳虚,水湿气化不利;复感寒湿邪毒,使气机郁滞,痰浊内生。

2. 气郁痰凝　忧思恼怒,肝气郁滞,气血精液运行不畅,郁久气滞血瘀痰凝。

3. 痰热瘀阻　肝郁化火,复感热邪,气郁、血逆与火凝结,或肝肾阴虚,虚火内炽,炼液成痰,痰瘀交结。

4. 气血亏损　先天不足,劳倦内伤,肿物破溃,渗流血水,气血渐耗,致脏腑气血亏虚与痰瘀互结并存。

西医学认为,淋巴瘤与病毒感染和免疫功能异常有关。

【诊断】

1. 早期表现为颈项两侧或单侧肿块,初起结块较小,逐渐增大,皮色不变,按之坚硬,难消难溃,日久多个结块融合粘连大如拳头,表面高低不平,如岩石之状。以后其他部位如锁骨上、腋下、腰腹等亦陆续发现相似肿块。后期患处皮肤可现青筋或黑斑,为将溃之象。肿块溃破后无脓,时流污浊血水,创面凹凸不平,经久不愈。

2. 少数患者以腹部癥瘕痞块为首发症状,有的患者以发热、皮肤瘙痒、盗汗及消瘦等全身症状为最早出现的临床表现。晚期可出现持续发热、形体消瘦等全身临床表现。

3. 其他恶性肿瘤的淋巴结转移可见局部或多处肿块坚硬如石,推之不移,皮色不变。肿块逐渐增多增大,融合成团或联结成串,隐隐作痛。溃后无脓,但流血水,其味臭秽,疼痛剧烈。

4. 血象检查可有贫血、白细胞增多或中性白细胞、淋巴细胞增多。淋巴结穿刺涂片细胞学检查及切片病理检查可以确诊。

【鉴别诊断】

1. 颈痈　颈项部的结节,质软,红肿疼痛,急性发作,易消易溃易愈。

2. 瘰疬　颈部肿物,初期质硬,多个可逐步融合成串珠状,成脓后变软,破溃后有败絮状分泌物。

【辨证论治】

石疽的治疗根据疾病不同阶段及全身体质状况、寒热虚实而定。初起体实者,以祛邪为先,宜疏肝解郁,化痰行瘀为主;寒凝所致者宜温通;郁热化火者宜清热解毒。中期以攻补兼施。病久体虚及肿块溃后,重在扶正,宜补养气血,和营理气,化痰消坚。

1. 寒痰凝聚证

证候:肿块坚硬,或肿块融合成团,局部皮温不高,皮色晦黯,不痛不胀。伴形寒肢冷,乏力,纳差,腰膝酸软。舌质淡,舌苔白,脉沉迟。

治法:温化寒痰,散结消肿。

方药:阳和汤合二陈汤加减。常用炙麻黄、熟地黄、白芥子、炮姜炭、肉桂、鹿角胶、陈皮、半夏、茯苓、白花蛇舌草、蜂房、僵蚕等。

2. 气郁痰凝证

证候:肿块发于颈侧及腋下、腰腹部,质地坚硬而有弹性,无痛或轻度胀痛,患部皮色不变或有青筋显露。伴胸闷不舒,两胁胀满,口苦咽干,性情急躁。舌苔薄黄,舌尖红,脉弦滑或弦细。

治法:疏肝解郁,化痰软坚。

方药:舒肝溃坚汤加减。常用夏枯草、僵蚕、香附子、石决明、当归、白芍、陈皮、柴胡、川芎、红花、姜黄、白花蛇舌草、山慈菇等。

3. 痰热瘀阻证

证候:肿块融合成团,肿胀发硬,有疼痛感,患部皮肤灼热,皮色紫红或黯红。可伴发热不退,多汗,面色红赤,腹部癥瘕痞块等。舌苔少或薄黄苔,舌质红或绛,脉滑数。

治法:清热化痰,解毒消肿。

方药:清肝芦荟丸加减。常用当归、生地黄、芍药、川芎、丹参、芦荟、黄连、枳壳、白花蛇舌草、山慈菇、鳖甲、土鳖虫等。

4. 气血亏损证

证候:石疽巨大肿块溃破,渗流血水,致气血耗伤,而身体日渐消瘦,乏力,发热,多汗,少气懒言。舌质淡红,舌苔少,脉细数或细弱。

治法:益气补血化痰。

方药:香贝养荣汤加减。常用香附、贝母、人参、黄芪、当归、茯苓、陈皮、熟地黄、川芎、白芍、白术、桔梗、天花粉等。

【外治】

寒痰凝聚证和气郁痰凝证的肿块,可外用阳和解凝膏掺黑退消盖贴。痰热瘀阻证肿块,可外用太乙膏掺红灵丹盖贴。肿块溃后,可用各半丹药线引流,并用藤黄膏外贴。

【其他疗法】

1. 放射治疗 对霍奇金病效果好,非霍奇金病也敏感但复发率高。

2. 化学治疗 大多数都应采取化疗抑制肿瘤。

【预防护理】

1. 预防 保持心情舒畅,减少精神刺激,树立战胜疾病信心。

2. 护理 注意休息,避免劳累。化放疗期间要特别注意预防感冒,否则可导致高烧和病情加重。

【结语】

石疽是岩的一种,以慢性、进行性、无痛性淋巴结肿大为主要特点,开始常见于颈部或锁骨上淋巴结,续则腋下、腹膜后等全身多处淋巴结肿大,后期可表现为失荣。相当于西医学的淋巴瘤,包括霍奇金病、非霍奇金病、淋巴肉瘤等。生于颈项的称为上石疽,生于腰胯的称中石疽,生于膝部的称下石疽。要注意和颈淋巴结核等相鉴别。脏腑功能失调,气滞血瘀痰凝是其主要病机。石疽病变较为复杂,要综合考虑局部和全身情况,予中西医相结合综合治疗。中医药辨证论治原则是扶正与祛邪相结合,初起体实者以祛邪为先,中期以攻补兼施,病久重在扶正。

（夏仲元）

复习思考题

1. 瘤和岩各有何临床特点?

2. 常用的清热解毒抗肿瘤中药有哪些?

3. 毛细血管瘤和海绵状血管瘤的鉴别要点是什么?

4. 筋瘤如何辨证治疗?

5. 脂瘤的临床特点是什么?

6. 石疽的临床特点是什么?

7. 试述石疽初期的治则方药。

第十章

皮肤疾病及性传播疾病

学习目的

通过对皮肤的解剖及生理功能的回顾,进一步认识皮肤疾病的发生与肝肾及肺、脾、心的密切关系。掌握常见原发性皮损与继发性皮损的皮疹特点及不同。熟悉皮肤病的病因病机、内治法、外用药剂型及外用药物的使用原则。掌握蛇串疮、疣、癣、湿疮、接触性皮炎、药毒、瘾疹、风瘙痒、牛皮癣、风热疮、白驳风、黧黑斑、粉刺、面游风、油风、淋病、梅毒的临床特点、诊断及治疗。熟悉热疮、黄水疮、虫咬皮炎、疥疮、日晒疮、猫眼疮、葡萄疫、瓜藤缠、紫癜风、酒渣鼻、红蝴蝶疮、艾滋病、癌疮的临床表现及治疗。

学习要点

原发性皮损与继发性皮损的皮疹特点;外用药剂型;外用药物的使用原则;蛇串疮、疣、癣、湿疮、接触性皮炎、药毒、瘾疹、风瘙痒、牛皮癣、风热疮、白驳风、黧黑斑、粉刺、面游风、油风、淋病、梅毒的临床特点、诊断及治疗。

发生于人体皮肤、黏膜及皮肤附属器的疾病统称为皮肤病。皮肤病的病种很多,目前可以命名的具有不同临床特点的多达 2000 余种。主要通过性接触、类似性行为及间接接触传播的一组传染性疾病称为性传播疾病(STD),简称为"性病",过去又称为"花柳病"。梅毒、淋病、软下疳、性病性淋巴肉芽肿及腹股沟肉芽肿过去称为五种"经典性病"。1975 年世界卫生组织(WHO)正式决定使用性传播疾病来代替旧名,病种涵盖了非淋菌性尿道炎、生殖器疱疹、艾滋病(AIDS)、尖锐湿疣、传染性软疣等多达50 多个。本章仅介绍其中临床常见病及代表性疾病。

【解剖生理】

(一) 皮肤的解剖

皮肤由表皮、真皮和皮下组织构成,其间有皮肤附属器以及丰富的血管、淋巴管、神经和肌肉。皮肤是人体最大的器官,约占人体总体重的 16%。掌跖部皮肤最厚,眼睑、外阴、乳房的皮肤最薄。

1. 表皮 主要由角质形成细胞、黑素细胞、朗格汉斯细胞和梅克尔细胞等构成,由深至浅分别为基底层、棘层、颗粒层、透明层和角质层。表皮内有丰富的感觉神经末梢,但没有血管。营养物质及表皮代谢产物主要通过表皮与真皮交界处的基底膜带,进行物质交换。角质形成细胞由外胚层分化而来,是表皮的主要构成细胞,数量占表皮细胞的 80% 以上,角质形成细胞之间及与下层结构之间存在一些特殊的连接结构如桥粒和半桥粒。基底层细胞分裂、逐渐分化成熟为角质层细胞并最终由皮肤表面脱落是一个受到精密调控的过程,共约 28 天,称为表皮通过时间或更替时间。

2. 真皮 由中胚层分化而来,由胶原纤维、网状纤维、弹力纤维、细胞和基质构成。内含较大的血管、淋巴管、神经以及皮肤附属器、肌肉等结构。胶原纤维、网状纤维、弹力纤维共同维持皮肤的韧性和弹性。细胞成分主要包括成纤维细胞、肥大细胞、巨噬细胞、淋巴细胞等。基质充填于纤维和细胞之间,形成有许多微孔隙的分子筛立体构型,有利于进行物质交换和细菌的局限、吞噬。

3. 皮下组织 真皮下方为皮下组织,与真皮无明显界限。皮下组织由疏松结缔组织及充填其间的脂肪小叶组成,又称皮下脂肪层,有良好的隔热和缓冲作用。此层内有汗腺、毛囊、血管、淋巴管及神经等。

4. 皮肤附属器 包括毛发、皮脂腺、汗腺和甲,均由外胚层分化而来。

(二)皮肤的生理功能

皮肤是人体内、外环境的分界,具有屏障、吸收、感觉、分泌和排泄、体温调节、物质代谢等多种功能,此外还是一个重要的免疫器官。

1. 皮肤的屏障功能 皮肤的屏障功能具有双向性,一方面保护体内各种器官和组织免受外界物理性、化学性物质及微生物等有害因素的损伤,另一方面防止体内水分、电解质及营养物质的丢失。

2. 皮肤的吸收功能 外界物质通过毛囊、皮脂腺或汗管、角质细胞间隙、角质层细胞本身而吸收。不同部位皮肤吸收能力不同。角质层的水合程度、被吸收物质的理化特性、皮肤的结构和部位等均可影响皮肤的吸收作用。

3. 皮肤的感觉功能 皮肤内有多种感觉神经末梢,能将外界的刺激沿相应的感觉神经纤维传至大脑皮质而产生不同的感觉。如触觉、压觉、冷觉、热觉、痛觉等单一感觉,以及干、湿、光滑、粗糙等复合感觉。

4. 皮肤的分泌和排泄功能 汗腺分泌和排泄汗液,从而调节体温,还可替代部分肾功能。皮脂腺分泌和排泄皮脂,皮脂具有润泽毛发、防止皮肤干裂的作用。汗液和皮脂均可抑制皮肤表面某些细菌生长。

5. 皮肤的调节体温功能 皮肤能感受外界温度和体温的变化,反馈到体温调节中枢,然后通过交感神经调节皮肤血管的收缩和扩张,从而改变皮肤中的血流量和热量扩散,以调节体温。体表散热主要通过辐射、对流、传导、汗液蒸发实现,其中汗液蒸发是环境温度过高时主要的散热方式。

6. 皮肤的代谢功能 皮肤中存在糖、蛋白质、脂类、水、电解质等多种物质代谢,以维持皮肤的能量供给、细胞更新和内环境的稳定。

7. 皮肤的免疫功能 皮肤是重要的免疫器官,包括免疫细胞和免疫分子两部分。许多外来抗原经过皮肤进入机体,所以许多免疫反应首先发生于皮肤。

【病因病机】

皮肤病的病因复杂,但归纳起来不外乎内因、外因两类。外因主要是风、湿、热、虫、毒;内因主要是七情内伤、饮食劳倦和肝肾亏损。其病机主要因气血失和、脏腑失调、邪毒结聚而致生风、生湿、化燥、致虚、致瘀、化热、伤阴等。性传播疾病主要由性接触染毒致病,属特殊病种,其病因病机分述于其相应疾病中。

1. 风 许多皮肤病与风邪有着密切关系。风邪可以单独直接致病,也可以与他邪合而致病。凡人体腠理不密,卫气不固,风邪乘虚入侵,阻于皮肤,内不得通,外不得

泄,致营卫不和,气血运行失常,肌肤失于濡养,则可致皮肤病发生。其特点为发无定处,骤起骤消,如瘾疹;剧烈瘙痒,皮肤干燥、脱屑,如风瘙痒;多发于上部,如面游风、白屑风等。临床上风邪常与他邪相兼为病,如风湿、风热、风寒等。

2. 湿　湿有内湿、外湿之分,皮肤病以外湿居多,但有时外湿与内湿相合致病。湿邪侵入肌肤,郁结不散,与气血相搏,多发生疱疹、渗液、糜烂、瘙痒等。湿邪所致的皮肤病,其皮肤损害以水疱为主,或为多形性,或皮肤糜烂,或浸淫四窜,滋水淋漓,常患病于下部,病程缠绵,难以速愈,愈后易发。

3. 热　热为阳邪,火热同源,热为火之渐,热微则痒;火为热之甚,热盛则痛。外感热邪,或脏腑实热,蕴阻肌肤,不得外泄,熏蒸肌表,均可发生皮肤病。热邪致病多发于人体上部,其皮肤损害以红斑、红肿、脓疱、糜烂为主,自觉瘙痒或疼痛。

4. 虫　由虫致生的皮肤病多种多样,虫不同则皮损也不相同。一为皮肤中寄生虫直接致病,如疥虫引起的疥疮,真菌引起的手癣、足癣、体癣、甲癣等病;二为由昆虫的毒素侵入或过敏引起的皮肤病,如蚊虫、臭虫、蠓虫、虱子叮咬所致的损伤和虫咬皮炎。此外,尚可由肠道寄生虫过敏及禽类寄生虫毒、桑毛虫毒、松毛虫毒等引起皮肤病等,在临床中均较常见。中医文献中对部分皮肤病认为是虫蚀所致,尤其是《诸病源候论》中所载因虫所致11种皮肤病,涉及有虫者约占10种。由于古代条件所限,将真菌所致皮肤病也归为虫蚀为患;或以虫来形容皮肤病的瘙痒,如"痒如虫行",而皮损中实非有虫,应予以区别。由虫引起的皮肤病,其症状是皮肤瘙痒甚剧,有的表现为糜烂,有的能互相传染,有的可伴局部虫斑,脘腹疼痛,大便中可查到虫卵等。

5. 毒　由毒引起的皮肤病,可分为药物毒、食物毒、漆毒、虫毒等。其病机不外乎中毒,机体不胜克防,或禀赋不耐,机体对某物质过敏而成。由毒邪引发的皮肤病,发病前有食"毒"物史或曾内服某种药物,或接触某种物质,或有毒虫叮咬史,需经过一定的潜伏期后方可发病。其皮损表现为灼红、肿胀、丘疹、水疱、风团、糜烂等多种形态,或痒或痛,轻则局限一处,重则泛发全身。终止上述毒邪来源后,其病去也快。病重者,皮肤暴肿,起大疱,破流滋水,皮肤层层剥脱,甚则危及生命,如药物毒。

6. 血瘀　血瘀为皮肤病重要的病因病机,凡外感六淫、内伤七情,均可导致气机不畅,气为血之帅,血随气行,气滞则血瘀而为病。血瘀证候多见于慢性皮肤病,其特点为皮损色黯、紫红、青紫,或出现肌肤甲错、色素沉着、瘀斑、肥厚、结节、肿块、瘢痕、脱发,舌紫或有瘀点,脉弦涩等,如黧黑斑。

7. 血虚风燥　血虚风燥亦为皮肤病的重要病机。多种慢性皮肤病因长期皮肤瘙痒,寝食不安,脾虚食减,脾胃失其健运,阴血失其化源,或风湿郁久,郁而化热化火,伤其阴血,阴血亏虚;或体虚病久,均可导致血虚风燥。其皮损特点以干燥、肥厚、粗糙、脱屑为主,很少糜烂、渗液,自觉瘙痒,病期较长,如牛皮癣、白疕、慢性湿疮、风瘙痒、鱼鳞病等慢性皮肤病。

8. 肝肾不足　脏腑失调是皮肤病重要的病因病机,其中以肝肾不足为多见。肝肾不足主要包括先天之精不足及后天精血不足。如肝血虚,爪甲失养,则指甲肥厚、干燥、变脆;肝虚血燥,筋气失荣,则生疣目;肝经火郁血滞,可致血痣。肾精不充,发失所养,则毛发干枯易脱;肾虚,本色上泛,则面生黧黑斑。因肝肾不足所致的皮肤病,大多呈慢性过程,其皮损表现为干燥、肥厚、粗糙、脱屑或伴毛发枯槁、脱发、色素沉着、指甲受损,或伴生疣目、血痣等。因肾为先天之本,故某些先天性、遗传性皮肤病与肝肾亦

笔记

有一定的关系,如鱼鳞病、毛周角化症。

总之,皮肤病的发生往往不是由单一原因引起,常为数个以上的病因共同作用所致。或内伤与外感兼夹在一起,或为实证,或为虚证,或虚实夹杂,所以在审因辨证时,要善于分析,才能得出正确的结论。

【诊断】

(一)皮肤病的常见症状

皮肤病在发病过程中,可产生一系列的自觉症状和他觉症状,是皮肤病辨证与诊断的重要依据。

1. 自觉症状　即患者主观的感觉。皮肤病的自觉症状取决于原发病的性质、病变程度以及患者的个体差异等。最常见的症状是瘙痒,其次是疼痛,此外尚有灼热、蚁行、麻木感等。

(1)瘙痒:可由多种因素引起,但重在"风"邪及"热"邪的辨证。一般急性皮肤病的瘙痒多由外风所致,故其有症状流窜不定、泛发而起病迅速的特点,可有风寒、风热、风湿热的不同。风寒所致瘙痒,遇寒加重而皮疹色白;风热所致瘙痒,皮疹色红,遇热加重;风湿热所致瘙痒,抓破有渗液或起水疱。此外,营血有热所致瘙痒,皮损色红灼热,见丘疹、红斑、风团,瘙痒剧烈,抓破出血。慢性皮肤病的瘙痒原因复杂,寒、湿、痰、瘀、虫淫、血虚风燥、肝肾不足等因素均可导致瘙痒。寒证瘙痒除因寒邪外袭外,尚可由脾肾阳虚生内寒而致瘙痒,皮疹色红及发热症状不明显,或呈寒性结节、溃疡等;湿热所致瘙痒,皮疹可表现流滋或水疱;痰邪所致瘙痒则常呈结节;瘀血所致瘙痒可见紫斑、色素沉着等;瘀血夹湿所致瘙痒剧烈,皮损结节坚硬,顽固难愈;虫淫所致瘙痒,痒如虫行或蚁走,阵发性奇痒难忍,且多具传染性;血虚风燥及肝肾不足所致瘙痒常有血痂或糠秕样脱屑,皮肤干裂,苔藓样变等。

(2)疼痛:皮肤病有疼痛症状者不多,一般多由寒邪或热邪或痰凝血瘀,阻滞经络不通所致,"通则不痛,痛则不通"。寒证疼痛表现为局部青紫,遇寒加剧,得温则缓;热证疼痛有红肿、发热与疼痛性皮损;痰凝血瘀疼痛可有痰核结节或瘀斑、青紫,疼痛位置多固定不移。此外,在有些较重的皮肤病后期或年老体弱、气血亏虚的蛇串疮患者,虽皮肤损害已愈,但后遗疼痛,且较剧烈,属虚证兼气滞血瘀疼痛。

(3)灼热感、蚁行感、麻木感:为皮肤病较特殊的局部自觉症状。灼热感为热邪蕴结或火邪炽盛,炙灼肌肤的自觉感受,常见于急性皮肤病;蚁行感与瘙痒感颇为近似,但程度较轻,由虫淫为患或气血失和所致;麻木感常见于一些特殊的皮肤病,如麻风病的皮损,有的慢性皮肤病后期也偶见麻木的症状,一般认为麻木为气血虚或毒邪炽盛或湿痰瘀血阻络,导致经脉失养,或气血凝滞,经络不通所致。

2. 他觉症状　为皮肤病的客观体征。以表现在患部的皮肤损害最具诊断意义。皮肤损害(简称皮损),也称皮疹,分为原发性和继发性两大类,但有时两者不能截然分开,如脓疱为原发性皮损,但也可继发于丘疹或水疱。掌握这些基本皮损的特点,对皮肤病诊断、辨证治疗都非常重要。

(1)原发性皮损:是皮肤病在其病变过程中,直接发生及初次出现的皮损,有斑疹、丘疹、风团、结节、疱疹、脓疱等。

1)斑疹:为局限性皮肤黏膜的颜色改变,与周围皮肤平齐,无隆起或凹陷。直径达到或超过1cm时,称为斑片。分为红斑、色素沉着斑、色素减退斑等。红斑,压之退色者多属血热;压之不退色者除血热外,尚兼血瘀;红斑稀疏者为热轻,密集者为热重,红而带紫为热毒炽盛;红斑常见于丹毒、药毒等皮肤病。色素沉着斑,如黧黑斑,多为肝肾不足、气血瘀滞所致。色素减退斑,多由气血凝滞或血虚兼风邪所致,最常见者为白驳风。

2）丘疹:为高出皮面的实性丘形小粒,直径一般小于1cm,多为风热、血热所致。丘疹数目多少不一,有散在分布的,有的互相融合而成扁平隆起的片状损害,直径大于1cm,称斑块。丘疹顶端扁平的称扁平丘疹,常见于扁瘊、牛皮癣、湿疮等。介于斑疹与丘疹之间,稍有隆起的皮损称斑丘疹。丘疹顶部有较小水疱或脓疱时,称丘疱疹或丘脓疱疹。

3）风团:为皮肤上局限性水肿隆起,常突然发生,迅速消退,消退后多不留痕迹,发作时伴有剧痒。有红色与白色之分,红色者多为风热所致,白色者多为风寒所致。常见于瘾疹。

4）结节:为大小不一、境界清楚的实质性损害,质较硬,深在皮下或高出皮面,多由气血凝滞所致,常见于结节性红斑、结节性痒疹等病。

5）疱疹:为内有腔隙、含有液体、高出皮面的损害。水疱内含有血样液体者称血疱。水疱为白色,血疱为红色或紫红色。疱疹的疱壁一般较薄易破,破后形成糜烂,干燥后结痂脱屑。疱疹常发于红斑之上,多属湿热或热毒所致,常见于湿疮、接触性皮炎、虫咬皮炎等。

6）脓疱:疱内含有脓液,其色呈浑浊或为黄色,周围常有红晕,疱破后形成糜烂,溢出脓液,结脓痂。多因湿热或热毒炽盛所致,常见于脓疱疮等。

（2）继发性皮损:是原发性皮损经过搔抓、感染、治疗处理和在损害修复过程中演变而成,有鳞屑、糜烂、溃疡、痂、抓痕、皲裂、苔藓样变、色素沉着、萎缩、瘢痕等。

1）鳞屑:为表皮角质层的脱落,大小、厚薄、形态不一,可呈糠秕状(如花斑癣、风热疮)、蛎壳状(如白疕)或大片状(如剥脱性皮炎)。急性病后见之,多为余热未清;慢性病见之,多由血虚生风、生燥,皮肤失其濡养所致。

2）糜烂:为局限性的表皮或黏膜上皮缺损,系由疱疹、脓疱的破裂,痂皮的脱落等露出的红色湿润面,多属湿热为患。糜烂因损害较浅,愈合较快,一般不留瘢痕。

3）溃疡:为皮肤或黏膜深层真皮或皮下组织的局限性缺损。溃疡大小不一,疡面有脓液、浆液或血液,基底可有坏死组织。多为热盛肉腐而成,常见于疮疖、外伤染毒等溃烂后形成,愈后可留有瘢痕。

4）痂:皮损处的渗液、滋水、渗血或脓液与脱落组织及药物等混合干燥后即形成痂。脓痂为热毒未清;血痂为血热络伤,血溢所结;滋痂为湿热所致。

5）抓痕:由搔抓将表皮抓破、擦伤而形成的线状或点状损害,表面结成血痂,皮肤瘙痒,多由风盛或内热所致。

6）皲裂:为线状的皮肤裂口,好发于掌跖、指趾、口角等处,多由血虚风燥所致。

7）苔藓样变:为皮肤增厚、粗糙、皮嵴隆起、皮沟加深、干燥、局限性边界清楚的大片或小片损害,多由血虚风燥、肌肤失养所致,常为牛皮癣、慢性湿疮等慢性瘙痒性皮肤病的主要表现。

8）色素沉着:为皮肤中色素增加所致,多呈褐色、黯褐色或黑褐色。色素沉着有的属原发性皮损,如黧黑斑、黑变病等,多由肝火、肾虚引起;有的属继发性皮损,如一些慢性皮肤病之后期局部皮肤色素沉着,多因气血失和所致,如风热疮、固定型药毒等。

9)萎缩:为皮肤的结构成分减少、变薄所致。表皮萎缩时皮肤呈半透明羊皮纸样外观,皮纹变浅或消失,其下血管较为清晰可见;真皮或皮下脂肪萎缩时皮肤呈局限性凹陷,皮纹不变。常见于一些慢性皮肤病的皮损表现,多因气血两虚,营卫失和,肌肤失养而成。

(二)皮肤病的性质

按照临床表现来分,皮肤病的性质主要分为急性、慢性两大类,急性者大多为实证,慢性者以虚证为主。

1. 急性皮肤病

(1)大多起病急骤。

(2)皮损表现以原发性为主,如红斑、丘疹、疱疹、风团、结节、脓疱等,亦可相继出现糜烂、渗液、鳞屑等继发性皮损。

(3)病因大多为风、湿、热、虫、毒,以实证为主。

(4)与肺、脾、心三脏的关系最为密切。《素问·至真要大论》指出:"诸痛痒疮,皆属于心。"因心主热,火之化,热甚则疮痛,热微则疮痒;《诸病源候论·头面身体诸疮候》说:"肺主气,候于皮毛;脾主肌肉。气虚则肤腠开,为风湿所乘;内热则脾气温,脾气温则肌肉生热也。湿热相搏,故头面身体皆生疮也。"

2. 慢性皮肤病

(1)大多发病缓慢。

(2)皮损表现以继发性为主,如苔藓样变、色素沉着、皲裂、鳞屑等,或伴有脱发、指(趾)甲变化。

(3)病因大多为血瘀或营血不足,肝肾亏损,冲任失调,以虚证为主。

(4)与肝、肾两脏关系最为密切。肝藏血,血虚则生风生燥,肤失濡养而为病;肾藏精,黑色属肾,发为肾之所华,肾精不足则可产生皮肤的色素改变以及脱发等病。

【治疗】

依据皮肤病发生的病因病机、皮损特点、患者体质、病情轻重、愈后转归,采用辨证论治、辨证与辨病相结合及内外合治的原则进行治疗,以期达到早日康复的目的。但皮肤病是人体全身性疾病在皮肤上的表现,许多全身性疾病可反映在皮肤上;而皮肤上的局部刺激也可引起全身性病变。因此,中医治疗皮肤病主张"治外必本诸内",局部与整体并重。治疗方法分内治、外治两大类,在临床应用时,必须根据患者的体质情况以及不同的致病因素和皮损形态,然后拟定内治和外治的法则。

(一)内治

1. 祛风法

(1)疏风清热:用于风热证。代表方银翘散、桑菊饮、消风散。常用药物如荆芥、防风、蝉蜕、牛蒡子、银花、连翘、桑叶、菊花、黄芩、生地黄、栀子等。

(2)疏风散寒:用于风寒证。代表方麻黄汤、麻黄桂枝各半汤。常用药物如麻黄、桂枝、羌活、荆芥、防风等。

(3)祛风胜湿:用于风湿证。代表方独活寄生汤。常用药物如细辛、防风、独活、桑寄生、秦艽、茯苓等。

（4）祛风潜镇：用于风邪久羁证或顽癣类皮肤病。常用药物如乌梢蛇、蝉蜕、僵蚕、全蝎等,用于血虚肝旺证或疣类皮肤病;或由皮肤病所引起的神经痛,方选天麻钩藤饮。常用药物如龙骨、牡蛎、灵磁石、珍珠母、石决明、钩藤、白芍等。

2. 清热法

（1）清热解毒：用于实热证。代表方五味消毒饮、黄连解毒汤。常用药物如金银花、蒲公英、紫花地丁、连翘、黄连、黄芩、栀子、黄柏、板蓝根等。

（2）清热凉血：用于血热证。代表方犀角地黄汤、化斑解毒汤。常用药物如水牛角粉、栀子、黄连、赤芍、牡丹皮、生石膏、槐花、生地黄、白茅根、紫草等。

3. 祛湿法

（1）清热利湿：用于湿热证和暑湿证。代表方茵陈蒿汤、龙胆泻肝汤、萆薢渗湿汤。常用药物如茵陈、车前草、栀子、龙胆草、黄柏、萆薢、薏苡仁、滑石等。

（2）健脾化湿：用于脾湿证。代表方除湿胃苓汤。常用药物如苍术、厚朴、陈皮、薏苡仁、藿香、佩兰等。

（3）滋阴除湿：用于渗利伤阴证。代表方滋阴除湿汤。常用药物如生地黄、当归、玄参、茯苓、泽泻、黄柏等。

4. 润燥法

（1）养血润燥：用于血虚风燥证。代表方四物汤、当归饮子。常用药物如熟地黄、当归、川芎、白芍、女贞子、旱莲草、白蒺藜、何首乌、胡麻仁等。

（2）凉血润燥：用于血热风燥证。代表方凉血消风散。常用药物如生地黄、牡丹皮、水牛角粉、当归、丹参、槐花、白茅根、紫草、生石膏等。

5. 活血法

（1）理气活血：用于气滞血瘀证。代表方桃红四物汤。常用药物如当归、赤芍、桃仁、红花、川芎、生地黄、香附、郁金等。

（2）活血化瘀：用于瘀血凝结证。代表方通窍活血汤、血府逐瘀汤。常用药物如川芎、桃仁、红花、赤芍、牛膝、水蛭、枳壳等。

6. 温通法

（1）温阳通络：用于寒湿阻络证。代表方当归四逆汤、独活寄生汤。常用药物如麻黄、桂枝、当归、羌活、独活、制川乌、红花、细辛、牛膝等。

（2）通络除痹：用于寒凝皮痹证。代表方阳和汤、独活寄生汤。常用药物如麻黄、熟地黄、肉桂、干姜、白芥子、独活、鹿角胶等。

7. 软坚法

（1）消痰软坚：用于痰核证。代表方海藻玉壶汤。常用药物如法半夏、贝母、陈皮、青皮、海藻、昆布等。

（2）活血软坚：用于瘀阻结块证。代表方活血散瘀汤。常用药物如当归、川芎、赤芍、桃仁、三棱、莪术、苏木等。

8. 补肾法

（1）滋阴降火：用于阴虚内热证或肝肾阴虚证。代表方知柏地黄汤、大补阴丸。常用药物如生地黄、玄参、麦冬、山萸肉、龟板、女贞子、旱莲草、知母、黄柏等。

（2）温补肾阳：用于脾肾阳虚证。代表方肾气丸、右归丸。常用药物如肉桂、附子、枸杞子、山茱萸、菟丝子、巴戟天、仙茅、淫羊藿等。

（二）外治

皮肤病的病变部位多在皮肤或黏膜，采用各种外治法可以减轻患者的自觉症状，并使皮损迅速消退；有些皮肤病单用外治即可达到治疗目的。因此，外治法在皮肤病治疗中十分重要。皮肤病外治可分药物外治和非药物外治，本节重点论述药物外治疗法。在使用药物外治疗法时，必须根据皮损情况，依照外用药物的使用原则进行辨证施治，正确使用外用药物及其剂型。

1. 外用药物的剂型

（1）溶液：是药物的水溶液，将单味药或复方加水，煎熬至一定浓度，滤过药渣所得。具有清洁、止痒、消肿、收敛、清热解毒等作用。适用于急性皮肤病，渗出较多或剧烈红肿或脓性分泌物多的皮损。可用于湿敷和熏洗。常用药物如苦参、黄柏、蛇床子、马齿苋、生地榆、金银花、野菊花、蒲公英、千里光等煎出液；或10%黄柏溶液、3%硼酸溶液、生理盐水及蒸馏水等。溶液用于湿敷是治疗皮肤病常用的方法，适用于急性红肿、渗出糜烂的皮损，或浅表溃疡。使用时将5~6层消毒纱布置于溶液中浸透，稍加拧挤至不滴水为度，冷敷于患处，一般每1~2小时换1次即可；如渗液不多，可4~5小时换1次。溶液熏洗应温度适当，一般以40℃左右为宜，太热则烫伤皮肤，太凉则疗效不佳。

（2）粉剂（又名散剂）：为单味或复方中药研成或粉碎成极细粉末的制剂。具有保护、吸收、蒸发、干燥、止痒等作用。适用于无渗液的急性或亚急性皮炎。常用药物如青黛散、六一散、九一丹、滑石粉、止痒扑粉等。用法为每天3~5次扑患处。

（3）洗剂（又名混悬剂、悬垂剂）：是粉加水混合在一起的制剂，粉不溶于水，故久置后一些药粉沉淀于水底。有清凉止痒、保护、干燥、消斑解毒等作用。适应证同粉剂。常用药物如三黄洗剂、炉甘石洗剂、颠倒散洗剂等。用法为用前摇匀，外搽皮损处，每日4~6次。若制剂中有薄荷脑、樟脑、冰片等清凉药物，婴儿面部、外阴等薄嫩处及寒冷冬天不宜使用。

（4）酊剂：是将药物浸泡于50%~75%乙醇或白酒中，密封7~30天后滤过即成的酒浸剂（也有用醋浸泡的醋剂）。具有收敛散风、活血消肿、杀菌止痒、溶解皮脂、刺激色素生长等作用。适用于慢性瘙痒性皮肤病、色素脱失性皮肤病、脱发、脚湿气、鹅掌风、圆癣等。常用药物如复方土槿皮酊、1号癣药水、百部酊、补骨脂酊等。用法为用棉棒蘸药液，直接外涂皮损区，每天1~3次。凡急性炎症性皮肤病破皮糜烂者以及面部、外阴部皮肤薄嫩处禁用。

（5）油剂：为粉剂与植物油调成糊状或以药物浸在植物油中煎炸后滤去药渣而成。具有润泽保护、解毒收敛、止痒生肌、软化痂皮等作用。适用于亚急性皮肤病中有少量渗出、鳞屑、痂皮、溃疡的皮损。常用药物如紫草油、青黛散油、三石散油等。常用的植物油为麻油、菜籽油、花生油等。以麻油最佳，有清凉润肤之功。用法为每天外搽患处1~2次。

（6）软膏：是将药物研成细粉，用凡士林、羊毛脂等作为基质调成的均匀、细腻、半固体状的剂型。具有保护、润滑、杀菌、止痒、去痂等作用。适用于一切慢性皮肤病具有结痂、皲裂、苔藓样变等皮损。常用药物如青黛膏、黄连膏、疯油膏、5%硫黄软膏、皮脂膏等。用法为每天外搽皮损处 2~3 次,或涂于纱布上敷贴于患部再用塑料薄膜封包。需去痂时宜涂厚些。用于皲裂、苔藓样变皮损时,加用热烘疗法效果更好。凡糜烂、渗出及分泌物较多的皮损忌用。

此外,乳剂、凝胶剂、气雾剂等剂型在临床亦较常用。

2. 外用药物使用原则

(1) 根据病情阶段正确选择剂型:皮肤炎症在急性阶段,若仅有红斑、丘疹、水疱而无糜烂、渗液者,应选洗剂、粉剂;若有大量渗液或明显红肿,则用溶液行开放性冷湿敷。皮肤炎症在亚急性阶段,渗液与糜烂很少,红肿减轻,有鳞屑和结痂,则用油剂为宜。皮肤炎症在慢性阶段,有浸润肥厚、苔藓样变者,应选软膏及酊剂。

(2) 根据疾病性质合理选择药物:如有感染时先用清热解毒、抗感染制剂控制感染,然后再针对原来皮损选用药物。

(3) 用药宜先温和后强烈:先用性质比较温和的药物,尤其是儿童或女性患者不宜使用刺激性强、浓度高的药物。面部、阴部皮肤慎用刺激性强的药物。

(4) 用药浓度宜先低后浓:先用低浓度制剂,根据病情需要再提高浓度。一般急性皮肤病用药宜温和安抚,顽固性慢性皮损可用刺激性较强和浓度较高的药物。

(5) 随时注意用药反应:一旦出现皮肤过敏、刺激或中毒反应,应立即停用,并给予相应处理。

(6) 详细向患者解释用法和注意事项:应针对患者的个体情况如年龄、性别、既往用药反应等向患者详细解释使用方法、使用时间、部位、次数和可能出现的不良反应及其处理方法等。

第一节　热疮(附:生殖器疱疹)

热疮是指发热后或高热过程中在皮肤黏膜交界处所发生的一种急性疱疹性皮肤病。其临床特点是皮肤黏膜交界处的成群水疱,自觉灼热瘙痒,一般无全身症状,多在 1 周后痊愈,但易于复发。好发于口唇、鼻周、面颊、外阴等处。

《圣济总录》论曰:"热疮本于热盛,风气因而乘之,故特谓之热疮,盖阳盛者表热,形劳则腠疏,表热腠疏浆汁治疮、退风热。"

本病相当于西医学的单纯疱疹。

【病因病机】

总因外感风温热毒,阻于肺胃二经,蕴蒸皮肤而生;或肝经湿热下注,阻于阴部而成疮,或因反复发作,热邪伤津,阴虚内热所致。

1. 肺胃热盛　初期外感风温热毒,邪气阻于肺胃二经,肺胃热盛、蕴蒸皮肤循经而发,常见于口周、鼻周等胃经循行部位。

2. 湿热下注　由于情志内伤,肝气郁结,久而化火,肝经火毒蕴积,或恣食辛辣刺激之品,脾胃功能失调,湿热内生,湿热火毒之邪下注,阻于阴部而成疮。

3. 阴虚内热　后期正虚毒恋,反复发作,热邪伤津,阴虚内热,遇发热、受凉、经期或过劳等情况,正气进一步受损,则伏邪循经而发所致。

西医学认为本病是由单纯疱疹病毒(HSV)感染所致,HSV 可分为 HSV-Ⅰ型和

HSV-Ⅱ型。复发性患者可能存在细胞免疫缺陷。

【诊断】

1. 口角、唇缘、鼻周及外阴等部位皮肤黏膜交界处出现群集性小水疱,周围红晕,水疱干涸后结痂。

2. 患处皮肤有发紧、轻痒、烧灼感。

3. 区域淋巴结肿大。

4. 多发生于热病的中后期。病程1~2周。

5. 皮疹易于复发。

6. 辅助检查　人类单纯疱疹病毒检查阳性。

【鉴别诊断】

1. 蛇串疮　皮损沿外周神经走向呈带状分布,一般不超过正中线,神经痛明显,愈后可获终身免疫,多不再复发。

2. 黄水疮　好发于儿童的颜面、四肢等暴露部位,多见于夏秋季节,皮损初起为水疱,继而以脓疱、脓痂为主,呈散在分布,有传染性。

【辨证论治】

本病以清热解毒,养阴祛邪为主要治法。注重及早治疗,以防为主。初期以清热祛风、利湿解毒治之,反复发作者,应兼顾扶正。

1. 肺胃热盛证

证候:颜面部或口唇鼻侧,群集小水疱,灼热刺痒。伴轻度周身不适,心烦郁闷,大便干,小便黄。舌红,苔黄,脉弦数。

治法:疏风清热解毒。

方药:辛夷清肺饮加减。常用辛夷、黄芩、栀子、麦冬、百合、石膏、知母、甘草、枇杷叶、升麻等。热盛者加淡竹叶、石膏、麦冬清热养胃。

2. 湿热下注证

证候:疱疹发于阴部,易破溃糜烂,疼痛明显。伴发热,大便干,小便黄赤。舌质红,苔黄腻,脉滑数。

治法:清热利湿解毒。

方药:龙胆泻肝汤加减。常用龙胆草、栀子、黄芩、柴胡、生地黄、泽泻、当归、车前子、延胡索、甘草等。大便干者,加生大黄以泻下通腑。热毒重加板蓝根、紫草清热解毒。

3. 阴虚内热证

证候:病情反复发作。伴口干唇燥,午后微热。舌红,苔薄,脉细数。

治法:养阴清热解毒。

方药:增液汤加减。常用玄参、麦冬、生地黄、板蓝根、紫草、生薏苡仁等。

【外治】

以清热、解毒、干燥、收敛为主。水疱初期可用二味拔毒散调茶水外擦。水疱破溃,以糜烂、渗出偏重者,以马齿苋水外洗或湿敷。皮损以结痂为主,用青黛膏、黄连膏等外搽。

笔记

【其他疗法】

1. 中成药　黄连上清丸,每次5g,每日3次;龙胆泻肝丸,每次5g,每日3次;知柏地黄丸,每次8丸,每日3次;知柏地黄丸,每次5g,每日3次。

2. 西药　选抗病毒药物口服。如阿昔洛韦片,0.2g,每日5次,疗程1～2周;伐昔洛韦片,0.5g,每日3次,疗程1～2周。

【预防护理】

1. 预防　避免与发作期疱疹患者接触,如接吻、抚摸等皮肤接触,防止病毒的传播。对反复发作者,应去除诱发因素,增加自身抵抗力。

2. 护理　饮食宜清淡,少食辛辣炙煿、肥甘厚味之品,多饮水,多吃蔬菜、水果,保持大便通畅。保持局部清洁,促使干燥结痂,防止染毒。患阴部疱疹孕妇可行剖宫产,以防新生儿被感染。

【结语】

热疮主要为外邪侵袭、肺胃热盛及肝经湿热,内外合邪蕴于肌肤而发,后期则热邪伤津,正虚毒恋,病程缠绵,反复发作。辨证常分为肺胃热盛、湿热下注、阴虚内热证。治疗以清热解毒,养阴祛邪为原则,内治外治结合。强调及早治疗,预防为主,祛邪不忘扶正。

附：生殖器疱疹

生殖器疱疹是由单纯疱疹病毒感染所引起的一种性传播疾病。古代文献称之为"阴疮"、"阴疳"、"瘙疳"。其特点是外阴局部出现群集小疱、糜烂,自觉灼痛,反复发作,临床上分为原发性生殖器疱疹和复发性生殖器疱疹。

该病发于外阴,病在下焦,与肝、脾、肾关系最密切。房事不洁是引起生殖器疱疹最主要的原因。其病机为外受湿热淫毒,侵及肝经,邪毒下注,蕴于前阴,郁久化热化火;或素体阴虚,或房劳过度,肝肾阴虚,脾失健运,正虚毒恋,遇劳则再发。

原发性生殖器疱疹潜伏期2～7天,原发损害为1个或多个小而瘙痒的红斑、丘疹,迅速变成小水疱,3～5天后可形成脓疱,破溃后表面糜烂、溃疡,结痂,伴有疼痛。复发性生殖器疱疹多在原发皮疹后1年内复发,一般复发间歇期3～4周至3～4个月。发热、受凉、早产、精神因素、消化不良、慢性病、疲劳等是常见的诱发因素。常见的并发症有脑膜炎、脑炎、骶神经根炎及脊髓脊膜炎、疱疹性指头炎以及泌尿生殖系统广泛感染等。

疱液细胞学检查镜下可见多核巨细胞或核内病毒包涵体,疱液病毒培养有单纯疱疹病毒和细胞病变。

本病需与硬下疳、软下疳及接触性皮炎等鉴别。硬下疳表现为无痛性溃疡与无痛性腹股沟淋巴结肿大,有时易与生殖器疱疹的溃疡和淋巴结肿大混淆,但硬下疳溃疡基底较硬,可检测到梅毒螺旋体,梅毒血清反应阳性。

生殖器疱疹目前尚无特效根治方法。治疗目的为缩短病程,减轻症状;防止继发感染和并发症;防止病情复发。强调辨证论治,扶正祛邪,内外结合治疗。肝经湿热证宜清热利湿,化浊解毒,用龙胆泻肝汤加减;阴虚毒恋证宜滋阴降火,解毒除湿,用知柏地黄丸加减。西医治疗主要包括抗病毒和提高机体免疫力。外治可参考"热疮"。

第二节 蛇 串 疮

病案分析

病案：王某,男,38岁,2015年10月15日初诊。左侧胁肋部皮肤疼痛3天,起红斑、水疱2天。患者诉5天前因劳累后左侧胁肋疼痛,后渐起红斑、水疱,疼痛加剧,现见左侧胁肋部红斑上粟米至米粒大小簇集性水疱,疱液清晰,疱壁紧张,呈带状分布,未过前后中线(彩图10-2-1)。无发热、头痛等不适,血尿常规、肝肾功未见异常。口苦、咽干,小便黄,大便干。舌质红,苔黄腻,脉弦数。

分析：该患者劳累后发病,以左侧胁肋部红斑水疱疼痛为主症。初步诊断蛇串疮。治疗以中药内服、外治等综合治疗。

问题：本例患者应如何辨证论治用药? 针对蛇串疮的疼痛,中医止痛方法有哪些?

蛇串疮是一种皮肤上出现成簇水疱、呈带状分布、痛如火燎的急性疱疹性皮肤病。古代文献称之为"蜘蛛疮"、"火带疮"、"缠腰火丹"等。其临床特点是皮肤上出现红斑、水疱或丘疱疹,簇集成群,排列成带状,沿一侧周围神经分布区出现,局部刺痛或伴臖核肿大。多见于成年人,好发于春秋季节,多数患者愈后很少复发,极少数患者例外。本病相当于西医学的带状疱疹。

【病因病机】

本病多因情志内伤,肝经郁热,或饮食不节,脾失健运,湿热内蕴,外溢肌肤而生;或感染毒邪,湿热火毒蕴结于肌肤而成。本病初期以湿热火毒为主,后期乃正气虚弱,湿毒瘀滞为患。

1. 肝经郁热 由于情志内伤,肝气郁结,久而化火,肝经火毒蕴积,夹风邪上窜头面而发;或夹湿邪下注,发于阴部及下肢;火毒炽盛者多发于躯干。

2. 脾虚湿蕴 饮食不节,脾失健运,湿邪内生,蕴湿化热,或外感毒邪,湿热火毒蕴结于肌肤而成。

3. 气滞血瘀 年老体弱者,常因血虚肝旺,湿热毒蕴,导致气血凝滞,经络阻塞不通,以致疼痛剧烈,病程迁延。

西医学认为本病为感染水痘-带状疱疹病毒所致。该病毒有亲神经和皮肤特性,发病时皮肤出现神经痛及节段性疱疹。

【诊断】

本病好发于春秋季节,成人多见。

皮损多见于腰胁部、胸部或头面部,多发生于身体一侧,常单侧性沿皮神经分布,一般不超过正中线。

皮疹出现前,常先有皮肤刺痛或灼热感,可伴全身不适、疲乏无力、轻度发热等前驱症状。疼痛为本病特征之一,或伴皮疹同时出现,或先于皮疹出现。皮肤刺痛轻重不等,青壮年疼痛轻微,年老体弱者疼痛剧烈,常扩大到皮损范围之外,部分老年患者在皮疹完全消退后,仍遗留神经疼痛,可持续数月之久。

发疹初期,其皮损为带状分布的红色斑丘疹,继而出现多数或群集的粟米至绿豆大小的丘疱疹,迅速变为水疱,内容透明清澈,疱壁紧张发亮。数日后水疱内容可变浑浊化脓,或部分破溃形成糜烂面,最后干燥结痂,痂脱而愈。轻者无皮损,仅有刺痛感,或稍潮红,无典型水疱;重者可有出血性或坏疽性损害。头面部蛇串疮可累及眼耳部,病情较重,疼痛剧烈,伴有附近臖核肿痛,甚至影响视力和听觉。

该病有自限性,病程一般 2～3 周,愈后可留有色素改变,发生坏死溃疡者可留瘢痕。

辅助检查:血常规、疱液涂片检查、免疫荧光检测等有助于诊断,液涂片可见多核气球状细胞。

【鉴别诊断】

1. 热疮　好发于皮肤黏膜交界处,分布无一定规律,水疱较小,壁薄易破,疼痛较轻,反复发病。发生于颜面部的蛇串疮可与之鉴别。

2. 漆疮　发病前有明确的接触史,皮损局限于接触部位,与神经分布无关,皮损潮红、肿胀,有水疱,边界清楚,自觉灼热、瘙痒。

此外,带状疱疹早期或无疱疹型带状疱疹的神经痛易误诊为心绞痛、胸膜炎、肋间神经痛等,故需详细询问病史,完善相关检查予以鉴别。

【辨证论治】

本病的治疗以清热利湿、行气止痛为主。初期以清热利湿为主,兼以活血化瘀;后期以活血通络止痛为主,兼以清热解毒;体虚者,以扶正祛邪与通络止痛并用。

1. 肝经郁热证

证候:皮损鲜红,疱壁紧张,灼热刺痛。伴口苦咽干,烦躁易怒,大便干或小便黄。舌质红,苔薄黄或黄厚,脉弦滑数。

治法:清泄肝火,解毒止痛。

方药:龙胆泻肝汤加减。常用龙胆草、栀子、黄芩、柴胡、生地黄、泽泻、当归、车前子、木通、甘草等。若发于面部,加牛蒡子、板蓝根、野菊花以平肝解毒,引药上行;大便干结者,加生大黄以通腑泻下;疼痛剧烈者,加川楝子、延胡索以疏肝理气止痛;有血疱者,加水牛角粉、紫草、牡丹皮凉血解毒。

2. 脾虚湿蕴证

证候:皮损颜色较淡,疱壁松弛,疼痛略轻。伴纳少腹胀,大便时溏。舌质淡,苔白或白腻,脉沉缓或滑。

治法:健脾利湿,解毒止痛。

方药:除湿胃苓汤加减。常用苍术、厚朴、陈皮、猪苓、泽泻、赤茯苓、白术、滑石、防风、栀子、木通等。发于下肢者加牛膝、黄柏利湿解毒;水疱大而多者加萆薢、白花蛇舌草渗湿解毒。

3. 气滞血瘀证

证候:皮损消退中或消退后局部剧烈疼痛,夜间疼痛加重,坐卧不安,重者可持续数月或更长。舌质黯,苔白,脉弦细。

治法:理气活血,通络止痛。

方药:桃红四物汤加减。常用熟地黄、当归、芍药、川芎、桃仁、红花、制香附、延胡索、莪术、珍珠母、生牡蛎、磁石等。若夜寐不安者,加酸枣仁宁心安神;年老体虚者,加黄芪、党参益气扶正。

【外治】

1. 清创　水疱、大疱给予抽吸疱液,脓疱给予清创处理,每日 1 次。

2. 中药塌渍　红斑、水疱、渗出皮疹给予清热解毒中药煎水塌渍,每日 2 次。

3. 中药散剂　水疱、糜烂、渗出皮损处外用清热解毒之中药散剂直接外涂,或以中药油剂调敷,或外用湿润烧伤膏,每日 1 次。

4. 中药油剂或软膏　干燥皮损外用中药油剂或湿润烧伤膏,每日 1 次。

【其他疗法】

1. 针灸疗法　取内关、阳陵泉、足三里。局部皮疹周围卧针平刺,留针 30 分钟,每日 1 次,疼痛日久者加支沟,或加耳针刺肝区,埋针 3 天,或阿是穴强刺激。

2. 火针疗法　取局部阿是穴。局部乙醇常规消毒,将中粗火针烧红烧透后,速刺法,点刺疱疹的头、中、尾部。不留针,深度 2~3 分。或可加入火罐以去除瘀血。

3. 西医治疗　可根据病情选用抗病毒药物、止痛药物及糖皮质激素。

【预防护理】

1. 预防　增强机体抵抗力,避免外邪侵袭,保持心情舒畅。

2. 护理　①注意休息。②忌食肥甘厚味和鱼腥发物,饮食清淡,多吃蔬菜、水果,保持大便通畅。③忌用热水烫洗患处,内衣宜柔软宽松,以减少摩擦。④皮损局部保持干燥、清洁,忌用刺激性强的软膏涂敷,以防皮损范围扩大或加重病情。

【结语】

蛇串疮发病主要责之于肝经郁热及脾失健运,导致湿热蕴肤、气血凝滞、经络阻塞而见水疱、疼痛,如早期治疗可使水疱干瘪结痂,疼痛消失,若病程迁延可使正虚邪恋,疼痛时间延长。辨证常分为肝经郁热证、脾虚湿蕴证及气滞血瘀证。治疗以清热利湿、行气止痛为主要治法,内治外治相结合,重视神经痛的治疗。

第三节　疣(附:尖锐湿疣)

疣是一种发生于皮肤浅表的病毒性赘生物。临床上依据疣的皮损形态和发病部位不同而名称和特点各异,如发于手背、手指、头皮等处者,称千日疮、疣目、枯筋箭或瘊子;发于颜面、手背、前臂等处者,称扁瘊;发于胸背部有脐窝的赘疣,称鼠乳;发于足跖部者,称跖疣;发于颈周围及眼睑部位,呈细软丝状突起者,称丝状疣或线瘊。

早在春秋时代《五十二病方》中即有"疣"的记载,在《灵枢·经脉》中有"虚则生疣"的说法,隋代、明清后诸书叙述更为详细。

本病西医学亦称疣,一般分为寻常疣、扁平疣、传染性软疣、掌跖疣和丝状疣等。

【病因病机】

多由风热毒邪搏于肌肤而生;或怒动肝火,肝旺血燥,筋气不荣,气血凝滞,郁于肌肤所致。外伤、摩擦常为其诱因。

1. 风热毒蕴　肝肾精血不足之体,复感风热毒邪侵袭,风热血燥,蕴于皮肤之间;或因劳汗当风,营卫不和,与肺胃郁热搏于肌表而发。

2. 肝气郁结　情志不畅,怒动肝火,肝旺血燥,筋气不荣,气血凝滞,郁于肌肤而生。

3. 气滞血瘀　肝气不舒,气血凝滞,瘀血内生,客于肌表,日久则经络阻隔,变生赘疣。

西医学认为本病是由人乳头瘤病毒（HPV）选择性地感染皮肤或黏膜上皮而成。直接接触传染、外伤和细胞免疫功能低下或缺陷是人乳头瘤病毒易感的重要因素。

【诊断】

1. 疣目　相当于西医学的寻常疣。

（1）好发于手背，手指及头面部。多见于儿童及青年。

（2）皮损为灰褐色或污黄色半球形隆起，表面蓬松枯槁，如花蕊，剥之或针挑易出血，数目大小不一。

（3）一般无自觉症状，病程慢性。

2. 扁瘊　相当于西医学的扁平疣。

（1）好发于颜面部及手背。多见于儿童。

（2）皮损为淡红色、褐色或正常皮色，针头、米粒至黄豆大小，扁平丘疹，表面光滑，数目不等。

（3）一般无自觉症状，偶有痒感。

3. 鼠乳　相当于西医学的传染性软疣。

（1）好发于躯干和面部。多见于儿童。

（2）皮损为半球形，有蜡样光泽，中央有脐凹，可挤出白色乳酪样物质，数目大小不一。

（3）可有轻度瘙痒及传染性。

4. 跖疣（彩图10-3-1）　相当于西医学的掌跖疣。

（1）好发于足底，或趾间摩擦受压、外伤部位。多见于足部多汗者。

（2）皮损为角化形丘疹，中央微凹、外周有稍带黄色高起的角质环，除去表面角质后，可见疏松的角质软蕊，边缘有散在黑点，数目不等。

（3）明显牙痛，挤压疼痛加剧。

5. 丝状疣

（1）好发于颈项或眼睑等处，多见于中年妇女。

（2）皮损为单个细软的丝状突起，褐色或淡红色。

（3）一般无自觉症状。

6. 辅助检查　皮损活检或脱落细胞标本中有人乳头瘤病毒感染的组织病理学特点，或检测到病毒。

【鉴别诊断】

1. 疣状皮肤结核　与寻常疣相鉴别，该病皮损为不规则的疣状斑块，四周有红晕，边缘高起，表面裂隙，压之则有少量脓汁外溢，结核菌素试验常为阳性。

2. 鸡眼　与跖疣相鉴别，该病多生于足底和趾间受压部位，损害为圆锥形的角质增生，表面为褐黄色鸡眼样的硬结嵌入皮肉，压痛明显，步履疼痛。

3. 汗管瘤　与扁平疣相鉴别，该病好发在眼睑部位，以及颈、前胸及腹部等处，为针头至豆大的柔软性丘疹，对称分布，正常皮色，常密集而不融合。

【辨证论治】

本病以清热解毒散结为主要治法。疣目、扁瘊宜内外合治，其余疣多外治。

1. 风热毒蕴证

证候:疣目结节如豆,坚硬粗糙,大小不一,高出皮肤,色黄或红。舌红,苔薄,脉弦数。

治法:清热解毒,养血活血。

方药:治瘊方加减。常用板蓝根、夏枯草、牛蒡子、金银花、连翘、熟地、何首乌、杜仲、赤芍药、桃仁、红花、牡丹皮、赤小豆、白术。

2. 肝气郁结证

证候:疣目病程日久,结节疏松,色灰或褐,大小不一,高出皮肤。舌黯红,苔薄,脉细。

治法:疏肝理气,清热解毒。

方药:丹栀逍遥散合马齿苋合剂加减。常用柴胡、白芍药、甘草、枳实、马齿苋、大青叶、败酱草、紫草。水湿运化不利,纳差,小便黄少,排出不畅,加薏苡仁、冬瓜仁利尿渗湿。

3. 气滞血瘀证

证候:病程较长,皮疹较硬,大小不一,其色黄褐或黯红,不痒不痛。舌红或黯红,苔薄白,脉沉弦。

治法:活血化瘀,清热散结。

方药:桃红四物汤加减。常用桃仁、红花、生地黄、赤芍药、当归、川芎、夏枯草、郁金。气虚者加生黄芪益气。

【外治】

各种疣均可选用木贼草、板蓝根、马齿苋、香附、苦参、白鲜皮、薏苡仁等中药,煎汤趁热洗涤患处,每天2～3次,可使部分皮疹脱落。

1. 疣目

(1) 推疣法:用于治疗头大蒂小,明显高出皮面的疣。在疣的根部用棉花棒或刮匙与皮肤平行或成30°角,向前均匀用力推之。有的疣体仅用此法即可推除,推除后创面压迫止血,并用纱布加压包扎;若残留少许疣体,经过1个月后再推1次。

(2) 药物敷贴法:先用热水浸洗患部,用刀刮去表面的角质层,然后可分别选用鸦胆子仁(5粒捣烂)、千金散、斑蝥膏等敷贴在疣体上,用玻璃纸及胶布固定,但注意保护周围健康皮肤,3天换药1次。

(3) 荸荠或菱蒂摩擦法:荸荠削去皮,用白色果肉摩擦疣体,每天3～4次,每次摩擦至疣体角质层软化脱掉、微有痛感及点状出血为止,一般数天可愈。或取菱蒂长约3cm,洗净,在患部不断涂擦,每次2～3分钟,每天6～8次。

2. 扁瘊

(1) 洗涤法:用内服方的第二煎汁外洗,以海螵蛸蘸药汁轻轻擦洗疣体使之微红为度。每天2～3次。

(2) 涂法:用鸦胆子仁油外涂患处,每天1次。用于治疗皮疹数目少而散在扁瘊,防止正常皮肤受损。

3. 鼠乳 皮损部位消毒后,用消毒针头或三棱针挑破疣体,挤尽白色乳酪样物,或用消毒镊子直接夹掉疣体,再用碘酒或浓石炭酸溶液点患处。若损害较多,应分批治疗,每隔3～4天1次。注意保护周围皮肤。

4. 跖疣

外敷法:用千金散或去疣膏局部外敷。亦可用乌梅肉(将乌梅用盐水浸泡1天,混为泥状)每次少许敷贴患处。

5. 丝状疣　除采用推疣法外,亦可用细丝线或头发结扎疣的根底部,数日后即可自行脱落。

【其他疗法】

1. 艾灸　适用于疣目少者,可用艾炷着疣上灸之,每日1次,每次3壮,至脱落为止。

2. 针刺　适用于疣目、跖疣。用针尖从疣顶部刺入达到基底部,四周再用针刺以加强刺激,针后挤出少许血液,有效者3～4天可萎缩,逐渐脱落。

3. 激光、冷冻、电灼法　适用于数目较少分散的疣目、跖疣、丝状疣。常规消毒后,局麻下用激光或液氮、高频电离子直接破坏疣体。不宜过深,以免影响愈后,或形成过大的瘢痕。

4. 手术　适用于数目较少的跖疣。常规消毒,局麻下先以刀尖在疣与正常组织交界处修割,然后用止血钳钳住疣体中央,向外拉出,可以见到一个疏松的软蕊,但软蕊周围不易挖净而易复发,故挖后可敷腐蚀药,如千金散或鸡眼膏。敷药时间不宜过长,一般5～7天即可;否则,腐蚀过深会影响愈合。

【预防护理】

1. 预防　养成良好卫生习惯,注意避免皮肤外伤破损,避免搔抓以免自身接种;集体生活中发生时应注意隔离及衣物消毒,勿共用浴巾,避免直接接触传染;提高自身抵抗力,防止毒邪侵肤。

2. 护理　疣目应避免摩擦和撞击,以防出血。生于甲下者,疼痛异常,宜早治;跖疣应避免挤压。鼠乳应保持局部清洁,避免继发感染。

【结语】

疣一般以外治为主,内治以清热解毒散结为主要治法,或疏风,或活血,酌加软坚散结之品。外治时用药过轻则达不到治疗效果,且可复发;过重或腐蚀过深则可损害正常组织,且愈后遗留瘢痕。因此应根据皮损大小、数目多少、位置深浅及体质情况灵活选用外治方法,严格掌握药物浓度、使用方法及应用次数。

附:尖锐湿疣

尖锐湿疣是由人乳头瘤病毒所引起的一种病毒性赘生物,又称生殖器疣、性病疣,属于中医学"瘙瘊"的范畴。

本病主要因性滥交或房室不洁,感受秽浊之毒,毒邪蕴聚,酿生湿热,湿热下注皮肤黏膜而产生赘生物。西医学认为本病病原体为人乳头瘤病毒的6、11、16、18型,主要经性接触传播,少数患者由污染的日用物品间接传播。

皮损初起为柔软淡红色小丘疹,逐渐增大增多,表面凹凸不平,湿润柔软呈乳头状、菜花状或鸡冠状,低温干燥的部位皮损呈扁平疣状。好发于龟头、冠状沟、包皮内侧、包皮系带、尿道口及阴茎,肛周与直肠部、大小阴唇、宫颈、阴道、阴道口以及会阴、阴阜、腹股沟等部位。本病有与尖锐湿疣患者不洁性交或生活接触史,潜伏期1～8个月,平均3个月。常无明显自觉症状,可有轻微瘙痒、白带增多有臭味等表现。与生殖器癌发生的关系密切。

醋酸白试验阳性,疣体组织病理学检查有特异性。

本病应与生殖器鳞状细胞癌、扁平湿疣、生殖器鲍温样丘疹病、假性湿疣、阴茎珍珠状丘疹等鉴别。

本病的治疗原则为清热解毒,燥湿除疣。临床常以中西医结合内外同治。外治法用清热解毒药煎水先熏后洗或用五妙水仙膏点涂疣体、鸦胆子仁捣烂涂敷。内治湿毒下注证宜利湿化浊,清热解毒,方用萆薢化毒汤加减;火毒炽盛证宜清火解毒,化浊利湿,方用黄连解毒汤加减。西医治疗主要包括局部用药、抗病毒治疗、提高机体免疫力、激光、冷冻、电灼疗法,手术疗法等。同时积极治疗性伴侣,避免交叉感染。

第四节　黄　水　疮

黄水疮是一种常见的有传染性的化脓性皮肤病,又称为"滴脓疮"、"天疱疮"等。其临床特点是颜面、四肢等暴露部位出现脓疱、脓痂。多发于夏秋季节,好发于儿童,有接触传染和自体接种的特性,易在托儿所、幼儿园或家庭中传播流行。相当于西医学的脓疱疮。

【病因病机】

本病总因暑湿热邪客于肌肤或脾虚湿蕴,复感风热湿毒,引起气机不畅,疏泄障碍,熏蒸肌肤而发病。

1. 暑湿热蕴　夏秋季节,气候炎热,湿热交蒸,暑湿热邪客于肌肤,以至气机不畅,疏泄障碍,熏蒸肌肤,故见脓疱密集,色黄,周围绕以红晕,糜烂面鲜红。湿性缠绵,而见水疱、脓疱此起彼伏。

2. 脾虚湿蕴　素体脾虚之人或反复发作者复感风热湿毒,脾虚不能运化水湿,加之外受风热湿毒,内外合邪,故见皮肤脓疱稀疏,色淡白或淡黄,糜烂面淡红。若小儿机体虚弱,肌肤娇嫩,腠理不固,汗多湿重,调护不当,暑湿毒邪侵袭,更易导致本病的发生。

西医学认为本病多由金黄色葡萄球菌和(或)乙型溶血性链球菌感染引起。

【诊断】

1. 多发于夏秋季节,儿童尤为多见,有接触传染性。

2. 好发于头面、四肢及臀部等暴露部位,严重者可蔓延全身。

3. 皮损初起为散在性红斑或丘疹,约绿豆至黄豆大小,很快变为水疱,迅速化脓混浊变为脓疱,亦有开始即出现脓疱者。脓疱初起丰满紧张,周围绕以轻度红晕,数小时或1~2天后脓液沉积,形成半月状积脓现象,此时,疱壁薄而松弛,易于破裂,破后露出湿润而潮红的糜烂疮面,流出黄水,干燥后表面结成黄色脓痂,然后痂皮逐渐脱落而愈,愈后不留瘢痕。若脓液流溢他处,可引起新的脓疱。

4. 自觉有不同程度的瘙痒,一般无全身症状,但皮损广泛而严重者,可伴有发热、畏寒及全身不适等症状。常可引起附近臀核肿痛,重者可并发急性肾炎、败血症,甚至危及生命。若新生儿发生脓疱疮,因抵抗力低,症状重,易产生并发症而危及生命。

5. 血常规、脓液标本细菌培养、皮肤组织病理等检查有助于诊断。

【鉴别诊断】

1. 水痘　多见于冬春季;发病前常有发热、全身不适等症状;皮损为绿豆至黄豆大小、形态较一致的水疱,向心性分布,疱大者可见脐窝,可并见红斑、疱疹、结痂等各种不同的皮损。

2.脓窝疮　常因虱病、疥疮、湿疹、虫咬性皮炎等继发染毒而成;脓疱壁较厚,破后凹陷成窝,结成厚痂。

3.丘疹性荨麻疹　在风团样红斑上出现丘疹或水疱,好发于躯干、四肢,成群出现,反复发作,奇痒。

【辨证论治】

本病的治疗以清热利湿为主要原则,分实证和虚证,实证祛邪为主,虚证健脾为主。

1.暑湿热蕴证

证候:脓疱密集,色黄,周围绕以红晕,疱破后糜烂面鲜红,干燥后结污黄色厚痂。伴有口干,便秘尿赤。舌红,苔黄腻,脉濡滑数。

治法:清暑利湿解毒。

方药:清暑汤加减。常用藿香、佩兰、连翘、赤芍、天花粉、甘草、滑石、车前子、金银花、泽泻、淡竹叶等。

2.脾虚湿蕴证

证候:皮疹少而脓疱稀疏,色淡白或淡黄,疱周红晕不显,疱破后糜烂面淡红不鲜。伴有食纳少,面色白或萎黄,大便溏薄。舌淡,苔薄白,脉濡细缓。

治法:健脾渗湿。

方药:参苓白术散加减。常选白扁豆、南沙参、白术、白茯苓、甘草、山药、莲子肉、桔梗、薏苡仁、砂仁等。

【外治】

治宜清热、解毒、收敛、燥湿。

1.脓液多者,选用马齿苋、蒲公英、野菊花、千里光等适量煎水湿敷或外洗。

2.脓液少者,用三黄洗剂或炉甘石洗剂外搽,每天3～4次。

3.脓疱偏大可用疱液抽取术,治疗后用碘伏外搽,每日2～3次。局部糜烂者,用碘伏或聚维酮碘外敷。

4.脓痂厚者,选用5%硫黄软膏或红油膏掺九一丹外敷。

【其他疗法】

1.针灸疗法　以耳尖、大椎为主穴,用三棱针挑刺出血,轻轻挤压出血数滴,同时配以曲池、足三里、丰隆、蠡沟,常规针刺,行捻转提插泻法,较大儿童可以留针15分钟,每隔5分钟行针1次。较小儿童针刺行泻法不留针。该法间日1次,1～2次即可。该法对治疗暑湿热蕴型脓疱疮有较好的疗效。

2.西医治疗　早期系统使用抗生素以控制感染病灶,清除或减少细菌产生的外毒素。严重者配合补液、输血等支持疗法。

【预防护理】

1.预防　讲究个人卫生,勤洗澡,勤换衣。炎夏季节每天洗澡1～2次,浴后扑痱子粉,保持皮肤清洁卫生。有痱子或瘙痒性皮肤病,应避免搔抓,及时治疗。流行期间,可服清凉饮料,如五花茶、银花露或菊花露,或绿豆漏芦花汤等;婴儿室、托儿所及幼儿园应对儿童做定期检查,如发现本病患儿应立即隔离,并对居住环境、用过的衣服物品进行消毒。

2. 护理　皮损处禁止水洗,以防分泌物流溢而引起全身传染。清除脓痂时,可用10%黄柏溶液或黄柏地榆液湿敷或揩洗,病变部位应避免搔抓,以免加重病情及传播。

【结语】

黄水疮总因暑湿热邪客于肌肤,或脾虚者,复感风热湿毒,引起气机不畅,疏泄障碍,熏蒸肌肤而发病。早期发现积极治疗,防止脓液流溢他处,以免皮损迅速蔓延或并发他症。若失治可致毒邪内攻脏腑,危及生命。辨证常分为暑湿热蕴证和脾虚湿蕴证。治疗以清热利湿为原则,分清虚实,内治外治相结合。强调及早处理,解毒贯穿始终,兼以扶正健脾。外治法主要应用清洁解毒、保护收敛类药物,有渗液者湿敷,干燥结痂者用油膏或软膏。

第五节　癣

癣是发生在表皮、毛发、指(趾)甲的浅部真菌性皮肤病。本病发生部位不同,名称各异。临床常见的癣病有发于头部的白秃疮、肥疮;发于手部的鹅掌风;发于足部的脚湿气;发于面、颈、躯干、四肢的圆癣、紫白癜风等。其临床特点是具有传染性、病程长、反复发作。本节讨论的癣病相当于西医学的浅部真菌病,如头癣、手足癣、体癣、花斑癣等。

【病因病机】

总由生活、起居不慎,外感风、湿、热邪,湿热生虫,郁于腠理,淫于皮肤所致。

1. 白秃疮、肥疮　为风湿热邪客于腠理,湿热生虫,作痒作疮;亦可由理发染毒而致。

西医学认为本病因直接或间接接触患者或带病的动物而引起,其主要病原菌为毛癣菌属、小孢子菌属和断发毛癣菌。

2. 鹅掌风、脚湿气　多因外感湿热之毒,凝聚皮肤或由相互接触毒邪感染而成,甚则因气血不畅,皮肤失养,或由足气之湿毒染发。

西医学认为本病是由皮肤癣菌如红色毛癣菌、须癣毛癣菌等感染引起。

3. 圆癣　肥胖痰湿之体,外感风毒湿热之邪,蕴积肌肤所致;或接触不洁之物,外染风湿之邪所致。

西医学认为本病的主要致病菌为红色毛癣菌、石膏样毛癣菌和絮状毛癣菌。

4. 紫白癜风　因感受暑湿侵袭皮肤,以致气血凝滞而成。

西医学认为本病的致病菌为糠秕马拉色菌,此菌为皮肤的正常菌群,在某些诱因如全身或局部使用糖皮质激素、慢性感染、营养不良等条件下侵犯皮肤。

【诊断】

1. 白秃疮　相当于西医学的白癣。

多见于学龄期儿童,多有与猫、狗等动物的接触史,一般至青春期可自愈。

皮损开始为头皮上红色小丘疹或斑片,很快覆以灰白色鳞屑斑,呈圆形、椭圆形或不规则形。病损区头发离头皮2~4mm处折断,留下发桩如水田收割后所剩下的稻桩。断发松动易拔出且不疼痛,病发根部包绕有灰白色菌鞘。自觉瘙痒。秃发可再生,不留瘢痕。

2. 肥疮　相当于西医学的黄癣。

多见于农村地区,好发于儿童,病程极为慢性,甚至终身不愈。

皮损多从头顶开始,渐及四周,损害广泛时,除额上发际及鬓角处 1～2cm 宽较密的头发外,全头只有稀疏散在的少数头发。本病初起为黄红色表皮下小点,后成脓疱,干后形成蜜黄色痂。随着病情发展,黄癣痂扩大融合成片,边缘翘起,中心黏着,中央有毛干穿过,闻之有鼠尿臭,捏之如豆渣,极易粉碎。去除黄痂,可见鲜红色潮湿糜烂基底,严重的有较深溃疡。病区头发枯黄无光泽,倒伏或折断。自觉剧烈瘙痒。日久痂处皮肤萎缩,毛囊破坏,而成永久性脱发。黄癣除侵犯头发、头皮外,尚可侵犯光滑的皮肤及指甲。

3. 黑癣　相当于西医学的黑点癣。

主要好发于儿童。头部损害与白癣相近似,多表现为红斑性、不规则鳞屑斑片,损害边界不清。病损区头发多数出头皮后即折断,留下残发在毛囊口,呈黑点状,故又名黑点癣。自觉痒或无不适感。本病病程较长,病变进展缓慢,至成年也不能自愈。日久,由于毛囊破坏,愈后留有点片状瘢痕和秃发。少数患者断发不明显,而以脱屑斑为主。

4. 鹅掌风　相当于西医学的手癣。

本病以青中年妇女为多,常有双手长期浸水和摩擦受伤及接触碱性刺激物史。多为单侧发病,也可波及双手。

初起先从手掌的某一部位开始,特别是掌心、食指或拇指的掌面和侧面及无名指根部。开始为针头大小水疱,壁厚,液清亮,成群聚集或疏散分布,干后脱屑并向四周蔓延扩大,形成环形或多环形损害,中心向愈,四周皮损明显。自觉瘙痒。病程慢性,可持续多年,直至累及全部手掌、手背、指甲及腕部,甚至对侧手掌。因反复发作,部分患者皮损已无明显的水疱或脱屑,表现为手掌弥漫性发红、增厚,皮肤粗糙枯槁,皲裂疼痛,屈伸不利,宛如鹅掌。

5. 脚湿气　相当于西医学的足癣。

好发于成年人,儿童少见。夏秋病重,冬春病轻。患者多有长期穿不透气的胶鞋、筒靴或使用公共生活用具如毛巾、浴盆史。本病以脚丫糜烂瘙痒伴有特殊臭味而得名。若皮损处感染邪毒,足趾焮红肿痛,起疱糜烂渗液而臭者称"臭田螺"、"田螺疮"。

本病主要发生在趾缝,也见于足底,按其临床表现可分为水疱型、糜烂型、鳞屑角化型,但三型常同时存在,而以某一型较为显著。①水疱型:多发生于足弓、足侧,为针头至绿豆大小成群或分散的深在性水疱,壁厚,不易破裂,疱液澄清或浑浊。部分融合成多房性水疱,撕去疱壁可见蜂窝状基底及鲜红色糜烂面。剧烈瘙痒。水疱干燥后形成环状脱屑并逐渐扩大,成为慢性鳞屑角化型足癣;②糜烂型:常发生于趾缝间,以3、4趾间为多。表现为趾间潮湿、表皮浸渍发白,除去白皮露出鲜红色潮湿糜烂面。剧烈瘙痒;③鳞屑角化型:此型最为多见,又称干性足癣。表现为鳞屑,角化过度,干燥,皲裂。

水疱型和糜烂型极易并发感染,致足趾间化脓、红丝疔、小腿丹毒、胯下臖核肿痛,甚至出现恶寒发热、头痛骨楚等全身症状。

6. 圆癣　相当于西医学的体癣。

青壮年男性多见,好发于夏季,入冬痊愈或减轻。除掌跖、股胯、外阴以外的皮肤均可累及。若发生于腹股沟、股胯处者称阴癣(股癣)。

圆癣初起为丘疹、水疱,以后水疱破裂或丘疹扩大,逐渐形成钱币状红斑,其上覆鳞屑。病灶中央皮疹可消退,四周皮疹显著,表现为丘疹、水疱、鳞屑等损害组成的狭窄弧形或环形边缘。若皮疹发生于腰间,则常呈不规则带状。

阴癣发于股胯与阴部相连的褶皱处,皮肤损害基本同圆癣。患部常多汗、潮湿,易受摩擦,故皮损发展较快,常伴明显瘙痒,易出现间擦疹。

7. 紫白癜风　相当于西医学的花斑癣,俗称汗斑。

多见于多汗体质的成人,夏发冬愈。

好发于胸、背、肩和颈部,为大小不一、边界清楚的圆形或不规则形斑,常融合成片,色淡褐、灰褐至深褐色,或轻度色素减退,表面覆糠状鳞屑。有轻微瘙痒感。

8. 真菌直接镜检　方法简单、快速,但仅能确定菌丝和孢子的有无,阳性代表真菌存在,且一次阴性不能完全否定。真菌培养,可鉴定菌种,深部真菌病需做病变组织的病理学检查。伍德灯检查有助于本病的诊断。

【鉴别诊断】

1. 白疕　须与白秃疮鉴别。白疕皮损为堆积较厚的银白色鳞屑,常超出发迹,头发呈束状,刮除鳞屑可见筛点状出血点,且无脱发、断发等。

2. 湿疮　头部湿疮须与肥疮鉴别。头部湿疮常表现为丘疱疹、糜烂、流滋等多形性损害,瘙痒,一般无脱发、断发,且无肥疮的特征性黄癣痂。手足部湿疮当与鹅掌风及脚湿气鉴别。手足部湿疮常对称分布,具多形性皮损,边界不清,瘙痒剧烈,可反复发作。

3. 白癜风　须与紫白癜风鉴别。白癜风无一定好发部位,皮损发展慢,表现为纯白色色素脱失斑,边缘可见较明显的黑褐色色素沉着,无瘙痒,不传染。

【辨证论治】

癣病的治疗以杀虫止痒为原则。强调外治法,若皮损广泛,自觉症状重,或抓破染毒者,则内治、外治相结合。

1. 风湿毒聚证

证候:主要见于肥疮、鹅掌风、脚湿气。肥疮症见皮损泛发,大部分头皮毛发受累,脓疱、糜烂,蔓延浸淫,黄痂堆积;鹅掌风及脚湿气症见散在或群集的深在性水疱,或脚丫浸渍发白;瘙痒剧烈。舌质淡红,苔薄白或薄腻,脉濡。

治法:祛风除湿,杀虫止痒。

方药:消风散加减。常用荆芥、防风、蝉蜕、苦参、苍术、川木通、生地黄、牡丹皮、百部、地肤子、白鲜皮。

2. 湿热虫蕴证

证候:主要见于鹅掌风、脚湿气、圆癣、阴癣。症见水疱、脓疱,糜烂流滋,脚湿气肿连足背,或红丝上窜,胯下臀核肿大。灼热、瘙痒或疼痛,口干,便结溲赤。舌红,苔黄或黄腻,脉滑数。

治法:清热除湿,杀虫止痒。

方药:萆薢渗湿汤加减。常用萆薢、黄柏、薏苡仁、牡丹皮、泽泻、滑石、防风、蝉蜕、白鲜皮。热重于湿者,加蒲公英、野菊花、紫花地丁、金银花、天葵子清热解毒。发于阴股部者,合龙胆泻肝汤清热利湿。

3. 血虚风燥证

证候:主要见于白秃疮、脚湿气。白秃疮症见灰白色鳞屑斑,毛发干枯、易于折断;脚湿气症见皮肤干燥、脱屑、皲裂、肥厚。伴瘙痒。舌淡红,苔薄白,脉细。

治法:养血润燥,疏风止痒。

主方:四物消风饮加减。常用荆芥、僵蚕、当归、川芎、生地黄、白鲜皮、苦参、赤芍。如皮损肥厚加丹参、乌梢蛇活血化瘀。

【外治】

1. 白秃疮、肥疮　首先推剪掉病区头发,每天以热肥皂水、硫黄香皂洗头,然后在病灶处搽药,可用5%硫黄软膏或雄黄膏;若祛除黄癣痂后糜烂流滋,不宜使用软膏,以冰柏液或三黄洗剂湿渍,待干燥后再搽5%硫黄软膏或雄黄膏。如上法治疗后病发松动时,用镊子将病发连根拔除,拔发后继续搽药2~3周。

2. 鹅掌风、脚湿气

(1) 水疱型:可选用二矾汤、苦参汤、冰柏液等中药熏洗、浸泡,后外搽癣药水。

(2) 糜烂型:可选1:5000高锰酸钾溶液、3%硼酸溶液、冰柏液、苦参汤等湿渍、浸泡,后外搽癣药水。待干燥后外搽雄黄膏、硫黄软膏等。

(3) 鳞屑角化型:先以上述浸泡剂浸泡,再外搽上述软膏,并以封包治疗。

3. 圆癣　可选用癣药水、5%硫黄软膏等外搽;阴癣由于患部皮肤薄嫩,不宜选用刺激性强的外用药;若皮损糜烂流滋,可先以冰柏液、三黄洗剂、苦参汤等塌渍,待干燥后搽药。

4. 紫白癜风　以癣药水、1%土槿皮酊外搽。治愈后,继续用药1~2周,以防复发。

【其他疗法】

西医治疗　癣顽固难愈者,可用抗真菌药物内服及外用,如伊曲康唑、特比萘芬等。

【预防护理】

1. 预防　加强癣病基本知识宣传;注意个人、家庭及集体卫生,对幼儿园、学校、理发室、浴室、旅店等公共场所要加强卫生管理;对已有患者要早发现,早治疗,坚持治疗,巩固疗效。对患癣病的动物也要及时处理,以消除传染源。

2. 护理　要针对不同癣病传染途径做好消毒灭菌工作。白秃疮、肥疮患者要注意理发工具及患者梳、帽、枕巾等的灭菌;脚湿气患者注意保持足部干燥,勿与他人共用洗脚盆、浴巾、鞋袜等,鞋袜宜经常洗涤、曝晒;圆癣、阴癣、紫白癜风患者的内衣裤、床单等要经常换洗、曝晒,宜煮沸消毒。

【结语】

皮肤癣病之病因总由生活、起居不慎,外感风、湿、热邪,湿热生虫,郁于腠理,淫于皮肤所致。辨证常分为风湿毒聚、湿热虫蕴、血虚风燥三型。治疗以杀虫止痒为原则,强调外治法。癣病应注意加强个人或集体卫生管理,消除传染源。

第六节　虫咬皮炎

虫咬皮炎是被致病虫类叮咬,接触其毒液或虫体的毒毛而引起的皮炎的总称。较常见的致病虫有蠓、螨、隐翅虫、刺毛虫、跳蚤、虱类、臭虫、蜂等。其临床特点因致病虫不同而各有差异,主要表现为皮肤上呈丘疹样风团,上覆针尖大小瘀点、丘疹或水疱,呈散在性分布。

【病因病机】

本病总因禀赋不耐,又受风、湿、热、虫、毒之邪,邪毒浸淫肌肤,与气血相搏而发病。

【诊断】

1. 多见于夏秋之季,好发于暴露部位。

2. 皮损以丘疹、风团、瘀点多见,亦可出现红斑、瘀斑、水疱等,皮损中央常可见叮咬痕迹;亦可继发感染发生脓疱;严重者可出现大面积红肿,甚至组织坏死;可出现局部臖核肿大。

3. 本病因虫类不同,其临床表现亦有差异。

(1) 蠓虫皮炎:多见于下肢小腿、足背等暴露部位。叮咬后先起瘀点或水肿性红斑,继而演变成其斑丘疹、风团或水疱。自觉奇痒难忍。

(2) 螨虫皮炎:本病多见于经常接触各种农作物或其制品的农民、搬运工人及制粉工人等。皮损表现为水肿性红斑、丘疹、丘疱疹、风团等,损害中央常可见叮刺痕迹。瘙痒剧烈。

(3) 隐翅虫皮炎:以面部、颈部、四肢等暴露部位多见。皮损往往突然发生,或在睡觉醒后发现,皮损为线状或条索状斑,其上覆密集水疱、小脓疱。瘙痒、灼痛。

(4) 毛虫皮炎:接触毒毛后发病,以斑丘疹、丘疱疹、红斑、风团为主,有的中央可见一小黑点或小水疱。毒毛刺入眼部可引起结膜炎、角膜炎。松毛虫可引起骨关节炎、耳廓炎。

(5) 蜂螫伤:被蜂螫伤后,患处立即出现烧灼感或显著的痛痒感,不久即潮红肿胀,中心有瘀点,甚至水疱形成。若被群蜂螫伤,可出现大面积显著肿胀,偶有休克发生。

一般无全身不适,严重者可出现呼吸困难等全身中毒症状。

【鉴别诊断】

丹毒　虫咬皮炎红肿面积广泛时应与丹毒鉴别,丹毒发病多因皮肤黏膜破伤,病初多伴有发热、恶寒、头痛、恶心等前驱症状,继而出现境界清楚的鲜红色水肿性红斑,表面紧张光亮,中心可有水疱,一般无瘙痒,疼痛明显。血常规示白细胞、中性粒细胞增高。

【辨证论治】

本病的治疗以清热解毒,祛风止痒为原则。

热毒蕴结证

证候:皮损表现为红斑、风团、丘疹、丘疱疹、瘀点、水疱等。或伴皮疹附近臖核肿大;或出现畏寒发热、头痛、恶心、胸闷等。舌红,苔黄,脉数。

治法:清热解毒,祛风止痒。

方药:五味消毒饮合消风散加减。常用蒲公英、野菊花、紫花地丁、荆芥、防风、蝉蜕、苦参、生地黄、牡丹皮。

【外治】

1. 红斑、丘疹、丘疱疹、风团等皮损,用三黄洗剂、冰柏液、炉甘石洗剂外搽。

2. 松毛虫、桑毛虫皮炎可用橡皮膏粘去毛刺,并用新鲜马齿苋捣烂外敷,或涂5%碘酒。

3. 若出现水疱、糜烂、红肿者,可用清热解毒之中药药液冷湿渍,再外用颠倒散洗剂外搽。

4. 蜂螫皮炎应先拔去毒刺,拔火罐吸出毒液,消毒后外搽清热解毒的药膏。

【其他疗法】

西医治疗　较严重者可内服抗组胺药物。继发感染者宜加抗生素。全身中毒症状明显,可加用糖皮质激素。

【预防护理】

1. 预防　改善环境卫生,消灭害虫;保持清洁,衣服、被褥勤换洗;关好纱门纱窗,挂好蚊帐;遇虫爬于皮肤,轻轻弹去既可,勿在皮肤上拍打虫体。

2. 护理　发病期间忌辛辣、鱼腥等发物,多饮水,多吃蔬菜、水果,保持大便通畅;贴身衣物单独洗涤,并用开水烫洗或太阳曝晒。

【结语】

虫咬皮炎总因禀赋不耐,又受风、湿、热、虫、毒之邪,邪毒浸淫肌肤,与气血相搏而发病。辨证多属热毒蕴结证,治疗以清热解毒,祛风止痒为原则。强调外治法。

第七节　疥　　疮

疥疮是由疥虫(疥螨)寄生在人体皮肤所引起的一种接触传染性皮肤病。其临床特点是皮肤皱褶处隧道、丘疹、水疱、结节,夜间剧痒,可找到疥虫。本病由接触传染所致。其传染性很强,在一家人或集体宿舍中往往相互传染,集体发病。古代文献称为"虫疥"、"脓窝疥"等。

【病因病机】

本病多因湿热内蕴,虫毒侵袭,郁于皮肤所致。

西医学认为本病多因与疥疮患者密切接触而直接传染疥虫,但也可通过接触患者使用过的日常生活用品(主要为未经消毒的衣服、床被)而间接传染发病。

【诊断】

1. 本病好发于皮肤细嫩、皱褶部位,常从手指缝开始,1~2周内可广泛发至上肢屈侧、肘窝、腋窝前、乳房下、下腹部、臀沟、外生殖器、大腿内侧等处。一般不侵犯头部及面部,但幼儿和婴儿疥疮分布部位不典型,可累及头、颈、掌趾等处。

2. 皮损主要为红色丘疹、丘疱疹、小水疱、隧道、结节。结节常见于阴茎、阴囊、少腹等处;水疱常见于指缝;隧道为疥疮的特异性皮损,微微隆起,稍弯曲呈淡灰色或皮色,在隧道末端有个针头大的灰白色或微红的小点,为疥虫隐藏的地方。

3. 自觉奇痒,遇热或夜间尤甚,常影响睡眠,由于剧烈的搔抓往往引起皮肤上出现抓痕、血痂,日久皮肤出现苔藓样变或湿疹样变。继发感染可引起脓疱疮、疖病、痈等,严重者偶可伴发急性肾炎。

4. 刮取患处丘疹、水疱等的皮屑,在显微镜下发现疥虫或虫卵;如果发现隧道,可用针尖挑破直达闭端,挑取肉眼可看到的针头大灰白色小点,显微镜下可发现疥虫。

【鉴别诊断】

1. 丘疹性荨麻疹　儿童与成人均可发病,但以儿童为多,好发于四肢伸侧及躯干部,皮损主要为风团样丘疹,如豆样坚实,瘙痒无度,无传染性。

2. 虱病　主要发于躯干,皮损为继发性损害,如抓痕、血痂,指缝中无皮损,在衣缝中可找到虱子及虱卵。

【辨证论治】

以杀虫止痒为主要治法。必须隔离治疗,以外治为主。若抓破染毒,需内、外合治。

湿热毒聚证

证候:皮肤水疱多,丘疱疹泛发,壁薄液多,破流脂水,浸淫湿烂;或脓疱叠起,或起红丝,臖核肿痛。舌红,苔黄腻,脉滑数。

治法:清热化湿解毒。

方药:黄连解毒汤合五味消毒饮加减,常用黄芩、黄柏、栀子、紫花地丁、野菊花、蒲公英等。如瘙痒明显可加地肤子、防风祛风止痒。

【外治】

1. 硫黄软膏(霜)　硫黄为古今治疗疥疮的特效药物,目前临床上常用 5% ~ 20% 的硫黄软膏,小儿用 5% ~ 10% 浓度,成人用 10% ~ 15% 浓度,若患病时间长,可用 20% 浓度,但浓度不宜过高,否则易产生接触性皮炎。用法:先用川椒 15g,白鲜皮、地肤子各 30g,煎水外洗,或用温肥皂水洗涤全身后。再搽药,一般先搽好发部位,再搽全身,每天早、晚各 1 次,连续 3 天,第 4 天洗澡,换洗衣、被、床单,此为 1 个疗程。一般治疗 1 ~ 2 个疗程,停药后观察 1 周左右,如无新的皮损出现,即为痊愈。硫黄软膏使用后皮肤干燥需使用保湿膏改善皮肤屏障功能。

2. 其他药物　亦可选用 10% 百部酊、雄黄膏、一扫光等外搽,方法同上。

【其他疗法】

西医治疗　化脓感染者同时采用抗感染药物治疗。对结节性疥疮可外用软性激素软膏及焦油制剂,或局部注射泼尼松龙混悬液,必要时可冷冻或切除。

【预防护理】

1. 预防　患者衣服、被褥均需煮沸消毒或在阳光下充分曝晒,以杀灭疥虫及虫卵。彻底消灭传染源,在家庭或集体宿舍里发现患者应予分居,并积极治疗。接触患者后应用肥皂水洗手。改善环境卫生,加强卫生宣传,对公共浴室、旅馆、车船的衣被用物应定期清洗消毒。

2. 护理　注意个人卫生,勤洗澡,勤换衣,发病期间忌食辛辣刺激食物,避免搔抓防止继发感染,用药时硫黄软膏应避开面部防止引起过敏。

【结语】

疥疮主要因虫毒侵袭肌肤所致,治疗以杀虫止痒为主要治法。必须隔离治疗,以外治为主。须重视外用药物的使用方法。

第八节　日　晒　疮

日晒疮是皮肤曝晒于强烈日光下所引起的皮肤炎症性反应。其临床特点是皮肤于曝晒数小时后,在暴露部位发生境界清楚的红斑,灼热疼痛,甚者焮热肿痛,可见水疱糜烂,伴头痛、发热、恶心等全身不适症状。本病好发于盛夏,尤以妇女儿童皮肤娇嫩者及室外工作人员、水面作业人员、雪地勘探人员、高原地区居民等有曝晒史者为多发。日晒疮之病名首见于明代申斗垣《外科启玄·日晒疮》，"三伏夏天，勤苦之人，劳于工作，不惜身命，受酷日晒曝，先疼后破而成疮者，非血气所生也"。西医学光源性皮肤病中所包含的日光性皮炎、多形性日光疹、植物-日光性皮炎等，均属于中医学"日晒疮"的范畴。

【病因病机】

本病多由禀赋不耐，腠理不密，盛夏酷暑，阳光曝晒，阳热毒邪，侵入体表，灼伤皮肤，因而发病。

1. 毒热蕴肤　毒热蕴于肌肤，蕴热化湿，与内湿搏结，湿热俱盛，则生红斑、水疱、糜烂。

2. 热毒入里　毒热入里，灼伤阴液则发热、头痛、恶心甚至谵妄。

西医学认为本病的发生是皮肤接受超过耐受量的中波紫外线照射后引起的光毒反应。一方面可因日光过强、暴露时间过长所引起；另一方面与个体皮肤的易晒伤因素相关。

【诊断】

1. 多发于盛夏及春末夏初，以妇女儿童皮肤娇嫩者及室外工作人员、水面作业人员、雪地勘探人员、高原地区居民等有曝晒史者为多发。

2. 轻者表现为于曝晒数小时后，在暴露部位出现鲜红斑，边界清楚，与遮盖部位反差明显，轻度水肿或不肿，局部可伴灼热刺痛。2～3天后红斑渐淡并逐渐消退，可伴少许脱屑，留有色素沉着。

3. 重者表现为曝晒后红斑水肿色深，继而出现水疱、大疱、糜烂、渗液，疱液澄清色淡黄，局部灼痛难忍，触之尤甚。数天后皮损处结痂、脱屑而逐渐愈合，可遗留色素沉着或色素减退。

4. 各种症状在照射后第2日反应最强，数周后恢复。皮损广泛时可有头痛、恶心、发热、寒战，甚至谵妄、休克等全身症状。

5. 可做光生物学试验，以明确诊断。常用的有最小红斑量（MED）测定，光激发试验和光斑贴试验，以明确光敏性存在和光敏强度以及接触敏感是否存在。

【鉴别诊断】

1. 接触性皮炎　有致敏物的接触刺激史，皮损限于接触部位，与日光照射无关，可发生于任何季节。

2. 盘状红斑狼疮　皮疹呈蝶状外观，红斑上有黏着性鳞屑，剥去鳞屑下面可见钉状角质栓，皮损边界清楚略高起，中央萎缩略凹陷，伴毛细血管扩张、皮肤黏膜受累、脱发等症。

【辨证论治】

本病的治疗以清热祛暑为基本原则。皮损呈水疱、大疱，伴糜烂、渗液较多者，治当除湿解毒。

1. 阳毒袭表证

证候：皮肤曝晒后出现鲜红色斑，边界清楚，灼热刺痛，触之痛甚。伴身热乏力，口渴喜冷，小便短赤。舌质红，舌苔薄黄，脉浮数。

治法：清热消暑，解毒止痛。

方药：新加香薷饮加减。常用香薷、金银花、白扁豆花、厚朴、连翘。局部水肿者，加通草、泽泻、冬瓜皮等利水消肿;身热、口渴明显者,加桑叶、菊花、天花粉等清热生津。

2. 热毒炽盛证

证候:红斑水肿色深,继而出现水疱、大疱、糜烂、渗液,瘙痒较著,灼热刺痛。伴头痛、发热、口渴、胸闷、纳呆。舌质红,舌苔黄腻,脉滑数或濡数。

治法:清热解毒,凉血燥湿。

方药:清瘟败毒饮加减。常用石膏、生地黄、水牛角、黄连、栀子、桔梗、黄芩、知母、赤芍、玄参、连翘、竹叶、甘草、牡丹皮。水疱较多,破溃糜烂者,加马齿苋、苍术、黄柏等燥湿解毒;身热、口不渴或渴不多饮者,加藿香、佩兰、竹茹等芳香化湿。

【外治】

1. 未破溃者,选用三黄洗剂或黄连膏外涂,每日 1~2 次。

2. 疱破流滋及糜烂者,选用马齿苋 60g 或甘草 60g、枯矾 10g,浓煎取汁,冷湿敷患处,每次 10~15 分钟,每日 2~3 次,并于敷后外搽清凉油乳剂。

3. 干燥结痂者,选用玉露膏或青黛膏、地榆油薄涂,每日 1~2 次。

【其他疗法】

1. 针刺疗法　取穴下关、颊车、承浆、太阳、外关、四白、劳宫、合谷、昆仑、太溪等穴,用泻法,留针 15 分钟。

2. 西医治疗　轻者口服抗组胺药物,外用炉甘石洗剂,或糖皮质激素霜。伴感染者可用抗生素,伴高热等全身症状明显者,给予补充水电解质及维生素。对于慢性苔藓化及斑块性皮损,亦可选用曲安西龙混悬液,加利多卡因皮损内或皮损下注射进行局封疗法,或用维甲酸乳膏和糖皮质激素的复合乳膏封包外用。

【预防护理】

1. 预防　外出时注意遮阳和使用防晒剂和避光剂。常在室内工作者,应经常参加户外锻炼,以提高皮肤对日光的耐受性。

2. 护理　已发病者局部禁用热敷。若皮肤有糜烂处,应及时处理。瘙痒时,严禁抓破,以防继发感染。忌食辛辣炙煿之品及鱼腥发物。

【结语】

日晒疮的形成多由禀赋不耐,腠理不密,盛夏酷暑,阳光曝晒,阳热毒邪,侵入体表,灼伤皮肤,因而发病。轻者毒热郁于肌肤,重者热毒由表达里。辨证常分为阳毒袭表、热毒炽盛两型。治疗内外治相互结合,以清热祛暑为基本原则,水疱明显者当除湿解毒。

第九节　湿疮(附:婴儿湿疮)

湿疮是一种常见的由于禀赋不耐,因内外因素作用而引起的过敏性炎症性皮肤病。其临床特点为皮损形态多样,对称分布,剧烈瘙痒,有渗出倾向,反复发作,易成慢性等。男女老幼皆可发病,无明显季节差异。相当于西医学的湿疹。

本病根据病程可分为急性、亚急性、慢性三类。急性者常泛发全身,以丘疹、水疱、糜烂、渗出为主;慢性者以干燥、脱屑、苔藓样变为主,易反复发作;亚急性者介于两者之间。根据皮损形态不同,名称各异,如浸淫全身、滋水较多者称为"浸淫疮";以丘疹

为主者称为"血风疮"或"粟疮"。根据发病部位不同,其名称也不同,如发于耳部者称为"旋耳疮";发于手足部者称为"病疮";发于阴囊部者称为"肾囊风"或"绣球风";发于脐部者称为"脐疮";发于肘、膝弯曲处者称为"四弯风";发于乳头者称为"乳头风"等。

【病因病机】

湿疮病因复杂,可由多种内、外因素引起。常因禀赋不耐,饮食失节,或过食辛辣刺激荤腥动风之物,脾胃受损,失其健运,湿热内生,又兼外受风邪,内外两邪相搏,风湿热邪犯于肌表所致。其发生与心、肺、肝、脾四经关系密切。

1. 急性者,以风湿热邪,浸淫肌肤为主。

2. 亚急性者,多由脾虚湿恋或阴血已伤、湿热仍存所致。

3. 慢性者,多因久病耗伤阴血,血虚风燥,引起肌肤甲错。发于小腿者则常由经脉松弛、青筋暴露,气血运行不畅,湿热蕴阻,肤失濡养所致。

西医学认为本病的病因尚不明确,可能与慢性感染病灶、内分泌及代谢改变、血液循环障碍、神经精神因素、遗传因素等内部因素相关;本病的发生可由外部因素诱发或加重,如食物、吸入物、动物毛皮、生活或工作环境、各种化学物质等。

【诊断】

本病发病前常无明显的外因接触史,发病部位可局限,亦可泛发全身,皮疹一般具有多形性、对称性、瘙痒性、渗出性、反复性,易成慢性等特点,不同时期或不同部位有其相应的特点。

1. 急性湿疮(彩图10-9-1)　相当于西医学的急性湿疹。本病起病较快,皮疹常呈原发性和对称性,可有红斑、丘疹、丘疱疹、水疱、脓疱、流滋、结痂等多形性表现。可发于身体的任何部位,亦可泛发全身,但常发于颜面、耳后、手足、肘窝、腘窝、阴囊、外阴、肛门等处。初起皮损为多数密集的粟粒大的小丘疹、丘疱疹或小水疱,基底潮红,自觉瘙痒,常因搔抓而致流滋、糜烂及结痂,皮损中心较重,外周散在丘疹、红斑、丘疱疹,病变常呈片状或弥漫性,无明显边界。病程中因搔抓、肥皂热水烫洗、饮酒、食辛辣发物可使皮疹加重,瘙痒加剧。搔抓染毒可致皮损处化脓,并可发疖,臀核肿痛等全身症状。若不转为慢性,病程一般为1~2个月,痂皮脱落而愈。

2. 亚急性湿疮　相当于西医学的亚急性湿疹。多由急性湿疮未能及时治疗,或处理不当迁延而来,亦有初发即呈亚急性湿疮者。皮疹较急性湿疮轻,以丘疹、结痂、鳞屑为主,有少量水疱和轻度糜烂浸润,自觉瘙痒剧烈,夜间尤甚,一般无全身不适感。

3. 慢性湿疮(彩图10-9-2)　相当于西医学的慢性湿疹。常因急性和亚急性湿疮长期不愈,多次反复发作而成,亦有少数起病即表现为慢性湿疮者。皮损多局限于某一部位,患处皮肤增厚粗糙,触之较硬,色黯红或紫褐,皮纹显著,或呈苔藓样变,常伴有抓痕、鳞屑、血痂及色素沉着,甚者伴有溃疡,部分皮损处可出现新的丘疹或水疱,抓破后有少量流滋。自觉有明显的瘙痒,夜间、精神紧张、饮酒、食辛辣发物时瘙痒加剧。病变在手足关节部位者,易出现皲裂,疼痛等。慢性湿疮病程较长,时轻时重,易反复发作。

4. 湿疮由于病因和性质有所不同,好发于某些特定部位,临床表现可有一定的特异性。

(1)耳部湿疮:又称"旋耳疮",好发于耳后襞,亦可见于耳轮上部和外耳道。表现为红斑、渗液、皲裂、结痂,常两侧对称。

（2）面部湿疮：常见于额部、眉部、耳前等处。表现为淡红色的斑片，上覆细薄鳞屑，多对称分布，瘙痒明显。由于面部经常洗擦或应用化妆品刺激而加重，病情易反复发作。

（3）头部湿疮：呈弥漫性，甚至累及整个头皮，多因染发剂、烫发剂、生发剂、洗发剂等刺激所致。表现为潮红、糜烂、可有脓性流滋、结黄厚痂，有时将头发黏集成团，或化脓染毒，发生臭味，甚至可使头发脱落。

（4）乳房湿疮：又称"乳头风"，主要发于女性，皮损局限于乳头，常两侧对称发生。表现为潮湿、糜烂、流滋、上覆鳞屑，或结黄色痂皮，反复发作可出现皲裂、疼痛，自觉瘙痒，一般不化脓。

（5）脐部湿疮：又称"脐疮"，病位局限于脐窝。皮损表现为鲜红或黯红色斑片，边界清楚，不累及外周正常皮肤，伴有糜烂、流滋、结痂，常有臭味，自觉瘙痒，病程较长，易继发感染。

（6）手部湿疮：又称"病疮"，多发于手背及指端掌面，可蔓及手腕部。皮损表现形态多样，边界不清，皮损表现为潮红、糜烂、流滋、结痂；至慢性时，皮肤肥厚粗糙，常伴干燥皲裂、疼痛，病程较长。

（7）阴囊湿疮：又称"肾囊风"或"绣球风"，发于阴囊皮肤，亦有延及肛周及阴茎部者。有潮湿型和干燥型两种，前者表现为整个阴囊肿胀、潮红、糜烂、流滋、结痂，日久皮肤肥厚，皮色发亮，色素加深；后者潮红、肿胀不如前者，表现为皮肤浸润变厚，呈灰色，上覆鳞屑，伴有裂隙，剧烈瘙痒，夜间尤甚，可有不规则小片色素脱失。

（8）肛门湿疮：多局限于肛门口的皮肤，一般不累及周围正常皮肤。急性时以潮湿、糜烂、浸润为主；慢性时皮损肥厚、浸润，往往发生辐射状皲裂，伴有色素减退或疼痛。

（9）小腿湿疮：好发于小腿下 1/3 内侧皮肤，常伴有青筋暴露，多见于长期站立工作者。皮损呈局限性黯红色，弥漫密集丘疹、丘疱疹、糜烂、流滋，日久皮肤变厚，色素沉着。常伴发小腿溃疡。部分患者皮损中心色素减退，可形成继发性白癜风。

（10）钱币状湿疮：湿疮中的一个特殊类型，因其皮损似钱币状而得名，常发于冬季，与皮肤干燥同时发生，好发于手足背、四肢伸侧、肩、臀、乳房等处。皮损为红色小丘疹或丘疱疹，密集而呈钱币状，滋水较多，境界清楚，转为慢性后，皮损肥厚，表面有结痂及鳞屑，周围散在丘疹或水疱，呈"卫星状"，自觉瘙痒剧烈，反复发作，不易治愈。

【鉴别诊断】

1. 接触性皮炎　需与急性湿疮鉴别（见表 10-9-1）。

表 10-9-1　急性湿疮与接触性皮炎鉴别

	急 性 湿 疮	接触性皮炎
病因	病因常不明确	常有明显的病因
部位	不固定，常对称发生	常限于接触部位
皮疹	多形性，丘疹、水疱等边界不清	较单一，有水肿、水疱，境界清楚
接触史	不明确	有
主要症状	瘙痒剧烈	痒或灼热感
转归	常有复发倾向	去除病因则较快痊愈，不再接触即不复发

2. **牛皮癣** 需与慢性湿疮鉴别。牛皮癣好发于颈项、肘、尾骶部,皮损分布常不对称,有典型的苔藓样变,皮损倾向干燥,无多形性损害。

3. **手足癣** 需与手足部湿疮鉴别。手足癣皮损界限清楚,常呈堤状改变,从单侧手掌、足跖或趾间发病,刮取皮损部鳞屑做真菌镜检呈阳性。

【辨证论治】

本病的治疗以利湿止痒为基本原则,重视对于"湿"的辨治,同时标本兼顾,内外并治。急性者以清热利湿为主;亚急性者以健脾利湿或滋阴除湿为主;慢性者以养血润肤为主。外治宜用药温和,避免刺激皮肤而加重病情。

1. 湿热蕴肤证

证候:多见于急性湿疮。发病突然,病程短,皮损面积大。皮疹以红斑、丘疹、丘疱疹、小水疱为主,灼热瘙痒,抓破滋水淋漓,浸淫成片。伴心烦口渴,身热不扬,胸闷纳呆,腹胀便溏,小便短赤。舌质红,舌苔黄腻,脉滑数。

治法:清热利湿,解毒止痒。

方药:龙胆泻肝汤合萆薢渗湿汤加减。常用龙胆草、黄芩、栀子、牡丹皮、泽泻、车前子、萆薢、薏苡仁、苦参、当归、防风。热胜者,加大青叶、黄柏等清热解毒;瘙痒剧烈者,加地肤子、白鲜皮等祛风止痒;水疱破后流滋多者,加土茯苓、赤茯苓等利湿排脓;皮疹鲜红灼热者,加玄参、赤芍等清热凉血。

2. 脾虚湿蕴证

证候:多见于亚急性湿疮。发病较缓,病程较长。皮损潮红,有丘疹、水疱、鳞屑、瘙痒,抓后糜烂渗出。伴纳差,腹胀便溏,易疲乏。舌质淡胖,舌苔白腻,脉濡缓。

治法:健脾利湿止痒。

方药:除湿胃苓汤或参苓白术散加减。常用苍术、厚朴、陈皮、猪苓、泽泻、赤茯苓、白术、薏苡仁、白扁豆、紫荆皮、地肤子、白鲜皮。

3. 阴虚湿热证

证候:多见于亚急性湿疮。发病缓慢,病程较长。皮肤浸润,干燥脱屑,瘙痒剧烈,略见出水。伴午后颧红,心烦盗汗,口干口苦,小便短赤。舌质红,少苔或无苔,脉细弦滑。

治法:滋阴养血,除湿止痒。

方药:滋阴除湿汤加减。常用生地黄、玄参、当归、丹参、茯苓、泽泻、白鲜皮、蛇床子。

4. 血虚风燥证

证候:多见于慢性湿疮。病程长久,反复发作。皮损为黯红色斑或斑丘疹,色素沉着,粗糙肥厚,剧痒难忍,遇热或肥皂水洗后瘙痒加重。伴口干不欲饮,乏力,纳差,腹胀。舌质淡,舌苔白,脉弦细。

治法:养血润肤,祛风止痒。

方药:当归饮子或四物消风饮加减。常用当归、白芍、川芎、生地黄、蒺藜、防风、荆芥穗、黄芪、何首乌、蝉蜕、地肤子、乌梢蛇。皮肤粗糙肥厚者,加丹参、益母草、鸡血藤等活血通络;痒甚难眠者,加夜交藤、酸枣仁等养心安神。

【外治】

1. **急性湿疮** 初起仅有潮红、丘疹,或少数水疱而无渗液时,外治宜清热安抚,避免刺激,可选用清热止痒之剂,如苦参、黄柏、地肤子、荆芥等煎汤温洗,或用三黄洗剂、炉甘石洗剂外搽、10% 黄柏溶液。若水疱糜烂、渗出明显时,外治宜选用清热解毒收敛的中药,如黄柏、生地榆、马齿苋、野菊花等煎汤,或三黄洗剂、10% 黄柏溶液冷敷,再用青黛散麻油调搽。急性湿疮后期滋水减少时,外治宜保护皮损,避免刺激,可选用黄连膏、青黛膏外搽。

2. 亚急性湿疮　外治原则为燥湿、收敛、止痒,选用三黄洗剂、青黛膏、3% 黑豆馏油、5% 黑豆馏油软膏、10% 复方地榆氧化锌油等外搽。

3. 慢性湿疮　外治以止痒、润肤为主要治疗原则,可选用各种软膏剂、乳剂等,可外搽青黛膏、5% 硫黄膏、10% ~20% 黑豆馏油软膏。

【其他疗法】

1. 针罐疗法　适用于慢性湿疮皮损肥厚者,方法为先以梅花针叩刺皮疹部位,以微渗血为度,再于叩刺局部行走罐疗法,隔日 1 次,7 日为 1 个疗程。或采用火针疗法,将毫针的针尖在酒精灯上烧灼至发红、发白后,迅速直刺选定部位,随即迅速出针,针刺深度以不超过皮损基底为宜,根据皮损大小及患者的耐受程度每间隔数毫米进行局部散刺,根据皮损恢复程度,一般 5 ~7 日 1 次,本法主要适用于慢性湿疮皮肤肥厚、瘙痒剧烈者。

2. 穴位注射　可于长强、太冲穴穴位注射 5% 普鲁卡因,每次注药 0.5ml,隔日 1 次。

3. 敷脐疗法　取中药消风导赤散,将其粉碎混合成药末,每次取适量填脐,外用纱布、绷带固定,隔日换药,7 日为 1 个疗程。

4. 西医治疗　内服药物可选用抗组胺药、镇静剂。急性期可静脉注射钙剂、维生素 C、硫代硫酸钠等,若瘙痒剧烈可用普鲁卡因静脉封闭治疗,合并感染者可加用抗生素;渗出不明显者外用氧化锌油,渗出较多者用 3% 硼酸溶液冷湿敷,渗出减少时可选用糖皮质激素霜剂,亦可与油剂交替使用。亚急性期可用糖皮质激素乳剂、糊剂。慢性期可用软膏。顽固难愈性、局限肥厚性皮损可用糖皮质激素进行患处皮内注射。

【预防护理】

1. 预防　应尽可能地寻找发病或诱发加重的原因,详细了解病史、生活工作环境、精神因素等。做过敏原检查,如皮内试验、斑贴过筛试验及特异性 IgE 抗体等,以发现可能的致敏原,并避免接触可诱发湿疮的各种因素,如染料、汽油、油漆、花粉等。保持皮肤清洁,防止皮肤感染,避免过劳、保持乐观稳定的情绪。

2. 护理　尽可能避免外界不良刺激,如热水、食盐水烫洗,忌用肥皂、碱水或化妆品等刺激物搽洗患处,避免搔抓,以防继发感染。尽量不穿化纤贴身内衣、皮毛制品。患病期间忌食辛辣、鱼虾、鸡、鹅、牛、羊肉等发物,亦应忌食香菜、韭菜、芹菜、姜、葱、蒜等辛香之品。

【结语】

湿疮的发病与"湿"关系密切,其形成主要由于禀赋不耐,脾失健运,内生湿热,兼外受风湿热邪,浸淫肌肤,内外两邪相搏所致。急性湿疮以风热、血热、湿热、热毒为主,慢性湿疮则以脾虚、阴虚、血虚、血瘀多见。临床常分为湿热蕴肤、脾虚湿蕴、阴虚湿热、血虚风燥四型。治疗以清热利湿止痒为基本原则,同时标本兼顾,内外并治,整体与局部相结合。急性者以清热利湿为主；亚急性者以健脾利湿或滋阴养血为主；慢性者以养血润肤为主。外治用药宜温和。

附：婴儿湿疮

婴儿湿疮是好发于1~2岁婴儿的过敏性皮肤病，又称"奶癣"、"胎敛疮"、"恋眉疮"。其临床特点为皮损形态多样，分布大多对称，常有渗液，伴有瘙痒，好发于头面部，重者可延及躯干和四肢，时轻时重，易反复发作，患儿常有家族过敏史，多见于人工哺育的婴儿。相当于西医学的婴儿湿疹。

本病常由禀性不耐，脾胃运化失职，内有胎火湿热，外受风湿热邪，两者蕴阻肌肤而成；或因消化不良、食物过敏、衣物摩擦、肥皂水洗涤刺激等诱发。

临床常根据发病年龄及皮损特点分为三型。脂溢型者，多发于出生后1~2个月的婴儿，皮损在前额、面颊、眉周围，呈小片红斑，上附黄色鳞屑，颈部、腋下、腹股沟常有轻度糜烂；湿型（渗出型）者，皮疹可泛发全身，多发于消化不良，外形肥胖，3~6个月的婴儿，皮损有红斑、丘疹、水疱、糜烂、流滋，易继发感染而有发热、纳呆、臀核肿痛等症状；干型（干燥型）者，多发于营养不良而瘦弱或皮肤干燥的1岁以上婴儿，皮损潮红、干燥、脱屑，或有丘疹和片状浸润，常反复发作，迁延难愈。实验室检查患儿血中嗜酸性粒细胞数可增高，免疫球蛋白IgE增高。

内治一般分为两型。胎火湿热证，治宜凉血清火、利湿止痒，方药选用消风导赤汤加减；脾虚湿蕴证，治宜健脾利湿，方药选用小儿化湿汤加减。外治则根据临床表现的不同，选择温和的外用制剂。脂溢型和湿型者，宜用生地榆、黄柏煎水或马齿苋合剂、2%硼酸水外用冷湿敷，待流滋、糜烂减轻后，选用青黛散油、黄连油或蛋黄油等外搽；干型者，宜用三黄洗剂、黄柏霜等外搽。

应保持患儿皮肤清洁；避免外界冷热、衣物、强碱性肥皂、强效或激素类药物的刺激；修短患儿的指甲，避免因瘙痒抓伤而继发感染；哺乳期的母亲应尽量避免食用辛辣刺激腥发之物，并同时注意患儿乳制品及辅食的选择。

第十节　接触性皮炎

接触性皮炎是由于接触某些外源性物质后，在皮肤黏膜接触部位发生的急性或慢性炎症反应，又称毒性皮炎。其临床特点是发病前均有明确的接触物史，好发于接触部位，有边界清楚的皮损，可为红斑、丘疹、肿胀、水疱，甚至糜烂、渗出、结痂等，去除病因后可自行痊愈。本病在中医文献中没有一个统一的病名，而是根据接触物质的不同及其引起的症状特点而有不同的名称，如因漆刺激而引起者，称为"漆疮"，隋代巢元方《诸病源候论·疮病诸候·漆疮候》云："漆有毒，人有禀性畏漆，但见漆便中其毒"；因贴膏药引起者，称为"膏药风"；接触马桶引起者，称为"马桶癣"等。

【病因病机】

总因禀赋不耐，皮肤腠理不密，外受辛热之毒或接触某物质，毒热蕴于肌肤而发病。

常见致病物质有漆、药物、塑料、染料、橡胶制品和某些植物的花粉、茎、叶等。但体质因素是发病的主要原因,"禀赋不耐"为内因,"接触"为外因,外因通过内因起作用,故同一种物质,唯有禀赋不耐者接触后发病。正如《诸病源候论·疮病诸候·漆疮候》中所说"漆有毒……亦有性自耐者,终日烧煮,竟不为害也"。

西医学认为接触性皮炎分为原发刺激性接触性皮炎和变态反应性接触性皮炎两种。能引起接触性皮炎的物质很多,主要有动物性、植物性和化学性物质三种。本病的发病机制,目前尚未完全阐明。

【诊断】

1. 发病前有明确的异物接触史,如漆、药物、塑料、染料、橡胶制品和某些植物的花粉、茎、叶等。

2. 除接触强酸、强碱等一些强烈的刺激物可立即发生皮损外,均有一定的潜伏期,第 1 次在 4~5 天,再次接触发病时间缩短,多数在数小时或 1 天左右。

3. 皮损(彩图 10-10-1)一般为红斑、丘疹、肿胀、水疱或大疱,甚至糜烂、渗出等。

4. 皮损边界清楚鲜明,多局限于接触部位。

5. 自觉痒痛或烧灼感,少数患者伴有怕冷、发热、头痛、恶心等症状。

6. 病因去除和恰当处理后可在 1~2 周内痊愈。

7. 皮肤斑贴试验是诊断接触性皮炎的最简单可靠的办法,也可做血液过敏原检查,以寻找致敏原。

【鉴别诊断】

1. 急性湿疮 皮损为多形性,对称性分布,泛发性,边界不清楚,病程较长,易转变为慢性,无明显接触史。

2. 颜面丹毒 无异物接触史,全身症状严重,常有寒战、高热、头痛、恶心等症状,皮疹以水肿性红斑为主,形如云片,色如涂丹,自感灼热、疼痛而无瘙痒,可伴同侧臀核肿痛。

【辨证论治】

首先应避免接触过敏物质,治疗以清热除湿、解毒止痒为基本原则。早期以清热祛湿为主,后期以养血润燥为主。

1. 风热蕴肤证

证候:起病较急,皮损为局部红斑或丘疹为主,肿胀较轻,自觉灼热瘙痒。可伴发热恶寒,疲乏不适,心烦口干,小便黄。舌质红,舌苔薄白或薄黄,脉浮数。

治法:疏风清热止痒。

方药:消风散加减。常用荆芥、防风、当归、生地黄、苦参、苍术、蝉蜕、胡麻仁、牛蒡子、石膏、知母、通草、甘草。皮损灼热鲜红者,加白茅根、牡丹皮、赤芍等清热凉血;大便干结者,加大黄等通腑泄热。

2. 湿热毒蕴证

证候:起病急骤,皮损鲜红肿胀,其上有水疱或大疱,破后糜烂渗液,自觉灼热瘙痒。伴见发热,口苦,口渴,疲乏,便干,溲赤。舌质红,舌苔黄,脉弦滑数。

治法:清热祛湿,凉血解毒。

方药:化斑解毒汤合龙胆泻肝汤加减。常用柴胡、黄芩、栀子、龙胆草、生地黄、牡丹皮、车前子、通草、牛蒡子、石膏、知母、黄连、苦参、白鲜皮。糜烂渗液多者,加土茯苓、地肤子等利水渗湿;黄水多者,加紫荆皮、马齿苋等解毒消肿;红肿面积广泛者,加酒大黄、桑白皮等活血消肿;瘙痒明显者,加蝉蜕等疏风止痒。

3. 血虚风燥证

证候:疾病后期,皮损粗糙肥厚,有鳞屑或呈苔藓样变,瘙痒剧烈。伴有抓痕或结痂。舌质淡红,舌苔薄,脉弦细。

治法:养血润燥,祛风止痒。

方药:当归饮子合消风散加减。常用荆芥、防风、当归、生地黄、川芎、白芍、蝉蜕、胡麻仁、牛蒡子、白蒺藜、制何首乌、黄芪、地肤子、乌梢蛇。阴虚者,加玄参、麦冬等滋阴润燥;瘙痒甚者,加僵蚕、徐长卿等祛风止痒。

【外治】

1. 皮损以红斑、丘疹为主者,选用三黄洗剂外涂,或青黛散冷开水调涂,或5%薄荷脑粉剂外涂,每日5～6次。

2. 大量渗出、糜烂者,选用苦参、马齿苋、黄柏、茵陈、龙胆草等组方煎水湿敷,亦可用10%黄柏溶液湿敷。

3. 漆疮者,选用鬼箭羽、冬桑叶、杉木屑煎水湿敷或洗涤。

4. 结痂者,选用青黛膏或清凉油乳剂等外涂,每日3～4次。

5. 皮损肥厚粗糙,有鳞屑或呈苔藓样变者,可选用3%黑豆馏油、糠馏油或其他霜剂或软膏。

【其他疗法】

西医治疗　内服药物可酌情选择抗组胺药物和镇静类药物等,皮损严重或泛发者,可选用糖皮质激素治疗。选择外用药物时,早期无渗液者用炉甘石洗剂;有渗液者,用2%～3%硼酸溶液湿敷;后期皮损干燥者用糖皮质激素霜剂,如1%丁酸氢化可的松软膏、0.1%曲安奈德霜等。

【预防护理】

1. 预防　明确病因,远离致敏原及其结构类似物。与职业有关者,应改善工作条件,加强防护措施。

2. 护理　彻底清洗接触部位,不宜用热水或肥皂水刺激患处,避免摩擦搔抓,禁用刺激性强的外用药物。饮食宜清淡且易消化,多饮水,多吃新鲜蔬果,忌食辛辣、油腻、鱼腥发物及易引起过敏的食物。

【结语】

接触性皮炎因接触染毒所致,其发病与"毒"关系密切,其中"禀赋不耐"为内因,"接触物"为外因。本病基本病机为禀赋不耐,毒邪入侵,蕴郁化热所致。早期以风热、湿热、热毒为主;后期以血虚风燥多见。辨证常分为风热蕴肤、湿热毒蕴和血虚风燥三型。治疗上首先要追查病因,去除刺激物,避免接触过敏物质。治疗以清热除湿、解毒止痒为基本原则。外用药选择宜简单、温和、无刺激性。病因去除和恰当处理后可在1～2周内痊愈。若反复接触或处理不当,可由急性转变为亚急性或慢性。

第十一节　药　　毒

病案分析

病案:王某,女,30岁,2014年10月03日初诊。躯干、四肢泛发风团,剧痒2日。患者于10天前因感冒,咽喉肿痛,自行口服阿莫西林3天,感冒症状缓解而停药。停药后第6天,患者双上肢出现散在红色风团,伴瘙痒明显,而后皮疹迅速遍及全身。患者既往无过敏史,未使用过青霉素类药物。现体温38.5℃。现症见躯干、四肢泛发风团,且以上半身为重,皮疹为米粒至钱币大小不等,部分相互融合,颜色鲜红,持续时间长且不易消退,双眼睑肿胀,颜面潮红,剧烈瘙痒。触诊双侧颌下淋巴结肿大,未见呼吸困难及消化道症状,伴心烦、口干、小便黄,舌质红,舌苔薄黄,脉浮数。血常规示白细胞数11.90×10^9/L,嗜酸性粒细胞数0.49×10^9/L。

分析:该病案患者以周身泛发风团,剧烈瘙痒为主症,且病情发展迅速,皮疹以上半身居多,伴发热、心烦、口干、溲赤等症状。患者于发病9天前有首次服用阿莫西林药物史。初步印象为药毒。结合患者的用药史、病程、专科检查、血常规基本可以排除瘾疹,当诊为药毒风热侵袭证。治疗当首先停用可疑药物,采用中药内服以疏风清热解毒,并同时配合西医治疗。

问题:本病的中医诊断与西医诊断要点有哪些? 本病与瘾疹怎样相鉴别? 对本例患者如何进行辨证立法用药? 该患者需有哪些注意事项?

药毒是药物通过口服、注射、吸入、外用等途径进入人体后所引起的皮肤黏膜急性炎症反应。又称为"中药毒"。其临床特点是发病前有用药史,具有一定的潜伏期,常突然发病,除固定性药疹以外,皮损呈多形性、对称性、广泛性,多数伴有一定的全身症状,重者伴有内脏损害,发病与患者的过敏体质有关。男女老幼均可发病,其发病率随着药物的不合理应用而呈逐年增高的趋势。相当于西医学的药疹,亦称药物性皮炎。

【病因病机】

本病总由禀赋不耐,药毒内侵所致。药毒发疹,必源于内外因相互作用而发病。

1. 风热侵袭　风热之邪浸淫血脉,内不得疏泄,外不得透达,郁于肌肤腠理之间所致。

2. 湿毒蕴肤　过食肥甘厚味之品,脾失健运,药毒入侵,酿生湿热,湿热与药毒相结,蕴蒸于皮肤而成。

3. 热毒入营　素体血热,药毒侵袭,入里化热,郁而化火,火毒炽盛,燔灼营血,外发肌肤,内攻脏腑所致。

4. 气阴两虚　毒蕴日久,灼伤津液,气无所生,以致气阴两虚,肌肤失养,重者阴液耗竭,阳无所附,浮越于外,病情危殆。

西医学认为本病发病机制复杂,可分为超敏反应机制和非超敏反应机制,而以前者占多数。常见引起本病的药物有抗生素类、解热镇痛药类、镇静催眠药、抗癫痫药、异种血清制剂及疫苗、各种生物制剂等。近年来中草药、中药注射剂引起的药疹逐渐增多。

【诊断】

1. 发病前有用药史。

2. 有一定的潜伏期,首次发病多在用药后 5～20 天内,重复用药可在 1～2 日或数小时内发病。

3. 皮疹类型多样,除固定性药疹有特征性表现外,皮损一般有多形性、对称性、广泛性,颜色鲜艳及瘙痒剧烈等特点。

4. 可伴有发热、倦怠、全身不适、纳差、便干、溲赤等全身症状。

5. 重者可伴口腔黏膜、内脏、造血系统等损害。

6. 血常规检查可见白细胞总数增多,常伴有嗜酸性粒细胞增高,但亦有白细胞、红细胞、血小板减少者。若内脏受累,可出现肝肾功能异常、蛋白尿等。

7. 常见类型

(1) 荨麻疹样型:呈大小不等、形态不规则或融合成片的风团,皮损与荨麻疹相似,但其色泽更为鲜艳,持续时间较长,瘙痒明显。重者出现眼睑、口唇、包皮及喉头等组织疏松部位的血管神经性水肿。可伴发热、关节疼痛、淋巴结肿大、蛋白尿等。引起此型的常见药物有青霉素、呋喃唑酮、血清制品、磺胺类及水杨酸盐类等。

(2) 麻疹样或猩红热样型(彩图 10-11-1):皮疹为针头至米粒大小的丘疹或斑丘疹,散在或密集成片,色红灼热,多伴瘙痒,对称分布,有自上而下的发疹顺序,以躯干为主,也可扩展到四肢。皮损于 2～3 日可遍布全身,并相互融合,病情于停药后 1～2 周好转,皮损颜色变浅,继之出现糠秕状或片状脱屑。可伴畏寒、发热等全身症状。白细胞可升高,少数患者肝功能可有一过性异常。引起此型的常见药物有解热镇痛药类、巴比妥类、青霉素、链霉素、磺胺类等。

(3) 多形红斑样型:皮疹为黄豆至蚕豆大小圆状或椭圆状水肿性红斑、丘疹,中心呈紫红色,或有水疱,境界清楚,呈虹膜现象,与多形性红斑的典型皮损相似。多对称分布于四肢或泛发全身。可伴瘙痒、发热、关节痛、腹痛等全身症状。重者可在口腔、鼻孔、眼部、肛门、外阴等处泛发大疱及糜烂,伴疼痛、高热、肝肾功能障碍等。引起此型的常见药物有磺胺类、解热镇痛药类、巴比妥类、青霉素等。

(4) 固定红斑型(彩图 10-11-2):此型较为特殊。皮损为限局性、单个或多个圆形或椭圆形水肿性红斑,颜色鲜红或紫红,中央可有水疱,愈后留色素沉着,可持续数月。重复用药每次均在原来部位发病,发作愈频则色素愈深,且原皮损可扩大、数目可增多。自觉瘙痒或灼痛。损害以口唇、口周、龟头、外阴等皮肤黏膜交界处多见,其次为四肢及躯干。消退时间一般为 1～10 天,但发于阴部者常伴糜烂、溃疡、灼痛,愈合缓慢。引起此型的常见药物有磺胺类、解热镇痛药类、巴比妥类、四环素等。

(5) 湿疹皮炎样型:此型亦较特殊。因外用药物过敏引起接触性皮炎后,再次内服、注射或外用相同或类似药物后导致。皮疹为粟粒大小丘疹及丘疱疹,常融合成片,泛发全身,可有糜烂渗液,类似于湿疹,自觉瘙痒,可伴发热等全身症状。停用致敏药物后症状消退较快。引起此型的常见药物有青霉素、链霉素、磺胺类等。

(6) 剥脱性皮炎型:此型较为严重。首次发病者潜伏期在 20 天以上,起病较急,进行性加重。皮损初期多呈麻疹样或猩红热样,多见于胸腹及四肢,伴有瘙痒。继而扩大并融合成片,致全身皮肤潮红、肿胀、渗液、结痂。黏膜可见充血、水肿、糜烂。皮损于2周后开始消退,可见全身成片脱屑,分为干脱和湿脱两种。前者表现为手足部大片手套或袜套式剥脱,脱屑持续1个月左右,重者伴毛发及指甲脱落;后者可出现糜烂及水疱,尤以皮肤皱褶部位易见。发病前可有皮肤瘙痒、寒战高热、头痛不适等前驱症状;发病后高热可达39~40℃以上,伴畏寒战栗、口渴欲饮、烦躁不安,严重者可伴浅表淋巴结肿大、肝肾损害、并可出现昏迷。引起此型的常见药物有青霉素、链霉素、磺胺类、巴比妥类、抗癫痫药、保泰松、对氨基水杨酸钠等。

（7）大疱性表皮松解型:此型为本病中最严重的一种。皮疹为大片鲜红色或紫红色斑片,自觉灼痛,迅速波及全身,出现松弛性水疱,并相互融合,形成皱纹纸样外观,似于烫伤,疱液呈淡黄色或血性,尼氏征阳性,大疱表皮极易擦掉而露出糜烂面,似Ⅱ°烧伤样外观,伴全身症状明显。口腔、支气管、食管、眼结膜等黏膜及肝肾心等内脏均可受累。严重者出现昏迷,具有一定的生命危险。引起此型的药物有磺胺类、解热镇痛药类、巴比妥类等。

【鉴别诊断】

1. 麻疹 发病前有鼻流清涕、眼结膜充血、怕光、发热等症状,2~3天后口腔颊黏膜上可见到白色科泼力克斑。

2. 猩红热 皮疹出现前全身症状明显,有怕冷、高热、头痛、咽干、喉痛等,典型者有杨梅舌、口周苍白圈等。

3. 葡萄球菌性烫伤样皮肤综合征 应与大疱性表皮松解型相鉴别,本病多见于出生后3个月内的婴儿,起病前有上呼吸道感染或其他部位的化脓性感染,口腔黏膜无损伤。

【辨证论治】

首先停用一切可疑药物,避免应用结构相似的药物。辨证治疗以清热凉血,利湿解毒为主。重症患者宜中西医结合治疗。

1. 风热侵袭证

证候:皮疹为红斑、丘疹、风团等,好发于上半身,发病迅速,焮热剧痒。伴发热恶寒等外感症状。舌质红,舌苔薄白或薄黄,脉浮数。荨麻疹样型、麻疹样或猩红热样型初期阶段多属于此型。

治法:疏风止痒,清热解毒。

方药:消风散加减。常用荆芥、防风、当归、生地黄、苦参、苍术、蝉蜕、胡麻仁、牛蒡子、知母、石膏、通草、甘草。溲赤者,加白茅根等清热利尿;皮疹焮红灼热者,加牡丹皮、赤芍等清热凉血;瘙痒剧烈者,加白鲜皮、地肤子等祛风止痒。

2. 湿毒蕴肤证

证候:皮疹在红斑、丘疹、风团的基础上可出现水疱,甚至糜烂渗液、表皮脱落。伴剧痒,口干,烦躁,便秘或便溏,溲赤,或有发热。舌质红,舌苔薄白或黄,脉滑或数。湿疹皮炎样型多属于此型。

治法:清热利湿,解毒止痒。

方药:萆薢渗湿汤加减。常用萆薢、薏苡仁、黄柏、赤茯苓、牡丹皮、泽泻、滑石、通草。伴发热者,加石膏、知母等清热泻火;肿胀糜烂者,加白茅根、茵陈等清热利湿;瘙痒明显者,加白鲜皮、地肤子等祛风止痒;便秘者,加大黄等通腑泄热。

3. 热毒入营证

证候:皮疹鲜红或紫红,甚则紫斑、血疱,灼热痒痛。伴高热神昏,口唇焦躁,渴不欲饮,便干溲赤。舌质红绛,舌苔少或镜面舌,脉洪数。重症多形红斑样型、固定性红斑、剥脱性皮炎型和大疱性表皮松解型多属于此型。

治法:清热凉血,解毒护阴。

方药:清营汤加减。常用水牛角、生地黄、玄参、竹叶心、金银花、连翘、黄连、丹参、麦冬、赤芍、牡丹皮、白茅根。神昏谵语者,加紫雪丹或安宫牛黄丸醒神开窍;尿血者,加大蓟、小蓟、侧柏叶等凉血止血;热胜者,加石膏、知母、大青叶等清热凉血。

4. 气阴两虚证

证候:严重药疹后期大片脱屑。伴低热,神疲,气短,口干,便秘,溲赤。舌质红,少苔,脉细数。

治法:益气养阴清热。

方药:增液汤合益胃汤加减。常用生地黄、玄参、麦冬、玉竹、淡竹叶、石膏、陈皮、黄芪、甘草。脾胃虚弱者,加茯苓、白术、山药、党参等健脾益气;阴亏明显者,加龟板、阿胶等滋阴养血。

【外治】

1. 皮损无渗出者,用马齿苋或大青叶煎汤外洗,炉甘石洗剂或三黄洗剂外搽亦可。

2. 皮损糜烂渗出者,用马齿苋、苦参或黄柏煎汤冷湿敷,青黛散麻油调敷。

3. 皮损脱屑干燥者,用麻油或紫草油外擦。

4. 皮损结痂者,用棉签蘸麻油或紫草油揩痂皮。

【其他疗法】

西医治疗　轻型者使用抗组胺药、维生素 C 和钙剂等;重型伴高热等全身中毒症状及内脏受累者,宜早期足量使用糖皮质激素,待症状缓解后逐渐减量。必要时配合使用抗生素以防继发感染,注意补钾及维持电解质平衡。

【预防护理】

1. 预防　用药前必须询问药物过敏史,避免使用已知过敏药物或结构相似药物;应用青霉素及抗毒血清制剂等某些易致敏的药物前要做过敏试验;用药过程中要密切观察患者的状态,如遇全身出疹、瘙痒等异常症状,应立即停药,及时进行诊断和对症治疗;尽力追查致敏药物,并告知患者,避免再次应用。

2. 护理　多饮温开水,忌食辛辣腥发之物;皮疹忌用水烫洗或搔抓,局部禁用性质剧烈或浓度过大的药剂;重型药疹应按危重患者进行护理。

【结语】

药毒的形成总由禀赋不耐,药毒内侵所致。毒邪侵袭,蕴郁化热,热毒与气血相搏而发皮疹。轻症以风热、血热为主;重症多湿热、火毒;后期热毒伤阴,可见气阴两虚证。辨证常分为风热侵袭、湿毒蕴肤、热毒入营和气阴两虚四型。治疗以清热凉血,利

笔记

湿解毒为基本原则,重症患者宜中西医结合治疗。

第十二节　瘾　疹

瘾疹是皮肤上出现鲜红色或苍白色风团、时隐时现的瘙痒性、过敏性皮肤病。瘾疹之名首见于《素问·四时刺逆从论》,"少阴有余,病皮痹隐疹"。本病又称"风疹块"或"瘾瘆",如发生在眼睑、口唇等组织疏松部位,水肿明显者则称"游风"。其临床特点是突然发病,常先有皮肤瘙痒,随即出现大小和形态不一的风团,发作时间不定,发无定处,可迅速消退,而后不留任何痕迹。可发生在任何年龄、季节,男女皆可发病。相当于西医学的荨麻疹,临床常分为急性荨麻疹、慢性荨麻疹、特殊类型荨麻疹。

【病因病机】

本病病因较复杂,总由禀赋不耐,毒邪侵袭而致。或因气血虚弱,卫外不固,风邪乘虚侵袭所致;或因饮食不慎,可因食海鲜、辛辣刺激等腥发动风之物而发;或由七情内伤,营卫失和等导致。

1. 外邪侵袭　引起本病之外邪以风邪最为常见。"风为百病之长,善行而数变",风邪常与寒或热相兼。风寒之邪外侵,客于肌表,而致营卫不和;风热之邪郁于腠理,引起营卫失调。此外,外邪亦包括昆虫叮咬、接触花粉及其他过敏物质等。

2. 饮食不慎　因食海鲜、辛辣刺激等物,致使湿热内蕴,化热动风;或因饮食不洁,湿热生虫,虫积伤脾;或因服用某种药物,致使毒热蕴结,郁于肌肤。

3. 情志内伤　情志不遂,肝郁不舒,气机壅滞不畅,郁而化火,致使阴血不足,营卫失调。

4. 气血虚弱　平素体弱,气血不足,或久病气血耗伤,因血虚生风,气虚卫外不固,风邪乘虚而入。

5. 冲任失调　肝肾不足,冲任失调,营卫失和,生风生燥,肌肤失养。

西医学认为本病的发生与食物、药物、感染、物理因素、动植物因素、精神因素、某些系统性疾病、妊娠及月经周期均有一定的关系,发病机制可分为超敏反应与非超敏反应两类。

【诊断】

1. 可发生于任何年龄和季节,男女皆可发病。

2. 初起常先出现瘙痒,随即皮肤上突然出现风团(彩图 10-12-1),色白或红或正常肤色,大小不等,形态不一,可为圆形、类圆形或不规则形,境界清楚。发作不定时,持续时间长短不一,消退后不留任何痕迹。

3. 自觉剧烈瘙痒,或有烧灼、刺痛感,可伴有发热、恶寒等全身症状;如发生在眼睑、口唇、阴部的游风在水肿的基础上可伴有局部的痒感、麻木胀感;如侵犯消化道黏膜可伴恶心、呕吐、腹痛、腹泻等症状;如发生在咽喉和支气管黏膜可导致喉头水肿及有明显的憋闷感,严重者可发生晕厥甚至窒息。

4. 属急性者,发病急,风团骤起骤消,随之瘙痒消失;慢性者,病程可达数月以上,反复发作,经久不愈。

5. 血常规示血液中可有嗜酸性粒细胞增高,或有白细胞总数及淋巴细胞数增多,

笔记

多有皮肤划痕症阳性(彩图 10-12-2)。

【鉴别诊断】

1. 猫眼疮　本病发病急骤,好发于手足背、手足掌底、四肢伸侧等处,皮损为丘疹、水疱等多形性损害和具有虹膜样特征性红斑,好发于冬春季,以青年女性多见。

2. 丘疹性荨麻疹　皮损为风团性丘疹或中间可有小水疱,瘙痒剧烈,好发于四肢、臀、腰等处,数日后才消退,消退后留有色素沉着斑。夏季儿童多发,常有蚊虫叮咬史。

【辨证论治】

治疗以疏风解表,调和营卫为基本原则。治疗上积极寻找并去除病因,避免各种诱发因素。以内治为主,情况紧急时对症处理。

1. 风寒束表证

证候:风团色白,遇冷或风吹后皮疹加重,得温则缓,冬重夏轻。伴恶寒无汗怕冷,口不渴。舌质淡,舌苔薄白,脉浮紧。

治法:疏风散寒止痒。

方药:桂枝麻黄各半汤加减。常用麻黄、桂枝、杏仁、甘草、白芍、生姜、大枣。关节痛者,加威灵仙、独活等通络止痛。

2. 风热犯表证

证候:风团色红,灼热剧痒,遇热加重,得冷则缓,多夏秋季发病。伴有发热恶寒,咽痛口干。舌质红,舌苔薄黄,脉浮数。

治法:疏风清热止痒。

方药:消风散加减。常用当归、生地黄、防风、蝉蜕、知母、苦参、胡麻仁、荆芥、苍术、牛蒡子、石膏、通草、甘草。风团鲜红灼热者,加牡丹皮、赤芍等清热凉血;口渴者,加玄参、天花粉等清热生津止渴;大便秘结者,加大黄等泻下攻积;瘙痒剧烈者,加蒺藜等疏风止痒。

3. 肠胃湿热证

证候:风团片大,色红,瘙痒剧烈。可伴有脘腹疼痛,神疲纳呆,恶心呕吐,大便秘结或泄泻。舌质红,舌苔黄腻,脉滑数。

治法:疏风解表,通腑泄热。

方药:防风通圣散合茵陈蒿汤加减。常用防风、荆芥、连翘、薄荷、川芎、白芍、栀子、大黄、石膏、黄芩、桔梗、苦参、白鲜皮、蒺藜、牛蒡子。大便燥结者,加枳实等破气消积;大便稀者,去大黄、石膏、栀子加薏苡仁、白术等以健脾利湿;恶心呕吐者,加半夏、竹茹等降逆止呕;有肠道寄生虫者,加乌梅、使君子、槟榔等以驱虫消积。

4. 气血两虚证

证候:皮疹色淡红,反复发作,瘙痒不甚,迁延数月或数年,日轻夜重,劳累后加重。兼见神疲乏力,失眠等症。舌质淡,舌苔薄,脉沉细。

治法:调补气血,息风潜阳。

方药:八珍汤加减。常用当归、川芎、熟地黄、白芍、人参、白术、茯苓、甘草。心烦失眠者,加酸枣仁、夜交藤等养心安神;瘙痒重者,加蒺藜、龙骨、牡蛎等润燥疏风止痒。

5. 冲任不调证

证候:风团色淡红,常于经前数天出现,经后减轻或消失,以少腹、腰骶、大腿内侧为多,每于经前又发作,如此反复。伴痛经或月经不调。舌质紫,舌苔薄白,脉弦细。

治法:调摄冲任。

方药:四物汤合二仙汤加减。常用白芍、当归、熟地黄、川芎、仙茅、仙灵脾、巴戟天、当归、黄柏、知母、牛膝、益母草。若月经不调,经色黯有血块者,加桃仁、红花、丹参等活血调经,祛瘀止痛;若为肝郁气滞、冲任失调所致者,可选用丹栀逍遥散加减以疏肝理气,调摄冲任。

【外治】

1. 百部膏外搽,每日 3 ~ 5 次。

2. 香樟木或晚蚕砂或楮桃叶煎汤,先熏后洗,每日 1 ~ 2 次。

3. 白矾、蚕沙、芒硝、荆芥、苦参各 20g 水煎外洗,每日数次。

4. 炉甘石洗剂外搽,每日数次。

【其他疗法】

1. 针刺拔罐　应用体针疗法时,皮疹发于上半身者取穴曲池、内关,面部肿者加用合谷;发于下半身者取穴血海、足三里、三阴交;发于全身者配穴风市、风池、大椎、大肠俞等;耳针则取穴肝区、脾区、肾上腺、皮质下、神门等。拔罐疗法则可选择背俞穴进行留罐治疗,同时亦可在神阙穴处行拔罐疗法。

2. 放血疗法　分别在双耳尖、双中指尖、双足趾尖,经常规消毒,三棱针放血,2 ~ 3 日 1 次。

3. 穴位埋线　采用可吸收蛋白线或羊肠线在穴位处进行埋植,常用的穴位有血海、曲池、足三里、膈俞、肺俞、脾俞、大肠俞等,每周 1 次。

4. 自血疗法　抽取患者自身静脉血后再进行局部皮下注射,可产生一定的非特异性脱敏功效,3 日 1 次。

5. 西医治疗　急性者可选用抗组胺制剂、钙剂、硫代硫酸钠等;严重者,尤其是并发喉头水肿憋闷明显者或晕厥者需在短期内应用糖皮质激素;窒息者需及时行气管切开术。

【预防护理】

1. 预防　尽量通过详细询问病史和系统检查,找出病因并去除之;对于慢性荨麻疹的患者,应尽量避免各种诱发加重因素。

2. 护理　如遇冷热刺激而复发者,不应过分回避,相反宜逐步接触,逐渐延长时间,以求适应。忌食鱼腥虾蟹、辛辣、葱、酒等发物;注意天气变化,加强体育锻炼,调整生活节奏,保持心情舒畅。

【结语】

瘾疹的形成总因禀赋不耐,气血虚弱,卫外不固,风邪乘虚侵袭所致,或因饮食不节、情志内伤、冲任失调等而成。辨证先分虚实,实证多风寒、风热、湿热;虚证多气虚失固、冲任不调。临床常分为风寒束表、风热犯表、肠胃湿热、气血两虚、冲任不调五型。治疗以疏风解表,调和营卫为基本原则,积极寻找并去除病因,避免各种诱发因素,以内治为主,情况紧急时对症处理。

第十三节　猫　眼　疮

病案分析

病案:王某,女,27岁,2010年3月28日初诊。双手背红斑、丘疹、水疱5天。患者自述每年春秋季节双手背散在红斑、丘疹,境界清楚,红斑中央略凹陷,伴有瘙痒,3周左右可以自愈,但易反复发作。5天前不慎感寒,而后突然于双手背指关节处散在出现红斑、丘疹、水疱,形如冻疮,伴轻微疼痛瘙痒,遇冷加重。现体温37.7℃,现症见双手背指关节处皮肤散在黯红斑,伴丘疹、水疱,皮损呈远心性扩展,中央略凹陷,皮疹周边呈一水肿环,并绕以红晕,呈虹膜样特征,皮损累及口腔黏膜,伴轻度瘙痒疼痛感,形寒肢冷,遇冷加重,大便溏泄,小便清长,舌质淡,舌苔薄白,脉濡缓。血常规示白细胞数11.21×10⁹/L,嗜酸性粒细胞数0.53×10⁹/L,红细胞沉降率30mm/h,抗"O">500U/ml,C反应蛋白阳性,尿常规及肺部X线片未见异常。

分析:该病案患者以双手背散见红斑、丘疹、水疱为主症,且每年春秋季节发病,有一定季节性,皮疹部位为双手背指关节处,皮损边界清楚,红斑中央凹陷,边缘肿胀,呈虹膜样特征,且皮损累及黏膜,伴形寒肢冷,轻度瘙痒,便溏溲清等症状。初步考虑为猫眼疮。结合病史、病程、专科检查、相关实验室检查基本可排除疱疹样皮炎或天疱疮等发疱性皮肤病,以及冻疮或药毒所致。当诊为猫眼疮寒湿阻络证。治疗采用中药内服以散寒除湿通络,结合中药外治或配合西医治疗。

问题:本病的中医诊断与西医诊断要点有哪些?对本例患者如何进行辨证立法用药?适合于本例患者的中药外治法及西医疗法有哪些?

猫眼疮是一种以靶形或虹膜状红斑为主,兼有丘疹或疱疹等多形性损害的急性炎症性皮肤病。病名首见于清代吴谦等《医宗金鉴·外科心法要诀·猫眼疮》,"猫眼疮名取象形,痛痒不常无血脓,光芒闪烁如猫眼……"古代文献中又称为"雁疮"或"寒疮"。其临床特点是起病急骤,皮损为红斑、丘疹、水疱等多形性损害,典型皮损有虹膜样特征性红斑,常累及口腔、二阴等黏膜处,严重者可致内脏损害。本病多发于冬春季节,女性多于男性。相当于西医学的多形性红斑。

【病因病机】

本病发生总由素体禀赋不耐,腠理不固,感受不耐之物,搏于肌肤而成。

1. 外感风寒,寒凝络道　素体阳气不足,卫外不固,风寒外袭,阻塞络道,寒凝血滞,营卫不和所致。

2. 风热外侵,湿热内生　外感风热之邪,内因过食辛辣肥甘之品,伤及脾胃,内生湿浊,蕴久化热,风湿热蕴结肌肤而发。

3. 火毒炽盛,蕴阻肌肤　素体湿热内蕴,复感毒邪,热毒内生,火毒炽盛,气血两燔,蕴阻肌肤所致。

西医学认为本病病因复杂,与机体对某些致敏物质所引起的变态反应有关,常因感染病灶、药物、食物(鱼、虾、蟹等)及物理因素(寒冷、日光、放射线等)等引起。另外,某些疾病(风湿热、自身免疫病、恶性淋巴瘤等)也可出现多形性红斑样皮损。

笔记

218

【诊断】

1. 多见于冬春两季,女性多于男性,以 10 ~ 30 岁者发病率最高。

2. 前驱症状可见头痛咽痛、发热恶寒、四肢倦怠、食欲不振、关节肌肉疼痛等。

3. 轻者以青年女性多见。皮损(彩图 10-13-1)以红斑、丘疹为主,亦可见水疱、大疱、紫癜或风团。初起为水肿性圆形红斑或淡红色扁平丘疹,皮疹呈远心性扩展,1 ~ 2 天内直径可达 1 ~ 2cm。特征性皮损为红斑中央略凹陷,颜色较深,有时为水疱、紫癜或坏死区,边缘为一轻度的水肿环,周围绕以鲜红色晕,称为靶形或虹膜状红斑。伴轻度瘙痒,无明显全身症状。多对称分布于手足背、前臂、踝部、颜面、颈部,黏膜损害较轻或不累及。病程 2 ~ 4 周,但易于复发。

4. 重者多见于儿童,男性多于女性。起病急,前驱症状明显。皮损广泛分布与全身,呈水肿性红斑、水疱、大疱、血疱、瘀斑等。自觉疼痛。黏膜损害发生的早且重,可广泛累及口腔、鼻咽、眼、尿道、肛门或呼吸道黏膜,发生大片糜烂和坏死,其中眼损害可导致视力下降,甚至失明。可伴有支气管炎、肺炎、消化道溃疡、心肌炎及肝肾损害等。病程 3 ~ 6 周,死亡率 5% ~ 15%。

5. 红细胞沉降率增快,抗"O"值增高,C 反应蛋白阳性,血常规检查白细胞计数及嗜酸性粒细胞数增高。若累及肾脏可出现蛋白尿、血尿、尿素氮增高。10% ~ 30% 病例可见肺部炎症变化。

【鉴别诊断】

1. 冻疮 多见于冬季,好发于肢体末端暴露部位,皮损多为黯红或青紫斑块,浸润显著,中心无虹膜样改变,自觉瘙痒,遇热尤甚,黏膜无损害。

2. 药毒(多形性红斑型) 可呈多形性红斑样皮损,但有明确服药史,与季节无关,也无一定好发部位。

3. 疱疹样皮炎 群集水疱,环形排列,剧烈瘙痒。皮损虽呈多形性,但多发于四肢、躯干,黏膜不被累及。患者对碘过敏,以 25% ~ 50% 碘化钾做斑贴试验,多数于 24 小时内出现局部红肿,并发生水疱,称为碘化钾试验阳性。

【辨证论治】

首先应去除可疑病因,如远离可疑致敏原,控制感染等,同时结合患者的病情进行对症治疗以减轻症状,缩短病程。

1. 寒湿阻络证

证候:好发于冬春季节,多于气候寒冷潮湿时发作或加重。多见于四肢远端,黏膜累及较为少见,皮疹呈黯红或紫红,痒痛相兼,畏寒肢冷,遇冷加重,水肿明显。发于颜面或手足时,形如冻疮。伴恶风,腹痛便溏,小便清长。舌质淡,舌苔薄白,脉濡缓。本型相当于西医学的红斑-丘疹型多形性红斑。

治法:温经散寒,活血通络。

方药:桂枝汤合当归四逆汤加减。常用桂枝、芍药、甘草、生姜、大枣、当归、细辛、通草。畏寒肢冷者,加附片、肉桂等温阳散寒;关节疼痛者,加羌活、独活、秦艽等祛湿通络止痛;水肿明显者,加防己、车前子、泽泻等利水消肿;斑色紫黯者,加丹参、鸡血藤等活血通络。

2. 湿热蕴结证

证候:多发于夏季,多于气候炎热潮湿时引发或加重。皮损鲜红,可见水疱、大疱,可有黏膜损害,痒痛明显。伴有发热咽干、关节酸痛、神倦乏力、纳少泛恶,溲赤便秘。舌质红,舌苔黄腻,脉弦滑。本型相当于西医学的水疱-大疱型多形性红斑。

治法:祛风清热,解毒利湿。

方药:消风散合龙胆泻肝汤加减。常用荆芥、防风、蝉蜕、苦参、苍术、胡麻仁、牛蒡子、石膏、知母、龙胆草、车前子、通草、黄芩、栀子、当归、生地黄、柴胡、泽泻。咽喉疼痛者,加板蓝根、玄参等清热解毒,凉血利咽;关节疼痛者,加秦艽、桑枝、鸡血藤等祛风湿热、活血通络;恶心犯呕者,加半夏、厚朴等降逆止呕;发热头痛者,加藿香、佩兰等解暑化湿;瘙痒甚者,加白鲜皮、蒺藜等祛风止痒。

3. 火毒炽盛证

证候:起病急骤,全身泛发红斑、水疱、大疱、糜烂、出血及黏膜损害。伴高热恶寒,头痛无力,咽干喉痛,恶心呕吐,关节疼痛,大便秘结,小便黄赤。舌质红,舌苔黄,脉滑数。本型相当于西医学的重症型多形性红斑。

治法:清热凉血,解毒利湿。

方药:清瘟败毒饮合导赤散加减。常用生地黄、黄芩、黄连、牡丹皮、赤芍、石膏、知母、通草、竹叶。高热、口干唇燥者,加玳瑁、天花粉等清热解毒生津;壮热不退者,加羚羊角等清热解毒凉血;便秘者,加大黄等泻热通便;泛恶者,加半夏、陈皮、竹茹等降逆止呕。

【外治】

1. 皮疹以红斑、丘疹、水疱、糜烂为主者,以清热、收敛、止痒为主。用三黄洗剂外搽,每日3~4次,并外涂黄连膏。

2. 水疱、大疱有渗出者,以清热、燥湿、消肿为主。用马齿苋30g、黄柏30g、地榆30g煎水冷湿敷,每次20分钟,每日3~5次。

3. 口腔黏膜糜烂者,可以蒲黄煎汤含漱,并用青吹口散或锡类散吹口,每日2~4次。

【其他疗法】

西医治疗　轻者可选用抗组胺药、钙剂、维生素C等;重者宜早期考虑应用糖皮质激素。

【预防护理】

1. 预防　寒湿阻络证者应注意保暖,避免感受风寒及冷水、冷风等寒冷刺激。湿热蕴结证患者则避免炎热潮湿等外界因素干扰。寻找并去除病因,如控制感染或停用致敏药物等。

2. 护理　发病期间忌食辛辣腥发之物,肥甘厚味之品,忌烟酒,多食含维生素的水果和蔬菜。重型患者出现皮肤大疱破溃、糜烂者,应加强护理,皮损处及时换药,注意衣服、床被等的消毒、更换,防止继发感染。

【结语】

猫眼疮的形成总由素体禀赋不耐,腠理不固,感受不耐之物,搏于肌肤而成。本病的发生与风寒、风热、火毒等关系密切,而以火毒炽盛,蕴阻肌肤者为重。临床辨证常分为寒湿阻络、湿热蕴结、火毒炽盛三型。治疗首先应去除可疑病因,同时结合患者的病情,分别以散寒除湿通络、祛风清热除湿、凉血解毒利湿为原则,必要时当配合西医治疗,以减轻症状,缩短病程。

第十四节 葡 萄 疫

葡萄疫是血管壁渗透性或脆性增高所致皮肤、黏膜下出现瘀点或瘀斑为主要表现的一种血管炎性疾病。葡萄疫之病名首见于明代陈实功《外科正宗·杂疮毒门·葡萄疫》,"葡萄疫,其患多生小儿,感受四时不正之气,郁于皮肤不散,结成大小青紫斑点,色若葡萄,发在遍体头面,乃为腑症"。中医文献中有关"肌衄"、"斑毒"等疾病的论述与本病相似。其临床特点是皮肤或黏膜出现紫红色瘀点、瘀斑,压之不退色,可伴有腹痛、关节痛或肾脏病变,一般无血液系统疾病。本病多见于儿童及青少年,好发于四肢伸侧,尤多见于小腿,且春季发病较多。本病相当于西医学的过敏性紫癜。

【病因病机】

本病总由禀赋不耐,邪伤脉络所致。血不循经或瘀血阻滞络道,血溢脉外,凝滞肌肤,发为紫斑。累及脏腑则发为腹痛、尿血、便血之症。

1. 热毒伤络 多因外感风热,邪毒入里,脏腑蕴热,灼伤脉络,血不循经,热邪迫血妄行,外溢肌肤,内渗脏腑。

2. 湿热伤营 湿热蕴肤,郁热化毒,伤及脉络,阻塞脉道,血不循经,血外溢肌肤而出疹,内则蕴阻肠胃、关节而发病。

3. 脾气亏虚 素体脾虚,气虚不固,统血无权,血溢脉外而发斑。

4. 脾肾两虚 阴血不足,虚火上炎,灼伤脉络,血随火动,渗于脉外,而成紫斑;或火不生土,运化无力或思虑饮食伤脾,脾阳虚衰,不能统血,血溢脉外而发斑;肾阳虚衰,气化失司,水湿内停,湿热下注而发斑疹。

西医学认为本病病因复杂,细菌、病毒、食物、药物等均可导致发病,此外,恶性肿瘤和自身免疫性疾病亦可成为致病因素。发病机制可能为Ⅲ型超敏反应,最终造成毛细血管及其周围产生炎症,甚至会累及小动脉或小静脉,血管壁的通透性和脆性增加,导致皮肤黏膜、脏器出血及水肿,而引发各种临床表现。

【诊断】

1. 本病好发于儿童及青少年,男女皆可发病,春季发病者居多。

2. 多数患者在发病前有上呼吸道感染、低热、恶寒、咽痛、全身不适、食欲不振等前驱症状,或有食用鱼虾发物及服药过敏等病史。

3. 皮疹(彩图10-14-1)以四肢伸侧为主,尤多见于小腿部,亦可泛发于臀部及躯干。临床表现为针尖到绿豆大小的瘀点或瘀斑,色鲜红或黯红,压之不退色,多对称或成批出现,1周左右转为黄褐色。多一面消退,一面发新皮损。皮疹若融合成片,严重可出现风团、红斑、水肿、血疱、溃疡、坏死等。伴有瘙痒,易反复发作,1~2个月才能全部消退。

4. 单纯型仅有皮肤损害,而未累及内脏,一般无明显全身症状;关节型皮损可出现风团、红斑、血疱,并伴有腕、肘、膝、踝关节等处的红肿疼痛;腹型者除皮疹外,伴有恶心呕吐,腹痛腹泻,甚至便血等,重者出现肠套叠或肠穿孔;肾型者皮损较重,伴有蛋白尿、血尿、管型尿,后期可转为慢性肾炎、尿毒症,或同时兼见关节或胃肠道症状。

5. 白细胞有轻度至中度增高,嗜酸性粒细胞计数有时增高。血沉加快。肾型者,尿中有红细胞、尿蛋白、管型。血小板计数、出凝血时间、血块收缩时间均正常。

【鉴别诊断】

1. 血小板减少性紫癜　除皮肤紫癜外,实验室检查血小板计数明显减少,出血时间延长,血块收缩时间延长。

2. 血友病　有家族遗传史,可因轻微外伤而有严重出血,凝血时间延长。

3. 维生素C缺乏病　外伤可造成皮肤发生瘀斑,维生素C治疗有显效。

【辨证论治】

治疗早期以清热凉血,活血化瘀为主,后期以补脾益肾为基本原则,结合病证,对症治疗,标本兼顾。同时尽可能寻找并避免致敏因素。

1. 热毒发斑证

证候:起病急,皮疹为鲜红色较密集的瘀点或瘀斑,高出皮面。伴发热恶寒,咽痛口干,甚者鼻衄,大便秘结,小便短赤。舌质红绛,舌苔黄腻,脉洪数。本证多见于单纯型。

治法:清热凉血,化瘀消斑。

方药:犀角地黄汤合银翘散加减。常用水牛角、生地黄、牡丹皮、赤芍、金银花、连翘、牛蒡子、桔梗、薄荷、竹叶、荆芥、淡豆豉、芦根、甘草。瘙痒者,加蝉蜕等疏风散热止痒。

2. 湿热伤络证

证候:皮疹多见于下肢,为鲜红色较密集的瘀点、瘀斑或大片紫癜。伴关节红肿疼痛、肿胀,或恶心、呕吐、腹痛、便血,或血尿。舌质红,舌苔黄腻,脉滑数。本证多见于关节型、腹型及肾型。

治法:清热利湿,通络消斑。

方药:犀角地黄汤加减。常用水牛角、生地黄、牡丹皮、芍药。伴关节痛者,加虎杖、桑枝、土茯苓等清热祛湿利关节;恶心呕吐者,加黄连、半夏等降逆止呕;腹痛者,加延胡索、山楂、木香等行气散瘀止痛;血尿者,加蒲黄、大蓟、小蓟等凉血止血,散瘀利尿;尿蛋白者,加白茅根、知母、黄柏、大蓟、小蓟等清热凉血利尿。

3. 脾气亏虚证

证候:病程较长,反复发作,迁延日久,皮疹紫黯或黯淡,分布稀疏。伴面色萎黄,神疲气短,自汗乏力,纳呆便溏。舌质淡,或有齿痕,舌苔薄,脉濡细。

治法:健脾益气,养血止血。

方药:归脾汤加减。常用人参、白术、黄芪、当归、炙甘草、茯神、远志、酸枣仁、木香、龙眼肉、生姜、大枣。纳呆者,加砂仁、焦三仙、鸡内金等行气消食和胃;气虚甚者,加党参、升麻等益气升提。

4. 脾肾两虚证

证候:病程日久,反复发作,皮疹紫红;伴见面色萎黄,神疲乏力,午后潮红,颧红盗汗,五心烦热;舌质红,少苔,脉细数。或皮疹淡紫,触之欠温,遇寒加重;伴见头晕耳鸣,腰膝酸软,身寒肢冷,腹痛喜按,食少纳呆,五更泄泻;舌质淡,舌苔薄,脉沉迟。

治法:滋阴降火,温脾肾阳。

方药:大补阴丸或金匮肾气丸加减。常用熟地黄、龟板、黄柏、知母、山药、山茱萸、茯苓、牡丹皮、泽泻、桂枝。若阳虚明显者,加制附子、细辛、吴茱萸等温补肾阳。

【外治】

若有局部瘙痒,可外用炉甘石洗剂外擦。

【其他疗法】

1. 针刺疗法 体针取穴曲池、足三里、气海、内关、天枢、筑宾、飞扬等,以强刺激手法为主;耳针取穴肾上腺、脾、内分泌、肺、枕部,两耳交替,每日1次。

2. 西医治疗 抗组胺药物治疗,同时亦可配合维生素C、芦丁、钙剂等,急性期腹痛症状明显及并发肾炎者可应用糖皮质激素治疗。

【预防护理】

1. 预防 积极寻找并消除可疑致病因素。预防上呼吸道感染,如有感染病灶,应及时加以去除。避免服用可致敏的药物或食物。

2. 护理 清淡饮食,多食蔬菜水果,忌食辛辣腥发之物。注意休息,避免剧烈活动、劳累,防止外伤。

【结语】

葡萄疫的形成主要由于禀赋不耐,邪伤脉络所致。血不循经或瘀血阻滞络道,血溢脉外,凝滞肌肤,发为紫斑。累及脏腑则发为尿血、腹痛、便血之症。辨证首分虚实,实者以热毒、湿热为主,虚者以气虚、阴虚、阳虚多见。治疗早期以清热凉血,活血化瘀为主,后期以补脾益肾为基本原则,结合病证,对症治疗,标本兼顾,必要时可配合使用糖皮质激素。同时尽可能寻找并避免致敏因素。

第十五节 瓜 藤 缠

病案分析

病案:孙某,女,26岁,2010年4月10日初诊。右小腿胫前多处疼痛性结节,加重1周。患者10余天前全身发热恶寒,而后于右小腿胫前部出现大片红肿,疼痛明显。在某医院诊断为"丹毒",给予注射"青霉素",收效不显。近1周来患者右小腿胫前出现多处蚕豆大小鲜红色结节,质硬,皮疹略高出皮肤表面,边界清楚,压之疼痛明显。现体温38.2℃,症见右小腿胫前孤立散在10余处蚕豆大小鲜红色硬结,最大硬结直径3cm左右,皮疹略高于皮肤表面,边界清楚,未见破溃,压之疼痛明显。伴发热恶寒,倦怠乏力,食欲不振,便干溲黄。舌质微红,舌苔黄腻,脉滑数。血常规示白细胞数 10.51×10^9/L,抗"O"及结核菌素试验均为正常,红细胞沉降率34mm/h。

分析:该病案患者以右小腿胫前10余处疼痛性结节为主症。皮疹孤立散在,呈蚕豆大小,最大硬结直径3cm左右,皮损色鲜红,边界清楚,无破溃,伴发热恶寒、倦怠乏力、食欲不振、便干溲黄等症状。初步考虑为瓜藤缠。结合患者的病史、病程、专科检查、实验室检查基本可排除皮肤变应性血管炎、紫癜类血管炎性皮肤病,硬结性红斑等红斑丘疹性皮肤病,以及丹毒的球菌性皮肤病等。当诊为瓜藤缠湿热瘀阻证。治疗当以中药内服清热利湿,祛瘀通络为主,同时结合外治以及针刺治疗。

问题:本病的诊断要点有哪些?本例患者应如何进行辨证立法用药?结合患者情况应怎样进行外治法治疗?

瓜藤缠是一种发生于下肢的结节红斑性皮肤血管炎性皮肤病,因结节绕胫而发,犹如藤系瓜果而得名。清代吴谦等《医宗金鉴·外科心法要诀》云:"此证生于腿胫,流行不定,或发一二处,疮顶形似牛眼,根脚漫肿……若绕胫而发,即名瓜藤缠"。其临床特点是结节常发于小腿伸侧,呈散在皮下结节,大小不一,色红或紫红,疼痛或压痛,常反复发作,甚至迁延数年不愈。本病多见于青年女性,以春秋季发病者为多。本病相当于西医学的结节性红斑。

【病因病机】

本病总由素体蕴热,外感湿邪,湿热互结,蕴于下肢;或卫外不固,寒湿外袭,寒湿凝结肌腠,以致气血凝滞,瘀阻经络而发病。

1. 湿热瘀阻　素体血分蕴热,外感湿邪,湿与热结,或脾虚失运,水湿内生,湿郁化热,湿热下注,气滞血瘀,瘀阻经络而发。

2. 寒湿入络　体虚之人,气血不足,卫外不固,寒湿之邪乘虚外袭,客于肌肤腠理,流于经络,气血瘀滞,寒湿凝结而发。

西医学认为微生物感染、溴剂、碘剂、磺胺、避孕药等均可引起本病。亦可见于某些系统性疾病,如白塞病、炎症性肠病、结节病、肿瘤等。发病机制可能与Ⅲ型或Ⅳ型变态反应有关。

【诊断】

1. 多见于青年女性,年龄在20~40岁,春秋季节多见。

2. 发病前可伴有前驱症状,如低热(少数可高热)、倦怠、咽痛、食欲不振、全身不适、肌肉和关节疼痛等。部分患者可因感冒、劳累或妇女行经而复发。

3. 皮损突然发生,主要为对称性、鲜红色、略高出皮肤表面的结节,大小不一,境界明显,颜色可由鲜红逐渐变为黯红。自觉疼痛,压痛更甚。经几天至数周,红斑结节逐渐消退,不融合,不破溃,不化脓,不萎缩,不留瘢痕。在缓解期,常残存数个小结节,且新的损害可以再次出现。

4. 好发于两小腿伸侧,少数可见于小腿屈侧、大腿、臀部、上肢及面颈部。

5. 血常规检查可见外周血白细胞总数正常或稍升高,红细胞沉降率加快。

【鉴别诊断】

1. 硬结性红斑　皮损好发于小腿屈侧,结节较大而深在,系红紫硬结,疼痛轻微,易溃破而发生溃疡,愈合后留有瘢痕。秋冬季节易发病,起病缓慢,病程较长,常有结核病史。

2. 皮肤变应性血管炎　皮损为多形性,可有红斑、丘疹、斑丘疹、瘀斑、结节、溃疡、瘢痕等,常伴有条索状物,疼痛较轻,反复发作,病程较长。

3. 结节性梅毒疹　好发于颜面部或四肢,皮疹为豌豆大小的铜红色结节,成群分布而不相互融合,形成环形、蛇形或星形皮损,质地硬,可破溃,愈后留有萎缩性瘢痕。

【辨证论治】

本病内治以活血化瘀为基本原则。结合病证,或清热利湿,或散寒祛湿。必要时可配合糖皮质激素治疗。

1. 湿热瘀阻证

证候:发病急骤,皮下结节,略高出皮面,灼热红肿。伴头痛,咽痛,关节痛,发热,口渴,便干,溲黄。舌质红,舌苔白或腻,脉滑微数。

治法:清热利湿,祛瘀通络。

方药:萆薢渗湿汤合桃红四物汤加减。常用萆薢、薏苡仁、黄柏、赤茯苓、牡丹皮、泽泻、滑石、通草、当归、赤芍、生地黄、川芎、桃仁、红花。头痛、咽痛者,加荆芥、牛蒡子、桔梗等解毒利咽;关节痛者,加牛膝、桑枝等通利关节;发热、口渴、便干者,加大黄等泻热通便。

2. 寒湿入络证

证候:皮下结节,疹色黯红,反复缠绵不愈。伴关节痛,遇寒加重,肢冷,口不渴,大便不干。舌质淡,舌苔白或白腻,脉沉缓或迟。

治法:散寒祛湿,化瘀通络。

方药:当归四逆汤加减。常用当归、桂枝、赤芍、细辛、甘草、通草、大枣。关节疼痛,遇寒加重,肢冷明显者,加羌活、独活、威灵仙、木瓜、制附子等散寒止痛,舒筋通络。

【外治】

本病外治以散结、止痛为基本原则。

1. 皮下结节较大,红肿灼热疼痛者,外敷金黄膏、四黄膏或玉露膏,每天 1 次。

2. 皮下结节,疹色黯红,红肿不明显者,外敷冲和膏,每天 1 次。

3. 蒲公英、丹参、紫草各 30g,荆芥、牡丹皮、当归各 20g,煎水外洗亦可。

【其他疗法】

1. 针刺疗法　针刺主穴取足三里、三阴交、昆仑、阳陵泉,实证用泻法,虚证用补法,针刺得气后留针 30 分钟,隔日 1 次。

2. 神灯照法　用纱布浸透金粟兰酊后敷于结节处,然后用神灯照射 20 分钟,每日 1 次。

3. 西医治疗　有明显感染者,可选用敏感抗生素治疗;疼痛明显者,可考虑给予非甾体类抗炎药物;皮损广泛,炎症较重,疼痛剧烈者,可考虑使用免疫抑制剂或糖皮质激素。

【预防护理】

1. 预防　避风寒,防潮湿,冬季注意保暖,以防复发。

2. 护理　发病期间注意休息,宜少走动,避免长时间站立,夜间宜抬高患肢,以减轻局部肿痛。忌饮酒,勿食辛辣刺激性食物及鱼腥发物。

【结语】

瓜藤缠的形成总由素体蕴热,外感湿邪,湿热互结,蕴于下肢;或卫外不固,寒湿外袭,寒湿凝结肌腠,以致气血凝滞,瘀阻经络所致。急性者以湿热为主,反复发作者则以寒湿多见。辨证常分为湿热瘀阻、寒湿入络两型。内治以活血化瘀为基本原则,结合病证,或清热利湿,或散寒祛湿。外治则以散结、止痛为基本原则。严重病例可配合糖皮质激素治疗。

本节要注意理解瓜藤缠的特征性皮损表现,临床上结合“五个不”的原则,即不融合,不破溃,不化脓,不萎缩,不留瘢痕进行疾病的诊断和鉴别,辨证上抓住证型的阴阳与寒热进行内外治结合治疗。

第十六节 风 瘙 痒

风瘙痒是一种无明显原发皮损而以瘙痒为主要症状的皮肤感觉异常的皮肤病。又称"痒风"、"血风疮"等。《诸病源候论·风瘙痒候》曰:"风瘙痒者,是体虚受风,风入腠理与血气相搏而俱,往来在于皮肤之间,邪气微不能冲击为痛,故但瘙痒也。"《外科证治全书·发无定处证·痒风》曰:"遍身瘙痒,并无疥疮,搔之不止。"其临床特点是皮肤阵发性瘙痒,搔抓后常出现抓痕、鳞屑、血痂、色素沉着、苔藓样变等继发性损害。本病好发于老年,青壮年亦可罹患,且多见于秋末及冬季,少数亦有夏季发作。本病相当于西医学的皮肤瘙痒症。临床上一般分为局限性和泛发性两种,局限性以阴部、肛门周围多见,泛发性可泛发全身。

【病因病机】

本病可由多种内外因素所致,多与风邪有关。风邪或从外感,或由内生,风邪与血气相搏,内不得疏泄,外不得透达,郁于皮肤腠理,往来于皮肤之间而引起瘙痒。且风邪常与热、湿、燥、毒等相合为病。

1. 风热血热,蕴于肌肤　禀赋不耐,素体血热,风邪侵袭,内外合邪,郁于肌肤,不得疏泄,而致瘙痒。

2. 湿热内蕴,郁于皮肤　饮食不节,过食辛辣肥甘,腥发炙煿,脾失健运,湿热内生,熏蒸肌肤,加之腥荤发物本属动风之物,故发为瘙痒。

3. 气血亏虚,生风化燥　久病体虚,气血不足,血虚生风,肌肤失养,而致瘙痒。

4. 情志失调,五志化火　忧思恚怒,焦虑紧张等,均可致脏腑气机失调,五志化火,生热动风,而致瘙痒。

西医学认为本病内因可与肝胆疾患、肾功能不全、内分泌障碍、感染、内脏肿瘤、肠道寄生虫、精神神经因素、妊娠等有关,外因与气候、环境、药物或食物、生活习惯、衣物摩擦、物理与化学刺激等有关。

【诊断】

1. 好发于老年,也可见于青壮年,多见于秋末及冬季,亦有夏季发作者。

2. 初始表现为无原发性皮损的皮肤瘙痒,而后因反复搔抓,可致抓痕、鳞屑、血痂、色素沉着、苔藓样变等继发性皮肤损害,部分亦可继发湿疹样变(彩图10-16-1)。

3. 泛发性皮肤瘙痒者,瘙痒多先由一处开始,呈阵发性,夜间尤甚,而后波及全身。

4. 局限性皮肤瘙痒者,以肛门、阴囊及女阴等部位最为常见。

5. 病情可因气候变化、精神紧张、饮食不节、衣物摩擦等原因而诱发或加重,患者常因瘙痒剧烈而影响睡眠,伴有头晕、食欲不振等症状。

6. 患有严重风瘙痒疾病的患者,应注意检查肝功能、肾功能、空腹血糖等,以排除系统性疾病。

【鉴别诊断】

1. 疥疮　有原发性皮肤损害,如丘疹、水疱、结节、隧道等,好发于皮肤褶皱及薄嫩处,隧道一端可挑出疥螨,有传染性,在集体和家庭多有类似发病者。

2. 虱病　虽有全身皮肤瘙痒,但主要发生在头部、阴部,并可以找到成虫或虱卵,有传染性。

【辨证论治】

以止痒为主,配合祛风、清热、利湿、润燥等法。若因内部疾病引起瘙痒者,要及时寻找原因,采用标本兼顾、内外兼治的方法。

1. 风热血热证

证候:病属新起,一般以青年患者多见,皮肤瘙痒剧烈,遇热加重,皮肤抓破后有血痂。伴心烦,口渴,便干,溲赤。舌质红,舌苔薄黄,脉浮数。

治法:疏风清热,凉血止痒。

方药:消风散合四物汤加减。常用荆芥、防风、当归、生地黄、白芍、川芎、苦参、苍术、蝉蜕、胡麻仁、牛蒡子、知母、石膏、通草、蒺藜、甘草。风盛者,加全蝎等息风通络止痒;血热盛者,加牡丹皮、浮萍等清热凉血;夜间痒甚者,加龙骨、牡蛎、珍珠母等平肝潜阳,镇心安神。

2. 湿热内蕴证

证候:瘙痒不止,抓破后滋水淋漓,继发感染或湿疹样变,或外阴、肛周潮湿瘙痒。伴口干口苦,胸胁胀满,大便燥结或黏腻,小便黄赤。舌质红,舌苔黄腻,脉滑数或弦数。

治法:清热利湿止痒。

方药:龙胆泻肝汤加减。常用柴胡、黄芩、栀子、龙胆草、生地黄、当归、车前子、通草、泽泻、牛蒡子、苦参、白鲜皮、蒺藜。兼血热者,加牡丹皮、白茅根等清热凉血;大便燥结者,加大黄等泻热通便。

3. 血虚肝旺证

证候:病程日久,以老年患者或素有慢性病者多见,皮肤干燥,可有脱屑,抓破后血痕累累,情绪波动可引起瘙痒发作或加剧。伴头晕眼花,失眠多梦。舌质红,舌苔薄,脉细数或弦数。

治法:养血平肝,祛风止痒。

方药:当归饮子加减。常用荆芥、防风、当归、生地黄、白芍、川芎、白蒺藜、何首乌、黄芪、地肤子、乌梢蛇。年老体弱者,重用黄芪益气生血;瘙痒甚者,加白鲜皮、蜈蚣等祛风止痒;皮损肥厚者,加阿胶、丹参等养血活血润燥;夜寐不安者,加夜交藤、酸枣仁、五味子等宁心安神。

【外治】

1. 周身皮肤瘙痒者,可选百部酊外搽,每日3~4次。

2. 有湿疹样变者,可用三黄洗剂外搽,每日3~4次。

3. 皮肤干燥瘙痒者,可外用黄连膏等各种润肤膏薄搽。

4. 各型瘙痒症,均可用药浴、熏洗或熏蒸疗法,常用药物有苦参、黄柏、枯矾、花椒、百部、防风、当归、茵陈、藿香、马齿苋、蛇床子、千里光等组方煎水外洗,亦可用矿泉浴。

【其他疗法】

1. 针刺疗法 体针取穴曲池、合谷、血海、足三里、三阴交等,每周2次,10次为1个疗程;耳针取穴枕部、心区、肺区、神门、肾上腺、内分泌等,埋针或埋豆,每周1次。

2. 西医治疗 应用各种抗组胺药和镇静类药物等,以镇静止痒。局部可短期外

用糖皮质激素软膏缓解瘙痒症状,如丁酸氢化可的松软膏。皮肤干燥者外用润肤剂,如维生素 E 霜。

【预防护理】

1. 预防　避免热水烫洗,避免使用强碱性肥皂洗澡,且老年患者洗澡不宜过勤。秋冬季节浴后外搽润肤露。调适寒温,调畅情志,避免劳累。

2. 护理　避免用力搔抓、摩擦,外阴、肛周不使用刺激性强的外用药物。忌食辛辣腥发动风之物,多食蔬菜水果。内衣宜柔软、宽松,宜穿棉织品或丝织品,不宜穿毛织品和化纤产品。

【结语】

风瘙痒的发病主要由于禀赋不耐、素体血热、风邪外袭、湿热内生、血虚生风、情志失调等,导致肌肤郁闭,不得疏泄,或肌肤失养,而见泛发或局限性的皮肤瘙痒。辨证先分虚实,实者主要责之于风热、血热、湿热;虚者则以血虚、阴虚为主。临床常分为风热血热、湿热内蕴、血虚肝旺三型。治疗以止痒为主,配合祛风、清热、利湿、养血、润燥等法,若因内部疾病引起瘙痒者,要及时寻找原因,采用标本兼顾、内外兼治的方法。

第十七节　牛　皮　癣

牛皮癣是一种患部皮肤状如牛项之皮,肥厚而且坚硬的慢性瘙痒性皮肤病。宋代《圣济总录·诸癣疮》首次提出"牛皮癣"名称,如"状似牛皮,于诸癣中,最为浓邪毒之甚者,俗谓之牛皮癣。"因其好发于颈项部,称之为"摄领疮";因其缠绵顽固,亦称为"顽癣"。本病相当于西医学的神经性皮炎。其临床特点是皮损多呈圆形或多角形的扁平丘疹,剧烈瘙痒,搔抓后皮肤粗糙肥厚,纹理加深,极易形成苔藓样变,对称分布。好发于青壮年。慢性经过,时轻时重。

【病因病机】

情志内伤、风邪侵袭是本病发病的诱发因素,营血失和、气血凝滞则为其病机。

1. 风湿蕴肤　初起多为风湿之邪阻滞肌肤,或遇热颈项多汗,硬领摩擦等所致。

2. 肝郁化火　情志不遂,郁闷不舒,郁而化火,或紧张劳累,心火上炎,以致气血运行失职,凝滞肌肤。

3. 血热生风　风邪化热或七情内伤,化热生火,火热伏于营血,以致营血失和,经脉充斥。

4. 血虚风燥　病久耗伤阴液,营血不足,血虚生风生燥,肌肤失养而成。

西医学认为本病病因尚不清楚,可能与神经精神因素、胃肠功能障碍、内分泌失调、饮食及局部刺激等有关。

【诊断】

1. 好发部位　好发于颈项部及摩擦部位。常呈对称性分布,亦可沿皮神经分布呈线状排列。

2. 皮损特点　皮损(彩图 10-17-1)初起为有聚集倾向的圆形或多角形扁平丘疹,皮色正常或略潮红,表面光泽或覆有菲薄的糠皮状鳞屑,以后由于不断地搔抓或摩擦,丘疹逐渐扩大,互相融合成片,继之则局部皮肤增厚,纹理加深,互相交错,表面干燥粗糙,并有少许灰白色鳞屑,而呈苔藓样变。

3. 临床分型　临床上按其发病部位、皮损多少分为泛发型和局限型两种。局限型,皮损仅见于颈项等局部;泛发型,分布较广泛,可泛发全身各处。

4. 自觉症状　自觉阵发性奇痒,入夜尤甚,搔之不知痛楚。每当情绪波动时瘙痒加剧。

5. 病程　病程缓慢,常多年不愈,易反复发作。

【鉴别诊断】

1. 慢性湿疮　皮损以肥厚粗糙为主,病变多在四肢屈侧、手足,可有急性湿疮的发病过程。

2. 原发性皮肤淀粉样变　皮损多发生在背部和小腿伸侧。皮损为高粱米大小的圆顶丘疹,色紫褐,质较硬,密集成群,角化粗糙。

3. 风瘙痒　仅有瘙痒而无原发性损害,常见抓痕。患病日久可继发皮肤肥厚、苔藓化。

4. 四弯风　皮损好发于肘、膝关节屈侧。全身皮肤干燥,患者及其家族中常有过敏性鼻炎、哮喘、湿疹等病史。因而其可有婴儿湿疹史或早年发病。实验室检查,血中IgE 及嗜酸性粒细胞增高。

5. 紫癜风　皮损多为黯红、淡紫红色多角形扁平丘疹,表面平滑,同时可累及黏膜及指(趾)甲。组织病理检查有诊断价值。

【辨证论治】

牛皮癣的治疗以疏风清热、养血润燥为原则。注重调畅情志,疏肝理气。

1. 风湿蕴肤证

证候:皮损呈淡褐色片状,粗糙肥厚,剧痒时作,夜间尤甚。舌质淡红,苔薄白或白腻,脉濡缓。

治法:祛风利湿,清热止痒。

方药:消风散加减。常用荆芥、防风、当归、生地黄、苦参、苍术、蝉蜕、胡麻仁、牛蒡子、知母、石膏、木通。病久皮损苔藓样变者,加三棱、莪术;剧痒难忍者,加乌梢蛇、蜈蚣。

2. 肝郁化火证

证候:皮损色红。伴心烦易怒,失眠多梦,眩晕,心悸,口苦,咽干。舌边尖红,脉弦数。

治法:清热泻火,疏肝止痒。

方药:龙胆泻肝汤加减。常用龙胆草、黄芩、栀子、泽泻、木通、车前子、当归、生地黄、柴胡、生甘草。心烦失眠者,加钩藤、珍珠母;瘙痒剧烈者,加白蒺藜、白鲜皮。

3. 血热生风证

证候:成片红色小丘疹,发展迅速,泛发潮红,自觉瘙痒明显。常伴有口干舌燥,便秘溲赤,心烦易怒,舌红苔薄白,脉弦滑。

治法:凉血清热,消风止痒

方药:凉血消风散加减。常用生地黄、当归、荆芥、蝉蜕、苦参、白蒺藜、知母、生石膏、生甘草。若血热症状较重者,可加用水牛角粉、赤芍、知母;若瘙痒较重者,可加用蜈蚣、僵蚕、蝉蜕;若夜寐不安、多梦者,可加用合欢皮、龙骨、磁石。

4. 血虚风燥证

证候:皮损色淡或灰白,状如枯木,肥厚粗糙似牛皮。伴心悸怔忡,失眠健忘。舌淡,苔薄,脉沉细。

治法:养血润燥,息风止痒。

方药:当归饮子加减。常用当归、白芍、川芎、生地黄、白蒺藜、防风、荆芥、何首乌、黄芪、甘草。失眠健忘者,加夜交藤、女贞子、石菖蒲;月经不调者,加女贞子、旱莲草、益母草;肥厚粗糙者,加桃仁、红花、丹参。

【外治】

1. 中药熏洗疗法　适用于泛发性皮损且皮肤干燥者。可用鸡血藤、当归、丹参、三棱、莪术、白鲜皮等具有活血化瘀、软坚散结的中药水煎外洗,每日1～2次。

2. 中药熏蒸疗法　适用于病程较长,皮损呈苔藓样变者。可用当归、丹参、茯苓、白术、白鲜皮等具有养血活血、除湿解毒功效的中药水剂通过熏蒸仓进行治疗,每日1～2次。

3. 中药溻渍疗法　适用于局部瘙痒较甚,皮损搔抓伴渗出者。每日1～2次。

4. 中药涂擦疗法　适用于皮损肥厚,皮肤干燥者。可外用中药膏外涂,或外用油膏热烘。

【其他疗法】

1. 中成药　风湿蕴肤证可服湿毒清胶囊、防风通圣散、金蝉止痒颗粒;肝郁化火证可服用丹栀逍遥片、龙胆泻肝片;血热生风证可服用皮肤病血毒丸;血虚风燥证可服用润燥止痒胶囊。

2. 针刺　取曲池、血海、大椎、足三里、合谷、三阴交等穴,隔日1次。

3. 梅花针　苔藓样变明显者,用梅花针叩击皮损,以少量渗血为度,每日1次。

4. 罐法　在皮损处运用坐罐或走罐疗法,每日1次。

5. 西医治疗　瘙痒剧烈者,可选用抗组胺药及镇静剂;亦可外用糖皮质激素。对于继发感染者应采用抗菌药物,及时控制感染。

【预防护理】

1. 预防　禁用手搔抓及热水烫洗,避免硬质衣领摩擦。

2. 护理　保持心情舒畅,避免精神刺激。少食烟、酒、辣椒等刺激性食物,忌喝浓茶、咖啡。

【结语】

情志内伤是牛皮癣发病的主要诱因,营血失和、气血凝滞为其病机。辨证常分为风湿蕴肤证、肝郁化火证、血热生风、血虚风燥证,内治以祛风利湿、解郁泻火、养血清热、凉血润燥为法则。结合中药熏洗、熏蒸、溻渍、针刺、火罐等外治方法,内外治结合,以止痒及消除皮损为主要目的。

第十八节　白　疕

白疕是一种临床以红色丘疹或斑块覆有多层银白色鳞屑的皮损为特征的有遗传背景、与免疫反应异常有关的、常见的慢性炎症性皮肤病。古代文献记载有"松皮癣"、"干癣"、"蛇虱"、"白壳疮"等病名。其临床特点是在红斑基础上覆以多层银白色鳞屑,刮去鳞屑有薄膜及点状出血点。与欧美国家1%～3%的患病率相比,我国银屑病的患病率较低,以 1984 年调查的患病率 0.123% 和年发病率 0.015% 为基准,推测目前患病率为 0.4%,约有患者 513 万;2008 年 6 个城市的调查患病率 0.47%,推算全国有患者 624 万。春冬季易发或加重,夏秋季多缓解,有部分患者有家族史。病程长,反复发作,不易根治。本病相当于西医学的银屑病。

【病因病机】

总因营血亏损,血热内蕴,化燥生风,肌肤失养所致。

1. 初起 多为风寒或风热之邪侵袭肌肤,以致营卫失和,气血不畅,阻于肌表而发;或兼湿热蕴积,外不能宣泄,内不能利导,阻于肌表而发。

2. 病久 气血耗伤,血虚风燥,肌肤失养,病情更为显露:或因营血不足,气血循行受阻,以致瘀阻肌表而成;或禀赋不足。肝肾亏虚,冲任失调,更使营血亏损。

西医学对本病的病因尚未完全明了,一般认为发病与遗传因素、环境因素、感染因素、代谢障碍、内分泌及免疫等多种因素有关。

【诊断】

根据临床表现一般分为寻常型、脓疱型、关节病型和红皮病型四种类型。以上四型可合并发生或相互转化。

1. 寻常型 ①临床最为多见,发病较急。②初发病多在青壮年,多数患者冬重夏轻,病程较长,常反复发作。③皮损(彩图 10-18-1)初起为红色斑、丘疹,红斑基础上覆以多层银白色鳞屑,刮去鳞屑,可见一层淡红色发亮的薄膜,称薄膜现象;刮除薄膜后可见小出血点,称为点状出血现象,为本病特征性皮损。在进行期皮肤外伤或注射针孔处常出现相同损害,称为同形反应。可发生于身体各处,常对称分布。初发时多在头皮及肘、膝关节等处。发生在头部,其发呈束状(彩图 10-18-2),但毛发正常,无脱落;发生在指甲,则甲板呈顶针状。临床上可见点滴状、钱币状、斑块状、地图状、蛎壳状、混合状等多种皮损形态。④按临床表现一般可分为三期。进行期:新皮疹不断出现,原皮疹不断扩大,颜色鲜红,鳞屑较多,针刺、摩擦、外伤处可出现皮疹,即"同形反应"阳性;静止期:病情稳定,基本无新疹出现,原皮疹色黯红,鳞屑减少,既不扩大,也不消退;退行期:皮损缩小,颜色变淡,鳞屑减少,或从中心开始消退,遗留暂时性的色素减退斑或色素沉着斑;⑤组织病理学改变主要为角化过度伴角化不全,角化不全区可见 Munro 微脓肿,颗粒层变薄或消失,棘层增厚,表皮突延长,深入真皮。真皮乳头呈杵状向表皮内上伸。真皮浅层血管周围淋巴细胞、中性粒细胞浸润。

2. 脓疱型 ①临床少见,可继发于寻常型,亦可为原发性。②临床上可分为泛发性和掌跖脓疱型两种。③泛发性脓疱型皮损特点为在红斑上出现群集性浅表的无菌性脓疱,脓疱如粟粒大小,可融合成脓湖。皮损可泛发躯干及四肢,口腔黏膜亦可受累,常见沟纹舌。可伴高热、关节肿痛等全身症状。病情好转后可出现寻常型银屑病的皮损,病程长,易复发,预后差。④掌跖脓疱型皮损好发于掌跖部,皮损为在红斑基础上出现多数粟粒大小的脓疱,1~2 周后自行干涸,形成黄色屑痂或小鳞屑,以后又在鳞屑下出现小脓疱,周期性发作,逐渐向周围扩展。一般情况良好。⑤血白细胞增高,血沉加快,可有低蛋白血症及低钙血症。

3. 关节病型 ①临床上较少见。有寻常型银屑病的基本皮肤损害。②伴有关节炎的表现,以侵犯远端指趾关节为主,常不对称,亦可侵犯大关节和脊柱。受累关节红肿、疼痛,重者可有关节腔积液、强直、关节畸形。③类风湿因子阴性,血沉增快,X 线检查见有类似类风湿性关节炎的骨关节破坏。

4. 红皮病型　①常由寻常型治疗不当或脓疱型消退过程中转变而成。②表现为全身皮肤弥漫性潮红、肿胀和脱屑。可伴有发热、畏寒、头痛及关节痛、淋巴结肿大等全身症状。病程较长,预后较差。

5. 除此之外还有头皮银屑病、甲银屑病和外阴部银屑病,此类疾病发病部位局限,很少累及至全身,此类银屑病患者常伴有过敏性体质,易反复,疗效欠佳。

【鉴别诊断】

1. 慢性湿疮　多发于屈侧,有剧痒,鳞屑少且不呈银白色,皮肤肥厚,苔藓样变及色素沉着等同时存在,无薄膜现象及点状出血现象。

2. 面游风　损害边界不清,基底部淡红,鳞屑少而呈油腻性,带黄色,刮去后不呈点状出血,无束状发,日久有脱发,好发于头皮及颜面部。

3. 风热疮　好发于躯干、四肢近端;皮疹为椭圆形红斑,上覆较薄细碎鳞屑,皮损长轴与皮纹走向一致,无薄膜及点状出血现象。

【辨证论治】

寻常型以中医辨证论治为主要治疗方法;脓疱型、关节病型、红皮病型应中西医结合治疗。

1. 血热内蕴证

证候:皮疹多呈点滴状,发展迅速,颜色鲜红,层层鳞屑,瘙痒剧烈,抓之有点状出血。新的皮疹不断增多或者迅速扩大。伴口干舌燥,咽喉疼痛,心烦易怒,大便干燥,小便黄赤。舌质红,苔薄黄,脉弦滑或数。

治法:清热凉血,解毒消斑。

方药:犀角地黄汤加减(犀角改服羚羊角粉或水牛角粉)。常用水牛角、牡丹皮、生地黄、赤芍。咽喉肿痛者,加板蓝根、射干、玄参;因感冒诱发者,加金银花、连翘;大便秘结者,加生大黄。

2. 血虚风燥证

证候:病程较久,皮疹多呈斑片状,颜色淡红,鳞屑减少,干燥皲裂,自觉瘙痒。伴口咽干燥。舌质淡红,苔少,脉缓或沉细。

治法:养血滋阴,润肤息风。

方药:当归饮子加减。常用当归、白芍、川芎、生地黄、白蒺藜、防风、荆芥、何首乌、黄芪、甘草。脾虚者,加白术、茯苓;风盛瘙痒明显者,加白鲜皮、白蒺藜、乌梢蛇。

3. 气血瘀滞证

证候:皮损反复不愈,皮疹多呈斑块状,鳞屑较厚,颜色黯红。女性可有月经色黯,或夹有血块。舌质紫黯有瘀点、瘀斑,脉涩或细缓。

治法:活血化瘀,解毒通络。

方药:桃红四物汤加减。常用当归、赤芍、生地黄、川芎、桃仁、红花。病程日久,反复不愈者,加土茯苓、白花蛇舌草;皮损肥厚色黯者,加三棱、莪术;月经色黯,经前加重者,加益母草、泽兰。

4. 湿毒蕴阻证

证候:皮损多发生在腋窝、腹股沟等皱褶部位,红斑糜烂,痂屑黏厚,瘙痒剧烈;或掌跖红斑、脓疱、脱皮。或伴关节酸痛、肿胀,下肢沉重。舌质红,苔黄腻,脉滑。

治法:清利湿热,解毒通络。

方药:萆薢渗湿汤加减。常用萆薢、薏苡仁、黄柏、茯苓、牡丹皮、泽泻、滑石、通草。脓疱泛发者,加蒲公英、紫花地丁、半枝莲;关节肿痛明显者,加羌活、独活、秦艽、忍冬藤;瘙痒剧烈者,加白鲜皮、地肤子。

5. 火毒炽盛证

证候:全身皮肤潮红、肿胀、灼热痒痛,大量脱皮,或有密集小脓疱。伴壮热,口渴,头痛,畏寒,大便干燥,小便黄赤。舌红绛,苔黄腻,脉弦滑数。

治法:清热泻火,凉血解毒。

方药:清瘟败毒饮加减。常用生石膏、生地黄、水牛角、黄连、栀子、桔梗、黄芩、知母、赤芍、玄参、连翘、淡竹叶、甘草、牡丹皮。寒战高热者,加生玳瑁;大量脱皮,口干唇燥者,加玄参、天花粉、石斛;大便秘结者,加生大黄。

【外治】

1. 中药浸浴　适用于各种证型,但皮疹有破损、渗出,或皮疹鲜红及进展较快时,不宜使用。

2. 中药熏蒸　适用于血虚风燥证和气血瘀滞证,伴高血压、冠心病的患者,不宜使用,老人及小孩在家属陪同下进行。

3. 中药塌渍　适用于各种证型,选取清热凉血、燥湿解毒的中药煎汤,以8层纱布浸湿后拧干贴敷患处,每次30分钟,每日1~2次。

4. 留罐及刺络拔罐　留罐适用于血虚风燥证、气血瘀滞证,刺络拔罐适用于气血瘀滞证。

5. 针刺及耳针　针刺适用于血虚风燥证和气血瘀滞证,取穴大椎、肺俞、曲池、合谷、血海、三阴交。头面部加风池、迎香;在下肢加足三里、丰隆。耳针适用于各种证型,取穴肺、神门、内分泌、心、大肠穴等。耳穴埋针或压豆。

6. 中药涂擦　进行期皮损宜用温和之剂,可用黄连膏,每日1次;静止期、退行期皮损可用中药复方制剂煎水,浸浴后再外涂黄连膏、普连膏。

【其他疗法】

1. 中成药　血热内蕴证可选用消银颗粒、复方青黛胶囊、清开灵口服液等;血虚风燥证可选用四物合剂、六味地黄丸等;气血瘀滞证可选用大黄䗪虫丸、血府逐瘀丸等。

2. 西医治疗　常选用抗生素、维生素类、维A酸类、免疫抑制剂、免疫调节剂、静脉封闭疗法、生物制剂(靶向免疫调节剂)、心理治疗及物理疗法。

【预防护理】

1. 预防　预防感染和外伤,在秋冬及冬春季节交替之时,要特别注意预防感冒、咽炎、扁桃体炎。对反复发作的扁桃体炎合并扁桃体肿大者,可考虑手术摘除。

2. 护理　避免过度紧张劳累,生活要有规律,保持情绪稳定,心情愉悦。忌食辛辣腥膻发物,戒烟酒,多食新鲜蔬菜和水果。进行期或红皮病型不宜用刺激性强的药物,避免外伤,忌热水洗浴。

【结语】

血热、血瘀、血燥及湿毒为白疕的主要病机特点。临床上主要分为寻常型、脓疱型、关节病型和红皮病型四种类型。辨证常分为血热内蕴证、血虚风燥证、气血瘀滞

证、湿毒蕴阻证、火毒炽盛证。寻常型以中医辨证论治、内外治结合为主要治疗方法；脓疱型、关节病型、红皮病型应中西医结合治疗。

第十九节　　风　热　疮

风热疮是一种斑疹色红如玫瑰、脱屑如糠秕的急性自限性丘疹鳞屑性皮肤病。古代文献中又称"血疳疮"、"风癣"、"母子疮"等。其临床特点是初发时多在躯干部先出现玫瑰红色母斑，其长轴与皮纹一致，上有糠秕样鳞屑，继则分批出现较多、形态相仿而较小的子斑。好发于春秋季节，多见于青壮年。有自限性，一般 4～6 周可自行消退。本病相当于西医学的玫瑰糠疹。

【病因病机】

本病总由各种诱因致肌肤郁闭，腠理闭塞而发病。

1. 外感风热，郁闭肌肤　风热外感，郁滞肌肤腠理，不得宣泄而发。

2. 血分有热，化燥生风　过食辛辣炙煿，或情志抑郁化火，导致血分蕴热，热伤阴液而化燥生风，外泛肌肤而成。

西医学认为本病病因及病理尚不十分明了，多认为与病毒感染有关。细胞免疫反应可能参与本病的发生。

【诊断】

1. 好发于青中年，以春秋季多见。

2. 皮损好发于胸、背、腹、四肢近端、颈部，尤以胸部两侧多见。

3. 皮损最先在躯干或四肢近端某处出现，为一个约如指盖大小或稍大的圆形或椭圆形的淡红色或黄红色鳞屑斑，称为原发斑或母斑，这种母斑易被患者忽视。母斑出现 1～2 周后，即在躯干及四肢近端出现多数与母斑相似而形状较小的红斑，称为子斑或继发斑。皮损或横或斜，椭圆形，长轴与皮纹走行一致，中心略有细微皱纹，边缘不整，略似锯齿状，表面附有少量糠秕状细小鳞屑，多数孤立不相融合。子斑出现后，母斑颜色较为黯淡。斑疹颜色不一，自鲜红至褐色、褐黄或灰褐色不等。

4. 有不同程度的瘙痒，部分患者初起可伴周身不适，头痛，咽痛，轻度发热，颈或腋下臖核肿大等全身症状。

5. 本病预后良好，一般经 4～6 周可自然消退。亦有迁延数月甚至数年不愈者，但愈后一般不复发。

【鉴别诊断】

1. 紫白癜风　多发于胸背、颈侧、肩胛等处，皮损为黄豆到蚕豆大小的斑片，微微发亮，先淡红或赤紫，将愈时呈灰白色斑片。一般无自觉症状，或有轻度瘙痒。真菌检查阳性。

2. 圆癣　皮损数目少，呈环形。中心有自愈倾向，周边有丘疹、水疱。真菌检查阳性。

3. 白疕　皮损为大小不等的红色斑片，其上覆有较厚的银白色鳞屑，搔抓后有点状出血；病程较长，易在冬季复发。

【辨证论治】

本病以疏风清热止痒为主要治法。初期以疏风清热为主；后期以养血活血为主。

1. 风热蕴肤证

证候：发病急骤，皮损呈圆形或椭圆形淡红色斑片，中心有细微皱纹，表面有少量糠秕状鳞屑。伴心烦口渴，大便干，尿微黄。舌红，苔白或薄黄，脉浮数。

治法：疏风清热止痒。

方药：消风散加减。常用荆芥、防风、当归、生地黄、苦参、苍术、蝉蜕、胡麻仁、牛蒡子、知母、石膏、木通。痒甚者，加白鲜皮、紫荆皮、地肤子。

2. 风热血燥证

证候：皮疹为鲜红或紫红色斑片，鳞屑较多，皮损范围大，瘙痒较剧，伴有抓痕、血痂等。舌红，苔少，脉弦数。

治法：清热凉血，养血润燥。

方药：凉血消风散加减。常用生地黄、当归、荆芥、蝉衣、苦参、白蒺藜、知母、生石膏、生甘草。血热甚者加水牛角粉、牡丹皮。

【外治】

1. 皮损早期用三黄洗剂外搽，中后期外涂黄连膏，每天 2~3 次。

2. 苦参 30g、蛇床子 30g、黄柏 30g、生大黄 30g、生甘草 10g 煎汤外洗患处。

【其他疗法】

1. 针刺　取穴合谷、曲池、大椎、肩髃、肩井、血海、足三里，宜泻法，留针 10~15 分钟，每日 1 次，10 次为 1 个疗程。

2. 西医治疗　瘙痒较剧者，可选用抗组胺药。

【预防护理】

1. 预防　注意皮肤清洁卫生，避免风邪外袭。多饮水，保持大便通畅。

2. 护理　忌食辛辣、鱼腥发物。皮肤忌用热水烫洗，避免搔抓，外用药避免浓度过大。

【结语】

外感风热，郁闭肌肤或血分有热，化燥生风为风热疮的病机要点。辨证常分为风热蕴肤证、风热血燥证。本病单用中医药治疗效果好，以疏风清热止痒为主要治法。治疗中应忌食辛辣、鱼腥发物，否则易出现新发皮损，导致病情缠绵不愈。

第二十节　紫癜风

紫癜风是一种慢性复发性炎症性皮肤病。发于口腔者称为"口蕈"。其临床特点是以紫红色多角形扁平丘疹为典型皮损，表面有蜡样光泽，上覆薄膜样鳞屑，可见白色光泽小点或细浅的白色网状条纹（Wickham 纹），常伴有黏膜损害。好发于成年人，病程慢性。本病首见于《圣济总录·诸风门》，曰："紫癜风之状，皮肤生紫点，搔之皮起而不痒痛是也。"相当于西医学的扁平苔藓。

【病因病机】

本病总由内、外致病邪气相合，气血凝滞，蕴阻皮肤、黏膜而成。

1. 风湿热之邪，或由外感，或由情志、脾胃失调而内生，搏于肌肤所致。

2. 阴血不足，因久病血虚，生风生燥，或肝肾阴虚，肌肤失于濡养而成。阴血不足，致虚火上炎，而见口腔黏膜损害。

3. 血瘀经脉，风湿热邪久羁不解，或因肝气郁结，致局部气滞血瘀而发。

西医学认为本病病因尚不清楚，可能与免疫、遗传、感染、神经精神因素、某些药物和疾病、酶的异常等有关。

【诊断】

1. 皮损可发于任何部位，一般四肢多于躯干，四肢屈侧多于伸侧，病程慢性，易反复发作。

2. 皮肤损害的典型皮损为紫红色、多角形扁平丘疹。初起时为帽针或粟粒大小，可逐渐增大，境界清楚，表面粗糙，有蜡样光泽，上覆薄膜样鳞屑，可见白色光泽小点或细浅的白色网状条纹（Wickham 纹），此为特征性皮损。日久皮疹逐渐增多，并可融合成苔藓状斑片，周围可有散在的典型平顶而发亮的紫红色小丘疹。急性期搔抓后可出现线状串珠样同形反应。常伴有不同程度的瘙痒。（彩图 10-20-1）

3. 黏膜损害较常见，以口腔及外阴为主，可单发于黏膜，亦可与皮肤同时并发。表现为颊黏膜灰白色丘疹或网状条纹，口唇糜烂、渗液及黏着性鳞屑，龟头紫红色环状损害；口腔黏膜及口唇、阴唇部扁平苔藓易继发癌变（彩图 10-20-2，彩图 10-20-3）。

4. 临床上可分为多种亚型，如急性泛发性扁平苔藓、慢性局限性扁平苔藓、色素型扁平苔藓、肥厚型扁平苔藓及大疱型扁平苔藓等。

5. 组织病理学检查有特征性，表现为表皮角化过度，颗粒层楔形增厚，棘层不规则增厚，表皮突呈锯齿状，基底细胞液化变性，真皮上部淋巴细胞呈带状浸润。

【鉴别诊断】

1. 原发性皮肤淀粉样变　皮损多对称分布于两小腿伸侧及两侧，为半球形或扁平丘疹，呈灰褐或灰黄色，密集成片，互不融合，表面粗糙无光泽，无 Wickham 纹，刚果红试验阳性。

2. 牛皮癣　皮损多发于颈部、尾骶部及四肢关节伸侧，苔藓样变明显，常与皮色一致，无 Wickham 纹，无黏膜损害，伴阵发性剧痒。

【辨证论治】

本病初期以疏风除湿，清热止痒为主；后期以养血滋阴，活血化瘀为主。

1. 风湿热证

证候：皮疹广泛，为紫红色扁平丘疹，瘙痒剧烈。多并发黏膜损害，甚或出现水疱、糜烂、溃疡。舌质红，苔厚腻，脉濡或数。

治法：祛风止痒，清热燥湿。

方药：消风散加减。常用荆芥、防风、当归、生地黄、苦参、苍术、蝉蜕、胡麻仁、牛蒡子、知母、石膏、木通。有口腔黏膜损害者，加淡竹叶；有外阴黏膜损害者，加黄柏、车前子。

2. 血虚风燥证

证候：皮肤干燥脱屑，皮疹黯红，或融合成片状、环状、线状等，瘙痒较剧。伴面色无华，咽干鼻燥。舌淡红，苔薄，脉沉细。

治法：养血滋阴，润肤息风。

方药：当归饮子加减。常用当归、白芍、川芎、生地黄、白蒺藜、防风、荆芥、何首乌、黄芪、鸡血藤、丹参、甘草。

3. 气滞血瘀证

证候:病程较长,皮疹融合成肥厚性苔藓化斑片,红褐色或黯红色,皮肤粗糙,瘙痒明显。舌质紫或边有瘀点,脉涩。

治法:行气活血,解毒止痒。

方药:逍遥散合桃红四物汤加减。常用柴胡、白芍、当归、白术、茯苓、生地黄、川芎、桃仁、红花、金银花、白花蛇舌草、白鲜皮。

4. 肝肾阴虚证

证候:皮疹较局限,颜色较黯,或中央萎缩,重者糜烂,多发于口腔及唇部,若阴虚湿热下注则皮疹多发于阴部,以肛门、龟头等处为主。伴头晕耳鸣,五心烦热,口咽干燥,腰膝酸软。舌红少苔,脉沉细数。

治法:滋阴降火。

方药:知柏地黄丸加减。常用生地黄、山萸肉、山药、泽泻、茯苓、牡丹皮、女贞子、旱莲草、知母、黄柏。口腔黏膜损害重时,加麦冬、天冬、石斛;外阴损害重时,加龙胆草、苍术、牛膝、薏苡仁。

【外治】

1. 皮损瘙痒明显者,可外搽苦参酊、百部酊。但需注意皮肤糜烂、溃疡及黏膜处勿用酊剂。

2. 皮损泛发者,用三黄洗剂外搽。

3. 皮损肥厚者,用黄柏霜、青黛膏外搽。

4. 口腔黏膜溃疡者,可用锡类散外吹或外涂患处。亦可用金银花30g、生甘草10g煎水漱口或湿敷。

5. 皮损发于外阴兼有糜烂者,先用路路通水煎外洗,无渗液时再外用月白珍珠散。

【其他疗法】

1. 中成药　风湿热证可选用皮肤病血毒丸,一次20粒,一日2次,温开水送服;血虚风燥证可选用归脾丸,一次6g,一日2次;气滞血瘀证可选用犀黄丸,一次3g,一日2次;肝肾阴虚证可选用知柏地黄丸,一次6g,一日2次;黏膜溃疡者可用复方黄柏液稀释后漱口或湿敷。

2. 针刺疗法　①体针,取穴:曲池、血海;配穴:合谷、三阴交、阿是穴。中强刺激,每日1次,留针15~30分钟。②耳针,取穴肺、神门、肾上腺、皮质下等处或敏感点,埋豆或埋针。③皮损肥厚者亦可用梅花针在患处来回叩刺,以少量出血为宜,每日1次。

3. 西医治疗　瘙痒甚者可用抗组胺药内服。病情严重或顽固难愈者可酌情使用糖皮质激素、免疫抑制剂或羟氯喹。亦可采用光化学疗法。

【预防护理】

1. 预防　积极治疗感染灶等其他疾病,忌用可能激惹本病的药物。

2. 护理　保持心情舒畅,避免精神紧张。忌食辛辣、烟酒等刺激性食物。勿用烫水洗浴或过度搔抓,以免皮损产生同形反应而扩散。

【结语】

紫癜风以紫红色多角形扁平丘疹为典型皮损,表面有蜡样光泽,上覆薄膜样鳞屑,可见白色光泽小点或细浅的白色网状条纹(Wickham纹),常伴有黏膜损害。好发于成年人,病程慢性。内、外邪气相合,气血凝滞是其病机特点。辨证常分为风湿热证、

血虚风燥证、气滞血瘀证、肝肾阴虚证。本病目前尚无十分有效的药物或疗法,中西医结合治疗可提高疗效。

第二十一节 白 驳 风

白驳风是指皮肤出现大小不等、形态各异的局限性或泛发性色素脱失斑的皮肤病。古代文献中又有"白癜"、"白驳"、"斑白"、"斑驳"等名称。"白癜"之名,首见于隋代《诸病源候论·白癜候》,曰:"白癜者,面及颈项身体皮肤肉色变白,与肉色不同,亦不痒痛,谓之白癜。"其临床特点是皮肤白斑可发生于任何部位,任何年龄,大小不等,形态各异,边界清楚;可局限亦可泛发全身,病程慢性,易诊难治,影响美观。本病相当于西医学的白癜风。

【病因病机】

总由气血失和,脉络瘀阻所致。

1. 情志内伤,肝气郁结,气机不畅,气血失和,复感风邪,搏于肌肤而发。

2. 素体肝肾亏虚,或亡精失血而伤及肝肾,致肝肾不足,精亏血少,水火不济,气血不和,皮毛腠理失于濡养而致病。

3. 跌打损伤,化学灼伤,致络脉瘀阻,毛窍闭塞,肌肤腠理失养,而成白斑。

西医学目前认为其发病原因不明,有自身免疫病学说、黑素细胞自毁学说、神经学说、遗传学说等。

【诊断】

1. 可发生于任何年龄、任何部位。局限型的白斑单发或群集某一部位;散发型的白斑散在,大小不一,多对称分布;泛发型的总面积大于体表 50% 以上,甚至波及全身,只余少数正常色素皮肤,甚或色素全无;肢端颜面型的白斑发生于面部、手足部暴露部位;节段型的白斑按皮节或某一神经分布区分布。

2. 皮损呈白色或乳白色斑点或斑片,逐渐扩大,大小不等,形态各异,边界清楚,周边皮肤色素常反见增加,患处毛发也可变白。患处皮肤光滑,无脱屑、萎缩等变化,有的皮损中心可出现褐色斑点即色素岛。进展期正常皮肤可出现"同形反应"。无自觉症状。(彩图 10-21-1)

3. 病程慢性,少数可自行好转或消退。即便皮损扩大,亦无其他变症。

4. 皮肤病理学检查示表皮明显缺少黑素细胞及黑素颗粒。

【鉴别诊断】

1. 单纯糠疹 皮损淡白或灰白,属于色素减退而非色素脱失,上覆少量灰白色糠秕状鳞屑,边界不清;多发在面部,其他部位很少累及;儿童多见。

2. 花斑癣 皮损淡白或红、褐色,呈边界清楚的圆形或卵圆形,上覆细碎鳞屑,病变处毛发不变白色;皮损处真菌镜检阳性;多发在颈、躯干、双上肢。男性青壮年或多汗者多见。

3. 贫血痣 皮损淡白,因病变部位毛细血管稀少,摩擦局部后周围皮肤发红而白斑处不红,多发于躯干。

【辨证论治】

本病临床以调和气血,疏通脉络为主要治法。

1. 肝郁气滞证

证候:常有情志失调史。白斑散在渐起,数目不定。伴有心烦易怒或抑郁焦虑,胸胁胀痛,夜眠不安,女子月经不调。舌质正常或淡红,苔薄,脉弦。

治法:疏肝理气,活血祛风。

方药:逍遥散加减。常用柴胡、白芍、当归、白术、茯苓、炙甘草、生姜、薄荷。心烦易怒者,加牡丹皮、栀子;月经不调者,加益母草;发于头面者,加川芎、菊花、蔓荆子;发于下肢者,加木瓜、牛膝;泛发者,加蝉蜕。

2. 肝肾不足证

证候:多见于体虚或有家族史的患者。病史较长,白斑局限或泛发。伴头晕耳鸣,失眠健忘,腰膝酸软。舌红少苔,脉细弱。

治法:滋补肝肾,养血祛风。

方药:六味地黄丸加减。常用熟地黄、山茱萸、山药、牡丹皮、茯苓、泽泻。神疲乏力者,加党参、白术;真阴亏损者,加阿胶、女贞子、旱莲草;夜寐不安者,加磁石、夜交藤。

3. 气血瘀滞证

证候:多有外伤史,病程缠绵。白斑局限或泛发,边界清楚,局部可有刺痛。舌质紫黯或有瘀斑、瘀点,苔薄白,脉涩。

治法:活血化瘀,通经活络。

方药:通窍活血汤加减。常用赤芍、川芎、桃仁、老葱、生姜、红枣、麝香(绢包)。跌打损伤后而发者,加乳香、没药;局部有刺痛者,加炙穿山甲、白芷;发于下肢者,加牛膝、木瓜;病久者,加苏木、白蒺藜、补骨脂。

【外治】

1. 30%补骨脂酊外用,同时可配合日光照射或紫外线照射,照射强度以皮肤出现轻度红斑为宜,隔日1次。

2. 密陀僧散干扑患处,或用醋调成糊状外擦。

3. 用铁锈水或白茄子蘸硫黄细末擦患处。

【其他疗法】

1. 针灸疗法　梅花针局部叩刺,至局部微红即可,可配合外用药涂擦,每日1次;耳针取穴肺、肾、内分泌、肾上腺,每次选2～3穴,单耳埋针,双耳交替,每周轮换。

2. 自血疗法　皮损范围较小者,可用注射器从静脉抽血后,立即注射到白斑下,使皮损处出现青紫时止,每周2次,10次为1个疗程。

3. 西医治疗　①光疗法,外擦或口服具光毒作用的8-甲氧基补骨脂素或三甲基补骨脂素,再行紫外线照射。②自体表皮移植术适用于静止期的局限型、节段型患者。③糖皮质激素,泛发性、进展期患者可系统应用;早期、局限性皮损或10岁以下儿童,可局部使用。④氮芥乙醇,外擦白斑区。

【预防护理】

1. 预防　避免跌仆及理化因素损伤、精神刺激,可进行适当的日光浴,要注意光的强度和时间,并在正常皮肤上擦避光剂或盖遮挡物,以免晒伤。

2. 护理　少吃含维生素C高的蔬菜、水果,多吃豆类制品。坚持治疗,树立信心;愈后巩固治疗,防止复发。避免滥用外用药,尤其是刺激性过强的药物,以防损伤

肌肤。

【结语】

气血失和,脉络瘀阻为白驳风主要的病机特点。辨证常分为肝郁气滞证、肝肾不足证、气血瘀滞证。本病顽固难治,影响美观。目前关于白驳风的研究尚未取得突破性进展,中西医结合是其发展方向。如近年应用中药加光疗法治疗本病取得了较好疗效,为治疗白驳风开辟了一个新途径。

第二十二节　黧　黑　斑

黧黑斑是一种发生在面部的色素沉着性皮肤病。其临床特点是面部出现黄褐色或黑褐色斑片,对称分布,无自觉症状,日晒后加重。本病多发生于孕妇或经血不调的妇女,部分患者可伴有其他慢性病,涂擦不适当的化妆品及日光照射,与黄褐斑的加重也有关系。明《外科正宗·女人面生黧黑斑》曰:"黧黑斑者,水亏不能制火,血弱不能华肉,以致火燥结成斑黑,色枯不泽。"清代《外科大成·分治部下(小疵)·面部》曰:"黧黑斑多生于女子之面,由……疑事不决所致。宜服肾气丸以滋化源,洗玉容散,兼戒忧思方可。一云风邪入皮肤,痰饮渍腑脏,则面皯,又当随其因而调之也。"本病相当于西医学的黄褐斑。

【病因病机】

本病多与肝、脾、肾三脏功能失调有关,气血运行滞涩不能上荣于面为主要病机。

1. 情志不畅,肝郁气滞血瘀,或气郁化热,熏蒸于面,灼伤阴血而生。

2. 冲任失调,肝肾不足,水火不济,虚火上炎所致。

3. 慢性疾病,营卫失和,气血运行不畅,气滞血瘀,面失所养而成。

4. 饮食不节,忧思过度,损伤脾胃,脾失健运,湿停阻络,或湿热内生上熏而致。

西医学认为内分泌失调是黄褐斑发病的重要内在因素,促黑素激素、雌激素和孕激素等均可使皮肤黑素增多。诱发原因有紫外线照射、热辐射、皮肤炎症、体内某些营养素缺乏和长期精神紧张等。

【诊断】

1. 男女均可发生,女性多见。因妊娠而发病者,多开始于孕后2~5个月,分娩后逐渐消失,但也有皮损不退者。

2. 对称发生于颜面,以两颊、额、颧及鼻唇间等处为多见。

3. 皮损为淡褐色至深褐色、淡黑色斑片,大小不等,形状各异,孤立散在或融合成片,边缘较明显,表面光滑无鳞屑。

4. 无自觉症状,慢性经过。

【鉴别诊断】

1. 雀斑　斑点较小,分散而不融合;夏重冬轻或消失;有家族史,多自幼发病。

2. 黑变病　皮疹好发于额、颊和颈侧,多为弥漫性斑片。皮肤黑变处或可见局限性毛细血管扩张及粉状鳞屑,同时有色素脱失的白斑,使色斑呈网状;或伴有明显的毛囊角化。

【辨证论治】

疏肝、补肾、健脾、活血为本病基本治疗法则。

1. 肝郁气滞证

证候：多见于女性，斑色深褐，弥漫分布。伴有烦躁不安，胸胁胀满，经前乳房胀痛，或月经不调，或口苦咽干。舌红，苔薄，脉弦细。

治法：疏肝理气消斑。

方药：逍遥散加减。常用柴胡、白芍、当归、白术、茯苓、炙甘草、生姜、薄荷等。伴口苦咽干、大便秘结者，加牡丹皮、栀子；月经不调者，加女贞子、香附、益母草。

2. 肝肾阴虚证

证候：斑色褐黑，面色晦黯。伴有头晕耳鸣，腰膝酸软，或失眠健忘，五心烦热。舌红少苔，脉细。

治法：补益肝肾，滋阴降火。

方药：六味地黄丸加减。常用熟地黄、山茱萸、山药、牡丹皮、茯苓、泽泻等。阴虚火旺明显者，加知母、黄柏；失眠多梦者，加生龙骨、生牡蛎、珍珠母。

3. 脾虚湿蕴证

证候：斑色灰褐，状如尘土附着。伴有疲乏无力，纳呆困倦，月经色淡，白带量多。舌淡胖边有齿痕，苔白，脉濡或细。

治法：健脾益气，祛湿消斑。

方药：参苓白术散加减。常用白扁豆、人参、白术、茯苓、炙甘草、山药、莲子肉、桔梗、薏苡仁、砂仁等。伴月经量少色淡者，加当归、鸡血藤、益母草。

4. 血瘀证

证候：斑色灰褐或黑褐；或伴有慢性肝病，或月经色黯有血块，或痛经。舌黯红有瘀斑，脉涩。

治法：活血化瘀消斑。

方药：桃红四物汤加减。常用当归、赤芍、生地黄、川芎、桃仁、红花等。胸胁胀痛者，加柴胡、郁金；痛经者，加香附、乌药、益母草、延胡索。

【外治】

1. 玉容散，研成细粉洗面或搽面，早晚各 1 次。

2. 茯苓粉，洗面或搽面，早晚各 1 次。

【其他疗法】

1. 耳穴刺血疗法　内分泌、皮质下、面颊点刺放血，双耳轮替，每日 1 次，10 次为 1 个疗程。

2. 毫针刺法　肝俞、肾俞、风池为主穴，迎香、太阳、曲池、血海为辅穴，肝郁加内关、太冲；脾虚加足三里、气海；肾虚加三阴交、阴陵泉。每日 1 次，10 次为 1 个疗程。

3. 按摩疗法　面部涂抹祛斑药物霜剂后，双手沿面部经络循行路线按摩，并按压穴位。

4. 面膜疗法　温水调祛斑中药粉涂于面部，或中药粉加石膏粉水调后敷于面部，30 分钟后去除。

5. 西医治疗　口服大剂量维生素 C，或静脉注射维生素 C。局部治疗用脱色剂如 3% 过氧化氢溶液、1.5% ~4% 的氢醌霜；遮光剂如 5% 二氧化钛乳膏；激光治疗。

【预防护理】

1. 预防　避免日晒；慎用含香料和药物的化妆品；注意劳逸结合，睡眠充足；避免

忧思恼怒和长期的精神紧张,保持心情舒畅,情绪乐观。

2. 护理　忌外用刺激性药物及激素类药物;多食含维生素 C 丰富的蔬菜、水果,避免辛辣、烟酒。

【结语】

黄褐斑的发生多与肝、脾、肾三脏关系密切,气血不能上荣于面为其主要病机。辨证常分为肝郁气滞证、肝肾不足证、脾虚湿蕴证、血瘀证。治疗周期长,起效慢。中医药内治、外治与美容激光相结合,是目前治疗该病较为有效的手段。

第二十三节　粉　　刺

粉刺是一种以毛囊、皮脂腺为中心的慢性炎症性皮肤病,多见于青年男女,好发于颜面、胸背等处。因初期皮损能挤出白黄色棘刺状脂栓,故称为粉刺。该病皮损特点是散在性粉刺、丘疹、脓疱、结节及囊肿,多伴有皮脂溢出。《素问·生气通天论》云:"劳汗当风,寒薄为渣,郁乃痤。"明代《内经知要·病能》解释曰:"形劳汗出,坐卧当风,寒气薄之,液凝为渣,即粉刺也。若郁而稍重,乃若小疖,其名曰痤。"清楚阐明了该病不同时期的皮损特点和病机。本病相当于西医学的痤疮。

【病因病机】

1. 肺经风热　素体血热偏盛,肺经蕴热,复受风邪,熏蒸胸面。

2. 肠胃湿热　饮食不节,过食辛辣肥甘厚味,生湿化热,湿热互结,循经上蒸。

3. 痰湿瘀滞　脾虚失运,湿浊内停,郁久化热,灼津成痰,湿热浊痰阻络,瘀滞肌肤。

素体血热偏盛是本病发生的内因;饮食不节、外邪侵袭是致病的条件。若湿热浊痰阻络,则使病程缠绵,病情加重。

西医学认为本病发生主要与雄激素增高、皮脂分泌增加、毛囊皮脂腺开口处过度角化和痤疮丙酸杆菌感染等原因相关。

【诊断】

1. 好发于颜面、颈、胸背部,亦可发生于臀部。

2. 多发于青春期男女,常在饮食不节时或月经前后加重。

3. 皮损初起为针头大小的毛囊性丘疹,多为白头粉刺、黑头粉刺,可挤出白色或淡黄色脂栓,白头粉刺可发展为红色丘疹,顶端可出现小脓疱。愈后可留暂时性色素沉着或轻度凹陷性瘢痕。严重者可出现紫红色结节、脓肿、囊肿,甚至破溃形成窦道和瘢痕,或呈橘皮样改变。临床常以 1~2 种损害较明显。常伴皮脂溢出。

4. 自觉轻度瘙痒或无自觉症状,炎症明显时感疼痛。

5. 病程长短不一,一般青春期后可逐渐痊愈。

【鉴别诊断】

1. 酒渣鼻　多见于壮年;皮疹分布以鼻准、鼻翼为主,两颊前额也可发生,绝不累及身体其他部位;无白头、黑头粉刺,患部潮红、充血,常伴有毛细血管扩张。

2. 职业性痤疮　常发生于接触沥青、煤焦油及石油制品的工人;同工种的人往往多发生同样损害;丘疹密集,伴毛囊角化,除面部外,其他接触致病物部位如手背、前臂、肘部亦有发生。

3. 颜面播散性粟粒性狼疮　多见于成年人;损害为粟粒大小淡红色、紫红色结节,表面光滑,对称分布于颊部、眼睑、鼻唇沟等处;以玻片压之可呈苹果酱色。

【辨证论治】

丘疹、脓疱型粉刺以疏风清肺、除湿解毒为主;结节、囊肿、瘢痕型粉刺以除湿化痰、活血散结为主。

1. 肺经风热证

证候:丘疹色红,或有痒痛,或有脓疱。或伴口渴喜饮,大便秘结,小便短赤。舌质红,苔薄黄,脉弦滑。

治法:疏风清肺。

方药:枇杷清肺饮加减。常用枇杷叶(去毛蜜炙)、生甘草、黄连、桑白皮、黄柏等。伴口渴喜饮者,加生石膏、天花粉;大便秘结者,加生大黄;脓疱多者,加紫花地丁、白花蛇舌草;经前加重者,加香附、益母草、当归。

2. 肠胃湿热证

证候:颜面、胸背部皮肤油腻,皮疹红肿疼痛,或有脓疱。伴口臭、便秘、溲黄。舌红,苔黄腻,脉滑数。

治法:清热除湿解毒。

方药:茵陈蒿汤加减。常用茵陈、栀子、大黄。伴腹胀,舌苔厚腻者,加生山楂、鸡内金、枳实、薏苡仁;脓疱较多者,加白花蛇舌草、野菊花、金银花。

3. 痰湿瘀滞证

证候:皮疹颜色黯红,以结节、脓肿、囊肿、瘢痕为主,或见窦道,经久难愈。伴纳呆腹胀。舌质黯红,苔黄腻或白腻,脉弦滑。

治法:除湿化痰,活血散结。

方药:二陈汤合桃红四物汤加减。常用陈皮、半夏、茯苓、甘草、当归、赤芍、生地黄、川芎、桃仁、红花。伴囊肿成脓者,加贝母、皂角刺、野菊花、连翘;伴结节、囊肿难消者,加三棱、莪术、皂角刺、夏枯草。

【外治】

1. 白头粉刺、黑头粉刺和丘疹,颠倒散茶调涂患处,每日 1~2 次。

2. 红色丘疹、小脓疱,复方黄柏液外搽或稀释后冷湿敷,每日 1~2 次。

3. 脓肿、囊肿、结节较甚者,外敷金黄膏,每日 2 次。

【其他疗法】

1. 中成药　丹参酮胶囊口服,一次 4 粒,一日 3~4 次。

2. 针灸疗法　①体针取穴大椎、合谷、四白、太阳、下关、颊车。肺经风热证加曲池、肺俞、尺泽;肠胃湿热证加大肠俞、足三里、丰隆、内庭;痰湿瘀滞证加脾俞、膈俞、血海、三阴交。每日 1 次,10 次为 1 个疗程。②耳穴压豆取穴肺、内分泌、皮质下、肾上腺、交感、面颊、额区。皮脂溢出明显加脾;便秘加大肠;月经不调加内生殖器、肝。每次取穴 4~5 个,2~3 天换豆 1 次,5 次为 1 个疗程。③火针挑治粉刺、丘疹、脓疱、囊肿。

3. 西医治疗　内服抗生素类、维生素 B 族、维生素 A、维 A 酸类、锌制剂等,严重者用性激素类如达英 35,抗生素多选四环素、红霉素类。配合外用 0.05% 维 A 酸霜,或克林霉素磷酸酯凝胶外涂,每日 1~2 次。

【预防护理】

1. 预防　养成用温水洗面的习惯。皮脂较多时,可用硫黄皂洗面,每日洗 2～3 次。不滥用化妆品,尤其是粉质化妆品。

2. 护理　忌食辛辣刺激性食物,如辣椒、酒类;少食油腻、甜食;多食新鲜蔬菜、水果,保持大便通畅。禁止自己用手挤压粉刺,以免炎症扩散。

【结语】

粉刺的发病与素体血热偏盛、饮食不节、外邪侵袭相关。若湿热浊痰阻络,则使病程缠绵,病情加重。辨证常分为肺经风热证、肠胃湿热证、痰湿瘀滞证。本病发病率高,单用中药内、外治疗效好。

第二十四节　面　游　风

面游风是一种与皮脂分泌过多有关的皮肤出现红斑、上覆鳞屑的慢性炎症性皮肤病。因其多发于面部,表现为皮肤瘙痒,故称为面游风。因其脱屑明显又称白屑风。清《医宗金鉴·外科心法要诀·面游风》云:"面游风……由平素血燥,过食辛辣厚味,以致阳明胃经湿热受风而成。痒甚者,宜服消风散;痛甚者,宜服黄连消毒饮。"明《外科正宗·杂疮毒门·白屑风》云:"白屑风,多生于头、面、耳、项、发中,初起微痒,久则渐生白屑,叠叠飞起,脱之又生,此皆起于热体当风,风热所化。治当消风散。"其临床特点是头发、皮肤多脂发亮,油腻,瘙痒,或头发干枯,迭起白屑,脱去又生。患者以青壮年为多,婴儿期也有发生。好发于皮脂腺较丰富的部位。本病相当于西医学的脂溢性皮炎。

【病因病机】

1. 风热血燥　风热之邪外袭,久郁生燥,耗伤阴血,或平素阴虚血燥之体,复感风热之邪,风热燥邪蕴阻肌肤,肌肤失于濡养而致。

2. 湿热蕴阻　恣食肥甘油腻、辛辣之品,以致脾胃运化失常,或素体脾虚失运,生湿化热,湿热蕴阻肌肤而成。

西医学认为其病因及发病机理尚不清楚。可能与遗传、马拉色菌感染、精神因素、饮食习惯、维生素 B 族缺乏、嗜酒等因素有一定关系。

【诊断】

1. 多发于皮脂腺丰富的部位,如头皮、前额、眉弓、鼻唇沟、胡须部,并可自头皮开始,向下蔓延至颈后、腋窝、胸部、肩胛部、脐窝、腹股沟等部位。

2. 干性型　皮损为大小不一的斑片,基底微红,上有白色糠秕状或片状鳞屑,在头皮部可堆叠很厚,头皮瘙痒剧烈,梳头或搔抓时头屑易于脱落而呈白屑纷飞状,毛发干枯,伴有脱发。

3. 湿性型　皮脂分泌旺盛,皮损红斑、糜烂、流滋,有油腻性痂屑,常有臭味。在耳后和鼻部可有皲裂,眉毛可因搔抓折断而稀疏,头部损害早期皮脂多,或头屑多,瘙痒,继而头发细软、脱落、秃顶(彩图 10-24-1)。严重者泛发全身,成为湿疹样皮损。

4. 病程缓慢,常有急性发作。

【鉴别诊断】

1. 慢性湿疮　病变境界较清楚,无油腻性鳞屑,皮肤粗糙增厚,呈苔藓样变。

2. 白疕　皮损颜色较鲜红,边界清楚,具有浸润性,鳞屑呈银白色,无油腻感,刮除鳞屑后可见薄膜和点状出血,发于头皮可见束状发,但不脱发;大多冬重夏轻。

3. 白秃疮　多见于儿童;头部有灰白色鳞屑斑片,其上有长短不齐的断发,发根有白色菌鞘;真菌检查呈阳性。

【辨证论治】

本病临床以清热除湿、祛风润燥为主要治法。中医药内服外洗有较好疗效。

1. 风热血燥证

证候:多发于头面部,为淡红色斑片,干燥、脱屑、瘙痒,受风加重,或头皮瘙痒,头屑多,毛发干枯脱落。伴口干口渴,大便干燥。舌质偏红,苔薄白,脉细数。

治法:祛风清热,养血润燥。

方药:消风散合当归饮子加减。常用荆芥、防风、当归、生地黄、苦参、苍术、蝉蜕、胡麻仁、牛蒡子、知母、石膏、川芎、白蒺藜、何首乌、黄芪、甘草等。皮损颜色较红者,加牡丹皮、金银花、白茅根;瘙痒较重者,加白鲜皮、地肤子;皮损干燥明显者,加玄参、麦冬、天花粉。

2. 肠胃湿热证

证候:皮损为潮红斑片,有油腻性痂屑,甚至糜烂、渗出。或伴口苦、口黏,脘腹痞满,小便短赤,大便臭秽。舌质红,苔黄腻,脉滑数。

治法:健脾除湿,清热止痒。

方药:参苓白术散合茵陈蒿汤加减。常用白扁豆、人参、白术、茯苓、甘草、山药、莲子肉、桔梗、薏苡仁、砂仁、茵陈、栀子、大黄等。糜烂渗出较甚者,加土茯苓、苦参、马齿苋;热盛者,加桑白皮、黄芩。

【外治】

1. 干性皮损　发于头皮者,白屑风酊外搽,每日 3 次,发于面部者,黄连膏外搽,每日 2 次。

2. 湿性皮损　渗出明显者,马齿苋、黄柏、大青叶各30g、石菖蒲15g,煎汤,放凉后外洗或湿敷患处,每次 30 分钟,每日 2~3 次。湿敷后,外搽青黛膏。

【其他疗法】

1. 中成药　风热血燥证可服皮肤病血毒丸,一次 20 粒,一日 2 次;头皮潮红、油腻性鳞屑较多时可用复方黄柏液稀释后洗头。

2. 针灸疗法　取穴风池、百会、曲池、合谷、血海、三阴交。风热血燥配大椎、风府、肺俞、膈俞;肠胃湿热配中脘、足三里、丰隆、内庭。

3. 西医治疗　口服维生素 B_2、维生素 B_6 等;瘙痒剧烈时,用镇静剂、抗组胺剂。局部治疗以溶解脂肪、角质剥脱、消炎杀菌为主,常用药物有硫黄、雷锁辛、咪唑类、水杨酸等。按不同部位、不同皮损选用不同的剂型,如头皮皮损可选用 2% 酮康唑溶液外洗。

【预防护理】

1. 预防　生活规律,睡眠充足;多食水果、蔬菜,保持大便通畅;保持心情舒畅,精神愉快,避免情志内伤。

2. 护理　忌食辛辣,少吃油腻甘甜食品,少饮浓茶,忌烟酒;避免搔抓;不用刺激性强的肥皂洗涤;避免日晒和化妆品的刺激。

【结语】

面游风主要由素体阴虚血燥或湿热内蕴,感受风邪所致。辨证常分为风热血燥证、肠胃湿热证。中药内服外洗有较好疗效。随着人们生活水平的提高,该病发病率有上升趋势。由于本病易复发,饮食禁忌很重要。

第二十五节　酒　渣　鼻

酒渣鼻是一种发生在颜面中部,以红斑和毛细血管扩张及丘疹、脓疱为主要表现的慢性皮肤病。因中晚期鼻部发生丘疹和结节,且古人认为其发病与饮酒有关故名。《医宗金鉴·外科心法要诀·鼻部》全面阐明了该病的病因病机和治法,提出"此证生于鼻准头及鼻两边,由胃火熏肺,更因风寒外束,血瘀凝结,故先红后紫,久变为黑,最为缠绵。治宜宣肺中郁气,化滞血,如麻黄宣肺酒,凉血四物汤俱可选用,使荣卫流通,以滋新血,再以颠倒散敷于患处,若日久不愈,以栀子仁丸服之,缓缓取愈。"该病临床特点是颜面部中央持续性红斑和毛细血管扩张,伴丘疹、脓疱或鼻赘;多发生于中年人,男女均可发病。本病西医学亦称之为酒渣鼻。

【病因病机】

本病早期由于湿热火毒上熏于面所致;病久气血瘀阻,缠绵难愈。

1. 肺胃热盛　素肺经蕴热,或长期嗜酒,郁而化火,致肺胃积热上蒸,复遇风寒外袭而成。

2. 热毒蕴肤　日久湿热火毒蕴结,甚而热盛肉腐为脓所致。

3. 气滞血瘀　病久邪热稽留,气血运行受阻,致气滞血瘀,凝结肌肤而成。

西医学认为本病病因不明,可能与精神因素、嗜酒、辛辣食物、高温及寒冷刺激、内分泌失调及幽门螺旋杆菌感染、局部人体蠕形螨寄生感染等有关。

【诊断】

1. 好发于鼻尖、鼻翼及两侧,可延及两颊、前额眉间、颏等部位,少数人鼻部正常而只发于两颊和额部。

2. 皮损以红斑为主,依据临床症状可分为三型。

(1) 红斑型:颜面中部特别是鼻尖部出现红斑,开始为暂时性,时起时消,寒冷、饮酒、进食辛辣刺激性食物及精神兴奋时红斑更为明显,以后红斑持久不退,可伴有毛细血管扩张,呈细丝状,分布如树枝,亦可伴有水肿。

(2) 丘疹脓疱型:病情继续发展时,在红斑基础上出现痤疮样丘疹或小脓疱,但无白头和黑头粉刺形成。毛细血管扩张更为明显,如红丝缠绕,纵横交错,皮色由鲜红变为紫红或紫褐,自觉轻度瘙痒。病程迁延数年不愈,极少数最终发展成鼻赘。

(3) 鼻赘型:临床较少见,多为病期长久者。鼻部结缔组织增生,皮脂腺异常增大,致鼻尖部肥大,形成大小不等的结节状隆起,称为鼻赘。且皮肤增厚,表面凹凸不平,毛细血管扩张更加明显。

【鉴别诊断】

1. 粉刺　多发于青春期男女;常见于颜面、上胸、背部,鼻部常不侵犯;皮损为散在性红色丘疹和脓疱,可伴有白头和黑头粉刺。

2. 面游风　多见于青年人和婴儿,皮疹分布部位较为广泛,不只局限于面部;有油腻性鳞屑,不发生毛细血管扩张;常有不同程度的瘙痒。

【辨证论治】

本病以清泄肺胃、理气活血为主要治法。早期及时治疗,皮疹可以治愈;鼻赘型者,可采用手术治疗。

1. 肺胃热盛证

证候:多见于红斑型。红斑多发于鼻尖或两翼,压之退色。或伴口干,便秘。舌红,苔薄黄,脉弦滑。

治法:清泄肺胃积热。

方药:枇杷清肺饮加减。常用人参、枇杷叶(去毛蜜炙)、生甘草、黄连、桑白皮、黄柏等。红斑严重者,加生石膏、白茅根;便秘甚者,加生大黄。

2. 热毒蕴肤证

证候:多见于丘疹脓疱型。在红斑上出现痤疮样丘疹、脓疱,毛细血管扩张明显,局部灼热。伴口干,便秘。舌红,苔黄,脉数。

治法:清热解毒凉血。

方药:黄连解毒汤合凉血四物汤加减。常用黄连、黄芩、黄柏、栀子、当归、生地黄、川芎、赤芍、黄芩、茯苓、陈皮、红花、甘草等。脓疱多者,加金银花、连翘、紫花地丁。

3. 气滞血瘀证

证候:多见于鼻赘型。鼻部组织增生,呈结节状,毛孔扩大。舌质略红,脉沉缓。

治法:活血化瘀散结。

方药:通窍活血汤加减。常用赤芍、川芎、桃仁、红花等。鼻赘甚者,加浙贝母、山慈菇。

【外治】

1. 红斑、丘疹者,一扫光或颠倒散洗剂外搽,每天3次,或复方黄柏液稀释后冷湿敷,每次20~40分钟,每日2次。

2. 脓疱者,四黄膏外涂,每天2~3次。

3. 鼻赘形成者,可先用三棱针刺破放血,再颠倒散外敷。

【其他疗法】

1. 中成药 热毒蕴肤证服皮肤病血毒丸,一次20粒,一日2次。

2. 针刺 取穴印堂、迎香、地仓、承浆、颧髎,配禾髎、大迎、合谷、曲池,取坐位,轻度捻转,留针20~30分钟,每天1次。

3. 西医治疗 内服维生素B族、甲硝唑、四环素等;外用1%甲硝唑霜;染料激光去除毛细血管扩张;鼻赘形成者用切割术。

【预防护理】

1. 预防 避免过冷、过热刺激及精神紧张;保持大便通畅。

2. 护理 忌食辛辣酒类等刺激性食物和肥甘厚腻之品;洗脸水温要适宜,避免过冷过热及不洁物品等刺激。

【结语】

酒渣鼻早期主要由湿热火毒上熏于面所致;病久气血瘀阻,缠绵难愈。辨证常分为肺胃热盛证、热毒蕴肤证、气滞血瘀证。早期治疗多可以痊愈,对鼻赘型酒渣鼻的治疗,常要借助外科手术。忌食辛辣酒类等刺激性食物和避免精神紧张可明显减少该病

的复发。

第二十六节　油　风

　　油风是一种头发突然发生斑块状脱落的慢性皮肤病。俗称"鬼舐头"、"鬼剃头"。明《外科正宗·油风》云："油风乃血虚不能随气荣养肌肤,故毛发根空,脱落成片,皮肤光亮,痒如虫行,此皆风热乘虚攻注而然。"清代《医宗金鉴·外科心法要诀》云："此证毛发干焦,成片脱落,皮红光亮,痒如虫行,俗名鬼剃头。"其临床特点是突然发生的斑片状脱发,患处皮肤薄而光亮,一般无自觉症状。可发生于任何年龄,但多见于青壮年,男女均可发病。本病相当于西医学的斑秃。

　　【病因病机】
　　本病总由情志郁结,过度劳累,精亏、血虚或血瘀,导致发失所养而发病。

　　1. 过食辛辣炙煿、醇甘厚味,或情志抑郁化火,损阴耗血,血热生风,风热上窜巅顶,毛发失于阴血濡养而突然脱落。

　　2. 跌仆损伤,瘀血阻络,血不畅达,清窍失养,发脱不生。

　　3. 久病致气血两虚,肝肾不足,精不化血,血不养发,发无生长之源,毛根空虚而发落成片。

　　西医学认为本病病因尚不完全清楚,可能与遗传、情绪应激、内分泌失调、自身免疫等因素有关。

　　【诊断】
　　1. 头发突然成片迅速脱落,脱发区皮肤光滑平亮,边缘的头发松动,容易拔出,拔出时可见发根近端萎缩,呈上粗下细的"感叹号(!)"样。脱发区呈圆形、椭圆形或不规则形。数目不等,大小不一,可相互连接成片,或头发全部脱光而称全秃。严重者,眉毛、胡须、腋毛、阴毛甚至毳毛等全身毛发脱落,称普秃。

　　2. 一般无自觉症状,多在无意中发现。常在过度劳累、睡眠不足、精神紧张或受刺激后发生。

　　3. 病程较长,可持续数月或数年,多数能自愈,但也有反复发作或边长边脱者。新发开始生长时,往往纤细柔软,灰白色似毳毛,以后逐渐增粗变黑,最后恢复正常。

　　油风患者约30%可出现指甲的变化,表现为甲凹点、甲纵嵴、脆甲、甲剥离,偶可脱甲,其表现可发生于油风之前或之后。

　　【鉴别诊断】
　　1. 面游风　头发呈稀疏,散在性脱落,脱发多从额角开始,延及前头及颅顶部,头皮覆有糠秕状或油腻性鳞屑,常有不同程度的瘙痒。

　　2. 白秃疮　好发于儿童;为不完全脱发,毛发多数折断,残留毛根,附有白色鳞屑和结痂;断发中易查到真菌。

　　3. 肥疮　多见于儿童;头部有典型的碟形癣痂,其间有毛发穿过,头皮有萎缩性的瘢痕;真菌检查阳性。

　　【辨证论治】
　　本病总的治疗原则是实证以清热通瘀为主,血热清则血循其经,血瘀祛则新血易生;虚证以补摄为要,精血得补则毛发易生。选用适当的外治或针灸疗法能促进毛发生长。

1. 血热风燥证

证候:突然脱发成片,偶有头皮瘙痒,或头部烘热。伴心烦易怒,急躁不安。苔薄,脉弦。

治法:凉血息风,养阴护发。

方药:四物汤合六味地黄汤加减。常用生地黄、当归、赤芍、川芎、山萸肉、山药、牡丹皮、茯苓、泽泻。若风热偏胜,脱发迅猛者,宜养血散风、清热护发,方用神应养真丹。常用羌活、木瓜、天麻、当归、白芍、菟丝子、熟地黄、川芎。

2. 气滞血瘀证

证候:病程较长,头发脱落前先有头痛或胸胁疼痛等症。伴夜多噩梦,烦热难眠。舌有瘀点、瘀斑,脉沉细。

治法:通窍活血。

方药:通窍活血汤加减。常用赤芍、川芎、桃仁、红花、石菖蒲。

3. 气血两虚证

证候:多在病后或产后头发呈斑块状脱落,并呈渐进性加重,范围由小而大,毛发稀疏枯槁,触摸易脱。伴唇白,心悸,气短懒言,倦怠乏力。舌淡,脉细弱。

治法:益气补血。

方药:八珍汤加减。常用人参、白术、茯苓、甘草、当归、白芍、熟地黄、川芎。

4. 肝肾不足证

证候:病程日久,平素头发焦黄或花白,发病时呈大片均匀脱落,甚或全身毛发脱落。伴头昏,耳鸣,目眩,腰膝酸软。舌淡,苔薄,脉细。

治法:滋补肝肾。

方药:七宝美髯丹加减。常用何首乌、牛膝、补骨脂、茯苓、菟丝子、当归、枸杞子。

【外治】

鲜毛姜(或生姜)切片,烤热后涂擦脱发区,每天数次。或 2.5% ~ 10% 斑蝥酊、10% 补骨脂酊、10% 辣椒酊外搽,每天数次。

【其他疗法】

1. 针刺 主穴取百会、头维、生发穴(风池与风府连线中点),配翳明、上星、太阳、风池、鱼腰透丝竹空。实证用泻法,虚证用补法。每次取 3 ~ 5 穴,每日或隔日 1 次。如病期延长,可在脱发区和沿头皮足太阳膀胱经循行部位用梅花针移动叩击,每天 1 次。

2. 西医治疗 系统治疗内服胱氨酸、谷维素、维生素 B 族、复方甘草酸苷等有助于毛发生长,全秃、普秃者可口服小剂量的泼尼松。局部治疗外用 5% 米诺地尔酊、糖皮质激素乳膏、免疫调节剂;脱发区亦可用糖皮质激素皮内注射。另外可用 PUVA、红光等物理治疗,其中 PUVA 对普秃的疗效很差,且不适合用于斑秃的长期治疗。

【预防护理】

1. 预防 注意头发卫生,加强头发护理,不用碱性强的洗发液洗发,少吹烫头发、染发。

2. 护理 劳逸结合,保持心情舒畅;避免烦躁、悲观、忧愁、动怒等情志因素。加强营养,注意摄入富含维生素的饮食,纠正偏食的不良习惯。

【结语】

油风总因情志郁结,过度劳累,精亏、血虚或血瘀,导致发失所养而发病。辨证常分为血热风燥证、气滞血瘀证、气血两虚证、肝肾不足证。治疗上实证以清通为主,虚证以补摄为要。选用适当的外治或针灸、西医疗法能促进毛发生长。毛发的生长周期可分为生长期(约3年)、退行期(约3周)、休止期(约3月),在治疗中须告知患者切勿急躁。调畅情志在该病治疗中非常重要。

第二十七节　红蝴蝶疮

红蝴蝶疮是一种可累及皮肤和全身多脏器的自身免疫性疾病。在中医古代文献中尚未找到类似红蝴蝶疮的记载,近代医家赵炳南根据其皮损特征而命名为红蝴蝶疮。但从临床表现看,病程的不同阶段可分别归属于中医学的"温热发斑"、"痹证"、"水肿"、"心悸"等范畴。红蝴蝶疮是一种病谱性疾病,临床常见类型为盘状红蝴蝶疮和系统性红蝴蝶疮。其临床特点是,盘状红蝴蝶疮好发于面颊部,主要表现为皮肤损害,多为慢性局限性;系统性红蝴蝶疮除有皮肤损害外,常同时累及全身多系统、多脏器,病变呈进行性经过,预后较差。多见于15~40岁女性。本病相当于西医学的红斑狼疮。

【病因病机】

本病总由先天禀赋不足,肝肾亏虚而成。本病病情常虚实互见,变化多端。六淫侵袭、劳倦内伤、七情郁结、妊娠分娩、日光暴晒、药毒内侵等都可成为发病的诱因。

1. 热毒蕴结肌肤,内传脏腑　肝肾亏虚,精血不足,虚火上炎,兼因腠理不密,外热入侵,二热相搏,瘀阻脉络,内伤于脏腑,外伤于肌肤。热毒上泛头面,则面生盘状红蝴蝶疮;热毒内传脏腑,瘀阻于肌肉、关节,则发系统性红蝴蝶疮。在系统性红蝴蝶疮病程中,热毒炽盛之证可相继或反复出现,热毒燔灼营血,阻隔经络,则可引起急性发作而见高热,肌肉酸楚,关节疼痛,甚或表现为热毒内陷,热盛动风。

2. 邪热炽盛,伤及阴液　当邪热渐退,又多表现为低热,疲乏,唇干舌红,盗汗、月经不调或闭经等阴虚火旺、肝肾不足证候。

3. 情志内伤,肝郁化火　克伐脾土,运化失常,气血生化不足,致气血凝滞,郁结肌肤,见皮肤瘀斑;或因肝郁脾虚而有胸胁胀满,腹胀纳呆,月经不调或闭经之证。

4. 病久气血两虚,阴损及阳　心阳不足而见胸闷、心悸、心衰;脾肾阳虚,水湿泛滥,膀胱气化失权而见便溏溲少,四肢清冷,下肢甚至全身浮肿等症。

西医学认为本病病因尚未完全明了,主要与遗传因素、性激素、紫外线、感染、某些药物、精神创伤及环境因素等有关,是一种自身免疫性疾病。

【诊断】

本病主要分为盘状红蝴蝶疮与系统性红蝴蝶疮,以后者多见。

1. 盘状红蝴蝶疮

(1)多见于15~40岁的女性,男女之比约1∶3,家族中可有相同患者。本病的发生与紫外线照射密切相关。

(2)皮损好发于面部,尤以两颊、鼻部为著,其次为头项、两耳、眼睑、额角,亦可发于手背、指侧、唇红部、肩胛部等处。初为针尖至黄豆大小或更大微突起的鲜红或黯红色斑,呈圆形或不规则形,境界清楚,边缘略高起,中央轻度萎缩,形如盘状,表面覆有灰褐色的黏着性鳞屑,鳞屑下有角质栓,嵌入毛囊口内,毛囊口多开放,犹如筛孔,皮损周围有色素沉着,伴毛细血管扩张。局部可继发色素减退或脱失。两颊部和鼻部的皮损可相互融合,呈蝶形外观。黏膜亦可累及,主要发生在唇部,表现除鳞屑、红斑外,甚至可发生糜烂、溃疡。(彩图10-27-1)

(3)一般无自觉症状,进展时或日光暴晒后可有轻度瘙痒感,少数患者可有低热、乏力及关节痛等全身症状。

(4)皮损仅累及头面部者,称为局限性盘状红蝴蝶疮;部分患者的皮损可同时或相继在颜面、头皮、手足、四肢、躯干等多处部位发生,称为播散性盘状红蝴蝶疮。

(5)本病呈慢性经过,患部对日光敏感,春夏加重,入冬减轻。除黏膜部位外,皮损在病程中不破溃,亦难自愈,消退后遗留浅在萎缩性瘢痕。

(6)盘状红蝴蝶疮患者中,有1%~5%可转变为系统性红蝴蝶疮或继发皮肤癌变。

2. 系统性红蝴蝶疮

(1)多见于青年及中年女性,男女之比约为1∶10。

(2)本病早期表现多种多样,症状多不明显,初起可单个器官受累,或多个系统同时被侵犯。常表现为不规则发热,关节疼痛,食欲减退,体重减轻,皮肤红斑等。

(3)皮肤、黏膜损害:80%~90%的患者出现皮损,典型者表现为蝶形红斑,即在两颊和鼻部出现蝶形水肿性红斑,色鲜红或紫红,边界清楚或模糊,有时可见鳞屑。病情缓解时红斑消退,留有棕色色素沉着,较少出现皮肤萎缩。亦可表现为盘状红蝴蝶疮样的皮损(彩图10-27-2)。皮损发生在指甲周围皮肤及甲下者,常表现为出血性紫红色斑片、斑点,伴指尖点状萎缩,高热时红肿光亮,时隐时现(彩图10-27-3)。发生在口唇者,则为下唇部红斑性唇炎的表现。皮损严重者,可出现全身泛发性多形性红斑、紫红斑、水疱等,口腔、外阴黏膜出现糜烂、溃疡。额部毛发细软干枯,易折断,参差不齐,称为狼疮发。手部遇冷时有雷诺现象,常为本病的早期表现。部分患者对光敏感,暴晒后皮损发红,或增加新皮损。

(4)全身症状:①发热。一般都有不规则发热,多数呈低热,急性活动期出现高热,甚至可达40~41℃。②关节、肌肉疼痛。约95%的患者有关节及肌肉疼痛,在疾病活动期加重。关节疼痛可侵犯四肢大小关节,多为游走性,多有晨僵。软组织可有肿胀,但很少发生积液。③肾脏损害。几乎所有的系统性红蝴蝶疮皆累及肾脏,但有临床表现的约占75%。肾脏损害为较早的、常见的、严重的内脏损害,可见到各种肾炎或肾病综合征的表现,早期尿中有蛋白、管型和红细胞、白细胞,后期肾功能损害可出现尿毒症。④心血管系统病变。约有1/3的患者有心血管系统的病变,以心包炎、心肌炎、心包积液较为常见。有时伴发周围血管病变如血栓性静脉炎、血栓闭塞性脉管炎。⑤呼吸系统病变。40%~50%患者出现呼吸系统病变,主要表现为胸膜炎和间质性肺炎,出现呼吸功能障碍。⑥消化系统病变。约有40%的患者有消化系统病变,表现为恶心呕吐、腹痛腹泻、便血等;约30%的患者有肝脏损害,呈慢性肝炎样表现。⑦神经系统病变。神经系统症状多见于后期及急性期,可表现为各种精神、神经症状,如抑郁、躁动、头痛、失眠、痴呆、精神分裂症样改变,或可出现癫痫样抽搐、脑血管损害、脑炎、脑膜炎等表现。⑧其他病变。累及血液系统见贫血、全血细胞减少;累及淋

笔记

巴系统,约50%患者有局部或全身淋巴结肿大,质软无压痛,伴脾大;另外,约有20%的病例有眼底病变,如视乳头水肿、视网膜病变。

3. 实验室检查

(1) 一般检查:血常规呈中度贫血,约56%的患者白细胞及血小板减少,血沉加快,尿中有蛋白及红细胞、白细胞和管型,蛋白电泳白蛋白减少,γ球蛋白、α_2球蛋白增多,白、球蛋白比例倒置。可有心电图、B 超、胸片等检查异常。

(2) 免疫学检查:①红斑狼疮细胞检查,阳性率在 60% 左右,但特异性低。②抗核抗体(ANA)检查,阳性率约90%,滴度大于 1∶80 有诊断意义。其中抗 ds-DNA 抗体特异性高,阳性率约为 95% ,效价与病情轻重成正比;其他如抗 Sm 抗体、抗 nRNP 抗体、抗 SS-A 抗体、抗 SS-B 抗体阳性率约为 30% 。③补体及免疫复合物检查,循环免疫复合物升高,血清总补体及 C_3、C_4 均降低,尤以 C_3 下降显著。④狼疮带试验检查,采用直接免疫荧光法,可见患者表皮和真皮连接处有免疫球蛋白 IgG、IgM、IgA 和补体 C_3 沉积,呈颗粒状、球状或线条状排列的黄绿色荧光带。狼疮带检查在系统性红蝴蝶疮患者的正常皮肤暴露部位的阳性率为 50% ~70% ,皮损部位高达 90% 以上,诊断意义较大。

4. 系统性红蝴蝶疮的诊断标准　目前一般仍采用 1982 年美国风湿病学会修订的 SLE(系统性红斑狼疮)分类标准作为诊断系统性红蝴蝶疮的参考标准。内容包括:①蝶形红斑;②盘状红斑;③光敏感;④口腔溃疡;⑤关节炎;⑥浆膜炎(胸膜炎或心包炎);⑦肾损害:尿蛋白定量每日超过 0.5g 或有细胞管型;⑧神经系统病变:癫痫发作或有精神症状;⑨血液学异常:溶血性贫血,或白细胞、淋巴细胞、血小板减少;⑩免疫学异常:红斑狼疮细胞检查阳性,或抗 ds-DNA 抗体阳性,或抗 Sm 抗体阳性;⑪抗核抗体阳性。以上 11 项中,同时或相继出现任何 4 项或以上,即可诊断为系统性红蝴蝶疮。

【鉴别诊断】

1. 风湿性关节炎　关节肿痛明显,可出现风湿结节;无系统性红蝴蝶疮特有的皮肤改变;对光线不敏感;抗风湿因子大多为阳性;红斑狼疮细胞及抗核抗体检查阴性。

2. 类风湿性关节炎　关节疼痛,可有关节畸形;无红蝴蝶疮特有的皮损;类风湿因子大多呈阳性;狼疮细胞检查多呈阴性。

3. 皮肌炎(肌痹)　多从面部开始;皮损为以双眼睑为中心的紫红色水肿性红斑,多发性肌炎症状明显,肌痛、肌无力;血清肌酶、尿肌酸含量升高。

【辨证论治】

中医治疗多从补益肝肾、活血化瘀、祛风解毒入手。本病病情复杂,遵循"急则治其标,缓则治其本"的原则,临床多采用中西医结合治疗。

1. 热毒炽盛证

证候:相当于系统性红蝴蝶疮急性活动期。面部蝶形红斑,色鲜艳,皮肤紫斑,关节肌肉疼痛。伴高热,烦躁口渴,甚至神昏、抽搐,大便干结,小便短赤。舌红绛,苔黄腻,脉洪数或滑数。

治法:清热凉血,化斑解毒。

方药:犀角地黄汤合黄连解毒汤加减。常用水牛角粉、牡丹皮、赤芍、生地黄、黄芩、黄连、黄柏、栀子。高热神昏者,加安宫牛黄丸,或紫雪丹、至宝丹;高热不退,大汗大渴者,加生石膏、知母;关节酸痛者,加秦艽、威灵仙、虎杖;大便干结者,加生大黄;尿血者,加大蓟、小蓟;皮肤瘀斑者,加仙鹤草、紫草。

2. 阴虚火旺证

证候:斑疹黯红,关节痛,足跟痛。伴有不规则发热或持续性低热,手足心热,口干,心烦失眠,疲乏无力,自汗盗汗,面浮红,月经量少或闭经。舌红,苔薄,脉细数。

治法:滋阴降火。

方药:六味地黄丸合大补阴丸、清骨散加减。常用熟地黄、山茱萸、山药、牡丹皮、茯苓、泽泻、龟板、黄柏、知母、银柴胡、鳖甲、甘草、秦艽、青蒿、地骨皮、胡黄连。自汗盗汗者,加生黄芪、生牡蛎;夜寐不安者,加夜交藤、远志;月经不调者,加当归、益母草;倦怠乏力明显,伴气短、自汗者,属气阴两虚,加生脉饮。

3. 脾肾阳虚证

证候:红斑不显,眼睑、下肢水肿,胸胁胀满,腹胀纳呆,尿少或尿闭,面色㿠白。体倦懒言,畏寒肢冷,腰膝酸软,口干不渴。舌淡胖,苔白,脉沉细。

治法:温肾助阳,健脾利水。

方药:附桂八味丸合真武汤加减。常用附子、肉桂、山茱萸、山药、熟地黄、牡丹皮、茯苓、泽泻、芍药、生姜、白术。下肢水肿明显者,加猪苓、赤小豆;尿蛋白不消者,加黄芪、芡实;尿中有红细胞者,加败酱草、马鞭草;有胸水者,加葶苈子;有腹水者,加大腹皮、猪苓;病情严重者,加用参附汤。

4. 脾虚肝旺证

证候:皮肤紫斑。胸胁胀满,腹胀纳呆,头昏头痛,耳鸣失眠,女子月经不调或闭经。舌紫黯或有瘀斑,脉弦细。

治法:健脾益气,疏肝解郁。

方药:四君子汤合丹栀逍遥散加减。常用人参、茯苓、白术、柴胡、当归、白芍、甘草、生姜、薄荷、牡丹皮、栀子。舌黯有瘀斑者,加丹参、赤芍、鸡血藤、郁金;肝脾肿大者,加三棱、莪术;腹胀恶心者,加姜半夏、陈皮。

5. 气滞血瘀证

证候:多见于局限型盘状红蝴蝶疮。红斑黯滞,鳞屑、角质栓形成及皮肤萎缩,色素沉着或减退。伴倦怠乏力。舌黯红,苔白,脉沉细涩。

治法:疏肝理气,活血化瘀。

方药:逍遥散合血府逐瘀汤加减。常用柴胡、白芍、当归、白术、茯苓、炙甘草、生姜、薄荷、生地黄、桃仁、红花、枳壳、桔梗、川芎、牛膝。日晒加重者,加青蒿鳖甲汤;伴手足不温者,加桂枝、鸡血藤、地龙。

【外治】

皮损处涂白玉膏或黄柏霜,每天 1～2 次。

【其他疗法】

1. 中成药　昆明山海棠片,每片 50mg,口服,每次 2～4 片,每天 3 次;雷公藤多苷片,口服,每次 10～20mg,每天 2～3 次。

2. 西医治疗　对急性发作或重型病例,宜选用糖皮质激素、免疫抑制剂等进行中西医结合治疗。

【预防护理】

1. 预防　避免日光暴晒,夏日应特别注意避免阳光直接照射,外出时应戴遮阳帽

或撑遮阳伞,也可外搽避光药物。避免感冒、受凉,寒冬季节对暴露部位应适当予以保护,如戴手套、穿厚袜及戴口罩等。避免各种诱发因素,对易于诱发本病的药物如青霉素、链霉素、磺胺类、普鲁卡因胺、肼屈嗪及避孕药等应避免使用。女性患者在疾病活动期应避免妊娠。

2. 护理　注意情志调摄,忌忧郁恚怒,尽量豁达乐观。忌食酒类等刺激性食品;有水肿者应限制钠盐的摄取;注意加强饮食营养,多食富含维生素的蔬菜、水果。注意劳逸结合,适量活动,避免劳累,病情严重者应卧床休息。肾脏受损,应控制蛋白摄入量,选择含优质蛋白的食物,以免加重肾脏负担。皮损处忌涂有刺激性的外用药。

【结语】

红蝴蝶疮总由先天禀赋不足,肝肾亏虚而成。病情常虚实互见,变化多端。在整个发病过程中,热毒炽盛之证可相继或反复出现,甚或表现为热毒内陷,热盛动风。本病应与风湿性关节炎、类风湿性关节炎、皮肌炎相鉴别。辨证常分为热毒炽盛证、阴虚火旺证、脾肾阳虚证、脾虚肝旺证、气滞血瘀证。无皮损的红蝴蝶疮临床上易误诊,应高度重视免疫学检查在本病诊断中的地位与作用。盘状红蝴蝶疮可单用中医中药治疗,系统性红蝴蝶疮须中西医结合治疗。近年来中医药治疗本病在改善症状及相关实验室指标、减轻激素的毒副作用、提高患者的生存质量等方面均取得了显著成效,引起了国际的瞩目。

第二十八节　淋病(附:非淋菌性尿道炎)

淋病是由淋病奈瑟菌(简称淋球菌)引起的泌尿生殖系感染的性传播疾病,也包括眼、咽、直肠感染和播散性淋球菌感染。中医学称之为"花柳毒淋"。其发病率居我国性传播疾病的第二位,多发于性活跃的青年男女。其临床特点是以尿道刺痛、尿道口排出脓性分泌物为主症。主要通过性交传染,极少数也可通过污染的衣物等间接传染,其潜伏期短,传染性强,可导致多种并发症和后遗症。

【病因病机】

本病总由湿热秽浊之气侵入下焦前阴窍口而成。

1. 湿热毒蕴　因宿娼恋色或误用污染之器具,湿热秽浊之气由下焦前阴窍口入侵,阻滞于膀胱及肝经,局部气血运行不畅,湿热熏蒸,精败肉腐,气化失司,脂脓随之而出。

2. 正虚邪恋　湿热秽浊之气久恋,久病及肾,导致肾虚阴亏,瘀结于内,病程日久,由实转虚,形成虚证或虚实夹杂之证,病程缠绵。

西医学认为本病的病原体为淋球菌,系革兰氏阴性球菌,多寄生在淋病患者的泌尿生殖系统。

【诊断】

1. 临床表现　有不洁性交或间接接触传染史。潜伏期一般为 2~10 天,平均 3~5 天。潜伏期患者具有传染性。

(1) 男性淋病:一般症状和体征较明显。

1) 急性淋病:尿道口红肿发痒及轻度刺痛,继而有稀薄黏液流出,引起排尿不适,24 小时后症状加剧。排尿开始时尿道外口刺痛或灼热痛,排尿后疼痛减轻。尿道口溢脓,开始为浆液性分泌物,以后逐渐出现黄色黏稠的脓性分泌物,能自行流出,污染内裤,也有的于尿道口处脓液集聚成半球状,特别是清晨起床后分泌物的量较多,有时脓痂堵住尿道外口即"糊口"现象,尿液呈乳白混浊样。若有包皮过长,可引起包皮炎、包皮龟头炎,严重时可并发包茎、尿道黏膜外翻、腹股沟淋巴结肿大。部分患者可有尿频、尿急、夜尿增多。当病变上行蔓延至后尿道时,可出现终末血尿、血精、会阴部轻度坠胀等现象。全身症状一般较轻,少数患者可伴有发热(38℃左右)、全身不适、食欲不振等。

2)慢性淋病:多由急性淋病治疗不当,或在急性期嗜酒及与配偶性交等因素而转为慢性;也有因患者体质虚弱或伴贫血、结核,病情一开始即呈慢性经过。慢性淋病患者表现为尿痛轻微,排尿时仅感尿道灼热或轻度刺痛,常可见终末血尿。尿道外口不见排脓,挤压阴茎根部或用手指压迫会阴部,尿道外口仅见少量稀薄浆液性分泌物。患者多有慢性腰痛,会阴部胀感,夜间遗精,精液带血。淋病反复发作者,可出现尿道狭窄,少数可引起输精管狭窄或梗塞,发生精液囊肿。男性淋病可合并淋病性前列腺炎、附睾炎、精囊炎、膀胱炎等。

(2)女性淋病:大多数患者可无症状,多在出现严重病变,或娩出感染淋病的新生儿时才被发现。有症状者往往不太明显,多为继发的尿道炎、宫颈炎、尿道旁腺炎、前列大腺炎及直肠炎等,以宫颈炎最为常见。

1)急性淋病:主要类型有:①淋菌性宫颈炎:表现为大量脓性白带,宫颈充血、触痛,若阴道脓性分泌物较多者,常有外阴刺痒和烧灼感。因常与尿道炎并见,故也可有尿频、尿急等症状。②淋菌性尿道炎:表现为尿道口充血、压痛,并有脓性分泌物,轻度尿频、尿急、尿痛,排尿时有烧灼感,挤压尿道旁腺有脓性分泌物。③淋菌性前庭大腺炎:表现有前庭大腺红、肿、热、痛,严重时形成脓肿,触痛明显。全身症状有高热、畏寒等。

2)慢性淋病:常由急性转变而来,一般症状较轻,部分患者有下腹坠胀,腰酸背痛,白带较多,下腹疼痛,月经过多,少数可引起不孕、宫外孕等。常见于:①幼女淋菌性外阴阴道炎,表现为外阴红肿、灼痛,阴道及尿道有黄绿色脓性分泌物等。②女性淋病若炎症波及盆腔等处,则易并发盆腔炎、输卵管炎、子宫内膜炎等,偶可继发卵巢脓肿、盆腔脓肿、腹膜炎等。

(3)播散性淋病:常出现淋菌性关节炎、淋菌性败血症、脑膜炎、心内膜炎及心包炎等。

(4)其他部位的淋病:主要有新生儿淋菌性结膜炎、咽炎、直肠炎等。

2. 实验室及辅助检查　采取病损处分泌物或穿刺液涂片做革兰氏染色,在多形核白细胞内找到革兰氏染色阴性的淋球菌,可做初步诊断,经培养检查即可确诊。对于宫颈管、直肠和咽部,若未发现革兰氏染色阴性的淋球菌应将检测标本在选择培养基上培养以明确诊断,并可做药敏试验,以明确诊断。

【鉴别诊断】

1. 非淋菌性尿道炎　主要由沙眼衣原体和解脲支原体感染所引起。其潜伏期较长;尿道炎症较轻,尿道分泌物少;分泌物查不到淋球菌,有条件的可做衣原体、支原体检测。

2. 念珠菌性尿道炎　病史较长,多有反复感染史;尿道口、龟头、包皮潮红,可有

白色垢物;明显瘙痒;实验室检查可见念珠菌丝。

【辨证论治】

西医以抗生素治疗为主,按规范方案及时、足量用药。中西医结合治疗淋病,特别是对慢性淋病和有合并症状淋病的治疗,有一定的优势。

1. 湿热毒蕴证(急性淋病)

证候:尿道口红肿,尿液混浊如脂,尿道口溢脓,尿急,尿频,尿痛,尿道灼热,严重者尿道黏膜水肿,附近淋巴结红肿疼痛,女性宫颈充血、触痛,并有脓性分泌物,或有前庭大腺红肿热痛等。可伴有发热等全身症状。舌红,苔黄腻,脉滑数。

治法:清热利湿,解毒化浊。

方药:龙胆泻肝汤加减。常用龙胆草、黄芩、栀子、泽泻、木通、车前子、当归、生地、柴胡、甘草、土茯苓、红藤、萆薢。

2. 阴虚毒恋证(慢性淋病)

证候:小便不畅、短涩,淋沥不尽,女性带下多,或尿道口见少许黏液,酒后或疲劳易复发。伴腰酸腿软,五心烦热,食少纳差。舌红,苔少,脉细数。

治法:滋阴降火,利湿祛浊。

方药:知柏地黄丸加减。常用生地黄、山茱萸、山药、泽泻、茯苓、牡丹皮、知母、黄柏、土茯苓、萆薢。

【外治】

可选用土茯苓、地肤子、苦参、黄柏、芒硝各30g,煎水外洗局部,每天3次。复方黄柏液稀释后外洗外阴处或冲洗尿道及阴道,每日1~2次。

【其他疗法】

西医治疗 应选用抗生素治疗,且应早期足量使用。常选用头孢类(如头孢曲松钠)、大观霉素、喹诺酮类(如环丙沙星、氧氟沙星),其用量及疗程根据儿童、成人及急慢性、不同部位而有所不同。

【预防护理】

1. 预防 杜绝不洁性交,提倡性交时使用避孕套。

2. 护理 忌烟酒、辛辣刺激性食物。及时规范治疗,并同时治疗性伴侣。患病期间暂停性行为,并注意个人卫生。

【结语】

淋病总由湿热秽浊之气侵入下焦前阴窍口而成,西医学认为本病的病原体为淋球菌。应与非淋菌性尿道炎、念珠菌性尿道炎相鉴别。本病以抗生素治疗为主,按规范方案及时、足量用药。中西医结合治疗淋病,特别是对慢性淋病和有合并症状淋病的治疗,在改善症状等方面有一定的优势。辨证常分为湿热毒蕴证(急性淋病)、阴虚毒恋证(慢性淋病)。须重视实验室检查在该病诊断及疗效判定中的重要性。中医药仅作为该病的辅助治疗。对本病临床上要注意区分复发与再感染。

附:非淋菌性尿道炎

非淋菌性尿道炎是一种由淋球菌以外的多种病原微生物引起的泌尿生殖器黏膜非化脓性炎症。主要通过性接触传播,以性活跃期的中青年多见。本病属中医学淋证、淋浊的范畴。

本病主要因下焦湿热、肝郁气滞、肝肾亏损,导致膀胱功能失调,三焦水道通调不利而致。西医学认为其病原微生物以沙眼衣原体、解脲支原体为多见。

本病临床表现似淋病而症轻。男性主要表现为尿道炎,可有尿频、尿急、尿痛、尿道刺痒、尿道口潮红,有清稀的黏液性分泌物,亦可并发附睾炎和前列腺炎。女性尿道炎症状常轻微,甚至无症状,可有宫颈炎,宫颈充血、水肿、糜烂、分泌物增多,还可并发前庭大腺炎、阴道炎、子宫内膜炎等。如治疗不当、反复发作可导致不育症,部分患者可发生 Reiter 征(其特征为非化脓性关节炎、尿道炎及结膜炎)。

实验室检查:尿道、宫颈分泌物涂片革兰氏染色,高倍显微镜视野下,多形核白细胞数大于 5 个,淋球菌检查及培养阴性,有条件可分离培养衣原体、支原体等病原微生物。

辨证论治分为 3 个证型:①湿热阻滞证,治宜清热利湿、化浊通淋,方用萆薢分清饮或八正散加减;②肝郁气滞证,治宜疏肝解郁、理气通淋,方用橘核丸加减;③阴虚湿热证,治宜滋阴补肾、清热利湿,方用知柏地黄丸加减。外治可选用蚤休、蛇床子、败酱草、黄柏、蒲公英等煎水外洗。抗生素可酌情选用红霉素、多西环素、罗红霉素、阿奇霉素、氧氟沙星、环丙沙星等内服。

第二十九节　梅　毒

梅毒是由梅毒螺旋体引起的一种全身性、慢性性传播疾病。属于中医学的"霉疮"、"疳疮"、"花柳病"、"广疮"、"杨梅疮"等范畴。其临床特点是早期主要表现为皮肤黏膜损害,晚期可造成骨骼及眼部、心血管、中枢神经系统等多器官组织的病变。主要通过性接触和血液传播,危害性极大。

【病因病机】

本病总因淫秽疫毒,与湿热、风邪杂合而致病。

1. 精化染毒　与患者性接触精泄时,毒气乘肝肾之虚入里而生。

2. 气化染毒　指非性交传染,如接触患者、接吻、授乳、同厕、共食等而感受霉疮毒气,毒气循肺脾二经传入而发。

3. 胎传遗毒　系父母患梅毒,遗毒于胎儿所致。

西医学认为本病的病原体为梅毒螺旋体,亦称苍白螺旋体。根据传播途径的不同可分为获得性(后天)梅毒和胎传(先天)梅毒;根据病程的长短又可分为早期梅毒(一期、二期梅毒)和晚期梅毒(三期梅毒)。

【诊断】

1. 临床表现　一般有不洁性交史,或性伴侣有梅毒病史。

(1) 一期梅毒:主要表现为疳疮(硬下疳)和横痃(硬化性淋巴结炎),一般无全身症状。硬下疳 90% 发生在男女外生殖器部位,少数发生在唇、舌、口腔、咽及肛门、直肠等处,易被漏诊或误诊。硬下疳典型表现初为丘疹或浸润性红斑,数天内丘疹扩大形成硬结,继之轻度糜烂或成无痛性浅表性溃疡,其上有少量浆液性分泌物,内含大量的梅毒螺旋体,传染性极强。边缘隆起,边缘及基底部呈软骨样硬度,无痛无痒,直径 1 ~ 2cm,圆形,常为单个,偶为多个。硬下疳出现 1 ~ 2 周后局部淋巴结肿大,呈质地较硬的隆起,表面无红肿破溃,一般不痛。疳疮不经治疗,可在 3 ~ 4 周后自然消失,而淋巴结肿大持续较久。

（2）二期梅毒：一期梅毒未经治疗或治疗不彻底,梅毒螺旋体由淋巴系统进入血液循环形成菌血症播散全身,引起皮肤黏膜及系统性损害,称二期梅毒。主要表现为杨梅疮。

1）皮肤黏膜损害：其特点是分布广泛、对称,自觉症状轻微,破坏性小,传染性强。主要表现有：①皮损：可有斑疹（玫瑰疹）、斑丘疹、丘疹鳞屑性梅毒疹、毛囊疹、脓疱疹、蛎壳状疹、溃疡疹等,这些损害可以单独或合并出现。②扁平湿疣：好发于肛门周围、外生殖器等皮肤互相摩擦和潮湿的部位。稍高出皮面,界限清楚,表面湿烂,其颗粒密聚如菜花,覆有灰白色薄膜,内含大量的梅毒螺旋体。③梅毒性白斑：好发于妇女的颈部、躯干、四肢、外阴及肛周。为局限性色素脱失斑,可持续数月。④梅毒性脱发：脱发呈虫蚀状。⑤黏膜损害：为黏膜红肿及糜烂,黏膜斑内含大量的梅毒螺旋体。

2）骨损害：可发生骨膜炎及关节炎,晚上和休息时疼痛较重,白天及活动时较轻。多发生在四肢的长骨和大关节,也可发生于骨骼肌的附着点,如尺骨鹰嘴、髂骨嵴及乳突等处。

3）眼梅毒：可发生虹膜炎、虹膜睫状体炎、视神经炎和视网膜炎等。也可出现二期神经梅毒等。

4）神经损害：主要有无症状神经梅毒、梅毒性脑膜炎、脑血管梅毒。

5）多发性硬化性淋巴结炎：发生率为 50%～80%,表现为全身淋巴结无痛性肿大。

6）内脏梅毒：此病变少见,可引起肝炎、胆管周围炎、肾病和胃肠道病变等。

（3）三期梅毒：亦称晚期梅毒,主要表现为杨梅结毒。此期特点为病程长,易复发,除皮肤黏膜损害外,常侵犯多个脏器。

1）三期皮肤梅毒：损害多为局限性、孤立性、浸润性斑块或结节,发展缓慢,破坏性大,愈后留有瘢痕。常见者有：①结节性梅毒疹：多见于面部和四肢,为豌豆大小铜红色的结节,成群而不融合,呈环形、蛇形或星形,质硬,可溃破,愈后留有萎缩性瘢痕。②树胶样肿：先为无痛性皮下结节,继之中心软化溃破,溃疡基底不平,为紫红色肉芽,分泌如树胶样黏稠脓汁,持续数月至 2 年,愈后留下瘢痕。③近关节结节：为发生于肘、膝、髋等大关节附近的皮下结节,对称发生,其表现无炎症,坚硬,压迫时稍有痛感,无其他自觉症状,发展缓慢,不溃破,治疗后可逐渐消失。

2）三期黏膜梅毒：主要见于口、鼻腔,为深红色的浸润型,上腭及鼻中隔黏膜树胶肿可侵犯骨质,产生骨坏死,死骨排出,形成上腭、鼻中隔穿孔及马鞍鼻,引起吞咽困难及发音障碍,少数可发生咽喉树胶肿而引起呼吸困难、声音嘶哑。

3）三期骨梅毒：以骨膜炎为多见,常侵犯长骨,损害较少,疼痛较轻,病程缓慢。其次为骨树胶肿,常见于扁骨,如颅骨,可形成死骨及皮肤溃疡。

4）三期眼梅毒：可发生虹膜睫状体炎、视网膜炎及角膜炎等。

5）三期心血管梅毒：主要有梅毒性主动脉炎、梅毒性主动脉瓣闭锁不全、梅毒性主动脉瘤和梅毒性冠状动脉狭窄等。

6）三期神经梅毒、脑膜梅毒、脑血管梅毒及脊髓脑膜血管梅毒和脑实质梅毒可见麻痹性痴呆、脊髓痨、视神经萎缩等。

（4）潜伏梅毒（隐性形梅毒）：梅毒未经治疗或用药剂量不足,无临床症状,血清反应阳性,排除其他可引起血清反应阳性的疾病存在,脑脊液正常,这类患者称为潜伏梅毒。若感染期限在2年以内者称为早期潜伏梅毒,早期潜伏梅毒随时可发生二期复发损害,有传染性;病期在2年以上者称为晚期潜伏梅毒,少有复发,少有传染性,但女患者仍可经过胎盘传给胎儿,发生胎传梅毒。

(5)胎传梅毒(先天梅毒):胎传梅毒是母体内的梅毒螺旋体由血液通过胎盘传入胎儿血液中,导致胎儿感染的梅毒。多发生在妊娠4个月后。发病小于2岁者称早期胎传梅毒,大于2岁者称晚期胎传梅毒。胎传梅毒不发生硬下疳,常有严重的内脏损害,对患儿的健康影响很大,病死率高。

1)早期胎传梅毒:多在出生后2周~3个月内出现症状。表现为消瘦,皮肤松弛多皱褶,哭声嘶哑,发育迟缓,常因鼻炎而导致呼吸、哺乳困难。皮肤损害可表现为斑疹、斑丘疹、水疱、大疱、脓疱等,多分布在头面、肢端、口周皮肤,口周可见皲裂,愈后留有辐射状瘢痕。此外,也可发生甲周炎、甲床炎、无发、骨髓炎、骨软骨炎、贫血、血小板减少等。大部分患儿可有脾大、肝大,少数出现活动性神经梅毒。

2)晚期胎传梅毒:患儿发育不良,智力低下,可有前额圆凸、镰刀胫、胡氏齿、桑葚齿、马鞍鼻、锁骨胸骨关节骨质肥厚、视网膜炎、神经性耳聋、脑脊液异常、肝脾肿大、鼻或腭树胶肿导致口腔及鼻中隔穿孔和鼻畸形。皮肤黏膜损害与成人相似。

3)胎传潜伏梅毒:胎传梅毒未经治疗,无临床症状而血清反应呈阳性。

2. 实验室及辅助检查　梅毒螺旋体抗原血清试验阳性,或蛋白印迹试验阳性,均有利于诊断;聚合酶链反应检查梅毒螺旋体核糖核酸阳性;或取硬下疳、病损皮肤、黏膜损害的表面分泌物,肿大的淋巴结穿刺液在暗视野显微镜下查到梅毒螺旋体,均可确诊。

【鉴别诊断】

1. 软下疳　病原菌为Ducreyi链杆菌;潜伏期短,发病急;炎症明显,基底柔软,溃疡较深,表面有脓性分泌物;疼痛剧烈;常多发。

2. 风热疮　皮损为椭圆形,红色或紫红色斑,其长轴与皮纹平行,附有糠状鳞屑,常可见较大母斑;自觉瘙痒;淋巴结无肿大;梅毒血清反应阴性。

3. 尖锐湿疣　疣状赘生物呈菜花状或乳头状隆起,基底较细,呈淡红色;梅毒血清反应阴性。

【辨证论治】

本病的治疗原则为及早、足量、规范治疗。抗生素特别是青霉素类药物疗效确切,为首选。中医药治疗梅毒一般仅作为驱梅治疗中的辅助疗法。

1. 肝经湿热证

证候:多见于一期梅毒。外生殖器疳疮质硬而润,或伴有横痃,杨梅疮多在下肢、腹部、阴部。兼见口苦口干,小便黄赤,大便秘结。舌质红,苔黄腻,脉弦滑。

治法:清热利湿,解毒驱梅。

方药:龙胆泻肝汤加减。常用龙胆草、黄芩、栀子、泽泻、木通、车前子、当归、生地黄、柴胡、甘草、土茯苓。

2. 血热蕴毒证

证候:多见于二期梅毒。周身起杨梅疮,色如玫瑰,不痛不痒,或见丘疹、脓疱、鳞屑。兼见口干咽燥,口舌生疮,大便秘结。舌质红绛,苔薄黄或少苔,脉细滑或细数。

治法:凉血解毒,泄热散瘀。

方药:清营汤合桃红四物汤加减。常用水牛角粉、生地黄、玄参、竹叶心、金银花、连翘、黄连、丹参、麦冬、当归、赤芍、川芎、桃仁、红花。

3. 毒结筋骨证

证候:见于杨梅结毒。患病日久,在四肢、头面、鼻咽部出现树胶肿,伴关节、骨骼作痛,行走不便,肌肉消瘦,疼痛夜甚。舌质黯,苔薄白或灰或黄,脉沉细涩。

治法:活血解毒,通络止痛。

方药:五虎汤加减。常用全蝎、僵蚕、蜈蚣、斑蝥、生大黄。

4. 肝肾亏损证

证候:见于三期梅毒脊髓痨者。患病可达数十年之久,逐渐两足瘫痪或痿弱不行,肌肤麻木或虫行作痒,筋骨窜痛,腰膝酸软,小便困难。舌质淡,苔薄白,脉沉细弱。

治法:滋补肝肾,填髓息风。

方药:地黄饮子加减。常用熟地黄、巴戟天、山茱萸、石斛、肉苁蓉、附子、五味子、官桂、茯苓、麦门冬、石菖蒲、远志。

5. 心肾亏虚证

证候:见于心血管梅毒患者。症见心慌气短,神疲乏力,下肢浮肿,唇甲青紫,腰膝酸软,动则气喘。舌质淡有齿痕,苔薄白而润,脉沉弱或结代。

治法:养心补肾,祛瘀通阳。

方药:苓桂术甘汤加减。常用茯苓、桂枝、白术、炙甘草、黄芪、丹参、杜仲。

【外治】

1. 疳疮　可选用鹅黄散或珍珠散敷于患处,每日3次。

2. 横痃、杨梅结毒　未溃时,选用冲和膏,醋、酒各半调成糊状外敷;溃破时,先用五五丹掺在疮面上,外盖玉红膏,每日1次;待其腐脓除尽,再用生肌散掺在疮面上,盖玉红膏,每日1次。

3. 杨梅疮　可用苦参30g、土茯苓30g、蛇床子30g、蒲公英15g、莱菔子30g、黄柏30g煎汤外洗,每日1次。

【其他疗法】

一旦确诊为梅毒,应及早实施西医驱梅疗法,并足量、规范用药。青霉素G的肠外给药是作为所有病期梅毒的首选治疗,根据梅毒的分期和临床表现选用不同的制剂(如苄星青霉素、普鲁卡因青霉素、水剂青霉素)、剂量和疗程。

1. 早期梅毒　水剂普鲁卡因青霉素G80万U/d,肌内注射,每日1次,连续10～15日;苄星青霉素240万U,分两侧臀部肌内注射,1次/周,共2～3周;四环素或红霉素,2g/d,分4次口服,连续15日,肝肾功能不良者禁用。

2. 晚期梅毒　水剂普鲁卡因青霉素G80万U/d,肌内注射,每日1次,连续20日为1个疗程,也可考虑给第二个疗程,疗程间停药2周;苄星青霉素240万U,肌内注射,1次/周,共3～4次;四环素或红霉素,2g/d,分4次口服,连续服30日为1个疗程。

3. 非青霉素治疗　该方案治疗以头孢曲松、阿奇霉素、多西环素等为主,也是常见的治疗梅毒血清固定的驱梅方案。近年来体外试验和临床研究均表明头孢曲松治疗梅毒具有较好的疗效,尤其是对早期梅毒疗效肯定,可以作为青霉素G的替代性药物。建议进行更大规模的、多中心的随机对照性研究,来进一步比较头孢曲松和青霉素治疗梅毒的疗效。

4. 抗生素与免疫制剂联合治疗　近年来也有学者尝试联合免疫调节剂治疗血清固定患者,疗效优于单用抗生素。

5. 中药等其他治疗方法　除了抗生素和免疫制剂的尝试,国内多位学者认为中医或者中西医治疗梅毒血清固定也有一定的疗效。

【预防护理】

1. 预防　加强梅毒危害及其防治常识的宣传教育。严禁卖淫、嫖娼,对旅馆、浴池、游泳池等公共场所加强卫生管理和性病监测。做好孕妇胎前检查工作,对梅毒患者要避孕,或及早中止妊娠。对高危人群定期进行检查,做到早发现、早治疗。

2. 护理　坚持查出必治、治必彻底的原则,建立随访追踪制度,夫妇双方共同治疗。

【结语】

梅毒总因淫秽疫毒,与湿热、风邪杂合而致病,西医学认为本病的病原体为梅毒螺旋体,主要通过性接触和血液传播,危害性极大。梅毒一旦确诊,应及早实施驱梅疗法,青霉素类药物疗效确切,宜首选。中医药治疗梅毒一般仅作为驱梅治疗中的辅助疗法。辨证常分为肝经湿热证、血热蕴毒证、毒结筋骨证、肝肾亏损证、心肾亏虚证。应高度重视梅毒的皮损与其他皮肤疾病的鉴别,同时也要注意实验室检查在该病诊断及疗效判定中的重要性。

第三十节　艾　滋　病

艾滋病全称是获得性免疫缺陷综合征(AIDS),是由人类免疫缺陷病毒(HIV)感染所致的以严重免疫缺陷为主要特征的性传播疾病。属中医学"疫疠"、"虚劳"、"瘰疬"、"瘤瘕"等范围。其临床特点是 HIV 能特异性侵犯 T_1 淋巴细胞(CD_4)引起机体细胞免疫系统严重缺陷,导致各种机会性顽固感染、恶性肿瘤的发生,并对机体各系统尤其是神经系统造成致命的损害。主要通过性接触及血液、血液制品和母婴传播传染。由于传染性强,死亡率高,号称"超级癌症",已引起全人类的高度重视。

【病因病机】

本病的发生总由邪毒外袭和正气不足所致。其病机为邪盛与正虚共存,最终导致正气衰竭,五脏受损,阴阳离绝。

1. 邪毒外袭　邪毒为疫疠之气,疫疠之邪为艾滋病毒,具有强烈的传染性,可侵犯肺卫或上蒙清窍而发病。

2. 正气不足　主要为肾不藏精、肾亏体弱,所谓"邪之所凑,其气必虚",正虚多表现为气虚、肺肾阴虚、脾胃虚弱、脾肾亏虚。大凡由性接触传染者,多为嫖娼、同性恋、肛交、滥交伐精纵欲者,其肾精处于匮乏状态,易为邪毒所入;而凡吸毒者均用兴奋致幻之品,令人异常亢奋,性欲暂时亢进,心神恍惚,不能自持,为燥烈耗气伤精之品,久则致人形容消瘦、精力减退、性功能降低,呈肾精亏乏状态,易为邪毒所犯;至于输血等亦为气血不足,夹邪毒之血液进入人体而为病。

西医学认为艾滋病的病原体为 HIV,为逆转录 C 型 RNA 病毒,患者的精液、血液、唾液、眼泪、乳汁、尿液、阴道分泌物中均可分离出 HIV,该病毒可通过精液、血液及含有血液的分泌物经血流和破损的皮肤与黏膜传入全身,主要通过性交、血液和围产期母婴感染等途径传染。HIV 嗜 CD_4 细胞,在细胞内进行繁殖,使后者不断地破裂、溶解、消失,遭到破坏。由于 CD_4 减少,依赖 CD_4 细胞参加的细胞免疫反应处于无能状态,致使患者极易发生一系列的原虫、蠕虫、真菌、细菌和病毒等条件性病原体的感染,最后发生少见的恶性肿瘤。同时,HIV 能侵犯神经系统,感染脑和脊髓,出现神经系统症状。HIV 病毒侵犯人体后,核酸可以与宿主染色体 DNA 整合,强占遗传机构而复制,故无论是免疫接种预防还是治疗都极其困难。

【诊断】

1. 临床表现　潜伏期长短不一,可达 6 个月至 5 年或更久。感染 HIV 后,由于细胞免疫缺陷的程度不同,临床症状可分为艾滋病感染、艾滋病相关综合征、艾滋病三个阶段。

(1) 艾滋病感染:新近感染的患者约 90% 可完全没有症状,为 HIV 病毒的携带者,是艾滋病的传染源。有的早期出现类似传染性单核细胞增多症的症状,有的发展为慢性淋巴结病综合征,表现为除腹股沟部位外,全身淋巴结或至少有 2 处以上持续肿大 3 个月以上。

(2) 艾滋病相关综合征:约占患病人数的 10%,患者有一定程度的 T 细胞免疫功能缺陷所致的临床症状和慢性淋巴结综合征,有较长期的发热(38℃ 或以上达 3 个月),体重减轻 10% 以上,疲乏,夜间盗汗及持续腹泻等,同时常伴有非致命性的真菌、病毒或细菌性感染,如口腔白色念珠菌病、皮肤单纯疱疹、带状疱疹和脓皮病等。

(3) 艾滋病:约 1% HIV 感染者可发展为艾滋病,其临床表现为严重的细胞免疫缺陷而致的各种条件性感染和少见的恶性肿瘤,较常见的有卡氏肺囊虫肺炎和卡波西肉瘤。

2. 实验室及辅助检查

(1) 免疫学检查:CD_4 细胞减少,外周血淋巴细胞显著减少,低于 $1 \times 10^9/L$;$CD_4/CD_8 < 1$(正常为 1.75~2.1);自然杀伤细胞(NK)活性下降,B 淋巴细胞功能失调。

(2) HIV 检测:常用的有:①细胞培养分离病毒;②检测 HIV 抗原;③检测逆转录酶;④检测病毒核酶等。由于操作复杂,价格昂贵,不作为常规筛选之用。

(3) HIV 抗体检测:这类方法是确定有无 HIV 感染的最简便方法,但高危人群若为阴性应在 2 个月后复查。常用的方法有:①酶联免疫吸附法(ELISA);②间接免疫荧光法(IIF);③明胶颗粒凝集试验(PA);④免疫 EP 迹检测法(WB 法);⑤放射免疫沉淀试验(RIP)。其中前 3 种用于筛选检查,后 2 种用于明确诊断。

【辨证论治】

本病的治疗目前尚无特效的疗法。中医治疗以扶正祛邪为原则,在辨证基础上佐以辨病用药,能不同程度改善患者症状,提高患者的生存质量及延长患者的存活时间。

1. 肺卫受邪证

证候:见于急性感染期。症见发热,微畏寒,微咳,身痛,乏力,咽痛;舌质淡红,苔薄白或薄黄,脉浮。

治法:宣肺祛风,清热解毒。

方药:银翘散加减。常用银花、连翘、牛蒡子、桔梗、薄荷、竹叶、荆芥、淡豆豉、甘草、芦根、土茯苓、夏枯草。若寒邪为患者,选用荆防败毒散加减,常用荆芥、防风、柴胡、前胡、羌活、独活、枳壳、桔梗、茯苓、川芎、甘草、人参。

2. 肺肾阴虚证

证候:多见于以呼吸系统症状为主的艾滋病早、中期患者,尤以卡氏肺囊虫肺炎、肺孢子肺炎、肺结核较多见。症见发热,咳嗽,无痰或少量黏痰,或痰中带血,气短胸痛,动则气喘,全身乏力,消瘦,口干咽痛,盗汗,周身可见淡红色皮疹,伴轻度瘙痒;舌红,少苔,脉沉细数。

治法:滋补肺肾,解毒化痰。

方药:百合固金汤合瓜蒌贝母汤加减。常用熟地黄、生地黄、当归、白芍、甘草、桔梗、玄参、贝母、麦冬、百合、瓜蒌、贝母、虎杖、夏枯草、土大黄。

3. 脾胃虚弱证

证候:多见于以消化系统症状为主者。症见腹泻久治不愈,腹泻呈稀水状便,少数夹有脓血和黏液,里急后重不明显,可有腹痛。兼见发热,消瘦,全身乏力,食欲不振,恶心呕吐,吞咽困难,或腹胀肠鸣,口腔内生鹅口疮。舌质淡有齿痕,苔白腻,脉濡细。

治法:扶正祛邪,培补脾胃。

方药:补中益气汤合参苓白术散加减。常用黄芪、人参、甘草、当归、橘皮、升麻、柴胡、白术、扁豆、山药、莲子肉、桔梗、薏苡仁、砂仁、土茯苓、田基黄、猫爪草。

4. 脾肾亏虚证

证候:多见于晚期患者,预后较差。症见发热或低热,形体极度消瘦,神情倦怠,心悸气短,头晕目眩,腰膝酸痛,四肢厥逆,食欲不振,恶心,呃逆频作,腹泻剧烈,五更泄泻,毛发枯槁,面色苍白;舌质淡或胖,苔白,脉细无力。

治法:温补脾肾,益气回阳。

方药:肾气丸合四神丸加减。常用熟地黄、山药、山茱萸、茯苓、牡丹皮、泽泻、附子、桂枝、肉豆蔻、补骨脂、五味子、吴茱萸。

5. 气虚血瘀证

证候:以卡波西肉瘤多见。症见周身乏力,气短懒言,面色苍白,饮食不香,四肢、躯干部出现多发性肿瘤,瘤色紫黯,易于出血,淋巴结肿大;舌质黯,脉沉细无力。

治法:补气化瘀,活血清热。

方药:补阳还五汤、犀角地黄汤合消瘰丸加减。常用黄芪、当归、赤芍、地龙、川芎、桃仁、红花、水牛角粉、生地黄、牡丹皮、牡蛎、玄参、川贝母、夏枯草。

6. 窍闭痰蒙证

证候:多见于出现中枢神经病症的晚期患者。症见发热,头痛,恶心呕吐,神志不清,或神昏谵语,项强惊厥,四肢抽搐,或伴癫痫、痴呆;舌质黯或胖,或干枯,苔黄腻,脉细数或滑。

治法:清热化痰,开窍通闭。

方药:安宫牛黄丸、紫雪丹、至宝丹。若为寒甚者,用苏合香丸豁痰开窍。痰闭缓解后,可用生脉散益气养阴以治本。

【其他疗法】

1. 常用有效中药辨病施治

(1)抗 HIV 有效的中药:甘草、人参、党参、黄芪、白术、茯苓、当归、大枣、枸杞子、杜仲、淫羊藿、苦参、柴胡、刺五加、香菇、丹参、黄连、金银花、黄芩、天花粉、紫花地丁、夏枯草、穿心莲、牛蒡子、螃蜞菊、紫草、狗脊、贯众、千里光、丁公藤、苦瓜、龙胆草、蒲公英、麻黄、水牛角、漏芦、巴豆、槟榔、白头翁、防风、麝香、白屈菜、姜黄、桑白皮、大蒜、山豆根、连翘、鱼腥草、大青叶、白花蛇舌草、野菊花、知母、板蓝根、十大功劳叶等。

（2）促进单核细胞吞噬能力的中药：人参、党参、黄芪、紫河车、仙灵脾、五加皮、白术、黄精、灵芝、蒲公英、金银花、丹参、桃仁、赤芍、川芎、香菇、云苓、甘草。

（3）促进巨噬细胞吞噬作用的中药：黄芪、党参、人参、白术、灵芝、猪苓、香菇、当归、地黄、蝮蛇、仙灵脾、补骨脂、刺五加、杜仲。

（4）增加 T 细胞的中药：人参、灵芝、茯苓、香菇、白术、薏苡仁、黄精、天冬、女贞子、仙灵脾。

（5）提高细胞免疫力的中药：人参、党参、黄芪、黄精、白术、山药、灵芝、阿胶、菟丝子、仙灵脾、旱莲草、当归、红花、仙鹤草、丹参、生地、女贞子、枸杞子、白芍、川芎、五味子、金银花、黄连等。

（6）提高体液免疫能力的中药：人参、党参、黄芪、白术、灵芝、黄精、山药、旱莲草、菟丝子、阿胶、仙灵脾、丹参、红花、川芎、当归、仙鹤草、生地、女贞子、枸杞子、白芍、金银花、五味子。

（7）延长抗体存活及促进其生成的中药：麦冬、玄参、沙参、鳖甲、鸡血藤、阿胶、女贞子等延长抗体存活时间；肉桂、附子、仙茅、仙灵脾、锁阳、菟丝子可促进抗体生成，提高淋巴细胞转化作用。

2. 针刺　针灸可以调动机体的免疫系统，提高抗病能力。可选关元、命门、腰俞、脾俞、足三里、内关、合谷、曲池、百会、阴陵泉、阳陵泉、风池、委中、列缺等穴位。

3. 抗 HIV 西药治疗　到目前为止，尚无特效药物。现首推叠氮胸苷（AZT）疗效较好，因它口服吸收好，并能通过血脑屏障，其作用机制是抑制逆转录酶，阻断 HIV 复制，但不能杀灭病毒，故停药后可复发。

【预防护理】

1. 预防　加强对艾滋病防治知识的宣传及普及；加强性道德观念的教育，杜绝不洁性行为，避免与 HIV 感染者、艾滋病患者及高危人群发生性接触；禁止静脉吸毒者共用注射器，严格加强普通人群注射消毒管理，提倡使用一次性用品；使用进口血液、血液成分制品时一定要进行 HIV 检测；严格选择供血者，HIV 检测应作为供血者的常规检查项目，防止血源传染；艾滋病患者或 HIV 阳性者应避孕，已出生婴儿不用母乳喂养；加强入境检疫，严防艾滋病传入。

2. 护理　加强心理治疗，创造良好的社会环境，不歧视病患。

【结语】

艾滋病主要通过性接触及血液、血液制品和母婴传播传染。其传染性强，死亡率高。邪毒侵袭、正气不足是本病的基本病因病机。本病治疗目前尚无特效的疗法，故预防显得尤为重要。西医的免疫调节剂、抗病毒制剂及综合疗法的实施已能部分控制病情的发展，延长患者的存活时间，提高患者的生存质量。中医中药和其他自然疗法已运用于艾滋病的预防和治疗，抗 HIV 病毒及提高机体免疫功能的中药得以筛选并推向临床，作为辨证论治基础上辨病用药的有效治疗手段。针灸的整体调节功能在治疗中也能发挥一定的作用。

第三十一节　癌　疮

癌疮是一种发展缓慢、以皮肤损害为主要表现的恶性肿瘤。其临床特点是皮肤肿块凹凸不平,边缘不齐,坚硬不移,形如岩石,溃破后疮口中间凹陷很深,形如岩穴,血水淋漓,臭秽难闻,不易收敛,严重者危及生命。多发于 50 岁以上的老年人。本病包括西医学所指的基底细胞癌、鳞状细胞癌、原发性皮肤 T 细胞淋巴瘤等。本节仅叙述基底细胞癌。

【病因病机】

本病总由内外因相合,致气滞、血瘀、痰凝而发。外因多责之湿、热、毒邪侵袭。内因多为情志不畅,喜怒忧思,肝脾两伤,气郁血瘀,痰凝湿聚,结滞肌肤。

西医学认为本病病因不明。可能与长期日晒、大剂量 X 线照射、烧伤、瘢痕、砷剂等有关。

【诊断】

1. 好发于老年人的曝光部位,特别是颜面部。

2. 皮损初为灰白色或蜡样小结节,隆起高突,质硬,呈圆形或椭圆形。继而根盘缓慢扩大,约经数月或数年出现溃疡,臭秽,形如岩穴,触之易出血,边缘卷起,触之坚硬(彩图 10-31-1)。

3. 肿瘤生长缓慢,极少转移。

4. 组织病理学可明确诊断。

【鉴别诊断】

1. 寻常性狼疮　呈深褐红色,有狼疮结节,易破坏面容,结核杆菌检查及结核菌素反应均呈阳性。组织病理学为结核性肉芽肿。

2. 角化棘皮瘤　本病与基底细胞癌的结节型相似,但本病常为红色半球状结节,中央有角栓,在数日内生长迅速,并可自行消退。

【辨证论治】

本病一旦诊断明确,建议采用 Mohs 外科切除技术。中医药作为该病的辅助治疗,在改善症状、提高患者的生存质量等方面有较好疗效。

1. 血热湿毒证

证候:初起皮肤为一隆起米粒至黄豆大小丘疹或小结节,呈黯红色,中央可结黄褐色或黯灰色痂,边缘隆起坚硬,日久病损可逐渐扩大,甚至形成溃疡,流液流血,其味恶臭,经久不愈。亦可形成较深溃口,如鼠咬状。舌质红,苔黄腻,脉弦滑。

治法:清热凉血,除湿解毒。

方药:黄连解毒汤加味。常用黄芩、黄连、黄柏、栀子、半枝莲、仙鹤草、白花蛇舌草。

2. 血瘀痰凝证

证候:皮肤起丘疹或小结节,硬结,逐渐扩大,中央部糜烂,结黄色痂。边缘隆起,有蜡样结节,边界不清,发展缓慢。或可长期保持完整之淡黄色小硬结,最终破溃。舌黯红,苔腻,脉沉滑。

治法:活血化瘀,化痰散结。

方药:桃红四物汤合化坚二陈丸加减。常用当归、赤芍、生地黄、川芎、桃仁、红花、陈皮、法半夏、茯苓、生甘草、黄连、僵蚕。

3. 肝郁血燥证

证候:皮肤起小结节,质硬,溃后不易收口,边缘卷起,色黯红。性情急躁,心烦易怒,胸胁苦满。舌边尖红,或有瘀斑,舌苔薄黄或薄白,脉弦细。

治法:疏肝理气,养血活血。

方药:丹栀逍遥散加减。常用柴胡、当归、白芍、白术、茯苓、炙甘草、牡丹皮、栀子。

4. 气血亏虚证

证候:病变后期,见形体消瘦,低热,气短,乏力,纳少,大便干结,口干等,自觉疼痛,夜间更甚。舌质淡,苔薄白,脉细无力。

治法:补益气血,佐以解毒。

方药:托里消毒散加减。常用人参、川芎、当归、白芍、白术、茯苓、黄芪、白芷、桔梗、皂角刺、金银花、甘草。

【外治】

1. 五虎丹治疗　根据肿瘤的范围大小、深度,分次用五虎丹糊剂、钉剂外敷,然后用万应膏贴盖密封,隔2~4日换药一次,待癌瘤逐渐坏死脱落后改用红升丹祛腐生肌、长皮收口。

2. 皮癌净外敷　将该药粉直接撒于疮面上,纱布覆盖,每日或隔日1次,每次0.5~1g,待疮面焦痂四周翘起时,即可停药。焦痂自行脱落后,改用生肌散收口。

【其他疗法】

1. 中成药　血瘀痰凝证可服小金丸,打碎后口服,一次1.2~3g,一日2次。

2. 西医治疗　不能手术的患者可应用光动力疗法、放射疗法、激光、电烧灼、冷冻等治疗。

【预防护理】

1. 预防　防止过度日光暴晒。对各种慢性皮肤病应积极治疗,以防止癌变。

2. 护理　保持心情愉快,饮食宜清淡营养。

【结语】

癌疮的发生是内外因相合,致气滞、血瘀、痰凝而成。本病一旦诊断明确,建议采用 Mohs 外科切除技术。中医药作为该病的辅助治疗,在改善症状、提高患者的生存质量等方面有较好疗效。辨证常分为血热湿毒证、血瘀痰凝证、肝郁血燥证、气血亏虚证。对以结节、肿块、溃疡为主要表现的皮肤疾病,应早期活检以明确诊断。

(陈明岭　邓　燕　刘红霞　杨文信　杨　凡

杨素清　肖红丽　黄霏莉　王思农)

复习思考题

1. 蛇串疮与水痘感染的病毒相同,为什么好发人群不同?

2. 简述疣的病因病机,阐述从中可得到的辨证论治思路。并就其中一种类型的疣的目前治疗思路和常用方法,谈谈你的认识,分析其治疗优劣,并提出是否有新的努力方向。

3. 结合黄水疮发病的特点,谈谈在治疗和预防该病中要注意些什么?

4. 白秃疮、肥疮为何常见于儿童？

5. 日晒疮与盘状红斑狼疮的鉴别要点有哪些？

6. 急性湿疮与接触性皮炎的鉴别要点有哪些？

7. 如何选择湿疮的外用药？

8. 药毒怎样与其他有类似皮疹的疾病相鉴别？

9. 对于重症猫眼疮患者应如何进行治疗及护理？

10. 葡萄疫与血小板减少性紫癜如何鉴别？

11. 能够引起皮肤瘙痒的系统性疾病有哪些？其作用机理如何？

12. 风瘙痒与湿疮亦有相似之处,在临床上如何鉴别？

13. 牛皮癣与慢性湿疮如何鉴别？

14. 紫癜风应与哪些疾病相鉴别？

15. 红蝴蝶疮的病机特点是什么？

16. 系统性红蝴蝶疮的全身症状有哪些？

17. 试述红蝴蝶疮的辨证论治。

18. 男性淋病与女性淋病其临床表现有何异同？

19. 简述梅毒的鉴别诊断。

20. 艾滋病的传播途径有哪些？

笔记

第十一章

肛 肠 疾 病

学习目的

通过学习肛管、直肠、结肠的解剖生理及相关知识，为后续痔、肛痈、肛漏、锁肛痔等疾病的学习奠定基础。掌握肛肠疾病的病因病机特点和辨证论治要点，熟悉常用的肛肠疾病检查方法、药物外治方法和手术方法。掌握痔、肛痈、肛漏、便秘、锁肛痔的病因病机、诊断、分类、鉴别诊断和治疗。熟悉肛痈和肛漏的关系，熟悉息肉痔和锁肛痔的关系。了解肛裂、脱肛、息肉痔的诊治，了解中医药在锁肛痔综合治疗中的作用。

学习要点

齿线上下组织解剖的异同和临床意义；痔、肛痈、肛漏、便秘、锁肛痔的病因病机、诊断、分类、治疗和预防护理；肛痈、肛漏的局部虚实辨证特点以及挂线疗法的适应证和治疗原理。

肛肠疾病是指发生于肛门、直肠、结肠部位的疾病，常见病种有痔、肛痈（肛门直肠周围脓肿）、肛漏（肛瘘）、肛裂、脱肛、息肉痔、便秘及锁肛痔等，中医文献一般称为痔疮、痔瘘等。

【解剖生理】

结肠包括盲肠、升结肠、横结肠、降结肠和乙状结肠，长 120～200cm。起于回盲瓣，止于直肠。结肠壁由浆膜层、肌层、黏膜下层、黏膜层构成，其中肌层包括外纵肌和内环肌。升结肠、降结肠后壁无腹膜覆盖。横结肠上方由大网膜与胃相连。直肠位于盆腔内，长 12～14cm。上接乙状结肠，向下与肛管相连。上下两端细窄，中部扩大膨出成直肠壶腹，为大肠最宽阔部分，是粪便排出前的暂存部位。直肠与骶椎有相同的曲度，在矢状面上，直肠沿骶尾骨的前面下降，形成一个弓向后方的弯曲，称直肠骶曲；进一步直肠绕过尾骨尖，转向后下方，又形成了一弓向前的弯曲，称直肠会阴曲，当行乙状结肠镜检查时，必须注意这些弯曲，以免损伤肠壁。直肠前面上 2/3 和两侧面上 1/3 有腹膜覆盖，直肠后面无腹膜覆盖。直肠壁由浆膜层、肌层、黏膜下层、黏膜层四层组织构成，肠壁肌层与结肠相同，在下部肥厚成为肛门内括约肌。直肠壶腹部黏膜有上、中、下三个半月形的皱襞，内含环肌纤维，称直肠瓣，有阻止粪便排出的作用。

肛管长 2～3cm，上接直肠，周围有内、外括约肌环绕，外端为肛门。肛管的表层，上部为移行上皮，下部为鳞状上皮，无汗腺、皮脂腺和毛囊。直肠下端黏膜，由于括约肌收缩被折，呈现 6～10 个纵行条状皱襞，称为直肠柱或肛柱。各直肠柱下端之间，借半月形黏膜皱襞相连,此皱襞称肛门瓣;肛门瓣与直肠柱之间的肠壁黏膜形成向上开口的袋状间隙,称肛隐窝或肛窦。隐窝底部有肛腺体的导管开口。肛腺体一般在黏膜下层,但部分可达括约肌间,往往为肛门直肠感染的起始部位。直肠柱的基底部有2～6个三角形乳头状突起,称为肛乳头。直肠柱基底部与肛门瓣在直肠黏膜与肛管皮肤之间形成一条不整齐的交界线,称为齿线。齿线是胚胎时内、外胚层的交界线,其特点如下:①组织结构不同。齿线以上是黏膜,齿线以下是皮肤。②神经分布不同。齿线以上黏膜受自主神经系统支配,痛觉迟钝;齿线以下皮肤受脊髓神经系统支配,痛觉敏锐。③血液循环不同。齿线以上的痔内静脉丛回流至门静脉;齿线以下的痔外静脉丛回流至下腔静脉。④淋巴回流不同。齿线上部的淋巴向上回流入内脏淋巴结;齿线下部的淋巴向下回流入腹股沟淋巴结。

肛门括约肌分为外括约肌与内括约肌。外括约肌有三部分:皮下部、浅部和深部。皮下部是环形肌束,不附着于尾骨,围绕肛管下端,位于内括约肌的外下方,两括约肌之间有一沟,称为括约肌间沟,恰与肛门白线相当。浅部位于皮下部的外上方,后部与尾骨连接构成肛尾韧带,在内括约肌水平面分为两束,围绕肛管再合二为一止于会阴。深部外括约肌位于浅部的上外侧,也是环状肌束,不附着于尾骨。内括约肌为不随意肌,是直肠的环状肌在肛管上部的肥大部分,围绕肛管的上 2/3。肛提肌起于骨盆的前壁和侧壁,分耻骨直肠肌、耻骨尾骨肌和髂骨尾骨肌三部分。外括约肌深、浅两部,部分联合纵肌及肛门内括约肌,并联合肛提肌的耻骨直肠肌,环绕肛管直肠连接处,组成一肌环,称为肛管直肠环。此环有重要括约功能,如手术时不慎完全切断,可致肛门失禁。

肛门直肠周围有许多外科解剖间隙,其间充满脂肪组织,容易感染,发生脓肿。主要有 6 个间隙,3 个在肛提肌之上,盆腔腹膜之下,两侧的骨盆直肠间隙和后方的直肠后间隙。间隙由疏松的直肠侧韧带相隔。坐骨直肠间隙在肛管两侧,肛提肌之下,坐骨肛管横膈之上,坐骨闭孔肌的内侧,左右各一,感染时脓液可经肛管前方和后方,从一个坐骨直肠间隙通至对侧坐骨直肠间隙,形成"蹄铁形"脓肿。肛门周围间隙位于坐骨肛管横膈及肛门周围皮肤之间(图 11-0-1)。

结肠的血液供应主要来自肠系膜上、下动脉(图 11-0-2)。肛门直肠的血液供应来自直肠上动脉、直肠下动脉、肛门动脉和骶中动脉四支动脉。直肠上动脉是肠系膜

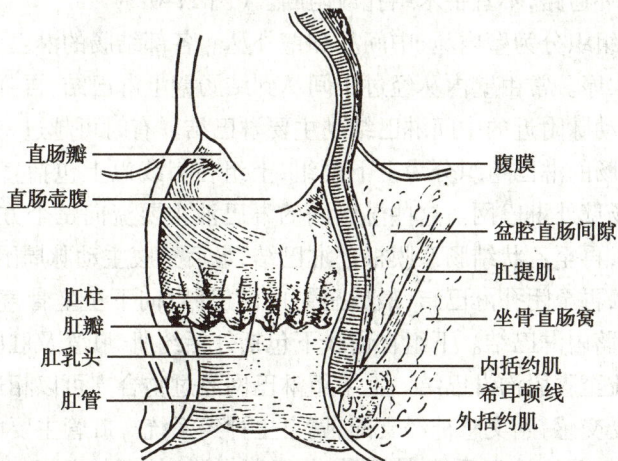

直肠瓣
直肠壶腹
腹膜
盆腔直肠间隙
肛提肌
坐骨直肠窝
肛柱
肛瓣
肛乳头
肛管
内括约肌
希耳顿线
外括约肌

图 11-0-1　直肠肛管解剖

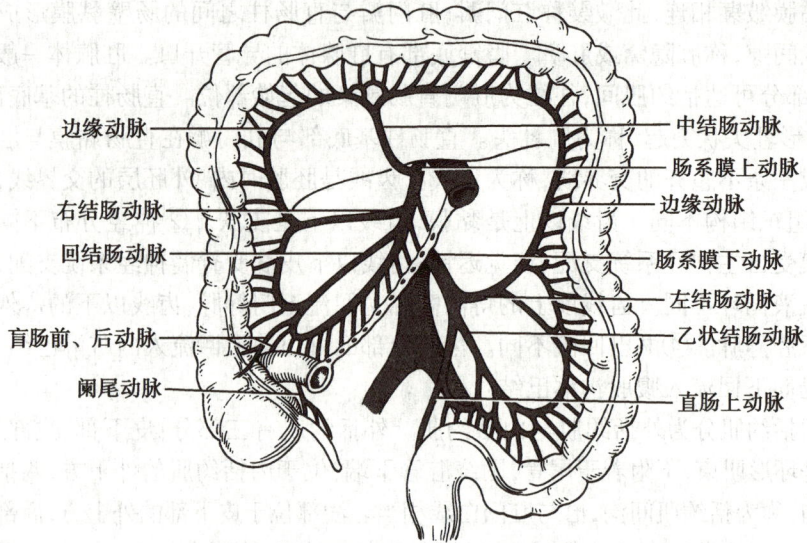

图 11-0-2　结肠血液供应

下动脉的末段,在直肠上端后面分为两支,沿直肠两侧下行,在齿线以上分出许多小支与直肠下动脉、肛门动脉吻合。直肠下动脉为髂内动脉的分支,其大小与分布没有一定的规律。肛门动脉由阴部内动脉分出,在肛管分为数小支。骶中动脉是腹主动脉的连接分支,一般很小,与直肠上动脉、直肠下动脉吻合。

结肠的静脉分布大致与动脉相同。肛门直肠有两个静脉丛。一个是痔内静脉丛(直肠上静脉丛),位于齿线上方的黏膜下层,汇集成数支小静脉,穿过直肠肌层成为直肠上静脉,经肠系膜下静脉回流入门静脉。因为直肠上静脉无瓣膜,故易扩张成痔。由痔内静脉丛发生的痔,称内痔。另一个是痔外静脉丛(直肠下静脉丛),位于齿线下方,汇集肛管及其周围静脉,经肛管直肠外方形成肛门静脉和直肠下静脉,分别通过阴部内静脉和髂内静脉回流到下腔静脉。由痔外静脉丛发生的痔,称外痔。痔内、外静脉丛在肛门白线附近互相交通,使门静脉系统与体静脉系统相通,在门静脉高压患者,此处是一侧支循环通路,不宜手术结扎或阻断。(图 11-0-3)

结肠的淋巴组织分为壁内丛、中间丛和壁外丛。各部结肠的淋巴引流是沿相应的动脉,并有一定次序。常由壁内丛经过中间丛到结肠壁上淋巴结,再到结肠旁淋巴结,然后经过各结肠动脉附近的中间淋巴结到主要淋巴结。有时可越过一组,直接到近端淋巴结。肛门直肠的淋巴组织分为上下两组,上组在齿线以上包括直肠黏膜下层、肌层、浆膜下以及肠壁外淋巴网。这些淋巴网的淋巴液主要流向三个方向:向上至直肠后骶骨前淋巴结,再至乙状结肠系膜根部淋巴结,最后至腹主动脉周围淋巴结;向旁至肛提肌上淋巴结,再至闭孔淋巴结,最后至髂内淋巴结;向下至坐骨直肠窝淋巴结,然后穿过肛提肌至髂内淋巴结。下组在齿线下包括外括约肌、肛管及肛门周围皮下淋巴网,经会阴部汇流至腹股沟淋巴结。上下组淋巴网经过吻合支可以相通。

结肠、直肠受交感、副交感神经支配,属自主神经系统。肛管主要由阴部内神经的分支以及肛尾神经等体神经系统支配,分布于肛提肌、外括约肌、肛管及肛门周围皮肤。所以齿线以上黏膜对痛觉迟钝,而肛管和肛门周围皮肤痛觉异常敏锐。另外膀胱

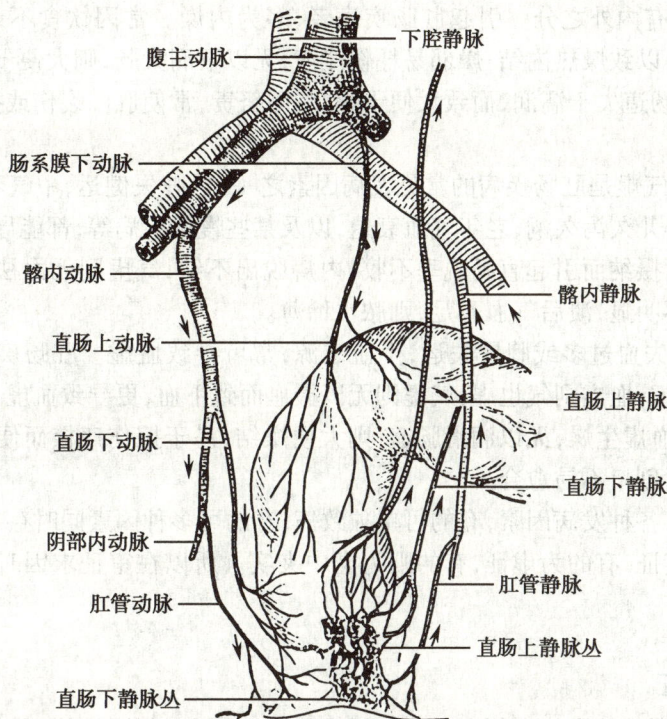

图 11-0-3　直肠肛管血液供应

颈部的肌肉也受阴部神经支配,因此肛门部疾病或手术可引起小便困难、尿潴留等。

结肠、直肠与肛管的主要生理功能是吸收、消化、储存、运动和排便。正常情况下,粪便储存于乙状结肠内,直肠无粪便。排便是由于结肠出现总蠕动,粪便下行至直肠内,使直肠下端膨胀而引起便意,同时外括约肌因反射状抑制而松弛,肛提肌收缩使粪便排出。

【病因病机】

肛肠疾病总的病因病机为外感六淫,内伤七情,房室过度,饮食不节,致阴阳失调,脏腑亏损,气血不和,经络阻滞,瘀血浊气下注而成。其常见的发病因素有风、湿、热、燥、气虚、血虚等。现将各种因素致病特点及引起疾病的机理扼要分述如下。

1. 风　风邪可引起下血。风性善行数变,且每多夹热,热伤肠络,血不循经而下溢,故风邪引起的便血,其色泽较鲜红,下血暴急呈喷射状。风盛则燥,风邪袭肺,蕴而化热,移热于大肠,则肠燥便秘。风可夹湿,风湿相搏于下部,则肛门作痒,滋水淋漓。

2. 湿　湿分内外。外湿多因居处雾露潮湿之处而发病,内湿多因饮食不节,损伤脾胃,湿从内生。湿性重着,常先伤于下,故肛肠病中因湿而发病的较多。湿与热结,致肛门部气血纵横,经络交错而发内痔;湿热蕴阻肛门,经络阻隔,气血凝滞,热胜肉腐而成脓,易形成肛痈;湿热下注于大肠,肠道气机不利,经络阻滞,瘀血凝聚,发为结直肠息肉和肿瘤。

3. 热　肛肠疾病常有因热而发者。热积肠道,易耗伤津液,而致热结肠燥,则大便秘结不通,便秘日久,可致局部气血不畅,瘀滞不散,结而为痔;热盛则迫血妄行,下溢则成便血;热与湿结,蕴阻肛门而发肛痈。

4. 燥　燥有内外之分。引起肛肠疾病者,多为内燥。常因饮食不节,恣饮醇酒,过食辛辣等物,以致燥热内结,燥邪易耗伤津液,无以下润大肠,则大便干结,或素有血虚,血虚津乏,肠道失于濡润,而致大便干燥,临厕努责,常使肛门裂伤或擦伤痔核而致便血等。

5. 气虚　气虚是肛肠疾病的常见发病因素之一,以脾失健运,中气不足为主。妇人生育过多,小儿久泻久痢,老年气血衰退,以及某些慢性疾病等,都能导致中气不足,气虚下陷,无以摄纳而引起直肠脱垂不收,内痔脱出不纳;气虚则无力祛邪,在发肛痈时,初期症状不明显,溃后气血不足,则脓水稀薄。

6. 血虚　失血过多或脾胃失运,生血乏源,常可导致血虚。肛肠疾病中,常因长期便血而致血虚,血虚则气也虚,气虚则无以摄血而致下血,更导致血虚,如此反复,形成恶性循环。血虚生燥,无以润滑肠道,则大便燥结,易于擦伤痔核而便血;血虚则生肌迟缓,故术后创口不易愈合。

综上所述,各种发病因素,有的可单独致病,有的可多种因素同时存在。因此在病程中,有的为实证,有的为虚证,有的则为虚中夹实。所以在审证求因时,要进行全面的分析。

【诊断】

(一) 辨证

肛肠疾病常见的症状有便血、肿痛、脱垂、流脓、便秘、分泌物等,其临床表现随病因病证不同而异,临证须辨证求因,审因论治。

1. 便血　便血是内痔、肛裂、结直肠息肉、结直肠癌的共有症状。血不与大便相混,附于大便表面,或便时点滴而下,或血出如箭,血多而无疼痛者,多为内痔;便血少而有肛门疼痛者,多为肛裂;儿童便血,大便次数和性质无明显改变者,多为结直肠息肉;血与黏液相混,其色晦黯,应考虑结直肠癌可能。便血鲜红,血出如箭,并伴口渴、便秘、尿赤、舌红、脉数等症状,多属风热肠燥;便血色淡,脉沉细等症状,多属血虚肠燥。

2. 肿痛　常见于肛痈、痔嵌顿、外痔水肿、血栓性外痔等病。肿胀高突,疼痛剧烈,多为湿热阻滞,可伴有胸闷腹胀,体倦身重,食欲不振,发热,苔黄腻,脉濡数等症状;微肿微痛者,每因气血、气阴不足,又兼湿热下注之虚中夹实证,可伴发热不高,神疲乏力,头晕心悸,盗汗,便溏或干结,舌淡或红,苔黄或腻,脉濡细等症状。

3. 脱垂　脱垂是Ⅱ、Ⅲ、Ⅳ期内痔、结直肠息肉、直肠脱垂的常见症状。脱垂而不易自行回纳者,多因气虚血弱,中气下陷,无以摄纳,伴有面色无华,头晕眼花,心悸气短,自汗盗汗,舌淡,脉沉细弱等症状。内痔脱出,嵌于肛外,红肿疼痛,不易复位者,多为湿热下迫;若复因染毒,热毒熏灼则局部糜烂坏死,可伴有寒热烦渴,便干尿黄,舌红,苔黄或腻,脉弦数等症状。

4. 流脓　常见于肛痈或肛漏。脓出黄稠带粪臭者,多为湿热蕴阻肛门,热胜肉腐而成脓,伴有发热,口苦,身重体倦,食欲不振,溲赤,苔黄或腻,脉弦或数等。脓出稀薄不臭,或微带粪臭,淋漓不尽,创口潜行,周围有空腔,不易敛合者,多为气阴两亏兼湿热下注之证,可伴低热盗汗,面色萎黄,神疲纳呆,舌淡红,脉濡细等。

5. 便秘　多为功能性便秘,也是痔、肛裂、肛痈、结直肠癌的常见症状,腹满胀痛,拒按,大便秘结,伴口臭,心烦,身热溲赤,舌红,苔黄燥、脉数等,多属肠胃实热。腹满作胀,喜按而便干燥者,多属血虚肠燥或脾虚不运,可伴面色㿠白,头晕心悸,神疲乏力,舌淡,脉细无力等。

6. 分泌物 常见于内痔脱出、直肠脱垂、肛漏等。多为湿热下注或热毒蕴结所致,分泌物质稠味臭,并伴有局部肿痛,口干,纳呆,胸闷不舒,便溏或干结,溲赤,舌红,苔黄腻,脉弦数。气血不足,兼湿热下注证,多见分泌物清稀不臭,伴有面色少华,神疲乏力,舌淡,脉沉细弱等症状。

(二)检查

1. 肛肠疾病检查的体位 肛肠疾病在进行检查和治疗时,首先要选择体位,各种体位有各自的优点,应根据患者身体情况和诊疗的具体要求,选择恰当的体位。

(1)侧卧位:患者向左或向右侧卧位,双腿充分向前屈曲,靠近腹部,使臀部及肛门充分暴露,是常用的检查与治疗体位(图11-0-4)。

(2)膝胸位:患者跪伏在检查床上,胸部贴近床面,臀部抬高使肛门充分露出。适用于检查直肠下部、直肠前壁和身材矮小肥胖患者(图11-0-5)。

图 11-0-4 侧卧位   图 11-0-5 膝胸位

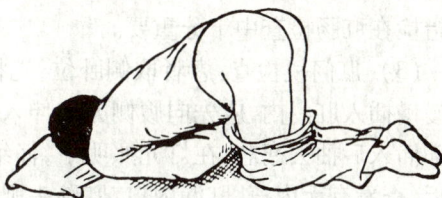

(3)截石位:患者仰卧,两腿放在腿架上,将臀部移至手术台边缘,使肛门暴露良好,是肛门直肠手术时的常用体位(图11-0-6)。

(4)蹲位:患者作蹲踞并向下用力增加腹压,多用于Ⅱ、Ⅲ、Ⅳ期内痔、脱肛、息肉痔等脱出性疾病的检查(图11-0-7)。

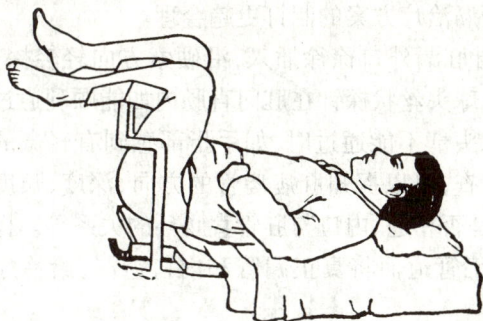

图 11-0-6 截石位   图 11-0-7 蹲位

检查时应注意,操作必须轻柔,勿使患者感到痛苦,并事先告诉患者,给予恰当的解释和安慰。不可在患者毫无思想准备的情况下突然进行,以免患者恐惧而不协作。在做指检和内窥镜检查时,应在指套或内窥镜上涂以润滑剂,先在肛门口轻轻按摩,待肛门部松弛时再徐徐插入。

273

2. 常用的肛肠疾病检查方法

（1）肛门视诊：患者取侧卧位，医生用双手将患者臀部分开。首先从外面检查肛门周围有无内痔、息肉脱出、直肠脱出、外痔及漏管外口等。然后嘱患者屏气做排便动作，医生用手牵引肛缘，将肛门自然张开，或用吸肛器吸出。观察内痔位置、数目、大小、色泽、有无出血点，同时也可以看到有无肛裂等情况。

（2）直肠指检：患者取侧卧位，并深呼吸放松肛门，医生用戴有手套或指套的右手食指，涂上润滑剂，轻轻插入肛门，进行触诊检查。可以触及括约肌间沟、肛管直肠环，了解肛管、直肠中下段和肛门括约肌、前列腺、子宫颈等周围组织器官有无异常。若触及波动感，并有触痛，多见于肛门直肠周围脓肿；若触及硬索并于齿线附近触及结节状凹陷，多为肛漏；触到柔软、光滑、活动、带蒂的弹性包块，多为直肠息肉；若手指插入引起肛门剧烈疼痛，可能为肛裂，不应再勉强插入；若摸到凹凸不平结节，质硬底宽，与下层组织粘连，推之不动，同时指套上有褐色血液黏附者，应考虑为直肠癌。指检后指套带有黏液、脓液或血液者，必要时应送实验室检查。约80%的直肠癌可在直肠指检时被发现，而在直肠癌延误诊断的病例中，约有85%是因为未做直肠指检，因此，直肠指检在肛肠检查中十分重要。

（3）肛门镜检查：患者取侧卧位，先将肛门镜上涂以润滑剂，嘱患者张口呼吸，然后慢慢插入肛门内，应先向腹侧方向伸入，待通过肛管后，再向尾骨方向推进，将肛镜全部插入后抽去塞芯，在灯光照明下，仔细观察有无溃疡、息肉，再将肛门镜退至齿线附近，查看有无内痔、肛漏内口、肛乳头肥大，肛隐窝炎等。

（4）乙状结肠镜检：随着纤维结肠镜的普遍应用，乙状结肠镜目前已较少用于检查，常用于直肠肿瘤的术前精确定位。对原因不明的便血、黏液便、脓血便、慢性腹泻、肛门直肠疼痛、粪便变形等症，应行乙状结肠镜检查，以明确诊断。尤其对直肠和乙状结肠肿瘤的早期诊断有重要意义。

（5）纤维结肠镜检查：纤维结肠镜不仅用于大肠及回肠末端炎症、溃疡、息肉及癌肿的诊断，还可用于大肠疾病的治疗，如结直肠息肉的摘除、结直肠出血的止血、肠扭转复位等，成为肛肠疾病微创治疗的重要工具。超声内镜的应用对结直肠癌术前分期评估提供了较精确的依据，使结直肠癌治疗方案的制订更趋合理。

（6）探针检查：以球头丝状探针自肛漏外口徐徐插入，沿硬索方向轻轻探查，同时以左手食指插入肛内协助寻找内口，球头丝状探针在肛门直肠内如能顺利通过的部分即为内口。若因内口过小，探针的球头部不能通过时，如手指部感到有轻微的触动感，也属内口部位。以球头丝状探针检查，可以探知肛瘘瘘管的方向、深度、长度以及管道是否弯曲、有无分支、和肛管直肠是否相通、内口与肛管直肠环的关系等。操作时应耐心、轻柔、禁用暴力，以免造成人工管道而将真正漏管和内口遗漏，给治疗造成困难。

（7）X线检查：钡剂灌肠可观察直肠和结肠形状及是否通过顺利，有无梗阻或狭窄；直肠和结肠的外部病变，如骶骨前畸胎瘤，可见有直肠移位。复杂性肛漏，漏管管道不清，内口不明的可用碘化油或15%碘化钠水溶液从外口注入进行造影。可疑有肺部病变者，可行胸部摄片。出口处梗阻型便秘可做排粪造影和结肠运输试验。

（8）MRI检查：MRI具有无电离辐射，软组织分辨率高，能直接三维成像等优点，对肛漏可清晰显示漏管走行及与肛门括约肌的关系，准确分辨漏管与瘢痕组织；对直肠肿瘤和盆腔内肿瘤亦能准确提供肿瘤大小、范围、与周围脏器的关系、有无淋巴结转移等信息。对治疗方案的制订及各种治疗后疗效评价有重要指导价值。

3. 病位记载方法　通常用截石位表示,以时钟面的十二等分标记法,将肛门分为十二个部位,前面会阴部为 12 点,后面尾骶部为 6 点,左面中央为 3 点,右面中央为 9 点,其余依次类推。检查时发现某一部位有病变,则在相应的截石位图上做一标记。肛肠疾病的发病部位常有一定规律,了解这些规律将有助于诊断和治疗。以膀胱截石位表示,内痔好发于肛门齿线以上 3、7、11 点处;结缔组织性外痔多发于肛缘 6、12 点处,环形的结缔组织性外痔多见于经产妇;血栓性外痔好发于肛缘 3、9 点处。肛裂好发于 6、12 点处。

【治疗】

肛肠疾病的治疗方法有内治、外治和以手术为主的其他疗法。临床多以外治和手术为主要治疗手段,内治常用于疾病初起或合并其他严重疾病而不能施行手术治疗的患者。

（一）内治

肛肠疾病的常用治法有以下几种。

1. 清热凉血　适用于风热肠燥便血,血栓性外痔初起,方用凉血地黄汤或槐角丸加减。

2. 清热利湿　适用于肛痈实证,方用萆薢渗湿汤或龙胆泻肝汤加减。

3. 清热解毒　适用于肛痈实证,外痔肿痛,方用黄连解毒汤或仙方活命饮加减。

4. 养血补血　适用于素体气血不足或久病气血虚弱者,方用四物汤或八珍汤加减。

5. 清热通腑　适用于热结肠燥便秘者,方用大承气汤或脾约麻仁丸加减。

6. 生津润燥　适用于血虚津乏便秘者,方用润肠汤或脾约麻仁丸加减。

7. 补中益气　适用于小儿或年老体衰或经产妇气虚下陷的直肠脱垂或内痔脱出,方用补中益气汤。

（二）外治

外治法药物直达病所,其疗效显著。常用方法如下。

1. 熏洗法　以药物加水煮沸,先熏后洗,或用毛巾蘸药汁趁热湿敷患处,冷则再换。常用五倍子汤或苦参汤加减。具有活血消肿,止痛止痒,收敛等作用。

2. 敷药法　即以药物敷于患处,一般每日大便后,先熏洗,再外敷药物,方用五倍子散、黄连膏等,具有消炎止痛,生肌收敛止血等作用。此外,尚有清热消肿的金黄膏、提脓化腐的九一丹、生肌收口的生肌散、白玉膏等。

（三）手术治疗

1. 常用的手术治疗方法有开刀法、结扎疗法、挂线疗法、注射法等。

2. 常见术后并发症及处理方法

（1）疼痛:手术后用 0.2% 亚甲蓝液封闭局部创面,或用 0.5% 利多卡因 10ml 注入腰俞穴;也可口服止痛剂。影响睡眠时可肌注苯巴比妥钠 0.1g。

（2）小便困难:嘱患者术后多饮开水,或用车前子 15g 水煎代茶;下腹部热敷或针刺三阴交、关元、中极,留针 15～30 分钟;或用 0.5% 利多卡因 10ml 长强穴封闭;听流水声引导;必要时行导尿术。

（3）出血：内痔结扎不牢而脱落，或内痔枯萎脱落时，可出现创面渗血，甚至小动脉出血。对于创面渗血，可用凡士林纱条或明胶海绵填塞压迫，或用云南白药外敷；至于小动脉出血，必须显露出血点，进行缝扎，彻底止血。

（4）发热：一般因组织坏死、吸收而引起的发热不超过38℃，除加强观察外，无需特殊处理。局部感染引起的发热，应用清热解毒药或抗生素等。

（5）水肿：以朴硝30g，煎水熏洗坐浴，每天1~2次；外敷黄连膏，也可用热水袋外敷。

第一节　痔

痔是直肠末端黏膜下和肛管皮肤下的静脉丛发生扩大、曲张所形成的柔软静脉团，又称痔疮、痔核。以便血、脱出、肿痛为临床特点，男女老幼皆可发病。国内流行病学调查显示，痔的发病率占肛肠疾病的87.25%，居首位，故古有"十人九痔"之说。多见于20岁以上的成年人。根据其发病部位的不同，临床上可分内痔、外痔和混合痔。

一、内痔

生于肛门齿线以上，直肠末端黏膜下的静脉丛扩大、曲张所形成的柔软静脉团称为内痔。内痔是肛门直肠最常见的疾病，好发于截石位的3、7、11点处，通常又称为母痔，其余部位发生的内痔则称为子痔。其临床特点是便血、痔核脱出及肛门不适感。

【病因病机】

多因脏腑本虚，兼因久坐久立，负重远行，或长期便秘，或泻痢日久，或临厕久蹲，或饮食不节，过食辛辣醇酒厚味，都可导致脏腑功能失调，风湿燥热下迫大肠，瘀阻魄门，瘀血浊气结滞不散，筋脉懈纵而成痔。日久气虚，中气下陷，不能摄纳则痔核脱出。

1. 风伤肠络　风善行而数变，又多夹热，血不循经溢于脉外，所下之血，其色泽鲜红，下血暴急呈喷射状。

2. 湿热下注　多因饮食不节，恣食生冷、肥甘，伤及脾胃而滋生内湿。本病的发生多与内湿有关。湿与热结，致肛门部气血纵横，经络交错而生内痔。热盛则迫血妄行，血不循经，则血下溢而便血。湿热下注大肠，肠道气机不畅，经络阻滞，则肛门内有块物脱出。

3. 气滞血瘀　气为血之帅，气行则血行，气滞则血瘀。热结肠燥，气机阻滞而运行不畅，气滞则血瘀阻于肛门，故肛门内块物脱出，坠胀疼痛。气机不畅，统摄无力，则血不循经，血栓形成。

4. 脾虚气陷　老人、妇人生育过多，及小儿久泻久痢脾胃功能失常，脾虚气陷，中气不足，无力摄纳，而致痔核脱出不得回纳。气与血阴阳相随，相互依存，气虚则无以生化，无力摄血，气虚则血虚，导致气血两虚，故下血量多而色淡。

西医学对痔的认识，尚无一致的定论，目前较为认同的是"静脉曲张"、"血管增生"、"肛垫下移"三种学说。

【诊断】

1. 初期常以无痛性便血为主要症状，血液与大便不相混合，多在排便时出现手纸带血、滴血或射血。出血呈间歇性，饮酒、过劳、便秘、腹泻等诱因常使症状加重，出血严重者可出现继发性贫血。随着痔核增大,在排便时可脱出,若不及时回纳,可形成内痔嵌顿。患者常伴有大便秘结,内痔持续脱出时有分泌物溢出,并可有肛门坠胀感。

2. 指诊　可触及柔软、表面光滑、无压痛的黏膜隆起,肛门镜下见齿线上黏膜呈半球状隆起,色黯紫或深红,表面可有糜烂或出血点。

3. 分期　由于病程的长短不同,可分为四期。

(1) Ⅰ期内痔:痔核较小,不脱出,以便血为主(彩图 11-1-1)。

(2) Ⅱ期内痔:痔核较大,大便时可脱出肛外,便后自行回纳,便血或多或少(彩图 11-1-2)。

(3) Ⅲ期内痔:痔核更大,大便时痔核脱出肛外,甚至行走、咳嗽、喷嚏、站立时也会脱出,不能自行回纳,须用手推回,或平卧、热敷后才能回纳;便血不多或不出血(彩图 11-1-3)。

(4) Ⅳ期内痔:可有便血;痔持续脱出或还纳后易于脱出(彩图 11-1-4)。

【鉴别诊断】

1. 直肠息肉　与痔的共同点是肿物脱出及便血,但本病多见于儿童,脱出物为肉红色,一般为单个,有长蒂,头圆,表面光滑,质地较痔核硬,可活动,容易出血,以便血、滴血为主,多无射血现象。

2. 肛乳头肥大　与痔的共同点是肿物脱出,但本病脱出物呈锥形或鼓槌状,灰白色,表面为上皮,质地较硬,一般无便血,常有疼痛或肛门坠胀,过度肥大者,便后可脱出肛门外。

3. 肛裂　与痔的共同点是便血,但本病是排便时肛门疼痛伴出血,且疼痛呈周期性,便秘时尤甚。局部检查可见肛管部位有明显裂口,多在 6 或 12 点处。

4. 直肠癌　与痔的共同点是便血,但本病是粪便中混有脓血,多为黯红或黯紫色,常伴有黏液或腐臭的分泌物,大便变扁或变细,便次增多,里急后重。指检可触及菜花状块物,或凹凸不平溃疡,易出血,质地坚硬,不能推动,细胞学检查或病理切片可以确诊。

【辨证论治】

多适用于Ⅰ、Ⅱ期内痔;或内痔嵌顿伴有继发感染;或年老体弱;或内痔兼有其他严重慢性疾病不宜手术治疗者。

1. 风伤肠络证

证候:大便带血、滴血或喷射状出血,血色鲜红,或有肛门瘙痒等。舌质红,苔薄白或薄黄,脉浮数。

治法:清热凉血祛风。

方药:凉血地黄汤加减。常用生地黄、当归尾、地榆、槐角、黄连、天花粉、生甘草、升麻、赤芍、枳壳、黄芩、荆芥。大便秘结者,加槟榔、大黄等。

2. 湿热下注证

证候:便血色鲜,量较多,肛内肿物外脱,可自行回缩,肛门灼热。舌质红,苔黄腻,脉弦数。

治法:清热利湿止血。

方药:脏连丸加减。常用黄连、猪大肠、黄芩。出血量多者,加地榆炭、仙鹤草等。

3. 气滞血瘀证

证候:肛内肿物脱出,甚或嵌顿,肛管紧缩,坠胀疼痛,甚则肛缘水肿、血栓形成,触痛明显。舌质红或黯红,苔白或黄,脉弦细涩。

治法:清热利湿,祛风活血。

方药:止痛如神汤加减。常用秦艽、桃仁、皂角刺、苍术、防风、黄柏、当归尾、泽泻、槟榔、熟大黄。

4. 脾虚气陷证

证候:肛门松弛,痔核脱出需手法复位,便血色鲜或淡。面白少华,神疲乏力,少气懒言,纳少便溏。舌质淡,边有齿痕,苔薄白,脉弱。

治法:补中益气。

方药:补中益气汤加减。常用黄芪、人参、炙甘草、当归身、橘皮、升麻、柴胡、白术。

【外治】

1. 熏洗法　适用于各期内痔及术后。以药物加水煮沸,先熏后洗,或用毛巾蘸药液趁热湿敷患处,冷则更换。具有活血止痛,收敛消肿等作用。常用五倍子汤、苦参汤。

2. 外敷法　适用于各期内痔及术后。将药物敷于患处。具有消肿止痛,收敛止血,祛腐生肌等作用。根据不同病情可选用油膏或散剂,如九华膏、黄连膏、消痔(散)膏、消炎膏、五倍子散等。

3. 塞药法　适用于各期内痔及术后。将药物制成栓剂,塞入肛内。具有消肿、止痛、止血作用。如痔疮栓、痔疮宁栓等。

4. 挑治法　适用于内痔出血。其机理是疏通经络,调理气血,促使肿消痛减。常用穴位有肾俞、大肠俞、长强、上髎、中髎、次髎、下髎等,一般挑治 1 次即可见效,必要时可隔 10 日再挑治 1 次。

【其他疗法】

1. 注射疗法　是目前治疗内痔的常用方法,按其所起的作用不同,分硬化萎缩和坏死枯脱两种方法。由于坏死枯脱疗法术后常有大出血、感染、直肠狭窄等并发症,故目前国内外普遍应用的都是硬化萎缩疗法。

适应证:Ⅰ、Ⅱ、Ⅲ期内痔;内痔兼有贫血者;混合痔的内痔部分。

禁忌证:外痔;内痔伴肛门周围急慢性炎症或腹泻;内痔伴有严重肺结核或高血压、肝、肾疾病及血液病患者;因腹腔肿瘤引起的内痔和妊娠期妇女。

常用药物:消痔灵注射液等。

操作方法:腰俞麻醉或局部麻醉后取侧卧位或截石位,肛门部常规消毒,在肛镜直视下局部常规再次消毒,以 10ml 针管(5 号针头)抽取 1∶1 浓度(即消痔灵注射液用 1% 利多卡因液稀释 1 倍)消痔灵注射液 10ml,于痔核上距齿线 0.5cm 处的黏膜下层,针头斜向 15° 进行注射,每个痔核注射 1～3ml,注入药量多少的标志以痔核弥漫肿胀为度,总量不超过 30ml,注射完毕,术者用食指轻轻按摩注射部分,使药液扩散,防止硬节形成。肛管内放入凡士林纱条,外盖纱布,胶布固定(图 11-1-1)。

注意事项:①注射时必须注意严格消毒,每次注射都须再次消毒;②必须用 5 号针头进行注射,否则针孔大,易出血;③进针后应先做回血试验,注射药液宜缓缓进行;④进针的针头勿向痔核内各方乱刺,以免过多损伤痔内血管,引起出血,致使痔核肿大,增加局部的液体渗出,延长痔核的枯脱时间;⑤注意勿使药液注入外痔区,或注射

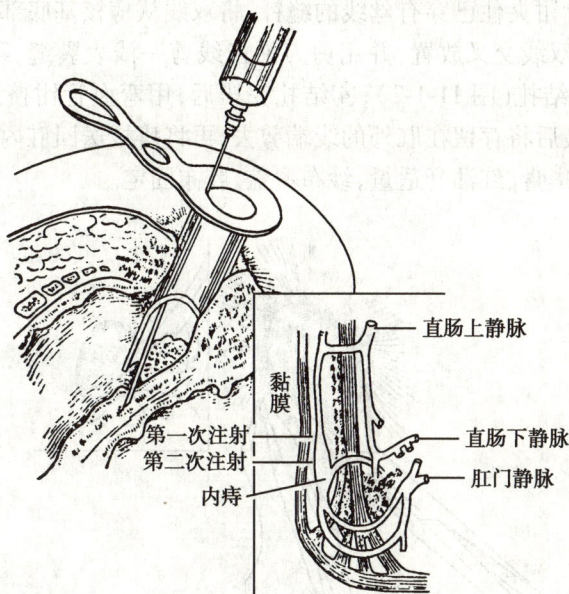

图 11-1-1　硬化注射法

位置过低使药液向肛管扩散,造成肛门周围水肿和疼痛;⑥操作时应先注射小的痔核,再注射大的痔核,以免小痔核被大痔核挤压、遮盖,从而增加操作的困难。

2. 结扎疗法　结扎疗法是中医传统的外治法,除丝线结扎外,也可用药制丝线,纸裹药线缠扎痔核根部以阻断痔核的气血流通,使痔核坏死脱落,遗留创面修复自愈。结扎疗法治疗痔疮,早在宋代《太平圣惠方》中就有记载:"用蜘蛛丝,缠系痔鼠乳头不觉自落。"由于其适应证广,操作简单,远期疗效比较理想,所以目前是治疗内痔最广泛使用的方法之一。临床上常用的有单纯结扎法、贯穿结扎法和胶圈套扎法。

(1) 单纯结扎法

适应证:Ⅰ、Ⅱ、Ⅲ期内痔。

禁忌证:肛门周围有急性脓肿或湿疮者;内痔伴有痢疾或腹泻者,因腹腔肿瘤引起的内痔;内痔伴有严重肺结核、高血压、肝肾疾病或血液病的患者;临产期孕妇。

术前准备:①用等渗盐水或 1% 软皂水 300ml 作清洁灌肠,如在门诊手术者,嘱先排空大便;②肛门周围剃毛,并用 1∶5000 高锰酸钾溶液冲洗、拭净。

操作方法:①患者取侧卧位(患侧在下)或截石位,尽量暴露臀部,局部或腰俞麻醉后肛管及直肠下段常规消毒,再用双手食指扩肛,使痔核暴露;②用弯血管钳夹住痔核基底部,用左手向肛外同一方向牵引,并在齿线下方剪一小口,用 10 号丝线在止血钳下方剪口处结扎,同法处理其他部位的痔。术后肛内纳入痔疮栓 1 枚或九华膏、红油膏适量,纱布覆盖,胶布固定。

(2) 贯穿结扎法

适应证:Ⅱ、Ⅲ期内痔,对纤维型内痔更为适宜。

禁忌证:同单纯结扎法。

术前准备:同单纯结扎法。

操作方法:①同单纯结扎法;②用弯血管钳夹住痔核基底部,用左手向肛外同一方向牵引,右手用持针钳夹住已穿有丝线的缝针,将双线从痔核基底部中央稍偏上穿过;③将已贯穿痔核的双线交叉放置,并用剪刀沿齿线剪一浅表裂缝,再分端进行"8"字形结扎或"回"字形结扎(图11-1-2);④结扎完毕后,用弯血管钳挤压被结扎的痔核,加速痔核坏死;⑤最后将存留在肛外的线端剪去,再将痔核送回肛内,术后肛内纳入痔疮栓 1 枚或挤入九华膏、红油膏适量,纱布覆盖,胶布固定。

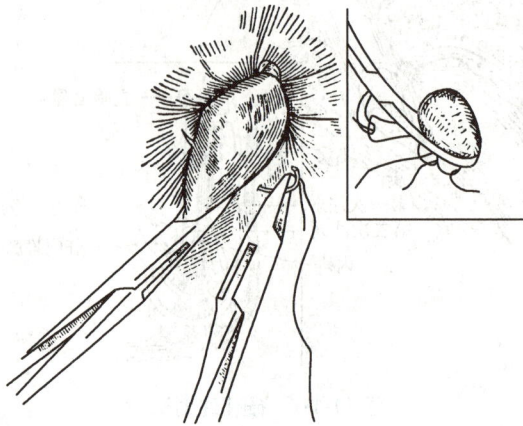

图 11-1-2　贯穿结扎法

环形内痔采取分段结扎,先将环形内痔划分为几个痔块,在所划分的痔块的一侧,用两把止血钳夹起黏膜,于中间剪开,同法处理痔块的对侧。然后用止血钳将痔块基底夹住,同时去掉痔块两侧的止血钳,于齿线附近剪开一小口用圆针丝线贯穿"8"字形结扎。同法处理其他痔块。

注意事项:①结扎内痔时,宜先扎小的痔核,后扎大的痔核;②缝针穿过痔核基底部时,不可穿入肌层,否则结扎后可引起肌层坏死或并发肛门直肠周围脓肿;③结扎术后当天不要解大便,若便后痔核脱出时,应立即将痔核送回肛内,以免发生水肿,加剧疼痛反应;④在结扎后的 7~9 天,为痔核脱落阶段,嘱患者减少行动,大便时不宜用力努挣,以避免术后大出血。

(3) 胶圈套扎法:本法是通过器械将小乳胶圈套入痔核根部,利用胶圈较强的弹性阻止血液循环,促使痔核缺血、坏死、脱落,从而治愈内痔。

适应证:Ⅱ、Ⅲ期内痔及混合痔的内痔部分。

禁忌证:同单纯结扎法。

应用器械:①斜面肛门镜;②组织钳;③胶圈套扎器。

操作方法:①让患者排便后,取胸膝位或侧卧位;②先做直肠指诊,以排除其他病变;③插入肛门镜,检查痔核位置及数目,选定套扎部位;④使用长棉花签,清洁套扎部位,常规消毒手术野,充分暴露痔核区,由助手固定肛门镜,术者左手持套扎器套住痔核,右手持组织钳,经套扎圈钳夹痔核根部,将痔核牵拉入套扎器内,按压套扎器柄,使套圈的外套向痔核根部移动。将胶圈推出扎到痔核根部(图11-1-3),然后松开组织钳,与套扎器一并取出,最后退出肛门镜。术后处理同单纯结扎法。

3. 中成药:槐角丸、十灰丸、脏连丸、补中益气丸等,临床上根据辨证选择应用。

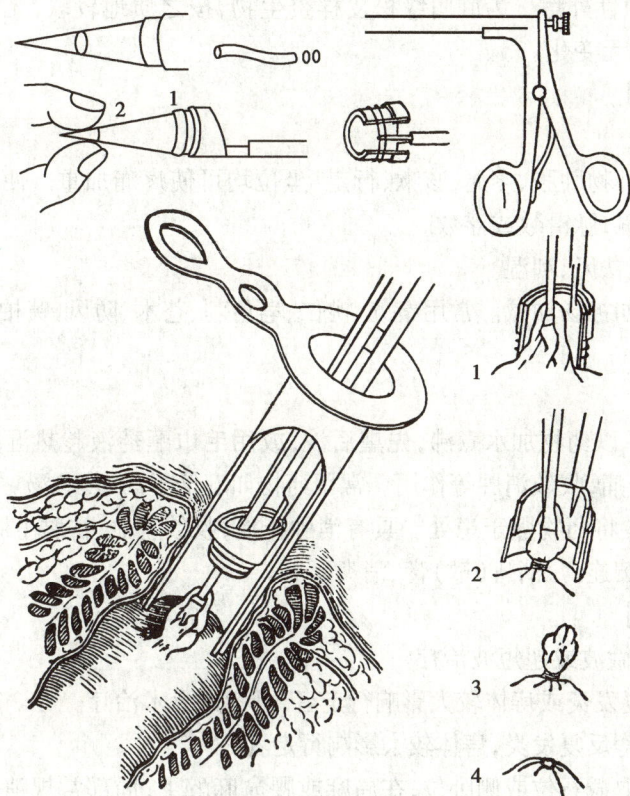

图 11-1-3 内痔套扎器拉法

二、外痔

外痔是指发生于肛管齿线之下,肛缘皮肤感染;或痔外静脉丛破裂出血;或反复感染、结缔组织增生;或痔外静脉丛扩大曲张而成。其特点是自觉肛门坠胀、疼痛,有异物感。由于临床症状、病理特点及其过程不同,可分为炎性外痔、血栓性外痔、结缔组织性外痔、静脉曲张性外痔四种。

（一）炎性外痔

肛缘皮肤破损或感染,使其局部产生红肿、疼痛者(彩图 11-1-5)。

【病因病机】

饮食不节,醉饱无时,恣食肥腻,过食辛辣,内蕴热毒,外伤风湿或破损染毒,以致气血、湿热结聚肛门,冲突为痔。

【诊断】

多因过食辛辣,饮烈性酒,腹泻,便秘,手术等因素而诱发,起病时,肛缘皮肤突然肿胀疼痛,伴肛门异物感,排便、坐位、行走,甚至咳嗽等动作时均可加重疼痛。检查可见肛缘皮肤肿胀明显、光亮、色淡红或淡白,触痛明显,内无硬结。

【鉴别诊断】

1. 血栓性外痔　大多发生于肛门左右两侧,突然肿起,形如葡萄,色呈青紫,按之坚硬光滑,疼痛较剧烈,痔体不随腹压增加而增大。

笔记

2. 结缔组织性外痔　为肛门缘松皮样赘生物,按之质地较软,无疼痛,排便及腹压增加时赘生物无变化。

【辨证论治】

湿热蕴结证

证候:肛缘肿物肿胀、疼痛,咳嗽、行走、坐位均可使疼痛加重。便干,溲赤。舌质红,苔薄黄或黄腻,脉滑数或浮数。

治法:清热、祛风、利湿。

方药:止痛如神汤加减。常用秦艽、桃仁、皂角刺、苍术、防风、黄柏、当归尾、泽泻、槟榔。

【外治】

1. 熏洗法　以药物加水煮沸,先熏后洗,或用毛巾蘸药液趁热湿敷患处,冷则更换。具有活血止痛,收敛消肿等作用。常用药物如五倍子汤、苦参汤。

2. 外敷法　将药物敷于患处。具有消肿止痛,收敛止血,祛腐生肌等作用。常用药物如九华膏、黄连膏、消痔(散)膏、消炎膏等。

【其他疗法】

1. 远红外、微波或超短波治疗。

2. 外痔反复发炎或痔体较大影响行走者,可考虑手术治疗。

适应证:外痔反复发炎,痔体较大影响行走者。

操作方法:取截石位或侧卧位,在局麻或腰俞麻醉下,局部常规消毒,用组织钳提起外痔组织,以剪刀环绕其痔根四周做一梭形切口,切口上端向肛管,将痔体由括约肌浅面分离,切除痔组织,结扎出血点,修剪皮缘,外敷桃花散或云南白药,凡士林纱条敷盖,无菌纱布包扎。每次便后用苦参汤或1:5000高锰酸钾液坐浴,伤面外敷红油膏或黄连膏,直至痊愈。

(二)血栓性外痔

血栓性外痔是指痔外静脉破裂出血,血液凝结于皮下,血栓形成而致的圆形肿物。其特点是肛门部突然剧烈疼痛,并有黯紫色肿块(彩图11-1-6)。

【病因病机】

由于内热血燥,或便时努挣,或用力负重,致肛缘皮下的痔外静脉破裂,血溢脉外,瘀积皮下,而致血栓形成。

【诊断】

好发于干燥季节,患者以中年男子占多数,病前有便秘、饮酒或用力负重等诱因。起病时,肛门部突然剧烈疼痛,肛门缘截石位3、9点处,可见黯紫色圆球形肿块,排便、坐下、走路,甚至咳嗽等动作时均可加重疼痛。检查时在肛缘皮肤表面上隆起一黯紫色圆形结节,界限清楚,质地韧,可移动,触痛明显。

【鉴别诊断】

1. Ⅳ期内痔(嵌顿性内痔)　齿线上内痔脱出、嵌顿,疼痛时间较长,皮瓣水肿,消退缓慢,表面糜烂,伴感染时有分泌物和臭味。

2. 静脉曲张性外痔　痔外静脉丛发生扩大、曲张、瘀血,使肛缘皮肤一部分形成圆形或椭圆形的柔软团块,痔体可随腹压增加而增大,一般无疼痛。

【辨证论治】

血热瘀阻证

证候：肛缘肿物突起，肿痛剧烈难忍，肛门坠胀疼痛，局部可触及硬结节，其色黯紫。伴便秘，口渴，烦热。舌紫，苔淡黄，脉弦涩。

治法：清热凉血，消肿止痛。

方药：凉血地黄汤加减。常用生地黄、当归尾、地榆、槐角、黄连、天花粉、生甘草、升麻、赤芍、枳壳、黄芩、荆芥。

【外治】

同"炎性外痔"。

【其他疗法】

血栓剥离术

适应证：血栓性外痔较大，血块不易吸收，炎症水肿局限者。

操作方法：取侧卧位，病侧在下方，局部常规消毒。局麻或腰俞麻醉后，在肿块中央做放射状或梭形切口，用止血钳将血块分离，并摘除，然后修剪伤口两侧皮瓣，使创口引流通畅，术后用凡士林纱条嵌入创口，外盖无菌纱布，胶布固定。每次便后坐浴并常规换药，直至痊愈。

（三）结缔组织性外痔

结缔组织性外痔是由急、慢性炎症反复刺激，使肛缘的皮肤增生、肥大而成，痔内无曲张静脉丛。肛门异物感为其主要症状（彩图 11-1-7）。

【病因病机】

炎性外痔、血栓性外痔、陈旧性肛裂、湿疹等反复发作或内痔反复脱垂或妊娠分娩，负重努挣，导致邪毒外侵，湿热下注，使局部气血运行不畅，筋脉阻滞，瘀结不散，日久结缔组织增生肥大，结为皮赘。

【诊断】

肛门边缘处赘生皮瓣，逐渐增大，质地柔软，一般无疼痛，不出血，仅觉肛门有异物感，偶有染毒而肿胀时，才觉疼痛，肿胀消失后，赘皮依然存在；若发生于截石位 6、12 点处的外痔，常由肛裂引起；若发生于 3、7、11 点处的外痔，多伴有内痔；若呈环状或花冠状的，多发生于经产妇。

【鉴别诊断】

1. 血栓性外痔　多发生于肛门左右两侧，突然肿起，形如葡萄，色青紫，按之较硬，光滑，疼痛剧烈。

2. 静脉曲张性外痔　肛缘齿线下静脉曲张，触之柔软，在腹压增加时，肿块随之增大，便后或经按摩后肿块体积可缩小。

【辨证论治】

本病通常无明显临床症状，一般不需内治。

【外治】

当外痔染毒发炎肿痛时，可外用熏洗法，如苦参汤加减；或外敷消痔（散）膏、消炎膏、黄连膏等。参见"炎性外痔"。

【其他疗法】

对反复炎症或赘皮较大影响清洁卫生者，可考虑手术切除，参见"炎性外痔"。

（四）静脉曲张性外痔

静脉曲张性外痔是痔外静脉丛发生扩大、曲张,在肛缘形成圆形或椭圆形的柔软团块。以坠胀不适感为主要表现。

【病因病机】

多因Ⅱ、Ⅲ期内痔反复脱出,或妊娠分娩,负重努挣,腹压增加,致筋脉横解,瘀结不散而成。若湿与热结,聚于肛门,则肿胀疼痛。

【诊断】

发生于肛管齿线以下,局部有圆形或椭圆形肿物,触之柔软,平时不明显,在排便或下蹲等腹压增加时,肿物体积增大,并呈黯紫色,便后或经按摩后肿物体积缩小变软。一般无疼痛,仅有坠胀不适感。若便后肿物不缩小,可致周围组织水肿而引起疼痛。有静脉曲张性外痔的患者,多伴有内痔。

【鉴别诊断】

参见"炎性外痔"。

【辨证论治】

一般不需内治,若染毒者可按下述证型治疗。

湿热下注证

证候:便后肛门缘肿物隆起不缩小,坠胀明显,甚则灼热疼痛或有滋水。便干,溲赤。舌红,苔黄腻,脉滑数。

治法:清热利湿,活血散瘀。

方药:萆薢化毒汤合活血散瘀汤加减。常用萆薢、薏苡仁、黄柏、赤茯苓、丹皮、泽泻、滑石、通草、川芎、当归尾、赤芍、苏木、枳壳、瓜蒌仁、桃仁、槟榔、大黄。

【外治】

肿胀明显时,可用苦参汤熏洗,黄连膏外敷。参见"炎性外痔"。

【其他疗法】

彻底治疗应行静脉丛剥离切除术。

适应证:单纯性静脉曲张性外痔;静脉曲张性混合痔的外痔部分。

操作方法:取截石位或侧卧位,在局麻或腰俞麻醉下,局部常规消毒,用组织钳提起外痔组织,以剪刀环绕其痔根四周做一梭形切口,切口上端必须指向肛门中心呈放射状,再用剪刀分离皮下曲张的静脉丛,将皮肤连同皮下组织一并切除。术后用凡士林纱条填嵌创面引流。每次便后用苦参汤或1∶5000高锰酸钾液坐浴,伤面外敷红油膏或黄连膏,无菌纱布包扎至痊愈。

三、混合痔

混合痔是指内、外痔静脉丛曲张,相互沟通吻合,使内痔部分和外痔部分形成一整体者。临床表现具有内痔、外痔的双重症状(彩图11-1-8)。

【病因病机】

多因Ⅱ、Ⅲ期内痔反复脱出,或妊娠分娩,负重努挣,腹压增加,致筋脉横解,瘀结不散而成。

【诊断】

大便时滴血或射血,量或多或少,色鲜,便时常有肿物脱出,能自行回纳或需用手法复位,若合并染毒则会嵌顿肿痛。检查可见多发生于肛门截石位 3、7、11 点位处,以 11 点处最多见,内、外痔相连,无明显分界。

【辨证论治】

参见"内痔"。

【外治】

参见内、外痔外治法。

【其他疗法】

必要时可选用外痔剥离、内痔结扎术。

操作方法:取侧卧位或截石位,局部常规消毒,局部浸润麻醉或腰俞麻醉,将混合痔充分暴露,在其外痔部分做"V"字形皮肤切口,用剪刀锐性剥离外痔皮下静脉丛,至齿线处。然后用弯形血管钳夹住被剥离的外痔静脉丛和内痔基底部,在内痔基底正中用圆针粗丝线贯穿做"8"字形结扎,距结扎线 1cm,剪去"V"字形内的皮肤及静脉丛,使在肛门部呈一放射状伤口,同法处理其他痔核后,创面用红油膏纱布掺桃花散或云南白药引流,外用纱布敷盖,胶布固定。术后当天限制大便,每次便后用苦参汤或 1∶5000 高锰酸钾溶液或温开水坐浴,纳入痔疮栓 1 枚,外敷黄连膏,直至痊愈。

若混合痔的外痔静脉丛不很明显,可在外痔中间做一放射状切口,然后用剪刀锐性剥离静脉丛,修剪两侧皮瓣,成一小"V"字形切口。外痔剥离时要选好切口,照顾外痔部分的整体关系,手术中注意保留适当的黏膜和皮肤,以防术后肛门直肠狭窄。术后处理参见内痔贯穿结扎法。

【预防护理】

1. 预防　保持大便通畅,养成每天定时排便的习惯,蹲厕时间不宜过长。避免久坐久立,负重远行。保持肛门局部清洁卫生,防止便秘或腹泻的发生。忌食辛辣刺激性食物。进行适当的活动和肛门功能锻炼。

2. 护理　饮食宜清淡,多喝开水,多食蔬菜水果。有痔核脱出时应及时复位,可用热敷、卧床休息、外涂润滑剂、提肛等方法。便血量较多时应停止排便,可用棉球填塞压迫止血,出血不止或复位困难者应及时到医院诊治。

【结语】

痔多依据其发病部位和症状特点分类。病因病机为风伤肠络、湿热下注、气滞血瘀和脾虚气陷。早期可采用内服、熏洗、敷药和塞药治疗,后期需用注射、结扎、切除等疗法方可奏效。

第二节　肛　　痈

肛痈是指肛门直肠周围间隙发生急慢性感染引起的化脓性疾病,其发生多与肛门腺感染有关。古代文献中因发生的部位不同,而有不同的名称,如"脏毒"、"悬痈"、"跨马痈"、"盘肛痈"、"坐马痈"、"鹳口疽"等。其临床特点是发病急骤、局部肿胀、疼痛剧烈,或伴高热,自溃或切开排脓后常形成肛漏。本病任何年龄均可发生,但以 20～40 岁的青壮年居多,幼儿也时有发生,男性多于女性。本病相当于西医学的肛门直肠周围脓肿。

【病因病机】

多因饮食不节,过食厚味辛辣,引起湿热内生,热毒结聚而致;或因肌肤损伤,感染毒邪,瘀血凝滞,经络阻塞,血败肉腐而成;或因肺脾肾亏损,湿热乘虚下注所致。

1. 火毒蕴结　感受火热邪毒,随血下行,蕴结于肛门,经络阻隔,瘀血凝滞,热盛肉腐而成脓。

2. 湿热壅滞　过食醇酒厚味及辛辣肥甘之品,损伤脾胃,运化失常,酿生湿热,湿热下注大肠,阻滞经络,气血壅滞肛门形成肛痈。

3. 阴虚毒恋　素体阴虚,肺脾肾亏损,湿热瘀毒乘虚下注魄门而成肛痈。

西医学认为本病多系肛隐窝感染后,炎症沿肛门腺导管至肛门腺体,继而向肛门直肠周围间隙组织蔓延所致。其致病菌多为大肠杆菌,其次为金黄色葡萄球菌和链球菌,偶有厌氧细菌和结核杆菌。

【诊断】

1. 初起为突发性肛门周围肿痛、坠胀,或伴有发热,倦怠,纳差,大便困难,排尿不畅等症状。数日后成脓,溃后易成肛漏。脓肿的部位和深浅不同,症状也有差异,如肛提肌以上的间隙脓肿,位置较深,全身症状重,而局部症状轻;肛提肌以下的间隙脓肿,部位浅,局部红肿热痛较明显,而全身症状较轻。

2. 患处红、肿、热、痛是急性炎症的表现;皮肤不变色或色黯,无明显肿痛,多是慢性炎症,如结核等。脓汁稠厚色黄量多味臭,多属大肠杆菌感染;脓液呈清稀米泔样,多属结核杆菌感染;脓血相混,夹有胶冻样物,应考虑癌变。

3. 血常规、活组织检查、脓液细菌培养等检查有助于明确病情。指诊、腔内B超检查有助于确定脓肿的位置、范围和是否成脓。

4. 分类　目前临床多使用按部位分类的方法。

(1) 肛门旁皮下脓肿:发于肛门周围的皮下组织内,局部红、肿、热、痛明显,脓成,则按之有波动感,全身症状轻微,溃后常形成低位肛漏。

(2) 坐骨直肠间隙脓肿:位于肛门与坐骨结节之间,感染区域比肛门皮下脓肿广泛而深。初起仅感肛门部不适或微痛,逐渐伴有发热,畏寒,头痛,食欲不振等全身症状,随后局部症状加剧,肛门有灼痛或跳痛,在排便、咳嗽、行走时疼痛加剧,甚则坐卧不安。肛门指诊,患侧丰满,有明显压痛和波动感。

(3) 骨盆直肠间隙脓肿:位于肛提肌以上,腹膜以下,位置深隐,局部症状不明显,有时仅有直肠下坠感,但全身症状明显。肛门指诊,可触到患侧直肠壁处隆起、变硬、压痛及波动感。因蔓延较广,易形成高位肛漏,宜及早切开排脓。

(4) 直肠后间隙脓肿:症状与骨盆直肠间隙脓肿相同,直肠内有明显的坠胀感,骶尾部可产生钝痛,并可放射至下肢,在尾骨与肛门之间有明显的深部压痛。肛门指诊,直肠后方肠壁处有触痛、隆起和波动感。

【鉴别诊断】

1. 肛周疖肿　病灶只在皮肤或皮下,因发病与肛窦无病理性联系,溃后不会形成肛漏。

2. 骶骨前畸胎瘤　较小的畸胎瘤,其症状与直肠后间隙脓肿早期相似。但指诊直肠后有肿块,光滑,分叶,无明显压痛,有囊性感,X线检查可见骶骨与直肠之间的组织增厚和肿瘤,内有不定型的散布不均钙化阴影、骨质牙齿和尾骨移位。

3. 肛周子宫内膜异位症 女性肛周表浅性隆起、漫肿。肿痛多与月经周期一致，一般不发热。病理检查可确诊。

【辨证论治】

肛痈的治疗当以清热解毒利湿为大法。实证以祛邪为主，兼夹虚象者可托里透脓，虚证则养阴不忘清热，攻补兼施。

1. 火毒蕴结证

证候：肛门周围突然肿痛，持续加剧；伴有恶寒，发热，便秘，溲赤。肛周红肿，肿块高突，触痛明显，质硬，表面焮热，溃后脓液色黄稠厚。舌红，苔薄黄，脉数。

治法：清热解毒。

方药：仙方活命饮、黄连解毒汤加减。常用金银花、赤芍、天花粉、皂角刺、当归尾、乳香、没药、黄连、黄芩、黄柏、栀子。

2. 湿热下注证

证候：肛周红肿热痛，痛如鸡啄，肛门坠胀；夜寐不安。肿块变软，按之有波动感，或溃脓黄稠带有粪臭味，口渴，不欲饮，小便困难。舌红，苔黄腻，脉弦滑数。

治法：清热利湿。

方药：龙胆泻肝汤合三妙丸加减。常用龙胆草、栀子、炒黄芩、当归、泽泻、车前子、黄柏、川牛膝、薏苡仁。

3. 阴虚毒恋证

证候：肛门肿痛，皮色黯红，肿块漫肿无头，成脓时间长，溃后脓出稀薄，疮口难敛；伴有午后潮热，心烦口干，夜间盗汗。舌红，苔少，脉细数。

治法：滋阴清热。

方药：青蒿鳖甲汤加减。常用青蒿、鳖甲、生地黄、丹皮、知母。

【外治】

1. 初期 实证用金黄膏外敷，位置深隐者，可用金黄散调糊灌肠；虚证用冲和膏外敷或用阳和解凝膏。

2. 中期 脓成，宜早期切开引流，并根据脓肿部位深浅和病情的缓急选择手术方法。

3. 末期 脓溃后，先用九一丹提脓化腐，待创面新鲜改用生肌散。日久成漏者，按肛漏处理。

【其他疗法】

肛痈一旦脓成，应立即手术切开排脓，切忌"包脓养疮"，导致脓肿向深部和周围组织蔓延扩散，使病情复杂化，给治疗带来困难。常用手术方法如下。

1. 一次性切开法

适应证：肛门旁皮下脓肿。

禁忌证：肛痈内口不明确者；有严重心、肺、肝、肾疾病或血液病、癌症，不宜手术者。

操作方法：在腰俞麻醉下，取截石位或侧卧位，术野常规消毒，于脓肿波动明显处，做放射状切口，充分排脓后，用球头探针自切口探入，寻找内口，探通内口后，将切口与内口之间的组织切开，搔刮清除坏死组织，并修剪创口使之引流通畅，创面填塞油纱条，外用纱布、胶布固定。

术后处理:应用缓泻剂,保持大便质软、通畅;每天大便后用中药煎汤熏洗、换药;换药时要将油纱条置于创口基底部,防止假性愈合。

2. 一次性切开挂线法

适应证:坐骨直肠间隙脓肿、骨盆直肠间隙脓肿、直肠后间隙脓肿。

禁忌证:同一次性切开法。

操作方法:在腰俞麻醉下,患者取截石位,局部消毒,于脓肿波动明显处,或穿刺抽脓指示部位,做放射状切口,及多切口,充分排脓后,以食指分离脓腔间隔,然后用过氧化氢溶液或生理盐水彻底冲洗脓腔,修剪切口扩大成梭形(可切取脓腔壁送病理检查)。然后以球头探针,自脓肿切口探入并沿脓腔底部轻柔地探查内口,另一食指伸入肛内引导协助寻找内口,探通内口后,将球头探针拉出以橡皮筋线扎于球头部,通过脓腔拉出切口,切开内口与切口之间的皮肤和皮下组织,将线两端收拢结扎,创口内填以油纱条,外敷纱布,胶布固定。

术后处理:酌情应用抗生素及缓泻剂,每次便后用中药煎汤熏洗、换药。挂线一般约10天自行脱落,10天后不脱落者可酌情紧线。须注意术后有否高热、寒战等,如有则应及时处理。

3. 分次手术法

适应证:内口不明确的肛痈患者;或体质虚弱等原因不能接受一次性手术者。

禁忌证:有严重心、肺、肝、肾疾病,或血液病、癌症,不宜手术者。

操作方法:在腰俞麻醉下,取侧卧位,常规消毒,在脓肿波动明显部位,做放射状或弧形切口;切口的部位和长度要足以保证脓腔引流通畅,排尽脓液后,创口内置油纱条引流,外用纱布,胶布固定。

术后处理:每天大便后,熏洗坐浴,并将油纱条置入脓腔引流。待形成肛漏后,再按肛漏处理。

手术应注意切开引流前应先穿刺,待抽出脓液后,再行切开引流;切口选择,浅部脓肿可做放射状切口,深部脓肿应以利于引流为原则,做多切口,尽量避免损伤括约肌;切开脓肿后要用手指去探查脓腔,分开脓腔内的纤维间隔以利引流;术中应注意寻找并切开原发性肛隐窝炎即内口,可预防肛漏形成。

【预防护理】

1. 预防　保持大便通畅,注意肛门清洁;及时治疗便秘、腹泻、肛隐窝炎、肛乳头炎、肛裂等疾病。

2. 护理　患病后注意休息,减少活动;脓水淋漓、分泌物较多时应勤换药清洁。

【结语】

肛痈的形成主要因饮食不节、外邪侵袭、肺脾肾亏损,导致湿热结聚,瘀血凝滞,经络阻塞,血败肉腐成脓。如早期积极治疗,可使肿消痛除,结块消散;成脓后应及时切开排脓,虽能脓出毒泄,肿消结散,但常因余毒未尽,留连肉腠,疮口不合,而为漏患。辨证常分为火毒蕴结、湿热下注和阴虚毒恋三型。治疗以清热解毒利湿为大法,实则以祛邪为主,兼夹虚象则应益气养阴,攻补兼施。内治外治结合,收效显著。

第三节 肛 漏

病案分析

病案:吴某,男,36 岁,肛旁肿痛,流脓水,时作时止,反复发作 1 年余。近来 4 天,先感肛门肿痛,继而流脓,色黄,稠厚,味臭,脓出后痛缓。大便正常,1 日 1 次。伴口苦。舌红,苔黄腻,脉滑数。体温 36.8℃,查血常规示白细胞计数 $4.6×10^9$/L,中性粒细胞百分比 60%,红细胞沉降率 2mm/h,C 反应蛋白 1.5mg/L。局部检查:截石位 5 点距肛缘 4cm 处可见一结节状溃口,肉芽高突,可扪及硬索向肛内 6 点齿线处延伸。指诊 6 点齿线附近可触及结节感,后半侧肛管直肠环僵硬。盆腔 MRI 检查示:肛周截石位 5 点处见片状高信号影,病灶沿外括约肌深部与耻骨直肠肌之间,向正后方延伸,且与肠腔相通,盆腔内未见明显肿大淋巴结影。

分析:该案患者以肛旁肿痛流脓为主症,病程缠绵,时作时止。初步印象为肛漏。结合患者病史、专科检查、血常规、血沉、C 反应蛋白和 MRI 检查结果基本可排除克罗恩病和肛门部化脓性汗腺炎。治疗当以中药内服结合手术治疗。

问题:本例患者辨证属何证型? 应如何立法用药? 本例肛漏分类属哪种类型? 手术治疗选用何种方法可以既治愈肛漏又不会引起肛门失禁?

肛漏是指肛管、直肠与肛门周围皮肤相通的一种病理性管道。古代文献又称痔漏、漏疮、穿肠漏等。肛漏多是肛痈的后遗症,其临床特点是肛旁肿痛、流脓、瘙痒反复发作,经久不愈。一般由原发性内口、漏管和继发性外口三部分组成。内口为原发性,绝大多数在肛管齿线处的肛隐窝内;外口是继发的,在肛门周围皮肤上,可能不止一个(彩图 11-3-1)。肛漏是常见的肛肠疾病,在我国占肛肠病发病人数的 1.67% ~ 3.6%,发病高峰年龄在 20 ~ 40 岁,婴幼儿发病亦不少见。男性多于女性,男女之比为(5 ~ 6):1。本病相当于西医学的肛漏。

【病因病机】

肛痈溃后,余毒未尽,留连肉腠,疮口不愈,日久成漏;或因肺、脾两虚,气血不足,以及肺肾阴虚,湿热乘虚流注肛门,久则穿肠透穴为漏。

1. 湿热蕴阻　肛痈溃后,湿热未清,蕴结不散,留连肉腠,耗伤气血,日久成漏。

2. 正虚邪恋　病久正虚,不能托毒外出,湿热留恋,久不收口,形成漏患。

3. 阴液亏虚　肺脾肾三阴亏损,邪乘下位,郁久肉腐化脓,溃破成漏。

西医学认为肛漏和肛门直肠周围脓肿为肛周间隙化脓性感染的两个病理阶段,急性期为肛门直肠周围脓肿,慢性期为肛漏。肛漏多为一般化脓性感染所致,少数为特异性,如结核、克罗恩病等。

【诊断】

1. 常有肛痈自行溃破或曾行切开引流的病史。

2. 肛旁肿痛、流脓反复发作。肛漏引流通畅时,一般不觉疼痛;如外口闭合,则可出现局部疼痛;如外口破溃,脓水流出,则疼痛迅速减轻或消失。脓水淋漓,久不收口为肛漏的特征。初起脓液较多,久则流脓时作时止;病久时易继发肛门瘙痒,多因脓液浸渍刺激皮肤所致。结核、克罗恩病等特异性肛漏,可伴有发热、消瘦、贫血、腹泻、食欲不振等全身症状。

3. 视诊可观察外口的数目、部位、形态和脓液情况。外口凸起,脓液稠厚味臭,多提示为一般感染;外口凹陷,脓液清稀或呈米泔样,则可能为结核等特异性感染。另外,通过观察外口的部位,可以初步判断内口的位置和管道的曲直。根据肛漏的发展规律,将肛门两侧的坐骨结节划一条横线,当漏管外口在横线之前距肛缘 4cm 以内,内口在齿线处与外口位置相对,其管道多为直行;如外口在距肛缘 4cm 以外,或外口在横线之后,内口多在后正中齿线处,其漏管多为弯曲或马蹄形。

4. 指诊、探针检查、染色剂注射检查、X 线漏管造影、直肠腔内 B 超、MRI 检查有助于确定漏管深浅、走向、分支、与肛门括约肌关系和内口的位置。病理组织学检查可排除结核、克罗恩病以及是否癌变。

5. 目前临床多采用漏管与肛门括约肌的关系的分类方法。

(1) 低位肛漏

1) 低位单纯性肛漏:内口在肛隐窝,仅有一个漏管通过外括约肌皮下部或浅部,与皮肤相通。

2) 低位复杂性肛漏:有两个以上内口或外口,肛漏漏管通过在外括约肌皮下部或浅部。

(2) 高位肛漏

1) 高位单纯性肛漏:内口在肛隐窝,仅有一个漏道,走行在外括约肌深部以上。

2) 高位复杂性肛漏:有两个以上外口,通过漏管和内口相连或并有支管空腔,其主管通过外括约肌深部以上。

【鉴别诊断】

1. 肛门部化脓性汗腺炎　是一种皮肤及皮下组织的慢性炎性疾病。其病变范围广泛,常在肛门皮下形成许多漏道和外口,肿痛、流脓,周围皮肤质硬而呈黪褐色。主要区别点为漏管道表浅,位于皮下;肛管直肠内无内口与漏管道相通。

2. 骶前畸胎瘤　是胚胎发育异常的先天性疾病。多在青壮年时期发病。破溃后常在肛门尾骨间形成外口,肛内指诊可触及骶前有囊性肿块,而无内口。X 线检查,在骶骨和直肠之间有肿块,内有不定型的散在钙化阴影,可见骨质或牙。

3. 克罗恩病　是一种炎症性肠病。多伴有腹泻、腹痛、发热和体重减轻。常有多个外口和内口,漏道走行无规律,内口位置深浅不一,多不在齿线附近的肛隐窝。做胃镜、小肠镜、纤维结肠镜等全消化道检查可明确诊断。

【辨证论治】

肛漏的治疗以清热利湿为大法。辨证当首分虚实,祛邪勿忘扶正,攻补兼施,并应及早采用挂线、手术等法,以防复发。

1. 湿热下注证

证候:漏管外口胬肉高突,流脓黏稠味臭,色黄或白;肛门肿胀疼痛,或潮湿瘙痒,硬索明显。舌红,苔黄,脉弦或滑。

治法:清热利湿。

方药:二妙丸合草薢渗湿汤加减。常用苍术、黄柏、草薢、薏苡仁、滑石、通草。

2. 正虚邪恋证

证候:肛周流脓液,质地稀薄,肛门隐隐作痛,漏管外口肉芽不鲜,时溃时愈,按之质较硬,且多有索状物通向肛内。伴有神疲乏力。舌淡,苔薄,脉濡。

治法:益气养血,扶正托毒。

方药:托里消毒散加减。常用生黄芪、党参、金银花、白芷、连翘、白术、茯苓、当归、川芎。

3. 阴液亏虚证

证候:漏管外口凹陷,周围颜色晦黯,脓出稀薄如米泔样,无硬索状物。可伴有潮热盗汗,心烦口干。舌红,少苔,脉细数。

治法:养阴清热。

方药:青蒿鳖甲汤加减。常用青蒿、知母、鳖甲、生地黄、玄参、南沙参、怀山药、茯苓。

【外治】

1. 肛漏脓水淋漓,肛周潮湿者,可用苦参汤或祛毒汤煎水,先熏后洗。

2. 肛漏脓出不畅,发作频繁者,可用药线引流法,以药捻蘸九一丹等药自外口插入漏管,提脓拔毒引流。

【其他疗法】

手术是治愈肛漏的最佳方法。其原则是在保证肛门括约功能的前提下,将漏管切开引流,换药使创口逐渐愈合。手术成败的关键,在于正确地找到内口,并将内口切开或切除,否则创口难以愈合,或愈后又发。目前常用手术方法如下:

1. 切开疗法

适应证:低位单纯性肛漏和低位复杂性肛漏。

禁忌证:肛门周围有严重皮肤病者;有严重心肝肾疾病或血液病、癌症等其他疾病,不宜手术者;肛漏内口不明确者。

操作方法:取截石位或侧卧位,在麻醉下,常规消毒,铺无菌巾;先在肛管内塞入一块纱布,再用钝头针头注射器从漏管外口注入1%亚甲蓝与过氧化氢溶液混合液,观察纱布染色位置,则可有助于寻找内口,也便于在手术时辨认漏管走向;将球头丝状探针从漏管外口轻轻插入,再将食指插入肛门,引导探针自内口探出;自外口沿探针方向切开皮肤和皮下组织及漏管外壁,直到整个漏管完全切开为止。漏管全部敞开后,用刮匙将漏管壁上染有亚甲蓝的坏死组织和肉芽组织刮除,修剪创口两侧的皮肤和皮下组织,形成一放射状的创面,使引流通畅;仔细止血,创面填塞油纱条,外垫纱布,胶布固定。

注意事项:切断括约肌时,要与肌纤维成直角,不能斜角切断。一次可切断外括约肌皮下部、浅部,但外括约肌深部、耻骨直肠肌和女性前侧的外括约肌皮下部、浅部不宜切断,以免造成肛门失禁;若必须切断时,则应挂线缓慢勒断。漏管于外括约肌深浅两部之间通过者,一次不可同时切断两处外括约肌;如需要同时切断两处,宜先切断一处,另一处挂线。切断肛尾韧带时,可以纵行切开,不能横行切开,以免造成肛门向前移位;如必须横行切开,可挂线缓慢勒开或切断后重新缝合固定。

术后处理:术后须保持大便通畅,必要时可给予润下剂。每天大便后用中药煎汤熏洗坐浴、换药;换药时要将油纱条置于创口基底部,使其从基底部开始生长,以防表面过早粘连封口,形成假性愈合;肛漏切开后,可有少量脓水流出,如持续较多脓水外溢,应检查有无支管或残留的管道。

2. 挂线疗法　此法具有简便、经济,肛门功能损伤小,引流通畅等优点,深受医患双方欢迎,成为目前国内临床应用最普遍的中医特色疗法之一。临证时多通过挂线的慢性勒割作用、异物刺激作用、引流和标志等作用而达到治疗目的。

适应证:婴幼儿肛漏和高位肛漏;亦可作为多发性低位肛漏切开疗法的辅助方法。

禁忌证:同切开疗法。

操作方法:取截石位或侧卧位,在麻醉下,术野常规消毒。先在球头丝状探针尾端缚扎一橡皮筋,再将探针头从漏管外口轻轻向内探入,在肛管齿线附近找到内口,然后将食指伸入肛管,探查探针,并将其弯曲,从肛门口拉出。注意在插入探针时不能用暴力,以免造成假道。将探针从漏管内口完全拉出,使橡皮筋经过漏管外口进入漏管,提起橡皮筋,切开漏管内外口之间的皮肤、皮下组织和脂肪组织,自外口切开部分漏管至肛门外括约肌处,拉紧橡皮筋,紧贴皮下切口用止血钳夹住,在止血钳下方用粗丝线收紧橡皮筋,并予结扎。最后在结扎线处1.5cm处剪去多余的橡皮筋,松开止血钳,用油纱条嵌入伤口压迫止血,外垫纱布,胶布固定。

一般挂线后,橡皮筋在10天左右可以脱落,若10天以后不脱落,结扎橡皮筋多已松弛,需要再紧线1次。若以药线挂线,将药线收紧,打一二扣活结,以备以后紧线;亦可将药线的一端穿入另一段药线内,由肛门牵出,使线绕漏管周围成为双股线,然后收紧,打一活结。每隔1~2天紧线1次,控制紧线的张力使挂线在10天左右脱落。

【预防护理】

1. 预防　经常保持肛门清洁,养成良好的卫生习惯;不宜过食辛辣刺激食物,及时治疗肛隐窝炎、腹泻、便秘等疾病;发现肛痈,宜早期切开排脓;一次性手术治疗可以防止后遗肛漏。

2. 护理　肛漏患者应及早治疗,避免外口堵塞后引起脓液积聚,排泄不畅,引发新的支管。术后换药宜认真仔细,防止创口假性愈合,肛漏复发。

【结语】

肛漏常继发于肛痈,其形成多因肛痈溃后,余毒未尽,留恋肉腠,或肺脾肾虚,湿热乘虚流注肛门,穿肠透穴为漏。因湿热毒邪为患,病程缠绵,日久不愈。辨证常分为湿热下注、正虚邪恋和阴液亏虚三型。治疗以清热利湿为大法,但祛邪勿忘扶正,益气养阴,托毒外达贯穿治疗始终。早施挂线、手术等法可及时治愈漏患,以防复发。手术成败的关键在于正确找到内口并处理。手术应注意保护肛门功能。

第四节　肛　裂

肛管皮肤全层裂开并形成溃疡者称为肛裂。中医学将本病称为"钩肠痔"、"裂痔"、"裂肛痔"、"脉痔"等。其临床特点是肛门周期性疼痛、出血、便秘。多见于20~40岁的青壮年,好发于截石位6、12点处,而发于12点处的又多见于女性。在肛门部疾病中,其发病率仅次于痔。

【病因病机】

因阴虚津液不足或过食辛辣之品致脏腑热结肠燥,大便秘结,粪便粗硬,排便努挣,使肛门皮肤裂伤,染毒而成。《医宗金鉴·外科心法要诀》:"肛门围绕、折纹破裂、便结者,火燥也。"

1. **血热肠燥** 常因饮食不节,恣饮醇酒,过食辛辣厚味,以致燥热内结,耗伤津液,无以下润大肠,则大便干结;临厕努责,使肛门裂伤而致便血等。

2. **阴虚津亏** 素有血虚,血虚津乏、生燥,肠道失于濡润,可致大便燥结,损伤肛门而致肛裂;阴血亏虚,则生肌迟缓,疮口不易愈合。

3. **气滞血瘀** 气为血之帅,气行则血行,气滞则血瘀。热结肠燥,气机阻滞而运行不畅,气滞则血瘀阻于肛门,使便后肛门疼痛明显。

西医学认为,肛裂的发生与解剖、局部损伤、感染及内括约肌痉挛等因素有关。

【诊断】

1. 主要表现为便时疼痛,呈阵发性刀割样疼痛或灼痛,排便后数分钟到十余分钟内疼痛减轻或消失,称为疼痛间歇期。随后又因括约肌持续性痉挛而剧烈疼痛,往往持续数小时方能逐渐缓解。病情严重时,咳嗽、喷嚏都可引起疼痛,并向骨盆及下肢放射。同时可见大便时出血,一般为手纸带血,滴血或仅附着于粪便表面,量少色鲜红。患者常有习惯性便秘,干燥粪便常使肛门皮肤撕裂而引起肛裂,又因恐惧大便时的肛裂疼痛而不愿定时排便,产生"惧便感",又使便秘加重,形成恶性循环。

2. 以肛门视诊为主,用两拇指将肛缘皮肤向两侧轻轻分开,并嘱患者放松肛门,可见肛管有纵行裂口或纵行梭形溃疡,多位于截石位6点或12点处,常伴有赘皮外痔、肛乳头肥大等。必要时可在局麻下行直肠指诊及肛门镜检查。

3. **分期** 根据不同病程及局部表现,肛裂分为两期。

早期肛裂:发病时间较短,仅在肛管皮肤上见有一小的梭形溃疡,创面浅而色鲜红,边缘整齐,有弹性。

陈旧性肛裂:病程较长,反复发作,溃疡色淡白,底深,边缘呈"缸口"增厚,底部形成平整较硬的灰白组织(栉膜带)。由于裂口周围组织的慢性炎症,常可伴发结缔组织性外痔(又称赘皮痔)、单口内漏、肛乳头肥大、肛窦炎、肛乳头炎等。因此,裂口、灰白组织、结缔组织性外痔、肥大乳头、单口内漏、肛窦炎、肛乳头炎等局部的病理改变,均为陈旧性肛裂的特征。

【鉴别诊断】

1. **肛管结核性溃疡** 常位于肛管两侧,溃疡的形状不规则,溃疡面可见干酪样坏死物,疼痛不明显,无裂痔,出血量少,多有结核病史。

2. **肛门皲裂** 多由肛门湿疹、肛门瘙痒等继发,裂口为多发,位置不定,一般较表浅,疼痛轻,出血少,无赘皮外痔和肛乳头肥大等并发症。

3. **梅毒性溃疡** 多有性病史,溃疡不痛,位于肛门侧面,对触诊不敏感。溃疡呈圆形或梭形,微微隆起,较硬,有少量分泌物,涂片检查可见梅毒螺旋体,可伴有双侧腹股沟淋巴结肿大。

【辨证论治】

肛裂的治疗以纠正便秘、止痛和促进溃疡愈合为目的。早期肛裂一般采用保守治疗。

1. **血热肠燥证**

证候:大便二三日一行,质干硬,便时肛门疼痛,便时滴血或手纸染血,裂口色红,腹部胀满,溲黄。舌偏红,脉弦数。

治法:清热润肠通便。

方药:凉血地黄汤合脾约麻仁丸加减。常用生地黄、当归尾、地榆、槐角、黄连、天花粉、生甘草、升麻、赤芍、枳壳、黄芩、荆芥、大黄、厚朴、杏仁、白芍、麻子仁。

2. 阴虚津亏证

证候:大便干结,数日一行,便时疼痛,点滴下血,裂口深红,口干咽燥,五心烦热。舌红,苔少或无苔,脉细数。

治法:养阴清热润肠。

方药:润肠汤加减。常用当归、甘草、生地黄、麻子仁、桃仁。

3. 气滞血瘀证

证候:肛门刺痛明显,便时便后尤甚,肛门紧缩,裂口色紫黯。舌紫黯,脉弦或涩。

治法:理气活血,润肠通便。

方药:六磨汤加减。常用大槟榔、沉香、木香、乌药、枳壳、大黄。

【外治】

1. 熏洗法　每次便后用苦参汤或五倍子汤坐浴,也可用1:5000高锰酸钾液坐浴,有促进血液循环,保持局部清洁,减少刺激的作用。

2. 外敷法　坐浴后用生肌玉红膏蘸生肌散涂于裂口,每天1~2次。具有活血祛腐,解毒镇痛,润肤生肌等作用。

3. 封闭法　于长强穴用0.5%~1%普鲁卡因或1%利多卡因行扇形注射,隔天1次,5次为1个疗程。亦可于裂口基底部注入长效止痛液或复方亚甲蓝溶液3~5ml,每周1次。

【其他疗法】

1. 手术　陈旧性肛裂和非手术疗法治疗无效的早期肛裂,可考虑手术治疗,并根据不同情况选择不同的手术方法。

（1）切除疗法

适应证:适用于陈旧性肛裂,伴有结缔组织性外痔、肛乳头肥大等。

操作方法:取侧卧位或截石位,局麻或腰俞麻醉下,肛内常规消毒,在肛裂正中纵行切口,上至齿线,切断栉膜带及部分内括约肌环形纤维,下端向下适当延长,切断部分外括约肌皮下部纤维,使引流通畅,同时将赘皮外痔、肥大肛乳头等一并切除,修剪溃疡边缘发硬的瘢痕组织,成一底小顶大的"V"字形开放创口,用油纱条嵌压创面,再用纱布覆盖固定。术后,每次便后用温水或苦参汤或1:5000高锰酸钾溶液坐浴,换药至痊愈。

（2）内括约肌松解术

适应证:适用于不伴有结缔组织性外痔、皮下漏等的陈旧性肛裂。

操作方法:侧卧位或截石位,局麻或腰俞麻醉下,肛内常规消毒,在肛门后方或侧方距肛缘1.5cm处做一纵行切口,深达皮下,以止血钳显露内括约肌下缘,在直视下用两把血管钳夹住内括约肌下缘后剪断之,切口一般不缝合,以油纱条嵌压引流。术后,每次便后换药,直到创口愈合。

（3）纵切横缝法

适应证:适应于陈旧性肛裂伴有肛管狭窄者。

操作方法:取侧卧位或截石位,局麻或腰俞麻醉下,肛内常规消毒,沿肛裂正中做一纵行切口,上至齿线上0.5cm,下至肛缘外0.5cm,切断栉膜带及部分内括约肌纤维,如有潜行性皮下漏管、赘皮痔、肛乳头肥大、肛窦炎也一并切除,修剪裂口创缘,再游离切口下端的皮肤,以减少张力,彻底止血,然后用可吸收线从切口上端进针,稍带基底部组织,再从切口下端皮肤穿出,拉拢切口两端,缝线结扎,使纵切口变成横缝合,一般缝合3～4针,外盖油纱布,纱布压迫,胶布固定。术后应嘱患者进流质饮食或软食2天,控制大便1～2天。便后用中药坐浴或1:5000高锰酸钾液坐浴,肛内注入九华膏换药至创口愈合。

2. 中成药 槐角丸、当归龙荟丸、麻子仁丸等,临床上根据辨证选择应用。

【预防护理】

1. 预防 养成良好的排便习惯,及时治疗便秘。饮食中应多含蔬菜水果,防止大便干燥,避免粗硬粪便擦伤肛门。注意肛门清洁,避免感染。积极治疗其他肛门疾病。

2. 护理 便后疼痛剧烈,可用温水坐浴或用九华膏、马应龙痔疮膏外敷。大便干结时,每次餐前半小时可口服适量蜂蜜凉开水(糖尿病除外)。

【结语】

肛裂主要因阴虚津亏,热结肠燥导致大便秘结,怒责排便,肛门皮肤裂伤染毒而成。辨证分血热肠燥、阴虚津亏、气滞血瘀三型,治疗要抓住肛裂便时周期性疼痛的特点及便秘→疼痛→惧便→便秘这一恶性循环的规律,把握饮食调理、药物治疗与手术治疗的时机。

第五节 脱 肛

脱肛是直肠黏膜、肛管、直肠全层,甚至部分乙状结肠向下移位的一种疾病。脱肛之名首见于隋代《诸病源候论》。古代文献又称"人州出"、"脱肛痔"、"盘肠痔"等。其临床特点是努挣后肠黏膜或肠管全层脱出,不出血或有少量淡红色血性黏液,常伴肛门失禁或便秘。脱肛常见于儿童及老年人,在儿童本病是一种自限性疾病,可在5岁前自愈。直肠黏膜松弛下移未脱出于肛门外者称为内脱垂,脱于肛门外视诊可见者为外脱垂,外脱垂又根据脱出组织为肠黏膜层或肠管全层分为不完全脱垂及完全性脱垂。本病相当于西医学的直肠脱垂。

【病因病机】

总因脾虚气陷所致,素有气血亏虚者亦可为实邪所侵而发病,故临证亦可出现虚实兼夹之象。

1. 脾虚气陷 小儿先天不足,气血未旺,或老年气血衰退,或因劳倦,久病体虚,妇人生产用力努责,以致气血不足,中气下陷,不能固摄而成。

2. 湿热下注 素本气虚,摄纳失司,复染湿热而脱。

西医学认为本病多因先天性的盆底解剖缺陷,经阴道分娩或便秘等导致长期腹压增加,慢性消耗性疾病或营养吸收障碍,中枢或外周神经系统疾病,导致盆底及会阴部支持固定直肠能力减弱而发。

【诊断】

1. 多见于幼儿、老年人,尤其是多次分娩或有长期便秘、慢性腹泻者。

2. 起病缓慢,以肠黏膜或肠管全层脱出为主要症状,脱出物为淡红色,可见放射状或环形黏膜皱襞。早期脱出,便后能自行还纳,以后渐渐须手托或平卧方能复位,日久失治,咳嗽、下蹲或行走时也可脱出。脱出的肠管持续扩张肛门周围括约肌会导致肛门功能下降,导致不同程度的肛门失禁,外溢的黏液长期刺激可诱发肛门瘙痒和湿疹。

3. 分度 直肠脱垂可分为三度。

(1) 一度脱垂:为直肠黏膜脱出,脱出物淡红色,长 3～5cm,触之柔软,无弹性,不易出血,便后可自行回纳。

(2) 二度脱垂:为直肠全层脱出,脱出物长 5～10cm,呈圆锥状,淡红色,表面为环状而有层次的黏膜皱襞,触之较厚,有弹性,肛门松弛,便后有时需用手回复。

(3) 三度脱垂:直肠及部分乙状结肠脱出,长达 10cm 以上,呈圆柱形,触之很厚,肛门松弛无力(彩图 11-5-1)。

4. 蹲位检查有助于明确病情。排粪造影可了解是否有直肠黏膜内脱垂。直肠指诊、肛管直肠测压、肌电图检查可帮助判断患者肛门功能状况。对伴有阴道脱垂或尿失禁的患者,须做尿动力学和妇科检查。

【鉴别诊断】

1. 内痔脱出 Ⅱ、Ⅲ、Ⅳ期内痔便后亦会脱出,应要求有脱出症状的患者取蹲位模拟排便动作,使医生可直接观察脱出物性状。脱出痔核颜色黯红或青紫,呈颗粒状,各痔核间有明显的分界。内痔出血色鲜红,可滴血或喷血。

2. 直肠息肉 较大直肠息肉便时可脱出肛外,肿物多为圆形,有蒂,触之软,反复脱出者质脆,易出血,可滴血或喷血。

【辨证论治】

脱肛的治疗当以补气升提为大法。以虚证为主者,治以补中升陷,益气升提。以实证为主者,治以清化湿热;虚实兼杂者,当虚实兼顾。

1. 脾虚气陷证

证候:便时肛门肿物脱出,轻重程度不一,色淡红。伴有肛门坠胀,大便带血,神疲乏力,食欲不振,甚则头昏耳鸣,腰膝酸软。舌淡,苔薄白,脉弱。

治法:补气升提,收敛固摄。

方药:补中益气汤加减。常用黄芪、人参、炙甘草、当归身、橘皮、升麻、柴胡、白术。脱肛较重,不能回复者,重用黄芪、人参、升麻、柴胡,必要时加诃子、五倍子、金樱子以增强收敛固摄作用。

2. 湿热下注证

证候:肛门肿物脱出,色紫黯或深红,甚则表面溃破、糜烂,肛门坠痛,肛内有灼热感。舌红,苔黄腻,脉弦数。

治法:清热利湿。

方药:葛根芩连汤加减。常用葛根、黄芩、黄连、甘草。

【外治】

1. 熏洗 脱肛日久肛门周围潮湿瘙痒者可用苦参汤先熏后洗以除湿止痒;如脱出肿胀,甚则表面溃破、糜烂,伴肛门坠痛,可用苦参汤加石榴皮、枯矾、五倍子煎水熏洗。

2. 外敷 对脱出物可外敷五倍子散或马勃散以收敛固涩。

【其他疗法】

1. 注射疗法 适用于小儿或年老体弱不宜手术者。将酚甘油注射液或消痔灵注射液注入直肠黏膜下层或直肠周围间隙内,使移位的直肠黏膜或直肠系膜与周围组织产生硬化粘连固定。其作用原理是:药物刺激致炎作用—无菌性炎症—纤维化形成—粘连固定脱垂组织。

(1) 黏膜下注射法:此法分为黏膜下层点状注射法和柱状注射法两种。

适应证:一、二度脱肛,以一度脱肛效果最好。

禁忌证:直肠炎、腹泻、肛周炎及持续性腹压增加疾病者。

药物:消痔灵注射液等。

操作方法:取侧卧位或截石位,局部消毒后,将直肠黏膜暴露肛外,或在肛门镜下,在齿线上 1cm 环形选择 2～3 个平面,或纵行选择 4～6 行。每个平面或每行选择 4～6 点,各点距离相互交错,每点注药 0.2～0.3ml,不要过深刺入肌层或过浅注入黏膜内,以免无效或坏死。总量一般为 6～10ml。注射完毕后用塔形纱布压迫固定。柱状注射是在肛外直肠黏膜 3、6、9、12 点齿线上 1cm 的黏膜下层行柱状注射。长短视脱出长度而定,每柱药量 2～3ml,注射完毕送回肛内。注射当天适当休息,不宜剧烈活动。流质饮食,控制大便 1～3 天。一般 1 次注射后可收到满意效果,若疗效不佳,7～10天后再注射 1 次。

(2) 直肠周围注射法

适应证:二、三度脱肛。

禁忌证:肠炎、腹泻、肛门周围急性炎症者。

药物:消痔灵注射液等。

术前准备:术前晚上和术前各灌肠 1 次。

操作方法:在腰俞麻醉或局麻下,取截石位。局部和肛内消毒,术者戴无菌手套,选定在距离肛缘 1.5cm 的 3、6、9 点三个进针点,然后用细长腰穿针头和 20ml 注射器吸入注射药液,选 3 点处刺入皮肤、皮下,进入坐骨直肠窝,进入 4～5cm,针尖遇到阻力,即达肛提肌,穿过肛提肌,进入骨盆直肠间隙。此时,另手食指伸入直肠内,仔细寻摸针尖部位,确定针尖在直肠壁外,再将针深入 2～3cm,为了保证针尖不刺入直肠壁内,以针尖在直肠壁外可以自由滑动为准,然后缓慢注入药物 6～8ml,使药液呈扇形均匀散开。用同法注射对侧。最后在 6 点处注射,沿直肠后壁进针,刺入 4～5cm,到直肠后间隙,注药 4～5ml。三点共注射药量 16～20ml。注射完毕,局部消毒后,用无菌纱布覆盖。卧床休息,控制大便 3 天。注射后 1～3 小时内肛门周围胀痛,一般可自行缓解。术后 2～3 天有时有低热,如不超过 38℃,局部无感染者为吸收热,可不予特殊处理;如超过 38℃,局部有红、肿等感染性炎症改变时,应给予抗生素治疗。

操作时需严格遵守无菌操作原则,慎防局部感染形成。穿刺定位应在手指引导下进行,避免误刺入黏膜或肌肉内。

2. 针灸　①体针及电针:取长强、百会、足三里、承山、八髎穴。②梅花针:在肛门外括约肌部位点刺。

3. 手术　适用二、三度脱肛者。分为经腹入路及经会阴入路两类。手术方法较多,但各有优缺点及复发率,没有哪一种手术方法可用于所有的患者,有时对同一患者需要用几种手术方法,常用有直肠悬吊及固定术和脱垂肠管切除术两类手术。

【预防护理】

1. 预防　及时纠正便秘及努挣的习惯;避免多次经阴道分娩造成的会阴部神经

及肌肉损伤;脱垂初期应及早治疗,避免反复脱垂造成肛门失禁。

2. 护理　指导患者及时将脱出物回纳,避免脱出物嵌顿坏死;对肛门部潮湿瘙痒者,应指导其正确进行会阴部护理,便后可用温水或中药进行熏洗,避免使用烫水或具有刺激性的溶液局部清洗。

【结语】

脱肛的形成主要责之脾虚气陷,或兼夹湿热实邪,以致气血不足,中气下陷,不能固摄而成。辨证常分为脾虚气陷、湿热下注两型。治疗以补气升提,收敛固摄为原则,虚实兼杂者,当虚实兼顾。内治外治与手术相结合,收效显著。本病治疗以补为贵,补脾益气贯穿始终。

第六节　息　肉　痔

息肉痔是指发生于结直肠黏膜上的赘生物,是一种常见的结直肠良性肿瘤。历代文献中有"息肉痔"、"悬胆痔"、"垂珠痔"、"樱桃痔"等病名。其临床特点为肿物蒂小质嫩,其色鲜红,便后出血。若很多息肉积聚在一段或全段大肠者,称息肉病。可分为单发性和多发性两种,前者多见于儿童,后者多见于青壮年。本病少数可恶变,尤以多发性息肉者恶变较多。西医学称之为结直肠息肉(彩图11-6-1)。

【病因病机】

息肉的发生与饮食不节、劳倦内伤、情志失调及先天禀赋不足等因素有关。

1. 风伤肠络　《证治要诀》:"血清而色鲜者为肠风,浊而黯者为脏毒。"《见闻录》:"纯下清血者,风也。"风性善行而数变,且风常夹热,热伤肠络,血不循经,溢于脉外则便血。

2. 气滞血瘀　饮食不节、劳倦过度,导致脾胃运化功能不足,湿邪内生,下注大肠,经络阻塞,瘀血浊气凝聚不散,气滞血瘀,日久而发为息肉。

3. 脾气亏虚　先天禀赋不足或思虑过度,忧思不解,郁结伤脾,脾气不行,水湿不化,津液聚而成痰,痰气郁结于大肠,则化生息肉。

西医学认为本病的发生可能与遗传、饮食、慢性炎症刺激等有关。

【诊断】

1. 临床表现　因息肉的大小及位置高低而不同。位置较高的小息肉一般无症状;低位带蒂息肉,大便时可脱出肛门外,小的能自行回纳,大的便后需用手推回,常伴有排便不畅、下坠,或有里急后重感。多发性息肉常伴腹痛、腹泻,排出血性黏液便,久之则体重减轻,体弱无力,消瘦,贫血等。

若息肉并发溃疡及感染,可有大便次数增加,便后有里急后重,便后出血伴血性黏液排出。

2. 肛门指诊　对低位息肉有重要诊断价值。可扪及圆形柔软肿物,表现光滑,活动度大,有长蒂时常有肿物出没不定的情况。多发性息肉,则可触及直肠腔内有葡萄串样大小不等的球形肿物,指套染血或附有血性黏液。

3. 乙状结肠镜或纤维结肠镜检查并取活体组织行病理检查,进一步明确诊断。气钡双重造影检查能发现早期微小病变,可确定息肉的部位与数目。

4. 按组织学表现和病理性质分类

（1）腺瘤性息肉：管状腺瘤、管状绒毛腺瘤、绒毛腺瘤和家族性腺瘤息肉病。这类息肉是由肠上皮生长的新生物，极易发生癌变。

（2）错构瘤：这类肿瘤是正常组织的异常混合，一种或数种组织过度生长的肿瘤。包括幼年息肉、幼年息肉病和黑斑息肉综合征。息肉一般不会恶变，但息肉病则多会恶变。

（3）炎症性息肉：即假息肉，由肠黏膜溃疡而引起。常见的有：慢性溃疡性结肠炎、良性淋巴样息肉和良性淋巴样息肉病，属正常淋巴组织，与癌变无关。

（4）增生性息肉：又叫化生性息肉。是在直肠和结肠黏膜上的无蒂小结节，可单个孤立，也可多发颜色与周围黏膜相同，直径仅有几毫米，一般无症状，多并发腺瘤。

【鉴别诊断】

1. 直肠癌　可有大便习惯的改变，大便变细变扁，便血，色紫黯，气味恶臭，伴里急后重。直肠指检可触及基底不平，质硬推之不移的肿块，病理检查可明确诊断。

2. 肛乳头肥大　发生在齿线肛窦部附近，常单个发生，质较硬，呈灰白色，光面光滑，多无便血，活检可以明确性质。

3. 内痔　位于直肠末端近齿线处，呈圆形或椭圆形，质柔软，基底较宽而无蒂，便血量多，多见于成年人。

【辨证论治】

本病为癌前病变，一旦发现，应及早采用手术治疗。病理确诊为良性者，可辅以中药辨证内服，多发性息肉者配合外治法。

1. 风伤肠络证

证候：便血鲜红，滴血，带血。息肉表面充血明显，脱出或不脱出肛外。舌质红，苔薄白或薄黄，脉浮数。

治法：清热凉血，祛风止血。

方药：槐角丸加减。常用槐角、槐花、槟榔、黄芩、刺猬皮。

2. 气滞血瘀证

证候：肿物脱出肛外，不能回纳，疼痛甚，息肉表面紫黯。舌紫，脉涩。

治法：活血化瘀，软坚散结。

方药：少腹逐瘀汤加减。常用小茴香、干姜、延胡索、没药、川芎、官桂枝、赤芍、炒五灵脂、生蒲黄、当归。

3. 脾气亏虚证

证候：肿物易于脱出肛外，表面增生粗糙，或有少量出血，肛门松弛。舌质淡，苔薄，脉弱。

治法：补益脾胃。

方药：参苓白术散加减。常用白扁豆、人参、白术、白茯苓、炙甘草、山药、莲子肉、桔梗、薏苡仁、缩砂仁。

【外治】

灌肠法　适用于多发性息肉。选用具有收敛、软坚散结作用之药物。如用乌梅、海浮石各12g，五倍子6g，牡蛎、夏枯草各30g，紫草、贯众各15g，浓煎为150～200ml，取每次50ml，保留灌肠，每天1次。

【其他疗法】

1. 结扎法

适应证:适用于低位带蒂息肉。

禁忌证:肛门直肠有急性脓肿者;伴有严重高血压、肝肾疾病、腹泻或血液病患者。

操作方法:侧卧位或截石位,局部常规消毒,麻醉后,用食指将息肉轻轻拉出肛外,或在肛镜下,用组织钳夹住息肉轻轻拉出肛外,用圆针丝线在息肉基底贯穿结扎,然后切除息肉,注入九华膏或放置红油膏纱布条引流。

2. 套扎法　本法是通过器械将小乳胶圈套入息肉根部,利用胶圈较强的弹性阻止血液循环,促使息肉缺血、坏死、脱落。

适应证:适用于低位带蒂息肉。

禁忌证:同单纯结扎法。

操作方法:①让患者排便后,取胸膝位或侧卧位;②先做直肠指诊,以排除其他病变;③插入肛门镜,检查息肉位置及数目,选定套扎部位;④反复消毒手术野,由助手固定肛门镜,术者持套扎器套住息肉基底部,击发扳机,将胶圈套扎在息肉根部。术后处理同单纯结扎法。

3. 直肠结肠切除术　对高位多发性腺瘤,必要时可考虑做直肠结肠切除术。

【预防护理】

1. 预防　积极治疗结直肠疾病,如内外痔、肛漏、肛裂、肛窦炎及慢性肠炎等。保持大便通畅,养成定时排便习惯,防止便秘或腹泻的发生。不定期做大便潜血试验,反复潜血阳性者应及时进行肠镜检查,以防误诊。

2. 护理　息肉脱出肛外要及时回纳,切不可盲目牵拉,以免撕伤或断裂而造成大出血。

【结语】

息肉痔是发生于结直肠的良性肿瘤。其发病多与饮食不节、劳倦内伤、情志失调及先天禀赋不足等因素有关。辨证分风伤肠络、气滞血瘀、脾气亏虚三型。治疗以清热凉血、祛风止血,活血化瘀、软坚散结,补益脾胃为大法。因本病属癌前病变,一旦发现,应及早手术治疗。

第七节　便　秘

便秘是以排便间隔时间延长、排出困难或排便不尽感为临床表现的病症。古代文献中又称"大便难"、"脾约"、"秘涩"、"秘结"等。其临床特点是排便周期延长,或粪便干结,排出困难,或虽有便意,但不能排出。本病可见于各年龄人群,患病率随年龄增长明显增加,以女性多见。本节讨论的范畴相当于西医学的慢性功能性便秘。

【病因病机】

多因饮食不节,燥热内结,情志失调或素体亏虚等,致大肠失于濡润,传导功能失常,而便结难出。

1. 燥热内结　平素阳盛之体,嗜食辛辣厚味或热病余邪未尽,肠胃积热,津液耗损,燥热内结。

2. 肠道气滞　情志失和或久坐少动,气机郁滞不宣,腑气通降失常,传导失职。

3. 气阴两虚 劳倦内伤,年老体弱,妇女产后气血耗损,肠道失荣,推动乏力。

4. 脾肾阳虚 久病久下,年老体衰,阳气不足,寒从内生,浊阴凝聚,温煦无权,肠道传送无力。

西医学认为本病常由于药物、神经内分泌疾病、饮食、环境、心理等因素引起。人体的消化道功能、直肠感觉、盆底及肛门括约肌的协调运动脑肠轴以及神经系统的传入传出功能任何环节发生障碍,都会引起便秘。

【诊断】

1. 可发生于任何年龄,表现为:①排便周期异常:排便次数减少,每周排便少于 3 次,或排便次数增多但无法有效排空;②排便费力、排便时间延长、缺乏便意、排便不尽感、肛门直肠坠胀感等;患者可长期依赖泻药,部分患者伴有心理或精神障碍。

2. 临床常分为结肠慢传输型、出口梗阻型、混合型和便秘型肠易激综合征,其中出口梗阻型又可以分为盆底失弛缓型和盆底松弛型。

3. 直肠指诊、电子肠镜可排除结直肠器质性疾病,特别是肿瘤的筛查;排粪造影、直肠气囊逼出试验、肛门直肠压力测定、结肠运输试验等检查有助于确定便秘的类型;盆腔四重造影、动态 MRI 检查能较好地提示盆底各脏器的脱垂状况,如直肠前突、直肠黏膜内脱垂、肠疝、膀胱子宫脱垂等。

【鉴别诊断】

1. 肠梗阻 多急性起病,伴有腹痛拒按,肛门无排气,呕吐等症状,腹部立位 X 线片多可见肠道气液平面。

2. 先天性巨结肠 有长期便秘病史,钡灌肠检查多能发现病灶部位。直肠黏膜肌层组织学检查,肌间和黏膜下神经丛无神经节细胞,直肠黏膜乙酰胆碱酯酶组织化学检查可确诊。

3. 结直肠肿瘤 结、直肠肿瘤堵塞肠道引起的排便困难,常伴有便血、黏液等症状,指诊、电子肠镜和组织学检查可确诊。

【辨证论治】

便秘的治疗,当分清寒、热、虚、实,以通便为目的。燥热者宜泻热润肠,气滞者宜行气导滞,气阴不足者应益气养阴,阳虚者当温阳通便,虚实夹杂者,治当攻补兼施。

1. 燥热内结证

证候:大便干结,腹部胀满,按之疼痛。伴口干口臭,面红心烦,小便短赤。舌红,苔黄燥,脉滑实。

治法:清肠泻热通便。

方药:麻子仁丸加减。常用麻子仁、芍药、枳实、大黄、厚朴、杏仁。

2. 肠道气滞证

证候:大便不畅,欲解不得出,或便而不爽,甚则少腹作胀。伴嗳气频作,纳食减少,胸胁痞满。舌苔薄腻,脉细弦。

治法:行气导滞通便。

方药:六磨汤加减。常用乌药、木香、枳壳、槟榔、沉香、大黄。

3. 气阴两虚证

证候:大便干结,或虽有便意,临厕无力努挣,挣则汗出气短。伴便后乏力,神疲肢倦懒言。舌体瘦薄,舌偏红少苔,边有齿痕,脉细弱。

治法:益气养阴,润肠通便。

方药:增液汤合黄芪汤加减。常用玄参、麦冬、生地黄、当归、石斛、沙参、黄芪、陈皮、火麻仁、白蜜。

4. 脾肾阳虚证

证候:大便秘结,排出困难。伴面色萎黄无华,时作眩晕,或腰膝酸软,畏寒肢冷,小便清长。舌淡苔白,脉沉迟。

治法:温阳通便。

方药:济川煎加减。常用当归、牛膝、肉苁蓉、泽泻、升麻、枳壳。

【外治】

灌肠法　中药灌肠或生理盐水灌肠对便秘有良好的效果,但经常使用易产生依赖性。

【其他疗法】

1. 针灸　耳针、体针是中医治疗便秘的有效方法,常用穴位有天枢、足三里等。

2. 生物反馈疗法　主要适用于盆底失弛缓型和盆底松弛型便秘。通过训练患者进行盆底协调、感觉阈识别和盆底肌肉条件反射,协助改善盆底习惯,是一种无痛苦、无创伤的安全有效的方法。包括肌电图介导的生物反馈、压力介导的生物反馈及其他生物反馈方式等。患者先在治疗师的陪同下学习如何调控括约肌的舒缩,然后独自练习,最后达到能正常排便。

3. 手术　由结直肠、肛管器质性疾病引起的便秘多考虑手术治疗。功能性便秘可行全结肠切除术或次全结肠切除术治疗,但手术应慎重,术后可能后遗顽固性腹泻和大便失禁。

【预防护理】

1. 合理膳食,多饮水,多吃粗纤维的食物;养成定时排便的习惯,避免排便时久蹲或努挣。

2. 保持心情舒畅,加强体育锻炼;忌滥用泻药。

【结语】

便秘的形成主要因燥热内结,情志失调,素体亏虚而致大肠失荣,传导功能失常。如早期正确治疗,则肠腑运行正常;若滥用泻药,则可导致"药物依赖",正虚邪恋,病程缠绵,日久不愈。辨证常分为燥热内结、肠道气滞、气阴两虚、脾肾阳虚四型。治疗当分清虚、实,以通便为目的;若配合针灸、生物反馈等疗法,则收效更佳。

第八节　锁肛痔

锁肛痔是发生在肛管直肠部位的恶性肿瘤。其早期特点是便血、大便习惯改变。后期特点正如《外科大成》所说:"锁肛痔,肛门内外如竹节锁紧,形如海蜇,里急后重,便粪细而带匾,时流臭水……"本病的发病年龄多在40岁以上,偶见于青年人。相当于西医学的肛管直肠癌。直肠癌多为腺癌,好发于直肠上段及与乙状结肠交界处。肛管癌原发于肛管皮肤,多为鳞状细胞癌。

【病因病机】

多由饮食不洁、忧思抑郁、久痢久泻或息肉虫积等引起,湿热下注、火毒内蕴、结而为肿为本病之标,正气不足,脾肾两亏,乃本病之本。

1. 湿热蕴结 饮食不洁,或久痢久泻,或息肉虫积,损伤脾胃,运化失司,湿热内生,热毒蕴结,日久化毒,乘虚下注,流注大肠,蕴毒积聚,结而为肿。

2. 气滞血瘀 忧思抑郁,或邪毒蕴聚经络、脏腑,导致气滞血瘀,瘀滞日久,结聚不散,结成肿块。

3. 气阴两虚 素体虚弱,脾肾不足,复因饮食不洁、忧思抑郁、久痢久泻或息肉虫积,损伤脾胃,脾胃受伐,运化无力,生化无权,气血津液俱虚,正气不足,邪气踞之而成积。

西医学认为导致肛管直肠癌的病因不明,可能与慢性炎症、腺瘤癌变、膳食与遗传等因素有关。

【诊断】

1. 初期表现为直肠黏膜或肛门皮肤一突起小硬结,无明显症状,病情进一步发展,可出现一系列改变。

(1)便血:是直肠癌最常见的早期症状。大便带血,血为鲜红或黯红,量不多,常同时伴有黏液,呈持续性,此时常被误认为"痔疮"。病情进一步发展,可出现大便次数增多,有里急后重,排便不尽感,粪便中有血、脓、黏液,并有特殊的臭味。

(2)排便习惯改变:也是直肠癌常见的早期症状。表现为排便次数增多,便意频繁,便不尽感等。有时为便秘,同时肛门内有不适或下坠感。

(3)大便变形:病程后期因肠腔狭窄,粪便少,大便形状变细、变扁,并出现腹胀、腹痛、肠鸣音亢进等肠梗阻征象。

(4)转移征象:首先是直接蔓延,后期穿过肠壁,侵入膀胱、阴道壁、前列腺等邻近组织,若侵及膀胱、尿道时有排尿不畅及尿痛、尿频。侵及骶前神经丛时,在直肠内或骶骨部可有剧烈持续性疼痛,并向下腹部、腰部或下肢放射。另外,可经淋巴向上转移至沿直肠上静脉走行的淋巴结。10%～15%的患者在确诊时癌症已经血行转移至肝脏,出现肝大、腹水和黄疸等。

2. 晚期患者可出现食欲不振,全身衰弱无力,贫血,极度消瘦等恶病质表现。

3. 直肠指检是诊断直肠癌的重要方法。约80%的直肠癌位于手指可触及的部位,肿瘤较大时指检可以清楚扪到肠壁上的硬块,巨大溃疡或肠腔狭窄。退指后可见指套上染有血、脓和黏液。指检发现癌肿时要扪清大小、范围、部位和固定程度,以便决定治疗方法。肛管癌早期肿块较小,可活动,呈现疣状。进一步发展,可扪及突起包块或溃疡,基底不平,质硬,呈菜花状。

4. 其他辅助检查

(1)电子纤维结肠镜检查:对所有指检可疑或有明显临床症状的直肠癌均应进行电子纤维结肠镜检查,不仅可以看到直肠、结肠内病变的范围,更重要的是取活组织进行病理检查,可以明确诊断。

(2)钡剂灌肠检查:可以发现肠腔狭窄或钡影残缺等。为排除结肠中多发性原发癌,应常规进行钡剂灌肠或气钡双重造影检查。

（3）其他检查:直肠下端癌肿较大时,女性患者应行阴道及双合诊检查,男性患者必要时应行膀胱镜检查。疑有肝转移时应行 B 超检查、CT 或同位素扫描。直肠癌肿侵及肛管而有腹股沟淋巴结肿大时,应将淋巴结切除活检。

【鉴别诊断】

1. 直肠息肉　无痛性便血,量时多时少,少夹黏液,肛门镜或直肠镜检查可见有蒂或无蒂肿物,病理检查可协助诊断。

2. 溃疡性结肠炎　黏液血便,或里急后重,结肠镜检查可见直肠或结肠黏膜充血、水肿或糜烂、溃疡,无明显肿物及肠腔狭窄,大便培养无致病菌生长。

3. 痢疾　黏液血便,里急后重,大便培养有痢疾杆菌,抗痢疾治疗效果显著。

【辨证论治】

本病一经诊断,应及早采取根治性手术治疗。对于放、化疗及术后,患者采用中医药辨证论治,能有效地降低放、化疗的毒副作用,增强机体抗病能力,改善生活质量,提高临床远期疗效。

1. 湿热蕴结证

证候:肛门坠胀,便次增多,大便带血,色泽黯红,或夹黏液,或下痢赤白,里急后重。舌红,苔黄腻,脉滑数。

治法:清热利湿。

方药:槐角地榆丸加减。常用槐角、白芍、枳壳、荆芥、地榆炭、椿皮、栀子、黄芩、生地黄。

2. 气滞血瘀证

证候:肛周肿物隆起,触之坚硬如石,疼痛拒按,或大便带血,色紫黯,里急后重,排便困难。舌紫黯,脉涩。

治法:行气活血。

方药:桃红四物汤合失笑散加减。常用当归、赤芍、生地黄、川芎、桃仁、红花、五灵脂、蒲黄。

3. 气阴两虚证

证候:面色无华,消瘦乏力,便溏,或排便困难,便中带血,色泽紫黯,肛门坠胀,或伴心烦口干,夜间盗汗,舌红或绛,苔少,脉细弱或细数。

治法:益气养阴,清热解毒。

方药:四君子汤合增液汤加减。常用人参、茯苓、炒白术、甘草、玄参、莲心、麦冬、生地黄。

【外治】

1. 肛管癌溃烂者可外敷九华膏或黄连膏。

2. 用败酱草、白花蛇舌草、白头翁各 30g,水煎取汁 80ml,或加 5-氟尿嘧啶注射液 20ml 保留灌肠,每天 1~2 次。

【其他疗法】

手术　对能切除的肛管直肠癌应尽早行根治性切除术。适用于癌肿局限在直肠壁或肛管,或只有局部淋巴结转移的患者。已侵犯的子宫、阴道壁也可以同时切除。当晚期肛管直肠癌已广泛转移,不能行根治性手术时,可行乙状结肠造瘘术,以解除梗阻,减轻患者痛苦。常用的手术方式有腹会阴联合切除术(Miles 术)、低位前切除术(Dixon 术)等。

【预防护理】

1. 预防 积极防治血吸虫病以及与大肠癌发生有关的良性病变,如息肉及息肉病、溃疡性结肠炎等,对这些病例,需定期进行内窥镜随访。40 岁以上的人,出现排便习惯改变及便血者,即应早期就诊,警惕直肠癌的发生。近年来,青年人的直肠癌发病率有上升的趋势,故青年人出现上述症状,也不应掉以轻心。对 50 岁以上的人群,应每年检查大便潜血两次。

2. 护理 注意情志调护,保持健康乐观的心态。饮食要合理,适当降低膳食中的脂肪和肉类的比例,增加新鲜蔬菜、纤维素食物。

【结语】

锁肛痔是发生在肛管直肠的恶性肿瘤,多由饮食不洁、忧思抑郁、久痢久泻或息肉虫积等引起,湿热下注、火毒内蕴、结而为肿为本病之标,正气不足,脾肾两亏,乃本病之本。本病一经诊断,应及早采取根治性手术治疗。中医辨证常分湿热蕴结、气滞血瘀、气阴两虚三证型,治疗以清热利湿,行气活血,益气养阴,清热解毒为原则。手术及放、化疗后,中晚期患者,采用中医药治疗,能有效地降低放、化疗的毒副作用,增强机体抗病能力,改善生活质量,提高临床远期疗效。

(谷云飞 刘仙温 周秀扣 杨德群 蔡而玮)

复习思考题

1. 齿线在解剖和临床上有何重要意义?

2. 试述肛管直肠环的组成及其临床意义。

3. 便血常用于哪些肛肠疾病?怎样进行辨证?

4. 祖国医学所指痔的含义是什么?为何说"十人九痔"?

5. 痔如何分期分类?如何根据症状明确痔的分类分期?

6. 痔手术治疗的适应证及常用的手术方法有哪些?

7. 如何预防痔的发生?

8. 为什么肛痈自溃或切开排脓后常会形成肛漏?

9. 为什么肛痈一次性切开法可以治愈肛痈而不后遗肛漏?

10. 如何对肛痈实证、虚证进行局部辨证?

11. 肛漏外口与内口之间有何规律性?

12. 应用挂线疗法治疗高位肛漏为什么不会引起肛门失禁?

13. 如何对肛漏实证、虚证进行局部辨证?

14. 肛裂分哪两类?其表现怎样?

15. 肛裂临床三大特征是什么?哪一项为主要特征?该特征的特点是什么?

16. 肛裂的治疗原则和具体方法是什么?

17. 一度脱肛如何与内痔脱出相鉴别？

18. 注射疗法治疗脱肛的机理是什么？操作时需要注意哪些细节？

19. 息肉痔的临床特点是什么？如何与直肠癌、肛乳头肥大及内痔相鉴别？

20. 如何治疗息肉痔？其各自的适应证分别是什么？

21. 试述便秘的定义及临床表现。

22. 试述西医学慢性功能性便秘的分型。

23. 何谓药物依赖性便秘？

24. 锁肛痔的早期临床表现有哪些？如何诊断以减少误诊率？

25. 确诊锁肛痔应如何治疗？中医中药在治疗方面有哪些特色？

26. 如何预防锁肛痔的发生？

第十二章

泌尿男性生殖系统疾病

学习目的

通过对肝、肾、脾、胃及冲脉、任脉、督脉等经脉与男性生殖生理关系特点的回顾,进一步认识泌尿男性生殖系统疾病的发生与肝、肾、脾、胃及冲脉、任脉、督脉等经脉的密切关系。掌握前列腺检查方法和获取前列腺液的方法、泌尿男性生殖系统疾病内治原则。熟悉泌尿男性生殖系统疾病的常见原因、病理和诊法特点。掌握子痈、尿石症、男性不育、阳痿、精浊和精癃的病因病机、诊断和鉴别诊断、治疗和预防护理。熟悉子痰、囊痈、阴茎痰核、血精和前列腺癌的辨证与治疗。了解子痰、囊痈、阴茎痰核、血精和前列腺癌的预防护理,了解中医药在综合治疗前列腺癌中的作用。

学习要点

前列腺检查方法和获取前列腺液的方法;泌尿男性生殖系统疾病的病理特点、内治原则;子痈、尿石症、男性不育、阳痿、精浊和精癃的病因病机、诊断和鉴别诊断、治疗和预防护理。

泌尿男性生殖系统疾病是指泌尿系统和男性生殖系统因功能失常或器质性损伤而发生的疾病,种类较多。因目前以诊治男性生殖系统疾病为主的学科已独立分科为中医男科学,故本章只对部分泌尿男性生殖系统常见多发疾病加以介绍。

【解剖生理】

西医学的泌尿男性生殖系统包括肾、输尿管、膀胱等泌尿系统和睾丸、附睾、输精管、前列腺、精囊、阴囊、阴茎等男性生殖系统,尿道为两者的同一通道。

古代中医将阴茎、阴囊、睾丸、精室、子系等男性生殖器官统称为"外肾",所述肾的生理功能涵盖了以上两大系统的生理功能在内。①阴茎,古称"玉茎"、"宗筋"等。其前端为龟头,古称"阴头"。阴头中间的开口处为前尿道口,古称"马口",是精液和尿液排出的外口。由于男性尿道具有排精、排尿的双重功能,故古人将其称为"精道"、"溺道"或"水道"。阴茎是男子性交器官,同时又主尿液的排出,如《灵枢·刺节真邪》说:"茎垂者,身中之机,阴精之候,津液之道"。②阴囊也称"睾囊"等,内盛睾丸等组织,其外壁皮肤伸缩性很大,可随外界温度和体内温度变化而伸缩,一以调节阴囊内温度,有利于精子的生成和贮存;又因其宽松柔软,缓冲力大,从而保护睾丸避免或减轻外力的损伤。③睾丸,古称"阴卵"等,位于阴囊之内,左右各一,状如雀卵,产生生殖之精。④精室,又名"精房"或"精宫",为男性生殖之精化生和藏蓄之所,形态上中空似腑,具有奇恒之府的特点。⑤子系,又称"睾系"或"阴筋",维系肾子即睾丸的组织。子系之功能一是维系悬挂睾丸;二是肾等脏腑的气血精微物质以此为通道供给

笔记

睾丸营养;三是生殖之精以此为通道排入女性体内而生育。

《外科真诠》将部分男性生殖器官与脏腑对应:玉茎(阴茎)属肝,马口(尿道)属小肠,阴囊属肝,肾子(附睾、睾丸)属肾,子系(精索)属肝。

《医林绳墨·疝痛》提出男科前阴疾病分脏论治方法:"凡遇阴子之病,当从乎肝治;阴茎之病,亦从乎肝治;阴囊之病,当从乎脾治;精道之病,当从乎肾治。"

男性生殖生理与经络生理相关,尤其以冲脉、督脉、任脉、带脉、脾经、阴肾经、肝经和胃经等有密切关系。①冲脉、任脉、督脉在男子同起于精室,隶属于肾。冲脉生理作用一是运行天癸促使第二性征发育,《灵枢·决气》说:"男子天癸溢于冲任,充肤热肉而生髭须";二是运行天癸、肾气直达精室促使生殖之精的产生与成熟;三是输送气血以充养外肾,《素问·痿论》说:"冲脉者,经脉之海也,主渗灌溪谷,与阳明合于宗筋,阴阳总宗筋之会"。任脉生理作用一是通行天癸维系性征,《灵枢·五音五味》说:"其有天宦者,未尝被伤,不脱于血,然其须不生……此天之所不足也,其冲任不盛,宗筋不成,有气无血,唇口不荣,故须不生";二是化生精液以生育。督脉则对生殖功能起资助调节作用。②带脉约束冲、任、督三经,协调其对外肾的作用。《儒门事亲·证妇人带下赤白错分寒热解六》说:"冲、任、督三脉,同起而异行,一源而三歧,皆络于带脉。"带脉在男性生理中主要起束养宗筋、固约精关之作用。③肾之筋并太阴之筋而上,循阴股,结于阴器,故有"肾主阴器"之说。肾为先天之本、阴精之海、元气之根、生命之本,肾气赖足少阴之筋以传输,肾精赖此以运送于外肾。少阴肾经对生殖之精的化生、储藏与排泄起着主导作用。如肾经功能失调,则可影响外肾功能发挥,导致阳痿、遗精等疾病的发生。④肝经之经、筋、别均与外肾直接相通,循阴器而络于肝,故有"肝司阴器"之说。《灵枢·经脉》指出肝之脉"循股阴,入毛际,环阴器,抵少腹"、足厥阴之别"循胫上睾,结于茎",《灵枢·经筋》云足厥阴之筋"上循阴股,结于阴器,络诸经"。肝通过其经、筋、别等输送气血以充养外肾。肝主疏泄,对阴茎的勃起与软缩、精关的开启与闭合等起调节作用。⑤脾经不仅与胃经连络于外肾,其筋亦与外肾相连,《灵枢·经筋》说:"足太阴之筋……结于膝内辅骨,上循阴股,结于髀,聚于阴器。"外肾必赖脾之经络输送的水谷精微以滋养。⑥胃经与外肾亦有直接的联系,《素问·厥论》说:"前阴者,宗筋之所聚,太阴阳明之所合也。"《灵枢·经筋》云:"足阳明之筋……其直者,上循伏兔,上结于髀,聚于阴器。"后天水谷所化之精微通过其经脉、经筋输送到外肾,发挥濡养作用并维持其正常的生理活动,《素问·痿论》之"阳明者,五脏六腑之海,主润宗筋"。

综上所述,经络与男性生殖生理的关系主要表现在精微物质需通过经络输送到外肾以充养之;脏腑功能活动的信息通过经络传递到外肾以调节之。也即外肾与脏腑通过经络密切联系,张景岳在《类经·十二经筋结支别经筋》中曾说:"阴器者,合太阳、厥阴、阳明、少阴及冲、任、督之脉,皆聚于此,故曰宗筋。""前阴者,阴器也,宗筋者,众筋之所聚也,始足之三阴、阳明、少阳及冲任督跷九脉皆聚于此,故曰宗筋。"经脉功能失调,不能传输精微,或病邪循经下注外肾等,均可引起男性疾病的发生。

【病因病机】

（一）发病原因

1. **感受外邪**　外受风、寒、暑、湿、燥、火六淫以及疫疠之毒是导致泌尿男性生殖系统疾病的主要原因之一。如感受湿邪致病,可致阴部重坠、小腹或腰骶胀满、小便混浊不利、阴囊潮湿;感受热邪致病,可致局部红肿、焮痛、淋浊、茎痛,或高热;感受寒邪致病,可致少腹阴冷胀痛、睾丸坠胀或阴囊冷湿,或腹外疝、阳缩;感受疫疠致病,可致下体灼热瘙痒灼痛、阴茎溃烂、红肿、疮疹、流脓等。

2. 先天不足　男性泌尿生殖系统疾病的发生与先天禀赋和体质因素有着较大的关系。禀赋衰弱、发育不良,或阴虚,或阳虚,或脾虚,或肾虚,或体态肥胖,或体型羸瘦等,都有各自不同的体质差异。如由于先天禀赋不足,元精亏虚,冲任不能相资,则可出现阴茎短小、阴器畸形、无睾症及生殖功能与第二性征发育不全的病变。另外,体质因素也决定了病因的易感及病机的转变趋势。

3. 后天损伤　主要有情志内伤、劳逸失度、饮食不节和跌仆损伤几种。如惊、恐、悲、忧、郁、怒、思等情志过极致病,可致阳痿、早泄、遗精、滑精、精闭、房事茎痛、乳病等病;劳逸失度可致阳痿、筋疝、遗精、早泄、生育力低下等病;饮食不节,痰湿或湿热内生,可致乳病、阳痿、阴茎硬结血精、不育、遗精、早泄、阳强等病;跌仆损伤、手术不当可致阳痿、血疝等病。

（二）发病机理

在各种致病因素作用下,因患者禀赋、体质不同和所处环境差异,其发病机理各自不同,但不外乎脏腑功能失调、气血精液失常、经络病变等。脏腑功能失调多表现为肾虚、肝郁、脾虚、肝肾不足、心肾不交、心脾两亏,肾虚又有肾阳不足、肾阴亏虚、肾气虚弱、肾精亏损之不同;气血精液失常多表现为气血两虚、气滞血瘀、阴虚血热、精室亏虚等不同病机变化;经络病变多表现为肝经湿热、痰湿阻络、寒凝肝脉、疫毒犯络等。

（三）病理特点

由于男性少儿肾气难充、青壮以后肾气虽盛但易亏耗、男性疾病者多讳疾忌医且又多难与医者配合等原因,决定了泌尿男性生殖系统疾病在总体上有肾精易亏、发病缓慢、病程较长和难以在短期内治愈四个方面的病理特点。因此,在治疗上一是要时时想到顾护肾气,肾气宜补不能伐;二是要知晓泌尿男性生殖系统疾病在就诊时多已病程较长,在短时间内难以治愈康复。

【诊断】

（一）辨证

虽然泌尿男性生殖系统疾病种类较多,各种疾病证候表现不尽相同,但从病因辨证或脏腑辨证上看,还是有其共性,可从总体上把握疾病证候规律。病因辨证方面,多见湿热下注、气滞血瘀、浊痰凝结、寒湿凝聚等证候,脏腑辨证方面,多见肝郁气滞、脾肾两虚、心肾不交、肾阴不足、肾阳虚衰等证候。具体证候表现详见各节。

（二）检查

1. 望诊　应重点观察患者的第二性征、乳房、外肾、分泌物及排泄物等内容。如乳房发育或肿大,皆为异常表现;包皮口过小,用手上推包皮不能露出龟头者,为包茎;阴囊偏坠,皮色不变,咳嗽时有冲击感,平卧时肿物消失,为疝气;精中带血,为血精。阴茎望诊应注意其大小、形态、皮下有无瘀斑等。

2. 问诊　除一般内容外,应重点问及既往史、个人史、婚育与性生活史等。如既往史方面,对不育患者,应询问有无腮腺炎、睾丸疾病、外生殖器外伤、外阴部手术史等,以帮助诊断疾病;个人史方面,要问及有无吸烟、酗酒等与工作、生活、饮食、嗜好、

卫生习惯等有关的情况;婚育与性生活史方面,对于已婚男子,应询问其结婚年龄或同居年龄及其妻子年龄及结婚前后健康状况、生育情况、有无采取计划生育措施及采取何种措施。

3. 切诊　应重点对内外生殖器和乳房、下腹部进行检查。①触诊外生殖器时,应让患者取站立位,不能站立者可取仰卧位,让患者充分暴露外生殖器,然后用拇指、食指、中指进行触诊。阴茎触诊应注意包皮能否翻转、阴茎内有无硬结或肿块、尿道有无压痛等;阴囊触诊应注意睾丸的有无、大小、表面情况、弹性及压痛等,附睾头、体、尾部有无结节、肿胀、压痛、输精管之粗细和有无结节,精索有无增粗、有无静脉曲张,以及阴囊肿大时内容物的质地、性质。②触诊内生殖器主要是了解前列腺情况。精囊位于前列腺外上方,形状不定,肛门直肠指检一般触摸不到精囊腺。若能触及肿大的精囊腺,并有触痛,多为精囊炎。③触诊时应注意有无肿块及肿块的大小、质地、表面是否光滑、活动度、压痛以及与皮肤粘连等情况。④触诊下腹部应注意有无腹股沟肿块,如有且站立时增大、平卧缩小者,多为疝气。

4. 前列腺检查　主要是通过肛门直肠指诊来完成,应排空膀胱后进行。可采取站立弯腰位或胸膝位进行,医生食指戴指套后充分涂抹润滑油,然后轻轻按摩肛门,待患者放松后,再缓慢轻柔地伸入直肠进行检查。检查时应注意其大小、形状、质地、表面是否光滑、中央沟的深浅、有无波动感等。正常前列腺似栗子,大小4cm×3cm×2cm,重量10～20g,表面光滑,质地中等,有坚硬弹性感,两侧叶之间有中央沟存在。前列腺肿大、有热感、表面光滑规则、压痛明显,多为急性前列腺炎;大小不等、表面不光滑、质硬、压痛,多为慢性前列腺炎;肿胀、有波动感,多为前列腺脓肿;腺体增大、表面隆起光滑、边缘清楚、富于弹性、中央沟变浅或消失、前列腺向直肠壁凸出者,多为前列腺增生;若可扪及硬结、大小不一、边界不清,应高度怀疑前列腺癌。

5. 前列腺液取法　通过肛门直肠指诊是获取前列腺液的唯一途径。前列腺液按摩时,按摩手法宜轻,应在每一侧叶自外上向内下顺序按摩,每侧叶按摩3～5次,最后沿中央沟自上而下的进行压挤,上述动作反复3次,直到尿道有白色液体滴出为止。若按摩后,未见前列腺液流出,可按揉会阴和尿道,以便积于后尿道的前列腺液流出。做前列腺液培养时,应在排尿后,用生理盐水冲洗尿道口,然后按无菌操作收集标本。当怀疑有急性炎症、结核或肿瘤时,不宜做前列腺按摩,以免炎症、癌细胞扩散。

(三)实验室及辅助检查

常用方法有尿液常规检查、尿三杯试验、精液精子质量检查、精浆抗精子抗体检查、生殖内分泌检查和泌尿生殖系的B超检查、X线检查、MRI检查,以及活体组织切片病理检查等。

【治疗】

治疗仍然要因证施治,如湿热下注者清利湿热;气滞血瘀者行气活血;浊痰凝结者化痰散结;寒湿凝聚者温散寒湿;肝郁气滞者疏肝行气;脾肾两虚者补益脾肾;心肾不交者交通心肾;肾阴不足者滋补肾阴;肾阳虚衰者温补肾阳等。但因泌尿男性生殖系统疾病有其病因病机病理特点,故在治疗又有以下特点。

1. 固精护肾　男子以肾为先天,以精为根本,肾精难成易亏,精性喜温恶寒,属阴属水。因而,治疗泌尿男性生殖系统疾病时总体应以固精护肾为先,用药不宜过于苦寒。但又须用药温而不热、补而不滞。

2. 疏肝解郁　泌尿男性生殖系统疾病因有发病缓慢、病程较长和难以在短期内治愈等特点,因而患者多有肝郁不舒的兼夹病机,因此不论何病何证均应适当辅以疏肝解郁理气之药治疗。

3. 和胃健脾　对于呈现虚弱症状的疾病,从和胃健脾入手进行治疗或在调治其他脏腑的同时加入具有健脾功效的药物能提高疗效。对于病程较长且需较长时间治疗的疾病,施以和胃健脾之法,既可防止长期服药伤脾碍胃之虞,又可促进药物吸收而提高疗效。

4. 三因制宜　在治疗泌尿男性生殖系统疾病时,除须做到扶正与祛邪恰当、治标与治本结合外,还应做到因人、因地、因时制宜。如阳痿之病,青壮之年患者多肝郁血瘀,治宜疏肝活血;老年患者多肾虚血瘀,治宜补肾活血。

5. 治病求本　抓住疾病的本质,根据病和证的不同情况采用不同的治法。如子痈与子痰多伴有睾丸疼痛,在某个阶段可表现出相同的证,但不能识别其是子痰或子痈,仅据证去治疗,则很难收效。只有在正确识病、认证的基础上,针对病和证的特点立法处方,才能取得良好的临床效果。

一些泌尿男性生殖系统疾病采用外治方法治疗可以获得良好的效果,具体方法详见各节。

第一节　子　痈

子痈是指睾丸及附睾的感染性疾病。中医学称睾丸和附睾为肾子,故以名之。本病之名,最早见于清代王维德《外科证治全生集·阴证门》。子痈分急性子痈与慢性子痈,两者都以睾丸或附睾肿胀疼痛为特点。本病相当于西医学的急、慢性附睾炎或睾丸炎。

【病因病机】

肝脉循会阴,络阴器,肾子属肾。子痈的发病与肝肾有关。

1. 湿热下注　外感六淫,如坐卧湿地,郁化湿热;或过食辛辣炙煿,湿热内生,湿热下注肝肾之络,结于肾子,阻隔经络,凝滞气血,郁久则热胜肉腐;或因不洁房事,外染湿热秽毒,郁滞化火成脓,脓腐肉溃,经精道逆传肾子,浊毒壅结而成;亦有跌仆挫打,肾子受损,络伤血瘀,瘀久化热,腐化血肉,终致酿脓,发为本病。

2. 气滞痰凝　情志不畅,郁怒伤肝,肝失疏泄,肝郁气结,经脉不利,血瘀痰凝,发于肾子,结成硬块,发为慢性子痈。

西医学认为本病多由于感染性因素,病菌通过输精管管腔或淋巴系统入侵附睾而成。致病菌多为大肠杆菌、变形杆菌、葡萄球菌、肠球菌以及铜绿假单胞菌。另外还有非感染性因素,尿液反流、损伤以及医源性因素皆可导致本病。

【诊断】

1. 急性子痈

(1) 发病急,一侧阴囊内疼痛、坠胀、疼痛,疼痛常放射至腹股沟及下腹部,伴发热、寒战等全身症状。

(2) 患侧睾丸及附睾增大,精索亦明显增粗,触痛或压痛明显。化脓后阴囊红肿,可有波动感。

（3）实验室检查:血白细胞明显增高,核左移,尿中可以有白细胞,中段尿染色或培养可确定致病菌。

2. 慢性子痈

（1）病程较长,患侧阴囊内隐痛、下坠感,或有急性子痈病史。

（2）患侧阴囊、睾丸、附睾肿胀不明显,但附睾质地较硬,伴压痛。

（3）阴囊触诊可见精索增粗,或伴有鞘膜积液。

【鉴别诊断】

1. 卵子瘟(腮腺炎性睾丸炎)　睾丸肿痛,多继发于痄腮(腮腺炎)之后,一般不化脓。

2. 子痰　附睾有痛性肿块,但自觉疼痛轻微,仅有触摸时感觉隐痛。发病缓慢,常有泌尿系结核病史,并有输精管增粗、呈串珠样改变,溃破后形成窦道,有稀薄豆渣样分泌物。

【辨证论治】

本病急性期应清肝经实火与湿热;慢性期宜疏肝行气、活血化瘀、化痰散结。

1. 湿热下注证

证候:睾丸或附睾肿大疼痛,阴囊皮肤红肿,皱纹消失,灼热疼痛,少腹抽痛,局部触痛明显;脓肿形成时,按之应指。伴恶寒发热。苔黄腻,脉滑数。

治法:清热利湿,解毒消肿。

方药:枸橘汤加减。常用枸橘、川楝子、山栀子、延胡索、金银花、柴胡、连翘、荔枝核、六一散等。阴囊水肿明显者,加车前子、川木通;已成脓者,加透脓散。

2. 气滞痰凝证

证候:见于慢性子痈。附睾结节,子系粗肿,轻微触痛;或牵引少腹不适。多无全身症状。苔薄腻,脉弦滑。

治法:疏肝理气,化痰散结。

方药:橘核丸加减。常用橘核、海藻、昆布、川楝子、延胡索、木香、厚朴、枳实、青皮。硬结难消者,加三棱、莪术、夏枯草;阴囊积水者,加茯苓、泽泻。

【外治】

1. 急性子痈　未成脓者,可用金黄散或玉露散水调匀,冷敷;病灶有波动感、穿刺有脓者,应及时切开排脓引流;脓稠、腐肉较多时,可选用九一丹或八二丹药线引流;脓液已净而溃口未愈时,外用生肌白玉膏。

2. 慢性子痈　葱归溻肿汤坐浴,或冲和膏温敷。温热药液的局部应用,如时间较长,对睾丸曲细精管的生精功能有一定影响,因此未生育患者不宜采用。

【其他疗法】

1. 抗生素　急性子痈主张早期应用抗生素,在药敏试验未获得结果时,可选用广谱抗生素。

2. 针灸　选太冲、大敦、气海、关元、三阴交、归来、曲泉、中封、合谷穴,均用泻法,隔日1次,6次为1个疗程。

3. 中成药　急性子痈可选用龙胆泻肝丸。

【预防护理】

1. 预防　外生殖器部位有包茎、龟头炎、尿道狭窄等疾患,应及时治疗。注意锻

笔记

炼身体,增强体质,勿劳后涉水履冰,久坐湿地。

2. 护理　急性子痈患者,应卧床休息,抬起阴囊,并禁止性生活;对已切开排脓者,要注意引流通畅;饮食清淡,忌烟禁酒。

【结语】

子痈主要是由于湿热下注和气滞痰凝导致,病位在肝肾。外感六淫,湿热内生,房事不节,外感湿热秽毒,或外伤致肾子受损,脉络阻滞,气血凝滞,郁久化热,而成子痈;情志不畅,肝气郁结,经脉不畅,血瘀痰凝于肾子,而成慢性子痈。急性子痈可内外兼治,外用清热解毒之如意金黄膏,内治以清热解毒、利湿消肿,可酌情配合使用抗生素。慢性子痈多用中医药治疗,内治以疏肝理气、化痰散结,外用冲和膏等外敷。本病应该及早处理,防止转为慢性。预防调护对于病情的转归也很重要。

第二节　子　痰

子痰是发生于附睾、属于疮痨性质的慢性化脓性疾病。中医文献称"肾漏"、"穿囊漏"。明清医家将子痰溃口形成的瘘管称为"肾囊漏"。其临床特点是附睾有慢性硬结,逐渐增大,最后化脓破溃,溃后脓液稀薄如痰,并夹有败絮样物质,易成窦道,经久不愈。相当于西医学的附睾结核。

【病因病机】

本病系因肝肾亏损,脉络空虚,痰湿之邪乘虚侵袭肝肾经脉,下注凝结于肾子而成。其病因病机一般可分为三个方面。

1. 浊痰凝结　肝肾亏损,脉络空虚,浊痰乘虚下注,结于肾子。

2. 阴虚内热　相火偏旺,灼津为痰,阻于经络,痰瘀互结而成。

3. 气血两虚　浊痰日久,郁而化热,热胜肉腐成脓。若脓水淋漓日久,而脓乃气血所化,故又可出现气阴两虚证候,甚则阴损及阳,出现阴阳两虚、气血两亏之候。

西医学认为本病是由于原发灶结核杆菌通过血行播散和下行感染侵袭附睾而成。

【诊断】

1. 本病多发于中青年,以 20 ~40 岁者居多,起病缓慢。

2. 既往可有泌尿系统及其他系统的结核病史。

3. 初起偶觉阴囊酸胀感,疲劳时加重,继发非特异性感染时发生疼痛,可有尿频、尿急、尿痛、终末端血尿、血精等症状。一般呈慢性过程,少数可有急性发作。

4. 附睾尾部有局限性、不规则、无痛性的结节,逐渐增大而扩展到附睾整个尾部,疼痛轻微或不痛,偶感酸胀,局部不红不热。结节质硬,触痛不明显,日久结节逐渐增大,常与阴囊皮肤粘连,可形成脓肿,溃破后脓液清稀,或夹有豆腐渣样絮状物,溃后硬结不消,疮口凹陷,易形成反复发作、经久不愈的窦道。精索增粗变硬,上有串珠状结节。

5. 多次 24 小时尿液沉淀涂片可查得抗酸杆菌,结核菌培养呈阳性,血沉加快,结核菌素试验阳性。

【鉴别诊断】

1. 慢性子痈　本病可有急性子痈发作史,附睾肿块压痛明显,一般与阴囊皮肤无粘连,输精管无串珠样改变。

2. 精液囊肿　本病多发于附睾头部,形圆光滑,透光试验阳性,穿刺有乳白色液体,镜检有死精子。

3. 附睾肿瘤　附睾尾部发现有实质性肿块,属良性肿瘤者,表面光滑,界限清楚;属恶性肿瘤者,表面不光滑,结节状,质地硬韧,界限不清。

【辨证论治】

本病治疗需内外结合,治养相辅,同时配合西药抗结核治疗6个月以上。

1. 浊痰凝结证

证候:见于初起硬结期。肾子处酸胀隐痛,附睾硬结,子系呈条索状肿硬。无明显全身症状。苔薄,脉滑。

治法:温经通络,化痰散结。

方药:阳和汤加减,兼服小金丹。常用熟地黄、鹿角胶、炮姜炭、肉桂、麻黄、白芥子、甘草、荔枝核、橘核、小茴香、川芎。疼痛较甚者,加延胡索、没药;畏寒怕冷、阳痿者,加淫羊藿、肉苁蓉。

2. 阴虚内热证

证候:见于中期成脓期。数月或1年后,肾子坏死化脓,肾子与阴囊皮肤粘连,阴囊红肿疼痛。可伴低热、盗汗、倦怠、颧红、消瘦。舌红少苔,脉细数。

治法:滋阴清热,除湿化痰,佐以透脓解毒。

方药:滋阴除湿汤合透脓散加减。常用川芎、当归、赤芍、生地、黄芩、地骨皮、贝母、柴胡、黄芪、泽泻、皂角刺。阴虚火旺者,加牡丹皮、女贞子、旱莲草等。

3. 气血两虚证

证候:见于晚期溃后漏管期。脓液穿破阴囊后,流出稀薄脓水,夹有败絮样物质,疮口凹陷,形成瘘管,愈合缓慢,或虽愈合,反复发作,全身虚热不退。病久不愈,甚则面色㿠白,形寒肢冷,腰膝酸软,阳痿或不育。舌淡,苔白,脉沉细无力。

治法:补气养血,温阳化痰。

方药:十全大补汤加减,兼服小金丹。常用人参、白术、茯苓、当归、甘草、熟地黄、川芎、黄芪、肉桂、熟附子、鹿角胶、皂角刺等。脓肿破溃,脓液稀薄、淋漓不尽者,加用托里消毒散以益气托毒。

【外治】

1. 未成脓者,消肿散结,外敷冲和膏,每天1～2次;或用葱归溻肿汤坐浴。

2. 已成脓者,切开引流,切开初期选用提毒化腐药制成药线或引流条局部应用,脓毒腐肉排净后再选用生肌药收口。

3. 慢性窦道形成者,选用化腐药物制成药线或药条,置入窦道,腐蚀窦道壁,达到腐祛新生、促进愈合的目的。

【其他疗法】

1. 抗结核药物　一般主要联合使用,常用药物有异烟肼、利福平、吡嗪酰胺、乙胺丁醇等。可用链霉素0.5g肌内注射,每日2次,连用2周。以后每周2次,每次1g,连用3个月;亦可用异烟肼0.1g,每日3次,口服。

2. 中成药　小金丹可用于浊痰凝结型;知柏地黄丸可用于阴虚内热型;十全大补

丸可用于气血两虚型。

【预防护理】

1. 预防　重视结核病的预防,尽量避免接触;加强锻炼,注意饮食营养,提高机体的抗病能力;积极治疗其他部位的原发性疾病。

2. 护理　加强营养,以清补为主,多吃高蛋白、高维生素、易消化的食物;适当休息,肿胀期用阴囊托将阴囊悬吊,注意保持局部卫生;节制房事避免疲劳;忌食油腻辛辣之品。

【结语】

子痰相当于西医学的附睾结核。其特点为:附睾有慢性肿块,最后化脓破溃,溃破后脓液稀薄如痰,并夹有败絮样物质,易成窦道,经久不愈。主要病机为肝肾亏损,脉络空虚,浊痰凝结。应与慢性子痈、精液囊肿、附睾肿瘤相鉴别。浊痰凝结证,治宜温经通络、化痰散结,方用阳和汤加减;阴虚内热证,治宜滋阴清热、除湿化痰、透脓解毒,方用滋阴除湿汤合透脓散加减;气血两虚证,治宜补气养血、温补肾阳,方用十全大补汤加减。

第三节　囊痈(附:脱囊)

囊痈是发生于阴囊部位的急性化脓性疾病。明代汪机首次提出囊痈病名,《外科理例·囊痈》指出:"囊痈,湿热下注也,有作脓者,此浊气顺下"。其临床特点是阴囊红肿热痛,寒热交作,继则皮紧光亮,形如瓢状。一般不波及睾丸、附睾。本病相当于西医学的阴囊脓肿、阴囊蜂窝织炎。

【病因病机】

多由久着汗湿衣裤,或坐卧湿地,外感湿毒浸渍;或因囊痒搔抓,外伤染毒;或因饮食不节,过食膏粱厚味,恣啖生冷,脾失健运,湿热内生,湿热下注于肝肾之络,使阴囊部湿热毒邪凝结,气血壅滞,乃成痈肿。

西医学认为本病为阴囊皮肤、皮下广泛的弥漫性化脓性炎症,病原菌为金黄色葡萄球菌、溶血性链球菌等。

【诊断】

1. 阴囊皮肤红肿热痛,继而化脓,溃后痛减。但睾丸、附睾不肿大。

2. 常伴有腹股沟臖核肿大或全身发热症状。

3. 阴囊蜂窝组织炎者,局部呈弥漫性红肿,但以水肿为著,不一定化脓;阴囊脓肿者,红肿比较局限,脓肿形成时隆起而波动。

【鉴别诊断】

1. 子痈　子痈睾丸或附睾肿硬,疼痛剧烈,早期阴囊肿胀不明显,当病变穿破睾丸白膜后,炎症才向阴囊扩散。囊痈初期即出现阴囊红肿灼热,炎症一般不波及睾丸、附睾。

2. 脱囊　多有阴囊皮肤外伤史,阴囊由红肿而迅速变为紫黑腐烂,甚至睾丸暴露,病程进展快,易发生内陷,病情危重,是一种发于阴囊的特发性坏疽性疾病,临床少见。

3. 水疝　阴囊肿大,但肤色不红,肤温不热,柔软,有囊性感,透光试验阳性。水疝较大时有坠胀感,但疼痛不明显,无全身恶寒发热证候。

【辨证论治】

本病多以清热利湿为主,早期应配合使用抗生素。

湿热下注证

证候:阴囊红肿焮热,坠胀疼痛,拒按,腹股沟臖核肿大而痛,酿脓时局部胀痛,阴囊有局灶隆起,指压有波动感。可伴有发热,口干喜冷饮,小便赤热。舌红,苔黄腻或黄燥,脉弦数或紧数。

治法:清热利湿,解毒消肿

方药:龙胆泻肝汤加减。常用龙胆草、栀子、黄芩、泽泻、车前子、柴胡、甘草、金银花、野菊花、蒲公英、紫花地丁等。已成脓者,加天花粉、皂角刺以托毒排脓。

【外治】

1. 未成脓者,用凉水调和玉露散、金黄散或双柏散冷敷;红肿范围较大者,用三黄汤(大黄、黄柏、黄芩)煎汤做冷湿敷,频换敷料,保持冷湿,有利于消炎退肿止痛。

2. 已成脓者,及时切开排脓引流,切口选择以最接近脓肿灶并有利于引流为原则。宜握刀直切,注意避免损伤鞘膜与睾丸,引流一般以乳胶片或半边胶管为常用。

3. 白矾60g,雄黄30g,生甘草15g,水煎后趁热熏洗,每日1~2次。

4. 50%芒硝溶液湿敷阴囊。

5. 鲜马齿苋洗净,砸烂,捣如糊状调敷。

6. 威灵仙50g,加水100ml,煎煮30分钟,待温洗浴阴囊,每日2~3次,适用于囊痈肿痛期。

【其他疗法】

1. 西医治疗　予磺胺药或大剂量抗生素,如青霉素,红霉素等。形成脓肿者多切开引流。

2. 中成药　可服用连翘败毒丸或银翘解毒丸等。

3. 针灸　取穴太冲、期门、大敦、阳池,每次选用2穴,用泻法,每次留针10分钟,每日1次。

【预防护理】

1. 预防　及时处理阴囊部外伤,注意保护阴囊部的清洁及干燥。发现有中毒症状者,应及时处理,防止并发症的发生。

2. 护理　卧床休息,用布带或阴囊托悬吊,勿饮酒,忌食用鱼腥及辛辣烧烤,多食用高蛋白、高维生素食物;在患病期间禁止性交;发现有中毒症状者,应及时处理,防止并发症的发生。

【结语】

囊痈多由久着汗湿衣裤,或坐卧湿地,外感湿毒浸淫;或因囊痒搔抓,外伤染毒;或因饮食不节,过食膏粱厚味,恣啖生冷,脾失健运,湿热内生,湿热下注于肝肾之络,使阴囊部湿热毒邪凝结,气血壅滞,乃成痈肿。囊痈相当于西医学的阴囊脓肿、阴囊蜂窝织炎。主要特点为阴囊红肿热痛,甚则皮紧光亮,形如瓢状;主要病机为外感湿毒,湿热下注;应与子痈、脱囊、水疝相鉴别;湿热下注证,治宜清热利湿、解毒消肿,方用龙胆泻肝汤加减。

附：脱囊

脱囊是指发生在阴囊的急性炎性坏疽。临床起病急，阴囊红肿、紫黑，迅速溃烂，甚则可导致整个阴囊皮肤腐脱，睾丸外露。本病临床有"囊脱"、"阴囊毒"、"囊发"之名。

本病多因阴囊皮肤不洁，或因阴囊湿疹抓挠破损，或因阴囊外伤，湿热火毒外侵，下注肝经，致使阴囊气血壅遏，肉腐血败，久则耗损气血，以致气阴两虚。

初起阴囊肿胀，阴囊皮肤发红发亮，自觉阴囊灼热剧痛，触之有捻发音。1~2天后，阴囊皮肤紧张湿裂，其色紫黑，阴囊迅速溃烂，流血样污水或脓液，最后腐肉脱落，睾丸外露。

血常规检查可见白细胞及中性粒细胞增高，创面细胞培养可有溶血性链球菌、金黄色葡萄球菌、大肠杆菌、厌氧链球菌等。X线或B超检查可发现阴囊壁内有气体。本病常需与囊痈、阴囊急性丹毒等相鉴别。

本病的治疗，初期当以清热利湿，解毒消肿，用龙胆泻肝汤加减；后期当以益气养阴，清解余毒，用益气养阴汤加减，并配合外用药物治疗。本病应积极采用西医治疗，一旦出现坏死，应该立即手术。

第四节 阴茎痰核

阴茎痰核是指阴茎内硬结如核，不痛，不热，不溃，一般多无感觉，重者勃起时阴茎弯曲掣痛，而排尿如常的一种疾病。其临床特点为阴茎背侧有单个或多个硬结，可伴有阴茎勃起疼痛，勃起时阴茎向硬结侧弯曲。明代汪机在《外科理例·囊痈》的医案中记载，"一弱人茎根结核，如大豆许，劳则肿痛"，当为本病。本病多见于中年男性，亦可见于青年或老年男性，其发病缓慢，多被偶然发现，除影响性生活以外，一般无其他不良预后。本病相当于西医学的阴茎硬结症（Peyronie病）。

【病因病机】

本病病位在阴茎，涉及肝、脾、肾等脏。基本病机为气滞、血瘀、痰凝于宗筋。

1. 气滞痰凝　长期郁闷，情志不遂，导致气机阻滞，肝气失于条达。肝气郁滞，津液凝聚成痰，痰凝结于宗筋而为此病。

2. 脾虚痰凝　外感湿邪，湿困脾阳；或思虑劳倦，伤及脾气，导致脾失运化，津聚为痰，痰凝阻滞于宗筋而为本病。

3. 瘀血痰凝　外伤血瘀，脉络阻滞，或久病气虚，气不行血，瘀阻脉络；兼有肝郁脾虚，湿阻痰凝，瘀血与痰气搏结于宗筋而为病。

4. 阴虚痰凝　房劳过度，或频犯手淫，或过早婚育，肾阴亏虚，阴虚火旺，炼津成痰，痰热互结，阻滞于宗筋而为病。

西医学认为本病的发生可能与阴茎损伤后创伤纤维化修复、自身免疫、遗传因素及转化生长因子-β1（TGF-β1）有关系。

【诊断】

1. 多发生于中年男性，亦可见于青年或老年男性。

2. 阴茎背侧有单个或多个硬结，或如条索，或呈圆形。

3. 硬结不痛，亦无压痛，也不溃烂，质如软骨。

4. 严重者勃起时阴茎疼痛,阴茎向硬结侧弯曲,可影响性交。排尿如常。

5. B超及MRI检查阴茎有助于确诊。

【鉴别诊断】

1. 肾岩　肾岩癌肿侵犯阴茎海绵体时,阴茎可出现硬结。但发病部位常在阴茎头、包皮及冠状沟,皮损可发生溃疡,溃破后其状如菜花,气味恶臭。病变组织病理学检查可发现癌细胞。

2. 阴茎结核　结核杆菌感染阴茎,结核在海绵体内蔓延时,局部若发生纤维化可使阴茎发生弯曲。但阴茎结核好发部位在阴茎头部,表现为结节或慢性溃疡,疼痛不显著,基底有干酪样坏死或肉芽组织。局部活检、溃疡分泌物直接涂片和培养可查出结核杆菌。

3. 阴茎梅毒　晚期梅毒可侵及阴茎,出现阴茎内结节,但患者往往有早期梅毒病史,梅毒血清检查阳性。

【辨证论治】

本病的治疗重在理气化痰、软坚散结、活血通络,并随证型不同而加减。

1. 气滞痰凝证

证候:阴茎背侧条索状硬结,单个或多个,勃起时疼痛,阴茎弯曲。腹胀嗳气、纳呆、喜长叹息,得嗳气或矢气则舒。舌淡红,苔白腻,脉弦。

治法:疏肝理气,化痰散结。

方药:柴胡疏肝散加减。常用柴胡、香附、枳壳、白芍、甘草、木香等。痰凝较重者,加半夏、浙贝、瓦楞子;伴瘀血者,酌加莪术、三棱、地龙、蜈蚣。

2. 脾虚痰凝证

证候:阴茎背侧单个或多个条索状或斑块硬结。纳呆腹胀,倦怠乏力,形体较胖,大便溏稀,口淡无味。舌淡,苔白腻,脉滑。

治法:健脾和胃,化痰散结。

方药:二陈汤加减。常用陈皮、茯苓、甘草、白芥子、白僵蚕等。湿浊重者,加苍术、厚朴;寒重者,加干姜、附子;久病脾虚者,加党参、山药。

3. 血瘀痰凝证

证候:阴茎背侧多个硬结,经久未消。胸闷,纳差,肢体困重。舌质黯,苔白腻,脉涩。

治法:行气活血,化痰散结。

方药:鳖甲煎丸加减。常用鳖甲、射干、黄芩、干姜、厚朴、阿胶、白芍、丹皮、地鳖虫、桃仁、半夏、人参、葶苈子等。有阴虚者加玄参、鸡血藤;兼有寒者加桂枝、附子。

4. 阴虚痰凝证

证候:阴茎背侧硬结。头晕耳鸣,五心烦热,口干,腰酸。舌红,苔少,脉弦细。

治法:滋阴降火,化痰散结。

方药:知柏地黄丸加减。常用熟地黄、山药、山萸肉、泽泻、丹皮、知母、黄柏、天门冬等。结节坚硬不消者,加白芥子、玄参、橘核。

【外治】

1. 把阳和解凝膏剪成小块,敷贴患处。

2. 将七厘散掺于患处,用胶布敷贴。

【其他疗法】

1. 针灸疗法 取穴气海、关元、肾俞、命门、三阴交、心俞、中极、血海、行间、归来等,并根据阴阳虚实选择相应的补泻手法。

2. 西医药物治疗 维生素 E、对氨基苯甲酸钾、秋水仙碱、他莫西芬、己酮可可碱、辅酶 Q_{10}、左卡尼丁等治疗本病亦有效。

3. 手术疗法 对于较大且顽固的斑块,影响性生活,保守治疗无效者,可考虑手术治疗。

【预防护理】

1. 预防 纠正抽烟、酗酒、手淫等不良习惯;适当参加锻炼,增强体质;患者应积极治疗糖尿病、动脉粥样硬化、高血压等疾病。

2. 护理 适当补充各种维生素,尤其是维生素 E;减少不良刺激,性交时不可用力过猛,以防止阴茎海绵体受伤。

【结语】

阴茎痰核的特点是在阴茎背皮下有条索状硬结,形成斑块,不会溃烂。辨证要注意分清虚实、寒热,明病因,定病位。瘀血阻滞,外感湿邪、情志不调多为实;脾胃受损,痰浊内停,或肝肾阴虚,灼液为痰多为本虚标实。本病病位在阴茎,多与肝、肾、脾三脏关系密切,气滞为主者多责之于肝,痰凝为主者多责之于脾,阴虚而致痰火者多责之于脾和肾。本病需要准确、细心辨证,并根据辨证分型,施以不同的方药。

第五节 尿 石 症

尿石症是泌尿系统各部位结石病的总称,是泌尿系统的常见病之一。根据结石所在部位的不同可分为肾和输尿管的上尿路结石和膀胱及尿道的下尿路结石。结石发病男性多于女性(约 3∶1),南方地区发病率高于北方地区,复发率高。本病的形成与环境因素、全身性病变及泌尿系统疾病有密切关系。其临床特点为腰腹绞痛、血尿,或伴有尿频、尿急、尿痛等泌尿系统梗阻和感染的症状。本病包含于中医学的"砂淋"、"石淋"以及部分"血淋"、"气淋"的范畴。

【病因病机】

本病多由于肾虚和下焦湿热引起的,病位在肾、膀胱和溺窍。

1. 湿热蕴结 饮食不节,嗜食膏粱厚味,导致湿热内生,蕴结于尿路,煎熬尿液,结成砂石。气机不利,结石梗阻,不通则痛;热伤血络,可引起血尿。

2. 气血瘀滞 情志不调,肝气疏泄不利,气滞则血瘀,瘀阻尿路,气化不利,日久渐成砂石。

3. 肾气虚损 肾虚则气化不利,尿液形成后排泄失常,又胃纳不慎,感受湿热之邪。

西医学认为影响尿路结石的原因不是单一因素,而是多因素综合作用的结果。尿中形成结石晶体的盐类呈超饱和状态,尿中抑制晶体形成物质不足和核基质的存在,是形成结石的主要因素。

【诊断】

1. 上尿路结石 典型的临床症状是突然发作的肾区和后腰部位的绞痛和血尿。

疼痛程度与结石部位、大小、是否活动等因素有关。肾结石一般表现为腰部钝痛或胀痛,有时发生绞痛。输尿管结石发作时为急性腰部绞痛,并沿输尿管向下放射到下腹部、外阴部和大腿内侧,常伴有恶心呕吐。由于结石活动引起黏膜损伤可出现肉眼血尿或镜下血尿。

2. 膀胱结石 典型症状为排尿中断,并且引起疼痛,常放射到阴茎头和远端尿道;多数患者平时有排尿不畅、尿频、尿急、尿痛和血尿。儿童和老年人发病率高。

3. 尿道结石 主要可以表现为排尿困难、排尿费力,呈点滴状,疼痛,或出现尿流中断以及急性尿潴留;排尿疼痛明显,可放射到阴茎头部,后尿道结石可伴有会阴和阴囊部疼痛。

4. 辅助检查 超声检查应作为首选筛查方法,结石显示为特殊声影,可发现泌尿系平片不能显示的小结石和透 X 线结石,还可了解有无肾积水。腹部平片多可以发现结石的大小、形态和位置。另外排泄性尿路造影、逆行肾盂造影、CT、膀胱镜等检查有助于临床诊断。

【鉴别诊断】

1. 急性阑尾炎 右侧输尿管结石极易与急性阑尾炎相混淆。急性阑尾炎有转移性右下腹疼痛等特点,疼痛多为持续性钝痛,不如结石引起的疼痛重,亦不放射,麦氏点压痛明显,甚至有反跳痛。小便检查没有或偶见极少红细胞,血红蛋白计数增高。

2. 胆囊炎 主要表现为右上腹部疼痛并且牵引背部作痛,疼痛不向下腹部以及会阴部放射,墨菲征阳性。通过 B 超、腹部 X 线以及血尿常规检查,不难鉴别。

3. 卵巢囊肿扭转 有腹内肿块史,主要表现为一侧下腹部阵发性剧烈绞痛,不会向阴部、阴唇等部放射,局部有压痛、反跳痛,常伴白带增多、发热等症。

【辨证论治】

若结石横径小于1cm 且表面光滑、无肾功能损害、结石以下尿路无梗阻者,可采用中药排石;对于较大结石可先体外冲击波碎石,再配合中药辨证治疗。

1. 湿热蕴结证

证候:腰痛、小腹疼痛、尿频、尿急、尿痛、小便黄混,或血尿。舌红,苔黄腻,脉弦数。

治法:清热利湿,通淋排石。

主方:三金排石汤加减。常用海金沙、金钱草、鸡内金、木通、萹蓄、滑石、瞿麦、车前子。血尿较重者,加琥珀粉、三七粉;湿热毒蕴、弥漫三焦者,加蒲公英、黄柏、大黄。

2. 气滞血瘀证

证候:发病急,腰腹部胀痛或绞痛,疼痛放射至阴部,尿频、尿急、尿痛、小便黄混。舌红或有瘀斑,脉弦数或弦。

治法:理气活血,通淋排石。

主方:金铃子散合石韦散加减。常用金铃子、延胡索、石韦、冬葵子、牛膝、赤芍、滑石、车前子等。疼痛较重者加芍药甘草汤。

3. 肾气亏虚证

证候:结石日久不去,腰部胀痛不适,时发时止,劳累时加重,疲乏无力,尿少或频数不爽,或面部轻度水肿。舌淡苔薄,脉细无力。

治法:补肾益气,通淋排石。

主方:济生肾气丸加减。常用熟地黄、山药、泽泻、黄芪、茯苓、牛膝、车前子等。水肿较重者,加玉米须、白茅根。

【其他疗法】

1. 总攻疗法　适用于结石横径<1cm,表面光滑、双肾基本正常、无明显尿路狭窄或畸形者。方法见表12-5-1。

表12-5-1　尿石症总攻疗法表

时间	方　法
7:00	排石中药头煎300ml,口服
7:30	双氢克尿噻50mg,口服
8:30	饮水500~1000ml
9:00	饮水500~1000ml
9:30	排石中药二煎300ml,口服
10:30	阿托品0.5mg,肌内注射
10:40	针刺肾俞、膀胱俞(肾盂、输尿管中上段结石);肾俞、水道(输尿管下端结石);关元、三阴交(膀胱、尿道结石)。先弱刺激,后强刺激,共20分钟
11:00	跳跃

2. 针灸　取肾俞、膀胱俞、三阴交、关元。疼痛剧烈者加足三里、京门。强刺激,每日2次,每次留针20~30分钟。

3. 体外冲击波碎石　大多数上尿路结石均适用此法,最适宜于<2.0cm的结石。但结石远端尿路梗阻、妊娠、出血性疾病、严重心脑血管病、安置心脏起搏器患者、肾功能受损、急性尿路感染、育龄妇女下段输尿管结石等不宜使用。

4. 手术治疗　经皮肾镜取石或碎石术、输尿管镜取石或碎石术、开放手术等。

【预防护理】

1. 预防　常饮开水,不喝生水,保持尿量,防治尿浓缩,对预防结石有好处;将磁化水作为生活饮用水,对预防泌尿系结石的发生有着重要的作用;及时治疗尿路感染和解除尿路梗阻;中药在结石的预防上有着较大的优势,中药利尿通淋的作用能有效地降低尿石盐的过饱和度,降低肾内钙和草酸的含量,抑制草酸钙晶体生长与聚集,防止肾内微小结石的形成。

2. 护理　合理膳食,避免进食过多钙质。

【结语】

尿石症多以肾虚为本,湿热为标,病位在肾、膀胱和溺窍。症状是以疼痛、血尿为主。对于尿石症患者治疗方法的选择,应根据患者结石的大小、结石的成分、结石部位、泌尿道情况、肾功能情况、并发症等来选择相应的治疗方法。治疗原则上主要以宣通清利为主,配合补肾活血、行气导滞。根据辨证可以分为湿热蕴结证、气滞血瘀证、肾气不足证,分别施以三金排石汤、金铃子散合石韦散、济生肾气丸加减。体外冲击波碎石和手术广泛应用于尿石症的治疗,临床效果较为满意。

第六节　男性不育症

男性不育症是指夫妇婚后未避孕、有正常规律的性生活 1 年以上,排除了女方不孕的因素,由男方原因引起女方不能受孕的疾病。古称该病为"无子"、"绝育"、"男子无子"、"男子绝子"、"无嗣"、"授胎不能症"等。中医学对男性不育症的认识已有两千多年的历史,认识到妇女不孕也可因男方因素所致,并积累了丰富的临床经验。本病西医学也称男性不育症。

【病因病机】

男性不育症是一种全身性疾病,其原因不外乎两大类,即先天性因素和后天性因素。先天性因素多为禀赋不足,肾气不充,或生殖器官畸形、缺损;后天性因素主要与房事不节、情志不畅、饮食失调、劳倦太过、感受外邪、外伤等原因有关。

1. 先天因素　父母体弱,或早婚多育,或近亲婚配,或怀孕期劳欲不节,或房事不节,故使所生之子先天禀赋不足,导致男性不育。先天不足,又易发生生殖器畸形、缺损,以致婚后不能正常生育。

2. 肾气虚弱　禀赋不足,肾气虚弱,命门火衰,可致阳痿不举或举而不坚;或阳气虚弱,无力射出精液;或房劳伤肾,病久伤阴,精血耗散,而致精少精薄;或元阴不足,阴虚火旺,虚火灼精,以致遗精盗汗,精液黏稠不化,精血不合而致不育。

3. 肝失疏泄　凡失恋、失意、思虑过度,或夫妻感情不和、精神紧张,或所欲不遂,同房不合谐,忍精不泄,蓄积日久,均可使肝失疏泄,以致性欲淡漠、阳痿、早泄;或遇严重痛心之事,悲哀欲绝;或恼怒太甚,郁怒伤肝,以致阳痿。性交突然意外受惊,或初婚性交疼痛而畏惧同房,日久不解,肝失疏泄渐见阳痿、遗精、不射精。凡此种种导致男性性功能障碍引起不育。

4. 湿热下注　脾失健运,痰湿内生,郁久化热,湿热痰浊蕴积于下焦,阻遏命门,或湿热下注,宗筋弛纵,以致阳痿;或湿热之邪蕴积不散,以致残精败血瘀阻精关窍道,射精不能以致不育。

5. 气血两伤　大病久病,劳伤肾气,精亏液乏,而致不育;思虑过度,劳伤心脾,心血亏虚,脾之化源不足,日久导致肾气亏虚,以致精少;或形体衰弱,神疲乏力,阳事不兴,亦可产生不育。

西医学认为该病与下丘脑-垂体-睾丸性腺轴机能紊乱、生殖系统感染、精索静脉曲张、睾丸外伤等许多因素有关。

【诊断】

1. 详细询问病史如职业、生活习惯、性生活史、疾病史、药物史、手术史及前述病因中涉及的相关情况。

2. 体征　阴毛的色泽、多少及分布;阴茎的发育大小,有否硬结、包皮能否上翻、尿道开口位置;睾丸的位置,大小、质地;附睾检查,有否结节,肿胀及压痛。输精管是否缺如、有否结节;是否有精索静脉曲张;男性第二性征检查,语音、体态、喉节、胡须、腋毛、阴毛、乳腺等。

3. 可适当选择精液常规检查,精浆生化测定,精子穿透宫颈试验,精子凝集试验,睾丸活组织检查,输精管道的 X 线检查,生殖内分泌激素测定,遗传学检查,细菌、病毒、衣原体和支原体等微生物方面的检测等。

【鉴别诊断】

1. 不射精症　为男性射精功能障碍性疾病,主要特点是同房时无射精动作、无快慰感、无精液射出,但多数又有梦遗现象。虽然有时患者错将尿道溢液当作精液检查,但仍然容易与本症区别。

2. 逆行射精　亦为射精功能障碍性疾病,其特点是精液不从尿道口射出,而逆流于膀胱。性交后,检查男方尿液,发现较多精子即可确诊。

3. 假死精子症　①检查方法不妥,或不按规定而人为造成的死精子过多;②活动力极弱或不活动精子。可采用半滴曙红染液,加半滴酒精混匀后推成涂片,吹干后立即镜检,染色者为死精,不染色者为活精子。

【辨证论治】

《石室秘录·书集·伤寒相舌秘法》提出治不育六法,即"精寒者温其火,气衰者补其气,痰多者消其痰,火盛者补其水,精少者添其精,气郁者舒其气,则男子无子者可以有子,不可徒补其肾也"。

1. 肾阳不足证

证候:精清精冷,婚久不育,伴性欲淡漠或阳痿早泄,精子稀少或死精子过多,射精无力。腰膝酸软,精神萎靡,面色㿠白,小便清长,夜尿量多,畏寒喜温。舌质淡体胖,苔白,脉沉细弱。

治法:温补肾阳,益肾填精。

方药:金匮肾气丸合五子衍宗丸加减。常用干地黄、山药、山茱萸、茯苓、牡丹皮、泽泻、桂枝、附子、怀牛膝、车前子、菟丝子、车前子、覆盆子等。阳虚症状较甚者,可酌加肉桂。

2. 肾阴亏虚证

证候:性交过频,婚久不育,伴精液不液化或死精子过多,或精子过少,畸形精子过多。五心烦热,盗汗口干,腰膝酸软,头晕耳鸣或足跟疼痛。舌质红,少苔或无苔,脉象细数。

方药:滋阴补肾,益精养血。

主方:左归丸合五子衍宗丸加减。常用山药、熟地黄、山茱萸、枸杞子、怀牛膝、菟丝子、鹿角胶、龟甲、覆盆子、车前子等。阴虚火旺者,用知柏地黄汤加减。

3. 肝郁气滞证

证候:性欲低下,阳痿不举,或性交时不能射精,精子稀少、活动力下降。精神抑郁,两胁胀痛,嗳气泛酸。舌质暗,苔薄,脉弦细。

治法:滋补肝肾,益精养血。

方药:柴胡疏肝散合五子衍宗丸加减。常用陈皮、柴胡、川芎、枳壳、芍药、甘草、香附、枸杞子、菟丝子、覆盆子、车前子等。两胁胀痛较重者,可加金铃子。

4. 气血两虚证

证候:精液量少,精子计数不足,精子活动力差,婚久无子。伴形体衰弱,面色萎黄,少气懒言,心悸失眠,头晕目眩,纳呆便溏。舌淡,苔白,脉沉细无力。

治法:补气养血,益肾育麟。

方药:毓麟珠加减等。常用熟地黄、当归、菟丝子、怀山药、枸杞子、胡桃肉、巴戟肉、鹿角胶、鹿角霜、杜仲、山茱萸、川椒、人参、白术、茯苓、白芍、川芎、炙甘草等。

5. 湿热下注证

证候:射精疼痛或血精,死精过多,睾丸肿痛、灼热或有红肿,阴囊湿痒。胁肋胀痛,面红目赤,口苦咽干,小便短赤,大便秘结。舌质红,苔黄腻,脉弦数。

治法:疏利肝胆,清泄湿热。

方药:程氏萆薢分清饮加减。常用萆薢、苍术、白术、黄柏、石菖蒲、莲子心、丹参、怀牛膝、车前子、茯苓等。

还可以根据精液情况"辨精用药",如精子成活力低、活动力差者,加仙灵脾、巴戟天、菟丝子、生黄芪;死精、畸形精子多者,加土茯苓、蚤休;精液中有脓细胞者,加蒲公英、红藤、黄柏;精液不液化而成团块者,加泽泻、牡丹皮、麦冬、当归、生地黄等。

【其他疗法】

1. 针灸治疗

(1) 无精子症:①取关元、气海、命门、肾俞、足三里,隔姜灸,针用补法。②取肾俞、精宫(肾俞旁开1.5寸)、关元、足三里、血海,隔日针灸1次,每次留针30分钟,每隔5分钟捻转1次,平补平泻,肾俞、精宫、关元各灸20分钟。③取命门和肾俞、腰阳关和三阴交,两组交替使用,隔天1次,采用针法加灸5壮。

(2) 少精子症:选用大赫、曲骨、三阴交、关元,或上髎、中极、肾俞、命门,两组交替使用,行补法,得气后隔姜灸三大壮。15天为一疗程,隔姜灸时若病人有一股热感向阴部方向扩散则效果更佳。

(3) 死精子和精子畸形过多:选气海、三阴交,或命门、地机,两组交替使用,每日针1次,每次保留15分钟,留针期间行针1次,18次为一疗程。

(4) 精液黏稠与不化:取气海、水道、左行间、右三阴交,或中极、阴陵泉、大溪,两组穴位交替行针,同一组针3次后对换,针7~10次后复查。腹部穴用平补平泻,四肢穴用泻法,均留针15分钟,留针过程中行针1次。

2. 中成药　对于体质虚弱者,可以服用五子衍宗丸、六味地黄丸、补中益气丸等。

3. 西医治疗　根据病情可选用绒毛膜促性激素、睾酮、氯米芬、精氨酸、左卡尼汀、维生素类和硫酸锌糖浆等;或进行性技术指导,必要时做人工授精;因精索静脉曲张造成的不育,经保守治疗无效者,可考虑手术。

【预防护理】

1. 预防　及时了解性卫生和教育知识,了解生育的基本概念;禁止近亲结婚;积极预防和治疗某些导致不育的疾病,如流行性腮腺炎、前列腺炎、精索静脉曲张、附睾炎等;进行体育锻炼,控制体重,避免疲劳过度;避免服用一些对精子质量有危害的食物、药物;避免接触生活中的不良习惯,如酗酒、抽烟等。

2. 护理　加强营养,宜清淡而不宜肥甘;并保持精神舒畅,消除精神负担;保持合理的生活规律;保持性生活适度,尽量在女性排卵期间性交;治疗上按病程用药,切忌间断用药。

【结语】

男性不育症与肾、心、肝、脾等脏有关,与肾最密切。大多数由于精子少、精子弱、死精子、无精子、精液黏稠、阳痿以及不射精等引起的。主要可以分为肾气亏虚、肝郁气滞、湿热下注、气血两虚等证型。对于本病的诊断,需要了解病史,还有体格检查。

精液常规检查是最直观的诊断,根据标准基本可以判断。针对其病因病机,进行辨证论治,对于本病的治疗效果较好。西医治疗常用雄激素、人工授精、手术等。

第七节　阳　痿

病案分析

病案:李某,男,34 岁,2009 年 4 月 21 日初诊。主诉性生活时阴茎勃起不能半年。患者近一年来因工作不如意和家庭矛盾纠纷,压力较大,性生活时阴茎勃起不坚,伴焦虑,郁闷,时有胸胁胀闷,喜叹息。自服金匮肾气丸、五子衍宗丸等效不佳。现症见性生活时阴茎不能勃起,无晨勃和夜间勃起,伴焦虑,健忘,偶有尿分叉。平素眠差,入睡难,尿黄,大便 2 ~ 3 日一行。既往无特殊。查体:双睾和精索静脉未见异常。NPT 实验示:每夜勃起 1 次,每次持续 5 分钟,硬度 20%,膨胀 0.5cm。舌淡,苔薄,脉弦数。

分析:该案患者以性生活时阴茎不能勃起为主症,伴焦虑、郁闷、胸胁胀痛等症状。初步印象为阳痿。结合患者的发病情况,病程、专科检查结果基本可排除早泄和假性阳痿,当诊为阳痿肝气郁结证。治疗当以中药内服为主并结合心理治疗。

问题:本例患者应如何辨证立法用药? 用药时应如何结合患者特殊的心理特点进行治疗? 目前可否行综合疗法? 如可行,应用时应注意什么?

阳痿是指男性除未发育成熟或已到性欲衰退时期,性交时阴茎不能勃起,或虽勃起但勃起不坚,或勃起不能维持,以致不能完成性交全过程的一种病证。记载阳痿最早的中医文献为《马王堆医书·养生方》,称之为"不起"。明代周之干首次以"阳痿"命名该病,在《慎斋遗书·阳痿》中有"阳痿多属于寒"的记载。"阳痿"与"阳萎"病名通用。其临床特点是成年男性虽有性的要求,但临房阴茎萎软,或举而不坚,或虽坚举而不能保持足够的勃起时间,阴茎不能进入阴道完成性交。阳痿是常见的男性性功能障碍,我国城市男性的阳痿总患病率为 26.1%,而 40 岁以上中老年男子阳痿的患病率为 40.2% ~ 73.1%,且随年龄增长而上升,60 岁以上者尤为明显。目前西医学将该病改称为勃起功能障碍(ED)。

【病因病机】

阳痿的病因病机比较复杂,但总与肝、肾、心、脾功能失调密切相关。年龄较小,或体质强壮者,其病多与心肝相关,是心神与情志之变;年龄较大,或体质衰弱者,又多与脾肾相联系,是虚损之疾。然其理归结到一点,阳痿乃阳道不兴,功能失用之故,其基本病理变化多为肝郁、肾虚、血瘀。

1. 情志所伤　忧郁不舒,哀愁缠绵,情志不遂,致肝失调达,疏泄不利,气机不畅,阳气不伸,宗筋弛缓,则病阳痿,《顾松园医镜·乐集·辨证大纲》说:"阳痿有因志意不遂所致者"。猝受惊恐,突遭不测,心肾受伤,茎失所主,也萎软不用,《类证治裁·阳痿论治》云:"阴之痿……或恐惧伤肾",《景岳全书·贯集·杂证谟·阳痿》说:"凡惊恐不释者,亦致阳痿。经曰:恐伤肾。即此谓也……又或于阳旺之时,忽有惊恐,则阳道立萎,亦其验也。"忧思气结,伤及脾胃,水谷不化,精微不布,无以"散精于肝,淫气于筋",致宗筋失养,也发阳痿。

2. 湿热伤筋　外感湿热郁滞肝胆,或嗜食辛辣及醇酒厚味致脾胃湿热内生,终致湿热流注下焦,灼伤宗筋,阴茎弛纵,故阳事不举,《景岳全书·贯集·杂证谟·阳痿》说:"有湿热炽盛,以致宗筋弛缓而萎弱者"。

3. 心脾两伤　用脑过度,思虑过多,或幻想连连,所愿不遂,以致劳伤心脾,心脾虚弱,气血不旺。心虚神不守舍,阳不下煦外肾;脾虚不运,精微不能下养于茎,故而阳事不举,《景岳全书·贯集·杂证谟·阳痿》说:"凡思虑焦劳忧郁太过者,多致阳痿。盖阳明总宗筋之会……若以忧思太过,抑损心脾,则病及阳明冲脉……气血亏而阳道斯不振矣。"

4. 气滞血瘀　宗筋之振,非血液充足不可为,血液运行正常,则宗筋受血而振奋,阳兴用事。若气郁不畅,疏泄不及,或久病不愈,或外肾、玉茎外伤,气血滞缓,终致血液滞涩,运行障碍,则宗筋受血不足而不振。

5. 脾胃不足　大病久病失却调养,或饥饱失调损伤脾胃,致脾胃虚弱、运化无力,气血生化不足,不能输布精微以养宗筋,则宗筋不举而萎软,《临证指南·阳痿》说:"阳明虚则宗筋纵。盖胃为水谷之海,纳食不旺,精气必虚。况男子外肾,其名为势,若谷气不充,欲求其势之雄壮坚举,不亦难乎?"

6. 药病损伤　久用或过用苦寒攻伐之剂,或大量使用镇静剂、抗高血压药、雌激素等药物,损伤肝肾,宗筋失养,阳道不兴而阳痿。某些疾病,如慢性肝病、消渴病、一氧化碳中毒、汽油中毒以及泌尿生殖系慢性炎症长期不愈,也可损伤心肾而致阳痿。

7. 色欲过度　少年累犯手淫,戕害太早,或婚后恣情纵欲,不节房事,以致肾气亏损,命门火衰,宗筋失于温养,故萎软不兴,《素问·痿论》说:"入房太甚,宗筋弛纵,发为筋痿,及为白淫。"或肾阴损伤太过,相火偏亢,火热内生,灼伤宗筋,也可导致阴茎萎软不用。

西医学认为,引起阳痿的原因有器质性和功能性两大类。其中器质性原因主要包括血管性原因、神经性原因、内分泌性原因、手术、外伤及药物性因素等。功能性原因多为精神因素如恐惧、紧张、忧郁、体力和脑力过度疲劳等。

【诊断】

1. 主要临床表现是成年男性虽有性的要求,但临房阴茎不能勃起,或虽举而不坚,或不能保持足够的勃起时间,阴茎不能进入阴道完成性交。可伴有头晕、心悸、精神不振、夜寐不安等症状。患者多思虑无穷、多疑善感,精神压力大。

2. 必要时,可做夜间勃起测定、性激素水平测定、阴茎血压测定及血管系统检查、盆腔血管同位素扫描、盆腔窃血试验、血管活性药物试验、阴茎海绵体造影、盆腔和阴部内动脉造影、阴茎血管彩色超声检查、神经系统检查、心理学检查等实验室及辅助检查,以鉴别功能性和器质性阳痿。

【鉴别诊断】

1. 早泄　早泄之阴茎萎软是同房时阴茎能正常勃起,但过早射精,而妨碍性生活的正常进行。

2. 假性阳痿　这是患者的自我意识。即阴茎能正常勃起进入阴道进行性交,很快达到高潮而射精并获得快感,但因不能满足对方而遭到非议,便自以为是阳痿而求治者,这种情况不属阳痿范畴。

【辨证论治】

阳痿的治疗主要从肝肾着手、兼及心脾,以疏肝、补肾、活血为总则,反对滥用燥烈温补。功能性阳痿以中医药为主治疗,器质性或混合性阳痿以综合疗法为主治疗。年轻而体壮者,病多在心肝,实证占多数,治以调和心肝为主;年老而体弱者,病多在脾肾,虚证或虚实夹杂证占多数,治以调补脾肾为先。"因郁致痿"或"因痿致郁"均有肝郁的存在,不论何因、何证或病程新久,均可适当加入解郁和活血之品。

1. 肝气郁结证

证候:阴茎逐渐萎软,或阳痿突生。伴精神不畅,情志抑郁,胸胁胀满或窜痛,善太息,纳食不香。舌淡或红,苔薄,脉弦或细弦。

治法:疏肝解郁。

方药:逍遥散加减。常用柴胡、枳实、薄荷、当归、白芍、炙甘草、白蒺藜、紫梢花、川楝子、醋元胡、丹参、蜈蚣。肝郁化火,胸胁灼痛,口干口苦者,加丹皮、山栀子;化火伤阴,眼目干涩者,加枸杞、黄精。

2. 湿热下注证

证候:阳事不举,或阴茎易举而不坚。伴胸胁胀痛灼热,阴部潮湿臊臭,两腿酸重,体困乏力,大便不调,小便短赤。舌红,苔黄腻,脉滑数或沉滑。

治法:清热利湿。

方药:龙胆泻肝汤或柴胡胜湿汤加减。常用龙胆草、柴胡、甘草、茯苓、栀子、泽泻、车前子、蛇床子、当归、生地、蜈蚣、丹参。阴部瘙痒重者,加地肤子、苦参;阴部潮湿重者,加土茯苓、薏苡仁。后期湿热已除,当减量苦寒攻伐之品,少加沙苑子、菟丝子等品。

3. 心脾两虚证

证候:阴茎临房不举,或举而不坚不久。伴心悸不宁,精神不振,夜寐多梦,不思饮食,倦怠乏力,面色不华。舌质淡,苔薄白,脉细。

治法:补益心脾。

方药:归脾汤加减。常用党参、黄芪、白术、甘草、当归、生地、茯神、酸枣仁、木香、肉苁蓉、淫洋藿、补骨脂、菟丝子、白蒺藜、丹参、蜈蚣。心悸不宁明显者,加生龙骨、生牡蛎;纳差者,加焦神曲、炒麦芽。

4. 气滞血瘀证

证候:阴茎临举不坚,经久不愈,或服滋补反甚。伴精神抑郁,会阴胀感,睾丸刺痛,或少腹抽痛,肌肤粗糙失润。舌质黯,边有瘀点,脉沉涩。

治法:理气活血,化瘀通络。

方药:血府逐瘀汤加减。常用当归、生地、红花、桃仁、枳壳、赤芍、柴胡、桔梗、川芎、牛膝、韭菜子、紫石英、蛇床子、丹参、蜈蚣。瘀久化热,烦躁易怒者,加知母、黄柏;少腹疼痛,加元胡、台乌;会阴坠胀甚者,加黄芪、党参。

5. 脾虚胃弱证

证候:临房阴茎举而不坚。伴纳食减少,脘腹饱闷,身体倦怠,四肢乏力,面色萎黄。舌淡,苔薄,脉沉弱。

治法:补脾益胃。

方药:参苓白术散加减。常用扁豆、党参、白术、茯苓、甘草、山药、莲子、桔梗、薏苡仁、砂仁、淫洋藿、韭菜子、枸杞、补骨脂、白蒺藜、蜈蚣、丹参。纳差者,加焦山楂、炒麦芽;大便稀溏者,加焦神曲。

6. 心肾惊恐证

证候:阴茎不举,凡有性欲要求时则心悸怔忡。伴精神苦闷,胆怯多疑,失眠多梦,腰膝酸软无力。舌淡,苔薄白,脉弦细或细弱无力。

治法:宁神益肾。

方药:天王补心丹或启阳娱心丹加减。常用人参、五味子、天冬、麦冬、柏子仁、玄参、丹参、桔梗、菟丝子、当归、远志、茯神、石菖蒲、生酸枣仁、巴戟天、枸杞、淫洋藿、蜈蚣。腰膝酸软无力者,加怀牛膝、桑寄生;情绪惊恐不安者,加重镇静安神之品。

7. 肾阴亏虚证

证候:阳事不举,或举而不坚,多由正常而逐渐不举,终至萎软不起。伴腰膝酸软,眩晕耳鸣,失眠多梦,遗精,形体消瘦。舌红少津,脉细数。

治法:滋阴补肾。

方药:左归丸或二地鳖甲煎加减。常用熟地、枸杞子、山萸肉、龟胶、鹿胶、菟丝子、牛膝、山药、枸杞、丹参、蜈蚣。阴虚火旺,阴茎易举不坚,梦遗,心烦不寐,夜热不安,小便短黄者,加生地黄、牡丹皮、女贞子、旱莲草等,或用知柏地黄丸加龟板、鳖甲、枸杞。

8. 肾阳亏虚证

证候:阳事不举,或举而不久,多由正常而逐渐不举,终至萎软不起。伴阴部冷凉,形寒肢冷,腰膝酸软,头晕耳鸣,面色㿠白,精神萎靡。舌质淡润,苔薄白,脉沉细。

治法:补肾壮阳。

方药:右归丸加减。常用熟地、山药、山茱萸、枸杞、杜仲、菟丝子、附子、肉桂、当归、鹿胶、丹参、蜈蚣。肾阳亏虚甚者,加淫洋藿、阳起石、露蜂房、蛇床子、仙茅、仙灵脾等;兼气虚者,加黄芪、太子参、白术、山药;尿后余沥、溲清频数甚或不禁、失精者,加金樱子、芡实、锁阳。

【外治】

1. 露蜂房适量烧灰,于临卧时用水涂敷于阴茎上。未婚或虽婚两地分居者勿用。

2. 肾虚者,用蛇床子、韭菜子、淫洋藿、蜂房各等量,煎水候温浸泡阴茎,每晚1次,每次15~20分钟。

3. 湿热者,用蛇床子、千里光、土茯苓、苦参、马鞭草适量,煎水候温浸洗阴茎,每晚1次,每次10~15分钟。

4. 敷脐疗法,取小茴香5g、炮姜5g,共研细末,加食盐少许,用蜂蜜调和,敷于肚脐,外用胶布贴紧固定,5~7天后弃去。

【其他疗法】

1. 心理治疗及性技术指导　心理治疗和性技术指导在阳痿的治疗中,占有重要位置,尤其对功能性阳痿的治疗更为重要。所以,应有针对性地给予心理治疗和性技术指导。

2. 单验方　菟丝子、雄鸡肝阴干者,为细末,雀卵和丸如小豆大,每服1丸,日3次;新鲜狗睾丸切成薄片,勿去血,温开水送服,每次10g,早晚各1次。

3. 中成药

(1)金匮肾气丸:用于肾阳亏虚者。每次9g,每日2次。

328

（2）逍遥丸：用于肝气郁结者。每次 9g，每日 2 次。

（3）龙胆泻肝丸：用于肝经湿热者。每次 9g，每日 2 次。

（4）六味地黄丸：用于肝肾阴虚者。每次 9g，每日 2 次。

4. 针灸治疗

（1）体针：选中极、关元、气海、肾俞、命门、三阴交、会阴、阳痿穴（肾俞穴上 2 寸半、督脉向外开 1 寸处）等，每次用 3～5 穴针刺，或加灸。

（2）耳针：选精宫、外生殖器、睾丸、内分泌等耳穴，留针 10～30 分钟，隔日 1 次或埋针 3～5 天。

（3）穴位注射：鹿茸精注射液 4ml，注入气海、关元、中极、曲骨、足三里（双）各 0.5ml，命门 1ml，隔日 1 次。也可用维生素 B_1 50mg 或丙酸睾酮 5mg，轮流注射关元、中极、肾俞，隔 2～3 天 1 次。

5. 西药治疗

（1）口服：根据情况可选用西地那非（万艾可）、育亨宾、士的宁等，使用时应严格观察不良反应。雄性激素及促性腺激素、溴隐亭等也可根据病因选用。

（2）海绵体注射：根据情况可选用罂粟碱、酚妥拉明、前列腺素 E_1 行阴茎海绵体注射，使用时应严格观察不良反应。

6. 手术治疗　器质性阳痿可以采用血管再通手术、背深静脉结扎术、背深静脉切除术、尿道海绵体松解术、阴茎假体支撑等手术治疗。

【预防护理】

1. 预防　应学习必要的性知识，减轻对房事的焦虑心理；戒除手淫，节制房事；过度疲劳、大病久病时禁止同房或尽量减少同房次数；注意调摄心情，加强锻炼，以增强体质，提高抗病能力；保证充足睡眠，劳逸适度，增强营养；调适寒温，少食醇酒厚味和甜食，不吸烟；积极治疗全身性疾病和泌尿生殖系疾病，慎用对性功能有抑制作用的药物。

2. 护理　应饮食有节，起居有常，不过食肥甘饮酒，以免湿热内生，加重病情；重视夫妻沟通，女方应与男方多沟通，多鼓励帮助男方重树信心，以利康复。

【结语】

阳痿之病古代医家多责之于肾，但现代研究发现情志因素所致肝气郁结、肝失疏泄以及湿热下注、气滞血瘀亦为阳痿发病之主要病机。其病机变化虽然比较复杂，但总与肝肾关系密切，与心脾相关，其基本病理变化多为肝郁、肾虚、血瘀。治疗主要从肝肾着手、兼及心脾，以疏肝、补肾、活血为总则，反对滥用燥烈温补。不论"因郁致痿"或"因痿致郁"均有肝郁的存在，因此，不论何因、何证或病程新久，均可适当加入解郁和活血之品，以截断"郁"对阳痿的影响，从而提高疗效。

第八节　血　精

血精指精液中夹有血液的疾病。又称"精血"、"行房出血"、"每交出血"等。血精首载于隋代巢元方《诸病源候论·虚劳精血出候》，认为主要是由肾气亏虚、精血俱损所致。至明代，医家还认识到火热之邪伤及血络，迫血妄行也可造成血精，如《景岳全书·杂证谟·血证》说："凡劳伤五脏，或五志之火，致令冲任动血者，多从精道而出"。本病以精液中含有血液为特征,根据精液中含血量的多少,可表现为肉眼血精、含血凝块,或仅显微镜下精液中有少量红细胞。可伴有尿频、尿急、尿涩痛、会阴部不适等症状。本病多见于西医学之精囊炎,分为急性和慢性两类。血精还可见于男性生殖系其他疾病引起的精中带血,如精囊结核、淋病、滴虫、血吸虫、结石、损伤、肿瘤,并偶见于血液病。

【病因病机】

血精的病位主要在精室。其病因或热入精室,或外伤跌仆,或脾肾气虚血失统摄。基本病理变化为精室血络受损,血溢脉外,随精并出。

1. 湿热下注 外感湿热毒邪或湿热秽浊之气,或嗜食辛辣厚味,醇酒炙煿,损伤脾胃,滋生湿热;或房劳过度,精室空虚,复加房事不洁,湿热之毒乘机侵入,均可导致湿热火毒蕴结下焦,熏蒸精室,灼伤血络,迫血妄行,精血同下,发为本病。

2. 阴虚火旺 先天禀赋不足,素体肾阴亏虚;或房劳过度,频繁手淫,肾精亏损;或过服温燥助阳之品,耗伤阴精,阴虚内热,虚火自炎,精室被扰,灼伤血络,血溢脉外,血随精出,发为本病。

3. 瘀血阻络 外伤跌仆,伤及会阴,损及精室血络,络破血溢;或病久入络,瘀血内停,阻滞血络;或强力入房,逼令精出,精室血络受损,瘀血败精阻络等,均可导致血不循经,溢于精室,随精并出而发为本病。

4. 脾肾两虚 思虑、劳倦过度,或久病体虚,房事不节等,均可使脾肾受损。脾肾两虚,气不统血摄精,精血俱出,发为本病。

西医学认为精囊炎主要是由于感染引起,最常见的感染途径是由尿道、前列腺感染直接蔓延,其次是淋巴感染或血行感染,病原菌以葡萄球菌、链球菌和大肠杆菌最多见。此外,有少数是由于性生活不合理而造成,如性交过度、过频、用力过猛,或忍精不泄而延长性交时间,使精道精囊长期充血,静脉扩张甚至破裂而引起出血。结核杆菌蔓延到精囊发生精囊结核也可致精血的发生。而由寄生虫和淋病双球菌引起者则较少见。

【诊断】

1. 多见于成年男性,尤其是同时伴有前列腺炎者。部分患者有性交过频或性交持续时间过长、燥热饮食刺激等诱因。

2. 性交时射出的精液或不因性交而外遗的精液中含有血液,由平时的乳白色变为粉红色、深红色或夹带有血丝。可伴有下腹部钝痛或绞痛,或放射至腰部、腹股沟或会阴部,射精时加剧,或尿频、尿急、尿痛、血尿等尿路感染症状,或出现性欲减退、早泄等性功能障碍的症状。急性期可伴有寒战、发热等全身症状。

3. 直肠指诊急性者可触及肿大的精囊腺,触痛明显,有波动感和压痛;慢性者压痛不明显,周围界限不清,部分患者精囊质地较硬。

4. 镜检精液中可见大量红细胞,或并见脓细胞,精子大多数死亡或少精或无精子。血常规、尿常规、B超、CT、尿道镜检查和精囊造影(急性期禁行精囊造影)等有助于明确诊断,并可与精囊肿物相鉴别。由感染引起者精液培养可发现致病微生物。精液涂片或培养可鉴别精囊炎和精囊结核。部分患者并发前列腺炎,前列腺液白细胞增多或有脓细胞。

【鉴别诊断】

1. 慢性前列腺炎 两者均可见耻骨上区隐痛、会阴部不适,或有性欲减退、早泄、遗精、射精不适等性功能障碍和尿道刺激征。但慢性前列腺炎不并发精囊炎时，肉眼不见精液中混杂血液，或镜下精液中无红细胞，而前列腺液中白细胞超过正常值；慢性精囊炎则肉眼可见精血混杂，或镜下精液中可见大量红细胞，不并发前列腺炎时，前列腺液中白细胞数在正常值范围。

2. 急性膀胱炎　两者均可见尿频、尿急、尿痛，少腹疼痛，或伴有发热、恶寒等全身症状。但急性膀胱炎排尿时尿呈红色或见血块或镜下红细胞，但精液中无血；急性精囊炎则精液中有血而尿中无血。

3. 精囊结核　慢性精囊炎与精囊结核都可见精液中混杂血液，临床表现也有相似之处。临床上主要依据既往史和精液涂片或培养来进行鉴别。精囊结核多有其他部位如肾、肺、骨等部位的原发性结核，精液涂片或培养可发现结核杆菌；精囊炎无结核病史，精液涂片或培养无结核杆菌。

4. 精囊肿瘤　具有血精及尿频、尿急、血尿等尿路症状。直肠指诊可触到精囊部不规则的硬结。精囊造影可发现充盈缺损。经会阴或经直肠的精囊活组织检查有助于诊断。

【辨证论治】

本病论治当以止血为要。然其病有虚实之分和热、瘀、虚之不同，病变脏腑涉及心肝脾肾和膀胱，故不宜一味止血，应当标本兼治。治疗上总以清热利湿、滋阴降火，佐以凉血止血为基本原则。病久正虚，已无余邪留恋，可多用收涩止血药。又久病多瘀，血溢脉外多夹瘀血，故理血和血之品应随证加减运用。

1. 湿热下注证

证候：精液红色或黯红色或棕褐色，少腹、会阴及睾丸部疼痛或不适，射精时加剧。可伴尿频、尿急，排尿灼热或疼痛，小便黄热，余沥不尽，或有白浊。少数火毒炽盛者以全身症状为主，发热恶寒，身痛酸楚，咽干口苦，恶心呕吐，神志不安，会阴部疼痛，牵及少腹和腰骶，甚至高热、寒战、虚脱。舌红，苔黄腻，脉滑数或洪数。

治法：清利湿热，凉血止血。

方药：龙胆泻肝汤加减。常用栀子、黄芩、柴胡、生地、车前子、泽泻、木通、甘草、当归。火毒炽盛者，加水牛角、金银花、蒲公英、丹皮、赤芍等；血精较重，加小蓟、槐花等；精血凝块者，加三棱、莪术、茜草、三七粉；阴部抽痛者，加乌药、川楝子、延胡索等。病情缓解后可改服程氏萆薢分清饮加减调理。

2. 阴虚火旺证

证候：精血相混，色鲜红，夹有碎屑状陈旧血块，或镜下精液中有红细胞，会阴部坠胀或阴茎中灼痛。伴头晕耳鸣，腰膝酸软，潮热盗汗，心烦口干，小便短黄。舌红少津，苔薄黄，脉细数。

治法：滋阴降火，凉血止血。

方药：知柏地黄丸或大补阴丸合二至丸加减。常用生地黄、山茱萸、山药、茯苓、丹皮、泽泻、知母、黄柏、旱莲草、女贞子、龟板、大蓟、小蓟、棕榈炭、蒲黄。若遗精盗汗者，加地骨皮、五倍子；若口渴舌燥者，加石斛、玄参；若午后低热者，加白薇。兼有湿热者，加车前子、益母草；若为君火亢盛、心热下移者可用导赤散加凉血止血之品治疗。

3. 瘀血阻络证

证候：精中带血，血色黯红，夹有血丝、血块，射精时精道疼痛较重。可有阴部外伤史。伴少腹、会阴及睾丸部疼痛。舌质紫黯或有瘀点瘀斑,苔薄,脉涩。

治法:活血止血,祛瘀止痛。

方药:桃红四物汤合失笑散加减。常用桃仁、红花、当归、生地、川芎、赤芍、蒲黄、五灵脂。血块明显者,加三七粉、丹参、茜草;刺痛明显者,加白芍、延胡索、川楝子。

4. 脾肾两虚证

证候:精液淡红,或镜下精液中红细胞。伴性欲减退或性功能减弱,面色少华,神疲乏力,失眠多梦,腰膝酸软。舌淡而胖,脉细无力。

治法:补肾健脾,益气摄血。

方药:大补元煎合归脾汤加减。常用党参、黄芪、白术、茯神、远志、木香、炙甘草、大枣、酸枣仁、龙眼肉、炒山药、熟地黄、杜仲、枸杞子、当归、山茱萸。若血精迁延不愈者,加仙鹤草、地榆炭、三七粉、棕榈炭;兼遗精早泄者,加莲子、芡实、金樱子等。

【外治】

1. 用野菊花、苦参、马齿苋、败酱草、马鞭草各30g,水煎坐浴,每晚1次,用于湿热下注者,可改善局部症状。

2. 用金黄散15~30g、山芋粉或藕粉适量,水200ml调煮成薄糊状,微冷后(42℃)行保留灌肠,每日1次。

3. 取野菊花栓或前列安栓,用药前温水洗涤肛门,用手轻轻将药栓塞入肛门深处,每次1粒,每日早、晚各1次。

4. 用黄连解毒汤(黄芩、黄连、黄柏、栀子)或黄连茜草地榆汤(黄连、茜草、地榆)直肠内注入20ml,然后以此药浸润纱布垫置于会阴部电理疗器的阳极上,以8~20mA的电流导入,阴极敷于耻骨上,每次20分钟,每日1次,每10次为1个疗程。

【其他疗法】

1. 中成药

(1) 龙胆泻肝丸:用于肝经湿热者。每次9g,每日2次。

(2) 知柏地黄丸:用于阴虚火旺者。每次9g,每日2次。

(3) 云南白药:用于各种证型,尤其适用于瘀血阻滞者。每次2g,每日2~3次。

(4) 归脾丸:用于反复不愈属气血不足、心脾两虚者。每次9g,每日2次。

2. 西药治疗　急性精囊炎根据细菌培养和药敏试验结果来选择抗生素,禁止局部按摩;慢性期可采用抗炎药物、经直肠微波理疗、热水坐浴及精囊前列腺按摩等综合措施治疗。因性欲过度兴奋引起者,可用雌激素治疗。精血日久不愈,反复发作者,可用止血药,常用维生素K$_3$口服或肌注。10天为1个疗程。对结核引起者,当使用抗结核药物如异烟肼、利福平等。

3. 针灸治疗　取会阴、肾俞等穴。采用泻法,重刺激,不留针。每日针刺1次,10次为1个疗程。阴虚火旺者,配太冲、照海、太溪、曲骨穴,平补平泻;湿热下注者,配阴陵泉、三阴交、太冲、行间、中极穴,用泻法。

4. 心理治疗　患血精者,多感恐惧和惊慌,以为是奇难怪症。所以,在运用其他方法治疗之前,须向患者解释本病的发生、发展、转归等问题,以消除其思想顾虑,有利于治疗。

【预防护理】

1. 预防　未病时,保持规律的性生活,房事不能过频,避免酒后尤其醉酒后同房;

少饮酒及少食辛辣燥热食物,多食蔬菜、水果,保持大便通畅;注意房事卫生,避免不洁房事;预防会阴外伤,避免长时间骑车;积极防治尿道炎、前列腺炎等泌尿生殖系疾病。

2. 护理　已病后,急性期禁止精道检查和精囊前列腺按摩,暂停房事;慢性期可适度房事,但每次持续时间不宜过长;解除思想顾虑,保持心情舒畅;避免久坐及长时间骑车;饮食清淡,禁酒,忌食辛辣刺激、甘腻肥厚等助湿助热之品。

【结语】

血精是以精液中夹有血液为特征的疾病,其病位在精室,主要的基本病理变化为精室血络受损,血溢脉外,随精并出,故治疗当以止血为要。急性者清热利湿、滋阴降火,佐以凉血止血;慢性者则在祛邪的同时,尚需顾及正虚一面,多配以补肾健脾,化瘀止血之品。患血精者多有恐惧和惊慌心理反应,故须向患者解释本病的发生、发展、转归等问题,以消除其思想顾虑,有利于治疗和康复。

第九节　精　　浊

病案分析

病案:李某,男,37岁,2011年3月18日初诊。主诉双侧睾丸、会阴胀痛不适3年。患者因职业原因经常饮酒、久坐,平时喜欢骑单车游玩。3年前一次饮酒后出现尿频、尿急症状,查尿常规未见异常,予"盐酸左氧氟沙星胶囊"、"三金片"口服2周后,排尿症状有所缓解。但1个月后出现开始双侧睾丸、会阴胀痛不适。现症见双侧睾丸、会阴胀痛不适,时放射至腰骶、小腹,久坐、骑车、饮酒后尤甚,尿分叉,偶在大便时尿道口有乳白色分泌物溢出。伴尿黄、口干、阴囊潮湿、便秘,无尿频、尿急、尿痛,纳眠可。肛门直肠指检:肛门括约肌紧张度适中,前列腺大小约3cm×4cm×5.5cm,质韧,边界、中央沟清楚,可扪及小结节,压痛明显。舌红,苔黄腻,脉弦。B超示前列腺实质回声增粗增强。前列腺液常规示:卵磷脂小体+,白细胞III。

分析:患者平素有饮酒、骑单车习惯,以双侧睾丸、会阴胀痛不适为主症,伴腰骶、小腹的放射痛、大便时尿道口滴白等症状,初步印象为精浊,结合患者的病程、专科检查、前列腺液常规和B超检查结果基本可排除睾丸、附睾、精索疾病,当诊为精浊湿热瘀阻证。治疗当以中药内服结合多种综合治疗方法。

问题:本例患者应如何辨证立法用药?治疗原则是什么?预防调护措施有哪些?

精浊是中青年男性常见的一种生殖系统综合征。古代文献中的"白浊"、"白淫"、"淋浊"等属于本病范畴。其临床特点为会阴或睾丸或小腹不适或胀痛、排尿不适、尿道灼热或尿道口滴白,发病缓慢、病情顽固、反复发作、缠绵难愈。好发于20~40岁青壮年男子,发病率甚高。据统计35岁以上男性35%~40%患有本病,占泌尿外科男性就诊患者的1/4左右。相当于西医学的慢性前列腺炎。

【病因病机】

精浊病位在精室,与肝、肾两经关系最为密切,其病机变化初病多实、久病多虚或虚实夹杂,其基本病理变化多为湿热、肝郁、肾虚、瘀滞几个主要病理环节,湿热、肝郁为发病之标,肾虚为发病之本,而瘀滞是疾病进一步发展的病理反映,四者相关为患,互为影响和转化,致使病情复杂,难于速愈。

1. 湿热蕴结　"热淋"治疗不彻底,湿热余毒未清;或嗜食烟酒或辛辣膏粱厚味,酿生湿热,湿热循经下注精室;或房事不洁,湿热壅滞精室等,致气血不和,经络阻隔而发为本病。

2. 气滞血瘀　长期旅途颠簸或久坐硬板凳、骑车、骑马或外伤;情志不舒,所欲不遂,肝失疏泄,气机不畅;湿热阻滞,相火久遏等造成精室气血不流畅,血行瘀滞,久之发为本病。

3. 阴虚火旺　青壮之年,恣情纵欲,或频犯手淫,而又忍精不射,致欲火当泄未泄,肾火郁而不散,离位之精化为白浊;热迫血行,久之精室血行不畅而发为本病;或病久伤阴,肾阴暗耗,而转化为阴虚火旺。元代朱震亨《丹溪心法·赤白浊四十四》说:"……若调摄失宜,思虑不节,嗜欲过度,水火不交,精元失守,由是而为赤白浊之患。"认识到本病的病因病机有"水火不交"、相火亢盛。《景岳全书·必集·杂证谟·淋浊》云:"有浊在精者,必由相火妄动,淫欲逆精,以致精离其经,不能闭藏,则源流相继,流溢而下……"

4. 肾阳亏虚　病久阴损及阳,或素体肾阳亏虚,或过食苦寒之品,肾阳不足,火势衰微,而见性功能障碍等诸症。隋代巢元方在《诸病源候论·虚劳小便白浊候》和《诸病源候论·虚劳尿精候》分别指出:"劳伤于肾,肾气虚冷故也。肾主水而开窍在阴,阴为溲便之道,胞冷肾损,故小便白而浊也。""虚劳尿精者,肾气衰弱故也。肾藏精,其气通于阴。劳伤肾虚,不能藏于精,故因小便而精液出也。"

西医学认为慢性前列腺炎病因复杂,可能是由于致病菌通过血行和淋巴传播到前列腺,或后尿道及泌尿生殖系其他部位的感染向前列腺直接蔓延,或不明原因造成的盆底肌张力过高或痉挛及后尿道压力过高致使尿液逆流入前列腺管所引起;也有可能是支原体或衣原体等致病微生物直接经尿道上行感染所致;或与免疫因素有关。

【诊断】

1. 临床症状表现不一,多呈慢性病程表现。患者可出现轻微的尿频、尿急、尿痛、尿道内灼热不适或排尿不净感;有的在排尿终末或大便用力时,自尿道滴出少量乳白色的前列腺液。多数患者可伴有腰骶、腹股沟、下腹及会阴部等处不适或坠胀隐痛,有时可牵扯到耻骨上、阴茎、睾丸及股内侧。部分患者因病程较长可出现阳痿、早泄、遗精或射精痛等,或伴头晕、耳鸣、失眠多梦、腰酸乏力等神经衰弱症状。

2. 肛门直肠指检,前列腺多为正常大小,或稍大或稍小,触诊可有轻度压痛。有的前列腺可表现为软硬不均或缩小变硬等异常现象。

3. 前列腺液涂片检查可见卵磷脂小体减少或消失、白细胞每高倍视野在 10 个以上、含有脂肪的巨噬细胞较正常增多,前列腺细菌培养多呈阴性,解脲脲原体及衣原体培养可能为阳性。尿三杯试验可作为参考。

【鉴别诊断】

1. 尿浊　尿浊是以小便混浊,白如泔浆时时流出糊状浊物,而溲时尿道无疼痛为特征的疾患。精浊仅指尿道口时时流出糊状浊物,但小便并不混浊。

2. 遗精　遗精是指不因性生活而精液频繁遗泄的病证,其严重者可致滑精。但遗精有排精感觉,不似精浊之尿道口常有糊状浊物不自觉流出。

3. 淋证　淋证是以小便频急涩痛为主要特征的病证。精浊是以尿道口时时流浊为主症,虽常也伴有排尿不适,但一般症状轻微,两者迥然有异,临证不难鉴别。

4. 慢性子痈(附睾炎)　阴囊、腹股沟部隐痛不适,类似慢性前列腺炎。但慢性子痛(附睾炎)附睾部可触及结节,并伴轻度压痛。

5. 精癃(前列腺增生症)　可见尿频、尿急、排尿困难、排尿不净,但大多在老年人群中发病。B超、肛门直肠指检可资鉴别。

【辨证论治】

本病的治疗原则为清利、补肾、化瘀排浊,又当分清主次、权衡用药。主张辨证论治的同时配合综合治疗和注意生活与饮食调护。临床用药不可一味清利或过用寒凉,以免伤阴损阳致病疾难愈。

患者多伴有忧郁倾向,肝气不舒,治疗时应予疏肝解郁之品,以增强疗效。

1. 湿热蕴结证

证候:尿频、尿急、尿痛、尿道灼热,排尿终末或大便时尿道口偶有乳白色分泌物流出,会阴、腰骶、睾丸、少腹不适或坠胀疼痛,阴囊潮湿。舌红,苔黄腻,脉滑数。

治法:清热利湿排浊。

方药:八正散或龙胆泻肝汤加减。常用栀子、泽泻、生地黄、车前、萹蓄、竹叶、木通、甘草、滑石、木香、连翘、皂角刺、王不留行、牛膝、琥珀末(冲服)。小便不畅者,加金钱草;大便干者,加大黄;刺痛明显者,加桃仁、赤芍;口干者,加天花粉。

2. 气滞血瘀证

证候:病程较长,少腹、腹股沟、会阴、睾丸、腰骶部坠胀不适或疼痛,排尿不净感。舌质正常或有紫斑,苔薄白或薄黄,脉弦涩或沉涩。

治法:化瘀排浊,行气止痛。

方药:前列腺汤加减。常用丹参、泽泻、桃仁、红花、赤芍、乳香、没药、王不留行、青皮、川楝子、小茴香、白芷、败酱草、蒲公英、皂角刺。小便黄浊,或尿频尿痛,舌红苔黄腻,脉滑数者,加滑石、苍术、车前子;刺痛明显者,加三七粉、琥珀粉;精神抑郁者,加龙骨、牡蛎、郁金。

3. 阴虚火旺证

证候:会阴部坠胀不适,尿道口常有白色黏性分泌物,甚至欲念萌动即自行溢出,尿道不适。伴遗精或血精,头晕眼花,腰膝酸软,五心烦热,失眠多梦,咽干口燥。舌红,少苔,脉细数。

治法:滋阴降火排浊。

方药:知柏地黄丸加减。常用黄柏、知母、熟地黄、山药、山茱萸、茯苓、泽泻、牡丹皮、王不留行、白芷、皂角刺。梦多失眠,舌尖红或有口疮者,去熟地黄,加竹叶、生地黄、甘草、牛膝;遗精者,加金樱子、牡蛎;血精者,加小蓟、茜草。

4. 肾阳亏虚证

证候:多见于中年人或素体阳虚者,会阴部酸胀不适,尿末滴白,尿后余沥。可伴阳痿或早泄,头昏神疲,腰膝酸软,形寒肢冷。舌淡胖,苔薄白,脉沉细。

治法:温肾助阳排浊。

方药:济生肾气丸加减。常用熟地、山药、山茱萸、泽泻、茯苓、丹皮、肉桂、附子、牛膝、车前子、锁阳、芡实、牡蛎、王不留行、白芷。

【外治】

1. 坐浴　温水坐浴,每次20分钟,每日2次。前列腺质地偏硬者,用蒲公英30g、紫花地丁30g、土茯苓30g、红藤30g、三棱10g、莪术10g、皂角刺10g煎汤先熏后坐浴浸洗。

2. 栓剂　根据情况选用野菊花栓、前列安栓、吲哚美辛栓等1粒塞入肛门,每日1～2次,连续3～20天。

3. 灌肠　用如意金黄散10～30g,温开水调成150～200ml(温度约40℃),保留灌肠;或用黄柏、土茯苓、败酱草、乳香、没药、红藤各10g,煎水150～200ml,保留灌肠,每晚睡前1次。

4. 热敷　用白附子、黄丹、羌活、独活、白鲜皮、蛇床子、天花粉、山栀、苦矾、云矾、川乌、草乌、甘松、木通各6g,狼毒、地骨皮、透骨草、木贼、艾叶、红花、生半夏各10g,花椒15g,皂角60g(火煨)。以上各药为末装于袋中热敷会阴部。

5. 脐疗　麝香0.15g纳入肚脐内,再盖上胡椒粉(7粒量),外盖小圆纸片,用胶布封贴固定,7～10天换1次。

【其他疗法】

1. 单验方

(1) 三七粉3g,每日2次。适宜阴部刺痛者。

(2) 琥珀粉1.5g,每日2次。适宜尿道涩痛、灼热者。

(3) 当归10g、浙贝母10g、苦参10g、滑石15g,每日1剂,煎服2次。适宜尿道灼热,易流分泌物者。

(4) 桂枝10g、茯苓10g、赤芍15g、丹皮10g、桃仁10g,每日1剂,煎服2次。适宜前列腺质地偏硬者。

2. 中成药

(1) 大黄䗪虫丸:每次2～4丸,每日2次。适用于气滞血瘀者。

(2) 知柏地黄丸:每次3～6g,每日2次。适用于阴虚火旺者。

(3) 六味地黄丸:每次3～6g,每日2次。适用于肾阴虚者。

(4) 前列通瘀胶囊:每次5粒,每日3次,4周为1个疗程,连服1～2疗程。适用于瘀热互结者。

3. 针灸治疗

(1) 体针:前列腺特定穴(任脉上会阴至肛门的中点)、秩边、三阴交、次髎、中极、关元、肾俞、上髎、会阴、每日或隔日1次,留针5～10分钟,10～15次为1个疗程。

(2) 皮内针:以会阴、关元、命门为主穴,配肾俞、中髎,胶布固定。3～7日换针1次。

(3) 络刺:以腰俞、阴陵泉为主穴,配三阴交、下髎、委中、委阳,每个部位出血量3～5ml,每次不超过4个穴位,总放血量控制在20ml以内。每周1次。

(4) 耳穴:将王不留行籽用胶布贴于肾、膀胱、肾上腺、皮质下、三焦、神门、内分泌、肝俞等耳穴。患者每日自行按穴3次。

4. 按摩治疗　定期按摩前列腺,每周1次。有助于因炎症导致腺管阻塞的腺液排泄,以利于疾病的康复。

5. 理疗　可配合局部超短波透热、局部有效抗生素离子透入、射频、微波、直肠内中药电离子导入、会阴穴激光针刺入照射等方法治疗。

6. 西医治疗

(1) 针对病原体,根据药敏试验合理选用抗生素。

（2）解痉、镇痛或α-受体阻滞剂,可选用溴丙胺太林、吲哚美辛、盐酸黄酮哌酯、盐酸坦索罗辛等1种或2种以上药物联合使用。

7. 心理治疗　心理治疗有助于缓解患者精神紧张、减轻疼痛,提高性生活质量。

【预防护理】

1. 预防　应积极、规范、及早治疗各种泌尿生殖系感染和上呼吸道感染,防止受寒,不宜久坐,不宜长途骑车、骑马,不宜过多饮酒及过食辛辣,少饮浓茶、浓咖啡;多饮水,不憋尿;保持外生殖器及会阴的清洁卫生;不宜恣情纵欲;避免不洁房事。

2. 护理　应禁酒,忌过食肥甘及辛辣炙煿食物,以免再生湿热;适度房事;放松心情,保持良好心理状态;起居有度,劳逸结合,不要久坐或骑车时间过长,注意会阴部保暖;保持大便通畅。

【结语】

精浊临床症状复杂且无特异性,发病缓慢、病情顽固、反复发作、缠绵难愈。发病原因复杂,病机变化多端,初病多实、久病多虚或虚实夹杂,但以湿热、肝郁、肾虚、瘀滞为其基本病理变化,且四者相关为患,互为影响和转化。辨证论治时,应围绕该病病机之标(湿热、肝郁)、本(肾虚)、变(瘀滞),分清主次、权衡用药,或清利,或补肾,或化瘀排浊,或综合运用。在辨证论治的同时,应不忘舒郁并配合综合治疗和注意生活与饮食调护,以提高临床疗效。

第十节　精　癃

病案分析

病案:赵某,男,69岁,2010年11月28日09时25分初诊。夜尿次数增多近3年,排尿时间延长3月,尿频尿痛1天。昨晚饮酒后小便次数明显增加,约1小时排尿1次,尿后余沥不尽,小便困难,时感小便灼热疼痛。症见尿频,尿急,尿线细,小便点滴而出,无肉眼血尿,小腹胀痛,小便灼热刺痛。舌质红,苔黄腻,脉弦数。查体见下腹部隆起。肛门直肠指检:前列腺增大,表面光滑,质韧,有弹性,中央沟消失。腹部B超:前列腺体积增大,大小5.8cm×5.2cm×4.5cm,膀胱充盈佳,排尿后残余尿量约310ml,膀胱内可探及约1.2cm×1.3cm大小强回声,内部无血流信号,位置固定,不随体位改变。尿液分析:WBC+,RBC++。

分析:该案患者有夜尿次数增多近3年,3月来排尿时间延长,尿线明显变细,射程变短,来诊以尿频、尿急、尿线细、小便点滴而出、小腹胀痛、小便灼热刺痛为主症,无肉眼血尿;查体见下腹部隆起,肛门直肠指检提示前列腺体积增大,初步印象为精癃。结合患者的病史、实验室检查结果基本可明确诊断为精癃湿热下注证。治疗当以中西医结合综合治疗。

问题:本例患者应如何辨证立法用药?用药时应如何结合患者临床特点进行治疗?目前患者是否有手术指征?如有,应采取何种手术方案?还需完善哪些检查?

精癃是指以排尿困难,滴沥不尽,甚或尿闭为主要表现的一种常见的老年男性泌尿生殖系疾病。本病在中医古籍中属于"癃闭"范畴。"癃闭"病名始见于《五十二病方》。《内经》有了进一步认识,如《素问·宣明五气》云:"膀胱不利为癃",《素问·奇病论》说:"有癃者,一日数十溲",《素问·标本病传论》说:"膀胱病,小便闭",《灵枢·经脉》说足少阴"实则闭癃"。唐代孙思邈创造了世界上最早的导尿术来治疗癃闭,即用葱管插入尿道后向内吹气以排尿。其临床特点以尿频、夜尿次数增多、排尿困难为主,严重者可发生尿潴留或尿失禁,甚至出现肾功能受损。相当于西医学的良性前列腺增生症。最初可发生在 40 岁以后,大多数发生在 50 岁以上年龄段,发病率随年龄增长而逐渐增加,到 60 岁时大于 50% ,80 岁时高达 83% 。

【病因病机】

本病的发生主要是年老脾肾气虚,气化不利,血行不畅,与肾和膀胱的功能失调有关。

1. 脾肾两虚　年老脾肾气虚,推动乏力,不能运化水湿,终致痰湿凝聚,阻于尿道而生本病。

2. 气滞血瘀　情志不畅,肝气郁结,疏泄失常,可致气血瘀滞,阻塞尿道;或年老之人,气虚阳衰,不能运气行血,久之气血不畅,聚而为痰,痰血凝聚于水道;或憋尿过久,败精瘀浊停聚不散,凝滞于溺窍,致膀胱气化失司而发为本病。《景岳全书·天集·杂证谟·癃闭》载:"或以败精,或以槁血,阻塞水道而不通也。"

3. 湿热蕴结　水湿内停郁而化热,或饮食不节酿生湿热,或外感湿热,或恣饮醇酒聚湿生热等,均可致湿热下注,蕴结不散,瘀阻于下焦,膀胱气化不利,小便不通,诱发本病。此为兼夹病机。

4. 肺热气壅　外感风热,肺热壅滞,失其调节,肃降失常,不能通调水道,致排尿困难而生本病。此为兼夹病机。

西医学关于前列腺增生症发病机理的学说较多,均尚未得到定论。认为正常功能睾丸的存在和高龄是前列腺增生的两个必备条件。

【诊断】

1. 多见于 50 岁以上的男性患者。

2. 以渐进性尿频、排尿困难、尿线变细、排尿时间延长或时断时续为主要表现,早期尿频以夜间更为明显。部分患者由于尿液长期不能排尽,致膀胱残余尿增多而出现假性尿失禁。

3. 在发病过程中,常因受寒、劳累、憋尿、便秘等,而发生急性尿潴留,小腹部可触及胀大的膀胱。严重者可引起肾功能损伤,而出现肾功能不全的一系列症状。

4. 有些患者可并发尿路感染、膀胱结石、疝气或脱肛等。

5. 肛门直肠指检,前列腺常有不同程度的增大,表面光滑,中等硬度而富有弹性,中央沟变浅或消失。

6. 可进行彩超、CT、膀胱尿道造影、膀胱镜及尿流动力学等检查以协助诊断。

【鉴别诊断】

1. 前列腺癌　两者发病年龄相似,且在前列腺增生的病例中有 10% ~25% 可发癌变或癌瘤存在。但前列腺癌有病程短、进展快、早期发生骨骼与肺转移的特点。肛门直肠指诊,前列腺多不对称,表面不光滑,可触及不规则、无弹性、质地坚硬的硬结,和周围界限不清。前列腺特异抗原(PSA)和酸性磷酸酶增高。盆腔部 CT 或前列腺穿刺活体组织检查可确定诊断。

2. 神经源性膀胱功能障碍　部分脑神经系统疾病、糖尿病患者可发生排尿困难、尿潴留或尿失禁等,且多见于老年人,前列腺一般不大,神经系统检查常有会阴部感觉异常或肛门括约肌松弛等。通过膀胱测压试验或尿流率检查尿流动力学、膀胱镜检查可协助鉴别。

3. 前列腺结核　一般有泌尿生殖系结核病史,有血精、精液减少、射精疼痛等症状表现。肛门直肠指检前列腺可稍增大,呈结节状,不规则质地偏硬,轻度压痛。精液及前列腺液的结核杆菌检查能明确诊断。

4. 前列腺结石　有尿频、排尿困难等症状,但直肠指诊除可触及增大的前列腺外,常可扪到质地坚硬的结节,较大的结石可扪及摩擦感。骨盆区 X 线平片,可见耻骨联合区的一侧或双侧有阳性结石影。B 超检查也可协助鉴别。

【辨证论治】

本病的治疗应以补益脾肾、化痰散结、活血软坚为总则,兼夹湿热则清热利癃。基于"上窍开而下窍自通"和"通后窍以利前阴"的理论基础,酌情使用开肺气或通大便之法可提高疗效。出现并发症时应采用中西医综合疗法。

1. 湿热蕴结证

证候:小便频数黄赤,尿道灼热或涩痛,排尿不畅,甚或点滴不通。小腹胀满,或大便干燥,口苦口黏。舌黯红,苔黄腻,脉滑数或弦数。

治法:清热利湿,消癃通闭。

方药:八正散加减。常用车前子、木通、瞿麦、萹蓄、滑石、甘草梢、山栀子、蒲公英、川牛膝、王不留行、夏枯草。大便秘结者,加大黄通、生白术;血尿者,加蒲黄;小便不通者,加白芍、甘草、石菖蒲、薏苡仁。

2. 脾肾气虚证

证候:尿频,滴沥不畅,尿线细甚或夜间遗尿或尿闭不通。伴小腹坠胀,神疲乏力,纳谷不香,面色无华,或便溏脱肛。舌淡,苔白,脉细无力。

治法:补脾益气,温肾利尿。

方药:补中益气汤加减。常用黄芪、人参、炙甘草、归身、橘皮、升麻、柴胡、白术、菟丝子、肉苁蓉、补骨脂、车前子、川牛膝、王不留行、夏枯草。前列腺增大明显者,加莪术、水蛭;便溏脱肛者,可加补骨脂。

3. 气滞血瘀证

证候:小便不畅,尿线变细或点滴而下,或尿道涩痛,闭塞不通。或伴小腹胀满隐痛,偶有血尿。舌质黯或有瘀点、瘀斑,苔白或薄黄,脉弦或涩。

治法:行气活血,通窍利尿。

方药:沉香散加减。常用沉香、石韦、滑石、王不留行、当归、天葵子、白芍、橘皮、甘草、莪术、水蛭、海藻、昆布、薏苡仁、冬瓜仁。伴血尿者,酌加大蓟、小蓟、参三七;瘀甚者,可加蛴螬虫,或合用桂枝茯苓丸。

4. 肾阳不足证

证候:小便频数,夜间尤甚,尿线变细,余沥不尽,尿程缩短,或点滴不爽,甚则尿闭不通。伴精神萎靡,面色无华,畏寒肢冷。舌质淡润,苔薄白,脉沉细。

治法:温补肾阳,通窍利尿。

方药:济生肾气丸加减。常用干地黄、山药、山茱萸、泽泻、丹皮、茯苓、桂枝、炮附子、车前子、川牛膝、海藻、昆布、牡蛎。小便频者,加生黄芪、乌药、益智仁;尿闭不通者,加水蛭;前列腺质地偏硬者,加莪术、水蛭,或合用桂枝茯苓丸。

5. 肾阴亏虚证

证候:小便频数不爽,尿少热赤,或闭塞不通。头晕耳鸣,腰膝酸软,五心烦热,大便秘结。舌红少津,苔少或黄,脉细数。

治法:滋补肾阴,通窍利尿。

方药:知柏地黄丸加减。常用知母、黄柏、熟地黄、山萸肉、山药、茯苓、牡丹皮、泽泻、丹参、琥珀、王不留行、地龙。大便秘结者,加玄参、麦冬、生地、大黄;口干咽燥,潮热盗汗明显者,加天花粉;精神倦怠,全身乏力者,加黄芪、甘草;尿赤,可加竹叶、木通。

6. 肺热气壅证

证候:小便不畅或点滴不爽,或量少短赤。咽干烦渴欲饮,呼吸短促或有咳嗽,喘息。舌红苔薄黄,脉滑数。

治法:清热宣肺,通利膀胱。

方药:黄芩清肺饮加减。常用川芎、当归、赤芍、防风、生地、葛根、天花粉、连翘、红花、黄芩、薄荷。咳嗽无力,少气懒言,宜合补中益气汤化裁;肛门灼热等,加黄连、枳壳。

以上各型出现小便点滴不下而致尿潴留时,可在原方的基础上加入桔梗、荆芥等开宣肺气药物。还可加入升麻、柴胡之类升提中气药物,取欲降先升之意。

【外治】

1. 外敷法　独头蒜头 1 枚,栀子 3 枚,盐少许,先将栀子研末,再入大蒜同捣烂如泥,摊纸贴脐部,外用胶布固定;或以葱白 500g 捣烂如泥加少许麝香和匀敷脐部,外用胶布固定;或以食盐 250g,炒热,布包熨脐腹,冷后再炒热敷之。

2. 灌肠法　大黄 15g,泽兰、白芷各 10g,肉桂 6g,煎汤 150ml,每日保留灌肠 1 次。

3. 取嚏或探吐法　用消毒棉签刺激鼻腔或咽喉取嚏或探吐,使上窍开而下窍自通,简单有效。或用皂角粉适量吹鼻取嚏也可。

【其他疗法】

1. 中成药

(1) 前列通瘀胶囊:每次 5 粒,每日 3 次。用于瘀血阻滞,兼有湿热者。

(2) 癃闭舒胶囊:每次 3 粒,每日 2 次。用于肾气不足,湿热瘀阻者。

(3) 缩泉胶囊:每次 6 粒,每日 3 次。用于肾虚之小便频数,夜卧遗尿者。

2. 针灸推拿　主要用于尿潴留患者,可针刺足三里、中极、三阴交、阴陵泉、归来、膀胱俞等穴,强刺激,反复捻转提插;体虚者,灸关元、气海、水道等穴。并可于少腹膀胱区按摩。

3. 物理疗法　如微波、射频、激光等。

4. 西药治疗　常用的有 α-受体阻滞剂,如盐酸特拉唑嗪、盐酸坦索罗辛,本类药物适用于症状较轻不需手术者或不宜手术者;5α-还原酶抑制剂,如非那雄胺;生长因子抑制剂,如通尿灵等。

5. 导尿　尿潴留时间较长,膀胱极度膨胀者,可行导尿术分次导尿。尤其急性尿潴留患者需紧急排尿。但不宜突然排空膀胱,一般可先放出 300～500ml,其余部分可在数小时内放出。

6. **手术治疗**　若存在以下情况则提示应采用手术治疗:①膀胱残余尿在 60ml 以上;②因急性尿潴留或反复出现尿潴留经非手术治疗无效或导尿失败;③反复血尿,5α-还原酶抑制剂治疗无效;④因梗阻诱发膀胱憩室、结石及肾、输尿管积水;⑤由于梗阻引起慢性或反复发作的泌尿系感染。手术方法有前列腺摘除术、经尿道前列腺消融术、前列腺支架置入术、耻骨上膀胱穿刺造瘘术等。

【预防护理】

患病后应注意调护,避免发生尿潴留。注意不要憋尿,保持大便通畅;防止受凉,不宜饮酒,避免劳累,节制房事,少食辛辣刺激性食物;保持情绪稳定;忌久坐。对长期留置导尿管的患者,应定期更换尿管、冲洗膀胱,防止感染。

【结语】

精癃是常见老年男性退行性疾病,以排尿困难、滴沥不尽,甚或尿闭为主要表现。其发病与肾和膀胱的功能失调有关,是脾肾两虚、气滞(痰凝)血瘀的结果,并多兼夹湿热蕴结病机。治疗应以通为用,以补益脾肾、化痰散结、活血软坚为总则,兼夹湿热则清热利癃。出现并发症时应采用中西医综合疗法。具备手术指征时,药物治疗往往难于收到明显效果,应及时手术治疗。

第十一节　前列腺癌

前列腺癌是发生在前列腺的恶性肿瘤。是最常见的男性肿瘤之一,可归属于中医学"癃闭"、"癥瘕"、"积聚"、"血尿"等范畴。早期症状不典型或无症状,较易被忽视,常因体检时肛门直肠指检而发现。症状一旦出现,多表示已属中、晚期,或已有转移,以排尿困难、尿潴留、尿失禁、血尿为主要表现。发病年龄多在 50 岁以上,年龄越大,发病率越高,在欧美发病率极高,是男性癌症死亡的主要原因之一。我国的发病率较低,但近年有上升趋势。

【病因病机】

前列腺癌病位在膀胱、精室,其发生主要是肾气不足,湿热邪毒侵袭,日积月累,引起机体阴阳失调、脏腑功能障碍、气血运行障碍,而致瘀血、痰浊、邪毒等互相交结而为病。

1. **肾气不足**　年老体弱,肾气亏虚,气化不利则水湿痰浊易于内停,全身气血运行无力则气血瘀滞,瘀血与水湿痰浊等互结,阻于精室,聚集成块而成本病。

2. **脾胃损伤**　饮食不节,损伤脾胃,湿热痰浊内生,下注精室与气血搏结而发生肿块。

3. **痰瘀互结**　气血水湿痰浊互结,阻于精室,结于膀胱,阻塞水道,则小便不利或闭而难出;湿热内蕴,热伤血络,或日久气血亏虚,气不摄血,则血溢脉外而尿血。

西医学对前列腺癌的病因认识还不明确。一般认为与体内雄激素和雌激素的平衡紊乱有关。根据流行病学资料的报道,其发病与种族遗传和年龄有关,与环境、食物等亦有关。此外,慢性炎性刺激、病毒也可能是其发病原因。

【诊断】

1. 多发于 50 岁以上的老年人,早期可无症状。

2. 症状随肿瘤逐渐增大压迫膀胱颈及尿道而出现,主要为排尿梗阻症状,如进行性加重的排尿困难、排尿踌躇、尿流变细无力、尿流缓慢及夜尿增多等,伴感染者可有尿频、尿急或尿血。有些患者出现尿失禁、会阴部肿胀不适或疼痛。若肿瘤较大,可出现尿潴留现象。当肿瘤造成尿路梗阻时,可有腰痛、肾积水、少尿或肾功能不全的表现,严重者出现血尿。早期前列腺癌就可发生转移,有约 5% 的患者因转移症状而就诊。

3. 常见转移症状为腰骶部疼痛并向髋部、腰部放射和下肢水肿、大便困难、淋巴结肿大等。骨转移引起局部骨骼疼痛并影响饮食、睡眠、精神;肝转移可摸到右上腹部肿块;淋巴结转移常在锁骨上触及肿块;肺转移则可出现咳嗽、胸痛、胸腔积液等。淋巴结转移最常见,其次是骨转移,但骨转移在诊断上尤具重要性。前列腺癌晚期可出现食欲不振、消瘦、疲乏无力、贫血、恶病质等全身症状。

4. 肛门直肠指检是诊断前列腺癌的首要步骤,可了解前列腺的大小、硬度、双侧是否对称、有无不规则硬结等。早期因肿块很小,可不发现,或触及局部性硬结节。病变发展到一定程度,可触摸到多个大小不等结节,或结节如鸡蛋大或更大,质地坚硬如石,高低不平,十分牢固。有时亦可触及变大变硬的精囊。

5. 前列腺活体组织检查有助于确诊断前列腺癌。其他实验室及辅助检查有助于诊断前列腺癌、与前列腺增生和前列腺炎鉴别、早期发现骨转移灶等,如直肠 B 超、CT、MRI、X 线、同位素骨扫描等影像学检查,血清酸性磷酸酶(ACP)、前列腺特异抗原(PSA)、血清人精浆蛋白(r-sm)等前列腺瘤标测定,尿羟脯氨酸(HP)测定和骨钙素及骨碱性磷酸酶等骨性标记物测定,血浆锌水平测定。

【鉴别诊断】

1. 前列腺结核 年轻人多见,有结核病史,膀胱刺激症状明显,可伴终末血尿。尿中可找到抗酸杆菌,抗结核治疗有效。

2. 前列腺结石 多无症状,当合并前列腺增生、感染、排尿受阻时,才有相应的表现。肛门直肠指检可扪及硬结,同一部位多粒结石时可扪及捻发感,境界清楚。X 线检查显示多个结石围绕透光的尿道呈蹄状或环状。

3. 肉芽肿前列腺炎 特异性肉芽肿前列腺炎可以出现在经尿道卡介苗灌注之后近期内,亦可出现在治疗后 1 年左右。非特异性肉芽肿前列腺炎发病年龄在 55 岁左右,患者有明显膀胱或尿道症状,尿道梗阻症状进展很快。前列腺质地硬。表面可以不完整。血清前列腺特异抗原(PSA)可见轻度升高。前列腺细针吸出活检可以明确诊断。

【辨证论治】

本病应采用综合疗法治疗。中医药治疗主要是减轻或缓解各种症状,减少患者术后及放、化疗后的副反应,增强患者的免疫力,提高生存质量,延长生存周期。辨证论治当扶正祛邪,在补益肾气的基础上活血祛瘀、清热化痰、软坚散结。

1. 湿热蕴结证

证候:尿频、尿急、尿痛,排尿不畅,或小便点滴而出,或尿血,会阴腰骶疼痛,小腹胀满。舌红,苔黄腻,脉滑数。

治法:清热利湿,化瘀散结。

方药:八正散加减。常用车前子、瞿麦、萹蓄、滑石、山栀子仁、炙甘草、川木通、大黄、白花蛇舌草、半枝莲、薏苡仁。尿痛较甚者,加败酱草、乳香、没药;血尿明显者,加白茅根、大蓟、小蓟;小便难通者,三棱、莪术。

2. 瘀血内阻证

证候:小便滴沥不爽,或尿细如线,腰骶小腹胀痛。舌质紫黯,脉弦细。

治法:化瘀散结,通利水道。

方药:膈下逐瘀汤加减。常用灵脂、当归、川芎、桃仁、丹皮、赤芍、乌药、延胡索、甘草、香附、红花、枳壳、白花蛇舌草、半枝莲、薏苡仁。尿频、尿痛者,加萹蓄、车前子。

3. 阴虚内热证

证候:排尿不畅,小便短赤,午后低热,小腹胀痛,腰膝酸软,小便滴沥不畅或点滴不通。舌红,苔薄黄,脉细数。

治法:养阴清热,化瘀散结。

方药:知柏地黄汤加减。常用熟地黄、山茱萸、干山药、泽泻、茯苓、丹皮、知母、黄柏、白花蛇舌草、半枝莲、薏苡仁、三棱、莪术。痛甚者,加制乳香、制没药。

4. 肾气亏虚证

证候:小便不畅或点滴不通,小腹胀痛,腰膝酸软,疲乏无力,食欲不佳。舌淡少苔,脉沉细。

治法:补益肾气,化瘀散结。

方药:肾气丸加减。常用干地黄、山药、山茱萸、泽泻、茯苓、牡丹皮、桂枝、附子、仙茅、仙灵脾、半枝莲、白花蛇舌草、莪术、薏苡仁。食欲不佳者,加鸡内金、山楂;疲乏无力者,加黄芪、党参。

【外治】

需要急则治标之时,可参照精癃"外治"相关内容。

【其他疗法】

1. 单验方　以黄药子、黄芪、党参、僵蚕、龟板、谷芽各10g,两头尖、夏枯草各30g,露蜂房、全蝎、蛇蜕各3g组方,水煎服,每日1剂,分3次服。适用于前列腺癌早、中期。

2. 中成药

(1) 十全大补丸:用于气血两虚者,或者是预防放化疗后白细胞减少等不良反应。每日3次,每次1丸。

(2) 知柏地黄丸:适用于阴虚火旺者。每次9g,每日3次。

(3) 茵陈五苓丸:适用于下焦湿热者。每次6g,每日2次。

(4) 中满分消丸:适用于下焦湿热者。每次6g,每日次。

3. 针灸治疗　有小便困难,甚至尿潴留时,可针刺足三里、中极、三阴交、阴陵泉穴,反复捻转、提插、强刺激。体虚者,加灸关元、气海穴。

343

4. 西医治疗

（1）性激素：常用的是抗雄性激素疗法，可减轻转移癌引起的疼痛，并可使癌缩小，以减轻或解除前列腺梗阻，常用药有己烯雌酚、戊酸雌二醇、甲基氯地孕酮、缓退瘤等。

（2）化学药物：常在内分泌、放射治疗失败后采用，常用药有磷酸雌二醇氮芥、阿霉素、环磷酰胺、5-氟尿嘧啶、甲氨蝶呤、顺铂等。以上药物可以单独使用，也可联合应用。

（3）放射治疗：放射治疗对 A 期、B 期前列腺癌效果较好，80%～90% 可以得到控制；C 期施行有效的放射治疗，5 年生存率可达 50%。还可缓解骨疼痛。

5. 冷冻治疗：适用于肿瘤体积较大，患者全身情况差，不能耐受手术或无法进行根治性切除者。

6. 手术治疗：手术方式根据病情而定，Ⅰ期（A 期）采用前列腺摘除术或前列腺腔内电汽化切除术，Ⅱ期（B 期）采用根治性前列腺切除术，Ⅱ、Ⅲ期（B、C 期）采用根治性前列腺切除术并盆腔淋巴结清扫术，不能手术根治的Ⅳ期（D 期）或Ⅲ期（C 期）有明显尿路梗阻采用耻骨上膀胱永久性造瘘术。晚期可采用双侧睾丸切除术。

【预防护理】

1. 预防　从事染料、橡胶、塑料等行业的工作者应加强自我劳动保护；50 岁以上的老年人应定期进行前列腺检查，如肛门直肠指检、B 超等，特别是有明显尿路梗阻的前列腺增生症患者。

2. 护理　禁止按摩前列腺，以免癌细胞扩散；做好术后、放疗或化疗后的调护。其他参照"精癃"。

【结语】

前列腺癌是男性癌症死亡的主要原因之一，早期不易被发现，临床表现容易与前列腺增生症相混淆。其病位在膀胱、精室，多因肾气不足和瘀血、痰浊、邪毒等互相交结而为病。宜采用中西医结合综合治疗。中医药对前列腺癌的治疗主要是减缓解各种症状，减轻西医治疗的副反应，增强患者的免疫力，其论治原则是在补益肾气的基础上活血祛瘀、清热化痰、软坚散结。

（秦国政　周　青　刘建荣　毕焕洲　张春和）

复习思考题

1. 泌尿男性生殖系统疾病在病理上有何特点？

2. 如何进行前列腺检查和获取前列腺液？

3. 对于子痈的辨证治疗，为何常加活血化瘀之品？

4. 对于子痰的治疗，中医治疗起到什么作用？能否代替抗结核药物？

5. 子痰的局部临床表现有何特点？

6. 囊痈怎样根据其出脓的形态判定其病情的转归？

7. 囊痈临床表现上有何特点，如何与子痰相鉴别？

8. 对于阴茎痰核，中医外治法和内治法各自有什么优势？

9. 尿石症各个部位的结石有何特点,怎样区分?

10. 尿石症体外碎石的适应证是什么?

11. 造成男性不育症有哪些原因?

12. 中医治疗男性不育症有何优势?

13. 阳痿应如何辨证论治?

14. 如何鉴别功能性阳痿和器质性阳痿?

15. 精浊的病因病机特点是什么?

16. 精浊应如何辨证论治?

17. 精癃的临床表现特点有哪些?

18. 精癃应如何辨证论治?

19. 精癃的手术指征有哪些?

20. 如何诊断前列腺癌?

21. 中医在治疗前列腺癌中主要发挥什么作用?

第十三章

周围血管和淋巴管疾病

学习目的

通过周围血管及淋巴管疾病这一章节的学习,掌握周围血管及淋巴管疾病常见的症状体征和治疗总则,掌握臁疮、青蛇毒、股肿、脱疽、淋巴水肿、红斑性肢痛症的诊断、鉴别诊断及辨证论治方法;熟悉周围血管疾病常用的检查方法,以及臁疮、青蛇毒、股肿、脱疽、淋巴水肿、红斑性肢痛症的病因病机;了解周围血管的解剖特点,以及臁疮、青蛇毒、股肿、脱疽、淋巴水肿的预防护理。

学习要点

周围血管及淋巴管疾病常见的症状体征和治疗总则;臁疮、青蛇毒、股肿的临床表现特点和辨证论治方法;血栓闭塞性脉管炎、动脉硬化闭塞症、糖尿病性足病的诊断要点、三者之间的病因病机、鉴别及辨证论治特点;淋巴水肿临床表现特点和鉴别诊断。

周围血管和淋巴管疾病是指发生在四肢的动脉、静脉及淋巴管的疾病。包括了动脉、静脉及淋巴管狭窄、闭塞、扩张、损伤、畸形等病变。中医学称周围血管及淋巴管为"经脉"、"脉管",故将周围血管和淋巴管疾病统称为"脉管病"。虽然中医学没有对周围血管和淋巴管疾病进行专门分类论述,但"臁疮"、"青蛇毒"、"股肿"、"脱疽"、"大脚风"等皆属于西医学周围血管和淋巴管疾病的范畴。

【解剖生理】

周围血管疾病常见于下肢,故此主要介绍下肢血管的解剖生理特点。

(一)下肢动脉

下肢动脉主要包括股动脉、腘动脉、腓动脉、胫动脉和足背动脉。股总动脉为髂外动脉的直接延续,短而粗,下行分为股深动脉及股浅动脉,先后发出数支小动脉、营养腹壁及外生殖器。股深动脉在股浅动脉的后外侧,为大腿肌肉和股骨的主要营养血管。其向上的分支与臀部动脉分支及股浅动脉的分支互相吻合。因此,股深动脉结扎后不会出现大腿的缺血症状。股浅动脉为股总动脉的直接延续,下行进入腘窝,延续为腘动脉。腘动脉位于腘窝的中部,后外侧有腘静脉伴行,向下发出胫前动脉,继而发出腓动脉,胫后动脉则是腘动脉的延续。胫前动脉下行到足背延续为足背动脉。

(二)下肢静脉

下肢静脉分为深静脉和浅静脉两组,浅静脉最终汇入深静脉,深静脉与浅静脉之间有交通支沟通。深静脉、浅静脉及交通支内均有很多瓣膜,瓣膜一般多位于静脉的

笔记

346

主要分支的远心侧,使血液单向回流。交通支内的瓣膜使浅静脉血单向流入深静脉、瓣膜功能不全是下肢静脉曲张的原因之一。

下肢深静脉都与其同名动脉伴行,小腿的深静脉,即胫前、胫后及腓静脉都是成对存在,伴行于其同名动脉的两侧,汇入腘静脉。股浅静脉则是腘静脉的延续,在卵圆窝下方,与股深静脉汇合为股总静脉,再向上与髂外静脉相接续。

下肢浅静脉包括大隐静脉系统和小隐静脉系统。大隐静脉为全身最长的皮下静脉,起自足内侧的足背静脉弓,在内踝前方沿小腿及大腿内侧上行,至卵圆窝处汇入股总静脉。内侧的腹壁浅静脉、阴部外浅静脉及股内侧静脉和外侧的旋髂浅静脉及股外侧静脉在大隐静脉汇入股总静脉前汇入大隐静脉。大隐静脉与深静脉之间有许多交通支勾通。小隐静脉起自足外侧的足背静脉弓,经外踝后方沿小腿后外侧上行,至腓肠肌上缘,穿过深筋膜汇入腘静脉,其分支与大隐静脉分支吻合,形成浅静脉网。

(三)淋巴管

淋巴管是输送淋巴液进入血液循环的管道,由毛细淋巴管、淋巴管、淋巴干及淋巴导管组成。毛细淋巴管是淋巴管的起始部,以膨大的盲端起始于组织间隙,彼此吻合成网,分布于除脑、脊髓、软骨、角膜、晶状体、内耳和胎盘及无血管结构的毛发、指甲、牙齿等以外的全身各组织内。毛细淋巴管汇合形成淋巴管。淋巴管经沿途的淋巴结后,汇集成9条淋巴干,即双侧颈淋巴干、双侧锁骨下淋巴干、双侧支气管纵隔淋巴干、双侧腰淋巴干及单一的肠淋巴干。淋巴干汇合成左淋巴导管和右淋巴导管,最后汇入左静脉角和右静脉角。

淋巴管内流动着淋巴液,淋巴液是由能透过毛细淋巴管内皮的组织间液及一些大分子物质组成,包括水分、晶体及蛋白成分,为透明、无色或淡黄色的液体。淋巴管内有很多瓣膜,可以保证淋巴液向心流动,使淋巴液经淋巴管进入血液循环,起辅助循环的作用。淋巴液在向心流动过程中都通过淋巴结,以过滤淋巴液、扣留或吞噬微生物和癌细胞等,并把淋巴细胞输入淋巴液中。若淋巴管因某种原因发生阻塞,或瓣膜发育不全时,则可发生淋巴液逆流,淤积于组织间,出现淋巴水肿。

【病因病机】

周围血管和淋巴管疾病的发生与外感六淫、特殊毒邪(烟毒)、外伤以及饮食不节、劳倦内伤、情志刺激、先天禀赋不足等因素有关。其病位在经脉,病机特点主要表现为邪、虚、瘀三者相互作用。

"经脉"、"脉管"是血液及精微物质运行的通道,必须保持畅通无阻,才能完成其传输血液和输布精微的功能。上述内外各种原因作用于人体,引起局部的血脉瘀滞,破坏了人体气血正常循行,从而发生各种病理变化。在分析其病机时应注意邪、虚、瘀三者相互作用关系。其中"邪"既可以是外因如六淫之邪、烟毒等,又可以是血瘀后的病理产物(如瘀血、痰浊、水湿);"虚"既是受邪的条件,也可能是邪毒伤正的结果;"瘀"往往是因邪而致,也可是因虚而成,常常贯穿疾病的始终。邪、瘀、虚互为因果,在其病理变化过程中,出现多种多样的组合,导致临床上的多种证候表现。

【诊断】

(一)症状和体征

1. 疼痛 肢体疼痛是周围血管病的常见症状,通常分为间歇性疼痛和持续性疼痛两类。

笔记

（1）间歇性疼痛：主要表现为运动性疼痛，是指伴随运动所出现疼痛等不适症状。发生在下肢的运动性疼痛又称间歇性跛行，表现为患者以一定速度行走一定距离后，出现下肢酸胀、疼痛而跛行，随着步行距离的增加，疼痛逐渐加重，直至患者不能再起步，只要休息片刻，疼痛即缓解或消失，继续行走一定距离又出现上述同样的症状。间歇性跛行是下肢供血不足的重要症状。从开始行走到出现疼痛的一段时间，称为跛行时间，其行程称为跛行距离。跛行时间、跛行距离与肢体供血不足程度成反比。

（2）持续性疼痛：无论动脉或静脉病变，都可引起肢体持续性疼痛。其中以动脉病变常见且严重。这种疼痛即使在静息状态下仍然持续存在，夜间尤甚，所以又称静息痛。持续性疼痛的发生常提示肢体缺血程度加重。无论急性或慢性动脉阻塞，都可因缺血性神经炎而导致持续性疼痛。急性动脉栓塞性病变引起的疼痛远比慢性病变急骤而严重，疼痛昼夜不停。慢性动脉阻塞引起的疼痛常于夜间加重，影响患者睡眠。缺血性神经炎引起疼痛的特点为持续性钝痛伴有间歇性刺痛，常从肢体近端向远端放射。急性主干静脉阻塞时，远侧肢体可因严重瘀血而发生重坠、紧张和持续性胀痛。因动脉病变而致的疼痛往往与患病部位所处的环境温度有关，在温热的环境下减轻，遇寒加重；而因静脉病变所致的疼痛，多与患者体位有关，平卧、休息或抬高患肢疼痛可获缓解。

2. 皮肤温度异常　皮温变化主要取决于通过肢体的血流量。动脉闭塞性病变时，肢体的血流量减少，皮肤温度降低出现肢体寒冷，闭塞程度越重，距离闭塞平面越远，局部皮肤温度下降就越明显，肢体寒冷愈突出。静脉病变时，由于血液淤积，肢体温度可高于正常而有潮热感，尤其是在肢体下垂时更明显。

3. 皮肤颜色异常　皮肤色泽能反映肢体的循环状况。正常皮肤温暖，呈淡红色。若肢体皮肤呈苍白色或发绀，伴有皮温下降，常提示肢体动脉供血不足。若肢体皮色黯红，伴有皮温轻度升高，常常是肢体静脉淤血的征象。

4. 感觉异常　主要指表现肢体沉重、麻木、针刺感或蚁行感等感觉异常症状。当静脉发生病变时可见肢体沉重感、酸胀感，抬高患肢此症状可减轻或消失，如果慢性静脉功能不全引起肢体肿胀时间较长者，患肢局部的感觉可减退甚至消失。动脉供血不足时也可引起肢体的沉重感、疲乏无力感等感觉异常症状，休息后可获缓解，当动脉缺血引发神经损伤时，可出现肢体麻木、针刺感、蚁行感等症状，若是严重的动脉狭窄或栓塞，可导致肢体的感觉丧失。

5. 形态改变　主要表现有肢体肿胀、萎缩等症状。静脉或淋巴管回流障碍时，组织液积聚于组织间隙引起肢体肿胀。静脉性肿胀的特点是肿胀呈指凹性，以踝部和小腿最明显，伴有局部浅静脉曲张、小腿胀痛、色素沉着或足靴区溃疡等表现，抬高患肢肿胀可明显减轻或消退。淋巴水肿的特点是坚实，呈海绵状特性，由足及踝部逐渐向上扩展，形成范围广泛的肿胀，抬高患肢无明显改善。伴有局部皮肤增厚、干燥粗糙，后期形成典型的"象皮腿"。

肢体或趾（指）部变细、瘦小、萎缩均是由于局部动脉血液供应不足，长期缺乏必要的营养，加之由于疾病造成肢体疼痛等限制患肢活动诸因素所造成。萎缩是慢性动脉功能不全的重要体征。

6. 营养性改变　主要有营养障碍性变化、溃疡或坏疽。

由动脉缺血引起的营养障碍性变化表现为皮肤松弛，汗毛脱落，趾（指）甲生长缓慢、质脆变形。较长时间的慢性动脉缺血,可引起肌肉萎缩。静脉瘀血引起的营养障碍性改变好发于小腿足靴区,表现为皮肤光薄,色素沉着,伴有皮炎、湿疹及皮肤萎缩。淋巴回流障碍时,皮肤和皮下组织纤维化,汗腺、皮脂腺均遭破坏,表现皮肤干燥、粗糙,甚至出现疣状或棘状增生物。

无论动脉缺血或静脉瘀血,都可以发生溃疡。动脉性溃疡好发于肢体最远端,有剧烈疼痛,挤压时不易出血。静脉性溃疡好发于小腿远侧 1/3 的踝上方,尤以内侧为主,面积一般较大,溃疡浅而不规则,易出血,溃疡周围有色素沉着,愈合缓慢,容易复发。肢体出现坏疽时,提示动脉供血已不能满足静息时组织代谢的需要,以致发生不可逆性变化。坏疽常与溃疡同时存在,而溃疡又常常加速组织破坏。

(二)局部检查

周围血管疾病的检查是获取临床信息的重要手段,临证时应重点检查局部皮肤温度、皮肤颜色、肢体营养状况、有无肢体肿胀或萎缩、有无溃疡或坏疽等。

1. 皮肤温度检查　须控制在室温(25℃)和恒湿(40%)环境中进行,将肢体裸露于室内半小时,然后同时比较肢体对称部位的温度,当某部位皮温较对侧及同侧部位明显降低时(相差大于2℃),则提示该部位动脉血流减少。可见于动脉栓塞、慢性动脉闭塞性疾病。最简单的方法是用指背测试温差,更准确的方法是应用一定的仪器设备,如半导体皮温计、数字测温计等进行测定。

2. 营养状况的检查　应重点观察肢体皮肤及附件、肌肉有无营养障碍性改变,有无皮肤松弛、变薄、脱屑;汗毛稀疏、变细、停止生长和脱落;趾(指)甲生长缓慢、变脆、增厚;肌肉萎缩等表现。

3. 几种常见的血管功能试验

(1)肢体位置试验:又称 Buerger 试验,患者仰卧床上,使其髋关节屈曲,两下肢伸直抬高 70°~80°,保持该位置约 60 秒后进行观察。动脉血液供应障碍时,肢体可呈苍白或蜡白色。患者坐起,下肢自然下垂于床沿,再观察皮肤颜色的改变。正常人 10 秒内可恢复正常。动脉循环障碍者,恢复时间可延迟,超过 45 秒或更长,且颜色不均,呈斑块状。

(2)皮肤指压试验:用手指压迫指(趾)端或甲床,观察毛细血管充盈时间,可了解肢端动脉的血液供应情况。正常人指(趾)端饱满,皮肤呈粉红色。压迫时局部呈苍白色,松开后毛细血管可在 1~2 秒钟内充盈,迅速恢复为粉红色。如充盈缓慢,延长至 4~5 秒后恢复原来的皮色或皮色苍白或发绀,表示肢端动脉血液供应不足。

(3)运动试验:间歇性跛行是慢性动脉供血不足的特征性症状,间歇性跛行距离和时间与缺血的程度相关,临床上常以此作为反映病情程度和疗效的指标。测定方法为患者以一定速度(1.8km/h)行走,行走一段时间后出现肢体酸胀疼痛而跛行的症状,该段时间为跛行时间,所行距离为跛行距离。

【治疗】

(一)内治

周围血管和淋巴管疾病病因复杂,病机多端,可涉及风、寒、湿、热之有余,气、血、阴、阳之不足,但在疾病的发展过程中都离不开血瘀这个病机特点。因此活血化瘀应贯穿其治疗的始终。但应用活血化瘀这一治则时,必须结合寒热虚实的不同,灵活应用,辨证论治。现将常用治法分述如下:

1. 温经散寒法　适用于脱疽初期,证属寒湿阻络者。患趾(指)喜暖怕冷,麻木,坠胀疼痛,步履不利,间歇性跛行,遇冷痛剧。肤色苍白,触之发凉,趺阳脉搏动减弱。舌质淡,舌苔白腻,脉沉细。方用阳和汤、黄芪桂枝五物汤等。

2. 活血化瘀法　适用于脱疽、股肿、青蛇毒等证属气滞血瘀、血脉瘀阻者。患肢肿胀疼痛,活动艰难。皮色黯红或紫黯,小腿可有游走性红斑、结节或硬索。舌质黯红或有瘀斑,舌苔薄白,脉弦或涩。方用桃红四物汤、通络活血方等。

3. 清热利湿法　适用于臁疮、淋巴水肿等证属湿热下注、湿热蕴结者。患肢肿胀,疼痛疮面腐黯,脓水浸淫,秽臭难闻,四周漫肿灼热,伴有湿疹,痛痒时作。舌质红,舌苔黄腻,脉滑数。方用三妙丸、萆薢渗湿汤、五神汤等。

4. 清热解毒法　适用于脱疽、青蛇毒等证属血热瘀结、湿热毒盛者。患肢肿胀、发热,皮肤发红、剧痛,喜凉怕热。局部皮肤紫黯渐变紫黑,浸润蔓延,溃破腐烂,气秽,肉色不鲜,甚则五趾相传、波及足背。伴有发热口干,便秘溲赤。舌质,舌苔黄,脉数。方用四妙勇安汤、三妙丸合五味消毒饮等。

5. 补气养血法　适用于脱疽、臁疮等后期,证属气血不足、气虚血瘀者。病程日久,溃烂经年,腐肉已脱,疮面苍白或黯红不鲜,板滞木硬。伴倦怠乏力,面容憔悴,萎黄消瘦。舌质淡胖或淡紫,脉细涩。方用八珍汤、十全大补汤、补阳还五汤等。

(二)外治

可根据病情选用贴敷疗法、熏洗疗法、箍围疗法、溻渍疗法、拖线疗法、热烘疗法等外治法。

(三)手术治疗

根据不同的疾病采用不同的手术方法。详见具体疾病。科学技术不断进展,为周围血管疾病治疗的微创化提供了新的手段,介入疗法如腔内血管成形术、溶栓术和栓塞术治疗周围血管病已在临床上广泛应用。近年来干细胞移植治疗周围血管病取得了很好的疗效。

第一节　臁　疮

臁疮是指发生在小腿下 1/3 胫骨两旁(臁部)肌肤之间的慢性溃疡。臁疮之名首见于唐代《华佗神医秘传》,明代《外科启玄》称之为"裤口毒"、"裙边疮"等,又因其患病后长年不敛,愈后每易复发而俗称"老烂脚"。本病多因湿热下注,瘀血凝滞经络所致,其临床特点是多发于小腿下 1/3 处,溃疡发生前患部有长期皮肤瘀斑、粗糙表现,溃疡发生后疮面经久不能愈合,或溃疡愈合后易因损伤而复发。本病发生于小腿外侧的称为外臁疮,为足三阳经所主,气血较足,皮肉较厚,易愈;发于小腿内侧的称为内臁疮,为足三阴经所主,气血较差,皮薄肉少,难以愈合。相当于西医学的小腿慢性溃疡。

【病因病机】

多由于经久站立或负重远行,过度劳累,耗伤气血,中气下陷,经脉受损而致下肢气血运行无力,气血瘀滞,经脉阻塞,肌肤失养。复因局部损伤(如碰伤、虫蚊叮咬等),湿热之邪乘虚而入,湿热蕴结于下而成。病机主要表现为气虚血瘀、湿热蕴结和脾虚湿盛三个方面。

1. 气虚血瘀　由于长期站立或负重工作,劳累过度,劳则耗气,导致气虚无力行血,经脉受损,血行缓慢,气虚血瘀,肌肤失养,溃烂不愈。

2. 湿热蕴结　下肢局部不慎碰伤,或虫蚊叮咬、湿疹瘙痒,搔抓破溃,感受毒邪,毒邪化热,湿热蕴结,气血瘀滞,热盛腐溃,肌肤溃烂,脓水浸淫。

3. 脾虚湿盛　病程日久,脾气耗伤,脾虚湿盛,湿邪阻络,气血运行不畅,致局部肿胀,疮面色黯,黄水淋漓,病程迁延。

西医学认为本病与下肢静脉结构异常、深静脉瓣膜功能不全或深静脉血栓形成及长期站立、腹压过高和局部损伤等造成下肢深静脉血液回流不畅有关。

【诊断】

1. 本病以中老年人居多,患者常有长期站立工作及下肢筋瘤等病史。

2. 好发于小腿下 1/3 的踝上方,内侧多于外侧。

3. 临床上依据发病过程可分为三期。

(1) 溃疡前期:初起出现小腿下段肿胀、沉重感,局部青筋怒张,行走及站立加重,朝轻暮重,踝上方皮肤出现青紫色瘀斑,皮肤逐渐出现粗糙、脱屑、色素沉着及苔藓样变,局部可有轻度瘙痒感。

(2) 溃疡期:局部持续肿胀,苔藓样变的皮肤渐出现裂隙,自行溃破或抓破后糜烂、渗出,形成溃疡,若合并感染,溃疡面出现脓液、组织坏死,周围皮肤红肿,溃疡面初期坏死组织及脓液不断增多,有恶臭味,伴有疼痛,待坏死组织脱落,脓性分泌物可减少,出现浆液性分泌物,溃疡面可呈灰白色、淡红色、鲜红色不等。溃疡深度可在皮下组织层或深至胫骨骨膜外层。坏死与溃疡扩大到一定程度,边界渐趋稳定,溃疡大小固定,周围红肿可消退,遗有色素沉着及皮肤营养障碍表现。溃疡可经久不愈。

(3) 溃疡愈合期:溃疡周围皮肤黑褐、粗糙、色素沉着逐步改善,溃疡面脓水干净,出现鲜红色,溃疡可渐愈合形成瘢痕。但周围皮肤仍有干燥、粗糙、脱屑、色素沉着等,如遇损伤仍会复发。

4. 深静脉通畅试验、浅静脉和交通支瓣膜功能试验(详见筋瘤)可进一步了解其发病原因,下肢静脉血管造影、超声多普勒检测等方法可检查下肢静脉情况。溃疡合并急性感染时,血常规检查白细胞和中性粒细胞可增高。疮面分泌物培养和药敏试验有助于指导选用敏感的抗生素。

【鉴别诊断】

1. 小腿结核性溃疡　多有其他部位的结核病史;皮损初起为红褐色丘疹,中央坏死,溃疡较深,呈潜行性,溃疡边缘呈锯齿状,脓水稀薄呈败絮样,疮周皮色紫黯,顽固难愈,愈后可留凹陷性色素瘢痕。疮面分泌物涂片检查可找到结核杆菌,也可培养出结核杆菌。

2. 小腿癌性溃疡　可为原发性皮肤癌,也可由臁疮经久不愈,恶变而来。疮口状如火山,边缘卷起,不规则,质硬,呈浅灰色,溃疡面易出血。局部活体组织病理检查有助于诊断。

【辨证论治】

本病治疗以清热利湿,调理气血为基本治疗原则。根据病程的不同阶段分期论治。急性期以清热利湿为主;后期应注重益气健脾,活血祛瘀。

1. 湿热瘀阻证

证候:疮面腐黯,脓水浸淫,秽臭难闻,四周漫肿灼热,伴有湿疹,痛痒时作。甚者

恶寒发热,口渴,便秘,溲赤。舌质红,舌苔黄腻,脉滑数。

治法:清热利湿,和营消肿。

方药:三妙丸合五神汤加减。常用苍术、黄柏、牛膝、茯苓、金银花、连翘、车前子、紫花地丁、薏苡仁、滑石、通草。红肿疼痛较重者,加蒲公英、赤芍药、丹参;肢体肿胀明显者,加木瓜、泽泻;皮肤瘙痒,加白鲜皮、地肤子。

2. 脾虚湿盛证

证候:病程日久,疮面色黯,黄水浸淫,患肢水肿。伴纳呆,腹胀,便溏,面色萎黄。舌质淡,舌苔白腻,脉沉无力。

治法:健脾利湿。

方药:参苓白术散合三妙丸加减。常用人参、白术、茯苓、白扁豆、山药、莲子肉、桔梗、薏苡仁、砂仁、苍术、黄柏、牛膝、炙甘草。肿胀明显者加泽兰、木瓜;脓水淋漓者加皂角刺。

3. 气虚血瘀证

证候:溃烂经年,腐肉已脱,疮面苍白,肉芽色淡,周围肤色黯黑,板滞木硬。伴倦怠乏力。舌质黯淡或有瘀斑,苔白腻,脉细涩。

治法:益气活血,祛瘀生新。

方药:补阳还五汤加减。常用黄芪、党参、茯苓、当归、赤芍药、地龙、川芎、桃仁、红花、牛膝。发于内侧久治不愈者重用黄芪,加川楝子、香附;皮肤硬结加三棱、莪术、白芥子。

【外治】

1. 初期　局部红肿,溃破脓性分泌物多者,宜用10%黄柏溶液湿敷;或用马齿苋60g,黄柏20g,大青叶30g,煎水温湿敷。局部红肿,渗液较少者,宜用金黄膏外敷。

2. 后期　疮面腐肉不脱,用红油膏、九一丹或八二丹外敷。腐肉已脱,疮面红活,用白玉膏、生肌散外敷。疮面出血时用桃花散止血。疮面周围有湿疮者,用青黛散麻油调敷。

【其他疗法】

1. 缠缚疗法　用药同上,再用宽绷带缠缚患处和整个小腿,隔1~2天换药1次。

2. 胶布包扎法　将胶布剪成宽为2cm,长为小腿周径一圈半的胶布若干条。先用等渗盐水清洗患部,将胶布包扎在小腿自溃疡面上缘2cm处开始,第二条胶布宽度的一半贴在第一条胶布上,另一半贴在疮面上,如叠瓦状把疮面封住,直到超过疮面下缘2cm处为止。包扎须稍用力,使胶布的中段正贴疮面。若分泌物少,可每周更换1次;若分泌物多而腥臭,3~4天换1次。伴有湿疮或对胶布过敏的患者,不适宜用本法。此外,治疗必须至疮面全部愈合方能停止,否则疮面又会迅速扩大。

3. 温灸疗法　用于溃疡后期,脓腐已尽,新肉不生之际。用艾条局部温灸,至局部温热为度,每日或隔日1次。

4. 手术　疮面较大者,可予点状植皮;继发于下肢静脉曲张者,可行大隐静脉高位结扎及剥脱术。

【预防护理】

1. 预防　避免或减少长期站立;患下肢静脉曲张者,宜尽早治疗;注意保护患肢,避免破损,宜穿弹力袜。

2. 护理   宜抬高患肢,减少走动,使其充分得到休息和血流通畅,减少水肿,以使溃疡早日愈合;疮面愈合后,宜常用绷带缠缚或穿医用弹力袜保护,以避免外来损伤,预防复发。

【结语】

臁疮的形成主要责之于长期站立或负重,耗伤气血,气血瘀滞,经脉受损,又加损伤复感外邪,湿热蕴结而成。整个病机呈"腐—瘀—虚"的动态演变过程,早期脓腐为患,后期因病久不愈,久病必瘀,久病必虚,"瘀""虚"顽存,是臁疮难以愈合的两大主因。在治疗上,急性期脓腐明显,应清热利湿,祛腐消肿;后期应补气活血,祛瘀生肌。应内治与外治相结合,才能取得了良好的疗效。

第二节 青 蛇 毒

青蛇毒是发生在体表筋脉的炎性血栓性疾病。古代文献中称本病为"赤脉"、"恶脉"、"黄鳅痈"等。《医宗金鉴·外科心法要诀·胫部》对本病论述较详:"生于小腿肚之下,形长二三寸,结肿、紫块、僵硬,憎寒壮热,大痛不食,由肾经素虚,膀胱湿热下注而成。"本病的临床特点是体表筋脉(静脉)肿胀灼热,红硬压痛,可触及条索状物。急性者可出现发热、不适等全身症状。相当于西医学的血栓性浅静脉炎。

【病因病机】

本病多由湿热蕴结;或情志不畅,气滞血瘀;或外伤血脉等因素以致筋脉瘀阻,血脉不畅而发病。

1. 湿热蕴结   饮食不节,恣食膏粱厚味、辛辣刺激之品,损伤脾胃,水湿失运,蕴湿生热,湿热积毒下注脉中。或湿热毒邪侵袭,蕴阻血脉。

2. 肝气郁滞   情志抑郁,恚怒伤肝,肝失条达,疏泄不利,气滞血瘀,脉络不畅。

3. 外伤血脉   长期站立、跌打损伤、针刺刀伤等致血脉受损,恶血留内,积滞不散。

西医学认为本病的发生与静脉注射、物理性损伤、化学性刺激、下肢静脉曲张、感染和外伤等因素有关。

【诊断】

1. 本病多见于青壮年,常有静脉给药、局部外伤和感染等病史。

2. 以四肢多见(尤多见于下肢),其次为胸腹部等处。

3. 根据发病的过程可分为急性期和慢性期两个阶段。急性期主要表现浅静脉出现条索状肿物,患处疼痛,皮肤发红,触之较硬,扪之发热,局部明显压痛,一般无全身症状,可伴低热。慢性期患处遗留条索状物,较硬,局部皮肤有色素沉着。

临床根据发病部位及特点分为以下类型。

(1) 肢体血栓性浅静脉炎:临床最为常见,下肢发病多于上肢。下肢多发于静脉曲张后期,上肢常由于化学性损伤(如静脉内注射刺激性溶液)或机械性损伤。多累及一条浅静脉,起病初局部出现明显疼痛、红肿、灼热感,压痛明显,可扪及结节或硬索状物。严重者可伴有发热、全身不适症状。一般为节段性,不侵及全静脉,经治疗红肿热痛可减轻或消失,局部遗留色素沉着或无痛性条索状物,经 2~3 个月才能消退。

(2) 胸腹壁血栓性浅静脉炎:又名 Monder 病,本病好发年龄为 30~50 岁,多为单侧胸腹壁出现疼痛,可扪及纵行索条状压痛区,长 3~5cm 至 20~30cm 不等,活动时有牵掣痛,皮肤发红,压痛明显。条索状肿物位于皮下,质硬,与周围组织及皮肤粘连,用手拉紧条索上下端,皮肤可出现一条凹陷性浅沟,抬举患侧上臂时,可见有细绳样隆起,炎症消退后皮肤遗留色素沉着。全身症状不明显。

（3）游走性血栓性浅静脉炎:多发于下肢。在肢体浅静脉出现节段性硬索条或结节,色红疼痛,当一处硬索条消退后,其他部位又出现硬索条,具有游走、间歇、反复发作的特点。发作后可遗有皮下硬索条或皮肤色素沉着。多无明显的全身症状,严重者可伴有发热,全身不适等。全身症状重者考虑全身性血管炎、胶原性疾病及内脏疾病。

4. 血常规检查一般正常,少数可有白细胞计数增高,部分患者血沉增快。活体组织病理检查有助于诊断。

【鉴别诊断】

1. 红丝疔(管状淋巴管炎)　主要与青蛇毒急性期鉴别。红丝疔多发生在四肢的内侧,发病前在四肢远端有感染病灶或皮肤破损史。起病急,伴有高热,患肢的条索状物红热、疼痛更为明显,向向心端走窜,消退较快,一般不会转成慢性。

2. 瓜藤缠(结节性红斑)　多见于青年女性,患者多有结核病、风湿类疾病病史;皮肤结节多发生于小腿伸侧,可有数个或十数个,大小不一,呈圆形、片状或斑块状,可有疼痛,一般不溃烂;结节消退后不留痕迹。伴发热、关节疼痛等症状;血沉及免疫指标异常。

【辨证论治】

本病急性期治疗以清热利湿、凉血和营为主,慢性期以活血化瘀、行气散结为主,并配合外治以提高疗效。

1. 湿热蕴结证

证候:患部肿胀、灼热,皮肤发红,压痛明显,可触及条索状物,或红斑硬结此起彼伏,肢体活动不利。伴发热口渴。舌质红,苔黄腻,脉数。

治法:清热利湿,和营凉血。

方药:三妙丸合五味消毒饮加减。常用苍术、黄柏、金银花、野菊花、蒲公英、紫花地丁、黄芩、连翘、生地黄、牡丹皮、白茅根等。发于下肢者加川牛膝;发于上肢者加桑枝;红肿消退,疼痛未减者加地龙、赤芍药等。

2. 肝郁气滞证

证候:胸腹壁有条索状物,固定不移,刺痛胀痛,或牵掣痛。伴胸闷,善太息等。舌质淡红或有瘀斑,苔薄,脉弦。

治法:疏肝解郁,活血解毒

方药:柴胡清肝汤加减。常用生地黄、当归、白芍药、川芎、柴胡、黄芩、栀子、天花粉、防风、牛蒡子、连翘、金银花等。疼痛重者加三棱、鸡血藤等。

3. 瘀阻脉络证

证候:患处疼痛、肿胀、皮色红紫,局部筋脉硬肿如条索,粘连不移,牵扯不适,或呈多个硬性结节。舌质黯,有瘀斑、瘀点,脉沉涩或沉细。

治法:活血化瘀,行气散结。

方药:活血通脉汤加减。常用丹参、鸡血藤、黄芪、蒲公英、赤芍药、天葵子、天花粉、地丁草、乳香、没药、桃仁等。上肢加桂枝;下肢加牛膝;疼痛重者加虫类药如蜈蚣、地龙等。

【外治】

1. 急性期　可选用金黄散、四黄散、玉露散等,用水或蜂蜜调制外敷,每天 2 次。局部红肿渐消,可选用拔毒膏贴敷。

2. 慢性期　可用红灵丹油膏外敷;或用熏洗疗法:方用桂枝 30g、当归 30g、红花 30g 等,水煎后浸泡熏洗;形成溃疡者参照臁疮治疗。

【其他疗法】

部分病例可采用手术切除病灶及物理疗法。封闭疗法、针灸疗法有一定的疗效。

【预防护理】

1. 预防　避免长期站立、行走,注意保护肢体;尽量避免静脉应用高渗及刺激性强的药物;静脉穿刺术后,局部立即用毛巾湿敷;注射时注意严格消毒,以免外邪入侵。

2. 护理　急性期应卧床休息,适当抬高患肢,以减轻疼痛和水肿。慢性期可配合局部熏洗、理疗。饮食宜清淡,忌食辛辣刺激之品;调畅情志,保持心情愉悦。

【结语】

青蛇毒的形成主要责之于湿热之邪外侵或外伤血脉,以致气血凝滞,脉络阻塞不通而致;临床上根据发病部位不同分为肢体血栓性浅静脉炎、胸腹部血栓性浅静脉炎、游走性血栓性浅静脉炎三种,本病治疗早期以清热利湿,和营通络为主,后期治疗侧重于行气活血,通络和营。结合外治法可取得较好疗效。

第三节　股　　　肿

股肿是深部静脉血栓形成和炎性病变导致静脉管腔阻塞和血流瘀滞的疾病。其发病部位以小腿深静脉、股静脉、髂股静脉最为常见,腔静脉及上肢静脉发病极少见。多有长期卧床、产后、腹部手术史;临床表现为患肢肿胀、疼痛、局部温度升高和浅静脉怒张四大症状特点,血栓容易发生脱落,可并发肺栓塞而危及生命。相当于西医学的深静脉血栓形成。

【病因病机】

多由久坐久卧、产后、手术、外伤、肿瘤等导致肢体气血运行不畅,瘀血阻于脉络,脉络滞塞不通,不通则痛;营血回流受阻,水津外溢,聚而为湿,流注下肢而肢体肿胀;血瘀阻络,瘀而化热,则致发热,患肢温度升高;瘀血结聚,故致浅表静脉显露。气虚血瘀,脉络不通是本病的病机关键。

1. 气滞血瘀　产后、外伤、手术、肿瘤等或因其他病长期卧床,导致气机不利,气滞血瘀,营血回流不畅而发本病。跌打损伤、手术创伤等可直接伤害人体,导致血脉损伤,局部气血凝滞,瘀血流注于下肢而发本病。血脉瘀阻,水津外溢,聚而为湿,蕴而生热,瘀热阻遏,发热肿胀疼痛并作。

2. 气虚血瘀　多因年老体弱久病等伤耗气血,气为血帅,气虚则无力推动血液运行,血脉阻塞。或久卧伤气,气不行血,血液瘀滞,脉络不畅发为本病。气虚脾运失健,水湿形成。

西医学认为外伤、手术、产后、长期卧床等多种原因导致的血流缓慢、静脉壁损伤和血液高凝状态是本病形成的三大因素。

【诊断】

1. 多有长期卧床、产后、腹部手术、外伤、肿瘤或其他血管病病史。

2. 多急性起病，出现患肢疼痛，肿胀，行走时加剧，可伴有发热，静脉血栓部位有明显压痛，日久见浅静脉怒张。由于静脉血栓的部位不同，临床表现不一。

(1) 小腿深静脉血栓形成（周围型）：指局限在小腿部位的深静脉主干血栓形成包括腘静脉、胫静脉和腓静脉，及小腿肌肉静脉丛血栓形成。突然出现小腿疼痛，行走时疼痛加剧，患肢足部不能平踏着地，踝部明显肿胀，踝周正常凹陷消失。腓肠肌压痛明显，Homan's征阳性（即仰卧时双下肢伸直，足用力向背侧屈时腓肠肌紧张性疼痛）。若腘静脉血栓形成，则小腿肿胀明显，腘窝可有压痛。胫、腓静脉血栓形成，肿胀局限于踝关节周围。小腿肌肉静脉丛血栓形成仅仅出现小腿后肌群的饱胀感。一般无全身表现，有的患者可伴低热。

(2) 髂-股静脉血栓形成（中央型）：是髂总静脉、髂外静脉、髂内静脉及股总静脉血栓形成的总称。髂-股静脉是下肢静脉回流的唯一主干通道，所以其发病急，症状重，患者可先出现高热和全身不适。腹股沟区明显胀痛和下肢广泛性疼痛，随后腹股沟以下肢体迅速出现广泛性粗肿，浅静脉怒张和毛细血管扩张，皮肤色黯红，重则发绀，皮温升高。肿胀可自下腹、臀部下至整个患肢，大腿内侧股三角区及沿股静脉走行区有明显压痛，股内侧可触及长条状肿物。慢性期，肿胀减轻，肿胀区可出现浅静脉扩张，皮肤增厚，小腿色素沉着。

(3) 全下肢深静脉血栓形成（混合型）：由周围的静脉血栓向上扩展至髂-股静脉，或由髂-股静脉血栓向远端静脉蔓延，累及整个下肢深静脉系统，使下肢深静脉完全或几乎完全处于阻塞状态，造成严重的深静脉回流障碍，而引起患者广泛粗肿、胀痛。股三角、腘窝、腓肠肌处压痛明显。如果体温升高和脉率加快不明显，皮肤颜色变化不显著者称为股白肿；如果病情严重，肢体肿胀明显，影响了动脉供血时，则足背及胫后动脉搏动减弱或消失，肢体皮肤青紫，皮温升高，称为股青肿。后者可发生坏疽。

3. 根据发病时间，股肿分为急性期和后遗症期，急性期在发病后 3～4 周。若在急性期突然出现胸痛、咳嗽、咳血，应考虑为血栓脱落导致肺栓塞，严重肺栓塞者，可出现胸闷、呼吸困难、口唇发绀，发生急性右心衰竭、急性肺水肿等危及生命。

4. 若早期治疗不当，肢体血栓机化可导致静脉回流障碍出现肢体肿胀、浅静脉曲张、色素沉着及溃疡形成等后遗症。

5. 急性期血中白细胞总数增高。静脉血流图、超声多普勒、静脉造影等检查有助诊断。

【鉴别诊断】

1. 原发性下肢深静脉瓣膜功能不全　本病多发于成年人，多为从事较长期的站立性工作和重体力劳动者；发病隐匿，进展较缓慢，以双下肢同时发病为特征；患者双小腿水肿、沉重感，站立肿胀明显，抬高患肢后则肿胀明显减轻或消失；后期可见较明显的浅静脉曲张；应用肢体多普勒超声血流检测和深静脉血管造影可明确诊断。

2. 下肢淋巴水肿　本病多因感染、手术、外伤、盆腔肿瘤等引起，呈慢性进行性发展，肿胀分布范围多自足背开始，逐渐向近心侧蔓延；皮肤和皮下组织增生变厚，肢体肿胀状似橡胶海绵，呈非指陷性，慢性淋巴功能不全发展到后期出现皮肤增厚、粗糙，形成典型的象皮肿。

【辨证论治】

本病发病较急,易留后遗症,应及时采用中西医结合方法进行治疗。中医治疗早期以理气活血、清热利湿为主;后期则注重益气活血、通阳利水。

1. 湿热瘀阻证

证候:髂股静脉病变时,整个下肢肿胀疼痛,皮色苍白或发绀,扪之灼热,腿胯部疼痛固定不移,发热,舌质黯或有瘀斑,脉数。小腿深静脉病变时,腓肠肌胀痛、触痛,胫踝肿胀,行走困难,可伴低热,苔白或腻,脉数。

治法:理气活血,清热利湿。

方药:通络活血方合三妙丸加减。常用当归、赤芍药、桃仁、红花、香附、青皮、王不留行、茜草、泽兰、牛膝、苍术、黄柏。疼痛严重者加乳香、没药等;压痛拒按者加三棱、莪术等。

2. 气虚血瘀证

证候:患肢肿胀久不消退,按之不硬而无明显凹陷,沉重麻木,皮肤发紫,青筋显露,倦怠乏力。舌质淡而有齿痕,苔薄白,脉沉而涩。

治法:益气活血,健脾利湿。

方药:补阳还五汤合参苓白术散加减。常用黄芪、当归、赤芍药、地龙、川芎、桃仁、红花、白扁豆、党参、白术、茯苓、山药、薏苡仁。若老年体虚,脉虚无力者加仙鹤草;腰膝酸冷,手足不温者加菟丝子、巴戟天。

【外治】

1. 急性期　可用冰硝散外敷,用芒硝500g、冰片5g共研成细粉状,混合后装入纱布袋中,敷于患肢。或用大黄糊剂涂敷患肢并包裹,具有清热、消肿、止痛的作用。

2. 后遗症期　可用中药煎汤熏洗。可选用活血止痛散,或选用透骨草、当归、姜黄、红花、苏木、土茯苓等药。煎汤趁热熏洗患肢,每天1~2次,每次30~60分钟。以促进侧肢循环的建立,达到改善症状,消退肿胀的目的。

【其他疗法】

1. 针灸　可用穴位注射法,丹参注射液或维生素B_1,取足三里、三阴交,每天1次,各穴位轮流应用,注射时需得气后再注入,30次为1个疗程。

2. 西医治疗　主张早期溶栓,并配合抗凝、祛聚、扩血管等药物治疗。髂股静脉血栓形成,病程不超过48小时者,可采用Fogarty导管取栓术。为防止肺栓塞可施行下腔静脉滤器植入术。

【预防护理】

1. 预防　外伤、骨折、各种手术后或长期卧床的患者,可在床上垫高下肢或对小腿进行按摩,尽早下床活动,以促进下肢血液循环;下肢静脉插管不宜太久,且避免经周围静脉输入刺激性强的液体。长途乘车时途中应注意做适当的肢体活动,以防血液瘀滞。

2. 护理　患血栓性深静脉炎后,急性期应卧床休息,患肢略屈曲抬高,不做剧烈活动,以防血栓脱落引起肺栓塞等并发症。发病后期可使用弹力袜或弹力绷带,以促进下肢静脉回流。

【结语】

股肿多由创伤、手术、分娩等因素或慢性感染、长期卧床致久坐久卧伤气、气血瘀滞,又加外来损伤等以致瘀血阻于经络,脉络滞塞不通,水津外溢,聚而为湿,瘀久化热,瘀热阻遏而为病,总的病机特点离不开"瘀""湿""热"相搏,尤其是"瘀"贯穿病程的始终。治疗上急性期患者以清热利湿、化瘀通络为主;后遗症期患者以益气活血、健脾利湿为要,结合局部敷药、熏洗可取得较好疗效。

第四节　脱　疽

脱疽是指四肢末端发凉、麻木、疼痛、变黑,严重时趾(指)节脱落为主要表现的一种慢性动脉闭塞性疾病,又称为脱骨疽。其临床特点是多见于青壮年男性、老年人及糖尿病患者;好发于四肢末节,下肢多于上肢;初起患肢末端发凉、怕冷、疼痛、麻木,间歇性跛行,继则手足疼痛剧烈,皮色苍白或青紫,日久患趾(指)变黑坏死,甚至趾(指)节脱落,动脉搏动减弱或消失。"脱疽"一名首载于晋《针灸甲乙经》,曰:"发于足指,名曰脱疽。其状赤黑者,死不治;不赤黑者不死。治之不衰,急斩去之,不去则死矣。"本病包括了西医学的血栓闭塞性脉管炎、动脉硬化闭塞症、糖尿病性足病、多发性大动脉炎、动脉栓塞等疾病。由于血栓闭塞性脉管炎、动脉硬化闭塞症和糖尿病性足病三者的因机证治不尽相同,故分别叙述。

一、血栓闭塞性脉管炎

血栓闭塞性脉管炎是一种主要累及四肢中小动、静脉的周围性、节段性的非特异性炎症病变的慢性动脉闭塞性疾病,简称脉管炎。由于奥地利人 Buerger 最先对本病进行了描述,故也称 Buerger 病。本病具有慢性、节段性、周期性发作的特征,主要侵犯四肢中、小动静脉,非化脓性全动脉炎伴血栓形成,以下肢血管为主,多见于青壮年男性。亚洲地区发病率明显高于欧美,我国各地均有发病,但北方较多。近年来本病发病呈下降趋势。

【病因病机】

多因素体脾气不健,肾阳不足,又加寒湿侵袭,血脉瘀阻,内外病因相合而为病。

脾为后天之本,气血生化之源,脾主四肢,脾气不健,化生不足,内不能生气血壮脏腑,外不能充养四肢,肾阳不足,不能温煦四末。复受寒湿之邪侵袭,导致寒凝血瘀,经脉不通,不通则痛,故肢体发凉、怕冷,酸痛,麻木,行走时跛行。经脉不通,四肢失于气血濡养,故出现患肢皮色苍淡,皮肤干燥,肌肉萎缩,指(趾)甲生长缓慢,指(趾)毛脱落等营养障碍征象。若寒邪久蕴,则郁而化热,湿热浸淫,热盛可腐肉为脓,则患部红肿溃脓,坏疽脱落。总之,本病的发生以脾肾亏虚为本,寒湿侵袭为标,气血凝滞、经脉阻塞为其主要病机表现。

西医学认为本病由多种致病因素所酿成,病因不太清楚,发病机理比较复杂,认为是一种自身免疫性疾病。主要与吸烟、寒冷、外伤、感染、血管调节障碍及内分泌紊乱等因素有关,导致血管壁的节段性非化脓性炎症、内膜增厚、血栓形成,以致血管闭塞,是我国最常见的肢体动脉闭塞性疾病。

【诊断】

1. 多发于寒冷季节,几乎都是 20～40 岁的青壮年男性。

2. 多有长期多量吸烟、受冷、潮湿、外伤等病史。

3. 发病缓慢,病程较长,常一侧下肢末梢发病,继而累及对侧,少数患者可累及上肢。

4. 有40%～60%的患者发作游走性血栓性浅静脉炎,通常发生在足部或是小腿的浅表静脉。

5. 主要侵犯下肢中、小动脉,肢体有临床缺血表现。

6. 根据发病过程,临床表现取决于肢体缺血的程度,缺血临床表现的分期多采用三期三级分法。

一期(局部缺血期):患肢末端出现发凉、怕冷、麻木、酸胀疼痛,间歇性跛行,即患者以一定速度每步行500～1000米路程,即觉患肢小腿和足底酸胀疼痛而出现跛行,被迫止步,休息片刻,症状迅速缓解或消失。如再步行同样距离路程,仍出现同样症状。患肢皮色变淡或发白,皮肤温度低,患肢足背或胫后动脉搏动减弱或消失。

二期(营养障碍期):患肢发凉、怕冷、麻木、酸胀疼痛,间歇性跛行加重。出现静息痛,夜间痛甚,难以入眠,常抱膝而坐。肌肉萎缩,皮肤干燥、脱屑,汗毛脱落,足不出汗,指(趾)甲肥厚变形,生长缓慢,皮色潮红或紫红,患肢足背或是胫后动脉搏动消失。

三期(坏死期):患指(趾)发生溃疡或坏疽。坏疽可先为一指(趾)或数指(趾),逐渐向近端蔓延。

根据肢体坏死的范围可将坏疽分为三级:一级坏疽局限于足趾或手指部位;二级坏疽延及足跖或手掌部位;三级坏疽发展至踝(腕)关节及以上部位。

有学者按Fontaine临床分期,分为四期。

Fontaine Ⅰ期:肢体发凉、麻木、不适。

Fontaine Ⅱ期:间歇性跛行。

Fontaine Ⅲ期:肢体出现静息痛。

Fontaine Ⅳ期:肢体出现溃疡或是坏疽。

【鉴别诊断】

1. 动脉硬化闭塞症 本病发病年龄多为45岁以上,男女均可发生;患者常伴有高血压、高血脂、冠状动脉硬化、脑动脉硬化或糖尿病等疾病;病变部位在大、中动脉,如腹主动脉分叉处,髂动脉、股动脉,X线检查显示动脉有钙化阴影。

2. 糖尿病性足病 多发于中老年人,具有糖尿病病史,多有末梢神经感觉障碍,肢体坏疽以湿性坏疽、感染为主,有些则表现缺血性坏疽,与动脉硬化性闭塞症类似。受累血管为大血管和微血管,实验室检查可见血糖升高、尿糖阳性。

3. 肢端动脉痉挛症(雷诺病) 患者多系青年女性,男性罕见,发病部位多为手指,常呈双侧性和对称性;每因寒冷和精神刺激后出现阵发性两手发凉苍白,继而发绀、潮红,最后恢复正常的雷诺现象,患肢动脉搏动正常,很少发生溃疡及坏疽。也有继发于其他情况,如硬皮病、系统性红斑狼疮、类风湿性关节炎等。

【辨证论治】

治疗以活血化瘀法贯穿始终。但应当辨别瘀之轻重和致瘀之寒热虚实,初期以温经活血为主,中期以清热活血为主,后期以益气活血,滋补肝肾为主。

1. 寒湿阻络证

证候:患趾(指)发凉,怕冷,遇冷痛剧,间歇性跛行,肤色苍白,触之发凉。舌质淡,舌苔白或白腻,脉沉细或沉迟。

治法:温经散寒,活血通络。

方药:阳和汤加味。常用麻黄、熟地黄、白芥子、炮姜炭、肉桂、鹿角胶、附子、鸡血藤、红花、当归、牛膝、甘草等。

2. 血脉瘀阻证

证候:患趾(指)疼痛呈持续性,出现静息痛,夜间加重,难以入寐,日夜抱膝而坐,步履沉重乏力,活动艰难。患趾(指)肤色紫红或黯红,或有瘀点、瘀斑。舌质黯红或有瘀斑,舌苔薄白,脉弦或涩。

治法:活血化瘀,通络止痛。

方药:桃红四物汤加减。常用当归、赤芍药、川芎、桃仁、红花、丹参、延胡索、莪术等。疼痛重者加地龙、乳香、没药等;发于上肢者加羌活、姜黄;发于下肢者加牛膝、独活。

3. 湿热毒盛证

证候:患肢皮肤紫黯,肿胀,溃破腐烂。伴有发热口干,便秘溲赤。舌质红,舌苔黄腻,脉弦数。

治法:清热利湿,活血化瘀。

方药:四妙勇安汤加味。常用玄参、当归、金银花、甘草、蒲公英、赤芍药、丹参、牡丹皮、苍术、黄柏、牛膝、栀子、黄芩、防己、连翘等。

4. 热毒伤阴证

证候:皮肤干燥、毫毛脱落、趾(指)甲增厚变形,肌肉萎缩,趾(指)多呈干性坏疽。口干欲饮,便秘溲赤。舌质红,少津,舌苔黄,脉弦细数。

治法:清热解毒,养阴活血。

方药:顾步汤加减。常用黄芪、石斛、当归、牛膝、紫花地丁、甘草、金银花、蒲公英、菊花等。

5. 气血两虚证

证候:病程日久,疮面久不愈合,肉芽黯红或淡红而不鲜。形体消瘦,神情倦怠。舌质淡胖,舌苔白,脉细无力。

治法:补气养血,活血生肌。

方药:补阳还五汤合八珍汤加减。常用黄芪、人参、白术、茯苓、当归、白芍药、熟地黄、川芎、赤芍药、地龙、桃仁、红花等。

【外治】

1. 早期或是恢复阶段的患者,用熏洗疗法,毛披树根(毛冬青)100g,水煎,待温后,浸泡患肢,每天1次;也可选用当归15g、桑枝30g、威灵仙15g、苏木30g,水煎熏洗,每天1次;或以红灵酒少许揉擦患肢足背、小腿,每次20分钟,每天2次。

2. 溃疡局限稳定者,可用清热解毒类洗药熏洗患处,或以活血养血敛口类洗药熏洗患处,熏洗后,再外敷生肌玉红膏等药膏换药。

3. 溃疡面积较大,坏死组织难以脱落者,可用"蚕食疗法"清除坏死组织。具体要求和措施是:先将患肢放平,避免下垂。在患肢的炎症、肿胀逐渐消退,坏死组织开始软化,即可作分期分批清除,疏松的先除,牢固的后除;坏死的软组织先除,腐骨后除;彻底的清创术必须待炎症完全消退后才可施行。必要时行截趾(指)术等。

【其他疗法】

1. 针灸　取足三里、阳陵泉、三阴交、承山、合谷、曲池等穴位,每日 1 次。

2. 单方验方

(1) 口服通塞脉片、血塞通片等。

(2) 复方丹参注射液 20ml,加入 10% 葡萄糖 500ml 中静脉滴注,每日 1 次,2~4 周为 1 个疗程。

(3) 其他中药制剂:可选用如血塞通注射剂、红花注射剂、川芎注射剂、疏血通注射剂等。

3. 西医治疗　应用抗血小板聚集药、扩血管药物、抗凝、溶栓药物。另外根据不同时期的特点选择不同的腔内、手术等方式进行治疗。近年来干细胞移植治疗本病取得了一定的效果。

【预防护理】

1. 预防　冬季室外工作者,应有保暖防护措施;应严禁吸烟,戒除吸烟嗜好;应注意保护肢体,避免外伤,防止真菌感染。

2. 调护　患病后应注意肢体保暖,每晚用温水清洗足部。进行患肢锻炼,如采用 Buerger 运动法,即患者平卧,先抬高患肢 45° 以上,维持 1~2 分钟,再在床边下垂 2~3 分钟,然后放置水平位 2 分钟,并做足部旋转、伸屈活动 20 分钟,每天数次。还可以单纯步行,以促使侧支循环更好地建立。

【结语】

本病多因素体脾气不健,肾阳不足,易为寒邪侵袭,加之平素吸烟,烟毒消蚀脉管,致脉络损伤,血脉瘀阻,瘀血与烟毒互结,瘀久化热,湿热蕴阻,化腐溃脓,脱骨坏疽,此时疼痛加剧,彻夜难寐,日久耗损肝肾,阴血亏虚。故其治疗,应与机体之阴阳、气血、脏腑密切相关,并应依据患者病情的轻重,病程的不同阶段进行辨证治疗。初期患肢怕冷、麻木、酸胀疼痛、间歇性跛行,辨为肝肾不足,寒凝经脉,寒湿阻络,治予温阳通脉,祛寒化湿,方选阳和汤加减;中后期患肢足趾红肿疼痛明显,伴溃疡坏疽,疼痛加剧,辨为寒湿积瘀化热,湿热毒盛,治予清热解毒,消肿止痛,方选四妙勇安汤、顾步汤加减;患趾(指)多呈干性坏疽,为热毒伤阴证,治予清热解毒,养阴活血,方选顾步汤加减;坏死溃疡渐愈,脓腐肉脱尽而创口难敛的,辨为病久耗伤气血,肝肾亏损,治予补养气血,滋益肝肾,方选补阳还五汤、八珍汤人参养荣汤、十全大补汤等。

二、动脉硬化闭塞症

动脉硬化闭塞症是一种由于大、中动脉硬化,内膜出现粥样硬化斑块,从而引发动脉狭窄、闭塞,导致下肢慢性缺血改变的动脉闭塞性疾病。《外科正宗·脱疽》中记载的脱疽与本病极为相似,如"夫脱疽者,外腐而内坏也,此因平昔厚味膏粱熏蒸脏腑,丹石补药消烁肾水,房劳过度,气竭精伤……凡患此者,多生于手足,故手足乃五脏肢干,疮之初生,形如粟米,头便一点黄泡,其皮犹如煮熟红枣,黑气侵漫,相传五指,传遍上至脚面,其疼如汤泼火燃,其形则骨枯筋练,其秽异香难解,其命仙方难活。"本病发病年龄多在 45 岁以上,多发于下肢的大、中动脉(髂、股、腘、锁骨下和颈动脉)。目前本病的发病率呈上升趋势。

【病因病机】

本病的发生主要与饮食失节、脏腑亏虚、经脉瘀阻等有密切关系。

老年之体,先天肾气已衰,后天脾胃亦弱,再加思虑过度,脾胃更伤,以致脾气不升,胃气不降,不能生化精微,气机不畅,盖"气为血帅",气滞则血瘀,血脉瘀塞,及膏粱厚味,痰浊内生,痰瘀阻络,不通则痛。"血主濡之",足受血而能步,血脉瘀塞,且气血化源不足,则足失所养,因而出现间歇性跛行;肌肤失养则皮肤苍白、麻木、肌肉萎缩。久则瘀而化热,热胜肉腐,热毒灼烁脉肉筋骨而产生坏疽。西医学认为本病的病因和发病机制尚未完全清楚,但高血压、高脂血症、糖尿病、肥胖、吸烟等是其高危因素。其发病与血管内膜损伤、平滑肌细胞增殖、脂质浸润、血流动力学异常有关。

【诊断】

1. 多发于 45 岁以上老年人,常有高血脂、高血压、冠心病、糖尿病等心脑血管疾病病史,病变常累及大、中动脉。

2. 早期主要表现为患肢发凉、麻木,酸痛,肤色苍白、间歇性跛行。随着病情的进展,患肢出现静息痛,尤以夜间为甚。患者常抱膝而坐,彻夜难眠,同时伴皮肤变薄、肌肉萎缩、趾甲增厚变形,严重者肢体出现溃疡或坏死,动脉搏动消失。

3. 测定血糖、血脂升高,检查心电图及血流动力学异常、眼底动脉硬化,并配合超声多普勒、动脉造影等检查以助诊断。

【鉴别诊断】

1. 血栓闭塞性脉管炎　发病多见于青壮年男性;受累血管为中、小动静脉;无高血脂、高血压和其他脏器的动脉硬化病史;有吸烟、受寒、外伤等病史,出现肢体慢性缺血性表现,有游走性血栓性浅静脉炎的表现;动脉造影呈节段性闭塞,无动脉钙化改变。

2. 多发性大动脉炎　好发于青年女性;病变主要累及主动脉弓、腹主动脉及分支。按发病部位不同临床表现可有上肢或下肢的症状和体征,头部表现为晕厥,视物模糊,头痛。在上肢多表现上肢无力,无脉症,血压低或是测不到。在下肢表现肢端发凉、无力及间歇性跛行,但一般无坏疽发生。活动期多伴低热、乏力、盗汗或游走性关节痛等症状。检查时在颈部、腹部和背部可听到收缩期血管杂音,实验室检查显示血沉增快,免疫球蛋白升高,动脉造影可见主动脉及其主要分支开口处狭窄或阻塞。

3. 动脉栓塞　为心房纤颤、心内膜炎及风湿性心脏病等疾病的并发症。突然起病,肢体发生剧痛,皮肤苍白,肢体厥冷,感觉障碍,活动受限,患肢出现散在青紫瘀斑,栓塞平面以下的动脉搏动消失。

【辨证论治】

活血化痰通络是本病治疗大法,同时注意培补正气,益肾健脾柔肝。

1. 痰瘀阻络证

证候:患肢麻木、刺痛,肤色紫红或黯红,或有瘀点、瘀斑。舌质黯,舌边有瘀斑,舌苔白腻,脉弦滑。

治法:活血化痰,通络止痛。

方药:桃红四物汤加减。常用黄芪、当归、赤芍药、丹参、桃仁、红花、川芎。

2. 热毒伤阴证

证候:患肢疼痛,肢体坏疽多呈干性,或伴脓出,溃破腐烂,气秽。伴有发热口干,便秘溲赤。舌质红或绛,舌苔黄燥或苔剥,脉弦数或细数。

治法:清热解毒,养阴活血。

方药:顾步汤加减。常用生地黄、赤芍药、石斛、玄参、牛膝、知母、黄柏、金银花、当归、生甘草。

3. 脾肾阳虚证

证候:年老体弱,全身怕冷,肢体发凉,肌肉萎缩,局部伤口久不敛合,肉芽色黯。神疲乏力,腰膝酸痛,遗尿。舌质淡胖,舌苔白,脉沉细。

治法:益肾健脾,活血生肌。

方药:补阳还五汤合右归丸加减。常用黄芪、党参、白术、茯苓、当归、赤芍药、熟地黄、桃仁、红花、山药、山茱萸、枸杞、杜仲、肉桂。

【外治】

参考"血栓闭塞性脉管炎"。

【其他疗法】

参考"血栓闭塞性脉管炎"。

【预防护理】

1. 预防　养成良好的饮食习惯,清淡饮食,避免肥甘厚味;积极治疗高血压、高血脂和糖尿病;保护肢体,避免外伤及寒冷。

2. 调护　患者宜穿宽松鞋袜,并常更换,足部尽量避免受压和摩擦;注意手足部保暖,保持乐观、积极向上的情绪,避免过度的精神紧张;进行适当的体育锻炼。

【结语】

本病以高年脾肾气虚为本,痰浊瘀血阻滞为标,早期治疗重在活血化瘀,化痰通络止痛;中期痰瘀阻滞,日久化热,热毒炽盛,耗烁阴液,故治疗养阴清热,活血解毒;后期疮口不敛,肉芽不鲜,腰膝酸软,治当温补脾肾,活血生肌。本病与血栓闭塞性脉管炎虽同属脱疽,但病机特点不同,血栓闭塞性脉管炎多发生在青壮年,多因先天不足,肾精亏虚,感受寒湿而引起。本病多发于中老年人,年事已高,脾肾之气渐衰,运化失司,加之膏粱厚味太过,痰浊内生,痰瘀互结,阻塞脉络为其特点。

三、糖尿病性足病

病案分析

病案:刘某,男性,70 岁,2010 年 6 月 12 日初诊。右足背部红肿溃烂 1 个月,伴发热、口干、食欲不振。患者既往有糖尿病病史 22 年,冠心病史 8 年,高血压病史 12 年。少量饮酒和吸烟,喜食肥甘。平素间断服用降糖药、降压药,血糖和血压时高时低,波动较大,血糖控制不理想,患者对自己的病情持乐观态度,没有引起足够的重视。刻诊:见右侧足背部红肿,坏死溃破,脓腐较多,气味臭秽。双侧股动脉搏动正常,右侧腘动脉、胫后动脉及足背动脉搏动减弱。测体温 38.2℃,血压 155/90mmHg,心率 85 次/分。化验室检查:血常规白细胞数 12×10^9/L;血糖 18.9mmol/L;尿糖+++;甘油三酯和低密度脂蛋白升高。诊舌质红,苔白厚腻,脉弦数。

分析:该患者既往有糖尿病病史 20 余年,长期服用降糖药物,血糖控制不理想,伴有冠心病、高血压等病史。本次发病出现了右侧足背部腐烂溃疡,伴发热、口干、食欲不振。结合患者病程、局部和全身表现及实验室检查结果,初步诊断为糖尿病足坏疽,应内服药物和外治法结合进行治疗。

问题:本例患者应如何辨证立法用药? 中医中药对此患者治疗有什么优势? 中医外用药在此阶段怎么选择?

笔记

糖尿病性足病是指糖尿病引起的下肢动脉病变和神经病变,合并感染所致的足部溃疡或坏疽,是糖尿病常见而严重的并发症之一,是糖尿病患者截肢的主要原因。《医宗金鉴·外科心法要诀·足部》详细记载了消渴病脱疽的临床症状:"此证多生于足指之间,手指生者间或有之,盖手足十指乃脏腑枝干,未发疽之先,烦躁发热,颇类消渴,日久始发此患。初生如粟,黄泡一点,皮色紫黯,犹如煮熟红枣,黑气侵漫,腐烂延开,五指相传,甚则攻于脚面,犹如汤泼火燃。"据统计,糖尿病肢端坏疽的发生率不断升高,在男性糖尿病患者中比非糖尿病患者高53倍。

【病因病机】

本病是在消渴病的基础上发展而来的,消渴病的基本病机为燥热偏盛,阴津亏耗,病久则阴消气耗,而致气阴两伤或阴阳俱虚。在阴津亏损、燥热偏盛的基础上,热烁津伤,血脉瘀滞;气阴两虚,运血无力,血脉瘀阻。瘀血湿浊阻滞脉络,营卫瘀滞,日久化热,热毒蕴结,而致肉腐、筋烂、骨脱。

西医学认为糖尿病发生肢体坏死是神经病变、肢体缺血和感染三个因素共同作用所致。其中高血糖是基础,血管病变和神经病变是关键,感染是起因。

【诊断】

1. 临床表现　大多发生于中老年人;糖尿病病史在5~10年以上,多伴有高脂血症、冠心病、脑血管病等病史。

根据糖尿病性足病的发病原因,在临床分为三种类型:缺血型、神经型、混合型。缺血型,动脉闭塞缺血为主,患肢发凉怕冷、麻木、皮肤瘙痒,间歇性跛行。随着病情的进展,患肢足趾、足部或小腿出现静息痛,尤以夜间为甚。患者常抱膝而坐,彻夜难眠,同时伴皮肤干燥、无汗,皮肤及肌肉萎缩,肢体动脉搏动减弱或消失,足趾、足部出现青紫,发生溃疡、坏疽。神经型,神经病变为主,无痛足,麻木、感觉迟钝,足部红肿,溃烂,动脉搏动存在。混合型,两种病变同时存在。

2. 实验室及辅助检查　测定血糖、血脂、尿糖、血液黏度,检查肌电图及血流动力学,并配合超声多普勒、动脉造影等检查加以诊断。

【鉴别诊断】

1. 血栓闭塞性脉管炎　发病多见于青壮年男性;受累血管为中、小动静脉;无高血脂、高血压和其他脏器的动脉硬化病史;可见游走性血栓性浅静脉炎的表现。

2. 动脉硬化闭塞症　本病发病年龄多为45岁以上,男女均可发生;常伴有高血压、高血脂、冠状动脉硬化、脑动脉硬化或糖尿病;病变常位于大、中动脉;X线检查显示动脉有钙化斑。

血栓闭塞性脉管炎、动脉硬化闭塞症和糖尿病性足病三者的鉴别可参见表13-4-1。

【辨证论治】

本病主要病机表现为气阴两伤、瘀血阻滞、热毒蕴结。故中医治疗采取益气养阴、活血化瘀、清热利湿解毒等治法。

1. 血脉瘀阻证

证候:患肢麻木刺痛,肢端皮肤黯红或青紫,或有紫斑。舌质黯,有瘀斑或瘀点,舌苔白,脉弦细或细涩。

治法:活血化瘀,通络止痛。

表 13-4-1　三种脱疽的比较

	血栓闭塞性脉管炎	动脉硬化闭塞症	糖尿病性足病
性别	几乎都是男性	男女均有,男:女为6:1	男女均有
吸烟史	几乎都有	不一定	不一定
发病年龄	20~40岁	45岁以上	45岁以上
游走性浅静脉炎	可有	无	无
高血压	无	有	可有
冠心病	无	有	可有
血脂	正常	升高	可升高
血糖、尿糖	正常	正常	血糖高,尿糖阳性
受累血管	中小动静脉	大、中动脉	大、中动脉,微血管

方药:桃红四物汤加减。常用桃仁、红花、当归、赤芍药、丹参、川芎、莪术、香附、延胡索、黄芪。疼痛剧烈者加地龙、蜈蚣。

2. 湿热毒盛证

证候:患肢溃破腐烂,脓水淋漓,气秽恶臭,局部红肿灼热。伴有发热,口干,便秘溲赤。舌质红或绛,舌苔黄,脉弦数或细数。

治法:清热利湿,和营解毒。

方药:四妙勇安汤加味。常用玄参、当归、金银花、甘草、苍术、黄柏、牛膝、薏苡仁、生地黄、牡丹皮、赤芍药、黄连。

3. 气虚血瘀证

证候:病程日久,创面肉芽不鲜,脓液清稀,经久不愈。伴有面色无华,神疲乏力,心悸气短,胃纳减退。舌质淡,舌苔白,脉沉细。

治法:益气活血,通络生肌。

方药:补阳还五汤合八珍汤加减。常用黄芪、党参、白术、茯苓、当归、赤芍药、丹参、牛膝。

【外治】

参考"血栓闭塞性脉管炎"。

【其他疗法】

西医治疗主要控制血糖。其他治疗参考"血栓闭塞性脉管炎"。

【预防护理】

1. 预防　积极治疗糖尿病,严格控制高血糖症;保持足部卫生,每晚用温水洗脚,用柔软吸水力强的毛巾擦干脚趾缝间,涂上羊毛脂或植物油。

2. 护理　轻轻按摩足部及小腿可改善局部血液循环;绝对禁止吸烟;保持心情舒畅;注意按时换药。

【结语】

本病系素体阴虚消渴之症,水亏火炽,正气内虚,致使火毒炽盛,助邪为病,久则耗气伤阴,终至气阴两虚;复因感受毒邪,阻于经络,以致气血运行失畅,肌肤失养,瘀久化火成毒而致。故气阴两虚,络脉瘀阻,热毒蕴结为其发病基础。气阴两虚为其本,邪热蕴络为其标。并且其标本之间互为因果,相互作用,相互影响。气阴两亏,则皮毛不固,易于感受邪热之毒,且气虚则运血乏力,阴虚则血行艰涩,以致络脉被阻,日久化火成毒,加重热蕴络瘀;或无力托毒外出而使毒滞难化,病程缠绵;热毒蕴结,则耗气伤阴,加重气阴两虚。久病又可因正虚邪恋,邪毒不易清除而致足坏疽反复发作。糖尿病性脱疽的辨证治疗,应依据病程、证型不同,分别选用清热解毒、和营活血、托毒排脓、益气养阴等诸法,才能取得满意疗效。

第五节　淋　巴　水　肿

淋巴水肿是淋巴液回流障碍导致淋巴液在皮下组织持续积聚,甚则引起纤维组织增生的一种慢性进展性疾病。临床特点为好发于四肢,以下肢最常见;表现肢体肿胀,后期皮肤增厚、粗糙,坚如象皮,故又称"象皮肿",并可继发感染,形成溃疡,少数可恶变。本病属于中医学"大脚风"、"象皮腿"范畴。

【病因病机】

本病的发生主要由于摄生不慎,久居湿地,寒湿之邪入侵,留恋不去,日久化热,流注下肢,阻塞经络;或脾虚水停,痰湿内生,阻遏气机,经络阻塞不通,气血瘀滞不行所致。《潜斋医案》记载:"凡水乡农人,多患脚肿,俗名大脚风……此因伤络瘀凝,气血阻痹,风湿热杂之邪袭入而不能出也。"总之,本病初期多为寒湿阻络,湿热蕴滞,病程日久,则多为痰湿阻络,气滞血瘀。

西医学认为本病发病的原因可分为两大类:①原发性淋巴水肿:由淋巴管发育异常所致。②继发性淋巴水肿:正常淋巴管因后天原因而阻塞,常见原因有感染(如丝虫感染和链球菌感染引起淋巴管纤维性阻塞)、损伤(如手术、放疗、灼伤等引起局部组织纤维化,淋巴管阻塞)及恶性肿瘤浸润或阻塞。

【诊断】

患者多有外伤、丹毒、丝虫病、肿瘤放射治疗或外科手术等病史,初期肿胀局限于足及踝部,长时间站立、劳累时水肿加重,休息或抬高患肢可减轻。病情严重时,水肿可蔓延至小腿,严重时波及整个下肢。后期肢体可明显增粗,皮肤、皮下组织增厚、变硬。丹毒发作时,局部红斑、疼痛,淋巴结肿大,有压痛,多伴有突发寒战和高热。

【鉴别诊断】

1. 深静脉血栓形成　两者都有患肢水肿,平卧抬高患肢时肿胀减轻,站立行走时加重等特点。但深静脉血栓形成多见于手术、外伤、分娩后;起病较急,水肿可迅速发展为整个肢体,有明显的疼痛和压痛,伴有浅静脉怒张,局部皮温稍高。而淋巴水肿多呈慢性发展,一般无疼痛,也没有浅静脉扩张等表现。

2. 全身疾病性水肿　当下肢淋巴水肿呈双侧性时应注意与全身疾病引起的水肿鉴别。本病多有营养不良、肾脏疾病、肝脏疾病、心功能衰竭等病史,水肿的特点是双下肢对称性水肿,压之凹陷,同时伴有胸闷、心悸、不能平卧及贫血、低蛋白血症等,通常经过详细的询问病史,体格检查和必要的辅助检查,不难鉴别。

【辨证论治】

中医学认为其基本病机为络脉受损,瘀血、湿热阻滞。

1. 湿热瘀阻证

证候:患肢皮肤焮红灼热,肿胀,疼痛。伴有寒战、发热。舌质红,舌苔黄腻,脉滑数。

治法:清热利湿,活血消肿。

方药:四妙勇安汤加味。常用玄参、当归、金银花、甘草、蒲公英、赤芍药、丹参、牡丹皮、苍术、黄柏、牛膝、栀子、黄芩、防己、连翘等。

2. 痰瘀阻络证

证候:患肢肿胀,增粗变硬,皮肤增厚、粗糙,状如象皮。或伴有慢性溃疡,久不愈合。舌质淡黯或有瘀斑,苔薄白,脉弦涩或沉涩。

治法:软坚散结,活血通络。

方药:桃红四物汤加减。常用桃仁、红花、当归、赤芍药、川芎、丹参、党参、白术、茯苓、夏枯草、地龙等。

【外治】

1. 熏洗疗法 花椒叶、香樟叶、松针、苏叶各适量,煎水熏洗患肢、每日 1 次。或用活血消肿洗药熏洗浸泡患肢。

2. 敷药疗法 商陆、山柰、食盐各等份,将商陆、山柰研末,再加食盐共研细,酒调成糊状,涂敷患处,每日 1 次。

3. 辐射热烘疗法 利用辐射热使患肢组织软化,促进淋巴液回流。

【其他疗法】

可选用丹参注射剂、血塞通注射剂、红花注射剂、川芎注射剂、疏血通注射剂等静脉滴注,促进淋巴回流。

【预防护理】

1. 预防 对于溶血性链球菌感染所造成的淋巴管炎,初次发作时,要彻底治疗。足癣是下肢丹毒致淋巴肿的一个常见诱因,应积极进行防治。

2. 护理 患病期间宜经常抬高患肢,下肢淤肿宜穿弹力袜,以助淋巴回流;宜清淡饮食,减少水盐摄入,少食辛辣之品,多进富含蛋白质的食物。

【结语】

本病乃由于摄生不慎,寒湿之邪入侵,寒凝经络;日久化热,湿热阻络;或脾虚水停,痰湿内生,阻遏气机,经络阻塞不通,气血瘀滞不行所致。在整个病程发展过程中,水湿内阻是病机的关键,早期以"寒湿"为主,中期可见"湿热",后期阶段突出"痰湿",所以治疗时时刻不忘"祛湿"之法。但该病是一个慢性进展性疾病,其治疗无论中药还是西药都不可急于求成。

第六节 红斑性肢痛症

红斑性肢痛症是一种肢端皮肤阵发性潮红、灼热、肿胀、剧烈疼痛为特征的疾病。环境温度升高可诱发或加剧疼痛;温度降低可使疼痛缓解。任何年龄均可起病,但以青壮年多见。属于中医学"血痹"、"热痹"等范围。

【病因病机】

本病的发生主要由于血热、瘀阻脉络,以致气血瘀滞所致。

病因不明,可能与自主神经或血管神经中枢功能紊乱、皮肤对温热处于过敏状态及血中某些致热物质增多有关,少数患者有家族因素。

【诊断】

起病可急可缓,进展缓慢。多从双侧肢端起病,以双足多见。突然发生两足或两手阵发性烧灼样剧痛,或为刺痛、胀痛,足部或手部皮肤潮红,灼热,肿胀,发绀,出汗,皮肤温度增高,患肢动脉搏动增强。当活动、受热、环境温度升高、久站均可使患肢疼痛加重。静卧休息、抬高患肢,患肢暴露于冷空气中或浸泡于冷水中可使疼痛减轻或缓解。发作间歇期,患肢仍有轻度麻木、疼痛。患者全身情况良好,患肢无营养障碍,少发生溃疡和坏疽。

【鉴别诊断】

1. 足部炎症病变　如足癣并发淋巴水肿性炎症,可有红、肿、热、痛四大症状,伴体温升高,多为单发性,足背水肿。

2. 神经痛　各种原因引起的多发性神经炎,以感觉异常和疼痛为主;外伤或手术后灼性神经痛,以放散痛和伤口局部痛为主;外伤性自主神经功能紊乱,以血管舒缩功能紊乱和麻木,皮肤多呈发绀色为特点。这些患者皮温不高,喜热怕凉。

3. 雷诺病　多见于青年女性,多发于上肢,两侧对称。寒冷及情绪波动为主要诱因。临床表现主要为肢端出现苍白、发绀、潮红,局部温度低。

4. 血栓闭塞性脉管炎　多见于中青年男性。临床表现主要为间歇性跛行,静息痛,皮肤苍白发绀及足背动脉波动减弱(或消失),游走性血栓性浅静脉炎、足部干性坏疽等表现。

【辨证论治】

以凉血清热、活血化瘀、通络止痛为治则。

1. 血热证

证候:阵发性肢体烧灼样剧痛,皮肤潮红,遇热加重。舌质红,舌苔黄腻,脉滑数。

治法:凉血清热、活血化瘀。

方药:犀角地黄汤、四妙勇安汤加味。常用生地黄、赤芍药、牡丹皮、玄参、当归、金银花、甘草、蒲公英、丹参、苍术、黄柏、牛膝、栀子、黄芩、连翘等。

2. 血瘀证

证候:阵发性肢体刺痛或胀痛,皮肤紫红。舌质淡黯或有瘀斑,舌苔薄白,脉弦涩或沉涩。

治法:活血化瘀,通络止痛。

方药:桃红四物汤加减。常用桃仁、红花、当归、赤芍药、川芎、丹参等。

【外治】

1. 贴敷疗法　金黄膏外敷,或金黄散冷开水调敷。

2. 熏洗疗法　应用活血止痛散、硝矾洗药煎汤,温洗或冷洗患肢,每日2次。

【其他疗法】

针灸　取患肢足三里、三阴交、绝骨穴,每日1次。

【预防护理】

1. 预防　减少刺激性饮食,清淡为主,调整情绪。

2. 护理　急性发作时,抬高肢体。急性期后,加强肢体活动锻炼,避免任何引起局部血管扩张的刺激。

（成秀梅　秦红松）

复习思考题

1. 试述臁疮病程演变的病机特点。
2. 怎样根据臁疮病程的不同阶段辨证论治和选用外用药？
3. 青蛇毒的病机特点是什么？
4. 青蛇毒怎样中西医结合治疗？
5. 怎样理解股肿"瘀""湿""热"的病机特点？
6. 如何预防股肿？
7. 试述血栓闭塞性脉管炎不同阶段的病机特点。
8. 为什么说活血化瘀贯穿血栓闭塞性脉管炎治疗的始终？
9. 动脉硬化性闭塞症与血栓闭塞性脉管炎都属于脱疽，试比较其临床表现之异同。
10. 动脉硬化性闭塞症的病机和治疗特点是什么？
11. 糖尿病性坏疽病机特点及临床特点？
12. 三种脱疽临床治疗的侧重点有何不同？
13. 淋巴水肿与静脉阻塞性水肿比较有什么特点？
14. 为什么恶性肿瘤放射治疗、广泛切除术可引起淋巴水肿？

第十四章

外科其他疾病

本章主要介绍冻疮、烧伤、毒蛇咬伤、破伤风、痛风、胆石症、肠痈，统称为外科其他疾病。其病因病机系由各种原因导致病变部位的经脉阻塞，气血瘀滞，甚则脏腑不和。辨证时应注意整体与局部的关系。治疗注重内治外治结合，正确处理伤口，以防毒邪走窜入血入脏。

第一节　冻　疮

冻疮是指人体受寒邪侵袭所引起的损伤。冻疮古称"涿"，首见于《五十二病方》。冻疮病名始见于《诸病源候论·冻烂肿疮候》，古代文献中有"冻风"、"冻裂"、"烂冻疮"等名称。其临床特点是局部者较轻，以局部肿胀发凉，瘙痒，疼痛，皮肤紫斑，水疱，甚则破溃成疮为主要表现。发于全身者较重，表现为体温下降，四肢僵硬，甚则阳气亡绝而死亡。好发于体表暴露的部位，如手、足、耳、鼻、颜面等。本病属于西医学的"冻伤"范畴。

【病因病机】

1. 寒凝血瘀　宋代《圣济总录·冻烂肿疮》说："经络气血，得热则淖泽，得寒则凝涩。冬时严寒，气血凝聚不流，则皮肉不温，瘃冻焮赤，痛肿成疮，轻则溃烂，重则损败肢节也"。寒冷之邪外袭，经脉收束失于通畅，气血凝滞，经络阻塞，致肢体失于温煦而成冻疮。

2. 气虚血瘀　素体阳气虚弱，不胜其寒，寒冷外袭，寒凝肌肤，经络气血凝滞而成本病。

3. 瘀滞化热　寒邪入侵，气血瘀滞，日久化热，复感外邪，邪正相争则恶寒发热。

4. 寒盛阳衰　若因寒邪太盛，侵袭脏腑，甚则出现阳气亡绝的危象。

西医学认为本病是因机体受低温侵袭后,局部微循环障碍,以致局部组织损伤和坏死。

【诊断】

1. 主要发于手背、足跟、耳廓、鼻尖、面颊等暴露部位。

2. 损伤多呈对称性,轻者受冻部位皮肤先苍白、发凉,继而红肿,或有硬结、斑块,边缘焮红,中央青紫,自觉灼痛、麻木,暖热时自觉灼热、痒痛。重者则有大小不等的水疱或肿块,皮肤淡白或黯红,或转紫色,疼痛剧烈,或感觉消失,局部出现黯红色血疱,血疱破溃后渗流脓血水,收口缓慢,常需 1~2 个月或更长时间。

3. 如感染毒邪亦可变为湿性坏疽。全身可伴有发热、恶寒等症,甚至出现内陷证。

4. 冻疮创面湿性坏疽,可做细菌培养及药敏试验;怀疑有骨坏死时,可行 X 线检查。

【鉴别诊断】

1. 雷诺现象 多由寒冷、情绪激动等诱发,好发于秋冬季节,多为 20~40 岁的女性。受寒冷等刺激后,手指皮肤变苍白,继而变紫变红,最后恢复正常肤色,伴局部发冷、感觉异常、疼痛等症状,但持续时间短暂。

2. 类丹毒 多发生于接触鱼类或猪肉的手部,手指和手背出现局限性深红色或青紫色斑,肿胀明显,阵发性疼痛和瘙痒,有游走性,很少超过腕部。一般 3~4 周内自愈,不会溃烂。

3. 多形性红斑 多发生于春秋两季,以手、足、面、颈多见,皮损为风团样丘疹或红斑,颜色鲜红或紫黯,典型者中心部常发生重叠水疱,形成特殊的"虹膜状"皮损。常伴有发热,关节疼痛等症状。

【辨证论治】

本病治以温通散寒、补阳通脉为原则。轻者以外治为主,重者宜内外合治。

1. 寒凝血瘀证

证候:局部麻木冷痛,肤色青紫或黯红,肿胀结块,或有水疱,发痒手足青冷。舌淡苔白,脉沉或沉细。

治法:温经散寒,养血通脉。

方药:当归四逆汤或桂枝加当归汤加减。常用当归、桂枝、芍药、细辛、炙甘草、通草、生姜、红枣。血瘀甚者可加黄芪、丹参、红花。

2. 气虚血瘀证

证候:神疲体倦,气短懒言,面色少华,疮面不敛,疮周黯红漫肿,麻木。舌淡,苔白,脉细弱。

治法:益气养血,祛瘀通脉。

方药:人参养荣汤或八珍汤合桂枝汤加减。常用熟地黄、当归、白芍、人参、白术、五味子、桂枝、生姜。

3. 瘀滞化热证

证候:发热口干,患处黯红微肿,疼痛喜冷,冻伤局部坏死受冻部位出现腐烂或溃疡,流脓。舌红苔黄,脉数。

治法:清热解毒,活血止痛。

笔记

方药:四妙勇安汤加减。常用金银花、玄参、当归、甘草。热重者,加黄柏、知母、泽泻;血瘀明显者,加桃仁、红花、虎杖。

4. 寒盛阳衰证

证候:时时寒战,四肢厥冷,感觉麻木,幻觉幻视,意识模糊,倦卧嗜睡,甚则神志不清。舌淡苔白,脉微欲绝。

治法:回阳救脱,散寒通脉。

方药:四逆加人参汤或参附汤加味。常用附子、干姜、人参、炙甘草。

【外治】

1. 红肿痛痒未溃者,红灵酒或生姜辣椒酊外擦,轻揉按摩患处,每天 2～3 次,或用冻疮膏或阳和解凝膏外涂;或用芫花、甘草各 15g,煎水洗浴患处,每天 3 次。

2. 有水疱的应在局部消毒后,用无菌注射器抽出疱液,或用无菌剪刀在水疱低位剪个小口放出疱液,外涂湿润烧伤膏、冻伤膏、红油膏或生肌白玉膏等。

3. 有溃烂时用红油膏掺入九一丹外敷;腐脱新生时,用红油膏掺生肌散或用生肌玉红膏外敷。

4. 局部坏死严重,骨脱筋连者,可配合手术清创;肢端全部坏死或湿性坏疽危及生命时,可行截肢(指、趾)术。

【其他疗法】

1. 针灸　治宜温经散寒、活血止痛,可针灸足三里,关元,三阴交等穴及阿是穴。

2. 现代物理疗法　He-Ne 激光、红外线、微波、白炽灯等疗法,可改善局部微循环。

3. 西药治疗　口服烟酸、硝苯地平等药物扩张血管;外用山莨菪碱软膏、肝素钠软膏等改善局部微循环、醋酸肤轻松等糖皮质激素软膏抗炎止痒。重度者应尽早使用破伤风抗毒素;补充营养和维持水与电解质平衡;酌情应用抗生素防治感染。

【预防护理】

1. 预防　注意加强体育锻炼和营养,增强机体抵抗力,促进血液循环。在寒冷环境中工作的人员应注意防寒、防湿、保暖,鞋袜潮湿后应及时更换。衣着保暖,减少体表外露;手、足、耳等外露部位可适当外涂防冻疮霜剂;寒冷环境下应避免久站或长期静止不动;高寒地区工作的人员,平时应进行寒冷适应性训练,提供高热量饮食,酒后不宜野外工作。

2. 护理　受冻后不宜立即火烤或用热水袋等加温,防止溃烂成疮。冻疮已成,局部摩擦和按摩并无益处,反而易加重损伤,继发感染。

【结语】

冻疮是人体受寒邪侵袭,气血凝滞所致的局部性损伤,以局部麻木、痒痛、肿胀,甚则出现水疱、溃烂为主症。临床辨证常分为寒凝血瘀证、气虚血瘀证、瘀滞化热证、寒盛阳衰证等。治疗以温通散寒、补阳通脉为法则。轻者以外治为主,重者宜内外合治。

第二节　烧　　伤

烧伤是由于热力(火焰,灼热的气体、液体或固体)、电能、化学物质、放射线等作用于人体而引起的一种急性损伤性疾病,常伤于局部,波及全身,可出现严重的全身性并发症。古代文献称之为"水火烫伤"、"汤泼火伤"、"火烧疮"、"汤火疮"等。由于现代科学技术的发展,出现了化学烧伤、放射性烧伤、电击伤等。

烧伤已成为严重危害人类健康与生命的重要公共卫生问题,也是世界各国的主要死亡原因之一。本病的临床特点是创面局部以红斑、肿胀、疼痛、水疱、渗出、焦痂为主要表现,严重者伴有休克、全身性感染等并发症,若不及时救治或治疗不当,可危及生命。本病西医学也称烧伤。

【病因病机】

本病的病因病机是由于强热侵害人体,导致皮肉腐烂而成,轻者仅皮肉损伤;重者除皮肉损伤外,因火毒炽盛,伤津耗气,导致气阴两伤。或因火毒侵入营血,内攻脏腑,导致脏腑失和,阴阳失调,甚至阴伤阳脱。

1. 火热伤津　火热之邪侵害人体,最易消灼津液,肌肤受损,卫外失固,营阴外渗,而见火热伤津证。

2. 阴伤阳脱　火热之邪伤津耗液,阴液枯竭,阳气无所依附而出现阴伤阳脱证。

3. 火毒内陷　"热胜则肉腐",酿而为脓;严重者,还可由火疮败坏,疮毒内陷,侵于营血,内传脏腑而出现火毒内陷证。

4. 脾胃受损、气血两虚　火毒侵入营血,内攻脏腑,导致脏腑失和、阴阳失衡,日久脾胃受损,气血亏虚。

西医学认为高温可直接造成局部或全身组织细胞损害,使之发生炎症、溃疡、变性、坏死。在大面积严重烧伤的早期因大量体液丢失和剧烈疼痛可引起休克;在体液回收期和焦痂脱落期细菌感染可引起脓毒败血症;创面修复愈合可形成大量瘢痕或出现部分创面经久不愈而形成难愈性溃疡。

【诊断】

1. 多有明确的热力、化学、电力等烧伤的病史;并根据烧伤面积、深度、部位,年龄,原因等综合判断伤情。

2. 临床表现　本病之初,可见局部皮肤红、肿、热、痛,或瘀斑、出血点、焦痂等症状。但严重烧伤则有明显的全身反应,临床上可分为休克期、感染期和修复期三个过程。

(1) 休克期:烧伤后48小时内,这段时间称为休克期。凡小儿烧伤面积大于5%,或成人烧伤面积大于10%,就应警惕休克的发生。休克是由于剧烈疼痛刺激及大量体液丧失而引起的。由于烧伤趋于内毛细血管扩张和通透性的增加,大量血浆样液体渗出创面和组织间隙,伤后最初8小时渗出最快,此时可丧失50%以上的血浆,因而血浆浓缩,有效血循环量下降,发生休克。这时局部或全身出现反应性水肿,创面出现水疱和大量液体渗出,口干、尿少、烦躁不安,甚至出现皮肤苍白、神疲肢冷、血压下降、脉微细而数等津伤气脱、亡阴亡阳之危候。

(2) 感染期:烧伤后皮肤的防御功能被破坏,体液大量丢失,机体各系统脏器受到不同程度损害,全身抵抗力下降,因而细菌易于入侵,自伤后开始至机体愈合的整个过程都有感染的可能性,尤其在体液回收及焦痂溶解期间,最易发生败血症。一般在伤后10日内(水肿回收期)及伤后3~4周(溶痂期),感染发生率最高。其致病菌多是铜绿假单胞菌和金黄色葡萄球菌。

(3) 修复期:烧伤创面的修复与烧伤的深度和感染程度有密切关系。浅Ⅱ°无感染的,一般在 2 周以内可迅速愈合;深Ⅱ°烧伤,在良好暴露下可痂下愈合,一般脱痂以后,依靠残留的上皮细胞生长逐渐愈合;如处理不当,并发感染,可变成Ⅲ°创面,延长愈合时间。Ⅲ°烧伤需待焦痂脱落或早期焦痂切除后,肉芽创面多需植皮。

3. 伤情诊断　主要是评估或确定烧伤的面积和深度。

(1) 烧伤面积的计算

1) 中国新九分法:按体表面积划分为 11 个 9% 的等份,另加 1%,构成 100% 的体表面积,即头面颈部:1×9%;躯干:3×9%;双上肢:2×9%;双下肢:5×9% +1%,共为 11×9% +1%(见表 14-2-1,图 14-2-1)。

表 14-2-1　中国新九分法

部位		占成人体表%		占儿童体表%
头颈	发部 面部 颈部	3 3 3	}9	9+(12－年龄)
双上肢	双上臂 双前臂 双手	7 6 5	}9×2	9×2
躯干	躯干前 躯干后 会阴	13 13 1	}9×3	9×3
双下肢	双臀 双大腿 双小腿 双足	5 21 13 7	}9×5+1	9×5+1-(12－年龄)

注:成人女性的臀部和双足各占 6%

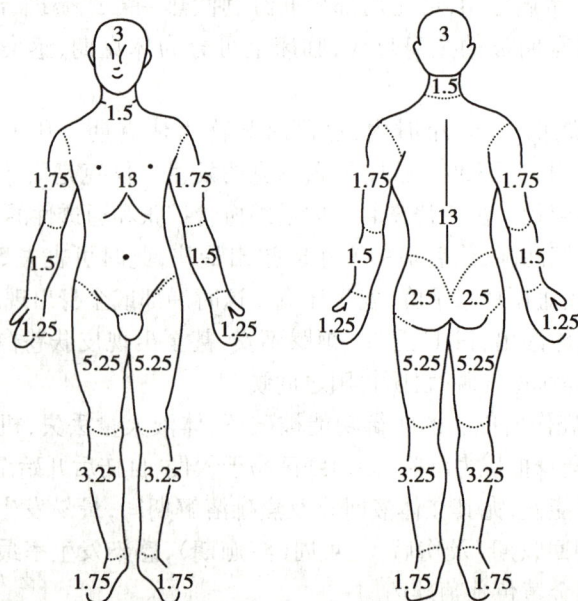

图 14-2-1　成人体表各部所占体表面积

2）手掌法：不论性别、年龄，患者并指的掌面约占体表面积的1%，如医生的手掌大小与患者相近，可用医生手掌估算，作为九分法的辅助评估方法。

3）儿童烧伤面积计算：12岁以下儿童，年龄越小，头越大而下肢越小，可按以下方法计算：头面颈部面积：[9+（12-年龄）]%；双下肢面积：[46-（12-年龄）]%。

（2）烧伤深度的计算

三度四分法：分为Ⅰ°、浅Ⅱ°、深Ⅱ°、Ⅲ°。一般认为Ⅰ°、浅Ⅱ°烧伤属于浅度烧伤；深Ⅱ°和Ⅲ°烧伤属于深度烧伤。组织损害层次见图14-2-2。

Ⅰ°烧伤：仅伤及表皮（角质层），生发层健在，再生能力强。表面呈红斑状、干燥无渗出，有烧灼感，3～7天痊愈，短期内可有色素沉着。

浅Ⅱ°烧伤：伤及表皮的生发层、真皮乳头层。局部红肿明显，有薄壁大水疱形成，内含淡黄色澄清液体，水疱皮如被剥脱，创面红润、潮湿，疼痛明显。如不发生感染，1～2周内愈合，一般不留瘢痕，多数有色素沉着。

深Ⅱ°烧伤：伤及皮肤的真皮深层，深浅不尽一致，尚残留皮肤附件。也可有水疱，但去疱皮后创面微湿，红白相间，痛觉较迟钝。如不发生感染，3～4周可愈。常有瘢痕形成。

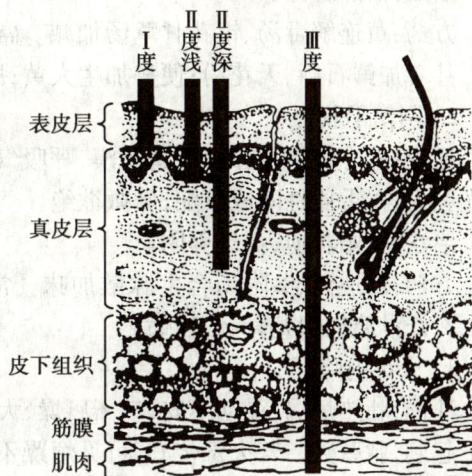

图14-2-2　三度四分法的组织学划分

Ⅲ°烧伤：为全层皮肤烧伤，甚至达到皮下、肌肉或骨骼。创面无水疱，呈蜡白或焦黄色，甚至炭化，痛觉消失，局部温度低，皮层凝固性坏死后形成焦痂，触之如皮革，痂下可见树枝状栓塞的血管。一般均需植皮才能愈合，愈合后有瘢痕，常形成畸形，甚则难以自愈。

（3）烧伤严重程度分类：一般分为四类。

1）轻度烧伤：Ⅱ°烧伤面积在10%（小儿在5%）以下。

2）中度烧伤：Ⅱ°烧伤面积在11%～30%（小儿6%～15%）；或Ⅲ°烧伤面积在10%（小儿5%）以下。

3）重度烧伤：总面积在31%～50%；或Ⅲ°烧伤面积在11%～20%（小儿总面积在16%～25%或Ⅲ°烧伤在6%～10%）；Ⅱ°、Ⅲ°烧伤面积虽达不到上述百分比，但已发生休克、严重呼吸道烧伤或合并其他严重创伤或化学中毒者。

4）特重烧伤：总面积在51%以上；或Ⅲ°烧伤面积在21%以上（小儿总面积26%以上或Ⅲ°烧伤面积在11%以上）或已有严重并发症者。

4. 合并症和并发症　烧伤若合并颅脑损伤、骨折、内出血、吸入性损伤（呼吸道烧伤）等，或原来患有重要器官（如心、肺、肝、肾等）的严重疾患，或伤后并发休克、感染、重要器官的功能障碍等，将严重影响烧伤的治疗效果，甚至对生命造成威胁。

5. 实验室检查　重度烧伤时可见血白细胞升高、红细胞压积升高、尿比重增高及电解质紊乱、低蛋白血症、酸中毒等。

【辨证论治】

轻度烧伤,可单用外治法;中度及以上烧伤,必须内外兼治,中西医结合治疗。内治原则早期宜清热解毒,益气养阴,活血祛瘀为主,后期宜补益脾胃。外治重在创面的处理。

1. 火热伤津证

证候:发热,口渴喜饮,咽干,尿赤便秘。舌苔黄或黄糙,或舌质红而干,舌光无苔,脉洪数或弦细数。

治法:清热解毒养阴。

方药:黄连解毒汤、银花甘草汤加减。常用黄连、黄芩、黄柏、栀子、金银花、甘草。口干甚者加鲜石斛、天花粉;便秘加生大黄;尿赤加白茅根、淡竹叶等。

2. 阴伤阳脱证

证候:神志恍惚,嗜睡,表情淡漠,呼吸气微,体温不升,自汗肢冷。舌苔灰黑或舌面光剥无苔,舌质红绛或紫黯,脉微欲绝。

治法:扶阳救逆,益气养阴。

方药:四逆汤、参附汤合生脉散加味。常用干姜、附子、炙甘草、人参、麦冬、五味子。冷汗淋漓加煅龙骨、煅牡蛎。

3. 火毒内陷证

证候:壮热烦渴,躁动不安,口干唇燥,大便秘结,小便短赤;舌红绛而干,苔黄糙或焦干起刺,脉弦数。若火毒传心,可见烦躁不安,神昏谵语;火毒传肺,可见呼吸气粗,鼻翼煽动,咳嗽痰鸣,痰中带血;火毒传肝,可见黄疸,双目上视,痉挛抽搐;若火毒传脾,可见腹胀便结,便溏黏臭,恶心呕吐,不思饮食;火毒传肾,可见水肿,尿血或尿闭。

治法:清营凉血解毒。

方药:清营汤、犀角地黄汤、清瘟败毒饮加减。常用水牛角、生地黄、玄参、竹叶心、麦冬、丹参、黄连、金银花、连翘。若火毒传心而神昏谵语者,加服安宫牛黄丸或紫雪丹;若火毒传肺而气粗咳喘加生石膏、知母、贝母、桔梗、鱼腥草、桑白皮、鲜芦根;若火毒传肝而抽搐加羚羊角粉(冲)、钩藤、石决明;若火毒传脾而腹胀便秘、恶心呕吐加大黄、玄明粉、枳实、厚朴、大腹皮、木香;若火毒传肾而尿少或尿闭加白茅根、车前子、淡竹叶、泽泻;血尿加生地黄、大小蓟、黄柏炭、琥珀等。

4. 气血两虚证

证候:低热或不发热,面色无华,神疲乏力,形体消瘦,食欲不振,自汗,盗汗。舌淡或胖嫩,舌边齿痕,脉细数。

治法:调补气血,兼清余毒。

方药:托里消毒散或八珍汤加金银花、黄芪。常用人参、川芎、当归、白芍、白术、金银花、茯苓、白芷、皂角刺、甘草、桔梗、黄芪。食欲不振加神曲、麦芽、鸡内金、薏苡仁、砂仁。

5. 脾虚阴伤证

证候:疾病后期,面色萎黄,纳呆食少,腹胀便溏,口干少津,口舌生糜。舌黯红而干,苔花剥或光滑无苔,脉细数。

治法:补气健脾,益胃养阴。

方药:益胃汤、参苓白术散加减。常用沙参、麦冬、生地黄、玉竹、党参、白术、茯苓、山药。

【外治】

1. 经现场急救、清创后,烧伤发生于四肢或面积较小者,一般采用包扎疗法;发生于头面、会阴、面积较大或伴有较多感染者,多采用暴露疗法。

2. 辨证选用湿润烧伤膏、紫草油膏、京万红油膏、石榴皮煎液等外敷,每日数次。

3. 水疱完整者,抽出疱内液体;皮肤破损或水疱已破者,剪去破损外皮,外用湿润烧伤膏等外涂,每日数次。

4. 渗出较多或化脓时用黄连液、黄柏液、金银花甘草液外洗或湿敷。

5. 脓净溃疡不愈,可用生肌玉红膏或白玉膏掺生肌散外敷。

【其他疗法】

1. 现场急救、转送与初步处理　包括迅速脱离热源;保护受伤部位;维护呼吸道通畅等。对伤者简单包扎后,建立多条静脉输液通道抗休克,保持呼吸道通畅,必要时气管插管或切开,送就近医院救治。大面积严重烧伤早期应避免长途转送。

2. 休克的防治　轻度烧伤一般不发生休克。烧伤病情越严重,休克出现就越早、越重。严重烧伤多在烧伤后6~12小时发生休克,特重度烧伤伤后2小时即可发生。因烧伤早期休克基本上是低血容量性休克,故宜补充平衡盐溶液和血浆等,注意晶体与胶体的比例。

3. 全身性感染的防治　及时而积极地纠正休克,维护机体的防御功能,保护肠黏膜的组织屏障;正确处理创面;根据创面培养及药敏结果合理选择抗生素;营养支持疗法等。

4. 西医创面处理

(1) 创面外用药:1%磺胺嘧啶银霜剂、磺胺米隆、莫匹罗星等,但不主张抗生素的局部应用。

(2) 对深度烧伤的处理多沿用早期切(削)痂、分期分批植皮。

【预防护理】

1. 预防　加强劳动保护,开展防火安全教育,注意安全操作。在家庭或幼儿园,加强儿童烧伤防护。注意不让儿童玩火或接触易燃易爆物品。

2. 护理　烧伤后要保持创面清洁,注意休息,鼓励患者多饮水,或绿豆汤、西瓜汁、水果露、金银花甘草汤等代茶频服;多食新鲜蔬菜、水果、禽蛋、瘦肉之品。忌食辛辣、肥腻、鱼腥等发物。烧伤后暴露部位1个月内避免阳光直晒以免加重色素沉着。

【结语】

烧伤的伤情诊断、创面正确处理是学习的重点和难点。伤情诊断最基本的要求是评估或确定烧伤的面积和深度。最常用的评估烧伤面积的方法是中国新九分法,简单、易记;手掌法适用于估计小面积的散在性烧伤或者大面积烧伤散在正常皮肤者;临床常常把两种方法结合起来应用。烧伤深度的识别常用三度四分法,其特点分别是红斑、水疱和焦痂。轻度烧伤,一般只需正确地处理创面,涂敷外用药即可。中重度烧伤需中西医结合、内外治并用。补充足够的液体(注意晶体与胶体的比例),平稳度过休克关,正确处理创面,防治全身性感染,是抢救大面积烧伤的关键。中医药辨证施治对防治休克、恢复胃肠功能具有积极意义。

笔记

第三节 毒 蛇 咬 伤

病案分析

病案:韩某,女,56岁。因左足部被毒蛇咬伤致肿痛17小时,于2015年7月23日入院。入院症见:患者精神软,表情痛苦,左足背高度肿胀、青紫、疼痛,延伸至膝关节处,行走不便,伴有头晕、复视、胸闷、精神不振,纳呆,无恶寒发热、无自汗盗汗。大便干结,小便呈酱油色,夜寐不安。查体:T 36.8℃,P 84次/分,R 21次/分,BP 136/94mmHg。神清,精神不振,双侧瞳孔等大等圆,对光反射存在,颈软,两肺呼吸音清,无干、湿性啰音,心浊音界正常。心率84次/分,率齐,各瓣膜区听诊无明显病理性杂音,腹软平坦,肝脾未触及,双肾叩击痛(−),肠鸣音减弱,神经系统未见明显异常,舌红,苔黄,脉弦滑。入院后尿常规示:Pro:(+++),红细胞(++),血 BUN 11.2mmol/L,CR 240mol/L,血钾 5.8mmol/L。心电图示:不正常 T 波。

问题:写出中医诊断(辨证分型)、西医诊断。结合病例写出治疗方案。讨论该患者的预后情况。

毒蛇咬伤是指人体被毒蛇咬伤,蛇毒由伤口进入人体内而引起的一种急性全身中毒性疾病。最早记载本病的是《山海经·南山经》。其临床特点是咬伤部位有明显的牙痕,常头晕、眼花,伴有烦躁、神昏、血尿、皮下瘀斑、烦躁不安、惊厥等全身症状。目前已知我国的蛇类有219种,其中毒蛇50余种,但对人体构成较大威胁的有10种。其中属神经毒的有银环蛇、金环蛇、海蛇;血循毒的有蝰蛇、尖吻蝮蛇、竹叶青蛇和烙铁头蛇;混合毒的有眼镜蛇、眼镜王蛇和蝮蛇。

【病因病机】

感受风火邪毒,风者善行数变;火者生风动血,耗伤阴津。风毒偏盛,每多化火;火毒炽盛,极易生风。风火相煽,则邪毒鸱张,必客于营血或内陷厥阴,形成严重的全身性中毒症状。

1. 风毒 风为阳邪,其性开泄,易袭阳位。风邪侵入人体,先中经络,肌肉失去气血濡养,可见眼睑下垂、张口困难、颈项不适等;风毒深入中脏腑,气血逆乱、上冲于脑,可致烦躁、神志不清等。

2. 火毒 心主火,心主血脉,火毒之邪最易归心。热盛肉腐,肉腐成脓,可见肿胀、坏死、溃烂;火毒可耗血动血,迫血妄行,致皮下瘀斑及各种出血,继而热扰心神,烦躁不安、惊厥、昏迷等。

3. 风火毒 风助火势,火可生风。风者善行数变,痹阻经络深中脏腑,火者生风动血、耗伤阴精。风火相煽,则邪毒鸱张,可耗血动血,出现溶血出血症状;热极生风,则有谵语、抽搐等症状。

【诊断】

1. 病史

(1)蛇伤病史的询问:以患者亲口诉说为主要依据,应包括何时、何地、何部位被蛇咬伤及环境和天气情况,是否看清了蛇的形态、大小、颜色、花纹等,是否将蛇捕获,能否认识蛇的种类,以便明确诊断。

（2）对局部症状的询问：检查伤口牙痕特征后，询问患者伤口是否用何种方法处理过。注意询问患者局部的症状，是否咬伤后立即出现剧痛、肿大；是否不红、不热、不肿、不痛；是否出血不止。应对局部症状加以区分，以便大概明确何种类型毒蛇咬伤。

（3）对全身症状的询问：询问咬伤后全身症状出现的快慢。血循毒咬伤，患者全身症状出现迅速；神经毒，早期无明显症状，伤后 1~6 小时出现全身症状。要仔细系统地询问，以免误诊。

（4）既往史的询问：应着重询问伤者是否有其他系统的慢性疾病史，特别应询问是呼吸系统、泌尿系统、心血管系统疾病。对女性应注意了解妊娠病史、月经史。

2. 体格检查

（1）监测生命体征，如呼吸、脉搏、血压、体温及神志等。

（2）牙痕，如数量、大小、深浅、牙距；局部伤口，如出血、皮肤颜色；伤口周围，如水疱、血疱、瘀斑、坏死等。

（3）全身检查：包括神志，眼征，皮肤黏膜内脏有否出血，心、肺、肝、肾、消化道、神经系统检查。

（4）实验室及辅助检查：临床上常行血、尿常规，心肌酶谱，肝、肾功能、电解质及凝血六项，心电图、胸部平片、血气分析等检查。

【临床表现】

1. 局部症状　被毒蛇咬伤后，患部一般都有较粗大而深的毒牙痕。不同毒蛇咬伤的牙痕各有特点（图 14-3-1）。神经毒毒蛇咬伤后局部症状不显著，伤口出血很少或不出血，周围不红肿，所导向的淋巴结常肿大和疼痛。血循毒毒蛇咬伤后局部疼痛剧烈，肿胀明显，且迅速向肢体近心端发展，伤口有血性液体渗出，或出血不止，伤口周围皮肤青紫、瘀斑或血疱，有的伤口组织坏死形成溃疡，所属淋巴结、淋巴管肿痛。混合毒毒蛇咬伤后伤口疼痛逐渐加重，伴有麻木感，伤口周围皮肤迅速肿胀，并有水疱、血疱，重者伤口坏死溃烂，相应的淋巴结肿大、压痛。

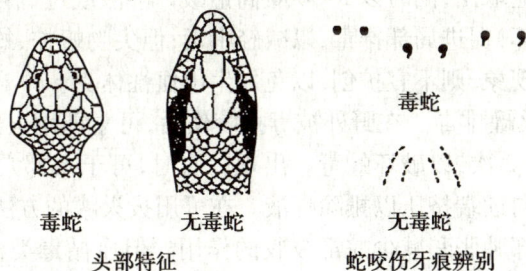

毒蛇

毒蛇　　　　无毒蛇　　　　无毒蛇

头部特征　　　　　蛇咬伤牙痕辨别

图 14-3-1　毒蛇与无毒蛇的特征鉴别

2. 全身症状　神经毒的毒蛇咬伤主要表现为神经系统受损害，多在伤后 1~6 小时出现症状。轻者有头昏、出汗、胸闷、四肢无力；严重者出现瞳孔散大、视物模糊、语言不清、流涎、牙关紧闭、吞咽困难、昏迷、呼吸减弱或停止、脉象迟弱或不整、血压下降，最后呼吸肌麻痹而死亡。

血循毒的毒蛇咬伤主要表现为血液系统受损害，有寒战发热、全身肌肉酸痛、皮下或内脏出血（尿血、血红蛋白尿、便血、和吐血），继而可以出现贫血、黄疸等；严重者出现休克、循环衰竭。

混合毒的毒蛇咬伤主要表现为神经和血循环系统受损害,出现头晕头痛、寒战发热、四肢无力、恶心呕吐、全身肌肉酸痛、瞳孔缩小、肝大、黄疸等,脉象迟或数;严重者可出现心功能衰竭及呼吸停止。

【鉴别诊断】

1. 无毒蛇咬伤　一般无毒蛇咬伤处仅有多数细小呈弧形排列的牙痕,与毒牙痕完全不同;局部仅有轻微疼痛与肿胀,且为时短暂,不加重不扩大,亦无全身明显中毒症状;虽极少数无毒蛇如赤链蛇咬伤局部反应较显著,患者因恐惧而晕倒,或有头晕眼花,但短时间内症状多可缓解或消失。

2. 蜂螫伤　蜜蜂或黄蜂螫伤(尾刺刺入皮内),一般只表现局部红肿疼痛,多无全身症状,数小时后即自行消退。若被成群蜂螫伤时,可出现全身症状,如头晕、恶心、呕吐等,严重者可出现休克、昏迷或死亡,有时可发生血红蛋白尿,出现急性肾功能衰竭。过敏患者则易出现荨麻疹、水肿、哮喘或过敏性休克。

3. 蜈蚣咬伤　咬伤部位的皮肤出现两个瘀点,周围呈水肿性红斑,常继发淋巴结和淋巴管炎,自觉剧痛和刺痒。严重者可并发全身性中毒症状。

【急救治疗】

毒蛇咬伤是一种严重的疾患,能否及时有效地进行抢救和处理,其病情转归和预后差别很大。尤其是咬伤早期,内外并治、排毒解毒、防毒内陷扩散为本病治疗的首要宗旨,也是蛇伤治疗成功的关键所在。

1. 早期结扎　被毒蛇咬伤后,就地立即在咬伤部位近心端5～10cm进行绑扎,绑扎紧度以能阻断淋巴液和静脉血液回流而不妨碍动脉血的供应为宜。绑扎后即可用凉水冲洗伤口,以洗去周围黏附的毒液。在运送途中仍用凉水湿敷伤口。每隔20分钟松开绑扎2～3分钟,以免肢体因缺血而坏死。在应用有效的蛇药30分钟后可去掉绑扎。如咬伤超过12小时则无需绑扎。

2. 扩创排毒　常规消毒局麻后,沿牙痕纵行切开1.5cm,深达皮下,或做十字形切口,如有毒牙遗留应取出,同时以1:5000高锰酸钾溶液或过氧化氢溶液反复多次冲洗,使伤口处蛇毒破坏,促进局部排毒,以减轻中毒;但尖吻蝮蛇、蝰蛇等咬伤后伤口流血不止,有全身出血现象,则不宜扩创,以免发生出血性休克。

3. 烧灼、针刺、火罐排毒　在野外被毒蛇咬伤后,可立即用火柴头5～7个堆放于伤口上,点燃烧灼1～2次,以破坏蛇毒。出现肿胀时,可于八邪穴或八风穴处消毒针刺放血,并由近心段向远端挤压以排除毒液。亦可用拔火罐的方法拔出伤口内的血性分泌物,达到减轻局部肿胀和减少蛇毒吸收的作用。但血循毒类毒蛇咬伤时应慎用,以防出血不止。

4. 局部冰袋外敷　早期使用可减轻局部的血液循环,阻滞毒素的扩散,使神经传导速度减慢,并抑制蛇毒酶的活性,但超过2小时、伤口深的局部冷敷效果不明显。

5. 封闭疗法　毒蛇咬伤后,尤其对眼镜蛇、尖吻蝮蛇咬伤患者,应尽早用0.5%普鲁卡因溶液5～20ml加地塞米松5mg或胰蛋白酶2000U,在牙痕周围注射,深达肌肉层,或于绑扎上端进行封闭。可根据情况12～24小时后重复注射1次。若发生荨麻疹反应者,可用非那根25mg肌内注射。

6. 局部用药　经排毒方法治疗后,用用1:5000呋喃西林溶液或高锰酸钾溶液湿敷伤口,保持湿润引流,以防创口闭合。同时可以用清热解毒的鲜草药外敷,如半边莲、马齿苋、七叶一枝花、蒲公英、芙蓉叶等。

【辨证论治】

根据"治蛇不泄,蛇毒内结,二便不通,蛇毒内攻"的原则,采用祛风解毒、凉血止血、利尿通便的治法。

1. 风毒证

证候:局部伤口不红不肿不痛,仅有皮肤麻木感。全身症状有头昏、眼花、嗜睡、气急;严重者呼吸困难、四肢麻痹、张口困难、眼睑下垂、神志模糊甚至昏迷。舌苔薄白,舌质红,脉弦数。

治法:活血通络,祛风解毒。

方药:717合剂1号方(经验方)。常用金银花、野菊花、七叶一枝花、半边莲、大黄、车前草、紫花地丁、白芷、防风、僵蚕、蝉衣、全蝎、蜈蚣等。呼吸困难严重者加小陷胸汤;小便不利者加赤小豆;颈项强直、抽搐者加羌活、龙骨、牡蛎。

2. 火毒证

证候:局部肿痛严重,常有水疱、血疱或瘀斑,严重者形成局部组织坏死。全身症状可见恶寒、发热、烦躁、咽干口渴、胸闷心悸、肋胀胁痛、大便干结、小便短赤或尿血。舌苔黄,舌质红,脉滑数。

治法:泻火解毒,凉血活血。

方药:黄连解毒汤、犀角地黄汤合五味消毒饮加减。常用水牛角粉、栀子、黄芩、黄柏、生地、赤芍、丹皮、金银花、紫花地丁、蒲公英、七叶一枝花。高热、汗出、口渴者,加生石膏、知母清泄气分热邪。

3. 风火毒证

证候:局部红肿较重,一般多有创口剧痛,或有水疱、血疱、瘀斑、瘀点或伤处溃烂。全身症状有头晕、头痛、眼花、寒战发热、胸闷心悸、恶心呕吐,大便秘结、小便短赤;严重者烦躁抽搐,甚至神志昏愦。舌苔白黄相兼,后期苔黄、舌质红、脉弦数。

治法:清热解毒,凉血息风。

方药:717合剂3号方(经验方)。常用金银花、野菊花、七叶一枝花、半边莲、大黄、车前草、紫花地丁、防风、白芷、蝉衣等。呼吸困难者加杏仁、麻黄;胸廓运动障碍者加全瓜蒌、枳实;腹胀、膈肌升降不利者加厚朴、藿香;尿少者加赤小豆、白茅根;血尿者加琥珀、益母草;黄疸者加茵陈、金钱草;大便秘结者加芒硝。

4. 蛇毒内陷证

证候:毒蛇咬伤后,失治误治出现高热、躁狂不安、惊厥抽搐或神昏谵语。局部伤口由红肿突然变成紫黯或紫黑,肿势反而稍减。舌质红绛,脉细数。

治法:清营凉血解毒。

方药:清营汤加减。常用水牛角粉、生地、玄参、竹叶、金银花、连翘、麦冬、半枝莲、七叶一枝花、紫花地丁。神昏谵语、痉厥抽搐者,加服安宫牛黄丸或紫雪丹,以清心开窍、镇惊。

【外治】

1. 初起　被毒蛇咬伤后,应就地取材,尽快结扎。同时可以外敷清热解毒的草药,如半边莲、蒲公英、芙蓉叶等,适应于肿胀较重者,可选择1~2种捣烂,外敷于伤口周围肿胀部位。

2. 溃后　后期形成的蛇伤溃疡宜扩创引流,用八二丹或九一丹药线引流,外敷金黄膏。待脓净后,改用生肌玉红膏掺生肌散外敷。

【其他疗法】

1. 中成药　南通蛇药片、上海蛇药片、广州蛇药片、云南蛇药片,按说明书剂量口服。

2. 隔蒜艾灸　将约0.3cm厚、直径4~5cm的独头蒜(用针扎数个孔),手置于创口或咬伤处,上置圆锥形艾炷,点燃灸之,每次灸3~5壮,每日灸3次,连续用2~3天。

3. 西医治疗

(1) 抗蛇毒血清:抗蛇毒血清特异性较高,效果确切,应用越早,疗效越好。但对心、脑、肾等实质性器官已发生器质性改变时,则难以奏效。小孩用量与成人相等。但必须先做过敏试验,阳性者可按脱敏法处理。

(2) 肾上腺皮质激素:在治疗严重蛇伤患者时,肾上腺皮质激素用量要大,氢化可的松每日量200~500mg,或地塞米松每日量10~20mg,一般可用3~5天。

(3) 抗生素:常用青霉素或头孢类抗生素。对肾脏有损害的抗生素,如链霉素、庆大霉素、卡那霉素不能使用。

(4) 破伤风抗毒素(TAT):由于蛇伤可并发破伤风杆菌感染,故可给予破伤风抗毒素1500单位肌内注射。

(5) 危重病症的抢救:①呼吸衰竭的处理:一旦出现气促、呼吸困难、呼吸表浅而快等症状,应立即给氧,使用高灵敏度人工呼吸机,可配合使用呼吸中枢兴奋药。②中毒性休克的处理:休克的早期应适当予以补液,维持水、电解质平衡,给氧,保暖等支持疗法。③急性肾功能衰竭的处理:早期肾功能衰竭可选用甘露醇或速尿。人工透析疗法是治疗急性肾功能衰竭的有效措施。④心力衰竭的处理:轻症时,可用氨茶碱0.25g加入25%葡萄糖液20ml,静脉缓注,严重时可用洋地黄制剂。还应注意血钾及酸中毒。⑤弥散性血管内凝血(DIC)的处理:使用有效抗蛇毒血清和激素,改善微循环。严重者,可使用新鲜冰冻血浆、止血芳酸等。

【预防护理】

1. 预防　宣传普及毒蛇咬伤的防治知识,让群众了解和掌握毒蛇的活动规律,特别是毒蛇咬伤后的自救方法。

2. 护理　饮食上忌食辛辣、燥热、肥甘厚味之品,忌饮酒,保持二便通畅。对于患者的紧张恐惧情绪,应耐心做好解释和安慰工作。咬伤初期,应令患者抬高患肢,避免走动,以防毒液扩散。病情好转时,患肢应适当抬高,以利于消肿,外敷药物不要遮盖伤口。

【结语】

毒蛇咬伤主要是感受风火邪毒,风火相煽,客于营血或内攻脏腑,形成严重的全身性中毒症状。如果早期积极治疗可起到解毒消肿止痛之功;及早使用抗蛇毒血清至关重要;危重患者采用中西医综合治疗常取得较好疗效。中医辨证常分为风毒证、火毒证、风火毒证、蛇毒内陷证四型。治疗以断毒消肿、解毒排毒为原则,内治外治相结合。强调及早处理,做出判断,辨证论治贯穿始终。

第四节　破　伤　风

破伤风是指皮肉破伤,风毒之邪乘虚侵入而引起发痉的一种急性疾病。历代医家对本病的诊治有较详细的记载。外伤所致者,称"金创痉";产后发生者,称"产后痉";新生儿断脐所致者,称"小儿脐风"或"脐风撮口"。临床上以外伤所致者最常见。西医学亦称为破伤风。

【病因病机】

本病是因皮肉破伤,感受风毒之邪,循经入肝,引动肝风,脏腑失和所致。

1. 金刃创伤,风邪入侵　由于开放性创伤,腠理不密,风邪乘虚而入,由表入里,邪入经络,甚至内侵脏腑,引动内风而发病。

2. 溃疡失治,病邪内侵　特殊邪毒经疮面内侵,热郁于里,不得外透,内外合邪而发痉。

3. 肝血不调,筋失滋养　风邪入里传肝,肝血不足,血不荣筋而发痉;疾病后期,气血亏虚,脾胃受损,出现正虚邪恋证。

西医学认为本病的病因为破伤风杆菌通过皮肤或黏膜的伤口侵入体内,细菌在伤口局部迅速繁殖,并产生大量外毒素,外毒素有痉挛毒素和溶血毒素两种,主要是痉挛毒素引起一系列临床症状和体征。

【诊断】

1. 潜伏期　长短不一,一般为4~14天,短者24小时之内,长者数月或数年不等。潜伏期的长短,与创伤性质、部位和伤口的早期处理方式以及是否接受过预防注射等因素有关。潜伏期越短,病情越严重,预后越差,死亡率越高。

2. 前驱期　一般1~2天,患者常有头痛、头晕、乏力、多汗、烦躁不安、咀嚼无力,张口略感不便,反射亢进;伤口往往干陷无脓,周围皮肤黯红,创口疼痛并有紧张牵制感。

3. 发作期　典型的发作症状是全身或局部肌肉强直性痉挛和阵发性抽搐。

(1) 肌肉强直性痉挛:首先从头面部开始,进而延展至躯干、四肢。其顺序为咀嚼肌、面肌、颈项肌、背腹肌、四肢肌群、膈肌和肋间肌。面部肌群痉挛,形成苦笑面容;背腹肌痉挛时,腰部前凸,头和足后屈,呈角弓反张状。咽喉部肌肉、膈肌和肋间肌痉挛可出现呼吸困难,甚至窒息。

(2) 阵发性抽搐:是在肌肉持续性痉挛的基础上发生的,轻微的刺激,如声音、光亮、震动、饮水、注射等均可诱发强烈的阵发性抽搐。强烈的肌肉痉挛和抽搐有时可使肌肉断裂、出血,甚至发生骨折、脱位和舌咬伤等。

发作间歇期长短不一,在间歇期,疼痛稍减,但肌肉仍不能完全松弛。可有发热,大便秘结,小便短赤或尿闭,舌红或红绛,苔黄或黄浊,脉弦数等。

4. 后期　因长期肌肉痉挛和频繁抽搐,大量体力消耗,水、电解质紊乱或酸中毒,可致全身衰竭而死亡。或因呼吸肌麻痹引起窒息、心肌麻痹甚至休克、心搏骤停而危及生命。病程一般3~4周。

5. 脓液培养可有破伤风杆菌生长。血液或脓液细菌培养及药敏试验有助于明确致病菌种类,指导选用抗菌药物。

【鉴别诊断】

1. 化脓性脑膜炎　与破伤风一样出现颈项强直、角弓反张等表现,但一般无咀嚼肌痉挛,无阵发性抽搐。患者常有高热、剧烈头痛、喷射性呕吐、嗜睡等。脑脊液检查有压力增高、白细胞计数增多等。

2. 狂犬病　有被狗、猫咬伤史,患者呈兴奋、恐惧状,听到水声或看到水时便发生咽肌痉挛,被称为"恐水症"。可因膈肌收缩产生大声呃逆,如犬吠声。

【辨证论治】

预防为主,但破伤风的发生和发展过程甚为迅速,必须采取中西医结合综合治疗措施,尽快控制病情。强调及早处理伤口,清除毒素来源,中和游离毒素,控制和解除痉挛,保持呼吸道通畅,必要时行气管切开,不能进食者可鼻饲,防治并发症等。中医内治以息风镇痉、清热解毒为原则。

1. 风毒在表证

证候:轻度吞咽困难和牙关紧闭,周身拘急,抽搐较轻,痉挛期短,间歇期较长。舌苔薄白,脉数。

治法:祛风镇痉。

方药:玉真散合五虎追风散加减。常用白附子、防风、白芷、天南星、天麻、羌活、蝉蜕、全蝎、僵蚕。

2. 风毒入里证

证候:角弓反张,频繁而间歇期短的全身肌肉痉挛,高热,面色青紫,呼吸急促,痰涎壅盛,胸腹满闷,腹壁板硬,时时汗出,大便秘结,小便不通。舌红绛,苔黄糙,脉弦数。

治法:祛风止痉,清热解毒。

方药:木萸散加减。常用吴茱萸、木瓜。痉挛抽搐频发者加蜈蚣、羚羊角;痰涎壅盛者加天竺黄、竹沥;便秘者加大黄;尿少加灯心草。

3. 正虚邪恋证

证候:抽搐停止,身有微热,时有汗出,面色苍白,神疲乏力,头晕、心悸,或有口渴,或肌表有蚁行之感,或自汗肢冷,甚则牙关不适,偶有痉挛。舌质淡红,少苔,脉虚无力。

治法:养血营筋,健脾扶正。

方药:当归补血汤合当归地黄汤加减。常用当归、黄芪、白芍、熟地黄、人参、甘草、陈皮、肉桂。

【外治】

1. 凡已污染的伤口甚至已愈合的原发伤口,均应彻底清创。清创应在局麻下进行,仔细检查痂下有无窦道或死腔,将所有的坏死组织、异物等彻底清除。闭合的脓腔应通畅引流,伤口应暴露,不可缝合。并用氧化剂如高锰酸钾、过氧化氢等溶液反复冲洗和湿敷伤口。清创前可在伤口周围注射破伤风抗毒素 5000～10 000IU,或在注射破伤风抗毒血清治疗后进行清创。

2. 创面有残余坏死组织时,可外用九一丹、生肌玉红膏;脓尽新生,则用生肌散、白玉膏外敷。

【其他疗法】

1. 破伤风抗毒素　一经确诊,应尽早使用破伤风抗毒素。一般用量是 10 000～

60 000IU,分别由肌内注射与静脉滴注。破伤风抗毒素注射前应做过敏试验,以免发生过敏反应。皮试阳性者应做脱敏注射。新生儿破伤风,可用破伤风抗毒素、青霉素做脐周封闭。

2. 镇痉 使用镇痉药可使患者安定,减少对外界刺激的敏感性,而使痉挛不发或少发,使患者较长时间处于安静或睡眠状态,则增加治愈的可能性。常用水合氯醛灌肠,或巴比妥类药物,或冬眠合剂等。

3. 保持呼吸道通畅 有呼吸困难、窒息或病情严重者应及时行气管切开术,以维持通气功能及时清除痰液,预防和减轻肺部并发症。

4. 支持疗法和抗生素 补充营养和维持水与电解质平衡,抗生素常选用青霉素、甲硝唑等。

5. 针灸 一般采取泻法,留针15～20分钟。牙关紧闭者,取穴下关、颊车、合谷、内庭等。角弓反张者,取穴风府、大椎、长强、承山、昆仑等。四肢抽搐者,取穴曲池、外关、合谷、后溪、风市、阳陵泉、申脉、太冲等。

【预防护理】

1. 外伤创口应早期清创,宜用过氧化氢溶液反复冲洗,特别是污染或较深的创口。

2. 破伤后常规使用破伤风抗毒素1500～3000IU(需皮试)皮下注射,最迟伤后不超过24小时。

3. 患者单间隔离监护,并由专人护理,保持环境安静。避免光、声、振动,注意口腔、皮肤的护理及呼吸道管理,防止窒息,注意营养的摄入。

【结语】

破伤风多因皮肉破伤,风毒之邪内攻入里所致,是一种严重的疾病。其临床特点是有皮肉破伤史,有一定的潜伏期,全身肌肉强直性痉挛,阵发性抽搐,伴发热,但神志清醒,多因并发症而死亡。应与化脓性脑膜炎、狂犬病相鉴别。中医内治早期以息风解毒镇痉,后期以养血荣筋为大法。伤后及时彻底清创,使用破伤风抗毒素是预防破伤风的重要手段。破伤风一旦发生,必须采取中西医结合综合治疗措施。包括清除毒素来源,中和游离毒素,控制和解除痉挛,保持呼吸道通畅和防治并发症等。

第五节 痛 风

痛风是由于先天禀赋不足,四肢关节之气血被病邪阻闭不通而引起的疾病。痛风病名最早见于《刘涓子鬼遗方》,文献中的"痹证"、"中风历节病"、"白虎风"等病的描述与痛风的临床表现有相似之处。其临床特点是关节红肿热痛反复发作,关节畸形,病久可造成肾脏损害。本病以中老年男子多见。本节所讨论的相当于西医学的痛风性关节炎。

【病因病机】

多由先天禀赋不足,饮食不节,湿热内蕴,外感风寒湿热之邪,痹阻经络,气血运行不畅,痰瘀交结关节、骨骼而发病。

1. 饮食不节 过食膏粱厚味或酒热海腥发物,致脾胃运化功能紊乱,或素体脾虚,脾失健运,酿生湿浊痰邪,痰浊阻滞或湿浊留注关节,气血运行不畅,发为痹痛;湿

385

浊留滞脏腑经络,积湿生热,内生的湿热,外注皮肉关节,内留脏腑而致湿热痹痛之证。

2. 外感风寒湿邪 风寒夹湿,袭入经络,凝涩气血,经气不通,发为风寒湿痹。

3. 先天不足 由于先天禀赋不足,加上该病缠绵难愈,久病伤阴,或肝肾积热,耗伤阴血,终致肝肾阴虚之证。

4. 瘀血阻滞 脏腑积热,热郁为毒,热毒壅于血脉,瘀血痹阻于经络,外加感受风湿,抑气凝血,攻于骨节而发病。反复发作,遂使瘀血凝滞,络道阻塞,以致关节畸形。

西医学认为本病为嘌呤代谢紊乱所致。分为原发性和继发性两大类。

【诊断】

1. 多见于中老年男性,女性多在更年期后发病,近年发病有年轻化趋势。常有家族遗传史。

2. 初起常在午夜或清晨突然发病,以致痛醒。常侵犯第 1 跖趾关节或拇指关节,猝然红肿热痛,逐渐加剧,昼轻夜重。可伴发热、头痛。急性发作持续数天至数周可自行缓解。常因精神紧张、进食高嘌呤高蛋白食物、酗酒、劳累及外感风寒等诱发。

3. 多次发作后,可形成关节僵硬、畸形,活动受限。部分患者关节周围及耳廓耳轮及趾、指骨间出现"块瘰"(痛风石)。

4. 血尿酸、尿尿酸增高;关节腔穿刺有尿酸盐结晶;X 线片示软骨缘邻近关节的骨质有不整齐的穿凿样圆形缺损。

【鉴别诊断】

1. 继发性高尿酸血症或痛风发生在其他疾病(如肾病、血液病等)过程中,或有明确的相关用药史及肿瘤放化疗史。

2. 应与类风湿性关节炎、蜂窝组织炎、化脓性关节炎、创伤性关节炎、假性痛风相鉴别。

【辨证论治】

治疗以通痹活络为要,在急性期以祛邪为主,用祛风除湿,清热利湿等法;慢性期以扶正祛邪为主,用健脾益气,补益肝肾等法。

1. 湿热痹阻证

证候:关节红肿热痛,病势较急,局部灼热,得凉则舒。伴发热,口渴,心烦,小便短黄。舌质红,苔黄或腻,脉象滑数或弦数。

治法:清热利湿,宣痹通络。

方药:四妙丸合白虎汤加减。常用苍术、黄柏、怀牛膝、薏苡仁、生石膏、知母、甘草。痛甚者加延胡索、没药。

2. 风寒湿盛证

证候:关节肿痛,屈伸不利,或见局部皮下结节、痛风石。风邪偏盛则关节游走疼痛或恶风发热等;寒邪偏盛则关节冷痛剧烈,痛有定处;湿邪偏盛则肢体关节重着疼痛,痛有定处,肌肤麻木不仁。苔薄白或白腻,脉弦紧或濡缓。

治法:祛风散寒,除湿通络。

方药:薏苡仁汤加减。常用薏苡仁、当归、川芎、桂枝、羌活、独活、防风、白术、甘草、麻黄。寒邪偏盛而关节冷痛剧烈者,可以加制川乌、制草乌。

3. 脾虚痰浊证

证候:关节肿胀或关节周围漫肿,局部僵硬麻木疼痛。伴面浮足肿,胸脘痞满。舌胖黯,苔白腻,脉缓或弦滑。

治法:健脾化浊。

方药:四君子汤合二陈汤加减。常用党参、茯苓、白术、制半夏、陈皮、甘草。关节肿甚者加苍术、黄柏、牛膝。

4. 瘀血阻滞证

证候:关节肿胀变形屈伸不利,痛如锥刺,肌肤色紫黯,按之稍硬。舌黯或有瘀斑,苔薄白,脉细涩或沉弦。

治法:活血化瘀通络。

方药:身痛逐瘀汤加减。常用怀牛膝、地龙、羌活、秦艽、香附、当归、川芎、黄芪、苍术、黄柏、五灵脂、桃仁、乳香、没药、红花。瘀血严重者可加土鳖虫、炮穿山甲。

5. 肝肾阴虚证

证候:关节疼痛,反复发作,日久不愈,昼轻夜重,或关节变形,可见结节,屈伸不利。伴腰膝酸软,耳鸣口干,肌肤麻木不仁,神疲乏力,面色潮红。舌质干红,苔薄黄燥,脉弦细或细数。

治法:滋补肝肾,通痹活络。

方药:虎潜丸合大补阴丸加减。常用黄柏、龟甲、知母、熟地黄、陈皮、白芍、锁阳、干姜。

【外治】

1. 关节局部红肿疼痛者可应用金黄散外敷或玉露膏拌红灵丹外敷;或用中药熏洗,常选用宽筋藤、海桐皮、透骨草、十大功劳、虎杖、两面针、苏木、薤白等。

2. 痛风之风寒湿盛证和瘀血阻滞证,可使用烫熨治疗,常选用制草乌、制川乌、当归、川芎、没药、防风、桂枝、细辛、伸筋草、白芥子、透骨草、海风藤等。

3. 痛风各证型伴有脾肾亏虚者,可使用穴位贴敷治疗,将穴位贴敷方(黄芪、当归、防风、川断、川芎、丹参、赤芍、附子、肉桂等)按配方比例打粉,水调敷于足三里、脾俞、肾俞等穴位。

【其他疗法】

1. 中成药 海桐片,每次6g,每日3次。

2. 西药 酌情选用秋水仙碱、别嘌醇、非甾体类抗炎药、糖皮质激素、小苏打等。

3. 手术治疗 必要时可选择剔除痛风石,对残毁关节进行矫形等手术治疗。

【预防护理】

1. 预防 避免诱发因素,如过度疲劳、受凉、行走过多、外伤等,保持心情舒畅。注意饮食调养。

2. 护理 急性发作时应注意卧床休息,局部用冷敷,抬高患肢,关节制动,尽量保护受累部位免受损伤。多喝水,每日饮水应在2000ml以上,少食盐,禁酒,禁食高嘌呤类食物。

【结语】

痛风多因过饮食不节、内生湿热、外感风寒湿邪而发。临床辨证常分为湿热痹阻证、风寒湿盛证、脾虚痰浊证、瘀血阻滞证、肝肾阴虚证等。治疗上当须内外兼治,以通痹活络为要。在急性期以祛邪为主,用祛风除湿、清热利湿等法;慢性期以扶正祛邪为主,用健脾益气、补益肝肾等法。本病愈后尤应重视饮食调养,避免复发。

笔记

第六节　胆　石　症

　　胆石症是指湿、热、浊、毒与胆汁互结成石,淤阻于胆道而引起的疾病。归属于中医学"胆胀"、"胁痛"、"结胸"、"黄疸"范畴。《灵枢·经脉》中记载了"胆足少阳之脉,是动则病口苦,善太息,心胁痛不能转侧……"。其临床特点是腹痛、发热寒战、黄疸,发作时伴恶心、呕吐。我国胆结石患病率为 0.9% ~ 10.1%,平均 5.6%。女性发病率多于男性,并随年龄增长而增加。根据胆石的外观和化学成分,分胆固醇结石、胆色素结石、混合结石三类。相当于西医学的胆囊和胆管结石,属常见病。

　　【病因病机】

　　本病由于脾胃虚弱,酿生痰湿,壅阻气机,瘀血内停,郁而化热,煎熬胆汁,以致痰浊、瘀血相互交结而成结石。一般认为与情志失调,饮食不节,外邪内侵,中焦湿热,虫积以及瘀血阻滞等因素有关,多因情绪波动、寒温不适、饮食不节(过食油腻)而诱发。故其病理基础以中焦虚弱为本,痰湿内盛为标。

　　1. 情志失调,肝郁气滞　长期或持久的精神刺激、情志抑郁或暴怒伤肝,会致肝失条达,气机不畅,肝胆疏泄不利,导致湿、痰、热、食、血随之而郁,胆腑以通降下行为顺,疏泄失常,则影响胆汁的分泌与排泄,胆汁壅阻,湿热内生,痰浊与污垢交结,日久结聚而成石。

　　2. 饮食不节,痰湿困脾　暴饮暴食、过食肥甘、酒食无度以及思虑过度、劳倦太过或久居湿地,或涉及冒雨,皆可损伤脾胃。脾失健运,水湿不化,积湿成痰,阻于肝胆,肝失疏泄,使胆汁排泄不畅而发病;或湿郁化热,湿热相搏,阻滞中焦,熏蒸肝胆,肝失疏泄,胆汁郁久凝滞而成石。

　　3. 外邪内侵,寒温失调　感受六淫之邪,尤其外感湿热,入里化热,或侵脾胃,或侵肝胆,肝胆为邪热所犯,气机不畅。胆腑之清汁,被邪热侵袭煎灼,日久成石。

　　4. 虫积　肠道蛔虫,进入胆腑,影响胆的"中清"和"通降"功能,阻碍肝胆气机,使胆汁郁滞,日久而成石。

　　5. 瘀血阻滞　气为血帅,若肝气郁结,气机不畅,则血行瘀阻或湿热壅滞肝胆,日久则热与血结,最终可成积或聚;而胆石形成后又可导致瘀血之证,互为因果。

　　西医学认为胆石症的发生与胆道梗阻、感染、胆汁淤积等因素密切相关。

　　【诊断】

　　1. 腹痛　结石在胆囊颈部或壶腹部发生嵌顿梗阻,引起胆道痉挛而出现急性发作性胆绞痛。疼痛多位于右胁下、胃脘或膻中。大多餐后发生,尤其是在进油腻食物或腹部受震动后诱发,可痛引肩背。多为阵发性疼痛,或持续性疼痛阵发性加重,可为钝痛、绞痛、剧痛。常伴恶心、呕吐、自汗。若胆石移行损伤胆道内壁,引起胆道出血,可有呕血或黑便。

　　2. 发热和寒战　是胆道结石染毒的表现。多数患者在腹痛发作的同时,均有不同程度的恶寒发热,若出现化脓或梗阻时,则表现为寒战、高热、汗出等症状。

　　3. 黄疸　为结石引起胆道梗阻的表现。胆绞痛发作后经过一定时间出现的梗阻性黄疸,一般较轻或呈波动性,当结石急性梗阻并染毒时,则可出现目黄、身黄、尿黄、恶寒、壮热不退甚至热厥等。重症胆道感染累及肝脏,引起肝痛。长期胆道梗阻未除,可发生积聚、鼓胀等。

4. 消化道反应　表现为腹胀、嗳气、厌油腻食物、口苦、返酸等。

5. 体征　多数患者右上腹部有触压痛和腹肌紧张,肝区叩痛,墨菲征阳性。有时可扣及触痛的肿大胆囊,若胆囊壁坏死穿孔可出现腹皮挛急、拒按、腹膜刺激征阳性。

6. 实验室及辅助检查　①超声检查:B超检查是首选诊断方法。胆石症诊断准确率达95%以上;②CT检查:能发现胆管扩张和结石,但对于不含钙结石容易漏诊,故不为首选;③血白细胞总数及分类均增高。炎症明显时,血清总胆红素、转氨酶可增高,尿中胆红素升高。

【鉴别诊断】

1. 急性胰腺炎　疼痛及压痛部位多在中上腹或稍偏左,胆囊区无明显触痛,血、尿淀粉酶显著增高,B超、CT等检查可资鉴别。

2. 胃穿孔　突发腹部剧痛,为持续性刀割样剧痛,板状腹,肝浊音界消失,X线透视见膈下有游离气体。

3. 蛔厥　好发于青少年,钻顶样绞痛阵作,可吐出蛔虫,缓解时如常人,腹部体征不明显。如行B超检查,有时在胆管内可发现虫体影像。

4. 肝痈　右胁腹疼痛、发热、呕恶,尤以发热,寒战明显,B超可鉴别。

5. 其他疾病　胆石症还需与急性肠梗阻、急性肠扭转、肠穿孔、急性阑尾炎并发穿孔、肠系膜血管栓塞或血栓形成、女性宫外孕及卵巢囊肿蒂扭转等疼痛性疾病相鉴别。

【辨证论治】

胆石症的治疗应注重标本兼治。"六腑以通为顺",疏肝利胆、清热利湿、通里攻下、活血解毒均属通降范畴。胆石症急性发作期,应以攻邪为主,通降为先。肝胆互为表里,胆病日久,必累及肝,故胆石症治疗时应注意从肝论治。在祛邪的同时,兼顾脾胃,养阴柔肝,正本清源,方能从根本上治疗胆石症。

1. 肝郁气滞证

证候:右上腹间歇性绞痛或闷痛,有时可向右肩背部放射,右上腹有局限性压痛。伴低热,口苦,食欲减退。舌质淡红,苔薄白或微黄,脉弦紧。

治法:疏肝利胆,理气开郁。

方药:金铃子散合大柴胡汤加减。常用金铃子、延胡索、柴胡、大黄、枳实、黄芩、半夏、芍药、大枣、生姜等。右上腹胀痛甚者,加木香、郁金行气止痛。若出现口渴、小便黄,加金钱草、蒲公英。

2. 肝胆湿热证

证候:右上腹有持续性胀痛,多向右肩背部放射,右上腹肌紧张,有压痛,有时可摸到肿大之胆囊。伴高热、恶寒、口苦咽干、恶心呕吐、不思饮食,部分患者出现身目发黄。舌质红,苔黄腻,脉弦滑或弦数。

治法:疏肝利胆,清热利湿。

方药:茵陈蒿汤合大柴胡汤加减。常用茵陈、栀子、大黄、柴胡、大黄、枳实、黄芩、半夏、芍药、大枣、生姜等。热毒症状较重者,加金钱草、蒲公英、黄连清热解毒。

3. 肝胆脓毒证

证候:右上腹硬满灼痛,痛而拒按,或可触及肿大的胆囊,黄疸日深,壮热不止;舌质红绛,苔黄燥,脉弦数。严重者四肢厥冷,脉细数。

治法:泻火解毒,养阴利胆。

方药:茵陈蒿汤合黄连解毒汤加味。常用茵陈、栀子、大黄、黄连、黄芩、黄柏、栀子等。若热毒症状重者,加鲜生地黄、金银花、蒲公英泻火解毒;热极伤阴而口干舌绛者,加玄参、麦冬、石斛;恶心呕吐明显者,加姜半夏、竹茹和胃止呕;四肢厥冷,脉微欲绝者,加人参、附子等。

4. 肝阴不足证

证候:胁肋隐痛,绵绵不已,可向右肩背部放射,遇劳加重。口干咽燥,心中烦热,两目干涩,头晕目眩。舌红少苔,脉弦细。

治法:滋阴柔肝,养血通络。

方药:一贯煎加减。常用生地黄、沙参、当归、枸杞、麦冬、川楝子等。若两目干涩、视物昏花可加草决明、女贞子;头晕目眩甚者可加黄精、钩藤、天麻,心中烦热、口苦甚者可加栀子、牡丹皮、夜交藤。

【外治】

用芒硝 30g、生大黄 60g,均研细末,大蒜头 1 个,米醋适量,共捣成糊状,布包外敷于胆囊区。

【其他疗法】

1. 针灸

(1) 体针:取穴阳陵泉、胆囊穴、中脘、太冲、胆俞等,每次 2～3 穴,用泻法,或平补平泻法,每次留针 30 分钟,每日 2 次。

(2) 耳针:选用交感、神门、肝、胆、十二指肠,针刺。用耳穴探测仪探查其耳穴压痛点,敷贴王不留行籽,每日按压数次。

2. 西医治疗

(1) 禁食、营养支持、纠正水电解质和酸碱平衡失调;抗感染,建议根据敏感细菌选择抗生素,按经验用药可选择主要针对革兰氏阴性细菌和厌氧菌有效的药物;对症治疗,疼痛发作时应选用解痉止痛药。

(2) 手术:急性胆囊炎若发生严重并发症,如化脓性胆囊炎、化脓性胆管炎、胆囊穿孔、败血症、多发性肝脓肿等;急性梗阻性化脓性胆管炎;慢性胆囊炎反复发作,或胆囊结石较大;结石引起胆管梗阻者,均应行胆囊切除、胆总管切开探查"T"管引流术。腹腔镜胆囊切除术已成为胆囊切除的首选方法。术中、术后胆道镜的使用有效地减少了结石的残留。

【预防护理】

1. 预防　提倡合理饮食,饮食不宜过饱,忌食生冷及不消化食物,一般以低脂饮食为宜。避免精神刺激,保持心情舒畅、乐观,树立战胜疾病的信心。

2. 护理　患病期间,应卧床休息,禁食或流质饮食。严重呕吐并有腹胀者可行胃肠减压,并随时检查胃管是否通畅。

【结语】

胆石症主要是肝失疏泄,郁久化热,湿热蕴蒸于肝胆,日久而成砂石,阻塞胆道而发病。胆石症急性发作期,治疗应以攻邪为主,通降为先。并注意从肝论治,在祛邪的同时,兼顾脾胃,养阴柔肝。若病情危重者应选择手术和中西医结合治疗,中医药围手术期干预可明显降低胆石症手术后的残石率,减少复发率,提高患者生活质量。

第七节 肠 痈

病案分析

病案:张某,女性,28岁,已婚。2010年5月12日入院。腹痛、腹泻、呕吐伴发热10小时。入院前18小时,在路边餐馆吃饭,8小时后出现腹部不适,呈阵发性并伴恶心,自服盐酸消旋山莨菪碱片等对症治疗,未见好转,并出现呕吐胃内容物,发热及腹泻数次,为稀便,无脓血,体温37~38.5℃,来院急诊,查大便常规阴性,按"急性胃肠炎"予颠茄合剂、黄连素等治疗。晚间,腹痛加重,伴发热38.6℃,腹痛由胃部移至右下腹部,仍有腹泻。再诊,查血象 WBC:21.0×10⁹/L。舌红,苔黄腻,脉滑数。

分析:该案患者疼痛自中上腹部开始,数小时后转移至右下腹,呈阵发性,伴发热、恶心、呕吐、腹泻等症状,血中白细胞增加。初步印象为肠痈,结合患者的病程、专科检查、血常规和大便常规结果基本可排除胃、十二直肠穿孔,当诊为肠痈湿热壅滞证。治疗当以中药内服结合手术治疗。

问题:如何与急性胃肠炎、细菌性痢疾,尿路结石感染,急性盆腔炎相鉴别? 本例患者如何辨证立法用药?

肠痈是指发生于肠道的痈肿,属内痈范畴。临床上西医学的急性阑尾炎、回肠末端憩室炎、克罗恩病、溃疡性结肠炎等均属肠痈范畴,其中以急、慢性阑尾炎最为常见。本节重点讨论的是急、慢性阑尾炎。其临床特点是转移性右下腹疼痛,右下腹局限性压痛或拒按,伴发热等全身症状。好发于青壮年,男性多于女性。占外科住院患者的10%~15%,发病率居外科急腹症的首位。肠痈病名最早见于《素问·厥论》:"少阳厥逆……肠痈不可治,惊者死。"《金匮要略》总结了肠痈辨证论治的基本规律,推出了大黄牡丹汤等有效方剂,至今仍为后世医家所应用。

【病因病机】

总因饮食不节,寒温不适,或情志所伤,损伤肠胃,引起肠道传化失司,糟粕停滞,气滞血瘀、瘀久化热,热胜肉腐而成痈肿。

1. 饮食不节 暴饮暴食,嗜食生冷、油腻,损伤脾胃,肠道气机不利,糟粕积滞,化生湿热,湿热壅滞肠道而成肠痈。或饱食后急暴奔走或跌仆损伤,导致肠腑血络损伤,气血瘀滞,肠腑化热,瘀热互结,导致血败肉腐而成痈。

2. 寒温不适 风寒燥邪外邪经肺侵入肠中,大肠气滞,经络受阻,郁久化热成肠痈。

3. 情志所伤 郁怒伤肝,肝失疏泄,忧思伤脾,气机不畅,肠内痞塞,食积痰凝,郁结化热而成痈。

西医学认为细菌感染和阑尾腔的阻塞是阑尾炎发病的两个主要因素。阑尾腔可因粪石、寄生虫等造成机械性阻塞,也可因各种刺激引起阑尾挛缩,致使阑尾壁的血液循环障碍造成黏膜损害,有利于细菌感染而引起阑尾炎。其致病菌多为肠道内的革兰氏阴性杆菌和厌氧菌。

【诊断】

1. 初起 腹痛始于胃脘,或绕脐走窜,数小时后,腹痛转移并固定在右下腹部(麦氏点),疼痛呈持续性加重。70%~80%的患者有转移性右下腹痛的特点,但也有一部分病例发病开始即出现右下腹痛。多伴有乏力、恶心、呕吐等症状。右下腹压痛是本病常见的重要体征,压痛点通常在麦氏点,可随阑尾位置变异而改变,但压痛点始终在一个固定的位置上。舌苔薄白,脉弦或弦紧。

2. 成脓 腹痛加剧,右下腹皮挛急、拒按,壮热不退,恶心呕吐,纳呆,便结或腹泻、里急后重。舌红,苔黄,脉洪数。

3. 溃后 腹痛向余腹扩展,痛处拒按,扩至全腹,全腹皮挛急、拒按,手不可近,恶心呕吐,大便秘结或泻痢不爽,小便频数似淋,壮热自汗,口干舌燥。舌质红绛,苔黄燥,脉细数。

4. 变证 若初起大量使用抗生素或过用寒凉中药,腹痛较轻,病情发展缓慢,或反复发作。在发病4~5天后,身热不退,腹痛不减,右下腹可出现腹部包块。若邪热鸱张出现寒战高热、肝大和压痛、黄疸可发展为肝痈。腹腔脓肿形成后部分病例脓肿可向小肠或大肠内穿溃,亦可向膀胱、阴道或腹壁穿破,形成各种内瘘或外瘘,脓液从瘘管排出。

5. 多数患者白细胞计数及中性粒细胞比例增高。诊断性腹腔穿刺检查和超声检查对诊断有一定帮助。

【鉴别诊断】

1. 胃、十二指肠溃疡穿孔 患者既往有消化性溃疡病史,突发上腹剧痛,迅速蔓延至全腹,腹肌板状强直和肠鸣音消失等腹膜刺激征象明显。X线摄片多有膈下游离气体。如诊断有困难,可行诊断性腹腔穿刺。

2. 右侧输尿管结石 腹痛多在右下腹,为阵发性绞痛,并向会阴部大腿内侧放射。尿液检查有较多红细胞。B超检查表现为特殊结石声影。X线摄片在输尿管走行部位可显示结石影。

3. 异位妊娠 常有急性失血症状和下腹疼痛症状,有停经史及阴道不规则出血史,妇科检查阴道内有血液,阴道后穹窿穿刺有血等。

4. 急性肠系膜淋巴结炎 多见于儿童。往往先有上呼吸道感染史,腹部压痛部位偏内侧,范围不太固定且较广,并可随体位变更。

【辨证论治】

通腑泻热是治疗肠痈的关键。内治以清热解毒、活血化瘀为主。外治可用药物外敷、灌肠。必要时手术治疗。

1. 湿热壅滞证

证候:腹痛加剧,右下腹皮挛急、拒按,或可扪及局限性包块。伴发热,恶心呕吐,便秘或腹泻。舌质红,苔黄腻,脉洪数或滑数。

治法:通腑泻热,利湿解毒。

方药:大柴胡汤加减或薏苡附子败酱散。常用柴胡、大黄、枳实、黄芩、半夏、芍药、大枣、生姜、薏苡仁、附子、败酱草等。热甚者加黄芩、黄连、生石膏。

2. 气血瘀滞证

证候:转移性右下腹痛,呈持续性、进行性加剧,右下腹皮挛急、拒按不明显。可有轻度发热。舌质正常,苔白腻,脉弦滑或弦紧。

治法:行气活血,通腑泻热。

方药:大黄牡丹汤合红藤煎加减。常用大黄、牡丹皮、桃仁、芒硝、冬瓜子、红藤、金银花、紫花地丁、连翘、乳香、没药、延胡索、甘草等。气滞重者,加青皮、枳实;恶心加姜半夏、竹茹。

3. 热毒伤阴证

证候:腹痛剧烈,心下硬满,腹胀,全腹皮挛急、拒按。壮热不退或寒战,烦躁,恶心呕吐。腹胀,便秘或似痢不爽,小便频数似淋。舌红绛而干,苔黄厚干燥或黄糙,脉洪数或细数。

治法:通腑排脓,养阴清热。

方药:大黄牡丹汤合透脓散加减。常用大黄、牡丹皮、桃仁、芒硝、冬瓜子、黄芪、川芎、当归、皂角刺等。若持续高热,热在气分者加白虎汤,热在血分者加犀角地黄汤;腹胀加厚朴、青皮;热盛伤阴、口渴加生地黄、玄参、石斛、天花粉;大便似痢不爽加广木香、黄连;若病情进展,应及时手术。

【外治】

1. 中药外敷　无论脓已成或未成,均可选用金黄散、玉露散或双柏散,用水或蜜调成糊状,外敷右下腹。

2. 中药灌肠　用大承气汤或大黄牡丹汤浓煎成100ml,直肠内保留药液30分钟左右。

【其他疗法】

1. 一般疗法　对禁食或脱水或有水、电解质紊乱者,静脉补液予以纠正。选用广谱抗生素和抗厌氧菌药。

2. 针灸　保守治疗或术后应用均可促进胃肠功能恢复。取穴双侧足三里或阑尾穴,发热加曲池、合谷,恶心呕吐加内关、中脘,腹胀加大肠俞、次髎。

3. 手术　除阑尾穿孔已被包裹形成阑尾周围脓肿外,急性阑尾炎多主张早期行腹腔镜阑尾切除术。药物治疗效果不佳,或反复发作的慢性肠痈应考虑手术。

4. 扩肛　保守治疗或术后应用均可促进胃肠功能恢复。

【预防护理】

1. 预防　避免饮食不节和食后剧烈运动;纠正便秘;驱除肠道内寄生虫;预防肠道感染。

2. 护理　卧床休息或半坐卧位。手术后一般宜从禁食或流质饮食到半流质饮食,再到普食。忌食生冷不易消化食物。

【结语】

肠痈总因饮食不节,寒温不适,或情志所伤,损伤肠胃,引起肠道传化失司,糟粕停滞,气滞血瘀、瘀久化热,热胜肉腐而成痈肿。临床常见湿热壅滞证、气血瘀滞证、热毒伤阴证。六腑以通为用,通腑泻热是治疗肠痈的基本治则。外治以消为贵。必要时予以手术治疗。

(王万春　唐乾利　王清坚)

复习思考题

1. 冻疮的外治方法有哪些？
2. 如何进行烧伤的伤情判断？
3. 烧伤的治疗原则是什么？如何分型论治？
4. 如何进行烧伤的现场急救？
5. 毒蛇咬伤如何辨证施治？
6. 毒蛇咬伤早期的治疗原则是什么？中医外治法体现在哪些方面？
7. 外伤如何预防破伤风？
8. 痛风的治疗原则是什么？
9. 如何预防痛风？
10. 胆石症的应与哪些疾病相鉴别？
11. 胆石症如何辨证施治？
12. 肠痈应与哪些疾病相鉴别？如何辨证施治？

附录一　外科常用方剂汇编

一　画

一贯煎（《柳州医话》）

组成：北沙参、麦冬、当归身各 10g　生地黄 30g　枸杞子 12g　川楝子 5g

功用：滋阴疏肝。

用法：水煎服。

一扫光（《外科正宗》）

组成：苦参、黄柏各 500g　烟胶 500g　枯矾、木鳖肉、大枫子肉、蛇床子、点红椒、樟脑、硫黄、明矾、水银、轻粉各 90g　白砒 15g　共研细末，熟猪油 1120g，化开，入药搅匀，作丸如龙眼大，瓷瓶收贮。

功用：杀虫止痒。用于白秃疮、疥疮、白屑风等。

用法：搽擦疮上。

717 合剂 1 号方（经验方）

组成：金银花 10g　野菊花 10g　七叶一枝花 30g　半边莲 30g　大黄 10g　车前草 10g　紫花地丁 10g　白芷 10g　防风 10g　僵蚕 10g　蝉衣 10g　全蝎 3g　蜈蚣 2 条

功用：祛风解毒，活血通络。

用法：水煎服。

717 合剂 3 号方（经验方）

组成：金银花 10g　野菊花 10g　七叶一枝花 30g　半边莲 30g　车前草 10g　地丁草 10g　防风 10g　白芷 10g　蝉衣 10g

功用：清热解毒，凉血息风。

用法：水煎服。

二　画

八宝丹（《疡科大全》）

组成：珍珠 9g　牛黄 1.5g　象皮、琥珀、龙骨、轻粉各 4.5g　冰片 0.9g　炉甘石 9g　研极细末。

功用：生肌收口。用于溃疡脓水将尽，阴证、阳证都可通用。

用法：掺于患处。

八二丹（经验方）

组成：煅石膏 8 份　升丹 2 份　研极细末。

功用：排脓提毒。用于一切溃疡，脓流不畅，腐肉不化。

用法：将药粉掺入疮口中，或黏附于药线上，插入疮口中。

八正散（《太平惠民和剂局方》）

组成：车前子　木通　瞿麦　萹蓄　滑石　甘草梢　山栀　大黄

功用：清热泻火，利尿通淋。用于湿热下注，小便黄赤，尿时涩痛、淋沥不畅或癃闭不通。

用法：水煎服。

八珍汤（《正体类要》）

组成：人参　白术　茯苓　甘草　当归　白芍　地黄　川芎

功用：补气养血。用于气血俱虚，营卫不和，疮疡脓水清稀、久不收敛者。

用法：水煎服。

丁桂散（《外科传薪集》）

组成：丁香　肉桂　各等份，共研细末。

功用：温经活血，散寒止痛。用于一切阴证肿疡。

用法：掺膏药或油膏上，敷贴患处。

二陈汤（《太平惠民和剂局方》）

组成：陈皮、半夏、茯苓各 6g　甘草 3g

功用：燥湿化痰。用于疮疡痰浊凝结之证。

用法：水煎服。

二地鳖甲煎（《男性病治疗》）

组成:生地 熟地 菟丝子 茯苓 枸杞子 五味子 金樱子 生鳖甲 牡蛎 丹皮 丹参 天花粉 川续断 桑寄生

功用:坚阴起痿。用于阴虚阳痿等属肝肾阴虚者。

用法:水煎服。

二矾汤(《外科正宗》)

组成:白矾、皂矾各 120g 孩儿茶 15g 侧柏叶 250g

功用:杀虫止痒。用于鹅掌风,皮肤枯厚,破裂作痛。

用法:水煎,熏洗浸泡。

二号癣药水(经验方)

组成:米醋 1000g 百部、蛇床子、硫黄各 240g 土槿皮 300g 白矾 6g 斑蝥 60g 白国樟 36g 轻粉 36g(或加水杨酸 330g,冰醋酸 100ml,醋酸铝 60g) 先将白矾、硫黄、轻粉各研细末,再同其余药物和米醋浸在瓶中或缸中,俟 1 周后使用。

功用:解毒杀虫。用于鹅掌风、脚湿气等。

用法:外搽,每日 1~2 次。亦可浸用,约浸 20 分钟,有糜烂者禁用。

二母散(经验方)

组成:贝母(去心,童尿洗)、知母各等份 生姜 1 片

功用:清肺化痰。用于肺热咳嗽。

用法:水煎服。

二妙丸(《丹溪心法》)

组成:苍术 180g(米泔水浸) 黄柏 120g(酒炒) 研为细末,水煮面糊为丸,如梧桐子大。

功用:清热化湿。用于湿疮、臁疮等证属湿热内盛者。

用法:每服 9g,用淡盐汤送下。

二味拔毒散(《医宗金鉴》)

组成:白矾 30g 明雄黄 6g 为末。

功用:杀菌化腐,燥湿敛疮,止痒。用于风湿热毒引起的疮疡,湿疹,红肿痒痛及毒虫咬伤等。

用法:茶水调化,搽擦患处。

二仙汤(经验方)

组成:仙茅 仙灵脾 当归 巴戟肉(如无可用菟丝子代) 黄柏 知母

功用:调摄冲任。

用法:水煎服。

二至丸(《证治准绳》)

组成:女贞子 旱莲草

功用:调摄冲任。用于白疕、红斑狼疮、油风证属冲任不调者。

用法:水煎服。

九黄丹(经验方)

组成:制乳没各 6g 川贝 6g 石膏 18g 红升 9g 腰黄 6g 朱砂 3g 炒月石 6g 冰片 0.9g 各研极细末,和匀。

功用:提毒拔脓,祛瘀除腐,止痛平胬。用于一切痈疽已溃,脓流不畅,肿胀疼痛者。

用法:将药粉掺于患处,用膏药或油膏纱布盖敷。

九华膏(经验方)

组成:滑石 600g 月石 90g 龙骨 120g 川贝 18g 冰片 18g 朱砂 18g

功用:消肿止痛,生肌润肤。用于内、外痔发炎及内痔术后。

用法:共研细末,放凡士林油中调匀,使成 20% 的软膏,冬季可适当加入香油,外用。

九华栓(经验方)

即九华膏制成栓剂,功用相同。

九一丹(《医宗金鉴》)

组成:熟石膏 9 份 升丹 1 份 共研细末。

功用:提脓祛腐。用于一切溃疡流脓未尽者。

用法:掺于疮口中,或用药线蘸药插入,外盖膏药或药膏,每日换药 1~2 次。

七宝美髯丹(《医方集解》)

组成:何首乌、赤白雌雄各 300g 牛膝 240g 破故纸 210g 赤茯苓 240g 菟丝子 240g 当归身 240g 枸杞子 240g 研为细末,炼蜜为丸,如龙眼大。

功用:培补肝肾,益气养血。用于肝肾两亏,气血不足,体弱羸瘦,须发早白,腰酸肢软。

用法:每服 9g,1 日 2 次,空腹时细嚼,温开水或盐汤、米汤送下。忌食萝卜、藕、醋。

七三丹(经验方)

组成:熟石膏 7 份 升丹 3 份 共研细末。

功用:提脓祛腐。用于流痰、附骨疽、瘰疬、有头疽等。

用法:掺于疮口上,或用药线蘸药插入疮中,外用膏药或油膏盖贴。

人参败毒散(《小儿药证直诀》)

柴胡 前胡 川芎 枳壳 羌活 独活 茯苓 桔梗 人参 甘草

功用:祛风解毒,用于治疗疯犬咬伤。

用法:水煎服。

人参四逆汤(《伤寒论》)

组成:甘草　干姜　附子　人参

功用:益气救逆、回阳复阴。瘀滞不明显的四逆汤虚寒证加重者。

用法:水煎服。

人参养荣汤(《太平惠民和剂局方》)

组成:党参　白术　炙黄芪　炙甘草　陈皮　肉桂心　当归　熟地黄　五味子　茯苓　远志　白芍　大枣　生姜

功用:补益气血,宁心安神。用于疮疡溃后气血虚弱,久不收敛者。

用法:水煎服。

十香散(经验方)

组成:沉香　丁香　木香　乳香　白胶香　降香　麝香　肉桂　白芷　迎春花　冰片　共研细末储于瓷瓶中。

功用:行瘀通络,消肿止痛,用于疮疡阴证或肿块日久不消。

用法:用时将药粉撒于膏药或油膏上敷贴患处。

十全流气饮(《外科正宗》)

组成:陈皮　赤苓　乌药　川芎　当归　白芍　香附　甘草　青皮　木香　生姜　大枣

功用:疏肝解郁,健脾理气。

用法:水煎服。

十全大补汤(《医学发明》)

组成:当归 9g　白术 4.5g　茯苓 9g　甘草 3g　熟地 9g　白芍 4.5g　人参 3g　川芎 3g　黄芪 9g　肉桂 1.5g(冲服)

功用:大补气血。用于疮疡气血虚弱,或溃疡脓汁清稀,自汗盗汗,食少体倦者。

用法:水煎服。

三　画

大布膏(经验方)

组成:黑膏药肉、东丹等以植物油调制成膏,用竹签将膏摊在布上,制成较厚的膏药制剂。

功用:消肿止痛。多用于肿疡。

用法:使用前将布膏加温软化,掺以各类药粉和匀,趁热敷贴患处,3~5 天调换 1 次。

大补阴丸(《丹溪心法》)

组成:熟地、龟板各 180g　黄柏、知母各 120g(共为末)　将猪脊髓蒸熟,炼蜜同捣和为丸如梧桐子大。

功用:滋阴降火,补肾水。用于流痰、红斑狼疮、肾岩等阴虚火旺者。

用法:每次服 6g,每日 2 次,空腹时淡盐汤送下。

大柴胡汤(《伤寒论》)

组成:柴胡　黄芩　半夏　枳实　白芍药　大黄　生姜　大枣

功用:和解少阳,内泻热结。用于急性胰腺炎,急性胆囊炎,胆石症属肝胆蕴热者。

用法:水煎服。

大承气汤(《伤寒论》)

组成:生大黄　枳实　厚朴　芒硝(冲服)

功用:通大便,泻实热。适用于疮疡实热阳证,便结里实及肠梗阻等。

用法:水煎服。

大黄䗪虫丸(《金匮要略》)

组成:大黄 300g(酒蒸)　黄芩 60g　甘草 90g　桃仁 1 升　杏仁 1 升　芍药 120g　干地黄 300g　干漆 30g　虻虫 1 升　水蛭 100 枚　蛴螬 1 升　䗪虫半升　末之,炼蜜为丸小豆大。

功用:活血祛瘀。

用法:温酒送下 5 丸,日 3 服。

大黄牡丹汤(《金匮要略》)

组成:大黄　牡丹皮　桃仁　冬瓜仁　芒硝

功用:清热祛瘀,通下。用于肠痈(急性阑尾炎)、急性腹膜炎。

用法:水煎服。

大补元煎(《景岳全书》)

人参、炒山药　杜仲　熟地黄　当归　枸杞子　山茱萸　炙甘草

功用:益气补肾

用法:水煎服。

大黄附子汤(《伤寒论》)

组成:大黄　炮附子　细辛

功用:温里散寒,通便止痛。用于便秘。

用法:水煎服。

马齿苋合剂(经验方)

组成:马齿苋　紫草　败酱草　大青叶

功用:清化湿热,祛瘀解毒。用于疣湿热血瘀证。

用法:水煎服。

千捶膏(经验方)

组成:蓖麻子肉 150g　嫩松香粉 300g(在冬令

制后研末）　轻粉 30g（水飞）　铅丹 60g　银朱 60g　茶油 48g（冬天需改为 75g）　须在大伏天配制。先将蓖麻子肉入石臼中捣烂，再缓入松香末，俟打匀后，再缓入轻粉、铅丹、银朱，最后加入茶油，捣数千捶成膏。

功用：消肿止痛，提脓祛腐。用于一切阳证，如痈、有头疽、疖、疔等。

用法：隔水炖烊，摊于纸上，盖贴患处。

千金散（经验方）

组成：制乳香 15g　制没药 15g　轻粉 15g　飞朱砂 15g　煅白砒 6g　赤石脂 15g　炒五倍子 15g　煅雄黄 15g　醋制蛇含石 15g　将各药研细和匀。

功用：蚀恶肉，化疮腐。用于一切恶疮顽肉死腐不脱者，以及寻常疣、肉刺、痔瘘等。

用法：将药粉掺入患处，或黏附在纸线上，插入疮中。

三拗汤（《太平惠民和剂局方》）

组成：麻黄、杏仁、甘草各等份

功用：宣肺解表。治感冒风寒表证。

用法：水煎服。

三石散（经验方）

组成：制炉甘石 90g　熟石膏 90g　赤石脂 90g　共研细末。

功用：收湿生肌。用于一切皮肤病，滋水浸淫，日久不止；烫伤腐肉已化，新肌不生者。

用法：干扑或麻油、凡士林调搽患处。

三妙丸（《医学正传》）

组成：苍术 180g（米泔水浸）　黄柏 120g（酒炒）　牛膝 60g　研为细末，水煮面糊为丸，如梧桐子大。

功用：利湿退肿，引达下焦。用于湿热下注，足趾湿烂，小溲赤浊。

用法：每服 9g，用淡盐汤送下。

三黄洗剂（经验方）

组成：大黄、黄柏、黄芩、苦参片各等份　共研细末。上药 10 ~ 15g，加入蒸馏水 100ml，医用石炭酸 1ml。

功用：清热、止痒、收涩。治一切急性皮肤病及疥病有红肿焮痒出水者。

用法：临用时摇匀，以棉花蘸药汁搽患处，每日 4 ~ 5 次。如用于皮肤病瘙痒剧烈者，可加入薄荷脑 1g（即 1% 薄荷三黄洗剂）。

三金排石汤（经验方）

组成：海金沙 60g　金钱草 60g　鸡内金 12g　石韦 12g　冬葵子 9g　滑石（包）15g　车前子（包）12g

功用：利尿排石。用于石淋（泌尿系结石）。

用法：水煎服。

三品一条枪（《外科正宗》）

组成：白砒 45g　明矾 60g　雄黄 7.2g　乳香 3.6g

制法：将砒、矾二物研成细末，入小罐内，煅至青烟尽白烟起，片时，约上下通红，放置一宿，取出研末，约可得净末 30g，再加雄黄、乳香二药，共研成细末，厚米糊调稠，搓条如线，阴干备用。

功用：祛腐蚀瘰。用于瘰疬、痔疮、肛漏等。

用法：将药条插入患处。

三物备急丸（《金匮要略》）

组成：大黄　干姜　巴豆

功用：攻逐寒积。用于便秘。

用法：水研细末，蜜为丸，每日早晚各服 6g。

上海蛇药片（经验方）

组成：穿心莲　墨旱莲

功用：解蛇毒，消炎，强心，利尿，止血，抗溶血。用于蝮蛇咬伤，亦可用于五步蛇、眼镜蛇、银环蛇、蝰蛇、龟壳花蛇、竹叶青等毒蛇咬伤。

用法：口服，第一次 10 片，以后一次 5 片，每 4 小时一次，如病情减轻者，一次 5 片，一日 3 ~ 4 次。危重病例酌情增服。

10% 土槿皮酊

组成：土槿皮粗末 10g　80% 乙醇 100ml　按渗漉法制成即可。

功用：杀虫止痒。用于鹅掌风、脚湿气、紫白癜风等病。

用法：搽擦患处，每日 3 ~ 4 次；手足部糜烂或皲裂者禁用。

万灵丹（《医宗金鉴》）

组成：茅术 240g　何首乌、羌活、荆芥、川乌、乌药、川芎、甘草、川石斛、全蝎（炙）、防风、细辛、当归、麻黄、天麻各 30g　雄黄 18g　共研细末，炼蜜为丸，朱砂为衣，每丸重 9g

功用：解表发汗，祛风理湿，温通经络。用于附骨疽风寒湿邪型初起，恶寒发热，筋骨疼痛，以及麻风初起，麻木不仁等证。

用法：每服 1 丸，葱头、豆豉煎汤或温酒送下。

小金丹（《外科证治全生集》）

组成：白胶香 45g　草乌头 45g　五灵脂 45g

地龙45g　马钱子(制)45g　乳香(去油)22.5g
没药(去油)22.5g　当归身22.5g　麝香9g　墨
炭3.6g　各研细末。用糯米粉和糊打千捶,待融
和后,为丸,如芡实大,每料250粒左右。

功用:消痰化坚,活血止血。用于流注初起,及
一切痰核、瘰疬、乳岩等。

用法:每服1丸,每日2次,陈酒送下。孕妇
禁用。

小升丹

组成:水银30g　白矾24g　火硝21g　先将
硝、矾研成粗末,再入水银,共研细末,以不见水银
星为度(不研细末也无妨),然后放于生铁锅内,再
用粗料大瓷碗一只盖合(事先需用生姜普遍擦过,
以防止因高热而致碎裂),需用上浆的纸条(即以
棉纸裁成3cm阔的纸条,加上面浆搓成绳状)结实
地嵌塞缝口,再用煅石膏细末醋调封固,务使不令
泄气,再将黄砂铺压碗旁,露出碗底,碗底内置棉花
一团,上用铁锤压紧,将锅子移置火炉上烧,40～60
分钟,看碗底棉花焦黑为度。取下待冷约1小时,
除去砂泥及烧成焦炭样的绵纸,缓缓揭开瓷碗,则
锅子底中为三药的渣滓,此为升药底,在碗内所升
之药,有黄色或红色的如霜物质,就是升丹。此时
将升药刮下,以色红者为红升丹,色黄者为黄升丹。
收贮备用。此外,一料所得升药的数量可有57～
81g不等,这需要炼制者经常看火候确定。

功用:具有提脓祛腐的作用,能使疮疡内蓄之
脓毒得以早日排出和腐肉迅速脱落,凡溃疡脓栓未
落,腐肉未脱,或脓水不净,新肌未生的情况,均可
使用。

用法:疮口大者,可掺于疮口上;疮口小者,可
黏附于药线上插入;亦可掺于膏药、油膏上盖贴。
纯粹升丹因药性太猛,在临床应用时须加赋形药使
用,阳证一般用10%～20%、阴证一般用30%～
50%的升丹含量。凡对升丹有过敏者则必须禁用,
在唇部、眼部附近的溃疡也宜慎用。升丹如能陈久
应用,则可使药性缓和而减少疼痛。

小陷胸汤(《伤寒论》)

组成:黄连　半夏　瓜蒌

功用:清热化痰,宽胸散结。用于痰热互结证。

用法:水煎服。

小儿化湿汤(经验方)

组成:苍术　陈皮　茯苓　泽泻　炒麦芽　六
一散

功用:健脾化湿。用于婴儿湿疮渗液多者。

用法:水煎服。

四　画

丹参片(经验方)

组成:丹参　三七　冰片　制成片剂。

功用:活血祛痰,凉血开窍。用于酒渣鼻及证
属气血凝滞所致疾病。

用法:每次3片,每日3次,温开水送服。

丹栀逍遥散(《薛氏医案》)

组成:柴胡　当归　白芍　白术　茯苓　炙甘
草　生姜　薄荷　丹皮　栀子

功用:清肝解郁。用于瘾疹、红斑狼疮属于肝
郁化火者。

用法:水煎服。

丹参散结汤(经验方)

组成:丹参　玄参　白芥子　当归　山药　丝
瓜络　橘核　生地　熟地　莪术　上肉桂　金银
藤　鸡血藤

功用:温肾散寒,活血通络。用于阴茎痰之寒
湿瘀阻者。

用法:水煎服。

丹参注射液(经验方)

组成:丹参

功用:活血化瘀,养心通脉。治冠心病胸闷、心
绞痛等血瘀证。

用法:肌注或静脉注射。肌内注射,每次2～
4ml,日1～2次;静脉注射,每次4ml,用50%葡萄
糖注射液20ml稀释,日1次;静脉滴注,每次10ml,
用5%葡萄糖注射液100～500ml稀释,日1次。

化岩汤(《疡医大全》)

组成:人参　黄芪　忍冬藤　当归　白术　茜
根　白芥子　茯苓

功用:补益气血,健脾化痰。用于岩证气血不
足者。

用法:水煎服。

化斑汤(《温病条辨》)

组成:石膏　知母　甘草　玄参　水牛角　
粳米

功用:清热凉血。用于血热型白疕、红斑狼疮。

用法:水煎服。

化斑解毒汤(《医宗金鉴》)

组成:升麻　石膏　连翘(去心)　牛蒡子(研
炒)　人中黄　黄连　知母　玄参

功用:清热解毒。用于内发丹毒。

用法:加用竹叶 20 片,水煎服。

化坚二陈丸(《医宗金鉴》)

组成:陈皮、半夏各 30g 白茯苓 45g 生甘草、川黄连各 10g 炒白僵蚕 60g 共为细末,薄荷煎汤泛丸,如梧子大。

功用:清热化痰散结。用于体表各部痰核。

用法:每次 6g,白开水送服,1 日 3 次。

公英葫芦茶(经验方)

组成:冬葵子 车前子 瞿麦 石韦 藿香 葫芦茶 蒲公英 王不留行 三棱 莪术 滑石 木通 牛膝

功用:清热利湿。用于前列腺增生、前列腺炎等属湿热下注者。

用法:水煎服。

开郁散(《外科秘录》)

组成:柴胡 当归 白芍 白芥子 白术 全蝎 郁金 茯苓 香附 天葵子 炙甘草

功用:疏肝解郁,化痰散结。用于乳癖、乳痨等。

用法:水煎服。

六一散(《伤寒标本》)

组成:滑石 60g 甘草 10g

功用:清暑利湿。

用法:每服 9g,或入汤剂包煎。

六应丸(经验方)

组成:丁香 蟾酥 腰黄 牛黄 珍珠 冰片

功用:解毒、消炎、退肿、止痛。用于乳蛾、风热喉痹、牙痛、口疮、疔、疖、痈疽、毒蛇咬伤、脓疱疮等。

用法:每次 10 粒,1 日 3 次。小儿减半,婴儿每次 3 粒,1 日 3 次。外用冷开水调敷患处。孕妇忌服。

六神丸(《中药成分配本》)

组成:西牛黄 4.5g 朱砂 4.5g 麝香 4.5g 蟾酥 6g 飞腰黄 6g 珠粉 4.5g 各取净末,用高粱酒 30g 化蟾酥为丸,如芥子大,百草霜 1g 为衣,每 100 丸约干重 0.3g。

功用:消肿解毒。治咽喉肿痛,痈疽疮疖。

用法:每服 7～10 丸,食后开水吞服,每日 2 次,小儿酌减,孕妇忌服。

六磨汤(《世医得效方》)

组成:大槟榔 沉香 木香 乌药 枳壳 大黄 各等份。

功用:理气止痛,通腑泻热。用于气滞腹急、大

便秘涩而有热者。

用法:水煎服。

六味地黄丸(《小儿药证直诀》)

组成:熟地 240g 山萸肉、干山药各 120g 丹皮、白茯苓、泽泻各 90g 上药为末,糊丸如梧桐子大。

功用:补肾水,降虚火。

用法:每日服 9g,淡盐汤送下,或水煎服。

木萸散(经验方)

组成:木瓜 吴萸 防风 全蝎 蝉衣 天麻 僵蚕 胆南星 藁本 桂枝 蒺藜 朱砂 雄黄 猪胆汁

功用:祛风化痰,清热解毒。用于破伤风。

用法:水煎服。

内消瘰疬丸(《疡医大全》)

组成:夏枯草 240g 玄参 150g 青盐 150g 海藻、贝母、薄荷、花粉、海粉、白蔹、连翘(去心)、熟大黄、生甘草、生地、桔梗、枳壳、当归、硝石各 30g 磨细,酒糊丸,如梧桐子大。

功用:化痰、消坚、止痛。治瘰疬。

用法:每服 9g,温开水送下。

内疏黄连汤(《医宗金鉴》)

组成:黄连 山栀 黄芩 桔梗 木香 槟榔 连翘 芍药 薄荷 甘草 归身 大黄

功用:通二便,除里热。用于痈疽热毒在里,壮热烦渴,腹胀便秘,苔黄腻或黄糙,脉沉数有力者。

用法:水煎,食前服。

牛黄解毒丸(《中国药典》一部)

组成:牛黄 5g 雄黄 50g 石膏 200g 冰片 25g 大黄 200g 黄芩 150g 桔梗 100g 甘草 50g 除牛黄、冰片外,雄黄水飞或为极细末,其余石膏等五味为细末;将牛黄、冰片研细,与上述药粉配研,过筛,混匀。每 100g 粉末加炼蜜 100～110g 制成大蜜丸,每丸重 9g。

功用:清热解毒。用于火热内盛,咽喉肿痛,牙龈肿痛,口舌生疮,目赤肿痛等。

用法:口服,每次 1 丸,每日 2～3 次。

牛蒡解肌汤(《疡科心得集》)

组成:牛蒡子 薄荷 荆芥 连翘 山栀 丹皮 石斛 玄参 夏枯草

功用:祛风清热,化痰消肿。用于头面颈项痈毒,因风火痰所致者。

用法:水煎服。

牛黄清心丸(《太平惠民和剂局方》)

组成:牛黄 当归 川芎 甘草 山药 黄芩 苦杏仁(炒) 大豆黄卷 大枣(去核) 白术(炒) 茯苓 桔梗 防风 柴胡 阿胶 干姜 白芍 人参 六神曲(炒) 肉桂 麦冬 白薇 蒲黄(炒) 麝香 冰片 水牛角浓缩粉 羚羊角 朱砂 雄黄

功用:益气养血,镇惊安神,化痰息风。用于气血不足,痰火上扰,胸中郁热,惊悸虚烦,头目眩晕,中风不语,口歪眼斜,半身不遂,言语不清,痰涎壅盛。

用法:每服1丸,病重者每服2丸,日2次。

升丹(《医宗金鉴》)

组成:水银30g 火硝120g 白矾30g 雄黄、朱砂各15g 皂矾18g 用升华方法制成,主要成分是氧化汞。根据《医宗金鉴·外科心法要诀》《疡医大全》《外科真诠》等书记载,其组成大致是相同的。现在一般采用小升丹。

功用:提脓祛腐。

用法:掺疮口中,也可用药线蘸药插入,一般用熟石膏稀释成九一丹、八二丹、七三丹、五五丹应用。

双柏散(经验方)

组成:侧柏叶60g 大黄60g 黄柏30g 薄荷30g 泽兰30g 共研细末。

功用:活血祛瘀,消肿止痛。用于疮疡初起红肿热痛、腹腔炎症包块、静脉炎等。

用法:水、蜜调制外敷。

少府逐瘀汤(《医林改错》)

组成:小茴香7粒 干姜0.6g 延胡索、没药(研)、川芎、官桂各3g 赤芍药、炒五灵脂各6g 生蒲黄、当归各9g

功用:活血逐瘀,温经止痛。用于少腹瘀血肿块,疼痛或小腹胀痛等症。

用法:水煎服。

太乙膏(《外科正宗》)

组成:玄参、白芷、归身、肉桂、赤芍、大黄、生地、土木鳖各60g 阿魏9g 轻粉12g 柳槐枝各100段 血余炭30g 铅丹1200g(别名东丹) 乳香15g 没药9g 麻油2500g 除铅丹外将余药入油煎,熬至药枯,滤去渣滓,再加入铅丹(一般每500g油加铅丹195g),充分搅匀成膏。

功用:消肿清火,解毒生肌。适用于一切疮疡已溃或未溃者。

用法:隔火炖烊,摊于纸上,随疮口大小敷贴患处。

天台乌药散(《医学发明》)

组成:台乌药 木香 小茴香 青皮 良姜 槟榔 川楝子 巴豆 巴豆与川楝子同炒黄,去巴豆与余药同用。

功用:疏肝行气,散寒止痛。用于寒疝、前列腺炎、精索静脉曲张、阴冷等属气滞寒凝者。

用法:水煎服。

天麻钩藤饮(《杂病证治新义》)

组成:天麻 钩藤 生石决明 桑寄生 杜仲 牛膝 山栀 黄芩 益母草 夜交藤 茯神

功用:平肝息风。用于肝阳上亢引起肝风内动的眩晕、头痛、震颤、失眠等症。

用法:水煎服。

五五丹(经验方)

组成:熟石膏5份 升丹5份 共研细末。

功用:提脓祛腐。用于流痰、附骨疽、瘰疬等,溃后腐肉难脱,脓水不净者。

用法:掺于疮口中,或用药线蘸药插入,外盖膏药或油膏,每日换药1~2次。

五仁丸(《世医得效方》)

组成:郁李仁 瓜蒌仁 柏子仁 火麻仁 杏仁

功用:润肠通便。用于肠胃热结,燥闭不通。

用法:每服3~5丸,每日2次。

五神汤(《外科真诠》)

组成:茯苓 银花 牛膝 车前子 紫花地丁

功用:清热利湿。用于委中毒、附骨疽等证属湿热凝结者。

用法:水煎服。

五倍子汤(《疡科选粹》)

组成:五倍子、朴硝、桑寄生、莲房、荆芥各30g

功用:消肿止痛,收敛止血。用于痔疮、脱肛等肛门病。

用法:煎汤熏洗患处。

五倍子散(《医宗金鉴》)

组成:五倍子 轻粉 冰片 用五倍子大者1个,敲一孔,用阴干荔枝草揉碎,填塞五倍子内,用纸塞孔,湿纸包,煨片时,取出待冷,去纸,研为细末。每药末3g加轻粉0.9g,冰片0.15g,共研极细。

功用:收敛收涩。用于内痔、脱肛等证。

用法:干搽痔上。

五子衍宗丸(《摄生众妙方》)

组成:枸杞子240g 菟丝子240g(酒蒸,捣饼)

五味子60g(研碎)　覆盆子120g(酒洗,去目)　车前子60g(扬净)　各药俱择道地精新者,焙、晒干,共为细末,炼蜜为丸,如梧桐子大。

功用:填精补髓,益肾种子。用于肾虚腰痛,尿后余沥,遗精早泄,阳痿不育。

用法:晨服90丸,上床时50丸,白沸汤或盐汤送下,冬月用温酒送下。

五味消毒饮(《医宗金鉴》)

组成:银花　野菊花　紫花地丁　天葵子　蒲公英

功用:清热解毒。用于疔疮初起,壮热憎寒。

用法:水煎服。

五虎追风散(《晋南史全恩家传方》)

组成:蝉衣30g　南星6g　天麻6g　全蝎7个(带尾)　僵蚕7条(炒)

功用:散风热,开郁结,化痰滞。用于破伤风。

用法:水煎服。

五妙水仙膏(经验方)

组成:五倍子、石碱、生石灰等　制成软膏剂。

功用:消炎解毒,祛腐生新,收敛杀菌。

用法:外用。有特发性瘢痕疙瘩史者慎用或忌用。

五苓散(《伤寒论》)

组成:猪苓　泽泻　白术　茯苓　桂枝

功用:利水渗湿,温阳化气。用于水湿内停。

用法:水煎服。

五仁汤(《世医得效方》)

组成:杏仁　柏子仁　郁李仁　瓜蒌仁　火麻仁

功用:润肠通便。用于内痔属于燥热便秘者及痞结型肠梗阻等。

用法:水煎服。

五虎汤(《霉疮秘录》)

组成:全虫　僵蚕　穿山甲　蜈蚣　斑蝥　生大黄

功用:活血解毒,通络止痛。用于梅毒毒结筋骨。

用法:水煎服。

月白珍珠散(《中药成方配本》)

组成:蚌壳6g　珠粉1.5g　青黛1.5g　飞中白1.5g　制甘石1.5g　冰片0.9g　各取净末,再研至极细为度。

功用:生肌解毒。用于下疳腐烂,水火烫伤。

用法:猪油或麻油调敷。

止痒扑粉(经验方)

组成:绿豆50g　氧化锌5g　樟脑1g　滑石粉加至100g　将绿豆、氧化锌、滑石粉研细后,再加入樟脑,研匀即成。

功用:清热,收涩,止痒。用于痱子等。

用法:干扑患处,每日3~5次。

止痛如神汤(《外科启玄》)

组成:秦艽　桃仁　皂角刺　苍术　防风　黄柏　当归尾　泽泻　槟榔　熟大黄

功用:清热、祛风、除湿。用于诸痔发作时肿胀痒痛者。

用法:水煎服。

五　　画

白虎汤(《伤寒论》)

组成:石膏　知母　甘草　粳米

功用:清热生津。

用法:水煎服。

白虎加桂枝汤(《金匮要略》)

组成:知母　石膏　甘草　粳米　桂枝

功用:清热、通络、和营卫。

主治:用于风湿热痹,症见壮热,气粗烦躁,关节肿痛,口渴苔白,脉弦数。

用法:水煎服。

白玉膏(亦名生肌白玉膏,经验方)

组成:尿浸石膏90%　制炉甘石10%　石膏必须尿浸半年(或用熟石膏),洗净。再漂净2个月,然后煅熟研粉,再加入制炉甘石粉和匀,以麻油少许调成药膏,再加入黄凡士林(配制此膏时用药粉约3/10,油类约7/10)。

功用:润肤、生肌、收敛。用于溃疡腐肉已尽,疮口不敛者。

用法:将膏少许匀涂纱布上,敷贴患处,并可掺其他生肌药粉于药膏上同用,效果更佳。

白降丹(《医宗金鉴》)

组成:朱砂、雄黄各6g　水银30g　硼砂15g　火硝、食盐、白矾、皂矾各45g

制法:先将雄黄、皂矾、火硝、明矾、食盐、朱砂研匀,入瓦罐中,微火使其烊化,再和入水银调匀,待其干涸。然后用瓦盆1只,盆下有水,将盛干涸药料的瓦罐覆置盆中,四周以赤石脂和盐卤层层封固,如有空隙漏气处,急用赤石脂和盐卤加封,再将炭火置于倒覆的瓦罐上,约过3炷香(约3小时)即成。火冷打开看,盆中即有白色药粉。

功用:腐蚀、平胬。治溃疡脓瘀难去,或已成漏管,肿疡成脓不能自溃,及赘疣、瘰疬等。

用法:疮大者用 0.15～0.18g,小者用 0.03～0.06g,以清水调涂疮头上;亦可和米糊为条,插入疮口中,外盖膏药。

白屑风酊(经验方)

组成:蛇床子 40g　苦参片 40g　土槿皮 20g　薄荷脑 10g　将蛇床子、苦参片、土槿皮共研成粗粉,先用 75% 乙醇 80ml 将药粉浸透,放置 6 小时后,加入 75% 乙醇 920ml,依照渗漉分次加入法,取得酊剂约 1000ml(不足之数可加入 75% 乙醇补足),最后加入薄荷即成。

功用:祛风止痒。治白屑风。

用法:搽擦患处,每日 3～5 次;有糜烂者禁用。

半硫丸(《太平惠民和剂局方》)

组成:半夏、硫黄各等分

功用:温运散寒,通利虚秘。

用法:研细末,以生姜汁泛为丸,每日 2 次,每服 9g。

平胃散(《医方类聚》引《简要济众方》)

组成:苍术 4g　厚朴 3g　陈皮 2g　甘草 1g　为散。

功用:燥湿运脾,行气和胃。用于脾胃不和,湿浊中阻证。

用法:每服 6g,水一中盏,加生姜 2 片,大枣 2 枚,同煎,去滓,食前温服。

平胬丹(《外科诊疗学》)

组成:乌梅肉(煅存性)、月石各 4.5g　轻粉 1.5g　冰片 0.9g　研极细末。

功用:有轻度腐蚀平胬之功。用于疮疡有胬肉突出,影响排脓,用之可使胬肉平复。

用法:掺疮口上,外盖膏药。

代抵当丸(《证治准绳》)

组成:大黄　归尾　炮山甲　芒硝　桃仁　肉桂

功用:攻逐瘀血。用于膀胱蓄血所致的癃闭。

用法:水煎服。

瓜蒌贝母汤(《增订胎产心法》)

组成:瓜蒌实　土贝母　甘草节

功用:化痰软坚。用于乳房结核、㿔肿等。

用法:水煎服。

瓜蒌牛蒡汤(《医宗金鉴》)

组成:瓜蒌仁　牛蒡子(炒研)　花粉　黄芩　陈皮　生栀子(研)　连翘(去心)　皂角刺　银花　生甘草　青皮　柴胡

功用:疏肝解郁,清解邪热。用于乳痈初起。

用法:水煎服。

甘草油(《赵炳南临床经验集》)

组成:甘草 30g　香油 30ml　甘草浸油内一昼夜,文火炸焦去渣。

功用:清热解毒,润肤止痒。用于皮肤干燥脱屑。

用法:外涂患处。

甘露消毒丹(《温热经纬》)

组成:滑石 450g　茵陈 330g　黄芩 300g　石菖蒲 180g　川贝母、木通各 150g　藿香、射干、连翘、薄荷、白豆蔻各 120g　生研细末。

功用:利湿化浊,清热解毒。用于湿温、时疫之邪流恋气分、湿热并重之证。

用法:每服 9g,开水调服,日 2 次。

加减散肿溃坚汤(《中西医结合治疗结核病》)

组成:黄芩　知母　黄柏　花粉　桔梗　昆布　柴胡　升麻　连翘　甘草　三棱　莪术　葛根　当归尾　赤芍　黄连

功用:清火抗痨、软坚化瘀、散肿消积。用于子痰局部肿胀结节,疼痛明显,或溃烂流脓属湿热蕴结者。

用法:水煎服。

加减导气汤(《实用中医男科学》)

组成:川楝子　小茴香　吴茱萸　橘核　荔枝核　苡仁　泽泻

功用:理气除湿,消肿止痛。用于水疝阴囊肿大,气疝复肿复回等属寒湿气滞者。

用法:水煎服。

加味桃红四物汤(《实用中医男科学》)

组成:桃仁　红花　白芍　川芎　当归　生地　橘核　小茴　怀牛膝　海藻　昆布

功用:活血化瘀,通络软坚。用于精血、阳强、子痈、血疝、阴茎痰核、痛性结节等属气滞血瘀之男科病。

用法:水煎服。

加味金铃子散(《实用中医男科学》)

组成:金铃子　元胡　小茴香　橘核　荔枝核　沉香　肉桂

功用:温阳散寒、除湿消肿。用于子痰、血疝等阴囊肿胀刺痛属湿瘀滞者。

用法:水煎服。

石韦散(《外台秘要》引《集验方》)

组成:石韦60g(去毛) 瞿麦30g 滑石150g 车前子90g 冬葵子60g 上为散。

功用:利尿通淋。用于热淋、沙淋、小便不利、赤涩疼痛。

用法:每日3～6g,1日3次。

龙胆泻肝汤(《兰室秘藏》)

组成:龙胆草(酒炒)、黄芩(炒)、栀子(酒炒)、泽泻各3g 木通、车前子、当归(酒炒)、生地(酒炒)、柴胡、甘草(生)各1.5g

功用:清肝火,利湿热。用于肝胆经实火湿热所致乳头破碎、乳发、蛇丹、阴肿、囊痈、耳脓等症。

用法:共研粗末,水煎服。

四妙散(《外科说约》)

组成:黄芪15g 当归15g 金银花15g 甘草6g

功用:消毒托里,益气和血。用于正虚而毒不透达之疮疡,不问老幼、阴阳、肿溃均可。

用法:水煎服或酒水各半煎服。亦可为末,用酒或水调服,1次6～9g,每日服3～4次,其效亦佳。

四妙丸(《成方便读》)

组成:苍术 黄柏 牛膝 苡仁

功用:清热利湿 舒筋壮骨。用于湿热下注的痿证、湿热带下、下部湿疮、脚气病等。现代多用于急性感染性多发性神经炎、类风湿性关节炎、风湿热及女性生殖系统炎症有湿热下注之症状者。

用法:水丸:每15粒重1g,内服,每次6g,每日3次。小儿用量酌减。

四妙汤(《外科说约》)

组成:黄芪 当归 银花 甘草

功用:扶正托毒。

用法:水煎内服。

四苓散(即《伤寒论》五苓散去桂枝)

组成:茯苓 泽泻 猪苓 白术

功用:利水渗湿。用于疮疡湿邪内蕴,小便不利者。

用法:水煎服。

四物汤(《太平惠民和剂局方》)

组成:熟地 归身 白芍 川芎

功用:养血补血。用于疮疡血虚之证。

用法:水煎服。

四逆散(《伤寒论》)

组成:柴胡 白芍 枳实 甘草

功用:透邪解郁,疏肝理脾。用于阳郁厥逆证或肝脾气郁证。

用法:水煎服。

四逆汤(《伤寒论》)

组成:附子5～10g 干姜6～9g 炙甘草6g

功用:回阳救逆。

用法:附子先煎1小时,水煎温服。

四逆加人参汤(《伤寒论》)

组成:甘草60g(炙) 附子1枚(生,去皮,破成8片) 干姜45g 人参30g

功用:回阳救脱。用于阳虚血脱。

用法:水煎服。

四神丸(《内科摘要》)

组成:肉豆蔻 补骨脂 五味子 吴茱萸 为末,用水1碗,煮生姜120g,红枣50枚,水干,取枣肉为丸,如梧桐子大。

功用:温肾暖脾,涩肠止泻。用于命门火衰,脾肾虚寒,纳差便溏,五更泄泻,肚腹作痛。

用法:每服50～70丸,食前服。

四黄散、膏(经验方)

组成:黄连 黄柏 黄芩 大黄 乳香 没药各等量,研细末。

功用:清热解毒,活血消肿。用于阳证疮疡。

用法:水或金银花露调成厚糊状敷疮上。或作围药敷。或以药末20%加80%凡士林调成油膏摊敷。

四君子汤(《太平惠民和剂局方》)

组成:人参 茯苓 白术(土炒) 甘草

功用:补元气,益脾胃。用于疮疡中气虚弱,脾失运化者。

用法:生姜3片,大枣2枚,水煎服。

四妙勇安汤(《验方新编》)

组成:玄参 当归 金银花 甘草

功用:清热解毒,活血滋阴。用于脱疽溃烂,局部红肿热痛。

用法:日服1剂。水煎取汁,分3～4次服。

四物消风饮(《医宗金鉴》)

组成:生地黄 当归 荆芥 防风 赤芍 川芎 白鲜皮 蝉蜕 薄荷 独活 柴胡 红枣

功用:养血祛风。用于瘾疹、牛皮癣等血虚风燥者。

用法:水煎服。

四海舒郁丸(《疡医大全》)

组成:青木香15g 陈皮、海蛤粉各6g 海带、海藻、昆布、海螵蛸各60g 共研细末,为丸如梧桐子大。

功用:理气解郁,软坚消肿。用于气瘿。

用法:每用9g,日服1~2次,水、酒送下均可。

归脾汤(《济生方》)

组成:人参6g　白术(土炒)6g　黄芪(炒)6g　当归身3g　炙甘草1.5g　茯神6g　远志(去心)3g　枣仁(炒研)6g　青木香1.5g　龙眼肉6g　生姜3片　大枣2枚

功用:养心健脾,益气补血。用于岩、乳痨等病,久溃不敛,气血两亏,心脾衰弱,心烦不寐者。

用法:水煎服。

归脾汤(《正体类要》)

组成:白术　当归　茯苓　黄芪　远志　龙眼肉　酸枣仁　党参　木香　炙甘草

功用:益气补血,健脾养心。用于心脾气血两虚证。

用法:水煎服

生姜辣椒酊

组成:生姜20g　干辣椒20g　密闭浸泡于75%乙醇500ml,7天后去渣过滤后即成辣椒酊。

功用:温经散寒,活血解毒。用于冻疮红肿痛痒未溃者及斑秃的治疗。

用法:将辣椒酊敷于患处外擦,轻揉按摩患处每天2~3次。

皮癌净(河南省鹿邑县人民卫生防治院)

组成:红砒3g　指甲1.5g　头发1.5g　大枣去核1枚　碱发面30g　将红砒研细末,再与指甲、头发同放入去核枣内,用碱发面包好,放入桑木炭中,煅烧成灰,研细末,备用。煅烧时注意:①煅烧时须细心观察,轻轻翻动药团,使其煅烧均匀,但不能用力过大,以防破碎。②煅烧时,药团冒出白烟、臭气;烟过后,药团表面出现黄色小点,都是正常现象。③煅成的药团,当轻松如炭,轻敲辄碎,其色乌亮。如敲开药团见枣内有红赤色细丝,指甲、头发未分开,不易破碎者,为未煅好。

功用:祛腐解毒。用于治疗鳞状上皮癌。

用法:将药末直接撒于瘤体疮面上;或用麻油调成50%的糊剂,涂于瘤体疮面,每日或隔日1次。

皮脂膏(经验方)

组成:青黛6g　黄柏6g　煅石膏60g　烟膏60g(即土法烟熏烘硝牛皮后烟汁结成的残留物质)共研细末,和匀,以药末60g加凡士林240g调匀成膏。

功用:清热杀虫止痒。用于湿疹、肛门瘙痒病等。

用法:外搽患处。

生肌散(经验方)

组成:制炉甘石15g　滴乳石9g　滑石30g　血珀9g　朱砂3g　冰片0.3g　研极细末。

功用:生肌收口。用于痈疽溃后脓水将尽者。

用法:掺疮口中,外盖膏药或药膏。

生脉散(《内外伤辨惑论》)

组成:人参3~9g　麦冬12g　五味子3~9g

功用:益气养阴,敛汗,生脉。

用法:日服1剂,水煎取汁,顿服。

生肌玉红膏(外科正宗》)

当组成:归60g　白芷15g　白蜡60g　轻粉12g　甘草36g　紫草6g　血竭12g　麻油500g　先将当归、白芷、紫草、甘草四味入油内浸3日,大勺内熬微枯,细细滤清,复入勺内煎滚,入血竭化尽,次入白蜡,微火化开。用茶盅4个,预放水中,将膏分作4处,倾入盅内,候片时,下研细轻粉,每盅投3g,搅匀。

功用:活血祛腐,解毒镇痛,润肤生肌。用于一切疮疡溃烂脓腐不脱,疼痛不止,新肌难生者。

用法:将膏匀涂纱布上,敷贴患处,并依溃疡局部情况,可掺提脓祛腐药于膏上同用,效果更佳。

生肌象皮膏(《疡科纲要》)

组成:象皮9g　龟板120g　当归30g　生地黄120g　血余30g　生石膏150g　煅炉甘石250g　麻油2500ml　黄蜡180g　白蜡180g　先油煎生地、龟板、象皮,后入血余,熬枯去渣,入黄蜡、白蜡、煅炉甘石细末、生石膏细末,文火上调匀,勿煎沸。

功用:生肌长皮收口。用于褥疮、臁疮及创面感染的后期治疗。

用法:外用。

生肌白玉膏(经验方)

见白玉膏方。

失笑散(《太平惠民和剂局方》)

组成:五灵脂、蒲黄各等份

功用:活血,行瘀,止痛。

用法:散剂。每次6~12g,包煎。

石榴皮煎液

组成:石榴皮制成100%煎液。

功用:用于淋巴结炎、多发性疖肿、外伤感染、轻度表浅烧伤等的治疗上。

用法:煎水熏洗患处。

仙方活命饮(《医宗金鉴》)

组成:穿山甲 皂角刺 当归尾 甘草 银花 赤芍 乳香 没药 天花粉 陈皮 防风 贝母 白芷

功用:清热散风,行瘀活血。用于一切痈疽肿疡、溃疡等。

用法:水煎服。

玉枢丹(即紫金锭,《鹤亭集》)

组成:山慈菇 五倍子 大戟 朱砂 雄黄 麝香

功用:消肿解毒。

用法:用麻油或饴糖,或醋,或蜂蜜,调成糊状,外敷。

玉真散(《外科正宗》)

组成:生白附360g(漂净) 防风30g 白芷30g 生南星30g(漂净,姜汁炒) 天麻30g 羌活30g 以上6味共研细粉过筛,混合均匀,即得。密闭贮藏。

功用:祛风镇痉,止血止痛。用于跌打损伤、金疮出血、破伤风、疯犬咬伤等。

用法:外用冷开水调敷患处。内服0.9~1.5g,每日2次,热酒1盅调服,或遵医嘱。孕妇忌内服。

玉容散(《种福堂方》)

组成:白僵蚕、白附子、白芷、山奈、硼砂各9g 石膏、滑石各15g 白丁香1g 冰片1g 上为细末。

功用:消斑润肤。

用法:临睡用少许水和,搽面,人乳调搽更妙。

玉露散(经验方)

组成:芙蓉叶不拘多少,去梗茎,研成极细末。

功用:凉血、清热、退肿。用于一切阳证。

用法:可用麻油、菊花露或凡士林调敷患处。

玉露膏

组成:用凡士林8/10,玉露散2/10,调匀成膏(每300g油膏中可加医用石炭酸10滴)。

功用:清热解毒。用于丹毒、疮痈等。

用法:外敷。

右归丸(《景岳全书》)

组成:熟地黄240g 山药120g 山茱萸90g 枸杞子120g 杜仲120g 菟丝子120g 制附子60~180g 肉桂60~120g 当归90g 鹿角胶120g 做丸剂。

功用:温肾阳,补精血。用于肾阳不足,命门火衰,畏寒肢冷,阳痿,滑精,腰膝酸软等症。

用法:每服3~6g。

右归饮(《景岳全书》)

组成:熟地 山药 山茱萸 枸杞 甘草 杜仲 肉桂 制附子

功用:温肾填精。用于肾阳不足,腰膝酸痛,气怯神疲,大便溏薄,小便频多,手足不温,阳痿遗精等症。

用法:水煎服。

左归丸(《景岳全书》)

组成:熟地240g 山药120g 山茱萸120g 菟丝子120g 枸杞子120g 怀牛膝90g 鹿角胶120g 龟板胶120g 炼蜜为丸。

功用:补肝肾,益精血。用于肝肾精血虚损,形体消瘦,腰膝酸软,眩晕,遗精等症。

用法:每次3~6g,日1~2次,淡盐汤送服。

六 画

安宫牛黄丸(《温病条辨》)

组成:牛黄、郁金、水牛角、黄芩、黄连、栀子、雄黄、朱砂各30g 冰片、麝香各7.5g 珠粉15g 研极细末,炼蜜和丸,每丸3g,金箔为衣,以蜡护之。

功用:清热解毒,化秽开窍,安神宁心。用于疔疮走黄及疮疡毒邪内陷,神昏谵语、狂躁痉厥抽搐者。

用法:每服1丸。脉虚者,人参汤送下;脉实者,银花薄荷汤送下。病重体实者,每日3服。

百合固金汤(《慎斋遗书》)

组成:熟地 生地 归身 白芍 甘草 桔梗 玄参 贝母 麦冬 百合

功用:滋肾保肺,止咳化痰。用于肾水不足,虚火上炎,肺阴受伤,喘嗽痰血等症。

用法:水煎服。

百部酊(《赵炳南临床经验集》)

组成:百部180g 75%酒精360ml 将百部碾碎置酒精内,浸泡七昼夜,过滤去滓备用。

功用:杀虫止痒。用于荨麻疹、神经性皮炎、疥癣、虱病等瘙痒性皮肤病。

用法:以棉签蘸涂。

百部膏(《医学心悟》)

组成:百部、蓖麻子(去壳)、白鲜皮、鹤虱、黄柏、当归、生地黄各30g 黄蜡60g 明雄黄末15g 麻油240g

功用:解毒生肌,杀虫止痒。用于牛皮癣等。

用法:先将百部等7味入油熬枯,滤去滓,再将油熬至滴水成珠,下黄蜡,至入水不散为度,起锅;

将雄黄末和入,候稍冷,倾入瓷钵中收贮,退火备用。用时搽敷患处。

百部洗方(《赵炳南临床经验集》)

组成:百部 120g 苦参 120g 蛇床子 60g 雄黄 15g 狼毒 75g

功用:疏风止痒,祛湿杀虫。用于皮肤瘙痒症,神经性皮炎,阴囊湿疹,荨麻疹等。

用法:装纱布袋内,同水 5~6 斤煮沸 30 分钟。用软毛巾溻洗,或溻洗后再加热水浸浴。

冰硼散(《外科正宗》)

组成:冰片 1.5g 朱砂 1.8g 玄明粉 1.5g 硼砂 1.5g 为极细末。

功用:清热解毒,消肿止痛。用于咽喉疼痛,牙龈肿痛,口舌生疮,舌肿木硬,小儿鹅口白斑。

用法:吹搽患处,甚者日搽 5~6 次。

冰狮散(《医宗金鉴》)

组成:硇砂 0.6g 大田螺(去壳,线穿晒干)5 枚 冰片 0.3g 白砒(面裹煨熟,去面用砒)3.6g

将螺肉切片,用白砒研末,再加硇砂共研细,以稠米汤糊搓成捻子,瓷瓶收贮。

功用:腐蚀解毒。

用法:用时将药捻插入针孔,外用纸糊封,贴核上勿动,10 天后四边裂缝,其核自落。

冲和膏(《外科正宗》)

组成:紫荆皮(炒)150g 独活 90g 赤芍 60g 白芷 30g 石菖蒲 45g 研成细末。

功用:疏风、活血、定痛、消肿、祛寒、软坚。用于疮疡半阴半阳证。

用法:葱汁、陈酒调敷。

导赤散(《小儿药证直诀》)

组成:木通 生地 生甘草 竹叶

功用:清热利水。用于心经火毒所致之疮疡。

用法:水煎服。

当归饮子(《济生方》)

组成:当归 白芍 川芎 生地 白蒺藜 防风 荆芥穗 何首乌 黄芪 甘草

功用:养血润燥,祛风止痒。用于各种皮肤病血虚致痒者。

用法:水煎服。

当归四逆汤(《伤寒论》)

组成:当归 桂枝 白芍 细辛 甘草 通草 大枣

功用:温经散寒,养血通脉。

用法:水煎服。

当归地黄汤(《证治准绳》)

组成:当归 熟地黄 白芍 川芎 防风 白芷 藁本 细辛

功用:补血祛风。用于破伤风之正虚邪恋证。

用法:水煎服,每日 1 剂。

当归补血汤(《内外伤辨惑论》)

组成:黄芪 30g 当归(酒洗)6g

功用:补气生血。用于疮疡溃后,血虚发热、头痛、口渴等。

用法:水煎,空心温服。

当归龙荟丸(《丹溪心法》)

组成:全当归(酒浸焙)、龙胆草(酒洗炒焦)、栀子仁(炒)、川黄连(炒)、黄柏(炒)、淡黄芩(炒)各 30g 大黄(酒浸炒)、芦荟、青黛(水飞)各 15g 木香 1.5g 麝香 1.5g(另研) 共为细末,炼蜜为丸,如小豆大。

功用:泻肝胆实火。用于肝火所致的大便秘结,小便涩滞,阴囊肿胀,急性湿疹,药物性皮炎等。

用法:每服 20~30 丸,生姜汤送下,日 3 次。

地黄饮子(《黄帝素问宣明论方》)

组成:熟地 巴戟天(去心) 山茱萸 石斛 肉苁蓉(酒浸,焙) 附子(炮) 五味子 官桂 白茯苓 麦门冬(去心) 菖蒲 远志(去心)等份。

功用:滋肾阴,补肾阳,开窍化痰。

用法:水煎服。

地榆油(经验方)

组成:生地榆粉 40g 大黄粉 10g 麻油 50ml

功用:收湿止痒,清热解毒。

用法:上药调成稀糊状。涂敷患处,每日 1~2 次。

防风通圣散(《黄帝素问宣明论方》)

组成:防风、荆芥、连翘、麻黄、薄荷、川芎、当归、白芍(炒)、白术、山栀、大黄(酒蒸)、芒硝各 15g 石膏、黄芩、桔梗各 30g 甘草 6g 滑石 9g 共研细末。

功用:解表通里,散风清热,化湿解毒。用于内郁湿热,外感风邪,表里同病,属于气血实者。

用法:每服 6g,开水送下。或用饮片,水煎服(剂量可用近代常用量)。

红灵丹(经验方)

组成:雄黄 18g 乳香 18g 煅月石 30g 青礞石 9g 没药 18g 冰片 9g 火硝 18g 朱砂 60g 麝香 3g 除冰片、麝香外,共研细末,最后加冰片及麝香,瓶装封固,不出气,备用。

功用:活血止痛,消坚化痰。用于一切痈疽未溃者。

用法:掺膏药或油膏上,敷贴患处。

红灵酒(经验方)

组成:生当归60g(切片) 红花30g 花椒30g 肉桂60g(薄片) 樟脑15g 细辛15g(研细末) 干姜30g(切碎片) 用95%酒精1000ml泡浸7天备用。

功用:活血、消肿、止痛。用于脱疽、冻疮等病。

用法:每日用棉花蘸药酒在患处(溃后在患处上部)揉擦2次,每次擦药10分钟。

红油膏(经验方)

组成:凡士林300g 九一丹30g 东丹(广丹)4.5g 先将凡士林烊化,然后徐徐将两丹调入,和匀成膏。

功用:防腐生肌。用于溃疡不敛。

用法:将药膏匀涂纱布上,敷贴患处。

红灵丹油膏

组成:红灵丹45g 凡士林300g 先将凡士林烊化冷却,再将药粉徐徐调入,和匀成膏。

功用:同红灵丹。

用法:将油膏涂于纱布上贴之,每日换药1次。

红油膏纱布

组成:同红油膏 将纱布剪成6cm×12cm大小,20～30块,用红油膏60～90g,共同放置于不锈钢饭盒内,经高压蒸气消毒备用。

功用:同红油膏。

用法:按疮面大小贴患处。

红藤煎(经验方)

组成:红藤6g 地丁草30g 乳香9g 没药9g 连翘12g 大黄4.5g 玄胡6g 丹皮6g 甘草3g 银花12g

功用:通腑清热,行瘀止痛。用于肠痈初起未化脓者。

用法:水煎服。

红升丹

组成:水银30g 朱砂、雄黄各15g 皂矾18g 白矾30g 火硝30g 先将二矾、火硝研碎,入大勺中,加酒一小杯炖化,一干即起,研细;另将水银、朱砂、雄黄研细,待水银不见星,方入硝、矾研匀,将阳城罐用纸筋泥搪一指厚,阴干,常轻轻扑之,不致生裂,如有裂,以罐子泥补之,极干再晒,无裂方入前药于内。罐口以铁油盏盖定,加铁梁,盏上下用

铁襻铁丝系紧,用棉纸捻条蘸蜜,塞罐口缝间,外用熟石膏细末,醋调固封盏上,加炭火,使盏热,罐口封固易干也。又用铁钉三根,钉地下,将罐子放钉上,罐底下置大炭火一块,外砌百眼炉,升三炷香,第一炷香,用底下火,如火大则水银先飞上;第二炷香,用大半罐火,以笔蘸水擦罐上;第三炷香,火平罐口,用扇煽之,频频擦盏不可令干,干则水银先飞,预用盐滴卤调罐子泥极湿,将铁丝系在管上,如罐上有绿烟起,即水银走也,急用笔蘸罐子泥固之,上三香完,去火冷定,开罐,方气足,盏上约有丹六七钱,刮下研细,瓷罐盛之。

功用:拔毒,祛腐,生新。用于一切疮疡溃后,疮口坚硬,肉黯紫黑。

用法:蘸丹少许,外扫疮口。

红花酊(《赵炳南临床经验集》)

组成:藏红花30g 75%酒精500ml 红花浸酒内7天,去滓备用。

功用:活血祛瘀,消肿止痛。用于扭伤血肿,大面积灼伤,瘢痕。

用法:外涂。

灰皂散(经验方)

组成:新出窑石灰 楠皂自然水(石碱) 黄丹(京丹) 楠皂不拘量,放在房内通风的地方,使其自行吸收空气中的水分,慢慢溶化出液体,即叫自然水。溶多少取多少,用玻璃瓶装好备用。

功用:有腐蚀性作用,能使痔核发生干性坏死。

用法:用时先取石灰粉(不拘量)放于小杯中,加上黄丹少许,调匀后,加入楠皂自然水,调成糊状,不宜过硬,也不宜过稀,调成后稍等几秒钟,将药涂于痔核面上。因此,药调成糊状后,会很快变成干硬,如发现过于干硬时,可立即加入一些楠皂水调匀,使保持一定的稀度,所以必须随调随用。如果调好后超过10分钟以上,便会失去效力。

回阳玉龙膏(《外科正宗》)

组成:草乌(炒)、干姜(煨)各90g 赤芍(炒)、白芷、南星(煨)各30g 肉桂15g 研成细末。

功用:温经活血,散寒化痰。用于一切阴证疮疡。

用法:热酒调敷,亦可掺于膏药内贴之。

回阳玉龙油膏

组成:用凡士林8/10,回阳玉龙膏2/10,调匀成膏。

功用:温经活血,散寒化痰。用于一切阴证疮疡。

用法:外敷患处。

回阳生肌散(《赵炳南临床经验集》)

组成:人参15g 鹿茸15g 雄黄1.5g 乳香30g 琥珀7.5g 京红粉3g 研成粉末。

功用:回阳生肌,止痛收敛。用于慢性顽固性溃疡及属于阴疮久不收口者。

用法:薄撒于疮面上或制药捻用。

老人癃闭汤

组成:党参 黄芪 茯苓 莲子 白果 萆薢 车前子 王不留行 吴茱萸 肉桂 甘草

功用:健脾益肾。用于前列腺增生、前列腺炎等属脾肾两虚者。

用法:水煎服。

如圣金刀散(《外科正宗》)

组成:松香210g 生白矾、枯矾各45g 研极细末。

功用:收敛、止血。用于金疮出血不止。

用法:掺于患处,纱布紧扎。

托里消毒散(《医宗金鉴》)

组成:人参 川芎 当归 白芍 白术 银花 茯苓 白芷 皂角刺 甘草 桔梗 黄芪

功用:补益气血,托毒消肿。用于疮疡体虚邪盛,脓毒不易外达者。

用法:水煎服。

托里透脓汤(《医宗金鉴》)

组成:人参 白术 山甲 白芷 升麻 当归 甘草 黄芪 皂角刺 青皮

功用:滋补气血,托里透脓。用于肿疡脓成不溃者。

用法:水煎服。

血府逐瘀汤(《医林改错》)

组成:当归 生地 桃仁 红花 枳壳 赤芍 柴胡 甘草 桔梗 川芎 牛膝

功用:活血祛瘀,理气止痛。

用法:水煎服。

异功散(《太平惠民和剂局方》)

组成:人参 白术 茯苓 炙甘草 陈皮

功用:健脾、和胃、理气。

用法:水煎服。

阳和汤(《外科证治全生集》)

组成:麻黄 熟地 白芥子(炒研) 炮姜炭 甘草 肉桂 鹿角胶

功用:温经散寒,化痰补虚。用于流痰及一切阴疽,漫肿平塌,不红不热者。

用法:水煎服。

阳和解凝膏(《外科正宗》)

组成:鲜牛蒡子根叶梗1500g 鲜白凤仙梗120g 川芎120g 川附、桂枝、大黄、当归、川乌、肉桂、草乌、地龙、僵蚕、赤芍、白芷、白蔹、白及、乳香、没药各60g 续断、防风、荆芥、五灵脂、木香、香橼、陈皮各30g 苏合油120g 麝香30g 菜油5kg 白凤仙熬枯去渣,次日除乳香、没药、麝香、苏合油外,余药俱入锅煎枯,去渣滤净,秤准斤两,每油500g加黄丹(烘透)210g熬至滴水成珠、不黏指为度,撤下锅来,将乳、没、麝、苏合油入膏搅和,半月后可用。

功用:温经和阳,祛风散寒,调气活血,化痰通络。用于一切疮疡阴证(如贴于背脊上第三脊骨处,可治疟疾)。

用法:摊贴患处。

阳毒内消散(《药蔹启秘》)

组成:麝香、冰片各6g 白及、南星、姜黄、炒甲片、樟冰各12g 轻粉、胆矾各9g 铜绿12g 青黛6g 研极细末。

功用:活血、止痛、消肿、化痰解毒。用于一切阳证肿疡。

用法:掺膏药内敷贴。

阴毒内消散(《药蔹启秘》)

组成:麝香3g 轻粉9g 丁香6g 牙皂6g 樟冰12g 腰黄9g 良姜6g 肉桂3g 川乌9g 炒甲片9g 胡椒3g 制乳没各6g 阿魏(瓦上炒去油)9g 研极细末。

功用:温经散寒,消坚化痰。用于一切阴证肿疡。

用法:掺膏药内贴之。

羊睾丸汤(经验方)

组成:阳起石20g 仙茅、仙灵脾、肉苁蓉、生地、熟地各15g 菟丝子、枸杞子、五味子、山萸肉、巴戟天各10g 附子9g 羊睾丸1对

功用:温补肾阳,益肾填精。用于男子不育肾阳虚衰证。

用法:水煎服。

至宝丹(《太平惠民和剂局方》)

组成:人参30g 朱砂30g 麝香3g 制南星15g 天竺黄30g 水牛角30g 冰片3g 牛黄15g 琥珀30g 雄黄30g 玳瑁30g(原方还有安息香、金箔、银箔三药,而无人参、天竺黄、制南星)研细末,和匀,加炼蜜20%～40%为丸。每料成丸

240 粒。

功用:开窍,镇痉。用于卒中后昏迷,内闭外脱;外感热病,痰热阻塞清窍,神昏;小儿急惊,神昏痉厥。

用法:日服 1～2 丸,用凉开水化服,分 2 次服。

竹叶石膏汤(《伤寒论》)

组成:竹叶　石膏　麦冬　人参(党参)　半夏　粳米　甘草

功用:清热养胃,生津止渴。

用法:水煎服。

竹叶黄芪汤(《医宗金鉴》)

组成:人参　黄芪　石膏(煅)　半夏(炙)　麦冬　白芍　川芎　当归　黄芩　生地　甘草　竹叶　生姜　灯心草

功用:滋阴生津清热。用于有头疽,阴液不足,热甚口渴者。

用法:水煎服。

七　画

阿魏膏(亦名阿魏化痞膏,《景岳全书》)

组成:羌活、独活、玄参、官桂、赤芍药、穿山甲、生地黄、两头尖、大黄、白芷、天麻、红花各 15g　番木鳖 10 枚(去壳)　乱发 1 团　槐枝、柳枝、桃枝各 15g　用麻油 1120g,煎药至黑,去渣,入发再煎,发化仍去渣,入上好真正黄丹,煎收膏,软硬适中,入后细药即成膏矣。取阿魏、芒硝、苏合油、乳香、没药各 15g,麝香 9g,细末,入膏,退火,摊布上。

功用:祛风活血,消肿止痛,化痞软坚。用于各种岩肿未溃者。

用法:将膏摊成布膏。临用以朴硝铺肿块上 5mm,盖纸、热熨,硝化、贴膏,7 日 1 换。

补骨脂酊(《赵炳南临床经验集》)

组成:补骨脂 180g　75% 酒精 360ml　将补骨脂碾碎,置酒精内,浸泡七昼夜,过滤去滓。

功用:调和气血,活血通络。用于白癜风、扁平疣、斑秃、神经性皮炎、瘙痒症。

用法:用棉球蘸药涂于患处,并摩擦 5～15 分钟。

补阳还五汤(《医林改错》)

组成:黄芪　归尾　赤芍　地龙　川芎　桃仁　红花

功用:补气、活血、通络。用于下肢痿废、静脉炎等。

用法:水煎服。

补中益气汤(《脾胃论》)

组成:黄芪　人参　炙甘草　归身　橘皮　升麻　柴胡　白术

功用:补补中益气。治疮疡元气亏损,肢体倦怠,饮食少思,内痔脱垂和脱肛等。

用法:共研粗末,水煎服。

补中益气汤(《内外伤辨惑论》)

组成:黄芪　炙甘草　人参　当归　橘皮　升麻　柴胡　白术

功用:补中益气,升阳举陷。用于脾胃气虚证、气虚下陷证、气虚发热证。用于疮疡元气亏损,肢体倦怠,饮食少思,内痔脱垂和脱肛等。

用法:水煎服。

沉香散(《三因极一病证方论》)

组成:沉香　石韦　滑石　王不留行　当归　冬葵子　白芍药　甘草　橘皮　为细末。

功用:理气通尿。用于下焦郁结,气不得舒,致气淋癃闭,小腹胀满。

用法:每服 6g,食前煎大麦汤调下。

沉香散(《金匮翼》)

组成:沉香　石韦　滑石　当归　橘皮　白芍　冬葵子　甘草　王不留行

功用:行气活血,通窍利尿。用于前列腺增生、前列腺炎等属气滞血瘀者。

用法:水煎服。

苍附导痰汤(《叶氏女科》)

组成:苍术　香附　枳壳　陈皮　茯苓　胆星　甘草

功用:利气化痰。用于形盛多痰。

用法:水煎服。

冻疮膏(《实用中医外科学》)

组成:猪油 30%　蜂蜜 50%　樟脑 20%　先将樟脑研细,然后诸药调匀。

功用:清热,润肌,杀虫,止痛。用于治疗冻疮肿硬。

用法:局部外用,用温水洗净疮面后,轻轻揩干。取本品适量涂于患处,并加轻揉,每日数次。

冻伤膏(《实用中医外科学》)

组成:二甲基亚砜　微分子右旋糖酐　呋喃西林　凡士林　白及粉　二甲基亚砜、微分子右旋糖酐、呋喃西林、凡士林,调匀成 0.5% 呋喃西林软膏 94g 加白及粉 6g,充分搅拌即可。

功用:养肤、抗冻。用于手足脸耳冻肿、冻痒、冻裂。

用法:涂抹患处,每日2次。

附子理中汤(《三因极一病证方论》)

组成:附子　人参　干姜　白术　炙甘草

功用:温补脾肾。治疮疡脾肾阳衰,神疲纳呆,便泄肢冷者。

用法:水煎服。

附桂八味丸

即金匮肾气丸。

更衣丸(《先醒斋医学广笔记》)

组成:朱砂　芦荟

功用:清肝通便。

用法:水研细末,蜜为丸,每日早晚各服9g。

陈苓汤(《实用中医男科学》)

组成:陈皮　茯苓　法夏　白术　泽泻　猪苓　桂皮　川楝子　小茴香　橘核　怀牛膝　苡仁

功用:温阳散寒,除湿消肿。用于水疝肾囊肿大,皮色光亮,囊湿而冷者。

用法:加生姜为引,煎水温服。

苓部丹(经验方)

组成:百部5500g　丹参沉淀粉1350g　黄芩沉淀粉3600g　百部浸膏2500g　将百部浸膏拌入药粉内成颗粒,轧片,每片含生药0.3g。

功用:清热杀虫。用于皮肤结核、流痰、瘰疬等病。

用法:成人每日2~3次,每次5片,温开水送服。

苓连二母丸(《外科正宗》)

组成:黄芩、黄连、知母、贝母(去心)、当归(酒炒)、白芍(酒炒)、羚羊角(镑)、生地、熟地、蒲黄、地骨皮、川芎各30g　生甘草15g　共为细末,侧柏叶煎汤,面糊为丸,如梧桐子大。

功用:抑火滋阴,养血凉血,安敛心神,调和血脉。治血瘤。

用法:每日服6~9g,灯心草煎汤送下。

启阳娱心丹(《辨证录》)

组成:人参　远志　茯神　甘草　橘红　砂仁　柴胡　菟丝子　白术　枣仁　当归　白芍　山药　石菖蒲

功用:益肾补肝,壮胆宁神。用于阳痿等属胆虚惊恐伤肾者。

用法:水煎服。

沙参麦冬汤(《温病条辨》)

组成:沙参　玉竹　生甘草　冬桑叶　天花粉　麦冬

功用:清养肺胃,生津润燥。主治燥伤肺胃阴分,咽干口渴,或热或干咳少痰。

用法:水煎服。

苏合香丸(《太平惠民和剂局方》)

组成:白术、青木香、乌犀屑、香附子、朱砂、诃黎勒、白檀香、安息香、沉香、麝香、丁香、荜茇各60g　龙脑、冰片、苏合香油各30g　乳香30g　朱砂水飞或粉碎成极细粉,麝香、冰片、犀角研细,其余除苏合香外均粉碎成细粉,与上述粉末配研,过筛,混匀。再将苏合香炖化,加适量炼蜜制成蜜丸,阴干。

功用:芳香开窍,行气止痛。用于中风、中气或感受时行瘴疠之气,突然昏倒,牙关紧闭,不省人事;或中寒气闭,心腹猝痛,甚则昏厥;或痰壅气阻,突然昏倒。

用法:每服1丸,日1~2次。

身痛逐瘀汤(《医林改错》)

组成:川芎　当归　桃仁　红花　牛膝　五灵脂　地龙　秦艽　羌活　香附　甘草　没药

功用:活血祛瘀,祛风除湿,通痹止痛。用于瘀血夹风湿,经络痹阻,肩痛、臂痛、腰腿痛,或周身疼痛,经久不愈者。

用法:水煎服。

辛夷清肺饮(《外科正宗》)

组成:辛夷　生甘草　石膏(煅)　知母(生研)　黄芩　枇杷叶(去毛)　升麻　百合　麦冬　水2盅,煎8分。

功用:清肺胃,解热毒。用于鼻内息肉及热疮等病。

用法:水煎服。

八　画

拔毒生肌散(经验方)

组成:冰片　龙骨　石膏(煅)　红粉　炉甘石　血竭　轻粉　黄升　研细和匀。

功用:拔毒生肌。用于痈疽已溃,久不生肌,疮口下陷,常流毒水。

用法:外用适量,撒布患处,或以膏药护之。

拔毒膏(《丹溪心法附余》)

组成:南皂角　五倍子　乳香　没药　雄黄　上药生用,为细粉。

功用:拔毒消肿止痛。用于肿毒,诸恶疮。

用法:醋调外敷。

枇杷清肺饮(《医宗金鉴》)

组成:人参　枇杷叶(去毛蜜炙)　生甘草

411

黄连　桑白皮　黄柏

功用:清宣肺热。用于粉刺。

用法:水1盅半,煎7分,饭后服。

侧柏叶酊(经验方)

组成:二甲亚砜100g　侧柏叶酒精浸出液加到1000ml　取生侧柏叶2500g,用60%乙醇渗漉到1000ml即成。

功用:凉血清热止痒。用于白屑风。

用法:每日搽擦患处3~4次。

虎潜丸(《丹溪心法》)

组成:黄柏　龟板　知母　熟地黄　陈皮　白芍药　锁阳　虎骨　干姜

功用:滋阴降火,强壮筋骨。用于治疗损伤及脱疽后期,肝肾不足,筋骨酸软,步履乏力。

用法:共研细末,酒糊为丸,每服3钱,食前淡盐汤送服。

和荣散坚丸(《医宗金鉴》)

组成:川芎　白芍　当归　茯苓　熟地　陈皮　桔梗　香附　白术　人参　甘草　海粉　昆布　贝母　升麻　红花　夏枯草　共研细末,夏枯草膏和丸,如梧桐子大。

功用:调和营血,散坚开郁。用于失荣。

用法:每服9g,食后白开水送下。

季德胜蛇药片(中成药)

组成:蟾蜍皮　地锦草　七叶一枝花　蜈蚣

功用:清热,解毒,消肿止痛。用于毒蛇,毒虫咬伤。

用法:口服,第一次20片,以后每隔6小时续服10片;危急重症者将剂量增加10~20片并适当缩短服药间隔时间。不能服药者,可行鼻饲法给药。外用,被毒虫咬伤后,以本品和水外搽,即可消肿止痛。

金黄散(《医宗金鉴》)

组成:大黄、黄柏、姜黄、白芷各2500g　南星、陈皮、苍术、厚朴　甘草各1000g　天花粉5000g共研细末。

功用:清热除湿,散瘀化痰,止痛消肿。用于一切疮疡阳证。

用法:可用葱汁、酒、醋、麻油、蜜、菊花露、银花露、丝瓜叶捣汁调敷。

金黄膏

组成:即用凡士林8/10,金黄散2/10,调匀成膏。

功用:同金黄散。

用法:将药膏摊敷料上,贴患处,或涂患处。

金铃子散(《袖珍方》引《圣惠方》)

组成:金铃子　玄胡　各30g为末。

功用:行气疏肝,活血止痛。用于肝气郁热之胃脘、胸胁痛,疝气疼痛。

用法:每服6~9g,酒调下,温汤亦可。

金锁固精丸(《医方集解》)

组成:沙苑蒺藜、芡实各60g　龙骨(酥炙)、牡蛎(煅)各30g　共研细末,莲肉煮烂捣糊为丸。

功用:固肾涩精。用于肾虚遗精、白浊。

用法:每服10g,1日3次,空腹淡盐汤送下。

京万红烫伤药膏

组成:穿山甲　地榆　当归　白芷　紫草　乳香　没药　血竭

功用:化腐生肌,消炎止痛。用于各种烧、烫伤。

用法:外用。

苦参汤(《疡科心得集》)

组成:苦参60g　蛇床子30g　白芷15g　银花30g　菊花60g　黄柏15g　地肤子15g　大菖蒲9g

功用:祛风除湿,杀虫止痒。用于阴痒、阴蚀、白疕、麻风等病。

用法:水煎去渣,临用亦可加猪胆汁4~5滴,一般洗2~3次即可。

苓桂术甘汤(《伤寒论》)

组成:茯苓　桂枝　白术　炙甘草

功用:健脾渗湿、温化痰饮。用于幽门梗阻属于脾虚痰饮型者。

用法:水煎服。

炉甘石洗剂

组成:炉甘石粉10g　氧化锌5g　石炭酸1g　甘油5g　水加至100ml

功用:燥湿止痒。用于瘙痒性皮肤病。

用法:用前必须摇匀,每天至少搽5~6次。

青黛散(经验方)

组成:青黛60g　石膏120g　滑石120g　黄柏60g　各研细末,和匀。

功用:收湿止痒,清热解毒。用于一般皮肤病,焮肿痒痛出水。

用法:干掺,或麻油调敷患处。

青黛膏

组成:青黛散75g　凡士林300g　先将凡士林烊化冷却,再将药粉徐徐调入即成。

功用:同青黛散,兼有润肤作用。

用法:将药膏涂于纱布上贴之,或蘸药搽擦患处,或再加热烘疗法,疗效更好。

青黛散油

组成:青黛散 香油

功用:收湿止痒,清热解毒,兼可润肤。用于一般皮肤病,焮肿痒痛出水。

用法:外敷患处。

青吹口散(经验方)

组成:煅石膏 9g 煅人中白 9g 青黛 3g 薄荷 0.9g 黄柏 2.1g 川连 1.5g 煅月石 18g 冰片 3g 先将煅石膏、煅人中白、青黛各研细末,和匀,水飞(研至无声为度),晒干,再研细,又将其余 5 味各研细后,和匀,用瓶装,封固不出气。

功用:清热、解毒、止痛。用于口、舌、咽喉疼痛之疳疮。

用法:漱净口腔,用药管吹敷患处。

青蒿鳖甲汤(《温病条辨》)

组成:青蒿 鳖甲 生地 知母 丹皮

功用:养阴清热。用于疮疡、肛漏、肛周脓肿等见夜热早凉,热退无汗,热自阴来者。

用法:水煎服。

青麟丸(《邵氏经验良方》)

组成:大黄 鲜侧柏叶 绿豆芽 黄豆芽 槐枝 桑叶 桃叶 柳叶 车前 鲜茴香 陈皮 荷叶 银花 苏叶 冬术 艾叶 半夏 厚朴 黄芩 香附 砂仁 甘草 泽泻 猪苓 牛乳 梨汁 姜汁 童便 陈酒

功用:通腑缓下。

用法:水研细末,蜜为丸,每日早晚各服 15～30g。

参附汤(《世医得效方》)

组成:人参 附子(炮)

功用:回阳,益气,救脱。用于阳气暴脱,上气喘急,汗出肢冷,头晕气短,面色苍白,脉微欲绝。

用法:水煎取汁,顿服。病情严重者,用量可酌加。

参苓白术散(《太平惠民和剂局方》)

组成:白扁豆 450g(姜汁浸,去皮,微炒) 人参(或党参)、白术、白茯苓、炙甘草、山药各 600g 莲子肉、桔梗(炒令深黄色)、薏苡仁、缩砂仁各 300g

功用:健脾补气,和胃渗湿。用于脾胃虚弱,饮食不消,或吐或泻,形体虚羸等症。

用法:用枣汤调服。

肾气丸(又名金匮肾气丸,《金匮要略》)

组成:熟地 250g 山药、山萸肉各 125g 茯苓、丹皮、泽泻各 90g 附子 1 枚(炮) 桂枝 30g 共研细末,炼蜜为丸,如梧桐子大。

功用:温补肾阳。用于肾阳不足证。

用法:每服 6g,日 2 次。

泻热汤(《外科证治全生集》)

组成:黄连 黄芩 连翘 甘草 木通 归尾

功用:清热解毒,利湿消肿。用于囊痈等。

用法:水煎服。

知柏地黄丸(《医宗金鉴》)

组成:熟地 山萸肉 山药 泽泻 茯苓 丹皮 知母 黄柏 制成丸剂

功用:滋阴降火。用于复发性口疮、红斑狼疮证属阴虚内热者。

用法:每日两次,温开水吞服。

知柏地黄丸(《医方考》)

组成:山萸肉 山药 泽泻 茯苓 黄连 桑白皮 黄柏 为细末,炼蜜为丸。

功用:滋阴降火。

用法:每日 9g,分 2 次吞服。

治瘰方(经验方)

组成:熟地黄 何首乌 杜仲 赤芍 白芍 牛膝 桃仁 红花 赤小豆 白术 穿山甲

功用:养血活血。

用法:水煎服。

九 画

保元汤(《外科正宗》)

组成:人参 黄芪 白术 甘草 生姜 红枣

功用:益气培元。

用法:水煎服。

除湿胃苓汤(《医宗金鉴》)

组成:苍术(炒) 厚朴(姜炒) 陈皮 猪苓 泽泻 赤茯苓 白术(土炒) 滑石 防风 山栀子(生研) 木通 肉桂 甘草(生) 水 2 盅 灯心草 50 寸 煎 8 分。

功用:清热燥湿,理气和中。用于缠腰火丹、湿疮,见湿阻中焦者。

用法:水煎服。

胆道排石汤 6 号(经验方)

组成:虎杖 30g 金钱草 30g 栀子 12g 大黄 15g 枳壳 15g 木香 15g 延胡索 15g

功用:清热利湿,行气止痛,利胆排石。用于"总攻"排石疗法、胆总管结石小于1cm直径者,以及肝管结石、术后残留结石和复发结石等。

用法:水煎服。

独活寄生汤(《备急千金要方》)

组成:独活　桑寄生　人参　茯苓　川芎　防风　桂心　杜仲　牛膝　秦艽　细辛　当归　白芍　地黄　甘草

功用:温经散寒,祛风化湿,益肝肾,补气血。用于风寒湿三气侵袭筋骨而体质较虚者。

用法:水煎服。

疯油膏(经验方)

组成:轻粉4.5g　东丹(广丹)3g　朱砂3g

上药研细末,先以麻油120g煎微滚,入黄蜡30g再煎,以无黄沫为度,取起离火,再将药末渐渐投入,调匀成膏。

功用:润燥、杀虫、止痒。用于鹅掌风、牛皮癣等皮肤皲裂、干燥作痒者。

用法:涂擦患处。或加热烘疗法疗效更好。

复方大柴胡汤(《医学资料选编》)

组成:柴胡　黄芩　枳壳　川楝子　大黄　玄胡　白芍　蒲公英　木香　丹参　甘草

功用:和解表里,清泻热结。用于肠痈、溃疡病穿孔缓解后腹腔感染。

用法:水煎服。

复方大柴胡汤(《中西医结合治疗急腹症》)

组成:柴胡9g　黄芩9g　枳壳6g　川楝子9g　元胡9g　白芍9g　木香6g　蒲公英15g　甘草6g　大黄9g

功用:和解表里,清泻热结。用于溃疡病急性期缓解后腹腔感染。症见上腹或右下腹压痛,肠鸣、便燥、身热、苔黄、脉数等。

用法:水煎服。

复方丹参注射液

组成:葛根　丹参　降香

功用:活血化瘀,理气开窍,扩张血管。用于血瘀证。

用法:肌注或静脉滴注。肌注,每次2~4ml,日1~2次;静脉滴注,16~20ml溶于5%葡萄糖注射液250~500ml中,日1次。

复方地榆氧化锌油

组成:生地榆10g　紫草5g　冰片2g　氧化锌油加到100g

功用:润肤、收敛、清热、止痛。用于带状疱疹、湿疹、亚急性皮炎、烧烫伤。

用法:外用,取适量涂抹于患处。

复方土槿皮酊(经验方)

组成:10%土槿皮酊40ml　苯甲酸12g　水杨酸6g　75%乙醇加至100ml　将苯甲酸、水杨酸加乙醇适量溶解,再加入10%土槿皮酊混匀,最后将乙醇加至尽量。

功用:杀虫止痒。用于鹅掌风、脚湿气等病。

用法:搽擦患处,每日3~4次。手足部糜烂或皲裂者禁用。

复元活血汤(《医学发明》)

组成:柴胡15g　瓜蒌根、当归各9g　红花、甘草、山甲(炮)各6g　大黄(酒浸)30g　桃仁(酒浸,去皮尖,研如泥)50个

功用:活血祛瘀,疏肝通络。用于跌仆损伤,瘀血内停胁下,疼痛不可忍,或伴发热便秘。

用法:水煎服。

枸橘汤(《外科证治全生集》)

组成:枸橘　川楝子　秦艽　陈皮　防风　泽泻　赤芍　甘草

功用:疏肝理气,化湿清热。用于子痈睾丸肿痛。

用法:水煎服。

茴香橘核丸(《笔花医镜》)

组成:小茴香　橘核　槟榔　香附　青皮　元胡　昆布　海藻　大茴香　川楝子　荔枝核　补骨脂　莪术　肉桂　桃仁　共研细末,水泛为丸,或炼蜜为丸。

功用:散寒除湿,消肿止痛。用于子痈、疝病等肾子肿大,坠胀疼痛,外肾潮湿发凉属寒湿凝滞者。

用法:每服9g,日2次,温开水或淡盐汤下,或作汤剂煎服。

活血驱风解毒汤(经验方)

组成:当归　川芎　红花　威灵仙　白芷　防风　僵蚕　七叶一枝花　半边莲　地丁　生地黄　泽泻　当归　车前子　木通　甘草

功用:活血通络,驱风解毒。用于治疗毒蛇咬伤之风毒证。

用法:水煎服。

活血散瘀汤(《外科正宗》)

组成:当归尾　赤芍　桃仁(去皮尖)　大黄(酒炒)　川芎　苏木　丹皮　枳壳(麸炒)　瓜蒌仁　槟榔

功用:活血逐瘀。用于瘀血流注及委中毒等。

用法:水煎服。

活血通脉汤(经验方)

组成:丹参、鸡血藤、生黄芪各 25g 蒲公英 20g 赤芍、天葵子、花粉、紫花地丁各 10g 乳香、没药各 12g

功用:清热解毒,祛瘀止痛。用于下肢深静脉血栓形成之血脉瘀阻证。

用法:水煎服。

活血止痛散(《赵炳南临床经验集》)

组成:土鳖虫 300g 当归 600g 乳香(醋炙)120g 自然铜(煅,醋淬)180g 三七 120g 上为细末,每 264g 细粉兑研冰片 6g。

功用:活血化瘀,消肿止痛。用于跌打损伤,瘀血肿痛。

用法:每服 1.5g,日 2 次,温黄酒或温开水冲服;或煎汤熏洗。

济川煎(《景岳全书》)

组成:当归、牛膝、肉苁蓉各 9g 泽泻、枳壳各 6g 升麻 3g

功用:补肾,润肠,通便。

用法:水煎服。

济生肾气丸(《济生方》)

组成:干地黄 山药 山茱萸 泽泻 茯苓 丹皮 桂枝 炮附子 牛膝 车前子

功用:温肾利水。用于泌尿系结石、前列腺肥大肾阳虚者。

用法:水煎服。

荆防败毒散(《医宗金鉴》)

组成:荆芥 防风 柴胡 前胡 羌活 独活 枳壳 炒桔梗 茯苓 川芎 甘草 人参 生姜或薄荷

功用:解表达邪。用于风寒相搏,邪气在表,发生疮疡,头痛,无汗,恶寒重发热轻者。

用法:水煎,食后缓缓温服。

枯痔钉(经验方)

组成:红砒 0.3g 明矾 0.6g(捣碎) 米饭

第一步:取红砒 0.3g、明矾 0.6g(捣碎),混合均匀后,置瓦壶内,四面用炭火烘,火力须猛,烧 2~3 小时(黑烟消逝,白烟出现即可),将瓦壶取出,待冷却后,可得雪白的明矾与砒的化合物。第二步:①明矾与砒的化合物 4 份,朱砂 1 份,雄黄 2 份,没药 1/2 份。②米饭(千米计算)8 份(先煮成糊状)。把①项的 4 种成分先混合,捣碎,研成均匀粉末,并取出一成,与②项的米糊二成混合调匀,如太干可

和开水,至可能搓成铁钉状的药锭,比火柴梗稍细些,一头尖,一头平,长约 3.2cm,直径约 0.1cm。经过阴干或烘干,并可用紫外线照射 1 小时消毒备用。

功用:腐蚀痔核。

用法:插于痔核部。

枯痔散(经验方)

组成:白砒 60g 白矾 60g 月石 6g 硫黄 6g 雄黄 6g 上列各药分别研成细末,除硫黄外,其他各药混合,装入砂罐内,将罐用纸封闭,中间剪一直径 1.5cm 大的小孔。将砂罐置于炭火上煅制,不久即有黄烟从小孔中冒出,罐内也发出大小不均的响声。待黄烟变成青烟,烟量较少,罐中声响均匀后(即罐中药物全部熔化),再从小孔中放入硫黄粉末,并将火力略为减小。待罐中声响消逝,青烟出尽后,将砂罐取下,冷却,倒出,置阴凉处约 2 个月,退尽火毒后,研成粉末,即可应用。

功用:腐蚀。一般用于内痔。

用法:将药粉掺涂患处。

枯痔液(经验方)

组成:明矾(硫酸铝钾)6g 石炭酸(酚)1g 黄连 2g 普鲁卡因 1g 枸橼酸钠 1.5g 甘油 20ml 蒸馏水加至 100ml 将黄连用蒸馏水洗净,煎熬 3 次,合并煎液过滤备用,得溶液①。将酚溶液加于甘油中得溶液②。取适量的蒸馏水加热,将明矾溶于水中,再加入枸橼酸钠及普鲁卡因,得溶液③。将溶液②缓缓不断加热搅拌下加入溶液③,得溶液④。最后将溶液①与④合并加蒸馏水至全量过滤,再用 3 号玻璃球滤过,装瓶封口,普通蒸气消毒 30 分钟备用。溶液应呈金黄色透明液体,pH值为 3.5。

功用:使内痔硬化或坏死脱落。

用法:注射于痔核内。

美宝湿润烧伤膏(湿润烧伤膏)

组成:黄芩 黄连 黄柏 赤芍等。

功用:清热解毒,止痛,生肌。用于各种烧、烫、灼伤。

用法:外用。涂于烧、烫、灼伤等创面(厚度薄于 1mm),每 4~6 小时更换新药。换药前,须将残留在创面上的药物及液化物拭去。暴露创面用药。

前列腺汤(经验方)

组成:丹参 泽兰 桃仁 红花 赤芍 乳香 没药 王不留行 青皮 川楝子 小茴香 白芷 败酱草 蒲公英

功用:活血化瘀,行气导滞。治以会阴、少腹或阴囊部疼痛为主,腰酸乏力,血尿或血精以瘀滞见证的前列腺炎。

用法:水煎服。

祛毒汤(《医宗金鉴》)

组成:瓦松、马齿苋、甘草各15g　五倍子、川椒、防风、苍术、枳壳、侧柏叶、葱白各9g　朴硝1g

功用:消肿止痛、抗炎收敛。用于内、外痔及肛瘘发炎、肿胀、疼痛等。

用法:水煎后,煮沸液放盆内先热熏再坐浴10~20分钟。

神功内托散(《外科正宗》)

组成:当归　白术　黄芪　人参　白芍　茯苓　陈皮　附子　木香　甘草　川芎　山甲

功用:益气养血,托毒排脓。用于痈疽等气虚不能托毒外出者。

用法:加煨姜3片,大枣2个,水煎服。

神效瓜蒌散(《外科大成》)

组成:瓜蒌　当归　甘草　没药　乳香

功用:和营化痰,散结消肿。用于乳痈、乳疽、乳痨、乳岩等。

用法:加入2碗黄酒,煎至大半碗,温服。

神应养真丹(《外科正宗》)

组成:羌活　木瓜　天麻　当归　白芍　菟丝子　熟地(酒蒸捣膏)　川芎　各等份为末,为蜜丸如梧桐子大。

功用:养血生发,祛风活络。用于风邪外袭以致风盛血燥,不能荣养毛发者。

用法:每次9g,日2次,饭后温酒或盐汤送下。

顺气归脾丸(《外科正宗》)

组成:陈皮、贝母、香附、乌药、当归、白术、茯神、黄芪、酸枣仁、远志、人参各30g　木香、炙甘草各9g　为末,以合欢树根皮120g煎汤,煮老米糊为丸,如梧桐子大。

功用:理气健脾。用于思虑伤脾,脾气郁结所致痰核、肉瘤等。

用法:每服60丸,食后用滚汤送下。

香贝养荣汤(《医宗金鉴》)

组成:香附　贝母　人参　茯苓　陈皮　熟地　川芎　当归　白芍　白术　桔梗　甘草　生姜　大枣

功用:养营化痰。用于瘰疬、乳岩、石疽等。

用法:水煎服。

香砂六君子汤(《杏苑生春》)

组成:人参(或党参)　白术　茯苓　炙甘草　陈皮　半夏　木香(或香附)　砂仁

功用:和胃畅中。用于脾胃虚弱,脘腹隐痛,或见胸闷嗳气,呕吐,或见肠鸣便溏等症。

用法:水煎服。

鸦胆子油(朱仁康经验方)

组成:鸦胆子30g　置瓶中,加乙醚提取油,待乙醚挥发后即得。

功用:腐蚀疣赘。用于各种皮肤疣赘。

用法:外涂患处。

养肝宁胆汤(《内科疑难病中医治疗学》)

组成:生地、茵陈、虎杖、生山楂、麦芽各12g　首乌、枸杞子、佛手各9g　鸡内金、玫瑰花各3g　缘萼梅6g　生大黄6~9g(后下)

功用:养肝柔肝,疏肝利胆。用于胆囊炎,胆石症肝阴不足者。

用法:水煎服。

养阴清肺汤(《重楼玉钥》)

组成:生地黄　玄参　麦冬　川贝母　丹皮　白芍　甘草　薄荷

功用:养阴清肺,清咽解毒。用于白喉、慢性咽喉炎以及阴虚燥咳证。

用法:水煎服。

咬头膏(经验方)

组成:铜绿、松香、乳香、没药、生木鳖、蓖麻子(去尖)　杏仁各3g　巴豆6g　白砒0.3g　捣成膏,为丸如绿豆大。

功用:有腐蚀之功。用于疮疡已成脓而不能自破者。

用法:每用1粒,放于膏药上,贴于疮疡中心。

药制苍耳子虫(经验方)

组成:苍耳子虫　朱砂　冰片　先将苍耳子虫浸在生油中,须浸没,约7天,取出虫,再浸入蓖麻油内,加朱砂(以色红为度)、冰片少许。

功用:提疔拔脓。用于一切疔疮。

用法:用苍耳子虫1条,放膏药或药膏上,贴患处。

茵陈蒿汤(《伤寒论》)

组成:茵陈　栀子　大黄

功用:清热利湿。用于风疹块因胃肠湿热所致者。

用法:水煎服。

珍珠散(《疡科心得集》)

组成:珍珠10g(生研)　炉甘石30g(煅)　石

膏45g(尿浸49日,煅飞)　共研细末。

功用:燥湿生肌。用于各种溃疡腐肉已净时。

用法:撒疮口上。

指迷茯苓丸(《百一选方》引《指迷方》)

组成:半夏　茯苓　枳壳　风化硝

功用:燥湿和中,化痰通络。用于痰湿阻络所致的筋络挛急,臂痛难举。

用法:共研细末,自然汁煮米糊为丸,如梧桐子大,每服2钱,生姜汤送下,一日3次。

茱萸内消丸(《中西医结合治疗结核病》)

组成:吴茱萸　山茱萸　马蔺花(以上醋浸焙干)　陈皮　炒桃仁　炒川楝肉　炒黑丑　牡砺白蒺藜　肉桂　炒茴香　醋炒元胡　醋炒青皮醋炙硼砂　上药共研细末,用夏枯草熬膏和为丸如绿豆大。

功用:温经散寒,化瘀软坚,理气止痛。用于子痰之肾子肿胀,坚硬麻木,局部冷痛等属寒湿瘀阻者。

用法:每服30丸,日3次,温开水送下。

十　画

柴胡清肝汤(《医宗金鉴》)

组成:生地　当归　白芍　川芎　柴胡　黄芩山栀　天花粉　防风　牛蒡子　连翘　甘草

功用:清肝解郁。用于痈疽疮疡,由肝火而成者。

用法:水煎服。

柴胡疏肝散(《证治准绳》引《统旨》)

组成:柴胡　陈皮　川芎　芍药　枳壳　甘草香附

功用:疏肝理气。用于肝气郁结证。

用法:水煎服。

顾步汤(《外科真诠》)

组成:黄芪　石斛　当归　牛膝　紫花地丁人参　甘草　银花　蒲公英　菊花

功用:益气养阴,和营清热。用于脱疽火毒型初起。

用法:水煎服。

桂附八味丸(即桂附地黄丸)(《金匮要略》)

组成:六味地黄丸加肉桂、附子

功用:温补肾阳。用于命门火衰,脾肾阳虚证。

用法:每服1丸,日2次。

桂麝散(《药蔹启秘》)

组成:麻黄15g　细辛15g　肉桂30g　牙皂

9g　生半夏24g　丁香30g　生南星24g　麝香1.8g　冰片1.2g　研极细末。

功用:温化痰湿,消肿止痛。用于一切阴证疮疡未溃者。

用法:掺膏药内贴之。

桂枝茯苓丸(《金匮要略》)

组成:桂枝　茯苓　牡丹(去心)　桃仁(去皮尖,熬)　芍药

功用:活血化瘀,缓消癥块。用于瘀阻胞宫证。

用法:共为末,炼蜜为丸。

桂枝合白虎汤(《医宗金鉴》)

组成:桂枝　芍药　石膏(煅)　知母(生)甘草(生)　粳米　生姜　大枣

功用:解肌发表,清热生津。用于风温,壮热多汗。

用法:水煎服。

桂枝加当归汤(经验方)

组成:桂枝　芍药　甘草　生姜　大枣　当归

功用:养血和营,温通经络。用于脱疽、冻疮等。

用法:水煎服。

桂枝麻黄各半汤(《伤寒论》)

组成:桂枝　芍药　生姜　甘草　麻黄　大枣杏仁

功用:发汗解表,调和营卫。用于太阳病发热恶寒、热多寒少。

用法:水煎服。

桂枝汤(《伤寒论》)

组成:桂枝　芍药　甘草　生姜　大枣

功用:解肌发表,调和营卫。用于风疹块等因风寒外袭、营卫不和所致者。

用法:水煎服。

海浮散(《外科十法》)

组成:制乳香(去油)　制没药(提炼)　各等份,共研极细末。

功用:生肌、止痛、止血。用于痈疽溃后,脓毒将尽者。

用法:将药粉掺于患处,外盖膏药或药膏。

海藻玉壶汤(《医宗金鉴》)

组成:海藻(洗)　陈皮　贝母　连翘(去心)昆布　半夏(制)　青皮　独活　川芎　当归　甘草　海带(洗)

功用:化痰、消坚、开郁。用于肉瘿、石瘿。

用法:水煎,食前后服之。

凉膈散(《太平惠民和剂局方》)

组成:连翘120g 大黄(酒浸)、芒硝、甘草各60g 栀子(炒黑)、黄芩(酒炒)、薄荷各30g 共研粗末。加竹叶、蜂蜜。

功用:凉膈、清热、通腑、解毒。用于心火上盛,中焦燥实,烦躁口渴,二便秘结等症。

用法:每服9g,竹叶20片,蜂蜜3匙,煎服。

凉血地黄汤(《外科大成》)

组成:细生地 当归尾 地榆 槐角 黄连 天花粉 生甘草 升麻 赤芍 枳壳 黄芩 荆芥

功用:清热凉血。用于血栓性外痔、肛门周围痈疽等病。

用法:水煎服。

凉血四物汤(《医宗金鉴》)

组成:当归 生地 川芎 赤芍 黄芩(酒炒) 赤茯苓 陈皮 红花(酒洗) 甘草(生)各3g

功用:凉血活血。用于酒渣鼻。

用法:水煎服。

凉血消风散(《朱仁康临床经验集》)

组成:生地30g 当归9g 荆芥9g 蝉衣6g 苦参9g 白蒺藜9g 知母9g 生石膏30g 生甘草6g

功用:祛风清热。用于血热生风生燥所致白屑风、瘾疹、风热疮。

用法:水煎服。

秘精汤(经验方)

组成:生龙骨 生牡蛎 生芡实 生莲米 知母 麦冬 五味子

功用:滋阴清热,涩关固精。用于遗精、早泄、阳痿等属精关不固兼有虚热之男科病。

用法:水煎服。

润肠汤(《证治准绳》)

组成:当归 甘草 生地 麻仁 桃仁泥

功用:养血清热润肠。用于疮疡阴虚内热,肠燥便结者。

用法:水煎服。

润肠丸(《沈氏尊生方》)

组成:当归20g 麻仁30g 桃仁30g 羌活10g 煨大黄20g

功用:润肠通便

用法:水研细末,蜜为丸,每日早晚各服9g。

桑菊饮(《温病条辨》)

组成:桑叶 菊花 杏仁 连翘 薄荷 甘草 桔梗 芦根

功用:疏风清热,宣肺止咳。

用法:水煎服。

桑螵蛸散(《本草衍义》)

组成:桑螵蛸 远志 人参 茯神 当归 龙骨 菖蒲 龟板

制法:共研细末备用。

功用:调补心肾,固精止遗。用于遗精、早泄、精浊等属心肾两虚者。

用法:睡前服,以党参煎汤调下6g。或作汤剂加减煎服。

桃红四物汤(《医宗金鉴》)

组成:当归 赤芍 生地 川芎 桃仁 红花

功用:活血调经。用于妇女月经不调,痛经,或由于瘀血所致的各种肿块。

用法:水煎服。

桃花散(《外科正宗》)

组成:白石灰250克 大黄片45g 先将大黄煎汁,白石灰用大黄汁泼成末,再炒,以石灰变成红色为度,将石灰筛细备用。

功用:止血。用于疮口出血。

用法:掺于患处,纱布紧扎。

桃花饮(散)(《医宗金鉴》)

组成:白石灰250g 大黄片45g 白石灰用水泼成末,与大黄片同炒,以灰变红色为度,去大黄,将石灰筛细备用。

功用:止血。用于疮口出血。

用法:掺于患处,纱布紧扎,或凉水调敷。

铁箍散膏(《房芝萱外科经验》)

组成:铁箍散(市售) 紫草 升麻 贯众 赤芍 当归 防风 白芷 红花 芥穗 荆芥 紫荆皮 儿茶 红曲 川芎 共研细末,过筛和匀,入蜂蜜中调匀成膏,密封贮存备用。

功用:破瘀消肿,活血透脓。用于子痈成脓未溃者。

用法:外敷患处。

通络活血方(《朱仁康临床经验集》)

组成:归尾 赤芍 桃仁 红花 香附 青皮 王不留行 茜草 泽兰 牛膝

功用:活血祛瘀,通经活络。用于结节性红斑、硬红斑、下肢结节病。

用法:水煎服。

通气散坚丸(《外科正宗》)

组成:人参　桔梗　川芎　当归　花粉　黄芩(酒炒)　枳壳(麸炒)　陈皮　半夏(制)　白茯苓　胆星　贝母(去心)　海藻(洗)　香附　石菖蒲　生甘草　各60g,研为细末,荷叶煎汤为丸,如豌豆大。

功用:宣肺调气,化痰散结。用于气瘤。

用法:每服3g,饭前灯心草、生姜汤送下。

通窍活血汤(《医林改错》)

组成:赤芍　川芎　桃仁　老葱　生姜　红枣麝香(绢包)

功用:活血化瘀,通窍活络。用于斑秃、酒渣鼻、荨麻疹(血瘀型)。

用法:水煎服。

透脓散(《外科正宗》)

组成:当归　生黄芪　炒山甲　川芎　皂角刺

功用:透脓托毒。用于痈疽诸毒,内脓已成,不易外溃者。

用法:水煎服。

按:本方一般适用于实证,因此,使用时亦可去黄芪,以免益气助火。

消风导赤汤(经验方)

组成:生地　赤芍　牛蒡子　白鲜皮　银花薄荷　木通　黄连　甘草

功用:清热利湿,解毒祛风。用于急性湿疹。

用法:水煎服。

消风散(《医宗金鉴》)

组成:荆芥　防风　当归　生地　苦参　苍术(炒)　蝉蜕　胡麻仁　牛蒡子(炒研)　知母(生)　石膏(煅)　甘草(生)　木通

功用:散风、清热、凉血、理湿。用于风疹块、疮疡因风湿血热所致者。

用法:水煎服。

消核丸(《类证治裁》)

组成:盐水炒橘红、赤茯苓、熟大黄、连翘各30g黄芩、山栀各24g　半夏、元参、牡蛎、花粉、桔梗、瓜蒌各21g　僵蚕15g　共研末,蒸饼为丸。

功用:清热化痰,软坚消肿。用于皮肤痰核、瘰疬。

用法:每服10g,日2次。

消疬丸(《外科真诠》)

组成:玄参　牡蛎(煅)　川贝　各等份,米糊为丸,如梧桐子大。

功用:软坚化痰。用于阴虚火旺所致之瘰疬。

用法:每服9g,温开水送下。

消瘰丸(《许履和外科医案医话集》)

组成:生牡蛎　玄参　川贝　夏枯草

功用:滋阴降火,化痰软坚。

用法:水煎服。

消疝汤(《幼科条辨》)

组成:小茴香　茯苓　青皮　白术　当归　白芍　荔枝核　山楂核　川楝子　甘草　沉香

功用:疏肝理气,温化水湿。用于水疝属气阻湿滞者。

用法:水煎服。

消炎散(《中西医结合治疗急腹证》)

组成:芙蓉叶、大黄各500g　黄芩、黄连、黄柏、泽兰叶各400g　冰片9g 为细末。

功用:清热解毒,消肿止痛。用于腹膜炎和阑尾脓肿急性炎症期。

用法:用黄酒或葱酒煎调敷,调成麻酱稠度,按照炎症范围和脓肿大小,摊于油纸上或塑料布上0.3~0.4cm厚,敷于患处,外加纱布覆盖固定,每日调换1~2次。

消痔膏

即用凡士林8/10,消痔散2/10,调匀成膏。

消痔灵注射液(中国中医研究院经验方,北京第四制药厂生产)

组成:鞣酸(由五倍子提出)0.15g　硫酸钾铝(医用明矾)4g　枸橼酸钠1.5g　低分子右旋糖酐(平均分子量为25 000~50 000,含糖)10ml　甘油10ml　三氯叔丁醇0.5g　蒸馏水加至100ml将枸橼酸钠溶解于50ml蒸馏水中,加入硫酸钾铝搅拌溶解。另将鞣酸、三氯叔丁醇溶解于甘油中(水浴上加热),将两者混合加低分子右旋糖酐,再加蒸馏水至足量,10磅压力下消毒30分钟。用4号垂熔漏斗过滤后调pH值至3,灌封在10ml和20ml的安瓿中,再经100℃水浴灭菌30分钟即可。

功用:本品有收敛、抑菌、止血等作用。适用于各期内痔,特别适用于三期内痔以及由三期内痔发展而成的轻度静脉曲张性混合痔、血管瘤。

用法:痔核局部注射。内痔出血,早、中期内痔用原液注射到痔的黏膜下层,三期内痔和静脉曲张性混合痔按四步注射法进行,并在医生指导下应用。

常用量:1%普鲁卡因1:1稀释液20~40ml。

注意事项:①急性肠炎、内痔嵌顿发炎须在炎症消退后进行注射;②外痔皮赘忌用;③四步注射法需经专科培训或熟悉本疗法的医生进行操作。

消痔散（经验方）

组成：煅田螺 30g　煅咸橄榄核 30g　冰片 1.5g　共研细末，和匀。

功用：消痔退肿止痛。

用法：用油调敷痔上。

消肿散瘀膏（《实用中医外科学》）

组成：大黄　干姜　官桂　白及　血竭　赤芍　麻黄　红花　半夏　赤小豆

制法：共研细末备用。

功用：消肿散瘀。用于水疝。

用法：以凡士林加温熔化，按 2∶1 比例将药末搅拌均匀，待温外敷。

逍遥贝蒌散（经验方）

组成：柴胡　当归　白芍　茯苓　白术　瓜蒌　贝母　半夏　南星　生牡蛎　山慈菇

功用：疏肝理气，化痰散结。用于乳癖、瘰疬、乳癌初起。

用法：水煎服。

逍遥散（《太平惠民和剂局方》）

组成：柴胡　白芍　当归　白术　茯苓　炙草　生姜　薄荷

功用：疏肝解郁，调和气血。用于肝郁不舒所致乳癖、失荣、瘰疬等病。

用法：水煎服。丸剂每次 4.5g，每日 2 次，温开水送下。

益胃汤（《温病条辨》）

组成：沙参　麦冬　细生地　玉竹　冰糖

功用：养胃益阴。用于疮疡胃阴不足者。

用法：水煎服。

脏连丸（《证治准绳》）

组成：黄连 240g（研净末）　公猪大肠（肥者一段，长 1.2 尺）　将黄连末装入大肠内，两头以线扎紧，放砂锅内，下酒 1250ml，慢火熬之，以酒干为度。将药肠取起，共捣如泥。如嫌湿，再晒 1 小时许，复捣为丸，如梧桐子大。

功用：清化大肠湿热。用于痔疮无论新久，便血作痛，肛门重坠。

用法：每服 3～9g，空心温开水送下。

真武汤（《伤寒论》）

组成：茯苓　芍药　生姜　白术　附子

功用：温补脾肾。用于脾肾阳虚的红斑狼疮。

用法：水煎服。

十一画

萆薢分清饮（《医学心悟》）

组成：川萆薢　石菖蒲　黄柏　茯苓　车前子　莲子心　白术

功用：清心利湿。用于膏淋、白浊。

用法：水煎服。

萆薢化毒汤（《疡科心得集》）

组成：萆薢　归尾　丹皮　牛膝　防己　木瓜　苡仁　秦艽

功用：清热利湿。用于湿热所致疮疡。

用法：水煎服。

萆薢渗湿汤（《疡科心得集》）

组成：萆薢　苡仁　黄柏　赤苓　丹皮　泽泻　滑石　通草

功用：清利湿热。用于脚湿气、下肢丹毒及湿疮等病。

用法：水煎服。

蛋黄油（经验方）

组成：煮熟鸡蛋黄 3～4 枚　放入锅内用文火煎熬，炸枯去渣存油备用。

功用：润肤生肌。用于乳头破碎、奶癣等病。

用法：外搽患处。

黄柏霜（经验方）

组成：硬脂酸 200g　单硬脂酸甘油酯 72g　石蜡油 160g　凡士林 40g　尼泊金 1g　苯甲酸钠 4g　吐温-80 10g　三乙醇胺 50g　二甲基亚砜 20g　黄柏液（1∶4）500g　取硬脂酸、单硬脂酸甘油酯、石蜡油、凡士林、苯甲酸钠及尼泊金置容器内加热至 60℃；使熔化（油相）+再取黄柏液、吐温-80、三乙醇胺加入水溶液中，并加热至 60℃（水相）。将水相一次加入到油相中，并用力搅拌至呈乳状，继续搅拌至冷即成。

功用：清热止痒。

用法：搽擦患处，每日 3～4 次。

2%～10% 黄柏溶液（经验方）

组成：黄柏流浸膏 2～10ml　蒸馏水 10ml　尼泊金 0.05g　将黄柏捣碎成粗末，用 75% 乙醇渗漉，收集渗漉液，回收乙醇，即得流浸膏，每 1ml 流浸膏等于生药 1g。最后取流浸膏 2～10ml，加蒸馏水至 100ml，尼泊金 0.05g，稀释即成。

功用：清热解毒，祛腐止痛。用于烫伤糜烂及痛、疽等疮疡溃后，脓腐不脱，疼痛不止，疮口难敛者。

用法：用消毒纱布或棉球蘸溶液洗创面，或湿敷疮上。

黄连膏（《医宗金鉴》）

组成:黄连 9g　当归 15g　黄柏 9g　生地 30g　姜黄 9g　麻油 360g　黄蜡 120g　上药除黄蜡外,浸入麻油内,1 天后用文火熬煎至药枯,去渣滤清,再加入黄蜡,文火徐徐收膏。

功用:润燥、清热、解毒、止痛。用于痔疮、烫伤等证,疮疡嫩红作痛者。

用法:将膏匀涂于纱布上,敷贴患处。

黄连油(经验方)

组成:黄连 30g　香油适量

功用:清热解毒,除湿止痒。用于湿疹、小面积烫伤等。

用法:外搽患处,每日 3～4 次。

黄连解毒汤(《外台秘要》引崔氏方)

组成:黄连　黄芩　黄柏　山栀

功用:泻火解毒。用于疔疮及一切火毒热毒、发热、汗出、口渴等实证。

用法:水煎服。

黄龙汤(《伤寒六书》)

组成:大黄　芒硝　枳实　厚朴　人参　当归　桔梗　甘草　生姜　大枣

功用:润肠通便。

用法:水煎服。

黄芪鳖甲汤(《医学入门》)

组成:人参　肉桂　苦梗　生干地黄　半夏　紫菀　知母　赤芍　黄芪　炙甘草　桑白皮　天门冬　鳖甲　秦艽　白茯苓　地骨皮　柴胡

功用:益气养阴,宣肺退热。用于气阴两虚所致五心烦热等症。

用法:水煎服。

黄芪六一汤(《外科正宗》)

组成:黄芪 18g　甘草 4.5g　人参 3g

功用:补中益气。用于流注溃后,脓水出多,烦躁不宁。

用法:水煎服。

黄芪汤(《备急千金要方》)

组成:黄芪 9g　芍药 9g　桂心 9g　麦冬 9g　五味子 3g　甘草 3g　当归 3g　细辛 3g　人参 3g　大枣 2 枚　前胡 6g　茯苓 12g　生姜 5g　半夏 5g

功用:益气温经。

用法:水煎服。

黄芪汤(《金匮翼》)

组成:黄芪　陈皮　火麻仁　白蜜

功用:益气润肠。用于气血两虚便秘,直肠脱垂等。

用法:水煎服。

黄芪汤(《医宗金鉴》)

组成:黄芪、熟地黄各 9g　牡蛎、炒白术、麦冬各 6g　茯苓、防风各 3g　炙甘草 1g　浮小麦 30g

功用:补益气血、益阴生津。用于气血两虚便秘,直肠脱垂等。

用法:水煎服。

黄芩清肺饮(《卫生宝鉴》)

组成:黄芩　栀子

功用:清肺泄热。用于前列腺肥大肺热失宣者。

用法:水煎服。

理中丸(汤)(《伤寒论》)

组成:党参 90g　干姜 60g　白术 90g　炙甘草 30g　上药研末,水泛为丸。

功用:温中健脾。

用法:每日 2 次,每次 4.5g,用温开水送下。汤剂按常用量水煎服。

鹿角散(《沈氏尊生书》)

组成:鹿角屑　鹿茸　茯苓　茯神　人参　川芎　当归　桑螵蛸　补骨脂　龙骨　韭菜子　柏子仁　甘草　生姜　大枣　粳米

功用:补肾壮阳,清心固涩。用于遗精、早泄等属肾气亏虚者。

用法:水煎服。

麻黄桂枝各半汤(《伤寒论》)

组成:桂枝　白芍　生姜　大枣　甘草　麻黄　杏仁

功用:散风祛寒,调和营卫。

用法:水煎服。

麻黄连翘赤小豆汤(《伤寒论》)

组成:麻黄　连翘　杏仁　赤小豆　大枣　生梓白皮　生姜　炙甘草

功用:解表清热,利湿退黄。用于湿热蕴结证。

用法:水煎服。

麻黄汤(《伤寒论》)

组成:麻黄　桂枝　杏仁　炙甘草

功用:发表宣肺,平喘止咳。用于感冒风寒,怕冷发热,无汗,咳嗽气喘,肢体疼痛。

用法:水煎服。

麻子仁丸(《伤寒论》)

组成:麻子仁　芍药　枳实　大黄　厚朴　杏仁　为末,炼蜜为丸,如梧桐子大。

功用:润肠通便。用于胃强脾弱,津亏便秘。

用法:每服 30 丸,每日 3 次。

密陀僧散(《医宗金鉴》)

组成:雄黄、硫黄、蛇床子各 6g　密陀僧、石黄各 3g　轻粉 1.5g　共研细末。

功用:祛风杀虫。用于白驳风、紫白癜风及狐臭等。

用法:醋调搽,或干扑患处。

注:石黄即石门产之雄黄。

清风散(《古今医鉴》)

组成:防风 1.5g　荆芥 0.9g　羌活 1.5g　独活 1.5g　连翘 1.5g　当归 1.5g　赤芍药 3g　生地黄 1.5g　苍术 3g　陈皮 3g　半夏(制)3g　白茯苓 3g　乌药 2.1g　槟榔 1.5g　木瓜 1.8g　牛膝 2.1g　木香 0.9g　黄连 1.5g　玄参 2.1g　鼠黏子(炒)1.5g　萆薢 6g　金银花 1.8g　升麻 3g　白蒺藜(炒)2.4g　防己 1.5g

功用:祛风清热。用于风热气滞证。

用法:水煎服。

清肝解郁汤(《外科正宗》)

组成:当归　白芍　茯苓　白术　贝母　熟地　山栀　半夏　人参　柴胡　丹皮　陈皮　香附　川芎　甘草

功用:清肝解郁。用于暴怒伤肝,忧思郁结,肝火妄动所致痈疽。

用法:水煎服。

清肝芦荟丸(《外科正宗》)

组成:当归、生地(酒浸捣膏)、白芍(酒炒)、川芎各 60g　黄连、海粉、牙皂、甘草节、昆布(酒洗)、芦荟各 15g　为细末,神曲糊丸,如梧桐子大。

功用:清肝解郁,养血舒筋。用于筋瘤。

用法:每次 80 丸,食前后服之。

清骨散(《证治准绳》)

组成:银柴胡　鳖甲　炙甘草　秦艽　青蒿　地骨皮　胡黄连　知母

功用:养阴清热。用于流痰溃久,骨蒸潮热者。

用法:水煎服。

清解片(经验方)

组成:大黄　黄芩　黄柏　苍术　各 500g。共研细末和匀,轧片,每片含量 0.3g。

功用:清热解毒、化湿通便。用于疮疡湿热内盛、便秘里实之证。

用法:每日服 2～3 次,成人每次服 5～10 片,温开水送下。

清开灵注射液(北京中医药大学药厂)

组成:胆酸、水牛角、黄芩、金银花、栀子等

功用:清热解毒,化痰通络,醒神开窍。用于热病神昏,中风偏瘫,神志不清等症。

用法:肌内注射,1 日 2～4ml,重症患者静脉滴注,1 日 20～40ml,以 10% 葡萄糖注射液 200ml 或生理盐水 100ml 稀释后使用。

清利通络汤(经验方)

组成:金银花　蒲公英　紫花地丁　鸡血藤　炮甲珠　车前子　生苡仁　茯苓　白花蛇舌草

功用:清热利湿,解毒通络。用于血栓性浅静脉炎湿热证。

用法:水煎服。

清凉甘露饮(《外科正宗》)

组成:水牛角(可用丹皮、赤芍代)　银柴胡　茵陈　石斛　枳壳　麦冬　甘草　生地　黄芩　知母　枇杷叶

功用:清热凉血。用于茧唇高突坚硬,或破损流血,或积热生痰等。

用法:水煎服。

清凉油乳剂(即清凉膏,《医宗金鉴》)

组成:风化石灰 1 升　清水 4 碗

功用:清热润肤。用于烫伤初期,皮肤潮红,或有燎疱出水者。

用法:将石灰(陈者佳)与水搅浑,待澄清后,吹去水面浮衣,取中间清水。每水 1 份加麻油 1 份,搅调百遍,即以鸡翎蘸涂伤处。

清暑汤(《外科全生集》)

组成:连翘　花粉　赤芍　甘草　滑石　车前子　银花　泽泻　淡竹叶

功用:清暑利湿、利尿解毒。用于脓疱疮、痱子等。

用法:水煎服。

清胃散(《脾胃论》)

组成:生地　当归　丹皮　黄连　升麻

功用:清胃凉血。用于胃经积热,上攻口齿,牙痛。

用法:水煎服。

清瘟败毒饮(《疫疹一得》)

组成:生石膏　生地黄　犀角　川连　生栀子　桔梗　黄芩　知母　赤芍　玄参　连翘　竹叶　甘草　丹皮

功用:泻火解毒,凉血救阴。用于一切火热之证,表里俱盛者。

用法:水煎服。

清咽利膈汤(《证治准绳·幼科》)

组成:玄参　升麻　桔梗(炒)　甘草(炒)　茯苓　黄连(炒)　黄芩(炒)　牛蒡子(炒,杵)　防风　芍药(炒)　各等份。

功用:清咽利膈。用于心脾蕴热,咽喉腮舌肿痛。

用法:水煎服。

清营汤(《温病条辨》)

组成:水牛角(磨粉冲服)　生地　玄参　竹叶心　银花　连翘　黄连　丹参　麦冬

功用:清营解毒,泄热养阴。用于有头疽、发颐、丹毒等有热邪内陷之象者。

用法:水煎服。

蛇伤解毒片(中成药)

组成:白芷　冰片　大黄　山慈菇　红大戟　黄连　硫酸镁　拳参　山豆根　雄黄　朱砂

功用:清解蛇毒,散瘀消肿。用于各种毒蛇咬伤。

用法:口服,第一天(24小时内)服4~5次,第一次服9~12片(病情严重者第一次可服18片),以后每次服6~9片,每隔3~4小时服一次;第二、三天,一次6~9片,一日3次;第四天一次6片,一日2次,直至肿完全消退为止;儿童减半。外用,取本品研末用蜂蜜或冷开水调敷伤口周围,每日换药1次。

银翘散(《温病条辨》)

组成:银花　连翘　牛蒡子　桔梗　薄荷　鲜竹叶　荆芥　淡豆豉　生甘草　鲜芦根

功用:疏风清热。用于疮疡焮红肿痛,邪气在表,头昏少汗,发热重、恶寒轻者。

用法:水煎服。

银花甘草汤(《外科十法》)

组成:鲜金银花30g(干用15g)　甘草3g

功用:清火解毒。用于疮疡有热毒者

用法:水煎服。煎汤外用,可洗涤疮面。

痔疮宁栓(成都制药厂生产)

组成:每粒含消炎痛粉75mg　颠茄30mg　痢特灵100mg　冰片30mg　红古豆醇酯5mg

功用:消炎止痛。用于内痔肿痛、直肠炎、痔疮术后。

用法:直肠给药。

十二画

斑蝥酊(经验方)

组成:斑蝥10g　75%乙醇100ml,浸泡2周,过滤澄清备用。

功用:攻毒活血。用于油风、脱发。

用法:外擦局部。

葱归溻肿汤(《医宗金鉴》)

组成:独活、白芷、当归、甘草各9g　葱头7个

功用:疏导腠理,通调血脉。用于痈疽初肿之时。

用法:以上药加水至3大碗,煎至汤液浓厚时,滤去渣,以棉帛蘸汤热洗,如凉再易之。

痤疮洗剂(经验方)

组成:沉降硫黄6g　樟脑酯10g　西黄芪胶1g　石灰水加至100ml

功用:减少皮脂溢出,消炎。用于痤疮。

用法:外擦,每日3~4次。擦药前先用热水洗涤患部。

鹅黄散(《外科正宗》)

组成:石膏(煅)　黄柏(炒)　轻粉　各等份,为极细末。

功用:清热解毒,驱梅敛疮。治梅毒疳疮等。

用法:于掺患处。

鹅掌风浸泡方(经验方)

组成:大枫子肉9g　烟膏9g　花椒9g　五加皮9g　皂荚1条　地骨皮9g　龙衣1条　明矾12g　鲜凤仙花9g　米醋500~750g

功用:疏通气血,杀虫止痒。用于鹅掌风、灰指甲。

用法:上药与米醋放在砂锅内先浸一夜,次日煮沸待温,用塑料袋1只,将药汁倾入,患手伸入袋中,扎住,浸6~12小时或每天浸1~2小时,每日1~2次,连续7天。

葛根芩连汤(《伤寒论》)

组成:葛根15g,炙甘草6g　黄芩9g　黄连9g

功用:清热利湿。用于湿热下注之脱肛,脱出不复,肿痛流滋水,肛门灼热坠胀者。

用法:水煎服。

黑豆馏油

组成:黑豆经火熏烤流出之油。

功用:润肤、收敛、止痒。用于湿疹、神经性皮炎及各种慢性皮炎。

用法:外用。

黑豆馏油软膏

组成:黑豆馏油1.2g　桉油0.24g　氧化锌1.8g　冰片0.12g　软膏基质适量。

功用:润肤、收敛、止痒。用于慢性湿疹、神经性皮炎、婴儿湿疹。

用法:外用,取适量涂抹于患处。

黑虎丹(《外科诊疗学》)

组成:磁石(醋煅)4.5g、母丁香、公丁香(炒黑)各3g 全蝎7只(约4.5g,炒过) 炒僵蚕7只(约2.1g) 炙甲片9g 炙蜈蚣6g 蜘蛛7只(炒炭) 麝香1.5g 西黄0.6g 冰片3g 研成细末。

功用:消肿提脓。用于痈、疽、瘰疬、流痰等,溃后脓腐不净,亦可用于对升丹过敏者。

用法:掺少许在疮头上,外盖太乙膏,隔日换药1次。

黑退消(经验方)

组成:生川乌、生草乌、生南星、生半夏、生磁石、公丁香、肉桂、制乳没各15g 制甘松、硇砂各9g 冰片、麝香各6g 上药除冰片、麝香外,各药研细末后和匀,再将冰片、麝香研细后加入和匀,用瓶装,不使出气。

功用:行气活血,祛风逐寒,消肿破坚,舒筋活络。用于一切阴证疮疡未溃者。

用法:将药粉撒在膏药或油膏上敷贴患处。

5%～10%硫黄膏(经验方)

组成:硫黄5～10g 凡士林90～95g 将硫黄研细,与凡士林调匀即成。

功用:杀虫止痒。用于疥疮、玫瑰糠疹、白秃疮、肥疮等。

用法:搽擦患处。

脾约麻仁丸(《伤寒论》)

组成:大黄 厚朴 杏仁 白芍 麻仁 枳实

功用 润肠通便,清热化湿。用于湿热燥结所致肛裂等。

用法 水煎服,亦可制成丸剂。

普济消毒饮(《东垣试效方》)

组成:黄芩(酒炒) 黄连(酒炒) 陈皮(去白) 甘草(生) 玄参 连翘 板蓝根 马勃 鼠黏子 薄荷 僵蚕 升麻 柴胡 桔梗

功用:散风温,清三焦,解热毒。用于锁喉痈、发颐、抱头火丹等。

用法:水煎服。如热毒重者可加大黄。

散肿溃坚汤(《薛氏医案》)

组成:柴胡 升麻 龙胆草 黄芩 甘草 桔梗 昆布 当归尾 白芍 黄柏 葛根 黄连 三棱 木香 瓜蒌根 连翘 知母

功用:清泻肝火,活血软坚。用于肾岩、瘰疬。

用法:水煎服。

疏凿饮子(《济生方》)

组成:泽泻 赤小豆 商陆 羌活 大腹皮 椒目 木通 秦艽 槟榔 茯苓皮

功用:泻下逐水,疏风发表。用于水湿壅盛证。

用法:水煎服。

痛风定胶囊(中成药)

组成:黄柏、秦艽、赤芍、车前子等

功用:清热祛风除湿,活血通络定痛。用于痹证中的湿热证,见关节红肿热痛,伴发热,汗出不解,口渴心烦,小便黄,舌红苔黄腻,脉滑数。

用法:口服。一次4粒,每日3次。

温脾汤(《备急千金要方》)

组成:大黄 人参 甘草 干姜 附子

功用:温里散寒,导滞通便。

用法:水煎服。

犀黄丸(《外科证治全生集》)

组成:牛黄1g 麝香4.5g 乳香、没药各30g 先将乳香、没药各研细末。再加入牛黄、麝香共研。用煮烂黄米饭30g,入药末捣和为丸,如粟米大,晒干,忌烘。

功用:清热解毒,和营消肿。用于石疽、失荣、乳岩、瘰疬、痰核等。

用法:每日3～9g,陈酒送下。

犀角地黄汤(《备急千金要方》)

组成:水牛角屑(水磨更佳) 生地(捣烂) 丹皮 芍药

功用:凉血清热解毒。用于一切疮疡热毒内攻,热在血分者。

用法:水煎服。

雄黄膏(经验方)

组成:雄黄30g 氧化锌30g 凡士林300g 先将凡士林烊化,冷却,再将药粉徐徐调入即成。

功用:解毒杀虫。用于白秃疮、肥疮、鹅掌风、脚湿气等。

用法:涂擦患处。敷药后宜包扎或戴帽子。

滋阴除湿汤(《外科正宗》)

组成:川芎 当归 白芍 熟地 柴胡 黄芩 陈皮 知母 贝母 泽泻 地骨皮 甘草 生姜

功用:滋阴除湿。用于肝肾阴亏、湿热未解之疮疡。

用法:水煎,饭前服。

滋阴除湿汤(《朱仁康临床经验集》)

组成:生地黄30g　玄参12g　当归12g　丹参15g　茯苓9g　泽泻9g　白鲜皮9g　蛇床子9g

功用:滋阴养血,除湿止痒。用于亚急性湿疹,慢性阴囊湿疹,天疱疮等。

用法:水煎服。

紫草膏(《疮疡大全》)

组成:紫草50g　当归、防风、生地、白芷、乳香、没药各15g

功用:清热凉血,生肌止痛。用于烫火伤,疮疡已溃,疼痛不止。

用法:取适量摊于纱布上,敷患处或外涂患处,每隔1~2日换药1次。

紫草油

组成:紫草50g　香油250g

功用:活血化瘀,润肤生肌。用于轻度烫伤、烧伤、慢性溃疡。

用法:外敷患处。

紫色疽疮膏(《房芝萱外科经验》)

组成:轻粉　红粉　琥珀　乳香　血竭　冰片　珍珠　蜂蜡　香油　锅内盛油在火上数开后离火,将前五味药研粉后兑入油内溶匀,再兑入蜂蜡使其完全溶化,待冷却后兑入冰片、珍珠粉搅匀成膏。

功用:化腐生肌,煨脓长肉。用于子痈、子痰等溃后久不收口。

用法:外贴患处。

紫雪丹(《太平惠民和剂局方》)

组成:黄金　寒水石　石膏　滑石　磁石　升麻　玄参　甘草　水牛角　羚羊角　沉香　丁香　朴硝　硝石　辰砂　青木香　麝香

功用:清心开窍,镇惊安神。用于内外烦热不解,发斑,发黄,瘴毒,疫毒,以及小儿惊痫,疮疡内陷,疔毒走黄,神识昏迷等。

用法:每用0.9~1.5g,每日3服。病重者每服可增至3g。

紫雪散(上海中药一厂)

组成:羚羊角、水牛角、麝香、朱砂、公丁香、甘草、青木香、灵磁石、沉香、玄参等

功用:清热镇惊。用于瘟热不解,重感伤寒,咽痛口渴,小儿急热惊风,疮疡内陷,疔疮走黄,神识昏迷等。

用法:每服1.5~3g,每日2~3次,温开水送服。孕妇忌服,小儿遵医嘱服用。

十　三　画

槐花散(《普济本事方》)

组成:炒槐花、侧柏叶、荆芥穗、枳壳各等份

功用:清热止血。治便血。

用法:经炮制后,研成细末,用清米饮调下6g,空心食前服。

槐角地榆丸(《外科大成》)

组成:槐角(炒)200g　白芍(酒炒)、枳壳(炒)、荆芥、地榆炭、椿皮(炒)、栀子(炒)、黄芩、生地黄各100g　研细粉,炼蜜为丸。

功用:清热止血,消肿止痛。用于大便下血、大肠积热、痔疮肿痛。

用法:每服1丸,日2次。

槐角丸(《疡医大全》)

组成:槐角子、槐花各240g　槟榔12g　黄芩90g　刺猬皮2个(酒浸焙)　共研细末,炼蜜为丸,如梧桐子大。

功用:清化湿热。用于痔漏。

用法:每服100丸,空腹时米汤送下。

暖肝煎(《景岳全书》)

组成:当归　枸杞子　沉香　肉桂　乌药　小茴香　茯苓

功用:温补肝肾,行气逐寒。用于肝肾阴寒,小腹疼痛,疝气等。

用法:加生姜3~5片,水煎服。

暖脐膏(经验方)

组成:万应药膏　白胡椒　肉桂　后两味共研细末,调入万应膏中。

功用:温散寒湿。用于水疝、寒疝等属寒湿凝滞者。

用法:摊布上贴患处或摊药膏上贴患处。

锡类散(《金匮翼》)

组成:青黛　象牙屑　珍珠　人指甲　壁钱炭　人工牛黄　冰片　为细粉。

功用:清热解毒,消肿止痛。用于瘟疫白喉,咽喉肿痛,喉闭乳蛾等。

用法:取粉适量,吹撒患处。

新癀片(经验方)

组成:牛黄　九节荣

功用:消炎止痛,清热解毒,散瘀消肿。用于风湿性关节炎、胆囊炎、外伤、痛风、无名肿毒等。

用法:每服4片,日2次。

新加香薷饮(《温病条辨》)

425

组成:香薷 6g 银花 9g 鲜扁豆花 9g 厚朴 6g 连翘 6g

功用:祛暑清热,化湿解毒。

用法:水 1 升,煮取 400ml,先服 200ml,得汗止后服,不汗再服;服尽不汗,再作服。

新六号枯痔注射液

组成:氯化钙 12g 氯化铵 3g 加注射用水至 100ml,上配方调匀→溶解→过滤(3 号细菌漏斗过滤)→分装(可分装为 5ml、10ml、100ml 等不同规格)→消毒(普通蒸气消毒 1 小时或煮沸消毒 0.5 小时)备用。

功用:使内痔坏死脱落。

用法:注射于痔核内。

新消片(经验方)

组成:生雄黄 1875g 生乳香 1875g 丁香 6875g 上药研粉,过 100 目筛,60℃干燥,轧片,每片含生药 0.3g

功用:祛瘀消肿,解毒止痛。治痈、流注、红丝疔、血栓性浅深静脉炎、脱疽、附骨疽、流痰、瘰疬、皮肤结核等病。

用法:成人每天 5 片,每日 2 次,儿童减半,婴儿服 1/3,饭后温开水吞服。服 2 周后,停 2 周。同时检验血白细胞计数,总数下降至 $4×10^9$/L 者停止使用。年老、体弱、孕妇及肝肾有病变者忌服。

十四画及以上

鳖甲煎丸(《金匮要略》)

组成:鳖甲 12 分(炙) 乌扇 3 分(炮) 黄芩 3 分 柴胡 6 分 鼠妇 3 分(熬) 干姜 3 分 大黄 3 分 芍药 5 分 桂枝 3 分 葶苈 1 分(熬) 石韦 3 分(去毛) 厚朴 3 分 牡丹 5 分(去心) 瞿麦 2 分 紫葳 3 分 半夏 1 分 人参 1 分 蟅虫 5 分(熬) 阿胶 3 分(炙) 蜂窠 4 分(炙) 赤硝 12 分 蜣螂 6 分(熬) 桃仁 2 分 以上 23 味药,为末,取煅灶下灰一斗,清酒一斛五斗,浸灰,候酒尽一半。着鳖甲于中,煮令泛烂如胶漆,绞取汁,内诸药,煎为丸,如梧子大,空心服七丸,日三服。

功用:消癥化积,活血化瘀,疏肝解郁。

用法:取灶下灰 3 斤,黄酒 10 斤,浸灰内滤过取汁,煎鳖甲成胶状,其余 22 味共为细末,将鳖甲胶放入炼蜜中,和匀为小丸,每服 3g,每日 3 次。

薄荷三黄洗剂(经验方)

组成:三黄洗剂 100ml 中加入薄荷脑 1g。

功用:清热、止痒、收涩。用于一切急性皮肤病,凡红、肿、热、剧痒、出水者。

用法:临用摇匀。涂患处,每日 4～5 次。

5%～10% 蟾酥合剂(经验方)

组成:酒化蟾酥、雄黄、铜绿、炒绿矾、轻粉、乳香、没药、枯矾、干蜗牛各 3g 麝香、血竭、朱砂、煅炉甘石、煅寒水石、硼砂、灯草灰各 1.5g 研细末,和匀。蟾酥另以烧酒化开为糊,徐徐和入药末,混合研匀,晒干,研成极细末,收贮备用。

功用:驱毒,消肿,化腐。用于疔疮、白喉、走马牙疳等。

用法:红肿初起时,用上药(亦可用煅石膏为赋形剂,配成 30%～50% 蟾酥合剂)以烧酒调涂患处,外面敷贴太乙膏。至红肿消失,腐肉与健康组织起一裂缝时,改用 10% 蟾酥合剂(即上药 1 份,煅石膏 9 份)。至腐肉脱落阶段,再改用 5% 蟾酥合剂(即上药 1 份,煅石膏 9 份,煅炉甘石 5 份,海螵蛸 5 份)。亦可用吹药器将药喷入口腔、咽喉患处。

蟾酥丸、蟾酥条、蟾酥饼(《外科正宗》)

组成:蟾酥 6g(酒化) 轻粉 1.5g 麝香 枯矾 寒水石(煅) 制乳香 制没药 铜绿 胆矾(绿矾)各 3g 雄黄 6g 蜗牛 21 个 朱砂 9g 上药各为末,先将蜗牛研烂,加蟾酥,放入其他药末捣匀,做丸如绿豆大,亦可做饼、做条外用。

功用:驱毒发汗。外敷化腐消坚。内服治疗疮初起。

用法:每服 3 丸,用葱白嚼烂,包药在内,取热酒 1 杯送下,被盖卧,出汗为效。重证可再进一服。孕妇忌服。外用:条,可插入疮口中;饼,可盖贴疮口上。

撮风散(《普济方》)

组成:赤脚蜈蚣(炙) 白僵蚕 朱砂 麝香 川乌(炮) 半夏(姜制) 南星(姜制) 钩藤 天麻(炮) 荆芥穗 为细末。

功用:祛风解痉。用于破伤风。

用法:竹沥水调服。

颠倒散洗剂(经验方)

组成:硫黄、生大黄各 7.5g 石灰水 100ml 将硫黄、大黄研极细末后,加入石灰水(将石灰与水搅浑,待澄清后,取中间清水)100ml 混和即成。

功用:清热散瘀。用于酒渣鼻、粉刺等病。

用法:在应用时,先将药水充分振荡,再搽擦患处,每日 3～4 次。

膈下逐瘀汤(《医林改错》)

组成:灵脂 当归 川芎 桃仁 丹皮 赤芍 乌药 玄胡索 甘草 香附 红花 枳壳

功用:活血祛瘀,行气止痛。用于前列腺癌、房劳胁痛、房劳少腹痛等属气滞血瘀者。

用法:水煎服。病轻者少服,病重者多服,病去药止。

藿黄浸剂(《实用中医皮肤病学》)

组成:藿香 30g　黄精、大黄、皂矾各 12g　醋 1kg

功用:清热解毒,杀虫止痒。用于手足癣、甲癣。

用法:夏日浸泡手足,每日 1~2 小时。

橘核丸(《济生方》)

组成:橘核(炒)、海藻(洗)、昆布(洗)、海带(洗)、川楝子(打炒)、桃仁各 30g　厚朴(去皮,姜汁炒)、木通、枳实(麸炒)、延胡索(炒)、桂心、木香各 15g　研细末,酒糊为丸。

功用:疏肝行气,散瘀消肿,软坚利水。用于睾丸肿块,阴囊积液。

用法:每服 10g,日 2~3 次,空腹温酒或淡盐汤送下。

橘叶散(《外科正宗》)

组成:柴胡　陈皮　川芎　栀子　青皮　石膏　黄芩　连翘　甘草　橘叶

功用:疏肝清热,理气散结。用于妇人乳房结块肿痛。

用法:水煎服。

蠲痹汤(《百一选方》)

组成:羌活　姜黄　当归　黄芪　赤芍　防风　甘草

功用:益气和营,祛风胜湿。用于营卫两虚、风湿痹痛、肩项臂痛,手足麻木等。

用法:水煎服。

藤黄膏(经验方)

组成:生藤黄粉 120g　白蜡 120g　麻油 500g　先将麻油煮沸,入白蜡熔化,加入藤黄粉调匀,收贮备用。

功用:解毒生肌。用于各种溃疡。

用法:薄摊纱布上,贴溃疡处,1 日 1 换。

豨莶丸(经验方)

组成:豨莶草不拘多少　用黄酒拌,九蒸九晒,研细粉,炼蜜为丸,如梧桐子大。

功用:祛风胜湿。用于白驳风等证。

用法:每服 9g,空腹陈酒或开水送下。

醒脑静注射液(无锡山禾药业股份有限公司)

组成:麝香　冰片　黄连　栀子　黄芩　郁金

功用:清热泻火,凉血解毒,开窍醒脑。用于热入营血、内陷心包、高热烦躁、神昏谵语等症。

用法:肌内注射,1 次 2~4ml,日 1~2 次。静脉滴注,1 次 10~20ml,用 5%~10% 葡萄糖注射液或氯化钠注射液 250~500ml 稀释后使用。

醒消丸(《太平惠民和剂局方》)

组成:乳香(去油)30g　没药(去油)30g　麝香 4.5g　雄精 15g　先将乳、没、雄三味各研细末,再合麝香共研,煮烂黄米饭 30g,入药末,捣为丸,如莱菔子大,晒干,忌烘。

功用:和营通络,消肿止痛。多用于阴证疮疡。

用法:每服 3~6g,热陈酒送下或温开水送下;孕妇忌服。

按:《外科证治全书》醒消丸方中麝香改为 0.9g,可作临床实用参考。

薏苡附子败酱散(《金匮要略》)

组成:薏苡仁　附子　败酱草

功用:温化利湿、排脓消肿。用于急性阑尾炎脓已成。

用法:水煎服。

薏苡仁汤(《证治准绳》)

组成:薏苡仁　瓜蒌仁　牡丹皮　桃仁

功用:利湿润肠,活血止痛。用于肠痈初起,湿滞血瘀,腹中疼痛,或胀满不食,小便不利;或妇人产后,月经前后,凡由湿滞血瘀而致腹痛者,皆可服用。

用法:水煎服。

毓麟珠(《景岳全书·卷五十一》)

组成:人参、白术(土炒)、茯苓、芍药(酒炒)各 60g　川芎、炙甘草各 30g　当归、熟地(蒸,捣)、菟丝子(制)各 120g,杜仲(酒炒)、鹿角霜、川椒各 60g　上药为末,炼蜜丸,弹子大。

功用:补气养血,益精种子。

用法:每服 1~2 丸,空腹时用酒或白汤送下。亦可为小丸吞服。

熨风散(《疡科选粹》)

组成:羌活、防风、白芷、当归、细辛、芫花、白芍药、吴茱萸、官桂各 3g　研成细末。

功用:温经祛寒,散风止痛。用于流痰、附骨疽等。

用法:取赤皮葱连须 240g,捣烂,同药末和匀,醋炒热,布包,热熨患处。

增液承气汤(《温病条辨》)

组成:玄参　麦冬　生地黄　大黄　芒硝

功用:清热凉血,润肠通便。

用法:水煎服。

增液汤(《温病条辨》)

组成:玄参　莲心　麦冬　细生地

功用:增液生津。用于痈疽津液耗损者。

用法:水煎服。

主要参考书目

1. 顾伯康.中医外科学[M].上海：上海科学技术出版社,1986.
2. 谭新华,陆德铭.中医外科学[M].北京：人民卫生出版社,1999.
3. 赵尚华.中医外科学[M].北京：人民卫生出版社,2002.
4. 陈红风.中医外科学[M].上海：上海科学技术出版社,2007.
5. 陆德铭,陆金根.实用中医外科学[M].第2版.上海：上海科学技术出版社,2010.

57栏

附录二 彩 图

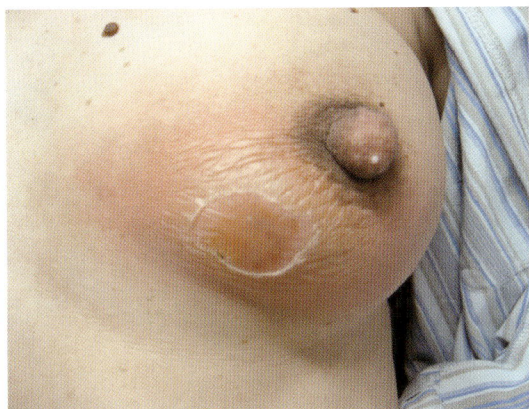

彩图 7-1-1 乳痈：左乳内下结块红肿，局部皮薄应指，泌乳不畅

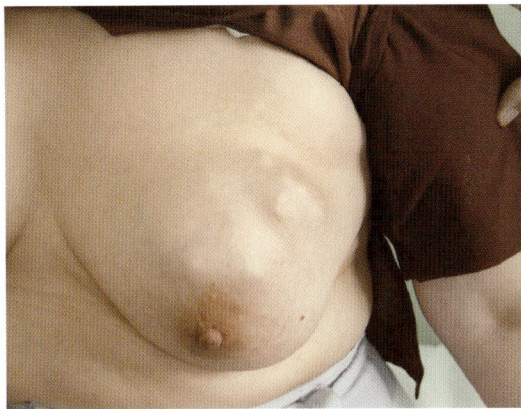

彩图 7-9-1 乳岩：左乳上巨大结块，状如岩石，质硬，边界不清，表面高低不平，推之不移

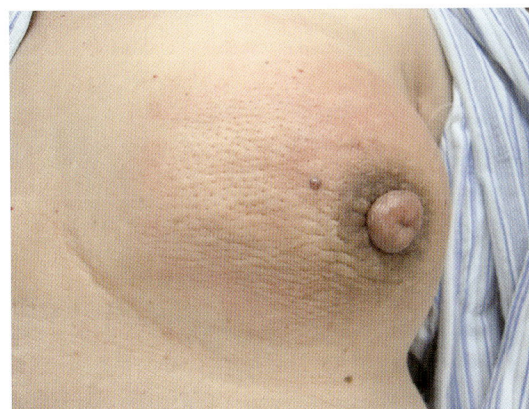

彩图 7-9-2 炎性乳岩：左乳弥漫肿胀木硬，皮色黯红，呈橘皮样变，乳头肿胀

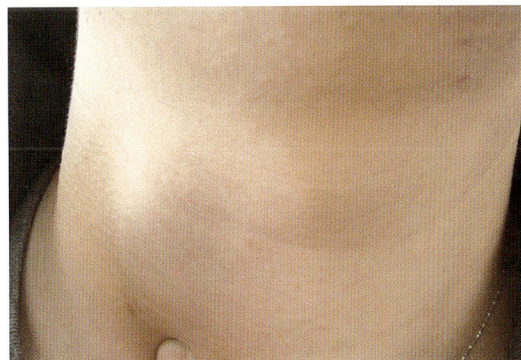

彩图 8-2-1 肉瘿：结喉右侧椭圆形结块，随吞咽上下移动

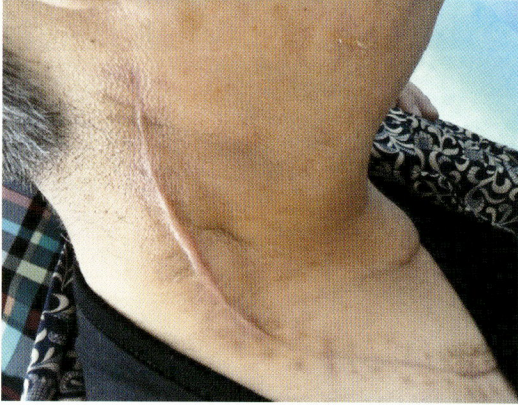

彩图 8-5-1 石瘿：右侧石瘿术后复发

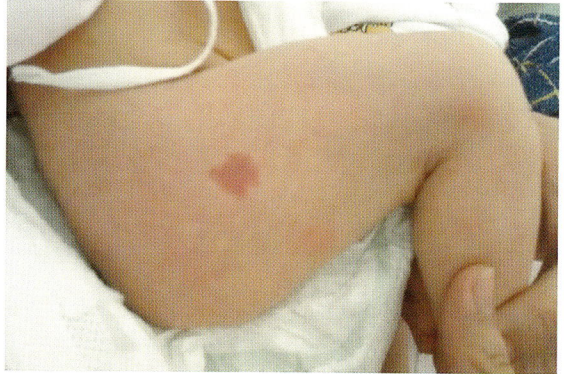

彩图 9-2-1 血瘤（毛细血管瘤）：婴儿大腿部小片状红斑，边界清楚，周边颜色变浅

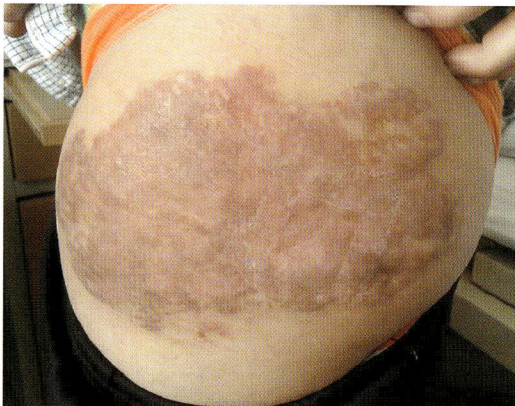

彩图 9-2-2 血瘤（海绵状血管瘤）：臀部肿物稍高出皮肤，颜色紫红，质地柔软，按之缩小

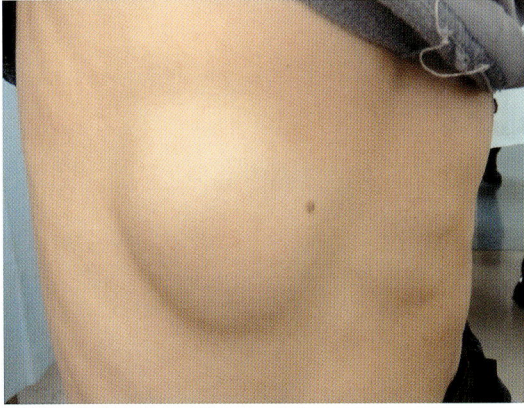

彩图 9-3-1 肉瘤：胸壁部大的圆形皮下肿物，质软，边界清楚

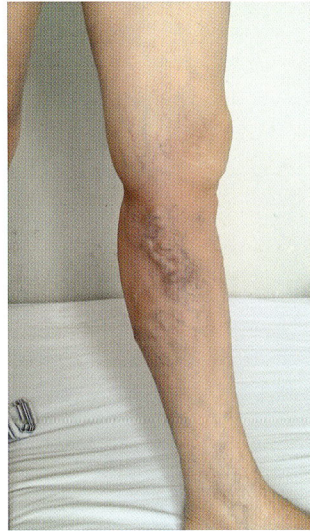

彩图 9-4-1 筋瘤：下肢外侧青筋累累，盘曲如蚯蚓，络脉显露

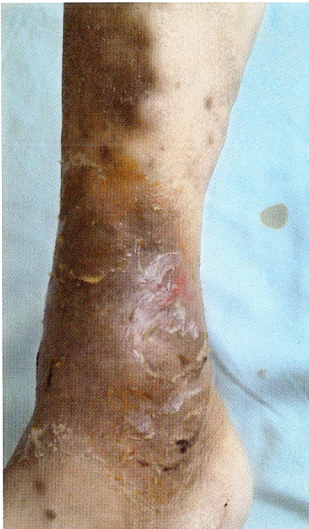

彩图 9-4-2 筋瘤伴湿疮：小腿青筋累累，肿胀破溃，皮肤色黯，皮下结节

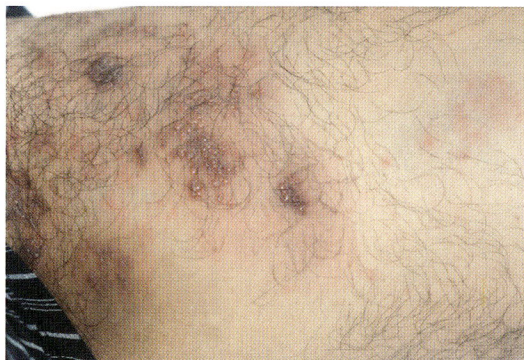

彩图 10-2-1　蛇串疮：左侧大腿带状分布红斑，上覆簇集状水疱

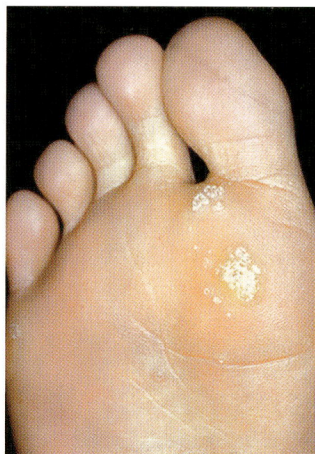

彩图 10-3-1　疣目：右手多处乳头状赘生物

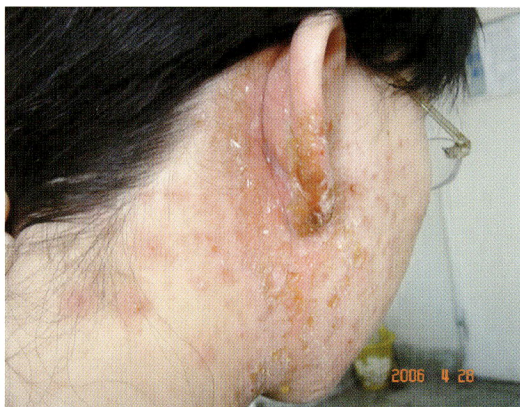

彩图 10-9-1　湿疮（急性）：耳部及周边边界不清红斑丘疹、水疱、肿胀、渗出

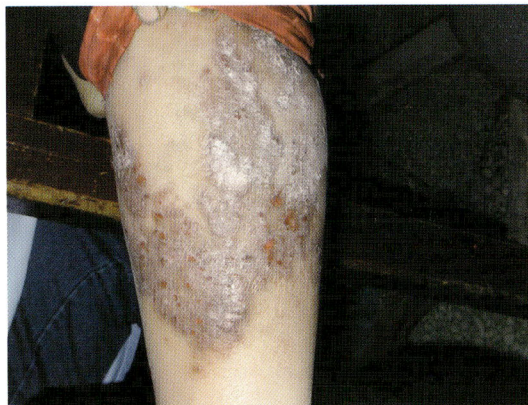

彩图 10-9-2 湿疮（慢性）：小腿部黯红斑，皮损肥厚，皮纹显著，伴鳞屑、血痂

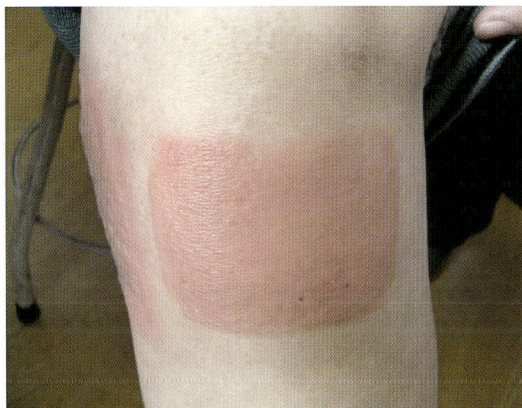

彩图 10-10-1 接触性皮炎（膏药风）：小腿部于接触膏药的部位出现边界清楚的红斑

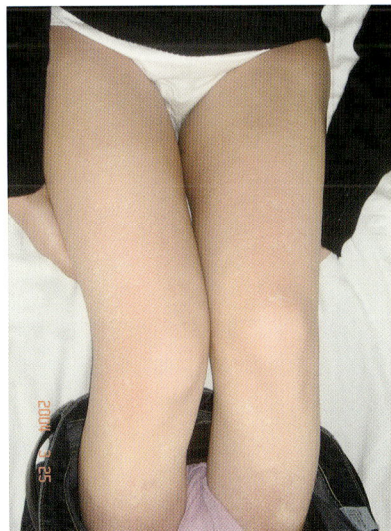

彩图 10-11-1 药毒（麻疹样或猩红热样型）：皮疹为针头至米粒大小的红色丘疹或斑丘疹，密集成片，并相互融合，呈泛发性对称性

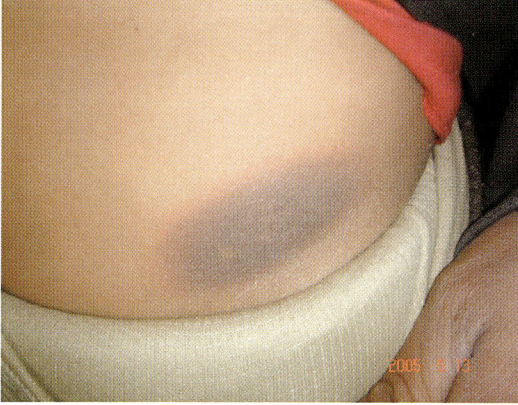

彩图 10-11-2　药毒（固定红斑型）：固定于腹部单个圆形孤立的紫红斑，中央色深

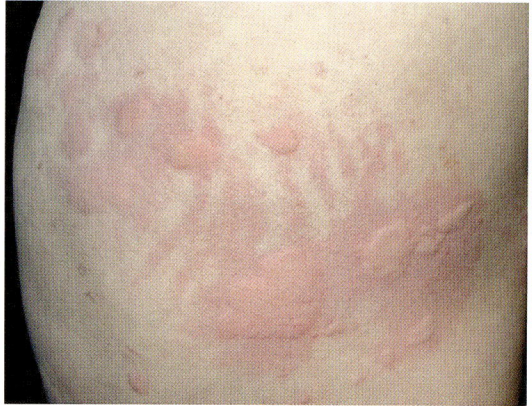

彩图 10-12-1　瘾疹：周身散在红色风团，境界清楚，大小不等，伴抓痕明显

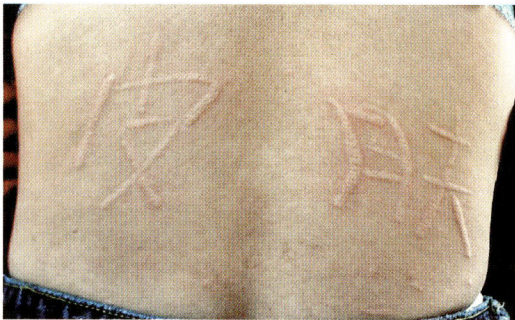

彩图 10-12-2　瘾疹（皮肤划痕症）：腰背部经钝物划刮后，在所划刮部位呈条索状隆起

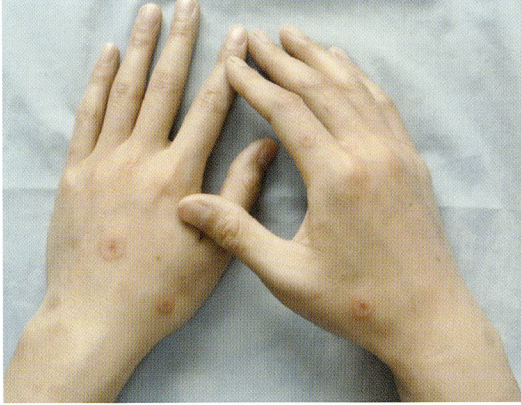

彩图 10-13-1　猫眼疮：双手散在红斑，呈环形，中心色深，并绕以红晕，呈虹膜样改变

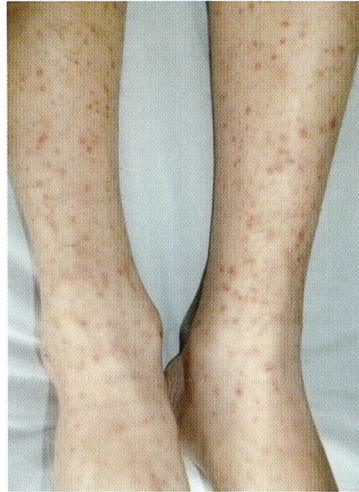

彩图 10-14-1　葡萄疫：双下肢皮肤呈现密集瘀点、瘀斑，色鲜红

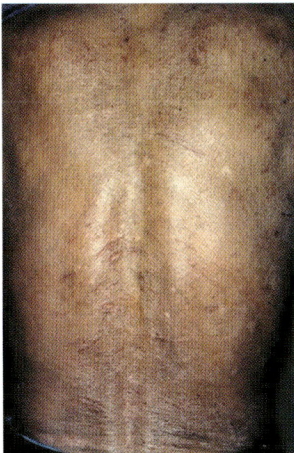

彩图 10-16-1　风瘙痒：背部因搔抓所致的线状抓痕、结痂，腰部苔藓样变及色素沉着

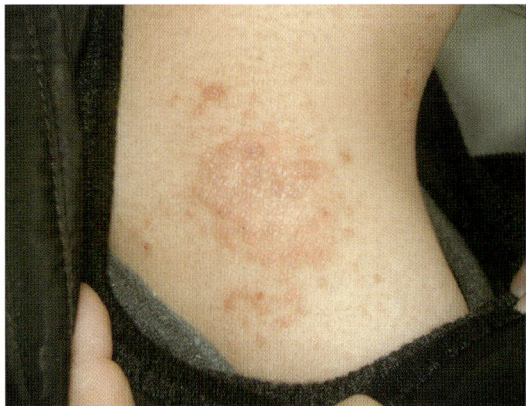

彩图 10-17-1　牛皮癣：项部见有聚集倾向的多角形扁平丘疹，皮色正常，部分略潮红，互相融合成片，表面干燥粗糙，并有少许灰白色鳞屑，呈苔藓样变

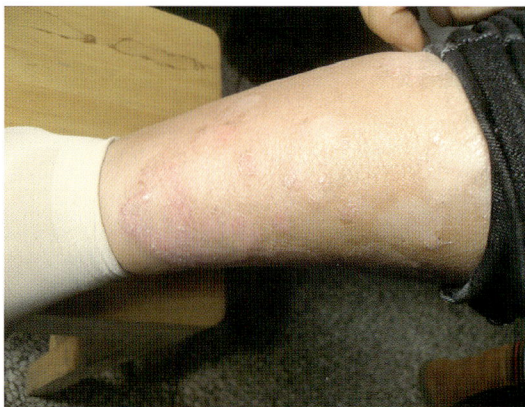

彩图 10-18-1　白疕：右小腿伸侧大小不等的红斑，部分融合成片，边缘清楚，上覆银白色鳞屑

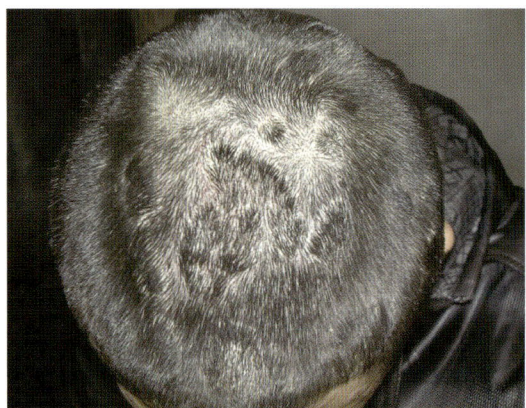

彩图 10-18-2　白疕（束状发）：头部皮肤基底潮红，上覆多层银白色鳞屑，毛发呈束状

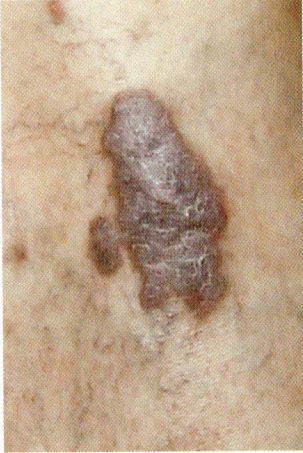

彩图 10-20-1　紫癜风：皮损为紫红色苔藓状斑片，境界清楚，表面粗糙，有蜡样光泽，上覆薄膜样鳞屑，可见细浅的白色网状条纹（Wickham 纹）。周围有散在平顶而发亮的紫红色、多角形小丘疹

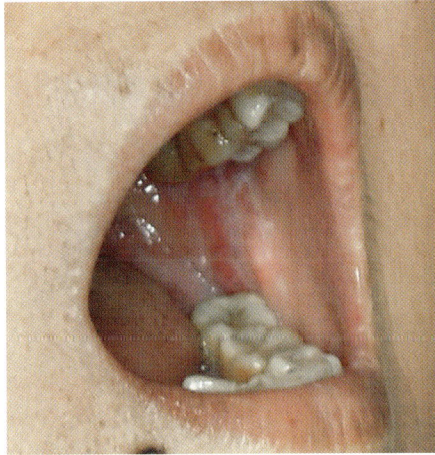

彩图 10-20-2　紫癜风：左侧颊黏膜灰白色斑点

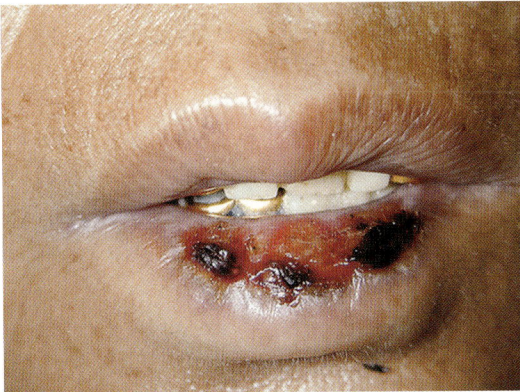

彩图 10-20-3　紫癜风：唇部黏膜糜烂后结痂、鳞屑

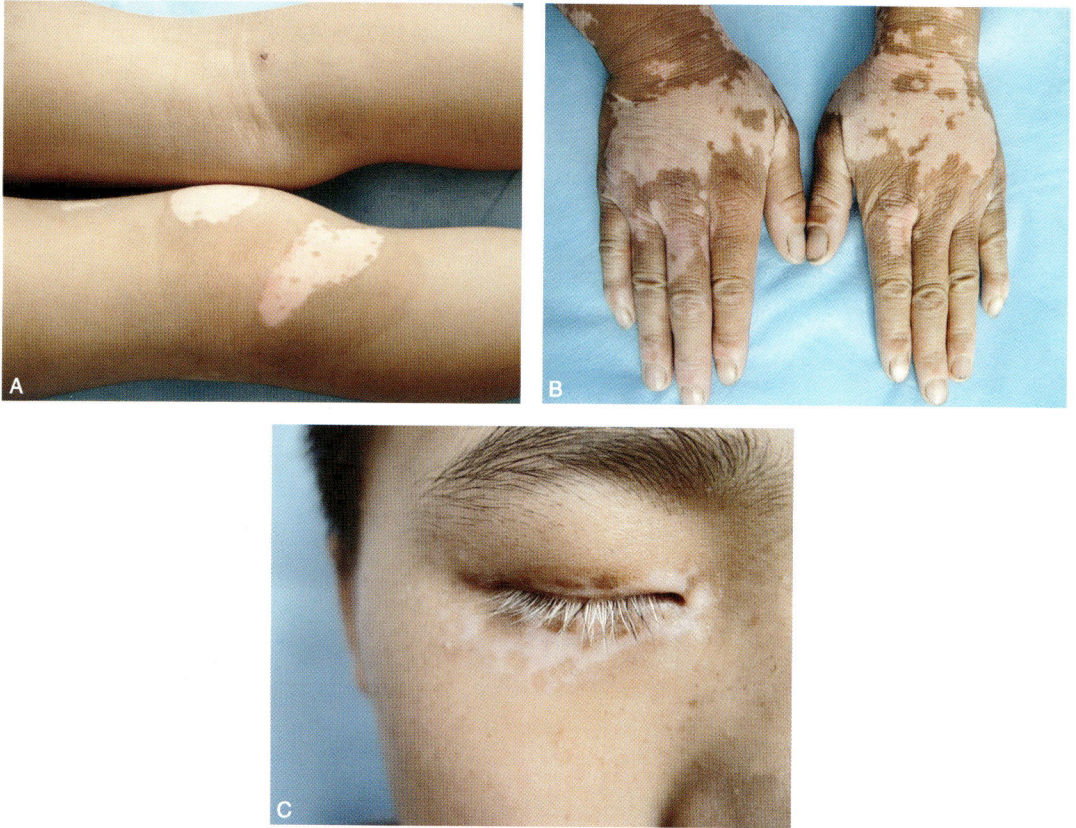

彩图 10-21-1　白驳风：A 局限型：膝部见两处色素脱失斑，边界清楚，白斑中可见点状色素岛；B 节段型：双手的色素脱失斑在同一皮节出现；C 毛发变白：右眼睑色素脱失斑，伴睫毛变白

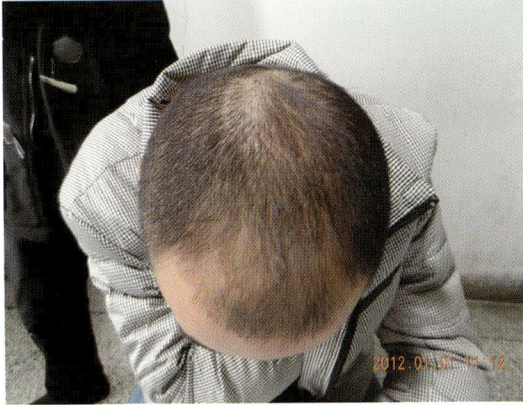

彩图 10-24-1 面游风：头部病久表现为前额及头顶头发细软、脱落

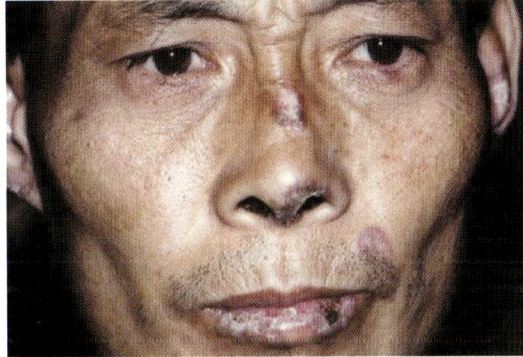

彩图 10-27-1 盘状红蝴蝶疮：鼻部及左口角上方不规则形及圆形黯红斑，境界清楚，形如盘状，表面覆有鳞屑；鼻背皮损中央伴色素脱失，周围色素沉着；唇部黏膜糜烂、鳞屑、结痂

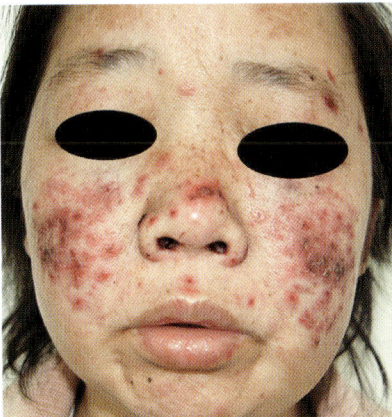

彩图 10-27-2 系统性红蝴蝶疮：两颊和鼻部对称分布的蝶形水肿性紫红斑，边界清楚，其上可见鳞屑和结痂

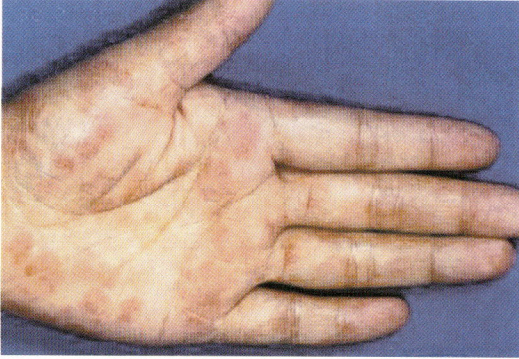

彩图 10-27-3　系统性红蝴蝶疮：手部皮肤及甲周皮肤紫红色斑片、瘀点，伴指尖点状萎缩

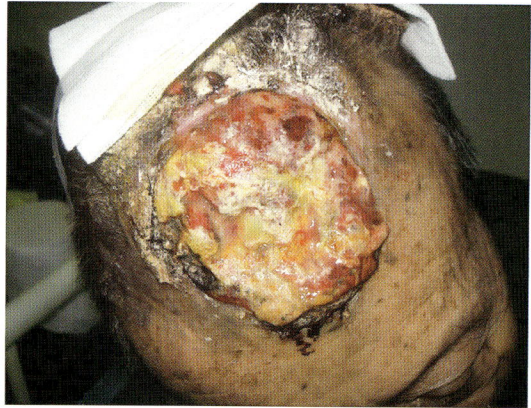

彩图 10-31-1　癌疮：头部溃疡凹凸不平，质地坚硬，上有血性分泌物及较多的颜色污秽的脓性分泌物

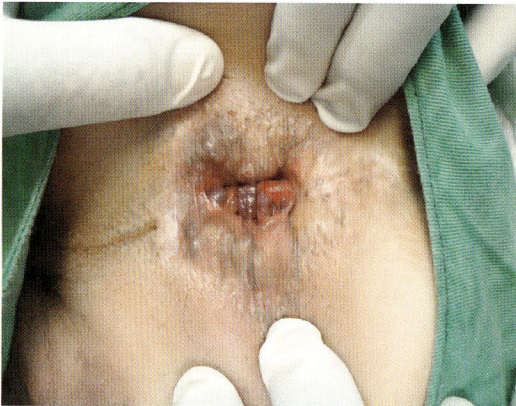

彩图 11-1-1　Ⅰ期内痔：努挣后见齿线上有花生米大圆形紫黯色肿物

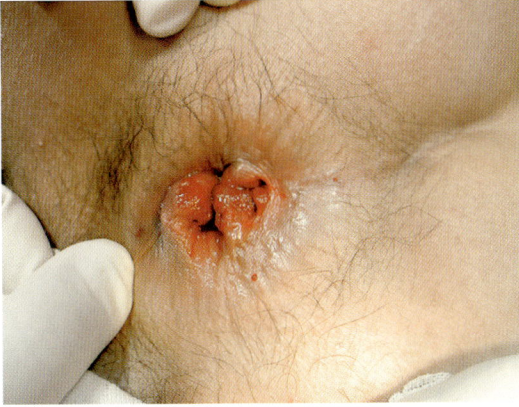

彩图 11-1-2   Ⅱ期内痔：努挣后见
齿线上有楝子大圆形紫黯色肿物

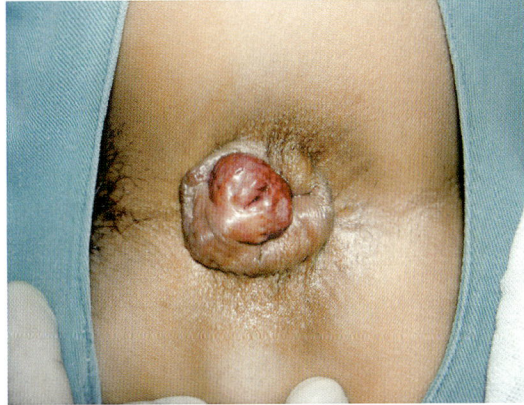

彩图 11-1-3   Ⅲ期内痔：努挣后见
齿线上有枣样大圆形紫黯色肿物

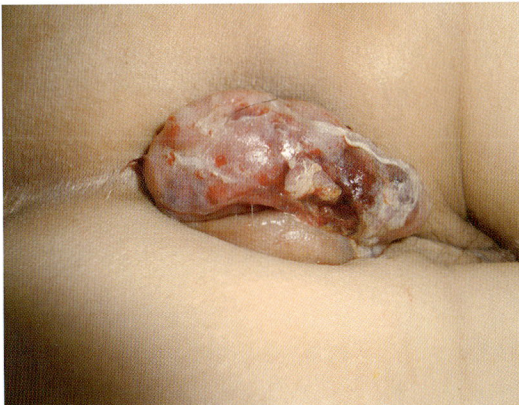

彩图 11-1-4   Ⅳ期内痔：肿物脱出
嵌顿，不能回纳伴表面腐烂坏死

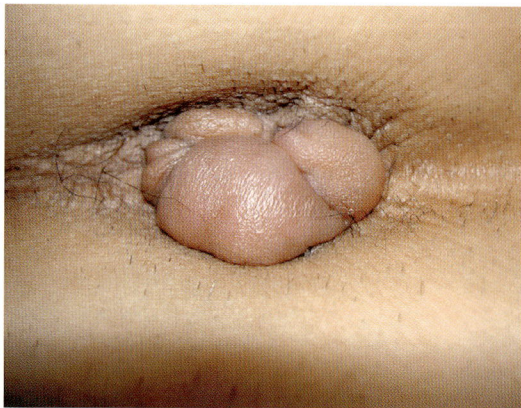

彩图 11-1-5 炎性外痔：肛缘不规则肿物，呈水肿状，色淡红

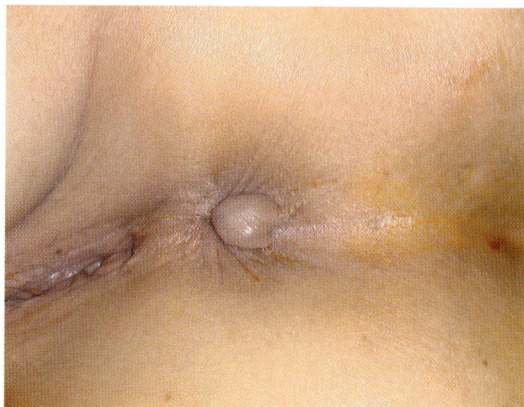

彩图 11-1-6 血栓性外痔：肛缘圆形肿物，色紫黯

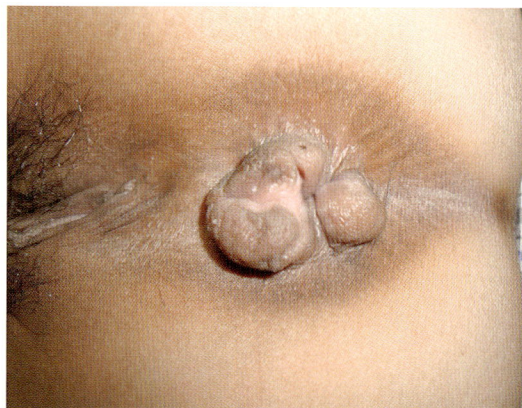

彩图 11-1-7 结缔组织性外痔：肛缘不规则松皮样赘生物

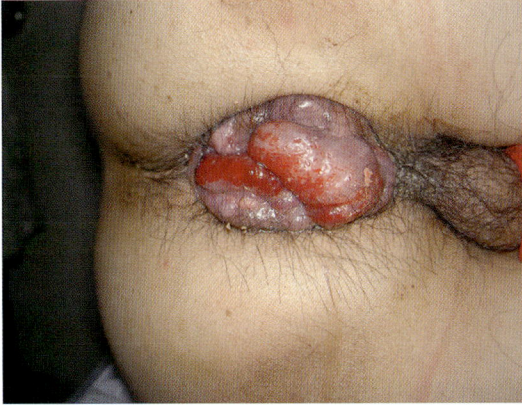

彩图 11-1-8　混合痔：内痔与外痔混合在一起，齿线消失

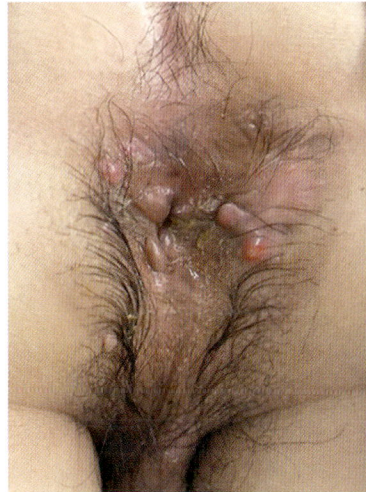

彩图 11-3-1　肛漏外口：可见 2 个外口突起色红，有脓点

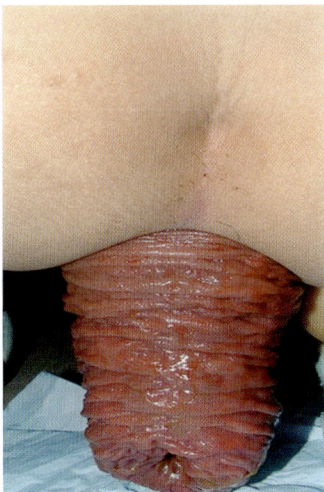

彩图 11-5-1　三度脱肛：直肠全层脱出，呈圆柱状

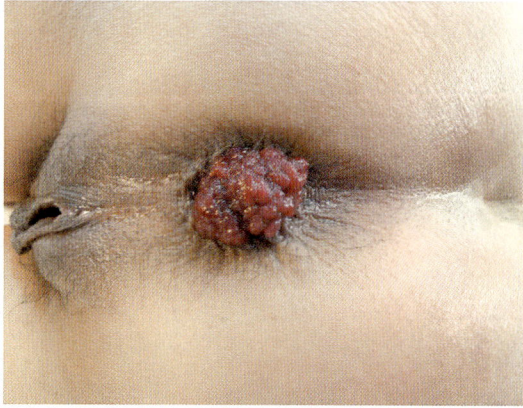

彩图 11-6-1 直肠息肉：表面呈葡萄状，色
紫黯